Konrad Löw

Deutsche Schuld
1933 – 1945?

Konrad Löw

Deutsche Schuld 1933–1945?

Die ignorierten Antworten der Zeitzeugen

OLZOG

Bibliografische Information der Deutschen Nationalbibliothek

Die Deutsche Nationalbibliothek verzeichnet diese Publikation in der
Deutschen Nationalbibliografie;
detaillierte bibliografische Daten sind
im Internet über http://dnb.d-nb.de abrufbar.

ISBN 978-3-7892-8328-4
© 2011 Olzog Verlag GmbH, München
Internet: http://www.olzog.de

Bildnachweis: ullsteinbild, Berlin: S. 24
Da es uns trotz großer Bemühungen bei den restlichen Abbildungen
nicht gelungen ist, die Rechteinhaber ausfindig zu machen,
ist der Verlag für entsprechende Hinweise dankbar.

Alle Rechte, insbesondere das Recht der Vervielfältigung und Verbreitung sowie
der Übersetzung, vorbehalten. Kein Teil des Werkes darf in irgendeiner Form (durch
Fotokopie, Mikrofilm oder ein anderes Verfahren) ohne schriftliche
Genehmigung des Verlages reproduziert oder unter Verwendung elektronischer
Systeme gespeichert, verarbeitet, vervielfältigt oder verbreitet werden.
Umschlagentwurf: Atelier Versen, Bad Aibling,
unter Verwendung eines Fotos von iStockphoto, ingenui
Satz: EDV-Fotosatz Huber/Verlagsservice G. Pfeifer, Germering
Druck- und Bindearbeiten: freiburger graphische betriebe, Freiburg
Printed in Germany

**Horst Haun,
dem Freunde,
zum Gedenken**

1933–2010

Dank an Angelika Rücker und Peter Löw,
die den Text vor Drucklegung kritisch gelesen haben.

**Ganz besonderer Dank
Klaus von Dohnanyi
und
Alfred Grosser**

„Das Europäische Parlament … unterstreicht,
dass Dokumentationen und Augenzeugenberichte
zur bewegten Vergangenheit Europas
zwecks Stärkung des europäischen Bewusstseins
für die Verbrechen totalitärer und undemokratischer Regime
Unterstützung verdienen."

Aus der Entschließung des Europäischen Parlaments vom
2. April 2009 zum Gewissen Europas und zum Totalitarismus

„Einer der früheren Redner, der Friedensnobelpreisträger Elie Wiesel, hat über die Zukunft unserer Erinnerung an den Holocaust über ein Erinnern ohne Zeitzeugen einmal gesagt: ‚Jeder, der heute einem Zeugen zuhört, wird selbst ein Zeuge werden.' Ich verstehe diese Worte nicht als Beobachtung, sondern vielmehr als Appell: als Verpflichtung, zuzuhören und in diesem Sinne ‚Zeuge' zu sein. Wir bekennen uns zu dieser Verantwortung."

Aus einer Ansprache des Bundestagspräsidenten Norbert Lammert in der Gedenkstunde des Deutschen Bundestages zum Tag des Gedenkens an die Opfer des Nationalsozialismus (27. Januar 2009;
Das Parlament – Dokumentation)

Inhalt

Vorwort von Klaus von Dohnanyi
Wahrheit braucht keine Zivilcourage! 13

I. TEIL EINFÜHRUNG „IHR SOLLT DIE WAHRHEIT ERBEN". 17

1. Die unantastbare Menschenwürde und die „deutsche Schuld". 21

1.1	Die „unangefochtene Grundlage".	21
1.2	„*Deutsche* Schuld"?.	23
1.3	Kriterien des Urteilens.	27
1.4	Die zentrale Frage	28
1.5	Die Quellen des historischen Wissens	29
1.6	Der Wille zum Zeugnis	31
1.7	Erinnerungen erwünscht?.	33
1.8	Wege der Interpretationen	34

II. TEIL BEKUNDUNGEN JÜDISCHER ZEITZEUGEN 37

2. Antisemitismus vor Hitler. 39

2.1	Im „goldenen Zeitalter".	39
2.2	Der Erste Weltkrieg und der „jüdische Bolschewismus"	47
2.3	Jahre der Stabilisierung	52
2.4	Die Katastrophe naht.	55

3. Während des Boykotts 1933 59

3.1	Das neue Reich und die Juden	59
3.2	Auf der Suche nach einem Modus Vivendi	60
3.3	Die „Tatarennachrichten".	63
3.4	Die brutale Reaktion	65

4.	**Als von den Nürnberger Gesetzen Betroffene**	75
4.1	Nur noch Staatsangehörige minderen Rechts	75
4.2	Die „einmalige säkulare Lösung"	77
4.3	Das geteilte jüdische Echo	80
5.	**In der Pogromnacht und in den Tagen danach**	83
5.1	Ein willkommener Anlass	83
5.2	Das Volk und der Terror	85
5.3	„Wiener Library"	100
6.	**Mit dem Gelben Stern**	103
6.1	Zur Vorgeschichte	103
6.2	„Heil Hitler, Herr Jude!"	103
7.	**Beim Einkauf**	113
7.1	Krieg und Hunger	113
7.2	„überall anständige Geschäftsleute"	114
8.	**Am Arbeitsplatz beim Zwangseinsatz**	127
8.1	Zwangsarbeit im Reich	127
8.2	„glücklicherweise alle nicht gehässig"	128
9.	**In der Schule**	139
9.1	„Wer die Jugend hat, hat die Zukunft"	139
9.2	Vor 1933	140
9.3	Hitlerzeit	143
9.4	Sammlung „Berichte gegen Vergessen und Verdrängen"	153
10.	**Resümees der jüdischen Zeitzeugen**	157
10.1	„Das Volk ist gut"	157
10.2	„Ich hasse die Deutschen"	172
10.3	Zwischentöne	179

III. Teil Bekundungen „arischer" Zeitzeugen ... 183

11. „Das andere Deutschland" ... 185

11.1 Ein verwirrendes Bild? ... 185
11.2 Adenauer und der Deutsche Bundestag ... 186
11.3 Andere unverdächtige Zeugen ... 189
11.4 „Mischehen" und Hitlergruß ... 197
11.5 Der militärische Widerstand ... 202

12. Die „Deutschlandberichte der Sopade" und die „Berichte über die Lage in Deutschland" ... 205

12.1 Die „Grünen Berichte" der Sopade ... 205
12.2 „Hitler wird von der Kritik meist ausgenommen" – 1934 ... 207
12.3 „Das System regiert ... mit brutaler Gewalt" – 1935 ... 208
12.4 „Streicher wird überall abgelehnt" – 1936 ... 212
12.5 „Klarheit und Wahrheit" – 1937 ... 213
12.6 „Alle Berichte stimmen darin überein ..." – 1938 ... 215
12.7 „Was den Armeniern ... geschah" – 1939 ... 218
12.8 „Das deutsche Volk in seiner Mehrheit" – 1940 ... 221
12.9 Wie authentisch sind die Sopade-Berichte? ... 221
12.10 Die Berichte der Gruppe Neu Beginnen ... 223
12.11 Der Internationale Klassenkampf ... 225

13. Regimekritische Ausländer mit Deutschlanderfahrung ... 227

13.1 „Die Nationalsozialisten ... eine kleine verbrecherische Clique" – Schlichte Reisende, Residenten, „Harvard" ... 228
13.2 „Decent Germans are Ashamed" – Aus der Auslandspresse ... 232
13.3 „In Fairness to the German People" – Diplomatenstimmen aus der westlichen Welt ... 234

14. Deutsche und Juden in der Wahrnehmung des NS-Staates ... 241

14.1 „Die Juden in den geheimen NS-Stimmungsberichten 1933–1945" (Otto Dov Kulka) ... 242
14.2 „Die Deutschen und die Judenverfolgung 1933–1945" (Peter Longerich) ... 249

14.3	„Bayern in der NS-Zeit. Judenverfolgung und nicht jüdische Bevölkerung" (Martin Broszat)	252
14.4	Das Echo der Chef-Observatoren	259
14.5	Die Klagen Hitlers	262
14.6	Die Klagen Himmlers	271
14.7	Die Klagen Goebbels'	275

IV. Teil Würde, Gesetz, Schuld – Nachbetrachtungen 281

15. Die Schoa und das deutsche Gesetz 283

15.1	Begriffsverwirrung	283
15.2	Das Grundgesetz als Maßstab	284
15.3	Das einfache Gesetz	285
15.4	Die Befreiungsgesetze – Wie viele wurden entnazifiziert?	288

16. Die Schoa und die allgemeinen Regeln des Völkerrechts 293

16.1	Völkerrecht und deutsches Recht	293
16.2	Die Menschenrechte der Vereinten Nationen	293
16.3	Europäischer Menschenrechtsschutz	295
16.4	Der Internationale Strafgerichtshof	296
16.5	Zusammenfassung	297

17. Das Sittengesetz als weitere Schranke der Freiheit 299

17.1	Was meint „Sittengesetz"?	299
17.2	Die Anklage: „Die Deutschen haben Millionen ...massakriert"	304
17.3	Die einschlägige Historiografie: Juden – als Zeugen – unerwünscht?	310
17.3.1	„Hitler und sein Volk" – Gellately	311
17.3.2	„Ein Schriftdenkmal für die ermordeten Juden" – Gruner	314
17.3.3	„Davon haben wir nichts gewusst!" – Longerich	315
17.3.4	„Der Mut zum Überleben" – Kaplan	318
17.3.5	„Führerkult und Volksmeinung" – Kershaw	320
17.3.6	„Die Jahre der Verfolgung" und „Die Jahre der Vernichtung" – Friedländer	321
17.3.7	„Die öffentliche Meinung im Hitler-Staat" – Bankier	323

	17.3.8 „Hitlers willige Vollstrecker" – Goldhagen	330
	17.3.9 „Die Deutschen und der Holocaust" – Dörner	331
	17.3.10 „Täter, Opfer, Zuschauer" – Hilberg	336
	17.3.11 „Hitlers München" – Large	337
	17.3.12 „Hitler. Die Deutschen und ihr Führer" – Zusammenfassung	340
17.4	Mitwisserschaft und Schuld	345
17.5	Schuldausschließungs- und Schuldminderungsgründe – auch für NS-Täter?	347
17.6	Schuld und Verantwortung	350

18. Der Richter unter dem Gesetz ... 353

18.1	Keine Kollektivschuld	353
18.2	„Nicht alle waren Mörder" – SA, SS, NSDAP	357
18.3	Gleiches Recht für alle	371
18.4	Richter in eigener Sache?	375

19. Schoa – „Zivilisationsbruch" oder „Kulturbruch"? ... 385

19.1	Was meint „Zivilisationsbruch"?	385
19.2	Ist „Kulturbruch" nicht besser?	386
19.3	Wann begann der „Kulturbruch"?	388
19.4	Menetekel am Horizont	389
19.5	Ist der Kulturbruch überwunden?	391

20. „Vergangenheitsbewältigung" ohne Achtung vor der Würde? ... 393

20.1	Weder „Würde" noch „Dekalog"	393
20.2	„Hitler hat gewonnen"?	394
20.3	Gollancz oder Goldhagen?	396
20.4	„Masochistisches Schuldbewusstsein"	400
20.5	„Zur Ehre des deutschen Volkes"	403

Nachwort von Alfred Grosser ... 407

Literatur ... 411

Personenregister ... 438

Ortsregister ... 445

Vorwort von Klaus von Dohnanyi
Wahrheit braucht keine Zivilcourage!

Seit dem Ende der Nazidiktatur und der Befreiung ihrer Vernichtungslager sind inzwischen 65 Jahre vergangen. Ein Zeitraum der bald drei Generationen umfasst. Ein langer Weg in einer schnellen Zeit. Aber bis heute leben die Verbrechen der doch so viel kürzeren zwölf Nazi-Jahre unverändert in der Erinnerung der Welt fort.

Wir erinnern, wie ungläubig damals die meisten Deutschen auf die brutale Wahrheit der deutschen Nazi-Mordmaschinen starrten, in deren Nähe sie selber, mehr als ein Jahrzehnt meist gedankenlos, gelebt hatten. Zornig und zur Strafe entschlossen waren die Befreier, die – jedenfalls im Westen – vergleichbare Verbrechen nie erfahren hatten. Sie waren zwar längst gewarnt worden; schon früh, in den ersten Jahren des Hitler-Regimes und nachdrücklicher dann in den ersten Jahren des Ostkrieges, als sie in unmissverständlichen Einzelheiten von den Vernichtungslagern erfuhren. Doch auch sie wollten zunächst nicht glauben, was man ihnen berichtete. Erst als sie mit eigenen Augen sahen, was geschehen war, verstanden sie, was zuverlässige Boten schon Jahre zuvor berichtet hatten. In „Auschwitz und die Alliierten" macht Martin Gilbert eine „vernichtende Abrechnung darüber, wie die Alliierten auf die Nachrichten von Hitlers Massenmord reagierten", wie der Untertitel zu seinem erschreckenden Tatsachenbericht lautet. Und ich erinnere aus späteren Erzählungen meiner Mutter, wie verzweifelt mein Vater in den ersten Jahren des Krieges auf die bedenkenlose Haltung der Churchill-Regierung reagierte, deren einziges Ziel die endgültige Besiegung Deutschlands war, ohne Rücksicht auf die Millionen von Menschenleben, die durch eine Verständigung mit der deutschen Opposition vielleicht hätten gerettet werden können.

Erst als die ganze Wahrheit der Verbrechen vor Augen trat und Deutschland besiegt war, stellten sich die Alliierten endlich der Wirklichkeit, die sie schon längst hätten kennen müssen. Denn, wie Gilbert auch schreibt, die Vernichtungslager waren zwar ein „eng gehütetes Geheimnis" in Deutschland, sodass viele Deutsche guten Gewissens sagen konnten: Das hätten sie so nicht gewusst – und das hätten sie auch niemals gewollt. Aber die Alliierten hätten es besser wissen können – und müssen. Der großen Mehrheit der Deutschen half ihr eigenes Erschrecken allerdings nichts: Die Schuld sei zwar nicht kollektiv, so formulierte man etwas theoretisch, aber eine Strafe sollte schon alle treffen.

So kam es, dass oft bis heute gegenüber den Deutschen nicht deutlich genug unterschieden wird zwischen Verantwortung und Schuld. Die historisch falschen und unverantwortlichen Thesen Daniel Goldhagens, seine Behauptungen eines verbreiteten, auf Vernichtung ausgerichteten Antisemitismus in der deutschen Tradition, lassen sich natürlich nicht aufrechterhalten. Aber die Nazi-Diktatur war eine deutsche; Deutsche hatten Hitler gewählt und später, als nicht mehr demokratisch gewählt werden konnte, hatten sie ihn mit wachsender Mehrheit auch gewollt. Wer aber durch eigenes Tun einem Verbrecher den Freiraum für Mord und Totschlag öffnet, der trägt dann auch Verantwortung, wenn der Täter schließlich mordet und brandschatzt. Deutschland und das deutsche Volk trugen und tragen deswegen unabweisbar eine kollektive Verantwortung für die Nazi-Verbrechen. Auch diejenigen, die dem Regime niemals zugestimmt hatten, ja sogar die, die ihm widerstanden, können sich als Teil des deutschen Volkes dieser Verantwortung nicht entziehen. Und diese Verantwortung dauert auch fort für heutige – und zukünftige – Generationen.

So ist das eben mit der Geschichte. Eine kollektive Verantwortung in diesem Sinne gilt nämlich für alle großen Verbrechen gegen die Menschheit, zum Beispiel, auch für solche der ehemaligen Kolonialmächte gegenüber den damals unterworfenen Völkern. Oder auch für Großbritannien als der größten Sklavenhändlernation der Geschichte, und für die USA, als der größten Nutznießernation der Sklaverei. Verantwortung für ihre Geschichte tragen auch diese Nationen und auch sie werden sie noch lange tragen müssen.

Verantwortung ist aber nicht gleich Schuld. Schuldig an verbrecherischen Taten kann immer nur das Individuum sein. Und deswegen ist es immer wichtig vor einem Schuldspruch zu prüfen: Hat der Einzelne sich selbst an den Verbrechen beteiligt? Hat er (oder sie) durch stillschweigende Zustimmung zu den Verbrechen Mitschuld auf sich geladen? Hat er „nur" geschwiegen aus Furcht vor eigener Verfolgung, also nicht zustimmend, aber aus Selbstschutz? Oder hat er eventuell sogar versucht, sich dem Verbrechen entgegenzustellen und bleibt doch in der Haftung seines Volkes?

Das alles sind Unterscheidungen, die man treffen müsste um über die einzelnen, damals lebenden Deutschen gerechte Schuldsprüche zu fällen.

Die Erzählung dieses Buches mahnt diese notwendige Differenzierung der Berichte über Deutschland unter Hitler an. Denn wenn zum Beispiel Michael Degen sein Buch über Nazi-Deutschland und seine eigenen Erfahrungen damals, mit dem sicher gut gemeinten Titel „Nicht alle waren Mörder" überschreibt, so muss man auch dieser Formulierung nachdrücklich widersprechen: Nur ein ganz kleiner Teil der damaligen Deutschen waren nämlich „Mörder" und ganz gewiss nicht „alle". Schon deswegen übrigens, weil die ganz große Mehrzahl der Deutschen an den Morden des Naziregimes weder selbst teilgenommen hatte noch von den sorgfältig geheim gehaltenen Vernichtungslagern etwas wissen konnte; eine Verbreitung der Fakten wäre damals lebensgefährlich gewesen! Und Wegschauen aus Angst heißt auch noch nicht „schuld sein" als „Mörder". So wenig wie man von einer „Schuld" der großen Zahl von US-Südstaatlern als „Mörder" sprechen kann, nur weil sie sich furchtsam der Lynchjustiz des Ku-Klux-Klan nicht widersetzten.

Professor Löw hat aus den verschiedenen Gruppen der Deutschen der Nazizeit versucht, eine Gruppe besonders zu beleuchten: Sein Buch handelt von denjenigen, die verfolgten Juden mutig geholfen haben, oft unter eigener Lebensgefahr. Diese Menschen sind bis heute weitgehend unbekannt geblieben und vergessen worden. Löw hat für sie das Zeugnis verfolgter Juden eindrucksvoll in Erinnerung gebracht.

Niemand darf diesen Bericht als ein Plädoyer für den Freispruch der Deutschen von ihrer Verantwortung für die Naziverbrechen verstehen. Und: wenn Professor Löw wegen seiner wiederholten Veröffentlichungen zu diesem Thema angegriffen und ihm, auch von deutscher Seite, gelegentlich „Relativierung" der deutschen Schuld und Verantwortung für die Naziverbrechen vorgeworfen wurde, so ist das ein bedauerliches Missverständnis oder ein Zeichen für einen Mangel an Freiheit des Wortes und der Meinung in unserem Land. Denn wie könnten die Wahrheiten mutiger Judenbeschützer jene anderen Wahrheiten, also die der deutschen Verantwortung für die historisch einmaligen Holocaustverbrechen, jemals „relativieren"?

Professor Löw hat sich in seinen Studien nicht beirren lassen. Nun hoffe ich, dass niemand mehr meint, dazu gehöre bei uns noch immer „Zivilcourage"! Wo Wahrheit neben Wahrheit steht, wird doch erst die ganze Wahrheit erkennbar. Aufklärung kennt keine irrelevanten oder gar „falschen" Wahrheiten.

Deutschland weiß heute leider mehr über die wechselnden Bettgenossen von Hitlers Sekretärinnen als über all diejenigen, die wir doch eigentlich als Vorbilder vor Augen haben sollten: nämlich die widerständigen, die barmherzigen, die mutigen Deutschen der Jahre des Verbrechens. Es gab nämlich viel Zivilcourage auch während der Nazi-Jahre in Deutschland. Wir sollten diese nicht aus missverstandener „politischer Korrektheit" verdrängen. Professor Löw verschiebt mit seinem Buch unseren Blickwinkel wieder ein wenig in Richtung der wahren Helden unserer Geschichte in diesen dunkelsten Jahren Deutschlands. Dafür schulden wir ihm Dank.

I. Teil

Einführung
„Ihr sollt die Wahrheit erben"

Vorab zwei gewichtige Urteile, die sich radikal widersprechen. Das eine lautet:

„Die Nationalsozialisten bildeten nämlich nur eine kleine verbrecherische Clique, welche die große schweigende Mehrheit tyrannisierte."

Das andere:

„Der Autor … beweist stichhaltig, daß die Deutschen nicht nur von den Verbrechen der nationalsozialistischen Machthaber wußten, sondern … weit aktiver, als bisher bekannt war, mithalfen – durch Zustimmung, Denunziation oder Mitarbeit."

Das erste stammt von dem US-Amerikaner Edward Hartshorne, der 1939 für die Universität Harvard die Berichte von 250 aus Deutschland vertriebenen Juden gesammelt und ausgewertet hatte,[1] das zweite steht auf der Rückseite des Buches von Robert Gellately „Hingeschaut und weggesehen. Hitler und sein Volk"[2], das die Bundesrepublik Deutschland, mit Steuermitteln finanziert, vertreibt. Welches Urteil kommt der Wirklichkeit näher?

---

* a. a. O. verweist auf das Literaturverzeichnis, I auf Teil 1 und II auf Teil 2
1 So Thomas Karlauf (a. a. O. II, S. 441) in seiner Würdigung Hartshornes.
2 Gellately, a. a. O. II, Umschlagrückseite.

1. Die unantastbare Menschenwürde und die „deutsche Schuld"

1.1 Die „unangefochtene Grundlage"

> „Das ursprünglich als Provisorium gedachte Grundgesetz ist heute die unangefochtene Grundlage der politischen Verfassung unseres Landes."[3]

Diese Überzeugung vertrat der Präsident des Deutschen Bundestages, Norbert Lammert, am 6. September 2008 anlässlich der Feierstunde zum 60. Jahrestag der Konstituierenden Sitzung der verfassungsgebenden Versammlung, des Parlamentarischen Rates, 1948 in Bonn. Kein Teilnehmer, kein Medium widersprach.

Das Grundgesetz, also demnach die „Grundlage der politischen Verfassung unseres Landes", beginnt mit den Worten:

> „Im Bewusstsein seiner Verantwortung vor Gott und den Menschen … hat sich das Deutsche Volk … dieses Grundgesetz gegeben."

Ein Satz daraus ist geradezu zu einem geflügelten Wort, zu einer Redewendung geworden, nämlich Artikel 1 Absatz 1:

> „Die Würde des Menschen ist unantastbar."

Er findet begeisterte Zustimmung über die Grenzen Deutschlands hinaus. Die Europäische Union hat in deutlicher Anlehnung an diesen Satz die Menschenwürde an die Spitze der Gewährleistungen ihrer Charta der Grundrechte gestellt.

Vor der Knesset in Jerusalem äußerte Bundespräsident Horst Köhler am 2. Februar 2005:

> „‚Die Würde des Menschen ist unantastbar.' Diese Lehre aus den nationalsozialistischen Verbrechen haben die Väter des Grundgesetzes im ersten Artikel unserer Verfassung festgeschrieben. Die Würde des Menschen zu schützen und zu achten, ist ein Auftrag an alle Deutschen. Dazu gehört, jederzeit und an jedem Ort für die Menschenrechte einzutreten. Daran will sich deutsche Politik messen lassen."[4]

In seiner ersten Ansprache als Bundespräsident betonte Johannes Rau am 23. Mai 1999, die Würde jedes Menschen sei zu achten – „da steht nicht: die Würde der

---

3 Lammert, Norbert: Ansprache des Präsidenten des Deutschen Bundestages Dr. Norbert Lammert. In: Deutscher Bundestag (Hrsg.): Das Parlament – 39/08: Vor 60 Jahren: Konstituierende Sitzung des Parlamentarischen Rates 1948 in Bonn. Gedenkstunde des Deutschen Bundestages am 6. September 2008, Dokumentation S. 14.

4 Köhler, Horst: Ansprache von Bundespräsident Horst Köhler vor der Knesset in Jerusalem am 2. Februar 2005. In: Dokumentation des Bundespräsidialamtes, S. 3, http://www.bundespraesident.de/Reden-und-Interviews-,11057.622155/Ansprache-von-Bundespraesident.htm.

Deutschen".⁵ An der Richtigkeit dieser Feststellung lässt der Text des Grundgesetzes keinen Zweifel, und auch nicht daran, dass der deutsche Mensch ebenfalls Träger dieser Würde ist, eben jeder Mensch ohne Rücksicht auf Geschlecht, Abstammung, Rasse, Sprache, Heimat und Herkunft, religiöse oder politische Anschauung, wie Artikel 3 Absatz 3 ergänzt.

Was heißt „Würde" und wodurch wird die Würde angetastet? Schon in der ersten einschlägigen Verfassungsgerichtsentscheidung wird die Würde damit begründet, dass der Mensch „Träger höchster geistig-sittlicher Werte" sei und einen „sittlichen Eigenwert" verkörpere.⁶

Unbestritten ist auch, dass erst die abscheulichen Verbrechen der totalitären Regime des 20. Jahrhunderts den ausdrücklichen Rechtschutz der Würde bewirkt haben, wie es die Präambel zur Bayerischen Verfassung veranschaulicht:

> „Angesichts des Trümmerfeldes, zu dem eine Staats- und Gesellschaftsordnung ohne Gott, ohne Gewissen und ohne Achtung vor der Würde des Menschen die Überlebenden des zweiten Weltkrieges geführt hat, in dem festen Entschlusse, den kommenden deutschen Geschlechtern die Segnungen des Friedens, der Menschlichkeit und des Rechts dauernd zu sichern, gibt sich das bayerische Volk, eingedenk seiner mehr als tausendjährigen Geschichte, nachstehende demokratische Verfassung."

Begann der Angriff auf die Menschenwürde erst mit der physischen Misshandlung, Zwangssterilisierung, Vertreibung, Deportation und Vernichtung der Opfer? Oder schon mit der Diskriminierung, der Ehrabschneidung? Sind Leben, Gesundheit und Freiheit unvergleichlich ranghöher als die Ehre? „Der Güter höchstes ist das Leben nicht, der Übel größtes aber ist die Schuld", belehrt ein altes Sprichwort. Daran mag Otto Wels, der SPD-Vorsitzende, gedacht haben, als er namens seiner Fraktion am 24. März 1933 das Ermächtigungsgesetz ablehnte. Mit bebender Stimme begründete er das Nein:

> „Freiheit und Leben kann man uns nehmen, die Ehre nicht."⁷

Die allein richtige Antwort auf die Frage, ob schon leichtfertige oder böswillige kollektive Schuldzuweisungen gegen Wortlaut und Geist des Grundgesetzes verstoßen, dürfte ein klares Ja sein. Das um so mehr, wenn die Schuldzuweisung in hohem Maße entwürdigend ist. Parolen wie: „Die Juden sind unser Unglück!",

---

5 Rau, Johannes: Dankesrede von Johannes Rau nach der Wahl zum Bundespräsidenten vor der Bundesversammlung, 23. Mai 1999,
http://www.bundespraesident.de/dokumente/-,2.12097/Rede/dokument.htm.
6 Bayerischer Verfassungsgerichtshof: Entscheidungen n. F., Bd. 1, S. 29.
7 Bundesminister der Justiz, a. a. O. II, S. 64.

"Kauft nicht bei Juden!", "Die Juden sind an allem schuld!" verletzten schon damals die Würde der Angegriffenen.

> "Als ausdrucksstärkste Abkehr vom Terrorregime des Dritten Reiches erfasst die Garantie der Menschenwürde die Ächtung systematischer Vernichtung ... sowie alle Formen rassisch motivierter Diskriminierung."[8]

Im Frühjahr 1933 schrien Plakate von deutschen Litfasssäulen:

> "Die Schuldigen an diesem wahnwitzigen Verbrechen, an dieser niederträchtigen Boykotthetze sind die Juden in Deutschland."[9]

Nicht nur für Shlomo Venezia und seine Leute begann die Schoa bereits 1933 mit der "Diskriminierung der Juden".[10]

1.2 *Deutsche* Schuld"?

Ein Foto, aufgenommen wohl 1945, zeigt einen etwa zwölf Jahre alten Knaben, der intensiv ein Plakat betrachtet. Es zeigt Leichenberge aus Konzentrationslagern. Die Überschrift: "Diese Schandtaten: Eure Schuld!" Wer ist der Adressat dieser Anklage? Alle Deutschen? Auch der Knabe? Auch die Kinder und die noch nicht Geborenen eingeschlossen? Auch die Gegner Hitlers? Auch die von Hitler verfolgten Nichtjuden? Auch die längst Verstorbenen? Auch die jüdischen Deutschen? Könnte man es irgendwie rechtfertigen, allein die deutschen Juden, "Halbjuden", "Vierteljuden" von dem Schuldvorwurf auszunehmen?

> "So ist es eine schamlose Verfälschung, wenn so getan wird, als gäbe es überhaupt eine einheitliche jüdische Richtung. Die Juden sind nach allen erdenklichen Gesichtspunkten ebenso aufgespalten in verschiedene Richtungen wie jede andere Gruppe in Deutschland."[11]

Solche Anklagen stehen seit siebzig Jahren im Raum; selbst seriöse Medien erheben sie. In dem offiziell im Auftrag der Bundeszentrale für politische Bildung herausgegebenen Organ *Deutschland Archiv – Zeitschrift für das vereinigte Deutschland* heißt es in einem 2008 erschienenen Beitrag von Rainer Eckert, nachdem zunächst der Massenmord an den Juden, an Sinti und Roma und anderen Menschen als das "entsetzlichste Verbrechen der Menschheitsgeschichte" bezeichnet werden:

---

8 So stellvertretend für viele Matthias Herdegen im Grundgesetz-Kommentar von Maunz-Dürig zu GG, Artikel 1, Absatz 1, Rdnr. 36.
9 Siehe S. 66.
10 Pezzetti, in: Venezia, a. a. O. I, S. 228.
11 Flugblatt des Central-Vereins Deutscher Staatsbürger jüdischen Glaubens, Ortsgruppe Hamburg, vom April 1932, in: Heid / Schoeps, a. a. O. II, S. 281.

„Diese Schandtaten: Eure Schuld!"
(Wie sich die Texte gleichen, siehe S. 66)

„Und dieser Mord ist das deutsche Verbrechen."[12]

Ferner:

„Genauso wenig wird die Schuld der Deutschen durch die Beteiligung ausländischer Kollaborateure gemildert. Es ist die Schuld unseres Volkes, die nie vergehen wird."[13]

Der „Anklagevertreter" ist nicht irgendjemand, sondern der Direktor des Zeitgeschichtlichen Forums Leipzig.

„Es gab und gibt in Deutschland keine ernst zu nehmenden Stimmen, die die Schwere der deutschen Schuld zu nuancieren versuchten. Im Gegenteil: Alle deutschen Bundeskanzler haben sich zu dieser Schuld bekannt."[14]

Auf der eingangs erwähnten Feierstunde des Bundestages zum 60. Jahrestag der verfassungsgebenden Versammlung zitierte Alfred Grosser, als deutscher Jude selbst ein rassisch Verfolgter, beifällig Bundespräsidenten Horst Köhler, der gesagt hatte:

---

[12] Eckert, a. a. O. II, S. 117.
[13] Eckert, a. a. O. II, S. 118.
[14] Juncker, Jean-Claude: Deutschland – Israel: Anlass zur Hoffnung. In: *Rheinischer Merkur*, Nr. 14/2008, 03.04.2008.

„Die Würde des Menschen zu schützen und zu achten, ist ein Auftrag an alle Deutschen. Dazu gehört, jederzeit und an jedem Ort für die Menschenrechte einzutreten."[15]

Diesem Auftrag soll mit dem Buch hier entsprochen werden. Daher die Frage: Können Wendungen wie: „das deutsche Verbrechen", „die Schuld der Deutschen", „die Schuld unseres Volkes" oder auch „Volk der Täter", „Land der Täter", „Land der Mörder", „deutsche Schuld"[16] mit Wortlaut und Geist des Grundgesetzes in Einklang gebracht werden? Man glaubt es kaum: Diese so nahe liegende Frage wird nicht gestellt, geschweige denn eine Antwort gesucht.[17]

Kein auch nur halbwegs vernünftiger und sittlich denkender Mensch bestreitet die furchtbaren Verbrechen des Nationalsozialismus. Er bestreitet auch nicht, dass Hunderttausende Deutsche an diesen Verbrechen beteiligt waren und schwerste Schuld auf sich geladen haben.[18] Aber genügt dieser Sachverhalt, um alle Glieder des Volkes – weit mehr als 80 Millionen, zumal wenn die später Geborenen mit einbezogen werden – rechtmäßig zu stigmatisieren, mit dem Vorwurf der Komplizenschaft an dem „entsetzlichsten Verbrechen der Menschheitsgeschichte" zu entehren? Oder geht es hier nicht um Ehre und Würde, Werte von höchstem Rang? Welchem Staat wurden nicht schon Verbrechen nachgesagt und nachgewiesen? Darf man deshalb mit Blick auf die Staatsangehörigen solche Pauschalurteile fällen, ohne gegen Buchstaben und Geist unserer Verfassung zu verstoßen? Wer darauf mit Ja antwortet, muss sich fragen lassen, ob er sich damit nicht dem Kollektivismus und dem ethischen Niveau jener nähert, die zu bekämpfen er vorgibt. Die selbst ernannten Ankläger und Richter in Personalunion geben darauf keine Antwort oder behelfen sich mit der Feststellung, der NS-Genozid sei eben einmalig gewesen. Sie verraten auch nicht, ob ihre Vorwürfe als Eingebungen des Zeitgeistes eigenem Gutdünken entspringen oder zeitlose Maßstäbe als Richtschnur benutzen. Letzteres ist ganz sicher nicht der Fall.

In einem *Spiegel*-Interview äußerte Alexander Solschenizyn am 23. Juli 2007:

---

15 Grosser, Alfred: Festrede von Herrn Prof. Dr. Dr. h. c. Alfred Grosser. In: Deutscher Bundestag (Hrsg.): Vor 60 Jahren: Konstituierende Sitzung des Parlamentarischen Rates 1948 in Bonn. Gedenkstunde des Deutschen Bundestages am 6. September 2008, S. 19.

16 Heidemarie Uhl hat diese Wortverbindung sogar in einen Aufsatztitel aufgenommen „Deutsche Schuld, deutsches Leid …", in: Zuckermann, Mosheh: „Antisemitismus, Antizionismus, Israelkritik", in: *Tel Aviver Jahrbuch für deutsche Geschichte* XXXIII (2005), S. 160 ff.

17 Dabei ist die Zahl der einschlägigen Publikationen fast unüberschaubar groß. Wer daran zweifelt, gehe ins Internet und rufe die Seiten der Buchhandlung amazon.com auf, Stichwort „Holocaust".

18 „Die Vernichtung der europäischen Juden war das Werk von rund 200.000 Deutschen und ihren Helfern" (*Der Spiegel*, Nr. 11/2008, S. 42).

„Es kann nicht angehen, dass persönliche Gräueltaten von konkreten Führern oder politische Regimeverbrechen zur Schuld des russischen Volkes und seines Staates erklärt oder auf die angeblich krankhafte Psyche des russischen Volkes zurückgeführt werden, wie es im Westen oft genug getan wird. Diese Regime konnten sich nämlich nur durch den blutigen Terror in Russland halten."[19]

Niemand hat ihm widersprochen. Der israelischen Besatzung Palästinas werden immer wieder Menschenrechtsverletzungen vorgeworfen. Auch wenn es sich so verhält, darf daraus keine „jüdische Schuld" abgeleitet werden. Am 16. November 1938 klagte eine Lissabonner Zeitung:

„Tausende von Menschen sind verurteilt, für einen Mord zu büßen, den sie nicht begangen haben. Warum? Weil sie Juden sind? Unser Gewissen lehnt sich vor dieser Tatsache auf … Diese Haltung widerspricht der Gerechtigkeit, der Barmherzigkeit, der Wissenschaft und der Natur."[20]

Speziell zum Pauschalurteil über „*die* Deutschen" schreibt Alfred Grosser:

„Nichts bewirkt stärker Ausschluss und Mord als der entsetzliche bestimmte Artikel: *die* Juden, *die* Araber, *die* Russen, *die* Deutschen, *die* Korsen."[21]

Ebenso äußerte sich Simon Wiesenthal in einem Gespräch:

„Ich habe immer vermieden zu sagen ‚die Deutschen'. Aus dem einfachen Grund, weil ich nicht mag, wenn man sagt ‚die Juden'."[22]

Die Problematik wird auch nicht dadurch entschärft, dass das Wort „Schuld" durch „Verantwortung" ersetzt wird, wie folgende Feststellung zeigt:

„Eine dieser großen Fragen ist diejenige nach kollektiver Verantwortung. Die Frage lässt sich zuspitzen: Sind Juden für die Handlungen anderer Juden verantwortlich?"[23]

Ist die Würde des Menschen in Deutschland heute unantastbar? Wird der Deutsche in Deutschland wirklich als Träger der Würde – mit allen Konsequenzen – respektiert?

---

19 *Spiegel*-Gespräch mit Alexander Solschenizyn „Mit Blut geschrieben", in: *Der Spiegel*, Nr. 30/2007, S. 98. Dabei wird Stalin auch noch 57 Jahre nach seinem Tode von demokratisch legitimierten Politikern geehrt, so von Moskaus Bürgermeister Luschkow anlässlich der traditionellen Weltkriegsfeiern.
20 Thalmann / Feinermann, a. a. O. II, S. 189.
21 Grosser: Ermordung,, a. a. O. I, S. 28.
22 Wiesenthal, Simon, in: *Die Welt*, 13.09.1999.
23 Einführung Dan Diners zu Yuri Slezkines „Das jüdische Jahrhundert", a. a. O. II, S. 11.

1.3 Kriterien des Urteilens

Das Grundgesetz kennt keine spezifische Würde der Deutschen, weder in positiver noch in negativer Hinsicht. Es will eine Antiverfassung zu jeder Form des Totalitarismus und Kollektivismus sein. Daher bejaht es das Widerstandsrecht, aber eben als Recht des Einzelnen und nicht als seine Pflicht.[24] Sein Welt- und Menschenbild ist personalistisch. Jede Verurteilung von Menschen ist an ganz enge Voraussetzungen geknüpft, wie uns die Artikel 103 und 104 belehren. Schuld ist demnach etwas Höchstpersönliches. Der Dekalog, das Fundament der jüdisch-christlichen Ethik wie auch des abendländischen Rechts[25], wendet sich stets an den Einzelnen, so mit den Worten:

> „Du sollst nicht morden … Du sollst nicht falsch gegen deinen Nächsten aussagen."[26]

Der Katechismus der katholischen Kirche fußt auf den Zehn Geboten, stellt gleichsam einen amtlichen Kommentar dazu dar. Aus dem biblischen Gebot:

„Du sollst nicht falsch gegen deinen Nächsten aussagen", wird gefolgert:

> „Die Rücksicht auf den guten Ruf eines Menschen verbietet jede Haltung und jedes Wort, die ihn ungerechterweise schädigen könnten. Schuldig macht sich des vermessenen Urteils, wer ohne ausreichende Beweise, und sei es auch nur stillschweigend, von einem Mitmenschen annimmt, er habe einen Fehltritt begangen …"[27]

Das gilt für die Ankläger von damals wie von heute.

> „Um nicht vermessen zu urteilen, soll jeder darauf bedacht sein, die Gedanken, Worte und Handlungen seines Nächsten soweit als möglich günstig zu beurteilen … Üble Nachrede und Verleumdung verletzen somit die Tugenden der Gerechtigkeit und der Liebe."[28]

Neben dem Dekalog ist die Allgemeine Erklärung der Menschenrechte, beschlossen am 10. Dezember 1948, ein Meilenstein auf dem Weg in eine humanere Welt.

Die Europäische Konvention zum Schutze der Menschenrechte und Grundfreiheiten vom 4. November 1950 fügt sich widerspruchsfrei in den Geist der erwähnten Dokumente ein. Ihr geht es um den möglichst lückenlosen Schutz der individuellen Rechte und um die Unterbindung jeder Diskriminierung, „insbesondere wegen des Geschlechts, der Rasse, … der nationalen oder sozialen Herkunft", wie Artikel 14 ausdrücklich betont.

---

24 Artikel 20, Absatz 4: „… Recht zum Widerstand …"
25 Über dem Haupteingang des Justizpalastes in München sind die zwei Gesetzestafeln des Moses in Stein gehauen angebracht, eine unmissverständliche Zeichensprache.
26 Ex 20,13 ff.
27 Ecclesia Catholica, a. a. O. II, S. 622, Nr. 2477.
28 Ecclesia Catholica, a. a. O. II, S. 623, Nr. 2478 und 2479.

Schließlich sei noch der Internationale Pakt über bürgerliche und politische Rechte vom 19. Dezember 1966 erwähnt und Artikel 26 auszugsweise zitiert, der sich mit aller Schärfe gegen jedwede Diskriminierung wendet:

> „Alle Menschen sind vor dem Gesetz gleich und haben ohne Diskriminierung Anspruch auf gleichen Schutz durch das Gesetz."

1.4 Die zentrale Frage

Raul Hilberg, der namhafteste Holocaustforscher, widmet sein Werk „Täter, Opfer Zuschauer"[29] dem Dompropst Bernhard Lichtenberg. Hilberg, der der Kirche fernsteht, bringt damit zum Ausdruck, dass er diesen katholischen Geistlichen für einen Gerechten hält. In Wort und Tat hatte Lichtenberg für die verfolgten Juden gewirkt und deshalb den Tod gefunden. In den Aufzeichnungen anderer Opfer und Forscher werden sogar im Titel Helfer erwähnt, so in „Gerettet vor dem Holocaust. Menschen, die halfen"[30], „Auf der Suche nach den 36 Gerechten. Gespräche mit den wahren Helden dieses Jahrhunderts"[31], „Solidarität und Hilfe für Juden während der NS-Zeit",[32] „,Wir waren keine Helden.' Lebensretter im Angesicht des Holocaust"[33].

Dass zahlreiche Deutsche Verfolgten vielfältig geholfen haben, steht außer Zweifel. Berlin eröffnete 2008 sogar eine Gedenkstätte für „Stille Helden". Sie dokumentiert die Schicksale von Judenhelfern. Aber wie groß war ihre Zahl? Darauf wird es nie eine halbwegs exakte Antwort geben. Mit Blick auf die Nichthelfer gilt: Unterlassene Hilfe wird erst dann zur Schuld, wenn sie möglich und zumutbar war. Wer die Verpflichtung zur Hilfe weiter ausdehnt, maßt sich an, selbst verbindliche Ethik setzen zu dürfen. Die Voraussetzungen für eine Pflicht zum Handeln müssen aber in jedem Einzelfall nachgewiesen werden. So wollen es Recht und Ethik, die sich an den zitierten Kardinaltexten orientieren. Wer aus „Zuschauern" ohne Weiteres „Schuldige" macht und von „Zuschauerstaaten"[34] spricht, klagt letztlich alle Welt an.

Die Judenhelfer vom Schuldvorwurf auszunehmen, wird kaum auf Widerspruch stoßen, obwohl auch hier Kritik meist unschwer denkbar wäre, etwa: Warum wurde nicht früher, nicht häufiger, nicht umfassender geholfen? Doch wenden wir uns den Nichthelfern zu. Waren sie überwiegend Sympathisanten, ja „willige Voll-

---

29 Hilberg, a. a. O. II.
30 Leuner, a. a. O. I.
31 Halter, a. a. O. II.
32 Kosmala / Schoppmann, a. a. O. II.
33 Fogelman, a. a. O. II.
34 Siehe Thalmann / Feinermann, a. a. O. II, S. 188.

strecker" von Hitlers Judenpolitik, um an den Titel eines Goldhagenbuches anzuknüpfen?[35] Auf den ersten Blick spricht dafür, dass Hitlers innen- und außenpolitische Anfangserfolge weltweit Bewunderung auslösten, erst recht bei den bislang Arbeitslosen im Reich und denen, die unter dem „Versailler Schandfrieden" stöhnten. Auch lässt die Zahl der Opfer vermuten, dass die Zahl der Täter ähnlich groß gewesen ist. Goebbels anschauliche Propaganda tat und tut ein Übriges, um den heutigen Betrachter an die blinde Gefolgschaft der Massen glauben zu lassen. Andererseits waren die Mordorgien so sehr dem zuwider, was sittlich und gerecht Denkenden zugemutet werden kann, dass es schwerfällt anzunehmen, wenige Jahre der nationalsozialistischen „Umerziehung" konnten auch die primitivsten moralischen Schranken – errichtet im Verlaufe von Jahrtausenden – in einer einzigen Nacht der Finsternis bei Millionen niederreißen.

Angesichts der Schwere der Vorwürfe, die zum festen Bestandteil der deutschen Geschichtsschreibung werden könnten, ist es geradezu ein Gebot für jeden, der sich seiner Verantwortung für Deutschland gemäß der zitierten Präambel des Grundgesetzes bewusst ist, alle Erkenntnisquellen auszuschöpfen, um die zutreffende Antwort zu finden. Bloße Vermutungen, die auf Annahmen fußen, sind unzureichend, zumal, wenn es solide Wege zur rechten Erkenntnis gibt. Welches sind diese Wege, welches diese Quellen?

1.5 Die Quellen des historischen Wissens

In einem Gespräch mit dem Wochenmagazin *Focus* äußerte Saul Friedländer, ein namhafter jüdischer Experte, Träger des Friedenspreises des deutschen Buchhandels 2008:

> „Wer die Erfahrungen der Opfer und Täter ausblendet, verabschiedet sich vom ganzen Zusammenhang des Leidens, der Schuld und der Verantwortung, in den die einzelnen Menschen – Opfer wie Täter – gestellt waren."[36]

Die Zeugnisse der Opfer, vor allem der jüdischen Opfer, sind sogar die wichtigsten Quellen. Welchen Grund sollten diese Opfer gehabt haben, die schrecklichen Vorgänge zu beschönigen und die handelnden Personen zu entlasten? Sie informieren uns aus erster Hand. Sie verdienen daher einen eigenen Hauptteil dieses Buches. Der darauf folgende Hauptteil berücksichtigt alle anderen Quellen, als da sind die ausländischen Diplomaten und Journalisten, die „arischen" NS-Gegner, der „Mann aus dem Volk", schließlich die Täter und ihre Gehilfen.

---

35 Goldhagen, a. a. O. II.
36 „Saul Friedländer im Gespräch", in: *Focus*, Nr. 14/1998, S. 150.

Bei den Tätern und Gehilfen muss streng darauf geachtet werden, ob sich ihre Äußerungen an die Allgemeinheit wandten oder nur den Gleichgesinnten vernehmbar sein sollten. Die sogenannte „öffentliche Meinung" von damals hat den geringsten Beweiswert. Daran wird niemand zweifeln, der sich vergegenwärtigt, wie sie offiziell definiert wurde. Das Oberlandesgericht Marienwerder hat dazu bereits 1935 ausgeführt:

> „Diejenigen deutschen Volksgenossen, die noch heute beim Juden kaufen, sind kein Teil des deutschen Volkes, der die öffentliche Meinung darstellt. Die deutsche öffentliche Meinung vertritt vielmehr die Auffassung von dem sittlichen Unwert des Einkaufens bei einem Juden."[37]

Sicherlich waren es Tausende Juden, die ihre aufschlussreichen Erlebnisse in Briefen, Notizen, Tagebüchern festgehalten haben. Vieles davon ist untergegangen, beschlagnahmt, verbrannt, vernichtet, und viele dieser Zeugen haben selbst die Verfolgung nicht überlebt. Mit diesem Problem hat es jeder Historiker auf Schritt und Tritt zu tun. Umso erfreulicher ist es, dass Hunderte jüdischer Dokumente über das jüdische Leben inmitten der gewöhnlichen „arischen" Deutschen erhalten geblieben sind.[38] Viele dieser Dokumente stimmen inhaltlich überein, obwohl sie entweder von verschiedenen Personen oder aus verschiedenen Situationen stammen. Der Leser soll möglichst in die Lage versetzt werden, alles, was er für seine Urteilsbildung benötigt, authentisch zu beurteilen. Der Richter darf keinen Zeugen deshalb abweisen, nur weil er möglicherweise das Gleiche sagt wie sein Vorgänger. Hier wurde auch kein Zeuge, sei er für oder gegen die „Anklage", ausgeblendet.

Zwischen diesen Antipoden, den Opfern und den Tätern, fällt es nicht schwer, weitere Gruppen gediegener Zeugen auftreten zu lassen. So stehen den Opfern jene Deutschen nahe, die den Nationalsozialismus schon vor 1933 entschieden abgelehnt haben und dieser Ablehnung treu geblieben sind. Fast alle wurden nach 1933 selbst verfolgt. Ausnahmslos werden es Gegner des NS-Regimes gewesen sein, die dem ins Ausland geflohenen Vorstand der Sozialdemokratischen Partei Deutschlands über die Entwicklung im Reich berichteten. Das Ergebnis füllt sieben stattliche, aufschlussreiche Bände, deren Extrakt hier nicht fehlen darf.

Wer unauffällig lebte und deshalb ungeschoren blieb, kann zur Abrundung des Bildes ebenfalls einen wesentlichen Beitrag aus dem Schatz seiner Erfahrungen leisten.

---

37 Müller, Bernhard, a. a. O. II, S. 368.
38 Siehe Literaturverzeichnis, Teil 1.

Unterstellt werden darf ferner, dass in Deutschland tätige ausländische Diplomaten und Journalisten ihren Auftraggebern über das, was sich vor ihren Augen abspielte, rasch und wahrheitsgemäß berichten sollten und dies auch in der Regel getan haben. Daher ist gerade die diplomatische Post eine Quelle von besonderer Glaubwürdigkeit.

1.6 Der Wille zum Zeugnis

Gedenksteine dienen, wie das Wort schon sagt, der Erinnerung, häufig auch der Belehrung und Ermahnung. Was sagen uns die Toten, die wir auf diese Weise ehren? Soweit sie das aus ihrer Sicht Bedenkenswerte aufgezeichnet haben, sollten uns ihre Worte die vorrangigen Denkmale sein – vor den Steinen und Stelen.

> „Ich hielt es für meine heilige Pflicht, all den Unzähligen und Namenlosen sowie all denen, die ihre edle Gesinnung bewiesen haben, einen Gedenkstein zu setzen." [39]

Viele Juden haben ausdrücklich oder sinngemäß ihren Willen bekundet, von ihrem Schicksal Zeugnis abzulegen, wie es der Titel „Ich will reden"[40] veranschaulicht. Ein anderer lautet: „Ihr sollt die Wahrheit erben!"[41] Albert Herzfeld hat verfügt, dass seine Tagebücher dem Archiv der Stadt Düsseldorf übergeben werden, sobald der braune Spuk vorüber sei.[42] Bei Hélène Berr, wenig später ebenfalls Mordopfer, heißt es im Tagebuch: „Ich habe eine Pflicht zu erfüllen beim Schreiben, denn die anderen müssen Bescheid wissen."[43] Ähnlich äußerte sich Victor Klemperer, der emsigste aller Chronisten:

> „Immer das gleiche Auf und Ab. Die Angst, meine Schreiberei könnte mich ins Konzentrationslager bringen. Das Gefühl der Pflicht zu schreiben, es ist meine Lebensaufgabe, mein Beruf. Das Gefühl der *Vanitas vanitatum*, des Unwertes meiner Schreiberei." [44]

> „Aber ich schreibe weiter. Das ist mein Heldentum. Ich will Zeugnis ablegen, und exaktes Zeugnis!" [45]

> „Ich will bis zum letzten Augenblick weiter beobachten, notieren, studieren." [46]

Auch Walter Tausk, der in Breslau ein Tagebuch geführt und schließlich das Dritte Reich nicht überlebt hat, stellt sich die Frage:

---

39 Littner, a. a. O. I, U 4.
40 Glas-Larsson, a. a. O. I.
41 Lasker-Wallfisch, a. a. O. I.
42 Herzfeld, Albert, a. a. O. I, S. 7.
43 Berr, a. a. O. I, S. 169.
44 Klemperer: „Tagebücher 1942", a. a. O. I, S. 19.
45 Klemperer: „Tagebücher 1942", a. a. O. I, S. 99.
46 Klemperer: „Tagebücher 1944", a. a. O. I, S. 88.

> „Wozu dies alles notieren, wozu dieser Aufwand von begreiflicher Empörung, eines Tages bist du nicht mehr, eines Tages bist du genauso vergessen in dieser schnellebenden Zeit wie die Vorgänge der vorigen Woche, und was ist dein Urteil schon wert?"

Seine Antwort: „Ich schreib's auf, weil ich nicht anders kann."[47] Und an anderer Stelle auf die Verfolger gemünzt: „Um ihre Taten zu kontrollieren, werde ich mein Tagebuch führen."[48]

> „Hoffentlich kommen aus der Zeit viele Tagebücher auf die Nachwelt! Ungeschminkt geschrieben – damit andere Generationen ein klares Bild ... bekommen."[49]

Und Robert B. Goldmann:

> „... die Geschichte erfordert, dass Zeitzeugen die Tage jenes Novembers wahrhaftig beschreiben und der Geschichte hinterlassen."[50]

Im Warschauer Getto ist es Chaim Kaplan, der die historische Verpflichtung wahrnimmt:

> „Jeder, der solche Berichte aufzeichnet, gefährdet sein Leben, aber das schreckt mich nicht ab. Ich ahne in meinem Innern die Größe dieser Stunde und meine Verantwortung ihr gegenüber, und ich bin mir bewußt, daß ich eine nationale Pflicht erfülle, eine historische Verpflichtung, der ich mich nicht nach meinem Belieben entziehen darf ... Meine Chronik wird dem künftigen Historiker als Quellenmaterial dienen."[51]

Abschließend soll eine nichtjüdische Zeugin zu Wort kommen, die jedoch in der jüdischen Gedenkstätte Yad Vashem als „Gerechte unter den Völkern" verehrt wird, Ruth Andreas-Friedrich. Das Vorwort zu ihrem Tagebuch beginnt sie mit:

> „Dieses Buch will kein Kunstwerk sein. Dieses Buch ist Wahrheit. – Als am 10. November 1938 die Synagogen brannten, entstand in mir der Entschluß, es zu schreiben. Seine Aufzeichnung, die Sammlung seines Materials und seiner Unterlagen erfolgte Tag für Tag in den Jahren 1938 bis 1945 ... Der ganzen Welt ist es bekannt, daß wir Hitler nicht beseitigt, Goebbels nicht gestürzt, Göring nicht umgebracht haben. Nur wenige aber wissen, warum das alles nicht geschah."[52]

Diese Stimmen sind in der Tat ein Vermächtnis an alle Deutschen, das sie schon aus Gründen der Pietät verpflichtet. Aber eben auch um zu wissen, wie es wirklich war, um unseren Vorfahren, unserem Volke Gerechtigkeit widerfahren zu lassen.

---

47 Tausk, a. a. O. I, S. 196.
48 Tausk, a. a. O. I, S. 12.
49 Tausk, a. a. O. I, S. 82.
50 Goldmann, Robert: „Mehr Kristall", in: *Frankfurter Allgemeine Zeitung*, 09.11.2007.
51 Kaplan, Chaim, a. a. O. I, S. 124.
52 Andreas-Friedrich, a. a. O. II, S. 7.

Das Vermächtnis besteht in der Pflicht der Wahrnehmung und der Verbreitung des als wahr Erkannten. Das Aussterben der letzen Zeugen ist zu beklagen, ebenso wie vorher schon das Schwinden der Erinnerung: „Ach, da geht vieles durcheinander."[53] Die *Süddeutsche Zeitung* brachte im Herbst, Winter und Frühjahr 2009/2010 in ihren Wochenendausgaben eine Serie unter der Überschrift „Die letzten Augenzeugen". Die Beiträge begannen jeweils mit der Klage:

> „Eine Möglichkeit ist bald unwiederbringlich vorüber – mit jenen Menschen sprechen zu können, die den Zweiten Weltkrieg als Erwachsene erlebt haben."

Umso erfreulicher ist es, dass unter den Zeitzeugen auch und gerade die Opfer in großer Zahl Zeugnisse hinterlassen haben, die man zur Kenntnis nehmen konnte und kann – gestern, heute und morgen. Freilich, meist nicht ohne Mühe. Diese Mühe zu reduzieren ist das Anliegen des Autors.

1.7 Erinnerungen erwünscht?

Viele werden spontan antworten, alles Wesentliche sei längst veröffentlicht. Ist dem wirklich so? In den Wochen nach den antisemitischen Exzessen vom Herbst 1938 sammelte das von dem emigrierten deutschen Juden Alfred Wiener gegründete *Central Information Office* in Amsterdam (heute: *Wiener Library*, London) Beobachtungen von Betroffenen und anderen Zeugen. Sie sind – jedoch nicht alle – erst 2008, also 70 Jahre später, unter dem Titel „Novemberpogrom 1938. Die Augenzeugenberichte der Wiener Library, London" erschienen.

Am 7. August 1939, also kurz vor dem Beginn des Zweiten Weltkrieges, veröffentlichte *The New York Times* unter der Überschrift „Prize for Nazi Stories" einen Aufruf von Wissenschaftlern der Universität Harvard zur Teilnahme an einem Preisausschreiben mit einem ausgesetzten Preis von insgesamt 1000 Dollar. Zur Teilnahme war jeder berechtigt, der aus eigener Erfahung über: „Mein Leben in Deutschland vor und nach dem 30. Januar" (1933) schreiben konnte. Als Zweck wurde angegeben: Materialsammlung für „eine Untersuchung der gesellschaftlichen und seelischen Wirkungen des Nationalsozialismus auf die deutsche Gesellschaft und das deutsche Volk":

> „Bitte beschreiben Sie wirkliche Vorkommnisse, die Worte und Taten der Menschen, soweit erinnerlich … Zitate aus Briefen, Tagebüchern, Notizbüchern … geben Ihrer Schilderung die erwünschte Glaubwürdigkeit".

---

53 So Agnes Sassoon in einem Interview 60 Jahre später (Doerry: „Gespräche", a. a. O. II, S. 10).

Mehr als 250 Manuskripte gingen ein. Die meisten Autoren waren Juden, die Deutschland nach dem Novemberpogrom verlassen hatten. Bis heute sind nur wenige davon veröffentlicht, von denen etliche im Folgenden berücksichtigt werden, so die Aufzeichnungen von Karl Löwith, dem Gewinner des ersten Preises. Kann es sein, dass das Projekt stillschweigend eingestellt wurde, weil die Berichte nicht den Erwartungen entsprachen? Was einer der wissenschaftlichen Teilnehmer des Projekts aus den Einsendungen herauslas, wurde oben gleich einleitend zitiert.

Daher nochmals: Ist Erinnerung erwünscht? – Die Antwort sei dem Leser überlassen – nach Abschluss der Lektüre der hier zusammengetragenen Zeugnisse. Zunächst nur so viel. Raul Hilberg, der namhafteste Holocaustforscher, hat seinen Lebensrückblick nicht zufällig unter die Überschrift „Unerbetene Erinnerung" gestellt.[54] Warum „unerbeten"? Er nimmt an, weil es in der Holocaust-Forschung, wie auf den anderen Feldern der Geschichtswissenschaft, „keine Endgültigkeit" geben könne, manche aber um ihr dogmatisch fixiertes Geschichtsbild bangen.

> „Die unermüdliche Suche nach Erkenntnisgewinn geht weiter, und mag sie noch so aufwendig sein, damit nicht alles verloren geht und vergessen wird."[55]

Das ist Hilbergs Überzeugung, die auch diesem Projekt zugrunde liegt. In Verfolgung dieses Zieles unternimmt Teil 1 unseres Literaturverzeichnisses den Versuch, nach Möglichkeit alle jüdischen Quellen, die Antwort geben können, zusammenzustellen und so möglichst leicht jedem Suchenden zugänglich zu machen.

1.8 Wege der Interpretationen

Die Bekundungen der Zeugen sind generell um so glaubwürdiger, je geringer der zeitliche Abstand zwischen dem Geschehen und der Aufzeichnung ist.

> „Sobald aber einer der Befragten das Schweigen bricht, überfallen ihn die Schrecken der Erinnerung, er kann seiner Gefühle nicht mehr Herr werden und verfehlt die notwendige Unterscheidung … zwischen Traum und Wirklichkeit, zwischen Tatsachen und Vorurteilen … Daher kommt eine besondere Bedeutung jenen schriftlichen Zeugnissen zu, die zur Zeit des Geschehens abgefaßt wurden …"[56]

Insofern rangieren Briefe aus jener Zeit und Tagebücher an der Spitze. Dabei ist stets zu prüfen, ob es sich wirklich um Tagebücher handelt, oder ob vom Autor nur die literarische Form eines Tagebuches gewählt worden ist.[57]

---

54 Hilberg: „Erinnerung", a. a. O. II.
55 Hilberg: „Quellen", a. a. O. II, S. 234.
56 Walk, „Tagebücher", a. a. O. II, S. 11.
57 Siehe dazu Peitsch, a. a. O. II, z. B. S. 300.

Auch die amtlichen Informanten können, wie schon bemerkt, Licht ins Dunkel bringen. Bei der Bewertung ihrer Berichte ist jedoch zu berücksichtigen, dass sie dem Volk zwar „aufs Maul", aber nicht ins Herz schauen konnten. Sie hatten, soweit sie als Gehilfen der Partei tätig wurden, in der Regel einen fragwürdigen Charakter, sonst hätten sie sich nicht für eine solche Tätigkeit zur Verfügung gestellt. Ihr Charakter blieb wohl meist den Angehörigen, Nachbarn, Freunden nicht verborgen und gab zu besonderer Vorsicht Anlass. Jeder Regimegegner wusste um die Gefahren, die freie Rede heraufbeschwor. Daher das Gebet:

„Lieber Gott, mach mich stumm, dass ich nicht nach Dachau kumm!"

Schweigen und Verstellung waren die Gebote der Stunde. Auch dürfte den Informanten meist die alte Weisheit vor Augen gestanden haben: Niemand liebt den Boten schlechter Nachricht. Kein NS-Führer wollte aus seinen Illusionen herausgerissen werden. Eingedenk dieser zeitlosen Gegebenheiten werden viele Zuträger im Zweifel ihren Berichten einen regimefreundlichen Anstrich gegeben haben.

Die Täter seien ebenfalls zu hören, haben wir von Friedländer vernommen, was sich eigentlich von selbst versteht. Bei jeder einzelnen ihrer Verlautbarungen ist jedoch die Frage der Glaubwürdigkeit gesondert zu prüfen.

In einer Besprechung des gewaltigen dreibändigen Werkes von Richard Evans „Das Dritte Reich" heißt es:

„Inwiefern die Ermordung der Juden unter den Deutschen auf Zustimmung stieß, kann Evans nicht beantworten und muss noch erforscht werden."[58]

„Deutsche Schuld 1933–1945?" ist der Versuch, diesem Desiderat zu genügen.

Als der Autor Gelegenheit hatte, dieses Projekt in der *Frankfurter Allgemeine Zeitung* vorzustellen[59], kam prompt in einem Leserbrief der Vorwurf, die Zeitung habe sich so „zur Speerspitze des Antisemitismus gemacht".[60] Doch weder Lob noch Tadel, auch nicht Schläge mit der Antisemitismuskeule dürfen uns von der Frage abbringen, was damals wirklich war. Auch die damals Lebenden haben ein Recht darauf, dass über sie tunlichst die reine Wahrheit geschrieben wird.

Ja, die Zeitzeugen korrigieren das heute gängige Bild der Deutschen von damals. Da ihr Leumund über jeden Zweifel erhaben ist, lautet der nächstliegende Einwand: willkürliche Auswahl! Doch welche Top-Zeugen blieben unberücksichtigt?

---

58 Meurer, Lutz: „Ohne Erbarmen", in: *Das Parlament*, 25.01.2010.
59 Löw, Konrad: „Juden unerwünscht", in: *Frankfurter Allgemeine Zeitung*, 01.03.2007.
60 Arons, Julian und Steven: „Speerspitze", in: *Frankfurter Allgemeine Zeitung*, 09.03.2007

II. Teil

Bekundungen jüdischer Zeitzeugen

2. Antisemitismus vor Hitler

2.1 Im „goldenen Zeitalter"

„Von den Zeiten des alten Rom bis in unsere Tage hinein, in allen Ländern, welche überhaupt von Juden und Judentum Kenntnis hatten, ist der Antisemitismus nachzuweisen"[61],

schreibt Felix Goldmann in seiner Broschüre „Das Wesen des Antisemitismus", erschienen 1928 in Berlin. Auch in Deutschland gab es Antisemitismus längst vor Hitler, selbst wenn wir einen engen Begriff zugrunde legen.[62] Während des Kaiserreiches erreichten die antisemitischen Parteien 1907, zur Zeit ihrer höchsten Blüte, einen Anteil von 4 Prozent der Wähler.[63]

Im 19. Jahrhundert war wohl der namhafteste Antisemit der Historiker Heinrich von Treitschke (1834–1896). Aus dem 1879 formulierten Satz:

„Bis in die Kreise der höchsten Bildung hinauf, unter Männern, die jeden Gedanken kirchlicher Unduldsamkeit oder nationalen Hochmuths mit Abscheu von sich weisen würden, ertönt es heute wie aus einem Munde: die Juden sind unser Unglück!"[64]

– haben Nationalsozialisten die letzten fünf Worte abgetrennt und im *Stürmer* auf jeder Seite zur Legitimation ihrer Verbrechen verwendet.[65] Das „wie aus einem Munde" wurde schon damals umgehend durch zahlreiche Veröffentlichungen widerlegt, aber nicht aus der Welt geschafft.[66]

Weiteste Verbreitung fand mit einer Gesamtauflage von 330.000 Exemplaren „Das Handbuch der Judenfrage. Die wichtigsten Tatsachen zur Beurteilung des jüdischen Volkes"[67]; mit 330.000 Exemplaren wird die Gesamtauflage beziffert. Aber welche Juden fühlten sich dadurch bedroht? Wussten sie doch, dass auch die

---

61 Goldmann, Felix, a. a. O. II, S. 7.
62 Danach ist „Antisemitismus" jede feindselige Einstellung den Juden und dem Judentum gegenüber. Wer leichtfertig oder gar wider besseres Wissen wahrheitswidrige Tatsachenbehauptungen aufstellt oder verbreitet, die geeignet sind, das Ansehen der Juden oder des Judentums zu schmälern, macht sich des Antisemitismus schuldig. Entsprechendes gilt für Werturteile, Vorwürfe, Schuldzuweisungen. Daneben findet „Antisemitismus" leider eine fast willkürliche Verwendung, in der Regel um andere mundtot zu machen.
63 Zimmermann, a. a. O. II, S. 21.
64 Treitschke zitiert nach Boehlich, a. a. O. I, S. 11.
65 Dabei hätte man mit Treitschke jeder Form der Entrechtung entgegentreten können. Denn in seinem Text heißt es im Anschluss an das Zitierte: „Von einer Zurücknahme oder auch nur einer Schmälerung der vollzogenen Emancipation kann unter Verständigen gar nicht die Rede sein; sie wäre ein offenbares Unrecht …"
66 Ein Teil davon ist abgedruckt in: Boehlich, a. a. O. II.
67 1. Auflage 1887, 49. Auflage 1944.

Nichtjuden untereinander Animositäten pflegten und sich wortreich befehdeten. Das eben erwähnte antisemitische Standardwerk liefert dafür anschauliches Material. Auf den über 600 Seiten des „Handbuches" wird neben reinem Antisemitismus zugleich „die jüdische Substanz des Kirchenglaubens" immer wieder herausgestellt. Es wird also nicht nur „das jüdische Volk" verunglimpft, sondern ähnlich infam auch das Christentum:

> „Die Übereinstimmung zwischen Rom und Juda ist verblüffend. Wir denken an die Kluft zwischen Klerus und Laien, an den Aufbau der Hierarchie mit hohepriesterlicher Spitze. Judentum und Papstkirche bildeten einen übervölkischen Staat im Staate mit eigenem Recht, für das wegen seines ‚göttlichen Ursprungs' höhere Geltung verlangt wurde …"[68]

In einem Nachtrag heißt es speziell zu Pius XI. und Kardinal Faulhaber:

> „Diese Haltung der Romkirche setzt sich bis in die neueste Zeit hinein folgerichtig durch. Der Führer des preußischen Zentrums, Heß, erklärte: ‚Der Nationalsozialismus ist der Feind', und Pfarrer Mönius, der Schützling des hochgebietenden Kardinals Faulhaber (München), sagt offen: ‚Katholizismus bricht jedem Nationalsozialismus das Rückgrat' … Insbesondere ist es die enge Verbindung von Rom und Juda, das Eintreten Roms für die Belange des Judentums in jeder Form, das für die Weltanschauung eines artbewußten deutschen Staates untragbar ist. Pius XI. schrieb 1926: ‚Ich und einige Kardinäle sind Judenfreunde und unterstützen die Gesellschaft der Freunde Israels im Kampf gegen den Antisemitismus' … Faulhaber selbst, der vom Judentum der USA als einer der zehn besten christlichen Freunde des Judentums genannt wurde …, nimmt für dasselbe Partei …"[69]

Des Kaisers General Erich Ludendorff stand an der Spitze der Gottlosenbewegung, die primär dem Christentum den Kampf ansagte. Und von Treitschke heißt es:

> „Er war ein Künstler unter den Geschichtsschreibern, ganz subjektiv, von hinreißendem Schwung … Spöttisch sprach er über das bayerische Fürstenhaus, feindlich über die Katholiken."[70]

1912 erschien in Berlin Walther Rathenaus[71] Buch „Zur Kritik der Zeit", das Wesentliches in prägnanter Kürze skizziert, wenn er schreibt:

> „Die Abneigung der Juden gegen die Germanen war in der Zeit der materiellen Bedrückung lebhaft, ja leidenschaftlich. Seit zwei bis drei Generationen … stirbt sie ab und weicht bei den jüngeren Geschlechtern einer rückhaltlosen Anerkennung der Nation, der sie den wertvollsten Teil ihrer Kulturgüter verdanken. Auf

---

68 Fritsch, a. a. O. II, S. 74.
69 Fritsch, a. a. O. II, S. 576 f.
70 Neumeyer: „Fluch in Segen", a. a. O. I, S. 38.
71 Der Jude Rathenau war deutscher Außenminister, als er aus rassistischen Motiven 1922 ermordet wurde.

christlich-deutscher Seite ist die Abneigung bis vor etwa zwei Jahrzehnten stark
angewachsen, und zwar in gleichem Maße wie die Zahl, der Reichtum, der Einfluss,
die Konkurrenz, das Selbstbewusstsein und die Schaustellung der Juden fühlbar
wurde."[72]

Alle Juden wussten um ihren Facettenreichtum; sie wussten, dass es *die* Juden als
große Gemeinschaft gar nicht gab. In einem Flugblatt vom April 1932 steht zu
lesen:

> „So ist es eine schamlose Verfälschung, wenn so getan wird, als gäbe es überhaupt
> eine einheitliche jüdische Richtung. Die Juden sind nach allen erdenklichen Gesichtspunkten ebenso aufgespalten in verschiedene Richtungen wie jede andere
> Gruppe in Deutschland."[73]

Bis 1933 hatten sie kein gemeinsames Organ zur Wahrnehmung ihrer Rechte und
Interessen. Juden wirkten in allen politischen Lagern von Rechtsaußen bis in die
Reihen der Anarchisten.[74]

> „Das Verhalten einiger Stuttgarter Juden erscheint heute fast unbegreiflich; es sind
> zwar Ausnahmefälle, aber es gab sie, die sich so wenig jüdisch fühlten, daß sie auf
> eine Aufnahme in die NSDAP hofften, und die sogar die Hitlerpartei wählten, so
> lange sie das Wahlrecht hatten."[75]

Über die andere Seite des politischen Spektrums berichtete die *Jüdische Rundschau*, das Organ der deutschen Zionisten am 10. Januar 1933 unter der Überschrift „Verrohung der Sitten":

> „Wie von uns bereits in der vorigen Nummer kurz gemeldet, ist auf den Redakteur
> des ,Israelitischen Familienblattes', Hamburg, Esriel Carlebach, ein Revolverattentat verübt worden, das schwere Verletzungen des Angegriffenen zur Folge hatte …
> Der Täter ist bisher nicht ermittelt; aber es ist charakteristisch, daß in den Kreisen
> der Freunde Carlebachs sowie überhaupt in der Hamburger jüdischen Öffentlichkeit kaum daran gezweifelt wird, daß das Attentat von Juden verübt worden ist."

Als Motiv für den Mordversuch wurde angenommen, dass das Opfer es gewagt
hatte,

> „in diesen Reisebriefen nicht alles schön und gut und nachahmenswert zu finden,
> was es bei längerem Aufenthalt in Sowjetrußland geschaut hat … Ganz unabhängig davon, ob man Carlebachs Publizistik immer bejaht, … die Anwendung von
> Gewalt bei jüdisch-politischen Auseinandersetzungen darf nicht zugelassen werden."

---

72 Rathenau: „Kritik der Zeit", a. a. O. II, S. 220.
73 Heid / Schoeps, a. a. O. II, S. 283.
74 Zimmermann (a. a. O. II, S. 217 f.) füllt eine ganze Seite mit möglichen Klassifizierungen
der „heterogenen deutschen Judenheit".
75 Zelzer, a. a. O. II, S. 161.

Viele deutsche Juden lehnten die Zionisten ab, weshalb der 1. Zionistische Weltkongress 1897 entgegen der ursprünglichen Planung nicht in München, sondern in Basel stattfand. Die Assimilierten galten anderen als Verräter, erst recht die „Taufjuden". Aschkenasim und Ostjuden hatten mindestens ähnliche Probleme miteinander wie Bayern und Preußen. Die Kontroversen wurden damals – wie heute – mit großer Heftigkeit ausgetragen. So tadelte Robert Weltsch noch 1933: „Renegatentum ist eine Schmach." [76]

Mehrere eingesessene jüdische Vereine nahmen keine Ostjuden auf.[77]

> „Die Freundschaft Polens mit Deutschland kam nun dessen Staatsangehörigen im Reich zugute. Und dies waren fast nur Ostjuden; jene Ostjuden, Galizier, Planjes und Pollacken, zu deren Bekämpfung soviel oratorische Kraft aufgewendet worden war. Die Ostjuden haben dieses Privileg auch weidlich ausgenutzt und auch diejenigen entpuppten sich als solche, die vorher immer ihre Herkunft verleugnet hatten. Man trug das rot-weiße Bändchen mit dem weißen polnischen Adler stolz im Knopfloch. Und wie vorher die Mehrzahl der deutschen Juden es nicht zugeben wollte, dass auch in Deutschland einmal der Antisemitismus zu schaffen machen werde, so glaubten nun umgekehrt die polnischen Juden, sie wären die allein gesicherten. Welche schmähliche Enttäuschung sollten aber gerade sie erleben. In den ersten Jahren der Hitlerregierung hatten sie es gut."[78]

Die Tochter des Hamburger Oberrabbiners Joseph Carlebach glaubte zu wissen, seine Begeisterung für sein Amt sei gedämpft worden „angesichts der schier unüberbrückbaren Abgeschlossenheit und Intoleranz einer jeden jüdischen ‚Landsmannschaft' der anderen gegenüber".[79]

Von damals und München ist bei Bertha Badt-Strauss die Rede:

> „Aber das war das wohltuende in dieser heitern Stadt: es schien dort in der Zeit der innerjüdischen Kämpfe ein ‚parteibefreites Judentum' zu geben, wie es ein Freund später ausdrückte."[80]

Berlin und Frankfurt am Main sind die Schauplätze, auf denen sich das Leben des 1864 geborenen Franz Oppenheimer Ende des 19. Anfang des 20. Jahrhunderts unbekümmert abspielte:

> „Zum ersten Male griff der Antisemitismus, das schwere Schicksal aller deutschen Juden meiner und der folgenden Generation, in meinen Werdegang entscheidend ein. Bis dahin hatte ich persönlich kaum etwas davon verspürt: mein Verhältnis

---

76 Weltsch, Robert: „Tragt ihn mit Stolz, den gelben Fleck", in: *Jüdische Rundschau*, 04.04.1933
77 Drobisch, a. a. O. II, S. 28.
78 Gottheil, a. a. O. I, S. 629.
79 Gillis-Carlebach, a. a. O. I, S.13.
80 Badt-Strauss, a.a.O. I, S. 197 f.

sowohl zu meinen Lehrern wie auch zu meinen christlichen Mitschülern war das beste, namentlich in den höheren Klassen ..."[81]

Wegen seiner Befürchtungen gab er den Plan auf, als Philologe an einer höheren Lehranstalt zu wirken. Doch er weiß auch Erfreuliches zu berichten:

„Im Jahre 1917 überraschte mich das Kultusministerium [in Preußen] mit der Ernennung zum Titularprofessor. Es war die zweite Liebenswürdigkeit, die mir mein Ministerium erwies."[82]

Schon zwei Jahre später folgte die Ernennung zum ordentlichen Professor. Entgegen einer weitverbreiteten Ansicht waren Juden unter akademischen Lehrern nicht unterrepräsentiert. Eine um 1900 angestellte Erhebung kam vielmehr zu folgendem Ergebnis:

„Akademische Dozenten aller Stufen (kamen) auf eine Million der menschlichen Bevölkerung berechnet: für die Katholiken 35, die Evangelischen 106,5, die Juden 689,9"

(bezogen auf Preußen[83]).

Diese statistischen Befunde erinnern an eine Erfahrung Raul Hilbergs, die er in den USA machte:

„Als ich dann in Burlington (Vermont) ankam, spürte ich, daß mir keine Gefahr drohte. Man diskriminierte Katholiken. Mich eingerechnet, bestand die neunköpfige Abteilung für Politikwissenschaft aus sechs Protestanten und drei Juden."[84]

Viele Juden schafften einen beachtlichen, mitunter sogar atemberaubenden Aufstieg, wirtschaftlich wie gesellschaftlich.

„Im frühen 19. Jahrhundert gehörten 30 von 52 Privatbanken in Berlin jüdischen Familien. Hundert Jahre später hatten sich viele dieser Banken in Aktiengesellschaften unter der Leitung jüdischer Manager verwandelt, von denen einige unmittelbar mit den ursprünglichen Besitzern oder miteinander verwandt waren."[85]

„Von 1908 bis 1911 machten Juden 0,95 Prozent der deutschen Bevölkerung, aber 31 Prozent der reichsten Familien Deutschlands aus."[86]

Daneben gab es bettelarme Juden, ein Kontrast, der Kritik begünstigte. Zu den üblichen Gruppierungen kam noch die Unterscheidung in einheimische „Westju-

---

81 Oppenheimer, Franz: „Lebenserinnerungen", a. a. O. I, S. 65.
82 Oppenheimer, Franz: „Lebenserinnerungen", a. a. O. I, S. 247.
83 Hammerstein, a. a. O. II, S. 12.
84 Hilberg: „Erinnerung", a. a. O. II, S. 89.
85 Slezkine: „Moderne", a. a. O. II, S. 27.
86 Slezkine: „Moderne", a. a. O. II, S. 28 f. Tabellen über den „Anteil der Juden am Steueraufkommen im Jahre 1907", über den „Anteil der Juden an den Direktoren- und Aufsichtsratsstellen im Jahre 1910" bietet Westphalen, a. a. O. II, S. 77 f.

den" und Ostjuden hinzu, die nicht nur Soziologen beschäftigte, sondern auch von Persönlichkeiten des öffentlichen Lebens mit harten Worten thematisiert wurde, so von Walther Rathenau[87]:

> „Drohender erhebt sich die gesellschaftliche, die Kulturfrage. Wer ihre Sprache vernehmen will, mag an Berliner Sonntagen mittags um zwölf durch die Thiergartenstraße gehen … Seltsame Vision! Inmitten deutschen Lebens ein abgesondert fremdartiger Menschenstamm, glänzend und auffällig staffiert, von heißblütig beweglichem Gebaren. Auf märkischem Sand eine asiatische Horde."

In ihrem Kampf gegen *den* Juden griffen Jahrzehnte später die Nationalsozialisten auf derartige Texte zurück, obwohl oder weil sie von Juden waren.[88] Jüdischer Antisemitismus, so widersprüchlich diese Wortkombination auch klingt, ist ein aus der Geschichte gegriffenes Phänomen, an dem kein Sachkundiger zweifelt. Man denke nur an Karl Marx[89] und seinesgleichen.

Auf die Reibungsflächen anspielend erzählt Rahel Straus:

> „Das klingt nun so, als ob unser Leben sich in ständigem politischem Kampf aufgerieben hätte. Das war durchaus nicht der Fall. Viele politische Gegner waren unsere guten Freunde, und die jours-fixes, die wir eingeführt hatten, sahen die verschiedenartigsten Menschen in unserem Hause, Juden und Nichtjuden. Es gehört zu den sonderbaren Dingen, die den meisten Juden gar nicht auffielen, daß im allgemeinen der Verkehr zwischen Juden und Nichtjuden doch nur ein sehr geringer war. Das war keine Judenfeindschaft, nur eine Fremdheit… Ich habe dies Gefühl eigentlich nie gehabt; vielleicht, weil ich schon im Gymnasium als einzige Jüdin nur christlichen Verkehr hatte…"[90]

Wenige Seiten später schwärmt sie von „jener ruhigen, glücklichen Vorkriegszeit, da unsere jours-fixes stattfanden und einen frohen Kreis bei uns versammelten."[91]

Stefan Zweig, Jude wie Straus, beginnt seine Erinnerungen „Die Welt von gestern" mit geradezu hymnischen Tönen:

> „Wenn ich versuche, für die Zeit vor dem Ersten Weltkrieg, in der ich aufgewachsen bin, eine handliche Formel zu finden, so hoffe ich am prägnantesten zu sein, wenn ich sage: es war das goldene Zeitalter der Sicherheit."[92]

Dieses Urteil hat die Kaiserstadt Wien vor Augen. Aber auch mit Blick auf das deutsche Kaiserreich sind solche guten Erinnerungen zu vernehmen.

---

87 Rathenau, a. a. O. II, S. 3 f.
88 Graf, a. a. O. II, S. 131.
89 Löw: „Marx", a. a. O. II, S. 205 ff.
90 Straus, a. a. O. I, S. 162.
91 Straus, a. a. O. I, S. 166.
92 Zweig, Stefan, a. a. O. I, S. 13.

Cilly Neuhaus lebte in Frankfurt am Main und sammelte dort ähnliche Erfahrungen:

> „Ich brauche Ihnen nicht zu erzählen, wie angesehen in der ganzen Welt die jüdische Gemeinde Frankfurt am Main war und wie schön und erhebend das Leben für alle Bürger der Stadt ungeachtet der Religion gewesen ist …, bis dann Hitler und alles Grauen über die Frankfurter Juden kamen."[93]

Abraham Hochhäuser hatte die Hauptstadt Schlesiens vor Augen, als er schrieb:

> „Breslau ist zu meiner zweiten Heimatstadt geworden, … in der ich in die Schule ging, den Kaufmannsberuf lernte und mit Menschen aus allen Kreisen der Bevölkerung ein harmonisches und menschliches Verhältnis fand … Der Jude war, bevor Hitler und seine Partei im deutschen politischen Leben eine Rolle zu spielen begann, als Handwerker und Geschäftsmann geachtet und geschätzt. Daran änderte auch ein gewisser Antisemitismus nichts, der von jeher – und nicht allein in Deutschland – von einigen Kreisen verfochten wurde. Er war jedoch bei weitem nicht so stark, daß er unser Zusammenleben mit den Andersrassigen und -gläubigen hatte vergiften können."[94]

Aus Breslau kam Eugen Spiro um die Jahrhundertwende nach München:

> „Meine Münchner Studienzeit … habe ich noch heute als beglückende Jahre in Erinnerung. Wohl hatte ich gleich am Anfang, als ich Schüler der Akademie in der Lindenschmitt-Klasse wurde, einen peinlichen Schrecken: gegenüber unserem Atelier war die Dietz-Klasse, an deren Tür ein Plakat hing ‚Den Juden ist der Eintritt verboten.' Das war 1894; ich kam aus Breslau, wo ich in meiner Kindheit, am Gymnasium und in der Kunstschule den Begriff des Antisemitismus nicht kennengelernt hatte. Im übrigen aber hatte ich während meiner Studienjahre in München persönlich nie eine anti-jüdische Gesinnung verspürt."[95]

Max Kirschner, 1886 in München geboren, erinnerte sich:

> „Ich habe nie, weder in der Volksschule noch im Gymnasium und auch danach nicht, etwas wirklich Unangenehmes erlebt … Die Juden sahen sich als festen Bestandteil dieser aufblühenden Gesellschaft. Die Westjuden waren überzeugt, daß Krieg und Verfolgung für immer vorüber seien, daß sie am Beginn einer Ära ewigen Friedens und allgemeinen Wohlbefindens stünden."[96]

> „Wenn ich zurückdenke, gab es zwischen Ost- und Westjuden immer einen Riss, und ich kann nicht leugnen, daß wir uns ihnen überlegen fühlten."[97]

---

93 Cilly Neuhaus in einem Brief, aufbewahrt im Jüdischen Museum Frankfurt am Main, Sig. A 042.
94 Hochhäuser, a. a. O. I, S. 6.
95 Spiro, a. a. O. I, S. 171.
96 Kirschner, a. a. O. I, S. 7 f.
97 Kirschner, a. a. O. I, S. 11 f.

Als Studentin, aber auch später kam Margarete Susman weit in Deutschland herum, Hannover, Düsseldorf, München, Berlin. Doch in ihren Erinnerungen taucht Antisemitismus erst mit Hitler auf, aber auch da nicht als eigene Erfahrung.[98] Das Gesagte gilt nicht minder für Immanuel Birnbaum, 1884 in Königsberg geboren, nach dem Zweiten Weltkrieg Chefredakteur der *Süddeutschen Zeitung*. In seiner umfangreichen Biografie findet sich nichts, was auf Erlebnisse von Judenfeindschaft vor 1933 hinweisen würde. Kann es wirklich sein, dass sie, diese wachen Zeitgenossen, solche verdrängt haben?

Alfred Neumeyer, gebürtiger Münchner, Jahrgang 1867, später wegen seiner vielen Funktionen im jüdischen Leben Bayerns liebevoll „König der Juden" genannt, schwärmt in seinen Erinnerungen: „Am Prinzregenten hing mein Vater mit ganzem Herzen",[99] und an anderer Stelle: „Die Wittelsbacher Fürsten waren uns immer freundlich gesinnt gewesen."[100] Der Prinzregent regierte Bayern von 1886 bis 1912, und Neumeyer brachte es bis zum Oberstlandesgerichtsrat.

Volle drei Jahrzehnte regierte in Preußen Kaiser Wilhelm II., von 1888 bis 1918. War er den Einflüsterungen seines Hofpredigers erlegen? Falls ja, dann nicht auf Dauer, sonst hätte er ihn nicht entlassen. Auch empfing er Theodor Herzl, den namhaftesten Vorkämpfer des Judenstaates. Die jüdischen Studentenverbindungen ließen ihn an seinem Geburtstag hochleben. Die Stadt Haifa ehrte den deutschen Kaiser mit einem Obelisken. *Die Welt* schrieb am 28. Oktober 1898:

> „Die Erlöserkirche weihte er ein. Aber auch die Klagemauer mit den frommen Gestalten, die sich betend und weinend an sie lehnen, sieht der Sohn des edlen Vaters, der den Antisemitismus als eine Schmach unseres Jahrhunderts gebrandmarkt hat, denn er begreift das tiefinnerste Geheimnis unserer Zeit."[101]

Vier Wochen vorher hatte Wilhelm II. seinem Onkel, dem Großherzog Friedrich von Baden, recht glaubwürdig dargelegt:

> „… daß die Juden den Heiland umgebracht haben, das weiß der liebe Gott noch besser als wir, und er hat sie demgemäß bestraft. Aber weder die Antisemiten noch andere noch ich sind von Ihm beauftragt und bevollmächtigt, diese Leute auch auf unsere Manier zu kujonieren in *majorem Dei Gloriam*!"[102]

---

98 Susman, a. a. O. I.
99 Neumeyer: „Fluch in Segen", a. a. O. I, S. 41.
100 Neumeyer: „Fluch in Segen", a. a. O. I, S. 145.
101 Erter, Otto: „Die Kaisertage in Jerusalem", in: *Die Welt*, 28.10.1898.
102 Elon, a. a. O. II, S. 274 f.

2.2 Der Erste Weltkrieg und der „jüdische Bolschewismus"

Als der Krieg begann, überwand der Hurra-Patriotismus alle ständischen, rassischen, religiösen, landsmannschaftlichen und pekuniären Barrieren der Deutschen. Auch dass die Feinde Deutschland den Krieg aufgenötigt hatten, war die Überzeugung aller, die sich zu Worte meldeten.

> „Die letzten Zulassungsbeschränkungen für Juden im Staatsdienst wurden aufgehoben. Hunderte, später Tausende wurden zu Offizieren ernannt."[103]

Einer davon war Hugo Guttmann, der für Adolf Hitler das Eiserne Kreuz beantragt hatte. Karl Löwith steht mit seiner Erfahrung nicht allein:

> „Einen Unterschied der *Rasse* habe ich während meines ganzen Frontlebens weder von der Mannschaft noch vom Offizierskorps jemals zu spüren bekommen."[104]

> „Ich hörte von vielen Gefallenen [Juden] und von manchen, die zu Offizieren befördert worden waren, während vor dem Kriege, in Preußen wenigstens, ein Einjähriger jüdischen Glaubens es nicht höher hatte bringen können als zum Gefreiten",

ergänzt Max Reiner[105].

Zumindest in besonders nationalen Kreisen löste Nahum Goldmann, später als „Führer der jüdischen Nation"[106] gefeiert, beifällige Verwunderung aus, als er mit zündenden Worten vom Krieg eine neue Weltordnung erwartete, die der militaristische Geist bewirken werde:

> „Man kann den Sinn und die historische Mission unserer Zeit in einem zusammenfassen: ihre Aufgabe ist es, die Kulturmenschheit neu zu ordnen, an die Stelle des bisher herrschenden gesellschaftlichen Systems ein neues zu setzen ... Alle Um- und Neuordnung besteht nun in zweierlei: In der Zerstörung der alten Ordnung und im Neuaufbau der neuen."[107]

Abschließend verlieh Goldmann der Hoffnung Ausdruck:

> „Erst muß der Militarismus gesiegt haben; alles andere wird sich dann schon von selbst ergeben. Alle Lehren der Geschichte, alle Zeichen der Zeit, alle Erkenntnis der Motive und Eigenarten der Gegner geben uns die Gewissheit, daß er siegen wird."[108]

Im Geleitwort schrieben die Herausgeber:

---

103 Elon, a. a. O. II, S. 301.
104 Löwith, a. a. O. I, S. 3.
105 Heid / Schoeps, a. a. O. II, S. 187.
106 Goldmann, Nahum, a. a. O. I, Bd. 1, Umschlag.
107 Goldmann, Nahum: „Militarismus", a. a. O. II, S. 37.
108 Goldmann, Nahum: „Militarismus", a. a. O. II, S. 42.

"Diese Schrift gewinnt an Bedeutung durch die Person ihres Verfassers: Nachum [sic!] Goldmann ist von Geburt russischer Jude … In früher Jugend nach Deutschland gekommen, ist er in seinem Denken und Empfinden ein so guter Deutscher geworden, daß er diese schöne Schrift für Deutschland schreiben konnte."[109]

Amos Elon hält es für berichtenswert, dass es vier namhafte jüdische Naturwissenschaftler waren, die Giftgas als Waffe für das Reich entwickelten.[110]

Er zitiert auch mehrere Hassgesänge gegen Deutschlands Feinde, die den Hass späterer Jahre mit vertauschten Rollen von Tätern und Opfern vorwegnehmen.[111] Der „Hassgesang gegen England" beginnt mit:

„Dich werden wir hassen mit langem Hass/
Wir werden nicht lassen von unserem Hass…"[112]

Die optische Einheit aller Deutschen begann zu bröckeln, als die Opferzahlen stiegen, durchschlagende Erfolge an der Westfront ausblieben und Hunger den Alltag in der Heimat begleitete. Die Suche nach den Schuldigen begann. Der Soldat Max Reiner schildert die veränderte Stimmung sehr anschaulich:

„Zum ersten Mal nahm ich während dieses kurzen Urlaubs [1917 in Berlin] eine starke antisemitische Strömung wahr, hörte ich von christlichen Bekannten scharfe Äußerungen darüber, daß die Juden Kriegsgewinnler seien, daß sie sich die Posten im Hinterland zu sichern wüßten, in der Kriegswirtschaft, und daß sie an der Front die ‚Druckposten' hätten. Ich versuchte festzustellen, wieviel an diesen Behauptungen der Wahrheit entsprach, wieviel Übertreibung und wieviel böswillige Erfindung war. In meinem eigenen jüdischen Bekanntenkreis kannte ich außer einigen Journalisten, die auf Ludendorffs Anweisung vom Kriegsdienst enthoben worden waren, keinen kriegsdiensttauglichen Mann, der nicht an der Front war."[113]

Friedrich Solon schildert seine Kriegs- und unmittelbaren Nachkriegserfahrungen:

„Abgesehen von diesen drei Fällen von Antisemitismus, die ich selbst mehr von einem sportlichen Standpunkt aus betrachtet hatte [Solon konnte sich jeweils erfolgreich zur Wehr setzen], fühlte ich mich nach dem Krieg noch mehr mit dem Ganzen verschmolzen als zuvor. Das jüdische Blut, das geflossen war, die ständige Kameradschaft … ließen in mir keinen anderen Gedanken aufkommen, als daß ich

---

109 Goldmann, Nahum: „Militarismus", a. a. O. II, S. 5. Jahrzehnte später versicherte Goldmann („Paradox", a. a. O. II, S. 33): „Ich würde sie [diese Texte] heute nicht mehr schreiben."
110 Elon, a. a. O. II, S. 308.
111 Elon, a. a. O. II, S. 312 ff.
112 Elon, a. a. O. II, S. 314.
113 Heid / Schoeps, a. a. O. II, S. 187.

nun im Schmucke meiner Würden und Auszeichnungen mein alte Leben ... würde wieder anfangen können."[114]

Was dann aber geschah, teilt uns Rahel Straus, ebenfalls Zeitzeugin, mit:

„In München hatte keiner den Mut gehabt, sich vor den König zu stellen. Die revolutionäre Gruppe – von Eisner geführt – war dann in die Zeitungsdruckerei gegangen, hatte den Druck unterbrechen lassen und verlangt, daß ihr Aufruf gedruckt werde. Am nächsten Morgen lasen wir, daß der König geflohen und eine neue provisorische Regierung im ‚Freistaat Bayern' gebildet sei. Der Aufruf war von Eisner unterzeichnet. Eisner war ein Journalist, ein Jude, ein linker Sozialdemokrat ... Es war eine merkwürdige, unglaubliche Sache: Keiner stand auf gegen die neue Regierung. Wo waren alle Beamten, Offiziere, Lehrer, die dem König, der Verfassung die Treue geschworen hatten? Sie stellten sich alle ‚auf den Boden der Tatsachen'."[115]

Anfang Dezember 1918 schrieb das Blatt des „Centralvereins deutscher Staatsbürger jüdischen Glaubens":

„Kurt Eisner, der ‚galizische Jude', wird besonders in Bayern mit großer Schärfe bekämpft. Das ist das gute Recht der Bayern und aller Politiker, die mit den gefährlichen Eigenbröteleien des neuen bayerischen Ministerpräsidenten unzufrieden sind. Die meisten seiner Handlungen werden ja auch von liberalen, also von ‚jüdischen' Blättern aufs Entschiedenste verurteilt."[116]

Nach Moritz Julius Bonn, 1933 seiner Abstammung wegen als Rektor entlassen, war es „Eisner, ein norddeutscher Jude", der „als Haupt der Revolution" den plötzlich ausgebrochenen Antisemitismus hervorgerufen hatte. Bonn fährt fort:

„Ich hatte bis dahin München recht tolerant gefunden. Wer von Fremden nach München kam und sich dem Münchener Wesen anpaßte, wurde ohne weiteres akzeptiert; paßte er sich nicht an und lebte er nach seiner Weise, so war das auch gut, so lange er seine Münchener Mitbürger nicht störte ... ein echt-bayerischer Jude war in der Regel populärer als ein echt-preußischer Protestant."[117]

Die Ärztin Rahel Straus teilte die Meinung Bonns und wies auf eine frische Wunde hin, die sich zum Krebsgeschwür entwickeln sollte:

„Am schlimmsten war es wohl in München; hier waren nicht nur unter den Führenden viele Juden, sondern noch mehr unter all den Angestellten, die man im Regierungsgebäude traf ... Es war ein Unglück und der Anfang der jüdischen Katastrophe ... Und es ist nicht so, daß wir das erst heute wissen, wir haben es damals schon gewußt und ausgesprochen."[118]

---

114 Heid / Schoeps, a. a. O. II, S. 237.
115 Straus, a. a. O. I, S. 224 f.
116 *Im deutschen Reich*, Nr. 12/1918, S. 459. Näheres zu Eisner siehe Löw: „Die Münchner", a. a. O. II, S. 37 ff.
117 Bonn, a. a. O. I, S. 227.
118 Straus, a. a. O. I, S. 102.

Damals dürften sich viele, Juden wie Nichtjuden, Fragen gestellt haben, auf die auch der hoch angesehene Literat Jakob Wassermann keine Antwort wusste:

> „Warum ist gerade aus dem altehrwürdigen, in heiligen Traditionen ruhenden Judentum der politische Radikalismus erwachsen? … War der Kulturaufstieg gewisser Gruppen zu jäh und hat ihnen den Boden unter den Füßen entzogen? Ist es Herrschgier? Ist es Sklavenaufstand? Ist es Aposteltum und Märtyrertrieb oder herostratisches Gelüst? – Fragen über Fragen …"[119]

Im April 1919 ließ Lenin der Münchner Räterepublik, zu deren Ausrufung auch seine Kader verholfen hatten, seine Glückwünsche und Erwartungen übermitteln. Doch schon Anfang Mai bereiteten Freikorps dem „jüdischen Bolschewismus" in Bayern ein Ende. Werner Cahnmann[120], der damals in München vor dem Abitur stand, spricht rückblickend von den „auflösenden Gedankenführungen des von Marx herkommenden russischen Kommunismus"[121], die den Weg aus den „verwirrenden Auseinandersetzungen der Gegenwart" nicht weisen konnten.

Aussagekräftig ist ein Plakat der Ortsgruppe München des „Centralvereins deutscher Staatsbürger jüdischen Glaubens" aus dem Jahre 1919:

> „Die Juden sollen an allem schuld sein, so tönt es heute aus hinterhältig verbreiteten Flugblättern, so reden es verhetzte Leute auf der Straße nach. Wir Juden sollen schuld sein, daß der Krieg kam … Was ein paar Führer jüdischer Herkunft gewirkt haben zum Guten und zum Bösen, haben sie selbst zu verantworten, nicht die jüdische Gesamtheit … Wir fordern unser Recht, wie bisher friedlich weiter zu arbeiten in unserem deutschen Vaterland …"[122]

Die *Bayerische Staatszeitung* vom 26. Juli 1919 brachte eine Anzeige, die mit den Sätzen beginnt:

> „Bayerns Juden haben bisher friedlich und einträchtig mit der übrigen Bevölkerung zusammengelebt und gearbeitet und Freud und Leid mit ihr geteilt. Seit mehreren Monaten aber herrscht eine wilde antisemitische Hetze … Es ist bekannt, wer hinter der Sache steht und die Millionen für diese einheitlich organisierte Hetze liefert. Es sind dieselben antisemitisch-reaktionären Kreise, denen das Volk die wahre Schuld am Unglück des Vaterlandes beimißt …"

Und dann folgt fettgedruckt über die ganze Breite des Blattes:

> „Sie wollen die Juden zum Sündenbock machen."

---

119 Wassermann, a. a. O. I, S. 121 f.
120 So die ursprüngliche Schreibweise des Namens; später Cahnman.
121 Cahnmann: „Juden in München", in: Lamm, „Vergangene Tage", a. a. O. II, S. 31.
122 Friedrich, Arnold: „Anschläge. Politische Plakate in Deutschland 1900–1970". Ebenhausen 1972, S. 95.

Die Juden

sollen an Allem schuld sein,

so tönt es heute aus hinterhältig verbreiteten Flugblättern,
so reden es verhetzte Leute auf der Straße nach.
Wir Juden sollen schuld sein, daß der **Krieg** kam, aber in der Regierung und Diplomatie, in der Rüstungsindustrie und im Generalstab saßen

keine Juden.

Wir sollen **auch** schuld sein, daß der Krieg vorzeitig abgebrochen wurde.
Wir sollen schuld sein an allen Uebeln des Kapitalismus und **zugleich** an den Leiden der Revolution, die diese Uebel beseitigen will.
Was ein paar Führer jüdischer Herkunft gewirkt haben zum Guten und zum Bösen, haben sie selbst zu verantworten,

nicht die jüdische Gesamtheit.

Wir lehnen es ab, die **Sündenböcke** abzugeben für alle Schlechtigkeit der Welt.
Wir fordern unser Recht, wie bisher friedlich weiter zu arbeiten in unserem deutschen Vaterland, mit dessen Gedeihen in Zeiten der Macht wie der Niederlage auch unser Wohl unauflöslich verbunden ist.

Die Ortsgruppe München
des Centralvereins deutscher Staatsbürger jüdischen Glaubens.

Druck von B. Heller, München.

„Was ein paar Führer … gewirkt haben …, haben sie selbst zu verantworten."
„Wir lehnen es ab, die Sündenböcke abzugeben …"

Die Suche nach dem Sündenbock wurde fortgesetzt und fand ihren sichtbaren Ausdruck in der 1919 gegründeten NSDAP, die sich in ihrem Programm des Jahres 1920 offen zum Antisemitismus bekannte. Am 19. März 1920 schrieb Gershom Scholem aus München an seine Eltern:

> „Ich hatte mit einem Antisemiten auf der Straße eine Schlägerei, hier war auch große Pogromhetze. Jetzt ist aber alles wieder ruhig, nur die Buchdrucker streiken. Bei Euch auch?"[123]

In einem Interview äußerte der Führer der NSDAP, Adolf Hitler, Ende 1923:

> „Die Judenfrage ist ein Krebsgeschwür … Glücklicherweise sind die sozialen und politischen Geschwüre nicht unheilbar. Man muss sie herausschneiden. Wenn wir wollen, dass Deutschland lebt, müssen wir die Juden vernichten."[124]

2.3 Jahre der Stabilisierung

Solche Tiraden, soweit sie überhaupt zur Kenntnis genommen wurden, beunruhigten nur wenige, war doch die NSDAP auf Reichsebene noch jahrelang eine Splitterpartei. Gershom Scholem zählt zu den Ausnahmen:

> „Aber es war doch erschreckend, die Blindheit der Juden, die von alledem nichts wissen und nichts sehen wollten, wahrzunehmen. Sie hielten das alles für eine vorübergehende Erscheinung. Das belastete meine Beziehungen zu Münchener Juden sehr, da sie außerordentlich kriggelig und böse wurden, wenn man die Rede darauf brachte."[125]

Noch anschaulicher sind seine Empfindungen, wenn er schreibt:

> „Auf meinem Weg zur Universität oder Bibliothek kam ich jeden Morgen an dem prunkvollen Palais vorbei, das Professor Pringsheim, der jüdische Schwiegervater Thomas Manns, bewohnte, und ich sinnierte über die Gefühllosigkeit eines reichen Mannes, der ein solch pompöses Gebäude mitten in der Stadt errichtet, ohne auch nur einen Gedanken an die Reaktion der Passanten zu verschwenden, die mir manches Mal zu Ohren kam."[126]

Gershom Scholem, seine Eltern und sein Bruder verkörpern auf unüberbietbare Weise die Zerrissenheit, die in jüdischen Familien trotz zunehmender Gefahr häufig anzutreffen war.

Gewalt als Mittel der Politik auch und gerade gegen Juden einerseits und deutliche Zeichen einer auf gute Nachbarschaft bedachten Mehrheit andererseits kenn-

---

123 Scholem, Betty, a. a. O. I, S. 68.
124 Xammar, Eugeni: „‚Das Schlangenei' – Berichte aus dem Deutschland der Inflationsjahre 1922–1924", Berlin 2007, S. 146.
125 Scholem: „Berlin", a. a. O. I, S. 153.
126 Scholem: „Berlin", a. a. O. I, S. 169.

Antisemitismus vor Hitler

zeichnen diese Jahre. Als Außenminister Walther Rathenau am 1922 ermordet wurde, galt die Tat nicht dem Juden, sondern dem Erfüllungspolitiker, wie einer der Täter einräumte. Noch aufschlussreicher ist, was über sein Begräbnis berichtet wird:

> „Es war die größte Trauerfeier in Deutschland seit Menschengedenken. Zwei Millionen Berliner säumten im Regen die Straßen, durch die der Sarg zum Jüdischen Friedhof Weißensee gebracht wurde."[127]

Mit zwiespältigen Gefühlen schreibt Jakob Wassermann seine Beobachtungen nieder:

> „Ich erkannte aber bald, daß die ganze Öffentlichkeit von Juden beherrscht wurde. Die Banken, die Presse, das Theater, die Literatur, die gesellschaftlichen Veranstaltungen, alles war in den Händen der Juden ... Daß die Juden als die beweglichste Gruppe alle übrigen in unaufhörlicher Bewegung hielten, ist nicht weiter erstaunlich. Dennoch war meine Verwunderung groß über die Menge von jüdischen Ärzten, Advokaten, Klubmitgliedern, Snobs, Dandys, Proletariern, Schauspielern, Zeitungsleuten und Dichtern."[128]

Er empfand Scham, „am quälendsten natürlich, wo Blut- und Rasseverwandtschaft im Spiel ist".[129]

Aus Berlin berichtete Betty Scholem am 3. März 1924 ihrem in Jerusalem lebenden Sohn Gershom eine „Groteske", wie sie sich ausdrückte:

> „Onkel Georg sagte, seine christliche Praxis ... sei fast völlig zusammengeschrumpft u. dies habe er einzig u. allein Werners Auftreten in der Öffentlichkeit zu verdanken!!! [Werner, ihr erster Sohn, war KPD-Abgeordneter.] Ich habe ja ein Hohngelächter losgelassen u. ihn gefragt, ob er noch nie etwas von Antisemitismus gehört! Nein, seine Klienten seien nicht anti, aber das dumme Gajes [Volk] wüßte nicht, ob der Kommunist Scholem sein Vater oder Sohn oder gar er selbst sei und da wollen sie auch mit ihm nichts mehr zu tun haben. Unser Vater ... fand das durchaus einleuchtend."[130]

Juden wie Nichtjuden hatten mehr Angst vor den Kommunisten als vor Nationalsozialisten.[131]

---

[127] Elon, a. a. O. II, S. 357.
[128] Wassermann: „Mein Weg", a. a. O. I, S. 107 f.
[129] Die Ausdrucksweise „Blut- und Rasseverwandtschaft" lassen den Leser vor dem Hintergrund dessen, was kommen sollte, erschrecken. Dass bei ihm „Blut" und Blutgebundenheit eine bemerkenswerte Rolle spielten, wird auch in dem Aufsatz von Erwin Poeschel „Jakob Wassermann" nachgewiesen (in: Krojanker, a. a. O. II, S. 76 ff.). Dort ist vom „Adel seines Blutes, das dem traditionsbewussten Juden eignet" (S. 93) die Rede.
[130] Scholem, Betty, a. a. O. I, S. 108.
[131] Vgl. Zimmermann, a. a. O. II, S. 256.

In mehrfacher Hinsicht besonders aufschlussreich sind die Aufzeichnungen des Philosophen Karl Löwith diese Jahre betreffend:

> „Gegenüber den politischen Verhältnissen war ich indifferent, auch las ich all die Jahre hindurch keine Zeitung, und erst sehr spät nahm ich die drohende Gefahr von Hitlers Bewegung wahr. Ich war politisch so ahnungslos wie die meisten meiner Kollegen … 1931 hatte ich noch die Freude, meinen Vater kräftig und heiter im Münchner Künstlerhaus zu seinem 70. Geburtstag geehrt zu sehen. Der bayerische Kultusminister und der Bürgermeister von München waren nebst vielen hervorragenden Persönlichkeiten der Stadt zu diesem Fest erschienen. Er war geschätzt, beliebt und hoch angesehen, als Maler, Charakter und Organisator der deutschen Künstlerschaft".[132]

Schon im Sommer 1924 hatte der Nobelpreisträger Richard Willstätter gebeten, ihn als Professor zu entpflichten, da bei seiner Berufung antisemitische Erwägungen eine Rolle gespielt haben sollen. In seinen Erinnerungen schildert er in allen Einzelheiten, wie ihn die Studentenschaft und das ganze Kollegium baten, seinen Antrag zurückzuziehen. Deren Appell endete mit den Worten:

> „Hochverehrter Herr Kollege! … Und so bitten wir Sie in dieser Stunde dringend, sich zu einem Verzicht auf Ihre Rücktrittsabsichten bewegen zu lassen … Bitte: Bleiben Sie der unsere!"[133]

Willstätter ergänzt hierzu:

> „Von meinen Münchner Kollegen ohne Ausnahme empfing ich auch in jener Zeit nur Freundlichkeit, Wohlwollen und Vertrauen. Allerdings begann die Zahl meiner Freunde bald zusammenzuschmelzen."

Schließlich schildert er noch, wie ihn der Unterrichtsminister Dr. Matt besuchte, „mit dem ich in angenehmer Beziehung stand." Der Minister:

> „Sie haben jetzt Ihren Willen durchgesetzt … Nun können Sie wirklich in einer Kleinigkeit nachgeben. Sie sollen in der Fakultät bleiben. Tun Sie es mir zu Gefallen!"[134]

Und so geschah es.

Ähnliches ereignete sich in Berlin. Als eine von Einsteins Vorlesungen von antisemitischen Studenten gestört wurde, entschuldigte sich der Kultusminister und schrieb, Deutschland werde immer stolz darauf sein, ihn zu den herausragendsten deutschen Wissenschaftlern zählen zu können.[135]

---

132 Löwith, a. a. O. I, S. 66.
133 Willstätter, a. a. O. I, S. 345 f.
134 Willstätter, a. a. O. I, S. 349.
135 Elon, a. a. O. II, S. 346

Otto Marx aus der Kleinstadt Weiden in der Oberpfalz berichtet über seine jahrelangen Erfahrungen als Inhaber eines Herrenbekleidungsgeschäfts:

> „Wir waren in einigen Vereinen, konnten ins Restaurant, Kino und Theater gehen, ohne von irgendjemand angepöbelt oder belästigt zu werden. Zu unseren Kunden zählten auch Intellektuelle, Professoren der höheren Schulen, Beamte des Amts- und Landgerichts, sowie vom Finanzamt. Auch diese Menschen verkehrten privat in der freundschaftlichsten Weise mit uns, und ließen es uns nie merken, dass wir Juden waren ... Unsere Arbeiter- und Bauernkundschaft war stets gut und freundlich zu uns und unterstützte uns in jeder Art."[136]

Der jüngste Zeuge, der hier zu Wort kommen soll, ist Ezra BenGershom, 1922 in Heilbronn geboren:

> „Freundliches Zusammenleben von Juden und Christen war mir das Selbstverständlichste, weil ich von Beginn an gar nichts anderes kannte. Ich glaube heute noch, daß meine frühen Erinnerungen ein Stück Wirklichkeit widerspiegeln, nicht nur kindliche Arglosigkeit."[137]

2.4 Die Katastrophe naht

Die kurze Blütezeit der Weimarer Republik fand ein jähes Ende, als im Gefolge einer außergewöhnlichen Wirtschaftskrise in den USA 1929 Massenarbeitslosigkeit Millionen Menschen in Deutschland und Europa die Existenzgrundlage raubte, von denen ein Großteil nun in den radikalen Parteien ihre Zuflucht suchte. Der Jude Martin Hauser trug am 5. Juli 1931 in sein Tagebuch ein:

> „Die politische Lage in Deutschland, und in noch größerem Maße die wirtschaftliche Lage, ist außerordentlich brenzlig. Innenpolitisch greift der Nationalsozialismus immer weiter um sich, an den Hochschulen und Universitäten von Hamburg, Köln, Berlin, München, Wien usw. kam es zu schweren antisemitischen Ausschreitungen."[138]

Der Eintrag vom 16. August 1931 verdeutlicht die Dramatik:

> „Ich kam hier direkt in eine Schießerei hinein, als ich vorigen Sonntag ankam, d. h. 5 Minuten von uns entfernt waren Unruhen auf dem Bülowplatz ... ausgebrochen, bei denen zwei höhere Polizeibeamte von Kommunisten durch Revolverschüsse hinterrücks erschossen wurden ... (Inzwischen ist ein jüdischer Passant, der an dem Abend gerade vorbeiging, an einer Schussverletzung gestorben.)"[139]

Und am 1. Juni 1932 notierte er:

---

136 Marx, Otto, a. a. O. I, S. 146 f.
137 BenGershom, a. a. O. I, S. 34.
138 Hauser, a. a. O. I, S. 28.
139 Hauser, a. a. O. I, S. 32.

„Nach wochenlangem Bohren und Unterminieren ist es den rechten reaktionären Ohrenbläsern des Reichspräsidenten gelungen, Hindenburg zu beeinflussen, Brüning fallenzulassen. Brüning, der ‚Hungerkanzler', gestürzt; es jubeln und brausen die Herzen der ‚Nationalen Opposition', es frohlockt das Hakenkreuz in treuer Gemeinschaft mit dem Sowjetstern ..."[140]

Am 20. Juli 1932 vertraute er seinem Tagebuch an:

„Nachdem am letzten Sonntag in Deutschland nicht weniger als rund 20 Tote und über 100 Verletzte vom Wahlkampf gefordert wurden, erließ Papen am Montag ein Demonstrationsverbot für das ganze Reich."[141]

Bei den Reichstagswahlen vom 20. Mai 1928 erzielten die NSDAP und die Völkische Bewegung nur 3,5 Prozent der Stimmen, am 14. September 1930 jedoch bereits 18,3 Prozent, die bei den Reichstagswahlen 1932 auf 37,2 Prozent im Juli bzw. 33,1 Prozent im November weiter anstiegen. Auch die Kommunistische Partei Deutschlands (KPD) profitierte von der katastrophalen Entwicklung: Aus 10,6 Prozent 1928 waren 1930 13,1 und 1932 14,3 bzw. 16,9 Prozent geworden. Die Kommunisten überließen die antisemitische Agitation nicht den radikal Völkischen. So behauptete ihr Parteiorgan, *Die Rote Fahne*, dass die Nazis von jüdischem Kapital finanziert würden. Die KPD-Funktionärin Ruth Fischer wütete:

„Tretet die Judenkapitalisten nieder, hängt sie an die Laterne, zertrampelt sie!"[142]

Aus Jerusalem kam die sorgenvolle Anfrage, datiert 25. September 1930:

„Hier steht in allen Zeitungen, die deutschen Juden bibberten nur so vor Angst vor dem Kommenden ... Stimmt das nun?"

Betty Scholem beruhigte ihren Sohn Gershom umgehend:

„Daß ‚die Juden mit Sack u. Pack in die Schweiz flüchten', ist natürlich eine fette Zeitungsente, es ist bestimmt noch *nicht ein einziger Jude* ausgerückt, warum denn auch? Nicht eine einzige Ausschreitung ist vorgekommen ... Wenn nur die Zeitungen mal ihre Lügen unterließen! ... Habt Ihr vielleicht gelesen, daß Herr Kareski, Vorsteher der Berliner Jüdischen Gemeinde, auf der Zentrumsliste für den Reichstag aufgestellt wurde?"[143]

Eine Stelle in ihrem Brief vom 9. Februar 1932 gab jedoch zur Sorge Anlass:

„In diesen Zeiten in Deutschland zu verreisen, halte ich für eine gänzlich verfehlte Angelegenheit, bei der herrschenden Gereiztheit, politischen Verseuchung u. dem Antisemitismus."[144]

---

140 Hauser, a. a. O. I, S. 43.
141 Hauser, a. a. O. I, S. 45.
142 Elon, a. a. O. II, S. 372.
143 Sholem, Betty, a. a. O. I, S. 220 f.
144 Sholem, Betty, a. a. O. I, S. 256.

Antisemitismus vor Hitler

Bedenkenswert auch ein Halbsatz aus einem Brief vom 20. November 1932, also zwei Monate vor Hitlers Machtantritt verfasst:

„… heute steht gar in der Voß [*Vossische Zeitung*], daß Hitler nun doch Reichskanzler wird. Jedoch muß auch er mit Wasser kochen. Es ist einem schon beinahe alles egal."[145]

„Von der Not wurde der deutsche Verstand getrübt", schrieb der aus Russland nach Deutschland geflohene jüdische Historiker Simon Dubnow am 26. April 1932 in sein Tagebuch.[146]

Am 8. Dezember des Jahres ergänzt er:

„Die Wirtschaftskrise hält weiter an: sechs bis sieben Millionen Arbeitslose, schreiende Not."[147]

Aufschlussreich ist die folgende Statistik. Sie zeigt den Anteil der Juden 1933 an einzelnen herausragenden Berufsgruppen bei einem Anteil von knapp einem Prozent an der Gesamtbevölkerung.[148]

Anwälte, Notare	3030	16,2 %
Richter	286	2,7 %
Ärzte	5557	10,8 %
Zahnärzte	1041	8,6 %
Redakteure, Schriftsteller	872	5,0 %
Rabbiner	434	–
Hochschullehrer	192	2,6 %
Studienräte	317	0,8
Volksschullehrer	1323	0,5 %
Privatlehrer	461	4,3 %

Anteil der Juden an den Berufsgruppen

---

145 Sholem, Betty, a. a. O. I, S. 270.
146 Dubnow, a. a. O. I, S. 157.
147 Dubnow, a. a. O. I, S. 160.
148 Richarz, a. a. O. II, S. 24.

3. Während des Boykotts 1933

3.1 Das neue Reich und die Juden

Am 30. Januar 1933 ernannte Reichspräsident Paul von Hindenburg Adolf Hitler, den Führer der Nationalsozialistischen Deutschen Arbeiterpartei (NSDAP), der stärksten Fraktion im Reichstag, zum Reichskanzler. Hitler bildete mit der Deutschnationalen Volkspartei (DNVP) eine Koalitionsregierung. Rasch wurden für den 5. März Neuwahlen anberaumt, bei denen die NSDAP 43,9 Prozent der abgegebenen gültigen Stimmen auf sich vereinigen konnte. Zusammen mit den Stimmen der DNVP (8,0 Prozent) verfügte die Koalition nunmehr über eine knappe absolute Mehrheit im Reichstag.

In den ersten Wochen der nun anbrechenden „neuen Ära" kam es zu zahlreichen spontanen, eigenwilligen Übergriffen von Hitler-Anhängern auf politische Gegner und Juden, die zunächst von den Staatsorganen nur selten unterbunden wurden. Die deutsche Presse berichtete nicht darüber.

Auch viele Juden erfuhren von den Übergriffen nichts. Am 20. Februar 1933 schrieb Betty Scholem nach Jerusalem:

> „Hitler hält andauernd Schmusepauken im Radio, ohne etwas Positives zu sagen. Aber sehr positiv sind die Verbote der Zeitungen, die nur so prasseln, u. die massenhaften Entlassungen der republikanischen Beamten … Zunächst ist ja für Juden nichts zu fürchten."[149]

Eine andere jüdische Stimme unterstreicht das Zitierte:

> „Für Millionen Berliner schien sich zunächst nichts zu ändern. Zu viele Kanzler und Kabinette waren gekommen und gegangen, als daß man diese eine Regierung nun besonders wichtig genommen hätte. Wenige schienen zu ahnen, daß eine Grenze überschritten war. Was Raymond Aron in den ersten Wochen des Dritten Reichs besonders überraschte, war die Beiläufigkeit großer historischer Ereignisse. In der Wochenschau wurde über Hitlers Ernennung erst an sechster Stelle berichtet …"[150]

Der Reichstagsbrand, dessen Täter der Anarcho-Kommunist Marinus van der Lubbe war, führte am 28. Februar 1933 zum Erlass einer „Verordnung zum Schutz von Volk und Staat". Durch sie wurden alle wichtigen Grundrechte suspendiert und Massenverhaftungen politischer Gegner auf eine scheinlegale Basis gestellt. Zehntausend sollen es gewesen sein, überwiegend Kommunisten, aber auch Mit-

---

149 Scholem, Betty, a. a. O. I, S. 276 f.
150 Elon, a. a. O. II, S. 379.

glieder der SPD, des Zentrums und der Bayerischen Volkspartei, die damals schon ihrer Freiheit beraubt wurden:

> „Einige Zahlen können vielleicht eine vage Vorstellung von dem Ausmaß des Terrors geben, zugleich aber auch von der Verbreitung des Widerstandes dagegen. Die ordentlichen Gerichte allein verurteilten in nur sechs Jahren in politischen Verfahren 225.000 Menschen zu Freiheitsstrafen von insgesamt 600.000 Jahren. Dazu wären die viel zahlreicheren, aber kaum berechenbaren Fälle zu zählen, in denen Verhaftete ohne Urteil in ein Konzentrationslager geworfen oder vorher schon durch polizeiliche Maßnahmen ums Leben gebracht wurden."[151]

Die Münchner Jüdin Rahel Straus erinnert sich:

> „Was wir damals nicht wußten, sondern erst viel später erfuhren: viele Menschen waren verhaftet worden … Verhaftet wurden die früheren Regierungsmitglieder, die Redakteure der *Münchner Neuesten Nachrichten* und der katholischen Presse … Und noch viele andere. Juden zunächst nicht".[152]

Karl Löwith erlebte die „deutsche Erhebung" in Marburg so:

> „Der jüdische Assistent eines medizinischen Instituts wurde von S. A.-Männern gezwungen, vor ihnen her durch die Stadt zu marschieren mit einer Tafel, auf der geschrieben stand: ‚Ich habe ein deutsches Mädchen geschändet.' Die Passanten haben sich bei diesem Schauspiel halb neugierig und halb beschämt auf die andere Straßenseite verdrückt … Das war die deutsche Zivilcourage, für die der Deutsche kein Wort hat, weil ihm die Sache fehlt."[153]

3.2 Auf der Suche nach einem Modus Vivendi

Löwith fährt fort, nachdem er die Haltung einzelner Kollegen geschildert hat:

> „Man wartete allgemein ab, wie sich die Dinge entwickeln würden, und vermied jede eigene Bloßstellung. Auch hatte ein jeder genug mit sich selber zu tun, weil ja fast keiner in der Partei war und sich daher unwohl fühlte. Die ‚Gleichschaltung' machte sich dadurch von selbst, und es fehlte nicht viel, daß selbst die jüdischen Professoren bei den Universitätsfeierlichkeiten das Horst-Wessel-Lied [Hymne der braunen Bewegung] mitsingen sollten."[154]

Löwith zog daraus seine eigene Schlussfolgerung:

> „Die größten Vorwürfe muß man der bourgeoisen Behäbigkeit aller Arrivierten machen, die gerade in diesen Tagen zeigen, daß es keine Märtyrergestalten unter ihnen gibt. Keine Stimme erhebt sich – unter den ‚Andern'. Ich frage mich natür-

---

151 Hoffmann, a. a. O. II, S. 31.
152 Straus, a. a. O. I, S. 277.
153 Löwith, a. a. O. I, S. 74.
154 Löwith, a. a. O. I, S.75.

lich selbst, ob ich nicht etwas Märtyrerhaftes tun könnte oder sollte – aber an den andern ist es jetzt."[155]

Warum es jetzt an den anderen war, auf diese Frage gibt Löwith keine Antwort. Konnten sich die „anderen", die Nichtjuden, sicherer fühlen? Ja, solange sie keinem Juden halfen. Andernfalls wurden sie zu „Gesinnungsjuden" und waren als solche für das Regime noch gefährlicher als die sich beugenden Juden.

Wie die Juden den politischen Umschwung bewerteten, schildert Hans Lamm, von 1970 bis 1985 Präsident der Israelitischen Kultusgemeinde München und Oberbayern, in seiner Dissertation aus dem Jahre 1951:

„Die ersten Äußerungen nach der Ernennung des Kabinettes Hitlers seitens jüdischer Blätter hatten einen fast einheitlichen Grundton. Die Erklärung des Präsidenten des Central-Vereins [deutscher Staatsbürger jüdischen Glaubens], die unmittelbar nach der Machtübernahme veröffentlicht wurde, hat folgenden Wortlaut: ‚Wir stehen einem Ministerium, in dem Nationalsozialisten maßgebendste Stellungen einnehmen, selbstverständlich mit größtem Mißtrauen gegenüber, wenn uns auch bei der gegebenen Lage nichts anderes übrig bleibt, als seine Taten abzuwarten. Wir sehen als den ruhenden Pol in der Erscheinung Flucht den Herren Reichspräsidenten an … Aber auch abgesehen davon sind wir überzeugt, daß niemand es wagen wird, unsere verfassungsmäßigen Rechte anzutasten. Jeder nachteilige Versuch wird uns in entschiedener Abwehr auf dem Posten finden. Im übrigen gilt heute ganz besonders die Parole: Ruhig abwarten!'"[156]

Hindenburg übte in der Tat einen mäßigenden Einfluss aus. Am 4. April 1933 schrieb er Hitler:

„Nach meinem Empfinden müssen Beamte, Richter, Lehrer und Rechtsanwälte, die kriegsbeschädigt oder Frontsoldaten oder Söhne von Kriegsgefallenen sind oder selbst Söhne im Feld verloren haben …, im Dienst belassen werden: wenn sie wert waren, für Deutschland zu kämpfen und zu bluten, sollen sie auch als würdig angesehen werden, dem Vaterland in ihrem Beruf weiter zu dienen."[157]

Hans Lamm zitiert in seiner Dissertation auch Ludwig Feuchtwanger, der am 15. Februar 1933 den Versuch einer Klärung der jüdischen Situation unternahm und dabei auf die starke Beteiligung von Juden an der faschistischen Bewegung Italiens hinwies, wohl um zu zeigen, dass die Juden auch in Deutschland den neuen Machthabern nützlich sein könnten:

---

[155] Löwith, a. a. O. I, S.77.
[156] Lamm: „Entwicklung des deutschen Judentums", a. a. O. II, S. 137 f.
[157] Zelzer, a. a. O. II, S. 167 f. Daher ist es nur zu verständlich, dass die Reichsvertretung der Deutschen Juden (Baeck, Hirsch) in tiefer Trauer kondolierte, als Hindenburg starb (Anonyma (6) , in: *Jüdische Rundschau*, 03.08.1934).

„Am italienischen Faschismus sind deshalb – was nicht zu verwundern ist – italienische Juden, bewusste Juden mit Leidenschaft als Anhänger und in hohen Ämtern beteiligt."[158]

Dann befasste sich Feuchtwanger mit der Frage:

„Wie steht es mit dem alten, unverbrüchlichen Grundsatz: ‚Jedes Gesetz der Regierung ist für die Juden vorbehaltlos verbindlich' … unter einer Regierung, die ausschließlich von Parteien geführt wird mit dem Prinzip, die deutschen Juden nicht als gleichberechtigte Volksgenossen anzuerkennen?"

Die Antwort, die Feuchtwanger darauf gab und die Lamm zitiert, lautet:

„Die Legalität der judenfeindlichen Obrigkeit macht jeden Widerstand und jede Gegenwehr zum Unrecht und zur Rechtswidrigkeit … Theoretisch bietet auch die Weimarer Verfassung einen ‚legalen' Weg, mittels qualifizierter Mehrheit die Juden zu entrechten".[159]

So wie Feuchtwanger dachten viele, und ihnen allen war damit, falls sie Ungehorsam gegenüber Anordnungen der neuen Machthaber erwogen, der Boden der Legalität unter den Füßen weggezogen, so allen, die dem angesehenen jüdischen Rechtslehrer Hans Kelsen geistige Gefolgschaft leisteten.[160]

Unter der fettgedruckten Schlagzeile „Zum 21. März" stand in der *Jüdischen Rundschau* zunächst, was geradezu dazu angetan war, den deutschen Leser mit nationalem Stolz zu erfüllen:

„Der heutige Tag ist ein Wendepunkt der deutschen Geschichte. Der Zusammentritt des neu gewählten Reichstags in Potsdam dient der feierlichen Grundsteinlegung eines neuen Deutschen Reiches. Die deutsche Nation, durch eine gewaltige Umwälzung auf neue Grundlagen gestellt, soll einer ruhmvollen Zukunft entgegengehen. Eine Epoche europäischer Politik beginnt, in der Deutschland als entscheidender Faktor an der Neugestaltung der Welt nach den Erschütterungen der großen Krise mitarbeiten wird."

Was hierauf folgte, waren Befürchtungen, die an Vorkommnisse der letzten Zeit anknüpften – nicht ohne am Ende des Artikels doch noch die Hoffnung aufkeimen zu lassen:

„Nationalismus ist eine große ethische und ideelle Macht. Wenn der Überschwang dieser Gefühlswelt bewußt anknüpft an die Traditionen des großen Aufklärers Friedrich, … dann muß ein Staatswesen geboren werden, das über sein nationales Sein hinaus ewige Menschheitswerte verkörpert."[161]

---

158 Lamm: „Entwicklung des deutschen Judentums", a. a. O. II, S. 139.
159 Lamm: „Entwicklung des deutschen Judentums", a. a. O. II, S. 139 ff.
160 Davon wird noch die Rede sein; S. 347.
161 *Jüdische Rundschau*, 21.03.1933.

Während des Boykotts 1933

Der jüdische Philosoph Max Horkheimer vertrat 1939 eine Sicht, an die er, wie es heißt, nach der Hitler-Ära nicht mehr erinnert werden wollte:

> „Der Judenhaß gehört der Phase des faschistischen Aufstiegs an. Ein Ventil ist der Antisemitismus in Deutschland höchstens noch für jüngere Jahrgänge der SA. Der Bevölkerung gegenüber wird er als Einschüchterung gebraucht. Man zeigt, daß das System vor nichts zurückschreckt. Die Pogrome visieren politisch eher die Zuschauer."[162]

Der Antisemitismus war also – nach Horkheimer – in der Hand der Machthaber eine Zuchtrute, um die Bevölkerung zu domestizieren.

3.3 Die „Tatarennachrichten"

Die Übergriffe der braunen Revolutionäre auf Juden und politische Gegner wurden bereits angesprochen. Nicht alle verliefen so glimpflich wie der aus Marburg von Karl Löwith geschilderte. Manche endeten tödlich. Davon wussten die deutschen Journalisten nichts oder haben wohlweislich darüber geschwiegen, sodass diese Übergriffe in Deutschland auch nicht publik wurden. Durch Reisende, darunter nicht wenige Flüchtlinge, erfuhren viele außerhalb der Reichsgrenzen lebende Juden von den Exzessen und wollten ihren Glaubensbrüdern mit einem Boykott deutscher Waren zur Hilfe kommen. Entsprechende Aufrufe erschienen in Großbritannien und den USA. „Ein schnell Dimensionen annehmender Boykott deutscher Waren setzte ein." Die veröffentlichte Meinung in Deutschland verkündete:

> „Die Weltjudenheit fällt über Deutschland her. Die deutschen Juden tun nichts dagegen."[163]

Im Tagebuch von Simon Dubnow findet sich am 25. März 1933 die Eintragung:

> „In England, Amerika und anderen Ländern hat sich eine gewaltige Bewegung gegen diese ‚teutonische Raserei' formiert, in der ausländischen Presse stellt man die Schrecken der ‚germanischen Grausamkeiten' sogar übertrieben dar."[164]

Betty Scholem berichtete ihrem in Jerusalem lebenden Sohn Gershom über die aktuellen Ereignisse am 27. März 1933 aus Berlin ausführlich:

> „Gegen die Tartarennachrichten wird jetzt energisch angegangen. Mindestens 99 % sind glatte Lügen. Aber solche Lügen schießen immer auf, wenn die Presse nicht schreiben darf, was sie will."[165]

---
162 Horkheimer, a. a. O. I, S.133.
163 Ball-Kaduri: „1933", a. a. O. I, S. 81.
164 Dubnow, a. a. O. I, S. 165.
165 Scholem, Betty, a. a. O. I, S. 286.

Dann nennt sie Beispiele, die sie selbst falsifiziert, und fährt fort:

> „Hier in Berlin herrscht Ruhe, man kann das nicht bestreiten. Es ist noch kein Geschäft geplündert worden. Niemand von uns und von allen, die wir sprechen, war Zeuge, daß man auf der Straße oder in den Verkehrsmitteln Juden belästigt oder angepöbelt hätte … Die maßvolle Rede Hitlers in Potsdam habt Ihr doch wohl gelesen. Ich saß von 10 bis 2 Uhr am Radio …"[166]

Unter der Überschrift „Horrormeldungen des Auslands" lautete die Stellungnahme der *Jüdischen Rundschau*:

> „Demgegenüber halten wir es für unsere Pflicht, wahrheitsgemäß festzustellen, daß Pogrome oder pogromähnliche Ausschreitungen in Deutschland nicht stattgefunden haben."[167]

Von den Übergriffen auf Einzelne wusste die Redaktion nichts oder wollte nichts berichten.

Der Präsident des Verbandes Bayerischer Israelitischer Gemeinden, Alfred Neumeyer, schrieb am 31. März 1933 an Hitlers Statthalter in München:

> „Wir legen schärfste Verwahrung ein gegen die ungeheuerlichen Anschuldigungen, die gegen uns deutsche Juden erhoben werden. Wir haben nicht das Geringste zu tun mit Machenschaften, die gewisse Elemente im Ausland gegen Deutschland zu unternehmen suchen."[168]

Am 26. April 1933 schilderte Charlotte Gumpert in einem Brief die politische Lage in Deutschland:

> „Im großen und ganzen sind die Verhältnisse in Deutschland nicht ganz so schlimm, wie Ihr sie Euch von dort vorstellt. Stimmungsmäßig ist es natürlich furchtbar u. es werden ungezählte Existenzen – nicht nur jüdische – ruiniert, vorläufig allerdings von Juden, vorwiegend intellektuellen. Aber es ist ruhig, es geschieht niemandem etwas u. schließlich ist eben Revolution. Von meiner ganzen großen Familie scheint niemand daran zu denken fortzugehen, außer uns."[169]

Schon 1934 erschien in Amsterdam eine „Bilanz der deutschen Judenheit 1933" von Arnold Zweig. In ihr heißt es zu den Monaten Februar und März 1933:

> „Es kommt zu judenfeindlichen Demonstrationen vor Warenhäusern und jüdischen Geschäften, die zum Boykott auffordern, vorzeitige Ladenschließungen erzwingen, die Käufer am Betreten der Geschäfte hindern. Gewalttätigkeiten auf offener Straße sind in bestimmten Bezirken zu verzeichnen. Die deutsche Presse steht bereits unter schärfstem Druck; alle großen Zeitungen der internationalen

---

166 Scholem, Betty, a. a. O. I, S. 287.
167 *Jüdische Rundschau*, 28.03.1933.
168 Ball-Kaduri: „1933", a. a. O. I, S. 82.
169 Gumpert, a. a. O. I, S. 143.

Welt aber verbreiten alsbald überaus erregende Mitteilungen aus den Arbeiterviertteln, blutige Mißhandlungen und Ermordungen der politischen oder jüdischen Gefangenen."[170]

3.4 Die brutale Reaktion

Wie verlief der Boykott an jenem Samstag, dem 1. April 1933 aus jüdischer Sicht in den großen Städten des Reiches? Es kam zu Mord und Totschlag, wie Kurt Sabatzky berichtet.[171] Doch solche Ausschreitungen waren offenbar damals noch die große Ausnahme.

Beginnen wir mit Berlin: Am 2. April ergänzte Betty Scholem ihren eben schon zitierten Brief vom 27. März:

> „Der gestrige Boykott-Tag, dessen Bedeutung Ihr ohne Zweifel aus deutschen Zeitungen erfahren habt, ist absolut ruhig und ohne jeden Zwischenfall verlaufen. Viele Geschäfte machten erst gar nicht auf, die übrigen schlossen sich bald. Es herrschte in der Tat eine ungeheure Disziplin, denn niemand wurde belästigt ... Der Babba in Frankfurt befand sich in einer Textilversammlung, aus deren Mitte 40 Mitglieder in Haft genommen wurden. Der Babba wurde am nächsten Tag entlassen und es ist keinem das Geringste geschehen. Die ‚Greuelmärchen' sind wirklich Märchen, an Leib und Leben wird niemand geschädigt."[172]

Dann erwähnt sie noch, dass am eigenen Betrieb, einer Druckerei, kein Hinweis auf den jüdischen Eigentümer angebracht worden war.

Der Zionist und Journalist Robert Weltsch hielt es am 1. April 1933 nicht hinter seinem Schreibtisch in der Reichshauptstadt aus. Mit einem Taxi fuhr er ostwärts vom Kurfürstendamm zum Zentrum Berlins und weiter dorthin, wo die meisten jüdischen Geschäfte lagen.

> „Als überaus tröstlich empfand er die Gleichgültigkeit, wenn nicht sogar Verachtung, die viele Berliner gegenüber dieser amtlich autorisierten Drangsalierung der Juden Deutschlands an den Tag legten."[173]

In ihr fingiertes Tagebuch aus dem Jahre 1940 schrieb die Ärztin Hertha Nathorff unter Berlin, 1. April 1933:

> „... Ich selber habe heute mit Absicht in Geschäften gekauft, vor denen ein Posten stand. Einer wollte mich abhalten, in ein kleines Seifengeschäft zu gehen. Ich schob ihn aber auf die Seite mit den Worten: ‚Für mein Geld kaufe ich, wo ich will.' Wa-

---

170 Zweig, Arnold, a. a. O. I, S. 16.
171 Sabatzky, a. a. O. I, S. 293.
172 Scholem, Betty, a. a. O. I, S. 288 f.
173 Dippel, a. a. O. II, S. 181.

Zur Abwehr!

Am 30. Januar 1933 wurde **Adolf Hitler**, der Führer der deutschen Freiheitsbewegung, zum Kanzler des Deutschen Reiches ernannt. Am 5. März 1933 bekannte sich das deutsche Volk in einer wunderbaren Erhebung zu ihm und zu seinem Befreiungswerk. Die

nationale Revolution

schlug das alte System in Trümmer, der Marxismus liegt zerschmettert am Boden, Deutschland geht einem neuen Aufstieg entgegen.

Dieser grandiose deutsche Freiheitskampf erfüllt den

internationalen Weltjuden

mit Haß und Grimm. Er sieht, daß es mit seiner Macht in Deutschland zu Ende geht. Er sieht, aus **diesem** Deutschland kann er keine sowjetisch-jüdische Verbrecherkolonie mehr machen. Jetzt handelt er nach dem Programm, das der jüdische Zionistenführer **Theodor Herzl** im Jahre 1897 in Basel bei einem großen Judenkongreß feierlich verkündete - (Auszug aus der 7. Sitzung):

„Sobald ein nichtjüdischer Staat es wagt, uns Juden Widerstand zu leisten, müssen wir in der Lage sein, seine Nachbarn **zum Kriege gegen ihn** zu veranlassen.... Als Mittel dazu werden wir die **öffentliche Meinung** vorschützen. Diese werden wir vorher durch die sogenannte „achte Großmacht", **die Presse** in unserem Sinne bearbeiten. Mit ganz wenig Ausnahmen, die überhaupt nicht in Frage kommen, liegt die ganze Presse der Welt in unseren Händen."

Nach einem großangelegten Plan hat in diesen Tagen der Jude die öffentliche Weltmeinung gegen Deutschland aufgehetzt. Er bedient sich dazu **der Presse**, durch die er eine ungeheure Lügenflut über die Welt ergießt. Kein Verbrechen, keine Schandtat ist ihm zu niederträchtig, er beschuldigt die **Deutschen** damit.

Der Jude lügt, in Deutschland würden Angehörige des jüdischen Volkes grausam zu Tode gefoltert.

Der Jude lügt, es würden diesen Juden die Augen ausgebrannt, die Hände abgehackt, Ohren und Nasen abgeschnitten, ja, selbst die Leichen würden noch zerstückelt.

Der Jude lügt, es würden in Deutschland selbst jüdische Frauen in grauenvoller Weise getötet und jüdische Mädchen vor den Augen ihrer Eltern vergewaltigt.

Der Jude verbreitet diese Lügen in derselben Weise und zu demselben Zwecke, wie er das auch während des Krieges getan hatte. Er will die Welt gegen Deutschland aufwiegeln.

Darüber hinaus fordert er zum

Boykott deutscher Erzeugnisse

auf. Er will damit das Elend der Arbeitslosigkeit in Deutschland noch vergrößern, er will den deutschen Export ruinieren.

Deutsche Volksgenossen! Deutsche Volksgenossinnen!
Die Schuldigen an diesem wahnwitzigen Verbrechen, an dieser niederträchtigen Greuel- und Boykott-Hetze sind die

Juden in Deutschland

Sie haben ihre Rassegenossen im Ausland zum Kampf gegen das deutsche Volk aufgerufen. Sie haben die Lügen und Verleumdungen hinausgemeldet. Darum hat die Reichsleitung der deutschen Freiheitsbewegung beschlossen, in Abwehr der verbrecherischen Hetze

ab Samstag, den **1. April 1933** vormittags 10 Uhr

über alle jüdischen Geschäfte, Warenhäuser, Kanzleien usw.

den Boykott zu verhängen.

Dieser Boykottierung Folge zu leisten, dazu rufen wir Euch, deutsche Frauen und Männer, auf!

Kauft nichts in jüdischen Geschäften und Warenhäusern!
Geht nicht zu jüdischen Rechtsanwälten! Meidet jüdische Aerzte!

Zeigt den Juden, daß sie nicht ungestraft Deutschland in seiner Ehre herabwürdigen und beschmutzen können.

Wer gegen diese Aufforderung handelt, beweist damit, daß er auf der Seite der Feinde Deutschlands steht.

Es lebe der ehrwürdige Generalfeldmarschall aus dem großen Kriege, der Reichspräsident **Paul von Hindenburg!**

Es lebe der Führer und Reichskanzler **Adolf Hitler!**

Es lebe das **Deutsche** Volk und das heilige **Deutsche Vaterland!**

Plakat Nr. 1

Zentral-Komitee zur Abwehr der jüdischen Greuel- und Boykotthetze.
gez. **Streicher.**

„Die Schuldigen an diesem wahnwitzigen Verbrechen ... sind die Juden ..."
(Wie sich die Texte gleichen, siehe S. 24.)

rum machen es nicht alle so? Dann wäre der Boykott schnell erledigt. Aber die Menschen sind ein feiges Gesindel, ich weiß es längst."[174]

„Für den 1. April ist von Dr. Goebbels ein Boykott sämtlicher jüdischer Geschäfte und Büros proklamiert", schrieb der ebenfalls in Berlin lebende Kurt Jakob Ball-Kaduri:

> „Das Ausland ist entsetzt, die Berliner Bevölkerung mehr belustigt als angeekelt. Zwei SA-Posten haben vor jedem jüdischen Geschäft, vor jedem Hause eines jüdischen Anwalts oder Arztes zu stehen und Kunden, Patienten, Klienten am Eintritt zu hindern. Viele anständige deutsche Männer und Frauen beschließen, nun erst recht ihren jüdischen Anwalt oder Arzt aufzusuchen", um „ihre Sympathie und ihr Mitgefühl mit dem Betroffenen" zu zeigen.[175]

Und er betont nochmals:

> „Trotz alledem gab es Nichtjuden genug, die ostentativ gerade an diesem Tage in jüdische Geschäfte oder zu ihrem Arzt gingen, ihm Blumen brachten und ihn ihrer alten Loyalität versicherten."

Doch macht er auch eine Einschränkung:

> „Die große Masse blieb stumpf oder gab, soweit sie schon genügend nazistisch bearbeitet und umgemodelt war, sogar ihrer Freude Ausdruck."[176]

Noch ein drittes Mal kommt Ball-Kaduri auf das Verhalten der Bevölkerung zu sprechen:

> „Ein Lichtblick in dieser Zeit war das Verhalten der deutschen Bevölkerung in Berlin: Hatte die Partei erwartet, mit dem Boykott einen allgemeinen Pogrom in Deutschland hervorzurufen, so wurde ihre Erwartung enttäuscht. Die Masse der Bevölkerung machte nicht mit … Wenn Jakob",

er meint damit sich selbst,

> „später alle diese Ereignisse überdachte, so empfand er, wie anständig sich damals das deutsche Volk noch verhalten hatte, bevor der Massenwahn oder die Angst es ergriff. Bis zum Tage der Ermordung der SA-Führer im Juni 1934 gab es im deutschen Volke – und sogar in manchen Nazikreisen – noch den Mut der eigenen Meinung … Jakob bedachte, wie die Dinge wohl verlaufen wären, wenn in Polen eine Regierung, wie dies jetzt am Boykottage geschehen war, das Startsignal zu einem Pogrom gegeben hätte. Kein einziger Jude wäre dort am Leben geblieben."[177]

Diese Sicht teilten auch andere Juden. „Why I Left Germany", 1934 in London erschienen, sind die folgenden Sätze entnommen:

---

174 Nathorff, a. a. O. I, S. 40.
175 Ball-Kaduri: „1933", a. a. O. I, S. 61.
176 Ball-Kaduri: „1933", a. a. O. I, S. 86.
177 Ball-Kaduri: „1933", a. a. O. I, S. 88 ff.

„The public and the Nazi sentries argued violently in front of some of the shops marked with the yellow spot. A lady wanted to go into a Jewish provision shop. The Nazi stopped her: ‚Germans do not buy of Jews!' he shouted … ‚She is a Jewess,' someone in the croud whispered; ‚the Jews may go in.' The crowd obviously sided with this courageous woman."[178]

Ein ganz besonders kompetenter jüdischer Zeuge ist der politische Redakteur der Vossischen Zeitung Max Reiner, einst enger Vertrauter des Reichskanzlers Stresemann:

„Die Ankündigung des Judenboykotts, der am 1. April 1933 beginnen sollte, wurde von Artikeln der nationalsozialistischen Presse begleitet, die an Heftigkeit und Hemmungslosigkeit alle bisherigen antisemitischen Kampagnen überboten. Die Angst vor einem blutigen Pogrom in Verbindung mit dem Boykott tauchte von neuem auf … Ich beobachtete die Durchführung des Boykotts in verschiedenen Stadtteilen … Ich beobachtete in drei Fällen, daß christliche Käufer dem SA-Mann erwiderten, sie kümmerten sich um den Boykott nicht. Im Südwesten Berlins sah ich auch, daß Käufer die SA-Leute einfach beiseite schoben und in den Laden gingen … Man hörte kaum eine Meinungsäußerung, aber die Haltung der Menge war meist wohlwollend, häufig indifferent, niemals ausgesprochen feindselig. Ich erfuhr in der Redaktion, daß es im ganzen Reiche nur zu einem Zwischenfall gekommen war … Die Urteile, die ich am nächsten Tage von Christ und Jud hörte, stimmten darin überein, daß der Boykott-Tag kein moralischer Erfolg für Hitler gewesen sei, eher das Gegenteil."[179]

Hans Robinsohn entdeckte nun den „Protestkunden":

„Mit Werbemaßnahmen, sorgfältigster Bedienung und ausgesuchten Warenangeboten gelang es uns, einen großen Teil von sogenannten ‚Laufkunden' zu erwerben, die die Abgänge aufgrund des Boykotts ausglichen. Viele dieser Kunden gehörten einem durch das Regime selbst geschaffenen Typ an, nämlich dem ‚Protestkunden'. Grundsätzliche Gegner des Regimes kauften ‚nun gerade' in jüdischen Geschäften."[180]

Sehr ausführlich berichtet Walter Tausk aus Breslau über den Verlauf des Boykotts. Hier nur einige typische Ausschnitte:

„Den 31.3., abends: Heute Nachmittag standen bereits die ersten ‚Plärrkommandos' der Nazis vor einigen Warenhäusern …, aber gerade diese Läden wurden von

---

178 Anonymus (3), a. a. O. I, S. 122; Übersetzung: „Die Bevölkerung und die Nazi-Wache stritten heftig vor einigen der Geschäfte, die mit einem gelben Punkt gekennzeichnet waren. Eine Frau wollte in ein jüdisches Lebensmittelgeschäft gehen. Der Nazi hielt sie an. ‚Deutsche kaufen nicht bei Juden', schrie er. 'sie ist eine Jüdin', bemerkte leise eine Frau in der Menge. ‚Die Juden dürfen hineingehen.' Offensichtlich stand die Menge auf der Seite der couragierten Frau."
179 Reiner: „Mein Leben", a. a. O. I, S. 114.
180 Robinsohn, a. a. O. I, S. 320.

Käufern in einer Weise frequentiert, dass einige Läden zeitweise schließen mussten, andere mussten ein Schild anbringen: ‚Ausverkauft'. Um die Plärrkommandos kümmerte sich kein Mensch …"[181]

„Sonnabend, den 1.4.1933. Was hier folgt, ist kein Aprilscherz! … An allen jüdischen Firmen sieht man die Schaufenster mit weißen, etwa fünfzig bis sechzig Zentimeter großen Buchstaben beschmiert: JUDE. Daneben kleben, oder werden gerade geklebt, kleine rote Zettel:
DEUTSCHE, KAUFT NICHT BEIM JUDEN!
Kein Geschäft mit jüdischen Inhabern ist verschont! Aber die Läden haben auf (mit ganz wenigen Ausnahmen), und das christliche Personal steht überall hinter den Ladentüren oder in der offenen Türe: traurig, aber mit einer gewissen stillen Wut, die sich auf die Nazigarden richtet."[182]

„Wenn man genau hinhört: dieselbe abfällige Kritik bei Christen, denselben Vorsatz – doch wieder beim Juden zu kaufen. Man hört sehr selten eine andere Meinung."[183]

1933 lebte Marta Appel mit ihrem Gatten, einem Rabbiner, und den Töchtern in Dortmund. Sie erinnert sich:

„Man hatte den Kindern gesagt, dass sie am 1. April 1933, dem Tag des Boykots, nicht in die Schule kommen sollten … Ich ging sogar in die Stadt, um zu sehen, was im Geschäftsviertel los war. Ich fand keine begeisterte Menge, die durch die Straßen stürmte und die jüdischen Geschäfte zerstörte, wie es die Nazis erwartet hatten, sondern ich hörte nur Äußerungen des Unmutes und der Missbilligung."[184]

„Trotz der Naziposten … gab es viele, die den Mut aufbrachten, in die Geschäfte hineinzugehen, obgleich sie von den Nazipatrouillen wüst beschimpft und fotografiert wurden, um sie durch Veröffentlichung in den Tageszeitungen als Feinde des deutschen Volkes zu brandmarken … Nichtjüdische Freunde und Nachbarn, ja sogar Menschen, die wir vorher kaum gekannt hatten, kamen zu uns, um ihre Verbundenheit und ihre Freundschaft zu uns zu bekunden."[185]

Aus Deutsch-Krone (Westpreußen) meldete sich Edwin Landau zu Wort:

„Besonders erwähnenswert ist aber die Tatsache, daß fast sämtliche Beamte des Finanzamtes bis hinauf zum Regierungsrat vorbildlich korrekt und entgegenkommend waren. Hingegen ging der Erste Bürgermeister von der DNVP ins Nazilager über."[186]

Die Rede ist von den ersten Monaten des Jahres 1933.

---
181 Tausk, a. a. O. I, S. 52.
182 Tausk, a. a. O. I, S. 53.
183 Tausk, a. a. O. I, S. 54. Ähnliche Beobachtungen werden auf den Seiten 57, 60, 81 geschildert.
184 Appel: „Memoirs", a. a. O. I, S. 231.
185 Appel: „Memoirs", a. a. O. I, S. 231 f.
186 Landau: „Mein Leben", a. a. O. I, S. 102.

„So näherte sich der 1. April, der Tag des Judenboykotts. Bereits am frühen Morgen des Freitag [richtig: Samstag] sah man die SA mit ihren Transparenten durch die Stadt ziehen. ‚Die Juden sind unser Unglück' ... Mir schien das Ganze unbegreiflich ... Und doch war es bittere Wahrheit, daß da draußen vor der Tür zwei Jungen in braunem Hemd standen, die ausführenden Organe Hitlers. Und für dieses Volk hatten wir jungen Juden einst im Schützengraben ... gestanden".[187]

„Trotz alledem kamen auch noch an diesem Tage eine Anzahl Kunden zu mir, besonders Katholiken, und es war so mancher dabei, der mich nur aus Protest gegen das Treiben da draußen besuchte. Auch der Bürodirektor des Landrats kam, um, wie er so schön sagte, mir nur die Hand zu drücken ... Am Nachmittag wurden zwei jüdische Gutsbesitzer verhaftet, der katholische Landrat abgesetzt."[188]

Aus dem Raum Frankfurt am Main berichtete der praktische Arzt Max Kirschner:

„Der Boykott-Tag verlief wie geplant. An jedes jüdische Geschäft und jedes jüdische Büro wurde ein gelbes Plakat mit schwarzem Davidstern angebracht, in dessen Mitte in großen, fetten Buchstaben das Wort JUDE prangte. So geschah es auch am Zaun vor meiner Praxis. Doch viele treue Patienten schickten uns Blumen, einige statteten uns am Nachmittag einen privaten Besuch ab. Ein junger Mann, Sohn eines Polizeibeamten, der in unserem Haus wohnte, kam nach Hause, riß angewidert das Plakat ab und warf es fort. Wir sahen das und bewunderten seinen Mut."[189]

In Hanau bei Frankfurt am Main erlebte Carl Schwabe den Boykott. Doch vorab notierte er:

„Es wurde immer unruhiger in der Stadt und im Reich: Die anwachsende antisemitische Partei machte eine wütende Propaganda. Wir nahmen das nicht so ernst, wir fürchteten vielmehr die kommunistische Gefahr und spürten in unserer Stadt deutlicher und deutlicher die Verelendung und die Erbitterung der Massen."[190]

„Der Boykott sollte so lange dauern, bis der Zweck, die Auslandshetze abzustoppen, erreicht sei. Der Beginn war auf zehn Uhr morgens angesetzt. Wir waren im Geschäftslokal und warteten. In den vorangegangenen Tagen hatten wir einen stärkeren Kundenzulauf als seit Jahren. Alle sagten uns, wie wenig sie mit der Aktion einverstanden seien und wie sehr sie mit uns fühlten ... Der Boykott dauerte einen Tag ... Die Straße war gefüllt mit Menschen. Junge Burschen johlend, ältere Leute neugierig, viele entrüstet."[191]

In Hamburg erlebte der Arzt Moses Goldschmidt den Boykott-Tag:

---

187 Landau: „Mein Leben", a. a. O. I, S. 104.
188 Landau: „Mein Leben", a. a. O. I, S. 104 f.
189 Kirschner, a. a. O. I, S. 140f.
190 Schwabe, Carl, a. a. O. I, S.157.
191 Schwabe, Carl, a. a. O. I, S.161.

„Dann kam der fürchterliche 1. April 1933. Als ich am frühen Morgen in meine Praxis ging, sah ich an vielen Schaufenstern und Schildern das Wort ‚Jude' in großen Buchstaben aufgemalt ... In Hamburg war der Erfolg dieser Boykottmaßnahmen sehr gering, denn die Majorität der Hamburger Bevölkerung war sozialdemokratisch und haßte die Nazis."[192]

Viele Seiten füllte die Ärztin Henriette Necheles-Magnus mit ihrer Schilderung der Solidaritätsbekundungen während des antijüdischen Boykotts in Wandsbek bei Hamburg:

„Als ich morgens zur Praxis kam, sah ich schon von weitem zwei stramme S. A. Männer vor meinem Eingang stehen. Über der Tür klebte ein großes Plakat: Ein schwarzer Hintergrund mit einem leuchtenden gelben Fleck in der Mitte. Ich ging in meine Sprechstunde durch eine Hintertür und setzte mich an meinen Schreibtisch. Zuerst mußte ich meine weinende Einhüterin trösten. Ich bekam die Antwort: Wir schämen uns so für unsere Volksgenossen! ... Gegenüber war ein kleines Eiergeschäft, das von einer Jüdin geleitet wurde (ihr Mann war im Krieg gefallen), auch davor die beiden Schutzengel. – Um 9 Uhr begann die Sprechstunde, 9 h 10 kam die erste Patientin. Aufgeregt, schnaubend, daß man sie hindern wollte, zu ihrem Doktor zu gehen! ‚Sind wir in der Zeit der Christenverfolgung??' 9 h 20 Lärm vor der Tür: ‚wir wollen zu unserem Doktor!!!' S. A. Mann: ‚Die ist ja gar nicht da, die hat sich gedrückt!' Darauf geht mein Mädchen an die Tür: ‚Frau Doktor ist da. Sie sind nicht berechtigt, die Sprechstunde zu stören, Sie sind nur da, um zu zeigen, daß es ein jüdischer Doktor ist.' So ging es weiter und weiter, die Patienten kamen und kamen mit Blumen, mit kleinen Gaben: ‚Wir wollen Ihnen zeigen, was wir von dieser Politik halten.' ‚Ich bin nicht krank, Doktor, ich komme um zu sehen, wie es Ihnen geht.' ... Nachmittags fing es an zu regnen ... Unsere Beschützer wurden unwirsch und fingen vor der Tür zu trampeln an, die Patienten fingen zu lachen an und schlugen ihnen vor, doch in die Kneipe zu gehen und Skat zu spielen. Glücklicherweise ging es ohne Zusammenstöße ab ... Meiner Nachbarin auf der anderen Seite der Straße ging es genauso, sie sagte, sie hätte noch nie so viel einzelne Eier verkauft als an diesem Tag, da die armen Leute nicht mehr Geld als zu einem Ei übrig hatten und doch irgendwie ihr das Gefühl des Zusammenhanges zeigen wollten.[193]

Was Alfred Neumeyer, der Präsident des Verbandes Bayerischer Israelitischer Gemeinden in München wahrzunehmen glaubte:

„Die wiedereröffneten jüdischen Geschäfte wurden im Einkauf bevorzugt"[194],

wie auch der Sohn des namhaften Kaufhausbetreibers Uhlfelder bestätigte:

---

192 Goldschmidt, Moses, a. a. O. I, S. 177.
193 Necheles-Magnus, a. a. O. I, S. 109.
194 Neumeyer, Alfred: „Erinnerungen", a. a. O. I, Blatt 202. So auch sein Sohn Alexander; siehe Neumeyer, Alexander: „Fluch in Segen", a. a. O. I, S. 316.

„Nach Hitlers Machtantritt änderte sich viel … Langsam aber sicher. Und seltsam genug, das Geschäft gedieh weiter und die Leute nahmen keinen Anstoß daran, daß die Uhlfelder Juden waren."[195]

Vom 1. April 1933 ist hier nicht ausdrücklich die Rede, aber doch der Sache nach.

Dem Vorsitzenden des Bayerischen Anwaltsverbandes, Max O. Friedlaender, blieb unvergessen:

„Als ich gegen Abend [am Vorabend des 1. April 1933] meine Kanzlei verließ, fand ich gerade einige Angestellte unserer Hausfrau um unser Schild [Jude] im 2. Stock versammelt; sie waren einig darüber, daß sie das gelbe Plakat entfernen wollten. Es bedurfte erst langen Zuredens meinerseits …, um sie davon abzuhalten."[196]

Ernest Hofeller wohnte damals in der Habsburgerstraße 4 in München und wie er betont, schräg gegenüber von Gregor Strasser, früher in der NSDAP wichtigster Mann nach Hitler, der jedoch am 30. Juni 1934 ermordet wurde. Hofeller erinnert sich an den 1. April 1933:

„The Nazis tried to persecute the Christian customers from buying in Jewish places, but many disregarded this and crossed just as you would a picket line and be called a scab."[197]

Werner Cahnman, ein angesehener Repräsentant des Münchner Judentums, fasst zusammen und hat dabei vor allem München vor Augen:

„Das Symbol der Verfemung für die Masse der Bevölkerung war der Boykott jüdischer Geschäfte am 1. April 1933. Aber der Boykott hatte nicht den gewünschten Erfolg. Zwar wurden hunderte von jüdischen Geschäften sowie Anwaltsbüros und ärztliche Praxisräume in einer sich über das ganze Reich erstreckenden groß angelegten Parteiaktion unter der Leitung des Frankenführers Streicher, deren Hauptquartier in München war, geschlossen, aber die Haltung der Bevölkerung entsprach nicht der Erwartung eines nationalen ‚Erwachens'. In den Tagen vor dem 1. April war der Andrang der Käufer in den jüdischen Ladengeschäften, insbesondere in der Innenstadt, so außergewöhnlich groß, daß die Boykottleitung Posten an die Eingänge einer Anzahl von jüdischen Firmen abkommandieren mußte … Die nationalsozialistische Propaganda war desavouiert, aber der Glaube derjenigen, Juden wie Christen, daß der Wellenkamm nun überschritten sei, war eine grausame Selbsttäuschung."[198]

---

195 Uhlfelder, a. a. O. I, Blatt 3.
196 Friedlaender, a. a. O. I, S. 233
197 Hofeller, a. a. O. I, S. 5; Übersetzung: „Die Nazis behelligten die christlichen Kunden, um sie vom Einkauf bei Juden abzuhalten. Aber viele setzten sich darüber hinweg und gingen hinein, gleich als ob sie eine Kette von Streikwachen überschritten und als Streikbrecher beschimpft würden."
198 Cahnman: „Die Juden in München", a. a. O. I, S. 438 f.

Menschen aus „allen Teilen des Reiches" wurden von der *Jüdischen Rundschau* belobigt. Am 13. April 1933 stand dort auf Seite 1 zu lesen:

> „Neben all dem Bitteren, das die deutschen Juden als Ganzes und einzelne deutsche Juden ... in diesen Tagen durchmachen mußten, muß gerechterweise auch eine Erfahrung verzeichnet werden, die vieles aufzuwiegen vermochte. Von einer großen Zahl von Freunden und Lesern in Berlin und in allen Teilen des Reiches erhalten wir Berichte, aus denen hervorgeht, daß **ein großer Teil der christlichen deutschen Bevölkerung** trotz der beispiellosen Vehemenz der antijüdischen Propaganda ... ein Gefühl für die wirkliche Situation bewahrt hat. Sowohl am Tage des Boykotts als auch nachher haben viele Juden von ihren Mitbürgern Zeichen der Teilnahme und des Respekts erhalten ... Es handelt sich dabei keineswegs um parteimäßig abgegrenzte Kreise, sondern ausdrücklich wird hervorgehoben, daß ... auch von Mitgliedern der nationalsozialistischen Partei, solche Kundgebungen zu verzeichnen sind."[199]
>
> [Die Hervorhebung entspricht dem Original.]

In Arnold Zweigs „Bilanz der deutschen Judenheit" finden wir eine Bewertung des 1. April 1933:

> „So wird am 1. April in ganz Deutschland der offizielle Trennungsschnitt zwischen Deutschen und Juden vollzogen. Die Geschäfte jüdischer Bürger, die Kanzleien jüdischer Anwälte, die Namensschilder jüdischer Ärzte, die Werke jüdischer Schriftsteller werden geächtet und verfemt, die Träger jüdischer Namen aus der Volksgemeinschaft ausgeschlossen. An diesem Tage, dem 1. April, bewies das deutsche Volk zweierlei: erstens, daß es sich widerstandslos jeder Maßregel der neuen Macht fügen werde, zweitens aber, daß es bei all seiner Passivität in seiner Masse ein zivilisiertes, gerecht und billig empfindendes europäisches Volkswesen geblieben sei. Denn was in diesem Monat März an Verhetzung, wüster Entflammung von Masseninstinkten, schamloser und strafloser Aufreizung zu Gewalttaten aus allen Lautsprechern des deutschen Reiches, allen Zeitungen des neuen Regimes auf dieses Volk losgelassen ward, liegt aktenmäßig fest; es geschah vor den Ohren der ganzen Welt und war doch nicht imstande, jene Welle von Blut und Pogrom hervorzurufen, die beabsichtigt war."[200]

So urteilt auch der amerikanische Literaturwissenschaftler John Dippel unter Berufung auf zuverlässige Quellen:

> „Die Deutschen allgemein waren offensichtlich keine antisemitischen Eiferer. In den großen Städten hatten Passanten entweder teilnahmslos zugeschaut oder hinter dem Rücken der SA-Trupps jüdische Geschäfte betreten. Einige gaben sich sogar besondere Mühe, um Juden, die man aufgrund von Denunziationen ausgesondert hatte, ihr Wohlwollen zu zeigen."[201]

---

199 Anonymus (4): „Jüdische Zwischenbilanz", in: *Jüdische Rundschau*, 13.04.1933.
200 Zweig, Arnold, a. a. O. I, S. 17 f.
201 Dippel, a. a. O. II, S.189 f.

Noch Jahre später bringt Albert Herzfeld, Düsseldorf, die Beobachtung zu Papier:

„Übrigens bemerkte ich, daß das einzige große noch nicht ‚arisierte' Detailgeschäft Gutmann genau so gedrängt voll von Käufern war wie Tietz."[202]

---

202 Herzfeld, Albert, a. a. O. I, S. 32.

4. Als von den Nürnberger Gesetzen Betroffene

4.1 Nur noch Staatsangehörige minderen Rechts

Obwohl seit dem 30. Januar 1933 der fanatische Antisemit Hitler an der Macht war, wäre es unrichtig, zu behaupten, die Juden seien schon von da ab rechtlos gewesen. Vor Gericht hatten sie immer noch eine Chance auf ein faires Verfahren – aber auch im täglichen Leben. So ist einem Schreiben Martin Bormanns, des Leiters der Parteikanzlei, vom 13. Oktober 1933 an einen Reichsstatthalter zu entnehmen:

> „Der Führer stellt fest, daß Beamten nicht verboten werden kann, in Warenhäusern oder in jüdischen Geschäften Einkäufe zu machen."[203]

Eine Anordnung des Reichsinnenministeriums vom 17. Januar 1934 betonte, dass die Gesetzgebung über die Verdrängung der Juden aus dem öffentlichen Dienst und aus gewissen freien Berufen „sich nicht auf die private Wirtschaft erstreckte". Ein Rundschreiben des Reichsarbeitsministeriums vom November 1934 verfügte, dass „jüdische Angestellte dieselben Rechte wie arische genießen sollten".[204] In der *Jüdischen Rundschau* vom 24. Juli 1934 stand zu lesen:

> „Im ‚Völkischen Beobachter' veröffentlichte der Leiter des rassenpolitischen Amtes der NSDAP ... einen Leitartikel ‚Rassenstolz und Politik', der sich gegen die Mißdeutung wendet, die die Rassenpolitik der nationalsozialistischen Regierung in großen Teilen der Welt gefunden habe: ‚Deshalb sei hier noch einmal mit Schärfe festgestellt, daß der Nationalsozialismus gar nicht daran denkt, andere Rassen herabzusetzen oder als minderwertig zu bezeichnen.'"[205]

Hans Mayer, als Jude und Kommunist bedroht, machte 1933 in Berlin sein juristisches Staatsexamen, bevor er aus Deutschland floh. Schon eines Beisitzers wegen verdient die folgende Episode Erwähnung:

> „Ich schrieb meine Klausuren, als sei da nichts. Da ich andere Sorgen hatte, kam Prüfungsangst nicht auf. Auch nicht bei der mündlichen Prüfung ... Die anderen Prüflinge benahmen sich korrekt, erst recht die Prüfer. Einer saß dabei und hospitierte offensichtlich. Er schaute auf mich in grenzenloser Verachtung. Später erkannte ich ihn wieder auf den Bildern: den damaligen Staatssekretär Roland Freisler."[206]

---

203 Heiber, Beatrice, a. a. O. II, S. 187.
204 Thalmann / Feinermann, a. a. O. II, S. 13.
205 „Keine Herabsetzung anderer Rassen", in: *Jüdische Rundschau*, 24.07.1934.
206 Mayer, Hans, a. a. O. I, S. 162.

Obwohl also der spätere Blutrichter den Prüfling hasste, war es ihm nicht möglich oder schien es ihm nicht opportun, eine Benachteiligung zu bewirken, denn alle anderen „benahmen sich korrekt"!

Noch 1937 wurde mit bewegten Worten seitens einer Parteigängerin Klage darüber geführt, dass namhafte Persönlichkeiten des Dritten Reiches, so Außenminister Freiherr von Neurath und die Gattin des Staatssekretärs Otto Meissner, bei Juden einkaufen.[207]

Auf die Anfangsphase der NS-Herrschaft beziehen sich die bemerkenswerten Sätze Hans Lamms über die Kooperation der Nationalsozialisten mit Zionisten:

> „Fest steht jedoch, ... daß sich während der ersten Phasen der nationalsozialistischen Judenpolitik nicht selten eine Situation entwickelte, in welcher es den Nationalsozialisten angebracht erschien, eine pro-zionistische Haltung einzunehmen oder vorzugeben."[208]

Als Begründung nennt er, dass

> „Nationalsozialismus und Zionismus davon ausgingen, daß das Bestimmende am Judentum ein rassisches oder nationales und nicht ein religiöses Element sei".[209]

Zionisten und die Nationalsozialisten hatten zunächst auch als gemeinsames Ziel die Auswanderung der Juden aus Deutschland, wobei den Zionisten natürlich Palästina vorschwebte.

Der Vorsitzende des Bundes jüdischer Frontkämpfer erklärte am 12. April 1934:

> „Unsere Jugend ist aber auch mit uns der Anschauung, daß eine Befriedung der jüdischen Frage innerhalb des nationalsozialistischen Staates möglich ist. Wenigstens dann, wenn die rassische Scheidung nicht rassische Diffamierung bedeutet ..."[210]

Der Dozent für Philosophie Karl Löwith fühlte sich, da er sich im Ersten Weltkrieg an der Front bewährt hatte, trotz aller Maßnahmen, die andere Juden bedrückten, ziemlich sicher:

> „Wir andern schienen damals gesetzlich gesichert und setzten unsere Vorlesungen fort, ohne – wie andernorts – von Seiten der Studenten einen Skandal zu erleben."[211]

[Der „Frontparagraph" wurde 1935 aufgehoben.]

Der Kunsthistoriker Alfred Neumeyer teilte diese Erfahrungen:

---

207 Heiber, Beatrice, a. a. O. II, S. 306.
208 Lamm: „Entwicklung des deutschen Judentums", a. a. O. II, S. 149.
209 Lamm: „Entwicklung des deutschen Judentums", a. a. O. II, S. 149.
210 Thalmann / Feinermann, a. a. O. II, S. 13.
211 Löwith, a. a. O. I, S.10.

„Dies zeigte ganz deutlich, daß in den Jahren 1933 bis 1935 die nationalsozialistisch inkorporierten Hörer sich in der Minderzahl befanden und die Vernichtung des Geistes noch nicht zu Ende geplant war. Wohl gab es schon Bücherverbrennungen vor der Universität … Von keinem Studenten habe ich dagegen je ein unwürdiges Wort vernommen, … ganz im Gegenteil, viele ließen mich wissen, daß ihre Loyalität der Wahrheit, ihre Sympathie dem bedrängten Lehrer gehörte."[212]

Karl Gumpel, der die Zeichen der Zeit erkannt hatte, plante mit seiner Familie die Emigration nach Südamerika. Trotz der erzwungenen Reise ins Ungewisse konnten ihn die Olympischen Sommerspiele 1936 mitreißen. Seine älteste Tochter erinnert sich:

„Als Papa einige Wochen später kam, war er hellauf begeistert. ‚Hitler versteht es, ein Spektakel zu veranstalten!', sagte er immer wieder anerkennend. Nicht einmal er konnte sich dem Rausch dieser Massenveranstaltung entziehen!"[213]

4.2 Die „einmalige säkulare Lösung"

Im Zusammenhang mit dem Nationalsozialismus hat „Nürnberg" einen ähnlich bitteren Beigeschmack wie „Dachau". In Dachau wurde 1933 das erste Konzentrationslager auf deutschem Boden errichtet, von Deutschen für Deutsche, in Nürnberg herrschte als NS-Gauleiter der fanatische Antisemit Julius Streicher, Herausgeber des Kampfblattes *Der Stürmer*. In Nürnberg fanden die Reichsparteitage statt – in Nürnberg wurden nach dem Ende des Hitlerregimes auch die Hauptkriegsverbrecher abgeurteilt und hingerichtet.

Auf dem „Reichsparteitag der Freiheit", so die offizielle Bezeichnung, wurden am 15. September 1935 weitere gravierende Schritte zur Entrechtung der Juden beschlossen, die berüchtigten Nürnberger Gesetze: das „Reichsbürgergesetz" und das „Gesetz zum Schutze des deutschen Blutes und der deutschen Ehre".

Das „Reichsbürgergesetz" wartete mit einer Neuerung auf: Von nun an sollte es nicht nur den gewöhnlichen deutschen Staatsangehörigen geben, sondern auch den deutschen Reichsbürger, denn § 2 Ziffer 3 bestimmte:

„Der Reichsbürger ist der alleinige Träger der vollen politischen Rechte …"

Diese Sonderstellung war angesichts der politischen Rechtlosigkeit nahezu aller Deutschen weitgehend bedeutungslos, diskriminierte aber den nur Staatsangehörigen. Einfache Staatsangehörige waren insbesondere die Juden gemäß § 2 Ziffer 1:

---

212 Neumeyer: „Lichter und Schatten", a. a. O. I, S. 282.
213 Salewsky, a. a. O. I, S. 59.

„Reichsbürger ist nur der Staatsangehörige deutschen oder artverwandten Blutes …"

Betroffen waren also auch alle farbigen Deutschen und solche mit asiatischen Vorfahren, ohne dass sie sonst ähnlichen Nachstellungen ausgesetzt gewesen wären wie die „weißen" Juden.

Ausdrücklich gegen die Juden war das „Gesetz zum Schutze des deutschen Blutes und der deutschen Ehre" gerichtet, wenngleich ebenso viele „Arier" als mit Juden Verlobte oder sonst Befreundete davon betroffen waren. Die Präambel dieses Gesetzes verdient Beachtung:

„Durchdrungen von der Erkenntnis, daß die Reinheit des deutschen Blutes die Voraussetzung für den Fortbestand des deutschen Volkes ist, und beseelt von dem unbeugsamen Willen, die deutsche Nation für alle Zukunft zu sichern, hat der Reichstag … beschlossen:

§ 1. 1. Eheschließungen zwischen Juden und Staatsangehörigen deutschen oder artverwandten Blutes sind verboten …"

Es folgen sieben Paragrafen und der Hinweis auf Ausführungsbestimmungen.

Bemerkenswert ist die Begründung, die Hitler gab. Sie zeigt, wie sehr er auf günstige Gelegenheiten wartete, um seine Übergriffe rechtfertigen zu können. Hatte er keinen nennenswerten Anlass, wie hier, so wurden die gewünschten „Tatsachen" einfach in die Welt gesetzt. Deshalb begründete Hitler die Nürnberger Gesetze vor dem Reichstag mit den Worten:

„Aus zahllosen Orten wird auf das heftigste geklagt über das provozierende Vorgehen einzelner Angehöriger dieses [jüdischen] Volkes, das in der auffälligen Häufung und der Übereinstimmung des Inhaltes der Anzeigen auf eine gewisse Planmäßigkeit der Handlungen schließen läßt."

Ferner äußerte Hitler die Hoffnung,

„durch eine einmalige säkulare Lösung vielleicht doch eine Ebene schaffen zu können, auf der es dem deutschen Volke möglich wird, ein erträgliches Verhältnis zum jüdischen Volk finden zu können."[214]

Hitler befahl auch der Partei, „Einzelaktion gegen Juden wie bisher zu unterlassen."[215]

Treffend war hierzu der Kommentar in der *Neuen Zürcher Zeitung*:

„Das Reichsbürgergesetz besiegelt den Untergang der Demokratie in Deutschland. Es hebt die Rechtsgleichheit auf und schafft statt dessen zwei Klassen von Staatsan-

---

214 „Aus der Reichstagsrede des Reichskanzlers", in: *Jüdische Rundschau*, 17.09.1935.
215 „Befehl gegen Einzelaktionen", in: *Jüdische Rundschau*, 17.09.1935.

gehörigen: einerseits die privilegierten ‚Reichsbürger', denen die öffentlichen Ämter im Reich … zugänglich sind und die die politischen Rechte ausüben, soweit solche noch existieren – andererseits die Staatsangehörigen, die zu bloßen Objekten der Verwaltung herabsinken. Zu der letztgenannten Kategorie gehören nicht nur die Juden, sondern auch alle deutschen Volksgenossen, denen aus irgendeinem Grund der Reichsbürgerbrief vorenthalten wird."[216]

Nahum Goldmann schildert eine Kontroverse mit dem Präsidenten der Tschechoslowakei, Eduard Beneš, der urteilte:

„Das ist eine Kriegserklärung an das internationale Judentum, der Anfang eures Endes." Er regte eine internationale Konferenz an, „um einen Kreuzzug gegen Hitler zu beginnen. Noch ist er schwach, noch kann man ihn stoppen …"

Goldmann:

„Von allen Seiten hörte ich, daß man die guten Beziehungen zwischen Amerika und Hitler nicht stören dürfe; die Franzosen sprachen von Beschwichtigung. Ich flüchtete mich in eine Reihe von faulen Ausreden."[217]

Die Nürnberger Gesetze kamen nicht ganz überraschend. Bereits 1920 hatte die NSDAP ihr Programm beschlossen, in dem es heißt:

„4. Staatsbürger kann nur sein, wer Volksgenosse ist. Volksgenosse kann nur sein, wer deutschen Blutes ist, ohne Rücksicht auf Konfession. Kein Jude kann daher Volksgenosse sein.

5. Wer nicht Staatsbürger ist, soll nur als Gast in Deutschland leben können und muss unter Fremdengesetzgebung stehen."[218]

In seiner Begründung der Nürnberger Gesetze vor dem Reichstag wies Hitler darauf hin, dass mit ihnen „das Programm der NSDAP in einem wichtigen Punkt erfüllt" werde.[219]

Ähnliche Diskriminierungen, wie sie das „Blutschutzgesetz" bewirkte, hatte es in früheren Jahrhunderten schon gegeben und gab es auch im Ausland, so in den USA und in Südafrika. Daher blieb die Kritik im Ausland ziemlich schwach, und im Inland fehlte ihr ein einflussreiches Organ.

Die praktischen Auswirkungen waren, was die staatsbürgerlichen Rechte anbelangte, gering. Die Juden durften nun nicht mehr wählen und abstimmen, ein „Recht", auf das viele andere auch gerne verzichtet hätten. Die zivil- und strafrechtlichen Konsequenzen waren jedoch für die Betroffenen furchtbar. Wenn sie

---
216 „Die Reichstagssitzung in Nürnberg", in: *Neue Zürcher Zeitung*, 16.09.1938.
217 Goldmann, Nahum: „Paradox", a. a. O. II, S. 67 f.
218 Grimm, a. a. O. II, S. 217.
219 „Aus der Rede des Reichskanzlers", in: *Jüdische Rundschau*, 17.09.1935.

nicht unter Verzicht auf die deutsche Staatsangehörigkeit auswandern wollten, mussten Verlobte ihre Hoffnung begraben, ihr Eheversprechen erfüllen zu können.

Blieben sie dennoch liiert, hatten die Männer langjährige Zuchthausstrafen wegen „Rassenschande" zu gewärtigen. Tausende landeten wegen Missachtung der einschlägigen Paragrafen in Gefängnissen oder Lagern.[220]

4.3 Das geteilte jüdische Echo

Nicht alle Juden missbilligten die neue Rechtslage. Schon 1934 bot Ludwig Feuchtwanger unter der Überschrift „Vom Anteil der Rasse am Wesen des jüdischen und christlichen Geistes" eine Einstimmung, die der Leser heute nur mit Befremden zur Kenntnis nehmen kann:

> „Dabei gehörte die ‚Rassenpflege' im Sinne der heutigen ‚Eugenik', also die Hochwertung und Förderung der eignen unvermischten Erblinie von jeher zu den eigenständigen jüdischen Forderungen. Es ist im Kern richtig, was ein moderner deutscher Schriftsteller, der ein uneingeschränktes Bekenntnis zum neuen deutschen Staat und seinen Maximen abgelegt hat [gemeint ist Gottfried Benn], sehr zugespitzt so ausdrückt: ‚Es hat sich nämlich herausgestellt, daß der größte völkische Terrorist aller Zeiten und großartigste Eugeniker aller Völker Moses war … Und sieben Jahrhunderte später tritt Esra auf, der eigentliche Gründer, Gesetzgeber, Führer des Thoravolkes, und verbietet nicht nur zukünftige Mischehen, sondern fordert von den Männern, die schon fremdstämmige Frauen haben, diese aus dem Haus zu jagen und Stammesgenossinnen zu heiraten'."[221]

Die *Jüdische Rundschau* brachte am 24. September 1935 eine nüchterne Erklärung der Reichsvertretung:

> „Die vom Reichstag in Nürnberg beschlossenen Gesetze haben die Juden in Deutschland aufs Schwerste betroffen. Sie sollen aber eine Ebene schaffen, auf der ein erträgliches Verhältnis zwischen dem deutschen und dem jüdischen Volke möglich ist. Die Reichsvertretung der Juden in Deutschland ist willens, hierzu mit ihrer ganzen Kraft beizutragen. Voraussetzung für ein erträgliches Verhältnis ist die Hoffnung, daß den Juden und jüdischen Gemeinden in Deutschland durch Beendigung ihrer Diffamierung und Boykottierung die moralische und wirtschaftliche Existenzmöglichkeit belassen wird."[222]

---

220 In den Jahren 1936–1943 wurden allein in Hamburg 1580 Personen wegen „Rassenschande" verfolgt; siehe Richarz, a. a. O. I, S. 47.
221 Feuchtwanger, Ludwig: „Aufsätze", a. a. O. I, S. 133 f. Er weist dann noch darauf hin, es sei nicht die Verbindung mit einer anderen Rasse verpönt, sondern mit einem Andersgläubigen.
222 „Erklärung der Reichsvertretung der Juden in Deutschland", in: *Jüdische Rundschau*, 24.09.1935.

Rückblickend schreibt Moshe Zimmermann, selbst Jude, über die internen jüdischen Zwistigkeiten:

> „Einen besonders bitteren Geschmack hinterlässt der systematische Angriff von Zionisten und Orthodoxen auf die Assimilation, der bereits die Keime der Zustimmung zu den Nürnberger Gesetzen in sich trug."[223]

Er benannte damit jene Kräfte, die den Nürnberger Gesetzen auch gute Seiten abgewinnen konnten.

Unter den Stimmen, die heute zugänglich sind, gibt es mehrere beifällige. So schrieb Betty Scholem am 5. Oktober 1935 an ihren Sohn Gershom in Jerusalem:

> „Gegen das Verbot der Mischehe kann ja kein Jude etwas haben, höchstens allerdings die Hänse, denn Hilde hat einen christlichen Freund, ein junger Ingenieur des Braufachs, der sie jetzt in keinem Fall heiraten darf, gleich kommt er ins Zuchthaus! Bei der Einstellung von Hansens war der gojische Schwiegersohn zu erwarten – und was haben sie jetzt! Ich sehe jetzt erst, u. mit wirklichem Schrecken, wie ungeheuer viel Mischehen es gibt."[224]

Ezra BenGershoms Aufzeichnungen ist zu entnehmen, dass gläubige Juden an ein Strafgericht glaubten:

> „Auch in den Nürnberger Gesetzen erkannte Vater die erziehende Hand Gottes wieder. Für ihn entsprachen die Judengesetze des Dritten Reiches genau jenen Gesetzen der Thora, die von den deutschen Juden oft übertreten wurden. Die Juden machten am Schabbat Geschäfte; also wurden die jüdischen Geschäfte an einem Schabbat boykottiert. Sie verheirateten sich mit Andersgläubigen; also wurden die Nürnberger Gesetze erlassen. Die Einführung der Zwangsvornamen ‚Sara' und ‚Israel' im Jahre 1938 waren eine göttliche Erziehungsmaßnahme gegen Juden, die sich ihrer jüdischen Namen schämten. Mit solchen Überzeugungen im Herzen nahm mein Vater die zunehmende Entrechtung der Juden verhältnismäßig gleichmütig hin. Unser häusliches Leben in den Jahren 1934 bis 35 konnte den Anschein erwecken, als hätten die Zeitgeschehnisse bei uns keine Spur hinterlassen. Jüdische und christliche Besucher aus aller Welt sprachen vor und wurden von Vater mit seinem herzlichen Willkommens-Ah! empfangen."[225]

Heinz Berggruens Erinnerungen lassen vermuten, dass die Nürnberger Gesetze für ihn und die Seinen kein bewegendes Thema waren:

> „Nach meiner Rückkehr nach Berlin 1935 wohnte ich in einem Viertel, in dem es … niemals Straßenschlachten oder Schießereien gegeben hatte, und noch im-

---

223 Zimmermann, a. a. O. II, S. 254.
224 Scholem, Betty, a. a. O. I, S. 402.
225 BenGershom, a. a. O. I, S. 74.

mer war dieser Teil des Westens eine Insel des Friedens: von Konzentrationslagern sprach niemand, und die ‚Reichskristallnacht' von 1938 lag in weiter Ferne."[226]

Vier Seiten weiter schreibt er:

„… was in Deutschland politisch geschah, wurde von mir gar nicht ernstgenommen. Auch meine Eltern hatten kein Gespür für die Gefahr, die sie umgab."

Aus Düsseldorf meldete sich Albert Herzfeld:

„Heute Nachmittag war ich bei meinen durchaus arischen Freunden … Ich habe noch niemanden kennengelernt, der mit diesen Maßnahmen u. Judengesetzen auch nur im Geringsten einverstanden ist."[227]

Höchst empört reagierte auch Walter Tausk:

„Den 18.9.1935: Der ‚Nürnberger Parteitag' schloß am Sonntag natürlich mit der Reichstagssitzung, die unter anderem die Judengesetze brachte. Die Stimmung hier in Breslau ist täglich gedrückter, zurückhaltender, schweigender, versteckt wütend – und bei den Hausangestellten, die also am 1.1.1936 bei Juden entlassen werden müssen, ist ‚Heulen und Zähneklappern' – aber kein Judenhass – vielmehr ein offen ausgesprochener Haß gegen diese Regierung."[228]

Die *Jüdische Rundschau* kommentierte am 17. September 1935:

„Durch die Gesetze, die am 15. September verkündet worden sind, ist der Status der Juden in Deutschland auf bestimmten Gebieten in eine feste Form gebracht worden. Es ist selbstverständlich, daß eine tiefe Erschütterung unserer Lebensbasis, die jetzt ihre gesetzliche Fixierung gefunden hat, uns Juden im Innersten aufwühlt."

Victor Klemperer hat in seinem Tagebuch für die Gesetze am 17. September 1935 nach einer kurzen Inhaltsangabe nur zwei knappe Sätze übrig:

„Und mit welcher Begründung und welchen Drohungen! Der Ekel macht einen krank."[229]

Das ist schon alles. Später kommt er auf die skandalösen Gesetze nicht mehr zurück.

---

226 Berggruen: „Hauptweg", a. a. O. I, S. 34.
227 Herzfeld, Albert, a. a. O. I, S. 21.
228 Tausk, a. a. O. I, S. 127.
229 Klemperer: „Tagebücher 1935–1936", a. a. O. I, S. 49.

5. In der Pogromnacht und in den Tagen danach

5.1 Ein willkommener Anlass

In den Augen des „Führers" wie vieler seiner Gefolgsleute hatten die antijüdischen Maßnahmen bisher nicht den gewünschten Erfolg gezeitigt. Die Mehrheit der Juden hoffte immer noch auf bessere Zeiten in Deutschland und betrieb die Auswanderung nicht mit letzter Energie. Diese Einstellung wurde nicht nur durch die tiefe emotionale Verbundenheit vieler mit ihrer deutschen Heimat gefördert, sondern auch durch die Unmöglichkeit, das eigene Vermögen ohne große Verluste ins Ausland zu transferieren. Immer härtere Gesetze bewirkten eine Pauperisierung der Auswanderer. Und ferner: wohin? Das Scheitern der Evian-Konferenz verdeutlicht die Dramatik: Vertreter fast aller westlichen Staaten versammelten sich vom 6. bis zum 15. Juli 1938 am französischen Ufer des Genfer Sees, in Evian, um die Möglichkeiten der jüdischen Auswanderung aus Deutschland zu besprechen. Auch eine zehnköpfige jüdische Delegation war zugegen. Eines der Mitglieder war die spätere Ministerpräsidentin Israels, Golda Meir.

Alle Delegierten, von wenigen Ausnahmen abgesehen[230], versuchten, die Einwanderung gerade in ihr Land zu verhindern. Nahum Goldmann, der als Delegierter zugegen war, schreibt in „Das jüdische Paradox":

> „Wenn beispielsweise ein Land aufgerufen wurde, dann sprach sein Vertreter …, er zählte sämtliche Gründe auf, aus denen es in seinem Land keinesfalls Platz für jüdische Flüchtlinge gäbe. Die Leichtfertigkeit und Gewissenlosigkeit waren erschreckend."[231]

Die judenfeindlichen braunen Scharfmacher glaubten, mit dem Schlagwort „Evian" beweisen zu können, dass die Juden weltweit unbeliebt seien. Sie glaubten auch, aus „Evian" folgern zu dürfen, dass harte antisemitische Maßnahmen der deutschen Regierung keine internationalen Verwicklungen auslösen würden.

Derartige Verwicklungen hatte der „Führer" nach seinen sensationellen Erfolgen auf dem Parkett der Großmächte ohnehin kaum noch zu befürchten. Die Aufrüstung Deutschlands hatten sie murrend hingenommen und ebenso seine militärische Präsenz auf dem linken Rheinufer. Österreich war nun ein Teil des Großdeutschen Reiches und ebenso das Sudetenland, alles, ohne dass auch nur ein

---

230 Die Sowjetunion und die Tschechoslowakei waren nicht vertreten, Italien lehnte die Einladung ab, Rumänien und Polen schickten lediglich Beobachter, die darum baten, sie von den Juden im eigenen Land zu „befreien".
231 Goldmann: „Das jüdische Paradox", a. a. O. II, S. 199.

Schuss abgefeuert worden wäre. Hitler stand im Zenit seiner Macht und seines nationalen wie internationalen Ansehens.

Im Innern herrschte Vollbeschäftigung, es gab keine Unruhen, kein „Gezänk der Parteien" mehr. Das neue Deutschland errang Platz 1 in der Gesamtwertung der Olympischen Spiele 1936. Die veröffentlichte Meinung war voll des Lobes für den „Führer". Nur *ein* ungeschriebenes Staatsziel war der Verwirklichung nicht näher gekommen: die Lösung der Judenfrage. Da geschah es, dass ein Mitarbeiter der deutschen Botschaft in Paris, Ernst vom Rath, einem Mordanschlag zum Opfer fiel.[232] Am 9. November erlag er seinen Verletzungen. Der Täter war ein Jude, Herschel Grynzpan, der sich, wie es hieß, damit für die Vertreibung seiner polnischen Eltern aus dem Reich rächen wollte. Im Einvernehmen mit Hitler gab Joseph Goebbels den Befehl, das Gros der erreichbaren Juden dafür büßen zu lassen. Hunderte Juden fanden bei den Gewaltaktionen den Tod, 30.000, meist wohlhabende, wurden auf Wochen in die Konzentrationslager Dachau, Buchenwald oder Sachsenhausen deportiert, über 1000 Synagogen und Gebetshäuser schwer beschädigt oder zerstört, 7500 Geschäfte verwüstet.[233] Der Sachschaden betrug Hunderte Millionen. Die Täter vor Ort, selbst wenn sie gemordet hatten, blieben ohne Strafe, ausgenommen bei „Rassenschande" und Plünderung.[234] Die Leistungen der Versicherungen durften nicht an die Geschädigten ausbezahlt werden. Das angedrohte Gesetz ließ nicht lange auf sich warten. Als „Buße" wurde den Juden die Zahlung von 1 Milliarde Reichsmark aufgebürdet.

Die mit den Vorkommnissen befassten staatlichen Stellen erhielten am 11. November 1938 die Mitteilung:

> „Sämtliche Aktionen gegen die Juden sind als abgeschlossen zu betrachten, nachdem Pg. Goebbels dem Führer Vortrag erstattet hat. Der Führer sanktioniert die bisher getroffenen Maßnahmen und erklärt, dass er sie nicht missbillige."[235]

---

232 Wie sehr Hitler auf derartige Gelegenheiten lauerte oder sie notfalls schuf, zeigt eine Besprechung mit General Keitel am 21. April 1938. Dem Überfall auf die Tschechoslowakei sollte (Domarus, a. a. O. II, S. 851) „z. B. Ermordung des dtsch. Gesandten im Anschluß an eine deutschfdl. Demonstration" vorausgehen. Der Vater des ermordeten vom Rath soll einem Kondolierenden gesagt haben (Ball-Kaduri: „Vor der Katastrophe", a. a. O. I, S. 157): „Ich glaube, daß mein Sohn im Auftrag ermordet worden ist." Moses Goldschmidt (a. a. O. I, S. 194) gibt sogar vor, dies sicher zu wissen.
233 Näheres zur „Reichskristallnacht" bei Löw: „Das Volk", a. a. O. II, S. 110 ff., Obst, a. a. O. II, Pehle, a. a. O. II. Der Pogrom wurde – ebenso wie das Hetzblatt *Der Stürmer* – auch von namhaften Nationalsozialisten missbilligt (siehe Maser: „Fälschung", a. a. O. II, S. 298).
234 IMT (Internationales Militärtribunal), Bd. 32, Dokument 3063-PS. S. 20 ff.: Der „Bericht des Obersten Parteigerichts an Göring vom 13. Februar 1939" dokumentiert, dass der Befehl zum Pogrom von oben kam und der angebliche Volkszorn pure Lüge war.
235 Schreiben an den Bayerischen Ministerpräsidenten, in: BayHStA StK 5331 20594.

5.2 Das Volk und der Terror

„Noch am 1. April 1933, als die Nazis zum Boykott jüdischer Geschäfte aufriefen, kam es vor Läden zu Diskussionen und sogar Schlägereien, weil viele Nichtjuden sich empörten. Nur fünfeinhalb Jahre später bot sich dem Betrachter ein ganz anderes Bild."[236]

So schreibt Georg Bönisch 2008. War es wirklich so? Hören wir die jüdischen Zeitzeugen aus allen Teilen des Reiches: Die meisten berichteten aus der Reichshauptstadt und viele aus der „Hauptstadt der Bewegung", was sie am 9. November 1938 und danach beobachten konnten und erleben mussten.[237]

Beginnen wir wieder mit Berlin: Dort bemühte sich Ernst Marcus, für die Reichsvertretung der Juden eine Verbindung mit dem Auswärtigen Amt herzustellen, was ihm auch gelang. Er berichtet:

„Im Auswärtigen Amt erlebte ich den ersten Eindruck offenen Abscheus ... Entgegen seiner Gewohnheit, mich allein zu empfangen, war er [Otto v. Hentig] von einigen Attachés seines Referates umgeben. Alle Anwesenden waren mir persönlich bekannt. Hentig ... drückte mir unumwunden seinen Abscheu gegenüber den Ereignissen aus. ‚Ich schäme mich für mein Volk', diese herausgestoßenen Worte blieben mir im Gedächtnis. Einer der Attachés – alle gehörten der SS an – fügte hinzu: ‚Glauben Sie mir, wir werden diese Taten büßen müssen. Dieser Tag bleibt nicht ungesühnt. Vielleicht ist Ihnen das ein Trost'. Es war in der Tat ein Trost. Denn ich empfand, daß es diesen Männern, vielleicht weil sie ihr Vaterland liebten, ernst war mit ihrer Abneigung gegen den Geist des Nationalsozialismus, des Urhebers der von ihnen verurteilten Taten."[238]

Werner Blumenthal, später Finanzminister in den USA, befiel Angst, als er die brennende Synagoge sah:

„Vor einigen jüdischen Geschäften versuchten die Eigentümer, Schutt und Glasscherben zusammenzukehren. Niemand half ihnen, die Menschen schauten hin und gingen weiter; sie schienen angesichts dessen, was sie sahen, ebenso sprachlos und verstört zu sein wie ich selbst."[239]

Gerhard Löwenthal, der allseits bekannte mutige Fernsehredakteur schilderte später, in der Zeit des Kalten Krieges, sein Erleben der „Reichskristallnacht":

---

236 Bönisch, a. a. O. II, S. 46.
237 Nicht unerwähnt soll bleiben, dass die polnischen Juden in Deutschland schon Ende Oktober 1938 harter Verfolgung ausgesetzt waren, da Polen den Verlust ihrer Staatsangehörigkeit verfügt hatte. Sie wurden gewaltsam in das Niemandsland zwischen Polen und Deutschland transportiert. Unter diesen Opfern war Gerta Pfeffer (a. a. O. I) aus Chemnitz: „In großen Polizeiwagen wurden wir zum Bahnhof gefahren. Dort sammelten sich rasch Neugierige an, ich habe keinen lachen gesehen, niemand hat uns beschimpft."
238 Marcus, a. a. O. I, S. 178 f.
239 Blumenthal, a. a. O. I, S. 439.

„Ich war, als der Tumult auf der Straße begann, sofort hinuntergelaufen, um zu sehen, was los sei. Da wir noch keinen Judenstern tragen mußten, kam mir gar nicht die Idee, daß ich mich in große Gefahr begab. Das wurde mir erst klar, als ich beim Anblick meiner brennenden Synagoge in Tränen ausbrach. Obwohl viele Menschen stumm und betroffen, einige offenbar in ohnmächtiger Wut, die Feuersbrunst beobachteten, war es doch nicht ausgeschlossen, daß mich fanatische Nazis erwischt und an Ort und Stelle entsprechend ‚behandelt‘ hätten."[240]

Auch Hans-Joachim Schoeps machte sich auf den Weg, um sich selbst ein umfassendes Bild zu machen:

„Von einer brennenden Synagoge fuhr ich zur anderen, und überall sah ich nur schweigende Menschen stehen, die in die Flammen starrten. Manche hatten Tränen in den Augen, manche die Fäuste in der Tasche geballt. Das war das wirkliche Volk von Berlin. Ein alter Mann murmelte: ‚Gotteshäuser anzünden, das wird sich rächen, das wird ein schlimmes Ende nehmen.‘"[241]

Ernst Herzfeld, Vorsitzender des Jüdischen Centralvereins, beobachtete in Berlin:

„Die auf den Straßen postierten Polizisten nahmen keine Notiz davon, daß in ihrer nächsten Nähe am hellen Tage das Zerstörungswerk fortgesetzt wurde. Sie konzentrierten ihre Aufmerksamkeit ausschließlich auf die ‚Ordnung‘ des ungeheuren Menschen-Stroms, der die Straßen durchflutete, und ganz besonders auf die Äußerungen der Passanten. Wer ein hörbares Wort der Kritik wagte, wurde sogleich festgenommen und abtransportiert."[242]

Annemarie Wolfram, die noch als Kind mit ihrer Familie aus Deutschland geflüchtet war, erinnert sich:

„Plötzlich klingelte es. Unser Nachbar stand vor der Tür. Wir wußten, er war ein Nazi. Aber er war immer freundlich und gut zu uns. Nun fragte er, ob wir nicht für die Nacht in seine Wohnung kommen möchten. Er sagte, er führe keinen Krieg gegen Frauen und Kinder, vielmehr wolle er uns beschützen. Dieser Mann war zutiefst verärgert und empört über all das Plündern, das er in den Straßen wahrgenommen hatte. Nebenbei, nach Dad erkundigte er sich täglich. Aber auch er hatte Angst."[243]

Ihr Vater war einer von den Tausenden, die in Konzentrationslager eingeliefert worden waren.

Kurt Jakob Ball-Kaduri berichtete über die auf die „Kristallnacht" folgenden Verwüstungen:

---

240 Löwenthal, Gerhard, a. a. O. I, S. 41 f.
241 Schoeps, a. a. O. I, S. 108 f.
242 Herzfeld, Ernst, a. a. O. I, S. 161.
243 Wolfram, in: Anderson, a. a. O. II, S. 79.

„Am Morgen des 10. November verwandelte sich Berlin in ein Tollhaus … Im großen und ganzen beteiligte sich in Berlin die Bevölkerung kaum oder gar nicht am Zerstörungswerk. Zumeist standen die Menschen stumm und staunend vor den Stätten der Zerstörung. Einzelne unter den Zuschauern, die ihrem Unwillen Ausdruck gaben, wurden festgenommen und abgeführt … Gewiß, der Mob half plündern, aber die weitaus große Mehrheit der Berliner erweckte den Eindruck, als ob sie ahnte, wer einmal die Rechnung bezahlen würde."[244]

Am ausführlichsten befasste sich Ezra BenGershom mit dem Pogrom und den gewöhnlichen Deutschen:

„Warum meinten Hitler und Goebbels nun auf einmal, die unverhüllte Rohheit ihres Terrorregimes preisgeben zu dürfen? Hatte sich mein Heimatland so furchtbar gewandelt, daß sie sich das leisten konnten? Diese Frage ließ mich seit der ‚Kristallnacht' nicht mehr los. Ich rief mir die vielen rechtschaffenen Menschen in Erinnerung, denen ich seit meiner Kindheit begegnet war … Sie konnten doch nicht alle vom deutschen Erdboden verschwunden sein. Nachträglich hörte ich wirklich, daß in den Tagen des Pogroms eine ansehnliche Zahl von ‚Ariern' ihren jüdischen Bekannten Hilfe und Zuflucht gewährt hatten. Aber nun waren es die rechtschaffenen Deutschen, die aus Furcht vor dem NS-Terror ihr Tun mit Heimlichkeit umgaben und ihre Proteste nur noch flüsternd äußerten."

Seine Beobachtungen in Berlin:

„Ich hatte Zeuge des wüsten Treibens sein wollen; aber überall kam ich zu spät. Die Brandstifter und der beutegierige Mob hatten ihr Werk schon vollbracht … Ich mischte mich unter die Menge der Neugierigen, um vielleicht ihre Bemerkungen aufzufangen. Doch die wenigen Worte, die hier und dort fielen, gingen im Klirren der Scherben unter, die man auf den Bürgersteigen haufenweise zusammenschaufelte."[245]

Seinen Bruder betreffend, schreibt Ezra:

„Ein besonders gewissenhaftes Mitglied der jüdischen Gemeinde hatte von seiner Ankunft gehört und vorschriftsmäßig Meldung erstattet. Die Gestapomänner kamen auch sogleich, um Leon zu verhaften."[246]

Die Berliner Ärztin Hertha Nathorff notierte in ihr Tagebuch:

„10. November 1938 … Was haben sie bloß wieder gemacht?, denke ich. Da höre ich eine gutangezogene Dame im Vorbeigehen zu ihrem Mann sagen: ‚Recht geschieht es der verdammten Judenbande, Rache ist süß!'"

Nur fünf Zeilen weiter schrieb sie jedoch:

---

244 Ball-Kaduri, „Vor der Katastrophe", a. a. O. I, S. 168 f.
245 BenGershom, a. a. O. I, S. 96 f.
246 BenGershom, a. a. O. I, S. 98.

„Wohl höre ich einige unwillige Bemerkungen über diese Vorgänge aus den Reihen der Passanten; die meisten aber gehen scheu und still durch die Straßen."[247]

Ihr Mann wurde in der Pogromnacht verhaftet und in ein Konzentrationslager gesteckt. Erst nach Wochen kam er wieder frei. Sie selbst lebte zwischenzeitlich in größter Angst und Sorge:

„Ich weiß, daß arische Freunde oft in tiefer Nacht noch an meinem Hause vorbeigehen, um zu sehen, ob das Licht noch brennt und ob die Lampen nicht demoliert, unsere Wohnung ausgeraubt ist ..."[248]

Der in Stettin geborene, nun in Berlin ansässige Fritz Goldberg wurde in der Pogromnacht ebenfalls verhaftet.

„Die Einladung, die das Berliner amerikanische Konsulat mir sandte, war das rettende Dokument. Meine Frau bewies den Behörden, daß ich in kürzester Frist das Reich verlassen könnte, und so kam ich schließlich frei. Fiebernd und verlaust, mit einer eitrigen Wunde am Fuß ... Die arischen Nachbarn der Straße, die mich alle seit vielen Jahren kannten, bereiteten mir einen beinahe herzlichen Empfang. Der Briefträger, der Gemüsehändler, der Drogist, alle bekundeten sie mir ihre Sympathie. Auch unsere Portierfrau, das frechste und zänkischste Weib des Bezirks, erklärte mir unter Tränen, daß sie mit allen diesen Dingen nichts zu tun haben wollte."[249]

Toni Lessler, die Leiterin einer Privatschule in Berlin, konnte 1939 Deutschland verlassen. Über den Abschied berichtet sie:

„Wie viele Tränen an diesem Abend vergossen wurden, vermag ich nicht zu sagen. Der Kellner, der uns bediente, hatte so viel Mitleid, daß er beim Abschied sagte: ‚Ick vastehe nicht, dat die jüdischen Herrschaften alle sitzen und weinen, weil sie fort müssen, sie sollten froh sein, aus diesem Saustall herauszukommen. Ick wäre froh, wenn ick mit Ihnen wandern könnte ...' Am nächsten Morgen um sieben Uhr erschien unsere treue Hausschneiderin, die einzige von unseren arischen Angestellten, die noch treu zu uns hielt. Sie packte noch unsere letzten Sachen ein, steckte uns jedem einen Veilchenstrauß an die Jacke, begleitete uns zum Auto und sagte: ‚Ich kann die Damen nicht zum Auto begleiten, denn ich würde Ihnen nur durch mein Weinen die Trennung schwerer machen. Aber um eines bitte ich Sie, vergessen Sie mich nicht, und denken Sie immer daran, daß mit mir viele Ihrer arischen Freunde noch genau so viel von Ihnen halten wie in früheren Zeiten. Mein ganzer Kreis spricht mit solcher Hochachtung und Liebe von Ihnen, und wenn ich Ihnen jetzt durch dieses kleine Veilchensträußchen eine Freude bereite, so denken Sie daran, daß diese kleinen Blümchen die Anzahl Ihrer arischen Anhänger darstellen ...'"[250]

---

247 Nathorff, a. a. O. I, S. 120 f.
248 Nathorff, a. a. O. I, S. 131.
249 Goldberg, a. a. O. I, S. 311 f.
250 Lessler, a. a. O. I, S. 448.

Else Behrend-Rosenfeld, wegen der antisemitischen Nachstellungen aus Berlin geflohen, wohnte in Icking im Isartal, 25 Kilometer südlich von München:

> „Dann kam der 10. November 1938! Völlig ahnungslos waren wir am Morgen aufgestanden, … als es klingelte. Unser guter Bürgermeister stand draußen, schwitzend vor Verlegenheit. ‚Die Kreisleitung der Partei hat mich angerufen und beauftragt, Ihnen zu sagen, Sie müssten innerhalb von drei Stunden von hier fort … Ich hoffe, es ist nur für kurze Zeit.'"[251]

Als sie ihm ihre Schlüssel brachte, versuchte er, sie zu trösten.

> „Rufen Sie mich von München an, ehe Sie wiederkommen, und wenn Sie sonst irgendetwas wollen. Gell, Sie wissen, daß ich alles tun werde, damit Sie bald wieder bei uns sind!"[252]

Behrend-Rosenfeld suchte Unterkunft bei Bekannten in München, wo sie Folgendes erlebte:

> „Immer wieder trafen wir auf Menschenansammlungen vor jüdischen Läden, wo man sich das Zerstörungswerk ansehen wollte … Die Menge verhielt sich ruhig, auch den Gesichtern war ganz selten einmal anzumerken, was ihre Besitzer dachten. Hier und da fielen Worte der Schadenfreude, aber auch solche des Abscheus konnte man gelegentlich hören."[253]

Schließlich fand sie für eine Reihe von Tagen Unterschlupf:

> „Jeder Ausgang in diesen ersten Tagen nach dem 10. November kostete Überwindung. Wenn die Wohnungstür hinter mir zufiel, hatte ich das Gefühl, mich erst straffen und wappnen zu müssen, einer grausamen Außenwelt gegenüber."[254]

Und doch war die Hilfsbereitschaft der Lebensmittelhändler für sie eine freudige Überraschung. Davon wird später noch die Rede sein.[255]

Werner Cahnman berichtete über das „Danach":

> „Am 9. November 1938,[256] gegen 7 Uhr morgens, bekam meine Mutter einen Telephonanruf von einem Freund unserer Familie, einem Arzt im Ruhestand, der sagte, er sei eben von einem früheren Patienten, jetzt Beamter der Gestapo [!] gewarnt worden, daß Massenverhaftungen von Juden unmittelbar bevorstünden. Wir drängten Vater, sobald als möglich auf seine Verkaufstour zu gehen."[257]

---

251 Behrend-Rosenfeld, a. a. O. I, S.61.
252 Behrend-Rosenfeld. a. a. O. I, S.62.
253 Behrend-Rosenfeld, a. a. O. I, S. 66.
254 Behrend-Rosenfeld, a. a. O. I, S.66 f.
255 Siehe S. 113 ff.
256 Richtig müsste es wohl heißen: „Am 10. November".
257 Cahnman, „Deutsche Juden", a. a. O. I, S. 134.

[Das Ausrufezeichen im Zitat stammt von Cahnman, der damit seine Verwunderung zum Ausdruck bringt, dass selbst aus dem Umkreis der Täter mutige Anteilnahme vernehmbar wurde, eine Tatsache, die häufiger berichtet wird.[258]]

Der Pogrom hatte in München ein Vorspiel: Auf Befehl Hitlers musste dort schon im Sommer 1938 innerhalb kürzester Zeit die Hauptsynagoge abgerissen werden, da sie angeblich sein ästhetisches Empfinden störte. Von Erich Ortenau, dem noch rechtzeitig die Ausreise gelang, erfahren wir:

> „Ich stand 51 Jahre später an dieser Stelle, wo unter dumpfem Krachen eine von einem Kran geschwenkte Demolierungskugel das stolze Gotteshaus zerschmetterte."

Besondere Bedeutung kommt der folgenden Beobachtung zu:

> „In der Menge, die stumm zusah, konnte man kein Zeichen der Zustimmung verspüren. Ein beklommenes Schweigen ging von ihr aus. Ahnte sie die vielen Trümmer, die dieser gottlosen Saat folgen sollten?"[259]

Auch Hermann Klugmann mischte sich unter die Zuschauer:

> „Ich habe an den Mienen der meisten Menschen, die den Abbruch der Synagoge beobachtet haben, entschiedene Mißbilligung gelesen [sic!] … Als ich an einem dieser Tage in der Abendstunde von der halb niedergerissenen Synagoge wegging, gesellte sich ein Mann zu mir … Er sagte zur mir: ‚Sie gehören doch auch zu der jüdischen Gemeinde?' Als ich sehr zögernd antwortete, meinte er: ‚Haben Sie keine Angst, wir Katholiken fühlen mit Ihnen' und entfernte sich."[260]

Die Schwiegereltern von Thomas Mann lebten ebenfalls in München. Hedwig Pringsheim schrieb am 13. November 1938:

> „Es geht uns persönlich ganz gut. Wir haben außer dem Allgemeinen, das das Gemeine ist für alle, nichts Unangenehmes erlebt. Dies allerdings genügt bei bescheidenen Ansprüchen. Meine Nerven sind am Zerreißen …"[261]

Doch allmählich legte sich die Anspannung etwas und es kam Erstaunliches zum Vorschein:

> „Ach, wenn nur die vielen Sympathiebesuche nicht wären, die einem einesteils wohltun, aber andererseits doch auch enervieren und an anderen, wichtigeren Dingen – wie z. B. am Spazierengehen – hindern!"[262]

Werner Tausk vertraute seinem Breslauer Tagebuch über den Pogrom an:

---

258 Siehe S. 357 ff.
259 Ortenau, a. a. O. I, S. 114.
260 Klugmann: „Mein Leben", a. a. O. I, S. 74.
261 Pringsheim, a. a. O. I, S. 218 f.
262 Pringsheim, a. a. O. I, S. 220.

„Das ältere Publikum war sehr geteilter Ansicht, die allgemeine Stimmung aber war entschieden gegen diese Ereignisse."[263]

„Man verhaftete ungezählte hunderte arische Menschen von der Straße weg, die irgendeine mißbilligende Bemerkung machten. Man verhaftete christliche Geistliche aller Bekenntnisse, die Bittgebete für jüdische Menschen vortrugen."[264]

„Man weiß beim ‚Volk', daß jedes Wort darüber gleich ist mit Verhaftung, Einsperren und eventuellem Erschießen. Man weiß, daß alte, wirklich abgehärtete Polizeibeamte angesichts dieser miterlebten Greuel zusammenbrachen, ihrem Herz Luft machten und krank liegen."[265]

Margot Kleinberger war zehn Jahre alt, als der Pogrom auch Hannover heimsuchte. Viele Jahrzehnte später bringt sie zu Papier, woran sie glaubt, sich noch erinnern zu können:

„Auf dem Heimweg [von der Schule] konnte ich sehen, dass man die Scheiben der jüdischen Geschäfte eingeschlagen hatte und die deutsche Bevölkerung sich hemmungslos bedienen konnte. Und das tat sie auch."[266]

– „Die deutsche Bevölkerung"? Wenige Seiten weiter schildert Margot die Beerdigung ihres Großvaters:

„Alle Bauern und Dörfler, die mit meinem Opa zu tun gehabt hatten, kamen zum Kondolieren. Als Opa Wolf auf dem jüdischen Friedhof am Harl beerdigt wurde, war der ganze Weg schwarz von den vielen Menschen."[267]

Im Rheinland wurde Hugo Moses am Morgen des 10. November von einem Polizeibeamten aufgesucht, der etwaige Beschädigungen besichtigen sollte:

„Kopfschüttelnd sagt er uns, als ich ihm die Kugelspuren der vergangenen Nacht zeigte: ‚Es ist eine Schande, das alles mitansehen zu müssen. Das wäre nicht passiert, wenn wir nicht in unseren Kasernen hätten bleiben müssen.' Beim Herausgehen sagte der Beamte: ‚Hoffentlich war es das letzte Mal, daß Ihnen das passierte.' Am nächsten Abend befürchtete man allgemein, daß sich die Vorgänge wiederholen würden. In dieser Nacht aber patrouillierte die Polizei unausgesetzt durch die Straßen, besonders in der Gegend der jüdischen Häuser. Ein Polizeioffizier, mit dem ich sehr gut befreundet war, sagte später zu mir: ‚In der zweiten Nacht hatte jeder Polizist zwei Revolver bei sich. Schade, daß die Bande nicht nocheinmal gekommen ist.' Zwei Stunden später erschien ein anderer Polizeibeamter und sagte wörtlich zu mir: ‚Es tut mir leid, ich muß Sie als verhaftet erklären.' Ich erklärte ihm: ‚Ich bin nie mit dem Gesetz in Konflikt gekommen, erklären Sie mir den Grund der Verhaftung.' Der Beamte: ‚Ich habe den Auftrag, alle jüdischen Männer

---

263 Tausk, a. a. O. I, S. 182.
264 Tausk, a. a. O. I, S. 192.
265 Tausk, a. a. O. I, S. 201.
266 Kleinberger, a. a. O. I, S. 42.
267 Kleinberger, a. a. O. I, S. 48.

zu verhaften. Machen Sie es mir nicht zu schwer, folgen Sie mir.'... Vor meiner Haustür sagte der Beamte zu uns: ‚Gehen Sie bitte vor, ich folge Ihnen in größerem Abstand. Die Bevölkerung braucht nicht darauf aufmerksam zu werden.' Auf der Polizeistation waren die Beamten fast alle sehr nett zu uns."[268]

Am 19. November 1938 war Moses wieder frei.

„Zunächst in mein Geschäft. Tränenüberströmt kamen mir die Kolleginnen entgegengelaufen, auch in den Augen der männlichen Kollegen schimmerte es verdächtig. Erzählen, erzählen, reden und zuhören, berichten und lauschen."[269]

Auf der Eisenbahnfahrt nach Hause musste er sich das Gespräch zweier Männer anhören, die sich an dem Pogrom ergötzt hatten.

„Mir standen die Tränen in den Augen, mein Herz tat mir weh. O Deutschland, o Vaterland!"[270]

„Daheim waren die äußerlich sichtbaren Schäden notdürftig ausgebessert. Christliche Nachbarn hatten uns einige Möbelstücke geliehen, so daß wir wenigstens essen und schlafen konnten. Die Bevölkerung in meinem Heimatort war wegen der Vorkommnisse zum größten Teil sehr deprimiert. Meine Frau erzählte mir, es seien in den ersten Tagen einige arische Frauen, bezeichnenderweise Frauen von Arbeitern, denen meine Frau früher sehr viel Gutes getan hatte, bei ihr gewesen. Eine Frau habe laut geweint ... Eine andere Frau sagte: ‚Das ist schlimmer als in Rußland. Man sollte den Schweinen, die diese Zerstörung angerichtet haben, den Hals umdrehen.'"[271]

„Nach dem 10. November war meinen Kindern der Besuch der höheren Schule verboten. Meine Tochter war ab Weihnachten 1933 in einer Klosterschule und hatte es dort bei katholischen Schwestern sehr gut ... Mein Sohn besuchte seit Ostern 1938 die Oberschule in einer anderen Stadt. Vor der Aufnahme besuchte ich den Direktor ... Er antwortete mir wörtlich: ‚Ich bin ein guter Katholik und bin über dreißig Jahre im Dienst. In meiner Schule gibt es nur Können und Wissen, die Partei regiert hier noch nicht. Schicken Sie ruhig Ihren Jungen.'"[272]

Dann ist von einem Lehrer die Rede, der den Judenjungen schikanierte.

„Als die Quälerei eines unschuldigen kleinen Kindes unhaltbar wurde, mußte ich den schweren Gang zum Direktor machen ... Der Direktor sagte zu mir: ‚Das alles ist für mich so neu und unfaßbar ...' Der Direktor sagte noch: ‚Leider kann ich gegen den betreffenden Lehrer nicht einschreiten, er ist Vorsitzender des Lehrerbundes, ein Protest würde mich meine Stellung kosten.'"[273]

---

268 Moses, a. a. O. I, S. 42 f.
269 Moses, a. a. O. I, S. 48 f.
270 Moses, a. a. O. I, S. 49.
271 Moses, a. a. O. I, S. 50.
272 Moses, a. a. O. I, S. 50.
273 Moses, a. a. O. I, S. 51.

1939 gelang Hugo Moses zusammen mit seiner Familie die Ausreise in die USA.

„Die Anteilnahme unserer arischen Freunde vor unserer Abreise war groß. Geschenke wurden uns von ihnen ins Haus gebracht, Blumen und gute Wünsche. Einige von ihnen sagten mir wörtlich: ‚Nimm mich mit, es geht hier in den Krieg, und wir haben keine Lust, noch einmal Krieg zu spielen.' Andere sagten: ‚Ihr Glücklichen, wie beneiden wir Euch. Ihr geht in die Freiheit, wir bleiben unter der Gewalt.' Zwei arische Freunde begleiteten uns zum Bahnhof, obwohl wir am Mittag abreisten. Der eine von ihnen sagte tränenden Auges auf dem Bahnsteig: ‚Hier werden wir Euch wieder im Triumph abholen.' Tränen liefen ihnen über das Gesicht, als der Zug abfuhr ..."[274]

„Abschließend muß ich sagen, daß jedes Wort in meinem Bericht der lauteren Wahrheit entspricht. Nicht der Haß hat meine Feder geführt, nur die Wahrheit und der Mut, die Wahrheit zu berichten ... Nein, besäße die größere Zahl des gereifteren deutschen Volkes auch nur einen Bruchteil des Antisemitismus der Regierung, würde die Pogromstimmung, in die das deutsche Volk von Zeit zu Zeit gepeitscht wird, nicht den vernünftigeren Teil abschrecken, es lebte schon lange kein Jude in Deutschland mehr."[275]

Aus Nürnberg, der Stadt der Reichsparteitage, berichtete Rudolf Bing, früherer Vorstand der Nürnberger Anwaltskammer:

„Als am Morgen dieser Unheilsnacht die nicht als Polizei oder SA-Mannschaft beteiligte Bevölkerung erwachte und das Zerstörungswerk erblickte, trat eine Folge ein, die die Urheber nicht erwartet hatten. Unverkennbar bemächtigte sich ein tiefes Gefühl der Depression und der Beschämung des Publikums. Zum ersten Male wagten sich Kreise der übrigen Bevölkerung heraus, um uns ihr Mitgefühl zu zeigen. ‚Ich schäme mich, ein Deutscher zu sein', bekam man zu hören."[276]

Hans Berger erlebte den Pogrom in Wiesbaden:

„Am Mittwoch, dem 9. November 1938, saßen wir abends mit unserem Englischlehrer Moses in unserm gemütlichen Heim beisammen und unterhielten uns über die Drohung, die von Regierungsseite nach dem Hinscheiden Ernst vom Raths gegen die deutschen Juden ausgesprochen worden war. Keiner von uns glaubte an die wahnsinnige Brutalität, unter der wir in den nächsten Tagen schon bis zur Vernichtung zu leiden haben sollten ... erst in der Fabrik hörte ich durch telephonische Berichte, daß in der Stadt sämtliche Geschäfte vollständig demoliert worden sind. Die Ware wurde auf die Straße geworfen und angezündet, und dies geschah alles nur von wenigen Halbwüchsigen, die zu diesem Zweck von den Parteistellen beauftragt waren."[277]

---

274 Moses, a. a. O. I, S. 55 f.
275 Moses, a. a. O. I, S. 57.
276 Bing, a. a. O. I, S. 90.
277 Berger a. a. O. I S. 323.

Eine damals 13-jährige Schülerin meldete sich, ohne Angabe ihres Namens, aus Dresden zu Wort:

> „Jüdische Geschäfte wurden geplündert, Fenster eingeschlagen, überall waren Schmierereien zu lesen: ‚Juden raus, Juden raus'. Das Volk hat sich über die Waren gestürzt, es war entsetzlich."[278]

Rechtsanwalt Neumann verrät nicht, wo er den Pogrom erdulden musste. Gleichwohl gibt es keinen Grund, an seiner Darstellung irgendwie zu zweifeln. Sie verdeutlicht dem, der glaubt, er selbst hätte in gleicher Lage dem Vandalismus Einhalt geboten, die mörderische Situation:

> „Jetzt hörte ich, daß man den Hauswirt, übrigens ein Arier, aber als Deutschnationaler bei der Partei nicht beliebt, verhaftet habe. Die Frau Oberstleutnant, unsere Mietsnachfolger in der Obergeschoßwohnung, mit denen wir noch auf Grußfuß standen [sic!], hatte alles [den Vandalismus] mitangesehen und saß da und weinte. Der Herr Oberstleutnant sei halb bekleidet auf die Straße geeilt und hätte nur gesagt: ‚Was ist denn hier los?' Da habe die SS gleich geantwortet: ‚Scheren Sie sich in Ihre Wohnung!' Als vom Haus her ein ähnlicher Ausruf gekommen wäre, habe die SS gleich zweimal nach dem Fenster geschossen." [279]

Aus der Kleinstadt Böblingen wurde berichtet:

> „Dann kam die ‚Kristallnacht', ich war schon im Schlafzimmer, und plötzlich fiel ein Stein durch das Fenster. Wir hatten vorher nie etwas gespürt von der Feindschaft gegen die Juden in Böblingen. Als der Stein hereinflog, ist mein Mann mit einem Freund, der gerade da war, hinuntergelaufen, um den Mann zu erwischen. Aber der ist davongelaufen."[280]

Mark Anderson veröffentlichte in seiner Sammlung persönlicher Aufzeichnungen von Ausgewanderten auch Texte von Menschen, deren Namen er nicht preisgibt. Ein Emigrant berichtete aus Österreich: „Aber das Volk – das Volk von Wien – war oft sehr gut zu uns." Was folgt, wird auch von vielen anderen Auswanderern berichtet:

> „Ein Mann, der in einem Bus meinem Gatten gegenüber saß, sagte zu ihm: ‚Sie haben Glück, Sie können auswandern.'"

Dass der Gatte Jude war, konnte man an dem ganz kurz geschorenen Haar erkennen, eine Folge des KZ-Aufenthalts. Die anonyme Jüdin fährt fort:

> „Wir lebten jetzt in einem anderen Stadtteil, wo es weniger jüdische Familien gab. Aber wir trafen uns weiter insgeheim – unsere alte Freundesschaar – auch die Nichtjuden. Dieses Gerede über Judenhassen ist nicht wahr – es kam nicht natür-

---

278 Anonyma (7), a. a. O. I, S. 97.
279 Neumann, Siegfried, a. a. O. I, S. 108.
280 Ehre. a. a. O. I, S. 112.

In der Pogromnacht und in den Tagen danach

lich zum Volk, es wurde vielmehr von außen injiziert. Die Arier nahmen weiter für uns Risiken auf sich ... Schließlich erhielten wir die Papiere. Wir nahmen den Zug durch Deutschland nach Hamburg. Ich muß sagen, daß wir auf dem ganzen Weg von den Deutschen anständig behandelt wurden. Im Februar 1939 bestiegen wir unser Schiff in Hamburg und fuhren nach Amerika."[281]

Der Autor des nachfolgenden Textes wird ebenfalls nicht genannt. Aber die Quelle ist über jeden Verdacht erhaben:

„Die fast sechsjährige ‚Rassenaufklärung' hat noch nicht die gewünschte Wirkung gehabt. Das zeigte sich am besten im Verhalten der Bevölkerung vor und nach dem Novemberpogrom. Ich durfte als Kriegsteilnehmer meine ärztliche Praxis zunächst weiter ausüben und wurde erst 1937 aus der Reihe der Kassenärzte gestrichen. Aber was nun geschah – und andere Kollegen haben dasselbe erlebt – muß als rühmendes Zeugnis für die Anständigkeit und Unverdorbenheit des deutschen Volkes festgehalten werden. Die Leute kamen weiter in die Sprechstunde und erklärten sich sogar bereit, die Kosten für die Behandlung zu bezahlen. Das Vertrauen zu ihrem Arzt war stärker als die Furcht vor dem Terror, und auch die Gefahr, die Leistungen der Krankenkasse zu verlieren, wirkte nicht abschreckend. Ich hatte bis zum 9. November 1938 ... eine gutfrequentierte Praxis. Selbstvertändlich mußte man in vielen Fällen Entgegenkommen zeigen oder ganz auf die Honorare verzichten, aber das war kein Opfer angesichts des Risikos, das auf den Leuten lastete. In einem Fall wurde einem Arbeiter die Entlassung angedroht, wenn er weiter einen jüdischen Arzt besucht. Aber das schreckte ihn nicht ab, und er wurde tatsächlich entlassen ... Als man uns am 10. November durch die Stadt prügelte, zollte auf dem ganzen Weg dieser Schande niemand Beifall als die zu diesem Zweck abkommandierten Leute. Die Masse der Bevölkerung ließ ihre Abneigung gegen dieses Vorgehen sehr deutlich erkennen. Aus ihrem Verhalten, aus ihren Blicken sah man, daß sie uns sagen wollten: ‚Wir können nichts dafür, wir haben damit nichts zu tun, wir verurteilen diese Handlungen.' Was für unsere Familien in diesen Tagen der Verzweiflung von anständigen Menschen getan wurde, gehört zum Schönsten, was menschliche Güte und Nächstenliebe bisher geleistet haben. Vielen Juden wurde durch diese geheime Hilfe in Wahrheit das Leben gerettet. Nicht nur, daß man sie vor dem Verhungern bewahrte, es wurden auch Verfolgte versteckt gehalten, denen dann nichts mehr geschah, als der erste Lärm verklungen war."[282]

Am härtesten beurteilte Max Kirschner das Verhalten der Menschen am Straßenrand, als er und Schicksalsgenossen abtransportiert wurden:

„Es war zutiefst widerwärtig, die Straße entlangzugehen und zu sehen, wie all diese Menschen grinsten, lächelten, winkten und den Arm zum Hitlergruß streckten ... Indem ich in die meisten Gesichter sah, wußte ich, daß die Masse dieser Menschen

---

281 Anonyma (6), a. a. O. I, S. 94 f.
282 Anonymus (2), a. a. O. I.

ebenso verdorben war wie ihre Herren und daß gewiß nur eine winzige Minderheit die menschliche Würde wahrte."[283]

War hier in Frankfurt am Main das Gros judenfeindlicher als in Berlin und München? Cilly Neuhaus, damals in Frankfurt am Main wohnhaft, behauptet das in einem Brief:

„Es wird Ihnen bekannt sein, daß Frankfurt … eine der in Deutschland berüchtigtsten Städte in der Nazizeit gewesen ist." [284]

Oder war es eine negative Auslese, die den Abtransport eskortierte? Wurde bei dieser Gelegenheit wirklich die Hand zum Hitlergruß erhoben? Alle dem Autor bekannten Fotos, die solche Abtransporte festhalten, widersprechen der Behauptung, der Mob habe die Hand zum Hitlergruß erhoben.

Den Polizisten im Gefängnis bescheinigt Kirschner:

„Die Wachen waren sehr nett, offenbar gefielen ihnen ihre momentanen Pflichten nicht im geringsten."[285]

Fühlten die Polizisten wirklich menschlicher als der durchschnittliche Mensch auf Frankfurts Straßen? Zumindest fühlten die Polizisten unvergleichlich menschlicher als SA und SS. Immer wieder begegnen wir Feststellungen wie:

„Hier im Saal versahen den Dienst Wachleute, nicht aber Nazimänner. Daher gab es kein Schlagen, kein Schimpfen und keinen Terror. Im Gegenteil, die Wachleute wollten helfen …"[286]

Sinngemäß äußerte sich auch Fritz Rodeck:

„Im allgemeinen empfanden es die Gefangenen schon als Erlösung, wenn sie später aus den Nazigefängnissen in die Polizeiarreste gebracht wurden, wo man sie vorschriftsmäßig und korrekt behandelte."[287]

Siegfried Neumanns Empfinden ist sehr aufschlussreich:

„Es schien, als ob das gewohnte Bürgertum von der Straße verschwunden sei … Als wir auf die Straße traten, um die Wagen zu besteigen, stand dort ein Menschenhaufen, der antisemitische Schimpfworte und Drohungen ausstieß, offenbar bestellte Arbeit, denn man hörte dasselbe nachher auch aus anderen Orten erzählen."[288]

Im Kern ebenso auch Arthur Flehinger über den Vorgang in Baden-Baden:

---
283 Kirschner, a. a. O. I, S. 161.
284 Brief aufbewahrt im Jüdischen Museum Frankfurt am Main, Sig. A 042.
285 Kirschner, a. a. O. I, S. 160.
286 Merecki, a. a. O. I, S. 70.
287 Rodeck, a. a. O. I, S. 289.
288 Neumann, Siegfried, a. a. O. I, S. 110 f.

„Gegen Mittag öffnete sich das Tor und ein Zug Wehrloser mit viel Bewachung rechts und links begann sich durch die Straßen der Stadt zu bewegen. Man hatte bis Mittag gewartet, offenbar um der Menge etwas zu bieten. Aber zur Ehre der Badener sei es gesagt, daß die meisten doch davor zurückschreckten, sich auf der Straße zu zeigen. Was an Zuschauern zu sehen war, war Pöbel."[289]

Von Frankfurt am Main ist auch bei Robert Goldmann die Rede, damals 17 Jahre alt:

„Es war den Deutschen im totalitär kontrollierten Staat hoch anzurechnen, dass sie nicht, wie Bürger in Polen und Russland, von sich aus an Pogromen teilnahmen. In Nazi-Deutschand waren die Verfolgungen organisiert."[290]

Ebenfalls in Frankfurt beobachtete Valentin Senger:

„Etwa 100 Meter von der brennenden Synagoge entfernt bildeten SA-Leute und Hilfspolizisten einen Kordon, so daß niemand näher an die Brandstelle herankommen konnte. Ganz vorne, noch vor der Absperrung, stand eine Gruppe Hitlerjungen, feixte und lachte und machte eine Gaudi aus dem schrecklichen Geschehen. Die Menschen hinter der Absperrung waren eher betreten, ich hörte kein Wort der Zustimmung."[291]

Der Handwerksmeister sagte zu Valentin Senger:

„Zu dem, was heute in Frankfurt passiert ist, kann man seine eigene Meinung haben, aber die behält man für sich."[292]

Als Opfer der Pogromnacht in Frankfurt erlebte der Kaufhausbesitzer Karl Schwabe:

„Kopf an Kopf standen die Leute und ließen uns an sich vorüberziehen. Kaum einer machte Bemerkungen, wenige lachten, vielen konnte man Mitleid und Entrüstung vom Gesicht ablesen. Wir stiegen in einen von Frankfurt kommenden Zug ein … Der Polizist war nicht unfreundlich, besorgte uns Wasser zum Trinken, aber äußerte kein Wort."[293]

Am 10. November 1938 wurde auch Georg Abraham verhaftet; am 14. Dezember kam er wieder frei,

„von der Befürchtung begleitet, wie sich wohl unsere Mitbürger uns Geächteten gegenüber verhalten würden. Wir wurden alle angenehm enttäuscht. Schon am Bahnhof empfingen uns freundliche Menschen, jeder sah uns an, woher wir kamen, so mancher mitleidige Blick begegnete uns. Geld und Erfrischungen bekamen wir in die Hand gedrückt. Niemand fragte, wie es uns ergangen sei, sie alle

---

289 Flehinger, a. a. O. I, S. 103.
290 Goldmann, Robert a. a. O. I.
291 Senger, a. a. O. I, S. 128.
292 Senger, a. a. O. I, S. 134.
293 Schwabe, Karl, a. a. O. I, S. 139 f.

wußten Bescheid. In unseren Heimatorten aber waren unsere Freunde die gleichen geblieben. Allgemein verurteilten sie dieses uns zugefügte Unrecht."²⁹⁴

In Düsseldorf erlebte Albert Herzfeld den Pogrom. Er beobachtete:

„Nicht nur bei den Juden, sondern in der ganzen Stadt bei der anständigen christlichen Bevölkerung, ja bei den engagiertesten Antisemiten, haben diese eines gebildeten Volkes unwürdigen Greuelszenen den tiefsten Abscheu erregt."²⁹⁵

Er glaubte zu wissen:

„Aber auch in Deutschland selbst wurde, wie mir gesagt wurde, von vier Fünfteln der Parteimitglieder eine derartige Rohheit, wie sie dieser Pogrom zeigte, nicht gebilligt, sondern verabscheut. Mich besuchten Leute, die zweifelsohne gezwungen oder freiwillig Parteimitglieder sind, die ihren Abscheu in drastischster Weise aussprachen."²⁹⁶

Albert Herzfeld gelangte zu dem Schluss:

„Das Furchtbare, u. ein Zeichen von übergroßer Feigheit ist es, daß in Deutschland sich heute nur noch über 300.000 Juden, Greise, Frauen u. Kinder mit eingerechnet, befinden, u. an diesen kühlen 80 Millionen Deutsche ihr Mütchen. Dies entspricht aber nicht den Thatsachen, denn, wie schon vorher gesagt, ist nur ein kleiner Teil des ordinärsten Mobs an diesen Greueln beteiligt gewesen. Das Gros der deutschen Bevölkerung steht mit Abscheu und Scham diesen Ereignissen gegenüber."²⁹⁷

Albert Herzfeld wurde 1942 nach Theresienstadt deportiert und ist dort 1943 umgekommen.

Die Geschehnisse am 10. November 1938 in Eisenach hat der Kinderarzt Siegfried Wolff aufgezeichnet:

„Am Nachmittag hatte man eine Anzahl alter Leute mit Revolvern in einen kleinen Flußlauf getrieben … Der größte Teil des Publikums wandte sich voll Abscheu von alledem ab, äußerte wohl auch manchmal seinen Abscheu und wurde daraufhin verhaftet. Bezeichnend ist, daß viele, viele Menschen die sogenannten Führer verspotteten …"²⁹⁸

„Daß auch sonst im Volk große Erbitterung über diese kulturlosen Ausschreitungen herrschte, bei Hoch und bei Niedrig, bei Arm und bei Reich, daß die Leute es weit von sich wiesen, daß sie das alles gewollt haben sollten, daß sie wohl erkannten, welch Irrsinn es war, jede Tube zu sammeln und dann Riesenwerte zu zertrümmern und wertlos zu machen, ist bekannt. Freilich – die einzig wirkliche und wirk-

---

294 Abraham, a. a. O. I, S. 200.
295 Herzfeld, Albert, a. a. O. I, S. 117.
296 Herzfeld, Albert, a. a. O. I, S. 117.
297 Herzfeld, Albert, a. a. O. I, S. 118.
298 Wolff, a. a. O. I, S. 259.

same Konsequenz, zu Millionen aus der Partei auszuscheiden, hat niemand gezogen."[299]

Den Wienern stellte Siegfried Merecki kein gutes Zeugnis aus:

„Nach dem 10. November 1938 wurden die Juden auch von demjenigen Teil der arischen Bevölkerung gemieden, bei dem es bisher nicht der Fall gewesen war. Alles verhielt sich abweisend."[300]

Doch viel Zeit für seine Beobachtung hatte er nicht, da ihm noch 1938 die Ausreise gelang.

Einen Kontrapunkt dazu setzte allerdings Fritz Rodeck:

„Man muß sich nach alledem fragen, was eigentlich die Bevölkerung Wiens, die große Anzahl der Menschen mit halbwegs normalen Begriffen von Recht und Anstand, zu allen diesen Dingen, zu den Ereignissen vom 10. November, gesagt hat. Ich kann aus eigener Wahrnehmung sagen, daß breite Schichten der Wiener Bevölkerung, insbesondere aber die besseren und gebildeten Kreise, über die Vorgänge entsetzt und empört waren. Ich habe mit Menschen aller Berufsklassen und Gesellschaftsschichten, mit Arbeitern, Geschäftsleuten und Intellektuellen, Nazianhängern und Nazigegnern gesprochen: Ich habe keinen einzigen gefunden, der diese Vorgänge gebilligt hätte, wohl aber viele, die von tiefstem Abscheu erfüllt waren … Es hat eine ganze Reihe von Ariern gegeben, die ihre jüdischen Freunde oder zumindest deren Wertsachen bei sich verbargen, obgleich sie dabei ihre eigene Haut riskierten … Nachdem ich ausgeraubt worden und aller Mittel entblößt war, machte eine ganze Anzahl von arischen Bekannten gewissermaßen Kondolenzbesuche bei mir, brachte mir Geschenke, bot mir Geld an und bemühte sich in jeder erdenklichen Weise um mich. Alle waren beschämt, tief deprimiert und man hatte den Eindruck, als ob sie ein schlechtes Gewissen hätten … Diese Leute haben, soweit es noch möglich war, die Ehre des deutschen Volkes gerettet."[301]

Eine Jüdin, die um „Sippenhaft" zu vermeiden, anonym bleiben wollte, pflichtete Fritz Rodeck bei:

„But the people – the people of Vienna – were often very good to us … But still we used to meet secretly – our old group of friends – the non-Jews too. That talk about Jew-hating is not true – it did not come naturally to the people, but was injected from outside. People who were Aryans kept taking risks for us …"[302]

---

299 Wolff, a. a. O. I, S. 262.
300 Merecki, a. a. O. I, S. 83.
301 Rodeck, a. a. O. I, S. 296 f.
302 Anonyma (1), a. a. O. I, S .94; Übersetzung: „Aber die Bevölkerung – die Bevölkerung von Wien – war oft sehr gut zu uns. Dennoch pflegten wir uns geheim zu treffen – unsere alte Freundesschar – auch die Nichtjuden. Das Gerede vom Judenhassen ist nicht wahr. Der Hass kam nicht auf natürlichem Wege zu den Leuten, er wurde von außen injiziert. Arier nahmen weiter für uns Risiken auf sich."

5.3 „Wiener Library"

In den Wochen nach den antisemitischen Exzessen vom Herbst 1938 sammelte das von dem emigrierten deutschen Juden Alfred Wiener[303] gegründete *Central Information Office* in Amsterdam (heute *Wiener Library*, London) Beobachtungen von Betroffenen und anderen Zeugen. Sie sind 2008 unter dem Titel „Novemberpogrom 1938. Die Augenzeugenberichte der Wiener Library, London" erschienen. Es handelt sich um 356 Texte, die knapp 1000 Seiten füllen. Auch wenn die Berichte aus allen Teilen des Dritten Reiches stammen, die Verfasser meist unbekannt sind und anonym bleiben wollten, so bildet die Sammlung doch eine Einheit, die als solche in dieser Untersuchung berücksichtigt werden soll.

Geschildert wird vor allem, wie die Juden tatenlos die Schändung ihrer Heiligtümer hinnehmen mussten, den Vandalismus bei der Demolierung ihrer Wohnungen und ihrer Geschäfte, den schier unbeschreiblichen Sadismus bei ihrer Festnahme und während ihres Aufenthalts in Gefängnissen und Konzentrationslagern. Natürlich gleichen sich die meisten Berichte. Deshalb ist das Gesagte umso glaubwürdiger und hinterlässt beim Leser tiefe Betroffenheit.

Die Unterwelt war gleichsam allgegenwärtig in Hitlers Machtbereich. Des Öfteren verriet Schnapsgeruch, wie der Enthemmung der Täter vor Ort nachgeholfen worden war. Daneben ist in den Zeugnissen viel von Befehl und Gehorsam die Rede, auf Seiten der Täter wie der Opfer.

> „Vereinzelt werden auch jüdische Häftlinge als Vorarbeiter, Vorgesetzte ihrer eigenen Glaubensgenossen verwandt. Dies sind meistens Subjekte, die sich durch minderwertige Charakteranlagen hierfür eignen."[304]

Im Rahmen dieser Untersuchung sind jene Aussagen von besonderem Gewicht, die das Verhalten der gewöhnlichen Mitbürger schildern. Die Beobachtungen stimmen, wie nicht anders zu erwarten, nicht überein. Aber das Verhältnis der erfreulichen zu den unerfreulichen beträgt etwa zehn zu eins. Unerfreulich ist es, wenn es heißt:

> „Die sogenannten gebildeten Stände, die sich noch ein Gefühl für Humanität und Anstand bewahrt haben, … stehen … abseits. Die große Masse hingegen steht den Ereignissen gleichgültig oder sogar mit einer gewissen Sympathie für die Regierung gegenüber."[305]

Nur wenige Seiten weiter wird vom selben Verfasser eingeräumt:

---

303 1885 in Potsdam geboren.
304 Anonymus (10), a. a. O. I, S. 67.
305 Anonymus (11), a. a. O. I, S. 274 f.

„Arische Freunde zeigten sich sehr hilfreich."³⁰⁶

Doch das Gros der Zeugen bestätigt:

„Das Publikum verhielt sich in den meisten Fällen vollkommen still, d. h. ablehnend. Zu Mißfallenskundgebungen kam es vereinzelt. Sie wurden unterbunden, da man solche Personen verhaftete."³⁰⁷

Eine ganz außergewöhnliche Laudatio wird den Münchnern zuteil. Mehr als eine Seite in den Berichten füllen rühmliche Erfahrungen. Die ersten und die letzten Sätze sollen hier genügen:

„Die Stimmung unter der christlichen Bevölkerung in München ist durchaus gegen die Aktion. Von allen Seiten wurde mir das lebhafteste Beileid und Mitgefühl entgegengebracht ... Einer der ersten Bankiers von München (Arier) erklärte mir weinend: ‚Ich schäme mich, ein Deutscher zu sein. Erklären Sie dem Ausland, dass 90 Prozent der deutschen Bevölkerung gegen diese Missetaten ist [sic!]. Es ist nur eine kleine Clique, die dieses Unglück angestiftet hat.'"³⁰⁸

Ist es nicht die beste Bestätigung des Gesagten, wenn der Leser immer wieder auf Berichte stößt, die zeigen, dass selbst die Gehilfen der Hauptverbrecher Gewissensbisse empfanden:

„Als sie nach Hause zurückkehrten, stand vor jeder Wohnung ein SA-Mann Wache ... Meine Schwester hatte großes Glück, einen anständigen Menschen vor ihrer Tür zu haben, dem alles so zusetzte, daß er weinte."³⁰⁹

Ein „Fräulein ... aus Düsseldorf erklärte, daß ein SA-Mann, der gezwungen wurde, die Aktion mitzumachen, nach der Aktion erklärte, es sei so schrecklich gewesen, was er hätte tun müssen, ... dass er sich, wenn er nicht Frau und Kinder hätte, das Leben nehmen würde."³¹⁰

„Vereinzelt wird mitgeteilt, daß ältere Beamte der Gestapo auch Juden gegenüber ihren Unwillen über die Pogrome und das Benehmen der jugendlichen Horden geäußert haben. In einer mittelrheinischen Großstadt erklärte der leitende Gestapo-Beamte einem jüdischen Antragsteller, der auf den Auswanderungspaß wartete: ‚Ich an Ihrer Stelle würde auf diese Formalitäten gar nicht warten, sondern lieber illegal so schnell wie möglich über die Grenze gehen ...', dies unter vier Augen, nachdem er vorher, in Anwesenheit anderer Beamter, schroff aufgetreten war."³¹¹

---

306 Anonymus (11), a. a. O. I, S. 281.
307 Oppenheimer, Franz: „Lebenserinnerungen", a. a. O. I, S. 111. Ähnliche Feststellungen finden sich in Barkow (a. a. O. II) auf den Seiten 121, 152, 180, 204, 206, 231, 242, 259, 260, 272, 281, 291, 320, 322, 334, 363, 383. Auch der Bruder des Autors wurde aus diesem Anlass vorübergehend festgenommen.
308 Anonymus (12), a. a. O. I, S. 480 f.
309 Groot-Cossen, a. a. O. I, S. 298.
310 Klein, a. a. O. I, S. 346.
311 Anonymus (13), a. a. O. I, S. 360.

6. Mit dem Gelben Stern

6.1 Zur Vorgeschichte

Bereits kurz nach dem Pogrom vom November 1938 machte Reinhard Heydrich, Himmlers rechte Hand, Chef der Sicherheitspolizei und des Sicherheitsdienstes, den Vorschlag, eine weithin sichtbare Kennzeichnung der Juden einzuführen. Nach Beginn des Krieges gegen Polen mussten sich die dortigen Juden auf diese Weise kenntlich machen. Ab dem 19. September 1941 hatten auch die im Reiche lebenden Juden einen gelben, sechszackigen, faustgroßen Stern mit der schwarzen Aufschrift „Jude" auf der linken Brustseite zu tragen, sobald sie das 6. Lebensjahr vollendet hatten. Nur einen Monat später fand die legale Auswanderung ihr Ende.

Zuwiderhandlungen gegen die Sternpflicht wurden hart geahndet. In vielen Fällen wurden die „Täter" ohne Weiteres deportiert, de facto also mit dem Tode bestraft.

Die amtliche Begründung in den Zeitungen lautete: Nachdem das Heer die Grausamkeit *des* Juden am Beispiel des Bolschewismus kennengelernt habe, müsse den Juden hier jede Tarnungsmöglichkeit genommen werden, um den Volksgenossen die Berührung mit ihnen zu ersparen.[312]

Die Kennzeichnung gab den Antisemiten eine zusätzliche Gelegenheit, ihren Hass am lebenden Objekt auszutoben. Diese Chance, angestaute Emotionen abzureagieren, wurde genutzt. Wie häufig? Welches waren die konkreten Erfahrungen unserer Zeugen in Berlin, München, Hamburg, Breslau, Dresden und sonst im Reich? Wie keine andere judenfeindliche Schikane war die Stigmatisierung geeignet, das Ausmaß des Antisemitismus im Volk zu ergründen. Konfrontiert mit Boykott und Pogrom haben sicherlich viele den Gang zu den traurigen Schauplätzen gescheut, um nicht in den Verdacht zu geraten, Neugier am Leid anderer zu stillen. Doch nun zwangen die Pflichten und Bedürfnisse des Alltags auf die Straßen, in die Läden und in die öffentlichen Verkehrsmittel und führten so zwangsläufig zu Begegnungen mit „Besternten". An solche Begegnungen kann sich auch der Autor erinnern – ebenso wie an *Stürmer*-Schaukästen. Welches waren die Auswirkungen der ständigen Judenhetze?

6.2 „Heil Hitler, Herr Jude!"

Beginnen wir unsere Rückschau mit einer Tagebuchnotiz aus den Niederlanden, wo der gelbe Stern erst im Mai 1942 für die Juden zur Pflicht wurde. Ein Mädchen

---

312 Klemperer: „Tagebücher 1940–1941", a. a. O. I, S. 159.

notierte sich in ihr Tagebuch, nachdem sie die ersten Erfahrungen gesammelt hatte:

> „Ich habe nun keine solche Angst mehr vor dem Stern. Letzte Woche dachte ich an die NSB-Leute [Mitglieder der niederländischen faschistischen Partei], aber bis jetzt war da nichts. Die Leute sind sehr nett, manche sagen sogar Guten Tag. Gestern kam ich an dem Sohn von Jansens vorbei, und er sagte: ‚Hallo, Schwester'. Normalerweise hat er mir nie etwas Nettes gesagt, sondern mich beleidigt."[313]

Welches waren die Erfahrungen der deutschen Juden?

Hans Lamm, der spätere Vorsitzende der Jüdischen Kultusgemeinde in München, lebte damals in Berlin:

> „Am 19. September war die Anordnung über das Sternetragen herausgekommen. Ich war sehr neugierig, wie sich die Berliner Bevölkerung dazu stellen würde. Am Morgen ging ich früh zu Selichaus und beobachtete, wie entgegenkommende Passanten auf die Sterne reagieren würden. Sie schauten alle beiseite und taten, als ob sie die Sterne nicht sähen; auch die HJ hatte anscheinend den Befehl bekommen, von den Sternen keine Notiz zu nehmen, und die Befürchtung, daß jüdische Passanten von der HJ belästigt werden würden, erwies sich als grundlos. Ein Mitarbeiter beim Hilfsverein erzählte folgendes: Als er am ersten Tage mit dem Stern geschmückt das Büro verließ, kam ein kleines Mädchen auf ihn zu, gab ihm die Hand und sagte: ‚Heil Hitler, Herr Jude!'. Als dieser Herr das Mädchen fragte, was das bedeuten solle, sagte sie, der Lehrer hätte ihr streng angesagt, gegen die Leute mit Sternen recht höflich zu sein ... Im ganzen kann man sagen, daß 80 Prozent der Bevölkerung gleichgültig war oder wenigstens seiner Abneigung gegen die ganze Judenverfolgung keinen Ausdruck gab. 15 Prozent waren anständig und zeigten offen ihre Unzufriedenheit und etwa 5 Prozent waren bösartig und taten alles, was sie konnten, um die ohnehin schwere Situation noch weiter zu verschärfen. So wenigstens war das Verhältnis nach meiner Erfahrung."[314]

Jacob Jacobson berichtete ebenfalls aus Berlin:

> „Ich muß gestehen, dass ich auf Ausbrüche der aufgepeitschten Volksseele, auf Spott und Verhöhnung gefaßt war, als ich zuerst als Sternträger meine Wohnung im Charlottenburg verließ; aber nichts davon geschah ... Das soll aber nicht heißen, daß ich nicht später durch den Judenstern zu sehr unangenehmen Zusammenstößen kam. Am ersten Tage aber brachte er mir heimlich zugesteckte Zigaretten ein, wie das viele Leidensgenossen von sich erzählen konnten. Und noch viel später bekam ich – gleich anderen – von Bekannten und Unbekannten Brot- und Fleischkarten zugesteckt."[315]

---

313 Bloch-van Rhijn, a. a. O. I, S. 36.
314 Lamm, a. a. O. II, S. 313 f.
315 Jacobson: Bruchstücke, a. a. O. I, S. 297 f.

Carola Sachse berichtete aus der Reichshauptstadt:

> „Seit der letzten Woche tragen wir den Judenstern. Die Wirkung auf die Bevölkerung ist anders, als die Nazis erwarteten. Berlin hat vielleicht 80.000 Juden ... Die Bevölkerung in ihrer Mehrzahl mißbilligt diese Diffamierung. Alle Maßnahmen gegen die Juden sind bisher im Dunkeln vor sich gegangen. Jetzt kann niemand daran vorbeisehen. Es gibt natürlich verschiedenartige Erfahrungen. Ich höre es von anderen Leuten und erlebe es selbst, daß ich von wildfremden Menschen auf der Straße mit besonderer Höflichkeit gegrüßt werde ... Aber es werden mir auch mal von Straßenjungen Schimpfworte nachgerufen ... Die Judensterne sind nicht populär. Das ist ein Mißerfolg der Partei, und dazu kommen die Mißerfolge an der Ostfront."[316]

Inge Deutschkron, ebenfalls in Berlin lebend, erzählte rückblickend:

> „Jeder guckte einen an, einige wenige sehr vorsichtig, aber doch freundlich, andere gehässig, Grimassen schneidend. Die Mehrheit guckt sozusagen durch uns durch, aber auch sie guckt."[317]

Ezra BenGershom, Jahrgang 1922, lebte mit seinesgleichen weitgehend isoliert, ausgenommen am Arbeitsplatz:

> „Unsere Arbeitgeber ‚übersahen' das neue Abzeichen, oder sie machten darüber, wie Schulze, eine witzelnde Bemerkung, und der Fall war für sie erledigt. Nach ein paar Tagen hatten sich alle Leute, mit denen wir zu tun hatten, daran gewöhnt. Anders ging es in der Stadt zu. Als wir einmal zusammen mit Schulze auf einem Lastauto zur Polizeischule in Rathenow fuhren, um dort Pferdemist zu laden, bekamen wir zum ersten Male als Sternträger gehässige Zurufe zu hören ... Vielen stand die Schamröte im Gesicht. Ihr verlegenes Lächeln bat unablässig um Entschuldigung. Sie fühlten sich schuldig, weil in der Zeitung stand, sie seien an allem schuld ... und sie schämten sich ihrer Scham."[318]

Auf dienstliche Anweisung hin war Ezra außerhalb der Arbeitsstätte unterwegs:

> „Im April [1942] trat ich die Reise an, mit Dokumenten beladen, als sollte ich den Ozean überqueren: Die Fahrt, meine erste Eisenbahnfahrt mit dem Judenstern auf der Brust, verlief ohne Zwischenfälle. Einige Mitreisende streiften mich flüchtig mit dem Blick. Belästigt wurde ich nicht."[319]

Eugen Herman-Friede, vier Jahre jünger als Ezra, beschrieb die Situation besonders anschaulich:

> „Der Schaffner beachtete mich nicht, er lief an mir vorbei und kassierte bei den anderen Fahrgästen. Am Halleschen Tor endlich, als viele Leute ausstiegen und

---

316 Sachse, a. a. O. II, S. 145.
317 Deutschkron, Inge: „Lachen in höchster Not", in: *Frankfurter Allgemeine Zeitung*, 20.5.2008, S. 40.
318 BenGershom, a. a. O. I, S. 164 f.
319 BenGershom, a. a. O. I, S. 183.

niemand außer mir hinten auf der Plattform stand, kam er auf mich zu, hielt eine Hand an den Mund und flüsterte vordergründig: ‚Is doch jut Bengel … Steck det Jeld ma wech.' Dann ging er ins Wageninnere, klappte den Sitz auf der Längsbank hoch, brachte eine lappige alte Aktentasche zum Vorschein und nahm zwei große Butterbrote in Pergamentpapier aus einer Blechbüchse …: ‚Da, nimm det man.' Mir war Ähnliches schon öfter passiert, in der Straßenbahn oder in der U-Bahn. Im letzten Moment vor dem Aussteigen drückte mir jemand ein Essenspaket oder auch eine Schachtel Zigaretten in die Hand … Es gab auch andere, die mich schubsten, wenn sie meinen gelben Stern sahen, oder mir ein Bein stellten."[320]

Kate Cohn, eine Berliner Jüdin, der bald darauf die Flucht in die Schweiz gelang, berichtete, die Sternträger seinen zum Teil voller Mitleid angestarrt worden, andere Passanten hätten Mitgefühle und Sympathie gezeigt. Insgesamt hätte die Kennzeichnung keineswegs Begeisterung ausgelöst.[321]

Bei Inge Deutschkron ist es ein kurzer Satz, der Bände spricht: „Vor der Berliner Bevölkerung hatten wir keine Angst."[322] Sie will damit sagen, dass der Stern beim Gros der Berliner keine aggressiven Reaktionen auslöste. Dass es Ausnahmen gab, verschweigt sie nicht:

„Wie auch andere Juden hatte ich gelegentlich sehr erfreuliche Erlebnisse. Ich erinnere mich, wie Unbekannte in der Untergrundbahn oder auf der Straße, meist im dichten Gewühl der Großstadt, ganz nahe an mich herantraten und mir etwas in die Manteltasche steckten, während sie in eine andere Richtung schauten … Es gab Menschen, die mich mit Haß ansahen; es gab andere, deren Blicke Sympathie verrieten, und wieder andere schauten spontan weg."[323]

Dorothee Fließ wohnte seit 1928 in Berlin, nahe dem K-Damm:

„Also 1942 hat mich da jeder gekannt. Es war wie auf dem Dorf. Da ging ich mal mit Stern, mal ohne. Gegenüber war ein Schokoladengeschäft und ein Zeitungskiosk, und die kannten uns alle mit Namen. Ein Telefongespräch hätte genügt, aber es hat mich niemand angezeigt. Ich hatte großes Glück. Der Stern war schließlich Pflicht."[324]

Auch aus München sind anschauliche Berichte überliefert. Karl Wieninger, gegen Ende des Krieges zum Tode verurteilt, doch der Hinrichtung entronnen, zitiert zwei sterntragende Damen, die er, der „Arier", höflich gegrüßt hatte:

„Wir sind also doch nicht ganz allein. Das merken wir immer wieder, bei jedem Spaziergang."[325]

---

320 Herman-Friede, a. a. O. I, S. 19 f.
321 Cohn, Kate, a. a. O. I, S. 178.
322 Deutschkron: „Stern", a. a. O. I, S. 81.
323 Deutschkron: „Stern", a. a. O. I, S. 83.
324 Fließ, in: Kilius, a. a. O. II, S. 205.
325 Wieninger, a. a. O. II, S. 51.

Else Behrend-Rosenfeld stellte sich selbst die Frage, wie die Bevölkerung auf die Stigmatisierung mit dem Stern reagieren würde, und gab sich selbst die Antwort darauf:

> „Die meisten Leute tun, als sähen sie den Stern nicht, ganz vereinzelt gibt jemand in der Straßenbahn seiner Genugtuung darüber Ausdruck, daß man nun das ‚Judenpack' erkennt. Aber wir erlebten und erleben auch viele Äußerungen der Abscheu über diese Maßnahme und viele Sympathiekundgebungen für uns davon Betroffene … Einer älteren Frau aus unserm Heim schenkte ein Soldat die Marken für eine wöchentliche Brotration, einer anderen, die zur Arbeit in der Tram fuhr und keinen Platz fand, bot ein Herr mit tiefer Verbeugung ostentativ seinen Sitzplatz an. Mir erklärten unser Metzger und unser Butterlieferant, daß sie uns nun erst recht gut beliefern würden; sie schimpften kräftig auf diese neue Demütigung, die uns angetan wird … Mir scheint, daß jedenfalls in München die jetzigen Machthaber mit dieser Verfügung nicht erreichen werden, was sie bezwecken …"[326]

Vier Wochen später beschrieb sie:

> „Die Bevölkerung tut, als sähe sie die Sterne nicht. Viele Freundlichkeiten in der Öffentlichkeit und noch viel mehr im geheimen werden uns erwiesen, Äußerungen der Verachtung und des Hasses uns gegenüber sind selten."[327]

Schließlich soll noch Ernst Grube, Jahrgang 1931, zu Wort kommen, der, im Zentrum Münchens wohnend, den gelben Stern nur dann trug, wenn es unbedingt sein musste:

> „Niemand aus der Nachbarschaft hat uns verraten."

– Ein Beweis zumindest dafür, dass sie ihn und die Seinen nicht hassten.[328]

Ausführliche auch Berichte, die Erfahrungen mit dem „Stern" betreffend, kamen auch aus Breslau. Anita Lasker-Wallfisch wurde 63 Jahre später gefragt:

Frage: „Es bestand damals schon die Pflicht, den gelben Stern zu tragen. Sie und Ihre Schwester waren auf der Straße für jedermann als Juden zu erkennen. Wie haben die nicht jüdischen Deutschen reagiert? Mit Ignoranz oder Mitleid oder Hass?"

Antwort: „Mitleid bestimmt nicht. Ich kann aber nicht in die Köpfe anderer Menschen schauen."

Frage: „Nie hat jemand Ihnen gegenüber so etwas wie Mitgefühl zum Ausdruck gebracht?"

---

326 Behrend-Rosenfeld, a. a. O. I, S. 116.
327 Behrend-Rosenfeld, a. a. O. I, S. 117.
328 Grube, a. a. O. I.

Antwort: „Eine einzige Episode fällt mir ein …"

Frage: „Aber das ist auch nur einmal passiert?"

Antwort: „Ja. Es gab bestimmt auch noch andere Leute, die nicht einverstanden waren mit dem, was passiert ist. Aber niemand hat ja den Mut gehabt. Alle Leute haben Angst gehabt voreinander, vor Denunziation."[329]

Studienrat a. D. Dr. Willy Israel Cohn aus Breslau wurde bald nach der Niederschrift seines auf uns gekommenen Tagesbuches verschleppt und getötet. Hier einige Sätze aus seinen Aufzeichnungen:

> „13. September 1941; Sonnabend: … Die Judenabzeichen, der Orden pour le sémite, wie der jüdische Witz sagt, sind aus Berlin eingetroffen und müssen in der nächsten Woche abgeholt werden …
>
> 19. September 1941; Freitag: … Man hat versucht, weil heute der erste Tag des Judensterns ist, alles noch zu erledigen, um heute nicht allzu viel auf der Straße zu sein. Ich bin übrigens überzeugt, daß alles ruhig ablaufen wird und habe heute übrigens beim Milchholen bemerkt, daß es im Grunde den Volksgenossen peinlicher ist als uns!"[330]
>
> „20. September 1941 … Dann im Schmuck des Judensterns in die Storchsynagoge gegangen; ich wollte an diesem Tag unbedingt gehen, um mir nicht nachsagen zu lassen, daß ich wegen Feigheit gefehlt hätte; ich bin den ganzen Weg gelaufen, und das Publikum hat sich durchaus tadellos benommen, ich bin in keiner Weise belästigt worden; man hatte eher den Eindruck, daß es den Leuten peinlich ist."[331]
>
> „23. September 1941 … Das Publikum auf der Straße – und es waren ziemlich viele Menschen auf der Straße – hat sich übrigens, was unser Abzeichen anbelangt, durchaus korrekt benommen. Das Abzeichen hat die entgegengesetzte Wirkung geübt, die wohl die Regierung sich gedacht hat … Frau Brotzen erzählte mir von dieser schrecklichen Euthanasie, mit der man die Geisteskranken umbringt, auch die arischen … Mord, schrecklicher Mord auf Veranlassung des Staates!"[332]

Sechs Wochen später:

> „Jetzt mit Trudi noch einen hübschen Spaziergang gemacht. Wir waren die einzigen Juden unterwegs. Als uns zwei Jungens Jude nachriefen, sagte ihnen der Offizier, der mit ihnen ging: Schämt ihr euch denn nicht?"[333]

Knapp acht Wochen vergingen von der Einführung der Stern-Pflicht bis zur Tagebucheintragung:

---

329 Lasker-Wallfisch: „Gespräche", a. a. O. I, S. 164.
330 Cohn, a. a. O. I, S. 98.
331 Cohn, a. a. O. I, S. 99.
332 Cohn, a. a. O. I, S. 100.
333 Cohn, a. a. O. I, S. 116.

„Heute ist meine Frau beim Lebensmitteleinkauf zum ersten Mal angepöbelt worden. Im allgemeinen ist ja das Verhalten der Publikums korrekt!"[334]

Wenig später schon reißen die Aufzeichnungen ab und der Chronist wurde zum Opfer wie die von ihm beklagten Geisteskranken.

Michael Wieck, 13 Jahre alt, machte seine Erfahrungen mit dem Stern in Königsberg:

„Als ich bei der jüdischen Gemeinde den faserigen gelben Stoff mit dem aufgedruckten Judenstern abholte und bezahlte, begann eine Zeit, in der es nun nicht mehr möglich war, so zu tun, als wenn man dazugehörte, oder anders gesagt, zeitweise zu vergessen, daß man nicht dazugehörte … Jetzt aber mußte an jedem Oberbekleidungsstück ein gelber Stern angenäht und über dem Herzen offen getragen werden. Zuwiderhandlungen konnten immer gleich Abtransport in irgendein KZ bedeuten. Es kostete große Überwindung, als Gekennzeichneter die Straße zu betreten und den erstaunten, neugierigen, ablehnenden, aber auch mitfühlenden Blicken ausgesetzt zu sein. Wegen der mitfühlenden Menschen kam nur einen Monat nach Einführung des Judensterns eine weitere Verfügung heraus (RSHA IV 84b – 1027/41 24. Okt. 41), die besagte: ‚Alle deutschblütigen Personen, die in der Öffentlichkeit freundschaftliche Beziehungen zu Juden zeigen, … sind in Schutzhaft zu nehmen bzw. in schwerwiegenden Fällen bis zur Dauer von drei Monaten in ein KZ einzuweisen. Der jüdische Teil ist in jedem Fall bis auf weiteres unter Einweisung in ein KZ in Schutzhaft zu nehmen.' – Mitgefühl wurde polizeilich verboten … Die meisten kritischen Gemüter, solcherweise verängstigt, trauten sich nicht mehr, irgendwelche Sympathien zu zeigen."[335]

Dann erzählt Wieck „einige unbegreifliche Verhaltensweisen Erwachsener"[336] und fährt fort:

„Genau so unvergeßlich sind die positiven Erlebnisse, die es natürlich ebenfalls gab. Ein freundliches Wort oder ein im unbeobachteten Moment schnell zugestecktes Stück Kuchen, ein Blick, eine Geste."[337]

Besonders erstaunlich war, was der Sternträger Michael Wieck bei seiner Musterung erlebte:

„Dann schickt mich plötzlich ein Arzt in einen Nebenraum und dirigiert den Strom der zu Untersuchenden so, daß ich für kurze Zeit allein bin. Im nächsten Moment kommen drei Ärzte in weißen Kitteln herein, drücken mir warmherzig die Hand und fragen nach meiner Arbeit und meinem Ergehen. Sie versichern mir

---

334 Cohn, a. a. O. I, S. 119.
335 Wieck, a. a. O. I, S. 98 f.
336 Wieck, a. a. O. I, S. 101.
337 Wieck, a. a. O. I, S. 102.

ihren Abscheu gegenüber den herrschenden Zuständen und fordern mich auf, tapfer durchzuhalten. Dann verschwinden sie wieder schnell an ihre Plätze ..."[338]

Dies ist nicht das einzige derartige Zeugnis.

Um Hamburg geht es im folgenden Text, den wir Heinrich Liebrecht, vormals Richter in Berlin, verdanken:

> „Auch Lies in Hamburg schien nicht besonders gefährdet. Sie wohnte mit ihrer Mutter im eigenen Haus in Harvestehude. Die wenigen Mieter waren ruhige, gemäßigte Leute, nur die Hausmeisterin war etwas undurchsichtig ... Hamburg galt überhaupt als eine Art Oase. Es war ja der Berührungspunkt mit der großen Welt draußen."[339]

Ähnlich gut kommen auch die Berliner und die Münchner weg.

Schlimmer waren scheinbar die Zustände in Dresden. Eine aus Russland Zugewanderte erinnert sich:

> „1941 kam der Stern. Das war schlimm, mit dem Stern auf die Straße zu gehen. Viele Deutsche wußten gar nicht, was das sollte und haben mich angeschaut und gefragt, was das denn zu bedeuten habe ... Ich habe den Stern niemals versteckt. Im Gegenteil – ich habe ihn immer mit Stolz getragen. Dabei hatte ich auch einige Erlebnisse. Viele Leute haben gefragt: ‚Wie kommt denn die dazu, mit ihren blonden Haaren und blauen Augen?'"[340]

Für Dresden ist Victor Klemperer der Hauptzeuge, der hier gezwungenermaßen in verschiedenen „Judenhäusern" lebte und in Betrieben und auf der Straße Zwangsarbeit verrichten musste:

> „Seit dem Davidstern, der am Freitag, den 19. 9. aufgehen soll, ist es ganz schlimm. Umschichtige Haltung aller, mich inbegriffen: Proprio [jetzt erst recht] und stolz werde ich ausgehen – ich schließe mich ein und verlasse das Haus nicht mehr."[341]

Doch rasch überwand er sich, zumal ihn die Erfahrungen nicht entmutigten:

> „1. November [1941] – Vorgestern das erstemal leicht angepöbelt. Am Chemnitzer Platz eine Riege Pimpfe [die jüngsten der Hitlerjugend]. ‚Ä Jude, ä Jude!' Sie laufen johlend auf das Milchgeschäft zu, in das ich eintrete, ich höre sie noch draußen rufen und lachen. Als ich herauskomme, stehen sie in Reih und Glied. Ich sehe ihren Führer ruhig an, es fällt kein Wort. Nachdem ich vorbei bin, hinter mir, aber nicht laut gerufen, ein, zwei Stimmen: ‚Ä Jude' – Ein paar Stunden später beim Gärtner Lange, ich hole Sand für Muschel, ein älterer Arbeiter: ‚Du, Kamerad, kennst du einen Herrschmann? – Nein? – Der ist auch Jude, Hausmann wie ich –

---

338 Wieck, a. a. O. I, S. 104.
339 Liebrecht, a. a. O. I, S. 18.
340 Brenner, Michael, a. a. O. I, S. 100.
341 Klemperer: „Tagebücher 1940–1941", a. a. O. I, S. 164.

ich wollte dir bloß sagen: Mach dir nichts aus dem Stern, wir sind alle Menschen, und ich kenne so gute Juden.'"[342]

Frau Voß, eine Leidensgenossin, erzählte Klemperer, der den Wahrheitsgehalt abwog:

„Morgens fünf Uhr auf der Elektrischen zu Zeiss-Ikon. Allein, Fahrer sieht den Stern. Soldat springt auf, erkennt den Fahrer als seinen Freund, bemerkt mich nicht. Stürmische Begrüßung der beiden, wie es gehe, ich sehe woanders hin, mache mich unauffällig. ‚Du, Emil, wenn wir draußen bloß eine Kartoffel hätten. Bloß mal sattwerden.' ... Er bemerkt mich, erschrickt tödlich, die Sprache bleibt ihm weg. – Der Fahrer, lachend: ‚Du kannst ruhig reden ...', Ich mußte auch lachen. Ich steige ab. Fahrer und Soldat winken ...', Ich glaube nicht, daß Käthchen Sara solche Geschichte erfindet oder auch nur ausschmückt."[343]

Zwanzig Tage war der „besternte" Klemperer in den Straßen Dresdens den Blicken zahlreicher Passanten ausgesetzt. Die Frühlingssonne machte dem arktischen Winter und dem Schneeräumdienst ein Ende und Klemperer zog Bilanz, eine schier unglaubliche Bilanz, die am schlechten Ruf der Stadt bei den NS-Gegnern zweifeln lässt. Antisemiten zu Sympathisanten 1:50.

„6. März, Freitag: Gestern nach zwanzig Tagen Dienst ... Auf dem Schneefeld spielten drei Hasen. Leider spielten in Gorbitz die Pimpfe und verfolgten uns mit Hohngeschrei. ... Der Pg., vor dem wir gewarnt waren: Fünfzig Jahre, das Gesicht scharf geschnitten, ein bisschen an die Lieblingstypen der NSDAP erinnernd, leidenschaftlicher Arbeiter ... Er wurde bald gegen uns alle freundlich zutunlich, plauderte, half, trieb niemanden ... Im Verhalten gegen uns lägen Härten, es werde überhaupt manches falsch gemacht – aber davon wisse der Führer nicht[344] ... Aber ich glaube, auf einen solchen Gläubigen kommen doch wohl schon fünfzig Ungläubige. Genauso ist wohl das Verhältnis derer, die uns mit Vergnügen arbeiten sehen oder beschimpfen, zu den Sympathiekundgebern ... Ein älterer Mann, wohl Handwerksmeister, kam mir entgegen. ‚Sie arbeiten wohl hier draußen?' – ‚Ja, als Schneeschipper.' – ‚Sie sind doch ooch schon älter?' – ‚Ich bin sechzig.' – Er im Weitergehn, leidenschaftlich für sich: ‚Diese Lumpen, die verfluchten, gottverdammten.' Das tröstet über die Pimpfe."[345]

---

342 Klemperer: „Tagebücher 1940-1941", a. a. O. I, S. 173.
343 Klemperer: „Tagebücher 1940-1941", a. a. O. I, S. 198.
344 Es gab sogar Juden, die davon überzeugt waren „dass die Leiter des Staates gar keine Ahnung von diesem traurigen Schicksal so vieler Menschen" hatten (Herzfeld, Albert, a. a. O. I, S. 69).
345 Klemperer: „Tagebücher 1942", a. a. O. I, S. 36 ff.

7. Beim Einkauf

7.1 Krieg und Hunger

„Ob die Juden Lebensmittel haben oder ob sie hier verrecken, ist mir gleichgültig, sie mögen in fruchtbarere Gegenden ziehen, wo zu Abrahams Zeiten bereits Milch und Honig flossen."

So die Stellungnahme des Bürgermeisters von Gengenbach zu einer Beschwerde eines Juden, der von Verkaufs- und Bezugsverboten betroffen war.[346]

Am 1. September 1939 begann der Zweite Weltkrieg. Ziemlich zeitgleich wurden die meisten Lebensmittel rationiert. Zum Einkauf genügte Geld allein nicht mehr. Marken und Geld zusammen berechtigten zum Bezug der Waren, soweit vorhanden. Ohne Marken gab es kaum noch etwas.[347]

Im Verlaufe des Krieges wurden die Zuteilungen immer geringer. Dass Juden auch in diesem Bereich seitens der Machthaber benachteiligt wurden, versteht sich fast von selbst. Viele Güter blieben ihnen vorenthalten, andere wurden in geringerer Zahl und Menge zugeteilt. Am 20. April 1941 war schon verfügt worden:

„Lebensmittel, welche Juden in Paketen aus dem Ausland erhalten, sind von ihren Lebensmittelzuteilungen abzuziehen."

Victor Klemperer glaubte zu wissen, der jüdische Arzt Dr. Katz

„habe nachgerechnet, es kämen heute auf einen Juden 1.500, auf einen Arier 1.800 Kalorien. Die notwendige Menge für einen Mittelschwerarbeiter betrüge 2.800 Kalorien ..."[348]

Das war im Sommer 1942.

---

346 Müller, Bernhard, a. a. O. II, S. 487.
347 Zusammen mit der vier Jahre älteren Schwester Gabriele hat der Autor selbst solche Bezugsscheine gegen Empfangsbestätigung von Wohnung zu Wohnung zugestellt.
348 Klemperer: „Tagebücher 1942", a. a. O. I, S. 180. Dem entgegen heißt es in der Zusammenfassung des Buches von Götz Aly (a. a. O. II; Klappentext): „Hitler erkaufte sich die Zustimmung der Deutschen mit opulenten Versorgungsleistungen, verschonte sie von direkten Kriegssteuern, entschädigte Bombenopfer mit dem Hausrat ermordeter Juden, verwandelte Soldaten in ‚bewaffnete Butterfahrer' und ließ den Krieg weitgehend von den Völkern Europas bezahlen. Den Deutschen ging es im 2. Weltkrieg besser als je zuvor." Es dürfte bereits übertrieben sein, wenn man annimmt, dass diese Schilderung herrlicher Zustände auf einen von hundert Deutschen zutrifft. Unfreiheit (Hitlerjugend, Arbeitsdienst, Wehrmacht, für Frauen Arbeitszwangsverpflichtung), Not (Lebensmittelmarken seit 1939), Zerstörung (Millionen Gebäude) und Tod (Millionen Tote) prägten die Wirklichkeit. Auch stellt sich die Frage, womit erkauften sich die kommunistischen Potentaten die „Zustimmung". Die Antwort lautet: Es sind primär Angst und Irreführung, die eine geheuchelte „Zustimmung" bewirken.

Da es Marken bereits gab, als die Kennzeichnung mit dem Judenstern noch nicht eingeführt worden war, trugen die Marken der Juden den Aufdruck „J". Seite an Seite mit Juden einzukaufen war den „Ariern" natürlich unzumutbar und konnte aufgrund der Kennzeichnung mit dem Stern leicht unterbunden werden. Deshalb gab es besondere Geschäfte für jüdische Käufer, oder sie mussten außerhalb der üblichen Zeiten ihre Einkäufe tätigen.

Während sonst jeder Kontakt zwischen Juden und Nichtjuden für beide Seiten schlimme Folgen haben konnte, waren Gespräche zwischen den „arischen" Verkäufern und den jüdischen Käufern unvermeidlich und so eine Möglichkeit zur legalen Kontaktaufnahme. Auch bildeten die Lebensmittelhändler jenen Personenkreis, der am ehesten helfen konnte, während die übrigen „Arier" meist selbst Mangel litten.

Kaufleute und Händler zählen kulturhistorisch betrachtet nicht zu den angesehensten Berufen, obgleich sie für das tägliche Leben der Bevölkerung nicht minder wichtig sind als Handwerker und Bauern. Wer ihre Tätigkeit für ebenso honorig hält wie die Ausübung der anderen Berufe, hat dennoch keine Veranlassung, ihnen eine besondere Neigung zu Mitleid und Barmherzigkeit zu unterstellen. Ihr Verhalten den diskriminierten und verfolgten Juden gegenüber lässt daher Rückschlüsse auf das Gros der Bevölkerung zu, die in gleichem Maße geholfen hätte, hätte sie über die nötigen Mittel verfügt. So erlangen die Erfahrungen unserer Zeugen bei der Versorgung mit Lebensmitteln und anderen Artikeln des täglichen Bedarfs Aussagekraft mit Blick auf die Frage, wie die Mehrheit des Volkes den Juden gegenüber eingestellt gewesen ist.

7.2 „überall anständige Geschäftsleute"

Im Tagebuch der Jüdin Bella Fromm steht unter dem 20. September 1934:

> „Juden erzählten mir: ‚Obwohl wir die Läden nicht betreten dürfen, geben uns die arischen Inhaber doch alles, was wir brauchen, meist nach Ladenschluß.'"[349]

1937 schrieb der Lederwarenvertreter Paul Malsch von den Niederlanden aus seinem in New York lebenden Sohn:

> „Es ist erfreulich, daß gerade die besseren Kaufleute nichts von Boykott jüdischer Firmen & Vertreter wissen wollen … Denk mal nach, wie es mir erginge, wenn die Kunden nun auch den von Streicher gewünschten Boykott durchführen wollten! Sie tun es nicht aus dem Gefühl des Anstands heraus & aus einer *schweigenden* Opposition."[350]

---
349 Fromm, a. a. O. I, S. 208.
350 Malsch, a. a. O. I, S. 647.

Die Freude des Vaters wird doppelt verständlich vor dem Hintergrund amtlicher Anweisungen des Inhalts:

> „Wer bei Juden kauft, wird als Volksschädling behandelt."[351]

So geschehen Düsseldorf.

In den folgenden Texten geht es um Juden, die „Ware" beziehen wollten. Aus der Reichshauptstadt erfahren wir von Lothar (später Larry) Orbach:

> „Olga Schreiner, die Tochter eines unserer nichtjüdischen Nachbarn, hatte einen Fleischer geheiratet, der auf Berlins zentralem Großmarkt einen Großhandel betrieb. Seit dem Tod ihres Mannes führte sie das Geschäft ganz alleine. Mein Vater ging dort jeden Monat mehrmals hin, und obwohl Juden offiziell überhaupt keine Fleischzuteilungen bekamen, versorgte sie uns mit Hühnern, Enten und sogar Gänsen. Manchmal kam mein Vater mit soviel Essen beladen nach Hause, vielmehr als er bezahlt hatte, daß wir etwas davon an unsere Freunde abgeben konnten."[352]

Ezra BenGershom klagte und lobte:

> „Nun zog ich zu Leon und Toni um. Ich lebte mit von dem, was sie auf ihre zwei Lebensmittelkarten mit dem ‚J' beziehen konnten. Das wäre schwer zu ertragen gewesen, wenn uns nicht gute Menschen zur Seite gestanden hätten, vor allem der Fischhändler und der Schuster."[353]

Auch im folgenden Text kommen Berlin-Erfahrungen zur Sprache:

> „Unsere treuen Angers aus dem Lebensmittelladen im Parterre halfen uns mit Eßwaren aus, wo sie konnten. Da dies natürlich nicht offen geschehen durfte, sprach Frau Angers meine Mutter dann betont nüchtern, fast ermahnend an: ‚Frau Behar, das haben Sie gestern hier liegen gelassen', und übergab ihr ein in Zeitungspapier eingewickeltes Päckchen. Auch fanden wir manchmal spätabends oder in aller Frühe ein kleines Paket oder Bündel vor unserer Wohnungstür. Am helllichten Tag an einer ‚Judentür' zu klingeln und dort etwa Lebensmittel abzugeben, traute sich längst kein Mensch mehr."[354]

Edith Marcuse wurde im Januar 1943 aus Berlin-Charlottenburg verschleppt und erlag bei Kriegsende den Entbehrungen und Qualen der Gefangenschaft. Ihr Bruder Ludwig, der namhafte Publizist, hat die literarische Hinterlassenschaft seiner Schwester mit zahlreichen einschlägigen Beobachtungen veröffentlicht. Daraus Auszüge:

---

351 Heiber, Helmut, a. a. O. II, S. 67.
352 Orbach, a. a. O. I, S. 35 f.
353 BenGershom, a. a. O. I, S. 221.
354 Behar, a. a. O. I, S. 89.

„Ich war sehr erstaunt, als eine nette Verkäuferin auf meine Frage nach Rotwein mir eine Flasche aushändigte; denn überall sind jetzt Aushänge in den Geschäften, nach denen knappe Waren uns nicht mehr verkauft werden dürfen."[355]

„Es hat mich richtig geärgert, als im Fleischergeschäft eine Dame voll Empörung in mein Ohr trompetete, es wäre eine Schande, ausgerechnet jetzt um vier, während des Einkaufs der Juden, trinken die Verkäuferinnen ihren Kaffee, natürlich Absicht. Ich ließ sie ruhig reden, denn die Unbelehrbaren haben sich in die Idee verrannt, immer zurückgesetzt zu werden. Tatsache war, in dem wirklich sehr vollen Laden hatte sich eine Verkäuferin etwas abseits gestellt, um ein paar Schluck Kaffee zu trinken."[356]

„Genauso widert es mich an, wenn meine Glaubensgenossen hinter den Ladentisch rennen, mit den Verkäufern flüstern und ihr gutes Einvernehmen mit ihnen vor allen Leuten demonstrieren. Abgesehen von dem taktlosen Benehmen, schaden sie damit den arischen Verkäufern, die ihren Posten verlieren, und in erheblichem Maße den Leidensgefährten, da die Verkäufer nicht mehr wagen, zu den Juden freundlich zu sein."[357]

„Etwas anderes macht mir noch Sorge. Auch ich hob in meinem Bericht die besondere Freundlichkeit der Verkäuferin hervor, obwohl ich gerade vorher behauptete, meine Natürlichkeit bewahre mich davor, Freundlichkeit oder Unfreundlichkeit zu hoch zu bewerten … Die vielen Unannehmlichkeiten, von denen mir täglich berichtet wird, habe ich nie erfahren, ich glaube, weil ich mich genauso gebe wie früher."[358]

Die Maßnahmen der Verfolgung dürften bei vielen Betroffenen Reaktionen ausgelöst haben, die eine Entfremdung von ihren „arischen" Nächsten bewirkten. Da Edith Marcuse offenbar seitens der Menschen um sie herum keinen „Unannehmlichkeiten" ausgesetzt war, kommen sie bei ihr auch nicht zur Sprache. Wären die meisten Deutschen fanatische Antisemiten gewesen, könnte sich Edith Marcuses Leben kaum so abgespielt haben. Das Folgende bestätigt diese Annahme:

„Aber man soll nicht noch mit Steinen auf die armen Menschen werfen, die schon vom Schicksal hart genug getroffen sind … Da ich aber leider nicht sehr tolerant bin, muß ich mich wirklich bemühen, meine Vorhaben auch durchzuführen … Zum Beispiel ging ich gestern zum Optiker, um das Pincenez [Zwicker] für Mutter in Ordnung bringen zu lassen. Ich war schon mehrere Male dort; es belustigt mich immer, wie die Inhaberin dieses an der Wilmersdorfer Straße gelegenen Geschäfts eine ausgesprochen betonte Freundlichkeit zu den Juden an den Tag legt, während sie die Arier mit auffallender Gleichgültigkeit bedient."[359]

---

355 Marcuse, Edith, a. a. O. I, S. 331.
356 Marcuse, Edith, a. a. O. I, S. 331.
357 Marcuse, Edith, a. a. O. I, S. 331 f.
358 Marcuse, Edith, a. a. O. I, S. 332.
359 Marcuse, Edith, a. a. O. I, S. 340.

Dann schildert Edith ein Streitgespräch mit einem anderen Juden, der die Ansicht vertrat, es sei sein gutes Recht, im Bedarfsfalle den Optiker jederzeit aufzusuchen, auch wenn das Gesetz den Juden die Zeit zwischen vier und fünf vorschreibe. Daraus ist zu ersehen, dass der Hilfsbereitschaft unvermutete Grenzen gezogen waren, wie nachstehende Schilderung Ediths verdeutlicht:

> „Ein wenig Schuld an dieser Unterredung muß ich aber der netten Inhaberin des Geschäfts geben. So gut wie Arier es auch mit uns meinen mögen, so verkehrt ist es von ihnen, wenn sie glauben, uns zuliebe bestehende Gesetze ändern zu können. Diese nette Frau pflegt ihren Kunden zu sagen, kommen Sie um sechs, kommen Sie vormittags, zu mir können Sie jederzeit kommen. Viele alte Leute und auch junge, die nicht richtig überlegen, folgen diesem Rat und machen sich unglücklich."[360]

Jochen Klepper, der Abstammung nach kein Jude, hatte das Los seiner jüdischen Frau und Stieftochter bewusst auf sich genommen und beschrieb deren Erfahrungen:

> „Und wer uns etwas Besonderes, Rares vermitteln kann zum [Christ-] Fest [1939], tut es. Wir haben alles, was nur je Sitte für die Festmahlzeiten war. Ja, die Geschäfte hier reagieren auf die gestrichenen Stellen in Hannis und Renerles [Lebensmittel-] Karten mit besonders großen Rationen, die alles ausgleichen sollen. Ganz stillschweigend."[361]

Inge Deutschkron lebte damals in Berlin, in den letzten Kriegsjahren als „U-Boot" und lebt heute wieder in dieser Stadt. Sie stimmt auf die damaligen Inhaber der Lebensmittelgeschäfte ein „Hohelied" an, das schier nicht überboten werden kann:

> „Die jüdische Bevölkerung Berlins hatte fast ausnahmslos alles, was ihr nach den Lebensmittelkarten versagt bleiben sollte. Berliner Mitbürger sorgten dafür. Da waren zunächst die Inhaber der Lebensmittelgeschäfte, die ihren alten Stammkunden die ‚Extras' zusteckten. Meine Mutter und ich fuhren einmal in der Woche zu Richard Junghans ... Er versorgte uns mit Obst und Gemüse, als sei das das Selbstverständlichste von der Welt. Ähnlich war es mit unserem Fleischer ... Nun gab er meiner Mutter die gleiche Menge Fleisch, die unsere Familie in jenen vielen Jahren pro Woche zu verbrauchen pflegte, ohne daß wir auch nur eine einzige Lebensmittelmarke hätten abgeben können ... Das ‚Hohelied' dieser braven Menschen, die ungeachtet der Gefahr, von Nazi-Mitbürgern denunziert zu werden, ihren jüdischen Kunden wenigstens auf diese Weise zur Seite standen, wird nie geschrieben werden, weil diejenigen, die es tun könnten, nicht mehr am Leben sind."[362]

Inge Deutschkron ist noch am Leben und ihrer Einschätzung treu geblieben, auch wenn es nicht alle hören wollen.

---

360 Marcuse, Edith, a. a. O. I, S. 340 f.
361 Klepper, a. a. O. I, S. 831.
362 Deutschkron: „Stern", a. a. O. I, S. 59 f.

Nun von der Spree an die Isar: Auch zur Ehre vieler Bewohner Münchens gereicht, was wir Jakob Littner erfahren:

> „Überhaupt zeigte sich wieder das goldene, unverdorbene Herz vieler Münchner. Wieviel heimliche Hilfsbereitschaft wurde da bewiesen. Von nicht wenigen Juden konnte man erfahren, daß sie vor ihren Türen heimlich dorthin gelegte Lebensmittel, Milch, Brot usw. gefunden haben. So und auf ähnliche Weise wurde geholfen."[363]

Wer konnte auf diese Weise Hilfe leisten? Die Lebensmittelhändler und ihre Gehilfen. Meine Eltern konnten nur gelegentlich Lebensmittelmarken einer versteckten Jüdin zukommen lassen.[364]

Ein jüdischer Emigrant schrieb kurz nach dem Pogrom über die Haltung der Münchner Bevölkerung:

> „Arische Unbekannte aus der Umgebung haben meiner Familie angeboten, bei ihnen zu übernachten. Die Kolonialwarengeschäfte ließen, trotz des Verbotes, an Juden zu verkaufen, anfragen, ob man etwas brauche, die Bäcker lieferten Brot trotz des Verbotes usw. Alle Christen benahmen sich tadellos."[365]

> „Auf dem Weg vom Bahnhof zu unserer Wohnung haben wir noch ein erschütterndes Erlebnis",

schrieb Elisabeth Freund:

> „An einem kleinen Milch- und Gemüsegeschäft steht mit großen Buchstaben in roter Ölfarbe quer über die Schaufensterscheibe gekleckst ‚Juden-Knecht!' Der Besitzer des Ladens, den wir gar nicht kennen, ruft zu uns heraus: ‚Kommen Sie doch ruhig herein! Sie können alles geschenkt kriegen, was ich noch an Ware habe. Ich ziehe morgen sowieso von hier weg. Am besten wär's, ich hänge mich gleich auf!'"[366]

Um den judenfeindlichen Nachstellungen zu entgehen, hatte Else Behrend-Rosenfeld, wie schon erwähnt, in Icking, vor den Toren Münchens, eine neue Heimat gesucht. Gatte und Kinder lebten bereits im Ausland. Während des Pogroms 1938 musste sie ihren Zufluchtsort verlassen und in München eine vorübergehende Bleibe suchen. Dort wurde sie Augenzeugin des Vandalismus und der hemmungslosen Rache:

> „An jedem Geschäft der Stadt (mit ganz geringen Ausnahmen) prangten große Schilder: ‚Juden ist der Zutritt verboten!', von sämtlichen öffentlichen Gebäuden, Cafés und Lokalen gar nicht zu reden … Wenn übrigens durch die Inschriften von der Partei bezweckt worden war, den Juden den Einkauf unmöglich zu machen, sie an den dringendsten Bedürfnissen des täglichen Lebens Not leiden zu lassen, so ist

---

363 Littner, a. a. O. I, S. 24.
364 Löw: „Schuld", a. a. O. II, S. 308 f.
365 Kershaw: „Reaktionen", a. a. O. II, S. 335.
366 Freund, in: Sachse, a. a. O. II, S. 96.

dieser Zweck nicht nur nicht erreicht, sondern beinahe in sein Gegenteil verkehrt worden. Die Nachbarn und Bekannten, ja in vielen Fällen die Inhaber der Geschäfte, die jüdische Familien zu Kunden hatten, beeilten sich, ihnen alles, was sie brauchten, oft in Fülle und Überfülle, in die Wohnungen zu bringen."[367]

Auch Behrend-Rosenfeld betrieb die Ausreise und machte sich berechtigte Hoffnungen. Unter „Isartal, Sonntag, den 4. Mai 1941 schrieb sie:

„Donnerstag feierte ich meinen fünfzigsten Geburtstag unter diesen freudigen Vorzeichen mit allen hier gewonnenen Freunden, unter denen weder die Nachbarn und die Familie Pr. noch unsere wirklich prachtvolle Lebensmittelhändlerin fehlte, die durch ... Sondereinkäufe für diesen Tag nach der Ursache gefragt hatte."[368]

Von der Spree an die Isar und weiter an den Rhein: In Köln wurde die Familie Hoberg verfolgt; Inge, 1930 geboren, erinnert sich:

„Unsere Flucht hatte zur Folge, daß wir ab dem nächsten Monat keine Lebensmittelkarten mehr erhalten würden ... Die im Laufe der Jahre gewachsene Freundschaft bestand nun ihre Bewährungsprobe. Der Wirt erklärte sich bedingungslos bereit, uns täglich mit ausreichend Essen zu versorgen."[369] –

„Müde und nicht besonders sauber wanderten wir die Aachener Straße ostwärts in Richtung Rhein. In der Tür seines halbverwüsteten Ladens stand unser Metzger. Etwas scheu grüßten wir ihn, denn an seinem Rockaufschlag leuchtete das Parteiabzeichen. Er sah uns die Besorgnis wohl an ..."[370]

Rasch verschwand er in seinem Laden und kehrte mit einem Paket zurück. Inhalt: „die Kostbarkeit einer großen Dauerwurst".

In Hamburg lebte Ingeborg Knecht:

„Auch die Kürzungen der Lebensmittelrationen für Juden wurden immer bedrohlicher; wenn niemand ihnen heimlich half – was indessen viele Ladenbesitzer denn doch ihren alten Kunden gegenüber getan haben! –, verhungerten sie vor aller Augen."[371]

Aus Stuttgart erfahren wir von Martha Haarburger:

„Über meine Erlebnisse in den Jahren 1933 bis 1945 berichte ich schweren Herzens ... In der schweren Zeit bin ich nicht ohne Hilfe geblieben. Meine nicht jüdischen Freunde haben mir die Treue bewiesen, haben mir beigestanden, und oft genug haben Menschen unter Gefahr die Verbindung mit mir aufrechterhalten ... Das Tragen des gelben Sterns, mit dem man uns von 1941 an wie Verbrecher brandmarkte, war eine Qual. Ich mußte täglich, wenn ich auf die Straße trat, um

---

367 Behrend-Rosenfeld, a. a. O. I, S. 67.
368 Behrend-Rosenfeld, a. a. O. I, S. 97.
369 Hoberg, a. a. O. I, S. 79.
370 Hoberg, a. a. O. I, S. 91.
371 Hecht, a. a. O. I, S. 106.

Ruhe und Gleichmut kämpfen. Bittere Erfahrungen sind mir nicht erspart geblieben, durch Bekannte, durch Kollegen … Als die uns zugeteilten Lebensmittel knapp sind, gibt einmal eine fremde Frau meiner Mutter im Vorbeigehen auf der Straße ein Viertel Butter in die Hand. Hin und wieder finden wir vor unserer Tür einen Korb mit Gemüse, Obst und Eiern. Das ist Mangelware, besonders für uns. Manchmal wird sie uns auch von treuen Menschen in die Wohnung gebracht, in eine Wohnung, die Nichtjuden nicht hätten betreten dürfen."[372]

„Blankenburg ist ein kleines Nest, und jeder kennt dort jeden. Besonders die Geschäftsleute sind miteinander befreundet. Der Fleischer und auch der Milchmann in diesem Teil von Blankenburg werden von Frau Horn ins Vertrauen gezogen und verkaufen ihr Lebensmittel, ohne dafür Marken zu verlangen. Es geht uns allen gut, meine Eltern haben keinen Grund, sich Sorgen zu machen."[373]

Dies berichtete Eugen Herman-Friede. Bei Frau Horn und ihrem Gatten hatte der Jude Unterschlupf gefunden und wurde ohne Mühe miternährt, weil die Händler an seinem bitteren Los Antcil nahmen.

Die kleine Margot lebte in Hannover und erinnert sich noch nach vielen, vielen Jahren:

„Meine Mutter war verzweifelt. Lebensmittel gab es nur noch gegen diese Lebensmittelkarten, wo auf jedem kleinen Abschnitt ein ‚J' war. Damit durften wir nur noch in Judenläden einkaufen. Doch diese Lebensmittel reichten nicht zum Überleben. Zum Glück gab es Menschen, die halfen. Unser Schlachter Bettels gab uns und anderen Juden in seiner Wohnung Fleisch und Wurst gegen Geld, aber ohne Marken … Auch unser Lebensmittelhändler Ihsen brachte sich in Gefahr, als er uns in seinen Privaträumen Lebensmittel verkaufte … Wir waren glücklich, daß diese Leute uns Essen verkauften, obwohl sie ihr Leben für uns riskierten. Doch das Glück währte nicht lange. Beide wurden angezeigt. Herr Bettels kam in eine Strafkompanie nach Rußland. Sein Haus und Laden wurden ihm weggenommen, seine Frau mußte mit drei Kindern als einfache Verkäuferin den Lebensunterhalt der Familie bestreiten. Herr Ihsen konnte sich wohl durch einen Parteieintritt retten und einen Naziposten besetzen, aber er hätte dies sicher niemals freiwillig getan. Beide hatten uns über einen längeren Zeitraum das Leben gerettet."[374]

Von Dresden erzählte eine junge Frau:

„Auf unseren Lebensmittelkarten war z. B. schwarzes Mehl offengelassen. Ich wollte beim Bäcker mein dunkles Zeug holen und zeigte meine Lebensmittelkarte. Als ich nach Hause kam, fand ich herrlichen weißen Kuchen und weiße Brötchen. Die Bäckerin hat eben hinter dem Ladentisch etwas anderes eingepackt. Das konnte ja

---

372 Haarburger, a. a. O. I, S. 230 ff.
373 Herman-Friede, a. a. O. I, S. 38.
374 Kleinberger, a. a. O. I, S. 39 f.

niemand beobachten. Es ging lange Zeit so; leider konnte ich die Bäckerin nach dem Krieg nicht finden, weil das Geschäft ausgebombt war."[375]

Unübertroffen an Umfang und Anschaulichkeit sind die einschlägigen Aufzeichnungen des in Dresden wohnhaften Victor Klemperer:

„Aus den neuen Lebensmittelkarten hat man uns alle Sonderausgaben herausgeschnitten … So sind wir sehr tief herabgedrückt. Erfolg: Vogel steckt mir eine Tafel Schokolade nach der andern zu, und der Schlächter schreibt auf die Rückseite eines Zahlzettels: ‚Zu Weihnachten haben wir Ihnen eine Zunge zurückgelegt.'"[376]

„Ich frage mich oft, wo der wilde Antisemitismus steckt. Für meinen Teil erfahre ich so viel Sympathie, man hilft mir aus, aber natürlich angstvoll. Die Frauen im Fischgeschäft, Vogel, Berger, Frau Häselbarth. – … Gestern traf ich oben den Gemüsehändler Moses, der nur noch selten herkommt – Mangel an Ware. ‚Wenn Sie sich nicht schämen, einen Sack zu tragen?' Ich schämte mich nicht und erhielt einen unerfrorenen Weißkohl, eine Kohlrübe und Möhren – lauter seltene Delikatessen. Dazu eine Brotmarke geschenkt. Moses hat Eva schon wiederholt Kartoffeln gegeben."[377]

„Das Brot: Vogel hat jetzt eine Verkäuferin. Ich bitte Vogel sen. um ein halbes Brot ohne Marken. Er flüstert: ‚Um Gottes willen verlangen Sie das nie vor unserem Fräulein.' Die Verkäuferin … steht im Nebenraum. Der Alte sehr laut: ‚Also erst die Marken.' Nimmt meine Karten und die Schere, schneidet in der Luft. Gibt sie mir zurück, bringt mir das Brot und flüstert: ‚Sie machen mir sonst den Laden zu.'"[378]

Aber auch Klemperer wusste Unerfreuliches zu berichten:

„Ich schleppte mit schweren Schlundschmerzen 30 Pfund Kartoffeln von unserem Wagenhändler am Wasaplatz her. Als dort der Mann meine Karte schon in der Hand hatte, trat von hinten ein junges Weibsbild, blondgefärbt, mit gefährlich borniertem Gesicht, heran, etwa die Frau eines Kramhändlers: ‚Ich war eher hier – der Jude soll warten.'"[379]

„Die Inhaberin, als die Reihe an mir: ‚Sauerkraut leider nur auf Kundenkarte; Streichhölzer – nein, Salz – nein.' Als captatio benevolentiae [um Wohlwollen auszulösen] habe ich mit einer Kohlrübe angefangen – die mag keiner, der Kohlrübenwinter 17 [gemeint ist das Kriegsjahr 1917] ist wirksam geblieben. Übrigens tut man ihr Unrecht. Die Frau mitleidig, zögernd: Einen Rotkohl könnte ich allenfalls haben. Wiegt ihn aus, legt ihn zur Kohlrübe, holt auch noch eine Tüte Salz (großes Entgegenkommen!). ‚75 Pf.' Wie ich die Brieftasche ziehe, sagt die Oma neben mir: ‚Lassen Sie – ich zahle das für Sie.' Mir wurde wirklich heiß. Ich dankte ihr und reichte den Markschein über den Tisch. Sie: ‚Aber lassen Sie mich doch zahlen.' Ich:

---

375 Anonyma (7), a. a. O. I, S. 103.
376 Klemperer: „Tagebücher 1937–1939", a. a. O. I, S. 181.
377 Klemperer: „Tagebücher 1940–1941", a. a. O. I, S. 9.
378 Klemperer: „Tagebücher 1940–1941", a. a. O. I, S. 57 f.
379 Klemperer: „Tagebücher 1942", a. a. O. I, S. 90.

‚Es ist wirklich sehr freundlich von Ihnen, ich danke Ihnen herzlich – aber es geht ja nicht ums Geld, nur um die Karte.' Jetzt die Inhaberin: ‚Kommen Sie doch mal gegen Abend, da gebe ich Ihnen mehr. Bei Tage – ich beliefere hier die SA, ich muß vorsichtig sein.'"[380]

„Nach der Arbeit, gegen fünf beim Optiker Hahn, Wilsdruffer Straße, wo mich Eva angemeldet. Ein älterer Mann mit Parteiknopf, ein voller Laden. Ich wurde im Nebenzimmer gründlichst untersucht, geradezu liebevoll."[381]

Kurz vor dem verheerenden Fliegerangriff auf Dresden notierte Klemperer in sein Tagebuch:

„Auch [meine Gattin] Eva erfuhr eine Sympathiekundgebung. Beim Schlächter Nacke in der Pillnitzer Straße, wo wir am Donnerstag Brühe holen und wo Eva Wurst zu kaufen pflegt, fragte die Meisterin bei leerem Laden nach dem Besitzer der Judenkarte, betonte ihre langjährige Judenfreundschaft, insbesondere mit Konrad, und wollte Eva die neueste ‚Dresdner Zeitung' reichen. ‚Da sieht jemand durchs Schaufenster herein – ich wickle den Speck in das Blatt.' Der Speck war überreichlich zugewogen."[382]

In Leipzig arbeitete Alfred Glaser in einer Fischhandlung.

„Im Geschäft riefen die Verkäuferinnen und Verkäufer laut ‚Heil Hitler', damit man nicht merke, daß ich schwieg"[383],

– weil ihm, dem Juden, das Stoßgebet für den Führer nicht über die Lippen kam.

Alfred Schwerin fand in Frankfurt am Main „überall anständige Geschäftsleute ...":

„Bei den Lebensmittelämtern wurden die Rationierungskarten für Juden an separaten Schaltern ausgegeben. Die Karten trugen den roten Aufdruck ‚Jude', um den Geschäftsmann von vornherein über die Rassezugehörigkeit des Einkäufers aufzuklären. Alle Coupons für Sonderzuteilungen sowie diejenigen für Hülsenfrüchte waren entwertet. Als Einkaufsstunde für Juden hatte man die Zeit von zwei Uhr bis halb vier nachmittags festgelegt. Arier sollten zu dieser Zeit den Geschäften möglichst fernbleiben, um nicht mit den Juden in Berührung zu kommen. Oft waren begehrte Artikel schon am frühen Morgen ausverkauft, so daß die jüdische Hausfrau am Nachmittag ohne die gewünschte Ware wieder nach Hause gehen mußte. Doch es gab überall anständige Geschäftsleute, die ihre langjährige jüdische Kundschaft nicht im Stiche ließen und für sie oft noch mehr als das ihnen zustehende Quantum reservierten. Auch ich erhielt von einer in einer Mannheimer Metzgerei angestellten Pirmasenserin jeweils fast die doppelte Fleisch- und Wurstration."[384]

---

380 Klemperer: „Tagebücher 1943", a. a. O. I, S. 33.
381 Klemperer: „Tagebücher 1944", a. a. O. I, S. 42.
382 Klemperer: „Tagebücher 1945", a. a. O. I, S. 24.
383 Glaser, Alfred, a. a. O. I, S. 77.
384 Schwerin, a. a. O. I, S. 354.

Monica Kingreen und ihre Familie hatten ebenfalls in Frankfurt am Main ihre Bleibe:

„Die Vermieter haben die gleiche Weltanschauung wie wir. Unsere sämtlichen Lebensmittellieferanten und auch Bäcker und Metzger haben wir ganz nah bei der Wohnung. Sie sind verhältnismäßig nett."[385]

Fanny Berlin-Krämer lebte auch in Frankfurt am Main und betonte später wiederholt, „es habe auch etliche nichtjüdische Leute gegeben, die ihnen geholfen hätten":

„Die vom Fischgeschäft da vorne am Baumweg, ... da sind wir immer hingegangen und haben Fische gekriegt, also hintenherum haben wir immer mal Heringe oder so etwas bekommen ... Es hat sehr viele Christen gegeben, die Mitleid mit den Juden hatten und auch etwas gegeben haben ... Es gab auch ein Kolonialwarengeschäft, wo sie uns manchmal etwas gegeben haben, ein Viertel Butter oder irgendwas. Da hat jemand gesagt, die wären so anständig, und deshalb ist man hingegangen. Gott, und da hat man mal dies oder jenes hintenrum gekriegt, aber nicht über Preis. Da hat man natürlich gewartet, bis die andere Kundschaft bedient war."[386]

Beiläufig erwähnte Lili Hahn in ihrer Tagebucheintragung vom 20. April 1943:

„Bis Mitternacht saß ich an der Schreibmaschine, fuhr am nächsten Morgen mit Vater zu unserer Metzgerin, um ihr etwas Wurst für Mutter [eine Jüdin] abzubetteln ..."[387]

Anlässlich eines Lehrerseminars berichtete Susi Schachori von ihren Erlebnissen in Nürnberg während der NS-Ära und gestattete den Mitschnitt:

„Zum Beispiel durften wir schon nicht mehr in gewissen Läden einkaufen. Wir mußten Fleisch einkaufen. Ich ging zu unserem Fleischer in der Lorenzer Gasse, und als ich den Laden betrat und einige Leute vor mir in der Reihe standen, rief mich der Metzger: ‚Du, komm mal her, Du sollst mir nie wieder hier reinkommen. Ich verkaufe nicht an Juden. Nimm mal das Paket hier mit und liefere es dort ab.' Und schob mir ein Riesenpaket in die Tasche. Ich wollte bezahlen. Er nahm 10 Mark. Also, das war gar nichts, und ich hatte ein Riesenpaket Fleisch in der Tasche. Ich konnte ihm nicht danken. Er wollte damit beweisen, daß es trotzdem noch andere Menschen gibt. Oder: Frühmorgens, als wir aufwachten, stand die Milch, Brötchen, Butter, Schlagsahne, Eier vor der Türe. Wir konnten das nicht bezahlen. Wir wußten gar nicht, wer das hingestellt hat."[388]

---

385 Kingreen, a. a. O. I, S. 140.
386 Hebauf, a. a. O. I, S. 307.
387 Hahn, a. a. O. I, S. 393.
388 Schachori, a. a. O. I, S. 163 f.

Von Königsberg Ende der Dreißigerjahre, also von den Jahren nach dem Pogrom, handelt das Folgende:

> „Man kann sich vorstellen, wie solche Geschehnisse ein Kind zwischen acht und elf Jahren belasteten. Es ist nur scheinbar ein Widerspruch, daß gleichzeitig die späten dreißiger Jahre eine intensive und durch viele Erlebnisse schöne Zeit waren. Die kindliche Welt hat sehr viel Autonomie, und nicht vergessen darf man etwa den Kaufmann, der, wenn niemand im Laden war, Bonbons schenkte, oder einzelne Nachbarn, die betont freundlich und herzlich waren."[389]

Das schier Unmögliche trat Anfang der Vierzigerjahre ein, der Abtransport vieler Juden zum „Arbeitseinsatz" im Osten. Noch waren nicht alle aufgerufen, auch nicht der dreizehnjährige Erzähler, der liebe Bekannte auf ihrem Weg zur Sammelstelle begleitete:

> „Alle trugen den Stern ... Auch ich trug diesen Stern genau über dem Herzen, wie es die strenge Vorschrift befahl ... Man bat mich ständig um irgendwelche Gefälligkeiten. Es waren noch eilig geschriebene Briefe zu besorgen, und dann wollten einige auf einmal Geldscheine in Münzen umwechseln lassen ... Angespannt lief ich jedesmal wieder fort, um Geschäfte zu finden, die die Geldscheine wechseln konnten. Geschäftsinhaber und Verkäufer sahen den gelben Stern und verhalfen mir zu den gewünschten Münzen."[390]

Hier ist zwar nicht vom Einkauf die Rede, aber von der Hilfsbereitschaft der Geschäftsinhaber, die offenbar durch den Stern nicht gemindert, sondern beflügelt wurde.

Martin Andermann aus Königsberg ergänzte:

> „Der Kaufmann oder der Bäcker in der ostpreußischen Kleinstadt, dem die S. A. verboten hatte, Brot an Juden zu verkaufen, brachte es seinem alten jüdischen Kunden des nachts heimlich, über das Dach, und während er früher nicht viel darüber nachgedacht haben wird, was es damit auf sich habe, tagaus, tagein Brote zu verkaufen: Jetzt dachte er darüber nach, und es gehörte Mut dazu, es an jene zu verkaufen, die aus der Gesellschaft ausgestoßen waren."[391]

Betrübliche Erfahrungen gehören zur ganzen Wirklichkeit. Willy Cohn, Breslau, hat in seinem Tagebuch vermerkt, wie ihm liebe Bekannte, aber keine Händler wertvolle Nahrungsmittel diskret zukommen ließen. Die Händler betreffend heißt es:

> „Im Augenblick [26. Juni 1941] ist eine große Gemüseknappheit und die ‚Volksgenossen' passen auf, daß möglichst nichts an uns verkauft wird; bei unserem Gemüsehändler dürfen wir außer Kartoffeln gar nichts mehr kaufen, und selbst am Wa-

---

389 Wieck, a. a. O. I, S. 62.
390 Wieck, a. a. O. I, S. 32.
391 Andermann, a. a. O. I, S. 406.

gen hat die Frau unserer Edith Schwierigkeiten gemacht, weil sie denunziert worden ist. Es gibt schon erfreuliche Zeitgenossen."[392]

---

[392] Cohn, a. a. O. I, S. 73.

8. Am Arbeitsplatz beim Zwangseinsatz

8.1 Zwangsarbeit im Reich[393]

Victor Klemperer unterhielt sich im September 1942 mit einem Juden, der bei Zeiss-Ikon Zwangsarbeit verrichtete. Der glaubte, das Dritte Reich sei nicht so leicht zu besiegen. Klemperer:

> „Ich frage ihn, worauf er seine Ansicht von solcher Resistenzkraft stütze. Nach außen auf die militärische Unfähigkeit der Alliierten, nach innen auf die ungeheure Organisation. Ob die wirklich so ungeheuer gut sei, ob nicht Zahlloses zu Tode organisiert werde? Er: Vor einem Jahr noch habe Zeiss-Ikon 7.000 deutsche Arbeiter beschäftigt; jetzt seinen es nur noch 500 Deutsche, der Rest, die 6.500, seien durch Ausländer, Russen, Polen, Franzosen, Holländer usw. ersetzt, und doch laufe alles am Schnürchen ..."[394]

Die Schilderung macht den Wert der Zwangsarbeit für Wirtschaft, Rüstung, Versorgung anschaulich und auch, wie eine Minderheit einer deutlichen Mehrheit den Willen aufzwingen kann, wenn ihre Macht schier schrankenlos ist. Doch wie war die Atmosphäre vor Ort?

Schilderungen von Erlebnissen am selbst gewählten Arbeitsplatz wären zur Beurteilung *der* „arischen" Deutschen in der fraglichen Zeit nicht sonderlich hilfreich, wäre doch auf beiden Seiten eine gewisse Sympathie zu unterstellen, beim Arbeitgeber, sonst würde er sich doch nicht dem Vorwurf aussetzen, ein „Judenknecht" zu sein und mit Juden zusammenzuarbeiten, beim Arbeitnehmer, der vermutete Vorbehalte als Belastung empfände, die er tunlichst vermeiden wollte. Doch es bestand für alle Juden im Reich Arbeitspflicht. Viele erfüllten sie nicht ungern in der naheliegenden Erwartung, ihrer Nützlichkeit wegen der Vernichtung zu entgehen, eine Erwartung, die in den meisten Fällen trog.

Die Zwangsarbeit, die die Betroffenen meist in eine völlig fremde Umwelt stellte und mit gänzlich fremden Menschen über Tage und Wochen zusammenbrachte, ist daher noch besser geeignet, den Durchschnittsbürger zu beurteilen, als die Erfahrungen mit dem gelben Stern und beim Einkauf. Dem fremden „Sternträger" gegenüber Anteilnahme zum Ausdruck zu bringen war nicht leicht – jeder frage sich, wie er es gemacht hätte, ohne Gefahr zu laufen, missdeutet zu werden. Die Milchfrau und den Gemüsehändler kannte man meist schon aus der Zeit vor 1933 und man konnte in der Regel wechseln, wenn Worte oder Gestik oder Verhalten

---

393 Ausführlich dazu Gruner: „Der Geschlossene Arbeitseinsatz", a. a. O. II.
394 Klemperer: „Tagebücher 1942", a. a. O. I, S. 237.

zur Annahme von Antisemitismus Anlass gaben, die Chefs und Kollegen am Arbeitspflicht-Platz aber nicht.

Die Zahl der Berichte über Zwangsarbeit ist geringer als die Zahl der Aufzeichnungen über den Pogrom. Das Buch „Als Zwangsarbeiterin 1941 in Berlin"[395] beschäftigt sich jedoch ausschließlich mit diesem Detail. Die Überschrift eines Aufsatzes, der in München gesammelte Erfahrungen schildert, lautet: „Ich werde Zwangsarbeiterin"[396].

Noch weit umfangreicher schilderte Victor Klemperer seine Zwangsarbeit in Dresden, wenngleich es sich dabei nicht um eine Monografie, sondern um eingestreute Tagebuchnotizen handelt.

8.2 „glücklicherweise alle nicht gehässig"

Beginnen wir mit kurzen Auszügen aus den Erinnerungen Elisabeth Freunds, die sie unmittelbar nach ihrer Ankunft in Havanna Ende 1941 niedergeschrieben hat und in denen sie ihre typischen Erfahrungen mitteilt. Ihr erster Arbeitsplatz war eine Wäscherei:

> „Endlich kommt der Fabrikangestellte, der auf dem Arbeitsamt zu uns gesprochen hatte. Er entschuldigt sich, er wäre so lange aufgehalten worden. Es ist rührend, wie wir glücklich aufatmen, daß er nicht unfreundlich zu uns spricht, sondern so, wie es eigentlich für jeden Mann, selbst den einfachsten, selbstverständlich sein müßte."[397]

Die geschilderten Aufseher und Vorarbeiter hatten recht unterschiedliche menschliche Qualitäten. „Die Dicke" war rücksichtslos, denn sie wusste:

> „Wenn einer nicht arbeiten will, ist er immer gleich krank."

Doch der Abteilungsleiter löste Elisabeth Freund von der Dampfpresse ab und machte der Dicken „eine Szene".[398] Bei der neuen Arbeit: „Die Vorarbeiterin ist nett."[399]

> „Der Abteilungsleiter kommt an einem der Tage zum Kontrollieren vorbei. Ich kann ca. 700 Kittel vorweisen und bedanke mich kurz, daß er mich von der Dampfpresse fortgeholt hat. ‚Reden Sie lieber nicht darüber!' sagt er und geht schnell weiter."[400]

---

395 Freund, in: Sachse, a. a. O. II.
396 Seuffert, a. a. O. I.
397 Freund, in: Sachse, a. a. O. II, S. 47.
398 Freund, in: Sachse, a. a. O. II, S. 54.
399 Freund, in: Sachse, a. a. O. II, S. 55.
400 Freund, in: Sachse, a. a. O. II, S. 56.

„Eigentlich ist es schade, daß unsere Dampfpressengruppe schon wieder auseinander kommt. Wir haben uns gut vertragen. Natürlich hat es daneben auch Zank gegeben. Wir hatten da eine arische Einarbeiterin, die sich gleich mit der einen von uns anfreundete. Natürlich gab es darüber Streit ... Mich amüsiert es hauptsächlich, wie schnell die jüdische und die arische Arbeiterin sich befreundeten."[401]

„Aber die ganze Stimmung gegen uns ist schlechter geworden. Die arischen Vorarbeiterinnen, mit denen wir doch immer ganz nett gestanden haben, grüßen uns nicht mehr, wenn wir sie auf dem Wege zur Fabrik treffen. Es muß eine Anordnung von der Arbeitsfront gekommen sein. Sie gehen auf die andere Seite der Straße hinüber, wenn wir kommen, und sehen weg. Manchen ist es ganz sichtlich peinlich."[402] „Wir singen manchmal in der letzten Schicht, wenn die Dicke nicht die Aufsicht hat. Nach zehn Uhr abends sind wir mit der anderen Aufseherin ganz allein ... Der arische Nachtportier hörte einmal zu, und es gefiel ihm offenbar."[403]

„‚Ich schicke Sie jetzt in eine Abteilung, wo Sie im Sitzen arbeiten können. Melden Sie sich bei dem Obermeister!' Auch dieser Obermeister ist freundlich, wieder dieselben Fragen: Ich soll in einer Abteilung arbeiten, wo Kontrollarbeiten gemacht werden. ‚Stellen Sie sich nichts Großartiges darunter vor. Es ist unbeschreiblich stumpfsinnig. Wann wollen Sie antreten?' Ich weiß gar nicht, ob ich recht gehört habe. Wann ich antreten will? Ich habe doch einfach anzutreten."[404]

Gegen Ende ihres Buches teilt uns Elisabeth Freund mit:

„Ich werde jetzt so oft gefragt: ‚Wie ist denn die Stimmung in der Arbeiterschaft. Sie müssen es doch wissen, wenn Sie täglich mit arischen Arbeitern zusammen arbeiten?' Ich kann die Frage nicht beantworten. Die Hauptsache ist eben doch, daß man nur selten eine wirkliche Meinung zu hören bekommt. Die Angst vor der Gestapo ist so groß, daß trotz allen Schimpfens sich jeder hüten wird, zuviel von seiner Meinung laut werden zu lassen."[405]

Aber ängstlich musste doch nur der Systemkritiker sein! Es lohnt sich, auch noch dem letzten Akt ihrer Zwangsarbeit beizuwohnen:

„‚Hier sind Ihre Papiere, Sie sind entlassen. Gehen Sie aufs Arbeitsamt und lassen Sie Ihr Arbeitsbuch schließen!' Zum letzten Mal werde ich von dem arischen Begleiter an den Fabrikausgang gebracht. ‚Ist das wirklich wahr, kommen Sie weg? Wo liegt denn Kuba eigentlich? Und dort ist wirklich kein Krieg?' Er sieht sich vorsichtig um. ‚Dann wünsche ich Ihnen Glück, dann haben Sie es besser als wir alle hier.'"[406]

Elisabeth Freund hatte mit ihrer Ausreise wirklich Glück.

---

401 Freund, in: Sachse, a. a. O. II, S. 59.
402 Freund, in: Sachse, a. a. O. II, S. 77.
403 Freund, in: Sachse, a. a. O. II, S. 81.
404 Freund, in: Sachse, a. a. O. II, S. 107.
405 Freund, in: Sachse, a. a. O. II, S. 138 f.
406 Freund, in: Sachse, a. a. O. II, S. 146.

Dorothee Fließ, 1922 in Berlin geboren, konnte ebenfalls – zusammen mit ihren Eltern – die gefährliche Heimat rechtzeitig verlassen. Was sie vorher erlebte, weist starke Gemeinsamkeiten mit den Erfahrungen Freunds auf:

> „Bei der Firma Ehrlich & Graetz in Trepkow, wo ich seit dem Juni 1941 zwangsweise in der Stanzerei arbeitete, eröffnete man mir kurz darauf – also im Frühjahr 1942 –, daß ich nun wieder in das Büro meines Vaters zurückkehren könne … Ich brach augenblicklich in Tränen aus und erklärte, unbedingt Zwangsarbeiterin bleiben zu wollen. Ich hatte mich längst mit Arbeitskolleginnen und nicht-jüdischen Vorarbeitern angefreundet und ging, trotz elfstündiger Arbeitszeit, tatsächlich gern jeden Morgen um 5.30 Uhr aus dem Haus … Die Streichung unserer Namen von der Liste der zu ‚evakuierenden' Personen muß über das Berliner Arbeitsamt gelaufen sein. Dort haben die Herren Dohnanyi und Moltke oder ihre Beauftragten darauf hingewiesen, daß ein 66-jähriger halbblinder Jurist kaum ein Gewinn für ein Arbeitslager in Polen wäre … Wie sie es aber schafften, meinen Namen von der Liste verschwinden zu lassen, ist mir unverständlich."[407]

Hierzu ergänzte sie:

> „Nur die Erinnerung an die vielen Toten bleibt und die Gewißheit, daß es Menschen wie … von Dohnanyi, den Grafen Moltke, den Admiral Canaris und ihre Freunde tatsächlich einmal gegeben hat. Es waren einmalige Erscheinungen …"[408]

Ende Februar 1943 fanden große „Fabrikaktionen" statt, um Berlin judenrein zu machen. Die Juden sollten von ihren Arbeitsplätzen weg deportiert werden, um eine Flucht unmöglich zu machen. Doch die Aktionen hatten nicht den gewünschten Erfolg. Wolf Gruner belegt seine Feststellung mit Beispielen:

> „Der bei der Firma Naumann Berlin als Zwangsarbeiter beschäftigte Walter Besser erinnerte sich, daß Wehrmachtsangehörige, die die Rüstungsproduktion inspizierten, ihn schon Mitte Februar 1943 ansprachen: ‚Es tut uns leid, daß alle Juden abgeholt werden … Haben Sie denn nicht die Möglichkeit, irgendwo unterzutauchen?' … Während Besser von außen gewarnt wurde, erhielten wohl die meisten Zwangsarbeiter und Zwangsarbeiterinnen den entscheidenden Tipp von Arbeitern, Meistern, Angestellten oder Ingenieuren der Firmen, in denen sie beschäftigt waren."[409]

> „Von denen, die am Samstagmorgen ahnungslos zur Frühschicht kamen, erhielten viele in ihren Betrieben warnende Winke … Ein Meister in den Teves-Werken, Wilhelm Daehne, ließ nicht nur die nach Berlin-Wittenau zur Frühschicht Kommenden an der S-Bahn warnen, sondern versuchte auch im Betrieb selbst, mehrere Personen vor der Gestapo … zu verstecken."[410]

---

407 Fließ, „Geschichte", a. a. O. I, S. 74.
408 Fließ, „Geschichte", a. a. O. I, S. 87.
409 Gruner, „Rosenstraße" a. a. O. II, S. 79.
410 Gruner, „Rosenstraße" a. a. O. II, S. 80.

Am Arbeitsplatz beim Zwangseinsatz

In einem anderen Erlebnisbericht aus Berlin heißt es über die Zwangsbeschäftigung:

> „Der Oberinspektor des Lehrter Bahnhofs B. tat sich durch besonders gemeine Behandlung der Juden hervor ... Mit nur einem Lappen und Scheuersand bewaffnet, schickte er uns an die Arbeit ... Vor Widerwillen wollte ich mich gerade abwenden, da stand er hinter mir. Brutal ergriff er meine Hand und tauchte sie mit aller Gewalt in das Erbrochene ... Mein fieberndes Gesicht und mein seelischer Zustand ließen mich zusammenbrechen. Der Bahnhofsarzt schrieb mich krank und veranlaßte meine Überführung ins Krankenhaus. Nach acht Wochen wurde ich als geheilt entlassen ...
>
> Meine nächste Arbeitsstelle war in den Siemens-Schuckert-Werken ... Trotz dieser gesundheitsgefährdenden Arbeit blieb ich dort gerne. Wir Juden wurden nicht gequält, und der Abteilungsleiter wollte sich scheinbar schon rückversichern ... Er schikanierte uns nicht, aber er tat auch nichts, aus persönlicher Feigheit, um uns das Leben etwas zu erleichtern."[411]

Auch der Dienst als Soldat war für jene, die widerstrebend eingezogen wurden, eine Art Zwangsarbeit. Im Oktober 1941 kehrte Jochen Klepper, seiner Mischehe mit einer Jüdin wegen aus der Wehrmacht entlassen, nach Berlin zurück. Er notierte in sein Tagebuch, der Abschied vom alten, aber auch vom neuen Spieß[412], die spätestens jetzt um seine rassistische Diskriminierung wussten, sei rührend gewesen.

> „Mit wie herzlichen Wünschen wurde ich in meiner schwierigen Lage aus Fürstenwalde entlassen!"[413]

In Düsseldorf musste auf Drängen von oben eine Jüdin entlassen werden. Darüber berichtete Albert Herzfeld:

> „Ihre mit ihr zusammenarbeitenden weiblichen Kolleginnen weinten, und ihr leitender Direktor hat nach wie vor sie als Christin in seiner Familie beibehalten und sie ist fast täglich bei ihm und seiner Familie ... Natürlich hat Annemarie ein geradezu glänzendes Zeugnis von der Firma erhalten."[414]

Im Folgenden ist der Schauplatz München. Zwangsarbeit ist nicht das Sujet der ersten Schilderung. Und doch vermittelt sie ein Bild, das über die Berufswelt von Juden damals Auskunft gibt, auch wenn es längst nicht alle so gut getroffen haben. Die Schilderung stammt von Werner Cahnman, der uns schon begegnet ist:

> „In Anbetracht der rigorosen Isolierungspolitik ist es erstaunlich, daß einfache Menschen es trotzdem möglich machten, Juden eine hilfreiche Hand zu bieten. So

---
411 Anonymus (9), a. a. O. I, S. 254.
412 Militärischer Vorgesetzter niedrigen Ranges.
413 Klepper, a. a. O. I, S. 961.
414 Herzfeld, Albert, a. a. O. I, S. 84

konnte meine Schwester noch 1937 ihre Ausbildung im Keramikfach im Betrieb A. & E. Königbauer beginnen und bis nach der Kristallnacht fortsetzen, obwohl ein SA Mann und ein SS Mann im Betrieb arbeiteten. Aber der Meister und die Mehrzahl der Angestellten waren anti-nazistisch und nach bayerischer Weise überhaupt anti-ideologisch. Sie versuchten dem jüdischen Mädchen den Aufenthalt in der Werkstatt so angenehm wie möglich zu machen, bis im November 1938 SA Leute ins Büro kamen und die Fenster mit Plakaten ‚Juden ist der Zutritt verboten' beklebten."[415]

Gerty Spies bedauerte ihre Tochter Ruth: Ein Unteroffizier hatte ihr im Auftrag des Ortsgruppenleiters den Rundfunkapparat gestohlen.

„Noch viel bitterer mußte sie in der Schule leiden. Mit den Mitschülerinnen kam sie zwar gut zurecht. Das Gesetz erlaubte ihr auch, das Lyzeum weiter zu besuchen. Sie litt aber sehr unter den Ungerechtigkeiten der nazistisch eingeschworenen Klassenlehrerin …"[416]

Die Mutter wollte daher das Mädchen aus der Schule nehmen.

„Der Direktor, ein liebenswerter Menschenfreund, zeigte großes Verständnis: ‚Nehmen wir sie raus', sagte er, ‚sie bekommt trotzdem ihr Abschlußzeugnis.'"[417]

Ihr eigenes Schicksal betreffend, fährt sie fort:

„Ich wurde zur Zwangsarbeit herangezogen. Wir wurden – sechs Jüdinnen – an den Bruckmann-Verlag überwiesen, wurden dort sehr gut und menschlich behandelt."[418]

Doch die Deportation nach Theresienstadt blieb ihr nicht erspart. Sie zählte zu den Glücklichen, die dort überlebt haben.

Auch Leonie von Seuffert wurde im November 1941 zur Zwangsarbeit verpflichtet. Sie hatte sich zunächst am berüchtigten Sitz der Behörde für Judenfragen in der Münchner Widenmayerstraße einzufinden:

„Während des Wartens erfuhr ich auch manches über Art und Wesen der hier regierenden Herren. Das Fazit war, daß einer von den dreien immer schlimmer sei als der andere, und daß sie alles täten, um uns zu drangsalieren …"[419]

Von dort wurde sie einer Firma zugewiesen:

„Ich möchte schon hier betonen: Unsere Arbeitgeber und Vorgesetzten in den verschiedenen Betrieben, in denen ich im Laufe der Jahre tätig war, waren glücklicherweise alle nicht gehässig. Da es sich um reine Fabrikarbeit handelte, die noch dazu

---

415 Cahnman: Sonderdruck, a. a. O. I, S. 446.
416 Spies, a. a. O. I, S. 184.
417 Spies, a. a. O. I, S. 184.
418 Spies, a. a. O. I, S.184.
419 Seuffert, a. a. O. I, S. 15.

als kriegswichtig galt, konnten sie natürlich mit uns im allgemeinen keinerlei Ausnahmen von den Normalvorschriften machen, die ohnehin unter Kriegsrecht sehr streng waren. Aber sie erschwerten uns das Leben wenigstens nicht noch durch besondere Drangsalierungen und Quälereien, sondern hatten im allgemeinen berechtigten Wünschen gegenüber kein taubes Ohr. Das war um so mehr anzuerkennen, als die Betriebsleitungen von der Arisierungsstelle fortwährend unter Druck gesetzt wurden mit der Weisung, uns absolut rigoros zu behandeln."[420]

„Als wir zuletzt bei den Losen nur noch ein kleines Häuflein von knapp einem Dutzend Frauen waren, ergab sich sogar trotz aller Verschiedenheiten des Alters, des Berufes, der Herkunft usw. eine fast ideale Arbeitsgemeinschaft. Nicht nur zwischen uns, sondern auch mit unseren deutschen Vorarbeiterinnen."[421]

Schließlich hatte von Seuffert bei der Straßenbahnreinigung zu arbeiten:

„Aber auch in diesem städtischen Betrieb begegneten die Terrormaßnahmen der Partei ziemlich unverhüllter Ablehnung. Das ging nicht nur daraus hervor, daß uns alle nur möglichen Erleichterungen gewährt wurden, wie z. B. ausgedehnte ‚Brotzeit'-Pausen in geheizten Wagen, und man uns auch reichlich Zeit für die auszuführenden Arbeiten ließ, sondern auch aus direkten Äußerungen, in denen z. B. betont wurde, daß man ‚leider' nicht immer könne, wie man wolle, da es ja vorgesetzte Behörden gäbe."[422]

Von Seuffert kam auch mit gefangenen Engländern ins Gespräch. „Als sie mich gelegentlich fragten, ob wir sehr schlecht (*hard*) behandelt würden, bejahte ich es, fügte aber ausdrücklich hinzu ‚nur von der Partei, ihren Dienststellen und Anhängern.'"[423]

„Und doch erlebte ich in diesen Tagen akutester Lebensgefahr wieder eine Bekundung edelsten Menschentums: Eine höhere Angestellte unseres Betriebes, mit der ich kaum ein privates Wort gewechselt hatte, bot mir gänzlich überraschend an, mich bei sich zu verstecken und zu verpflegen, ‚da man mich bei ihr bestimmt nicht suchen würde'."[424]

Else Behrend-Rosenfeld muss ebenfalls einschlägige Erfahrungen sammeln, wenn auch nur für kurze Zeit, bis ihr die Verwaltung eines Judenhauses übertragen wird.

„München, Sonntag, den 27. Juli 1941. Seit drei Tagen arbeite ich nicht mehr im Lohhof. Am Donnerstag bekam ich während der Arbeit so entsetzliche Nervenschmerzen im Arm, daß ich aufhören mußte … Ich meldete mich bei dem Aufseher, der gutmütig sagte: ‚Hören S' halt auf und gehen S' zum Arzt' … Unsere kleine

---

420 Seuffert, a. a. O. I, S. 15 f.
421 Seuffert, a. a. O. I, S. 16.
422 Seuffert, a. a. O. I, S. 17.
423 Seuffert, a. a. O. I, S. 17.
424 Seuffert, a. a. O. I, S. 17.

Zwangsarbeit in Breslau betreffend gibt es nur eine kurze Randbemerkung von Willy Cohn, der am 8. Januar 1941 in seinem Tagebuch festhielt:

> „Ich sprach einen Juden, der bei der Marstallverwaltung arbeitet; er sagte mir, daß die Behandlung erstklassig ist; er ist Leiter einer Kolonne, die eine bestimmte Aufgabe hat; er trug eine gelbe Binde. Er machte im ganzen einen befriedigten Eindruck."[426]

Was an Einschlägigem aus Dresden in Erfahrung zu bringen ist, spricht gegen das Klischee, die arischen Bewohner der Stadt seien besonders judenfeindlich gewesen. Unter dem 13. Februar 1942 lautet ein Satz in Klemperers Tagebuch:

> „Um sechs Uhr kam ein Bote der Jüdischen Gemeinde, ich hätte morgen früh acht Uhr in Räcknitz zum Schneeschippen anzutreten. Das ist genau die Arbeit, bei der mein Herz nach fünf Minuten streikt ... Mehr als krepieren kann ich nicht."[427]

Zwei Tage später:

> „Ein Uniformierter (städtische Straßenreinigung) kam im Wagen mit Arbeitsgerät, nahm eine Art Appell ab. Sehr höflich. Mir riet er: ‚Versuchen Sie's doch erst; Sie könnten sonst Unannehmlichkeiten haben.'... Hier oben hatte ein gemütlicher, grauhaariger Vorarbeiter in Zivil die Führung. Er sagte ‚Herr' (!) und zu mir: ‚Sie müssen sich nicht überanstrengen, das verlangt der Staat nicht.'"[428]

Stets aufs Neue bestätigt sich, wie der erste Anschein trügen konnte:

> „18. Februar ... Anderer Rottenführer, anderer Aufseher, wieder beide sehr human und antinazistisch. ‚Sagen Sie nicht, daß wir gut zu Ihnen sind, auch nicht auf der Gemeinde, machen Sie uns lieber schlecht, sonst haben wir Ärger.' – ‚Schinden Sie sich nicht.'"[429]

Klemperer fügte weitere Beispiele, ausnahmslos dieser Art, in seinen Bericht über das Schneeräumen im Februar 1942.

> „18. April [1943], Sonntag vormittag Gestern [kam] mit der Morgenpost der Befehl zum Arbeitsdienst von Montag, 19. 4., an. Ich mußte zur Gemeinde und erfuhr dort: Firma Willy Schlüter..."[430]

> „Im Betrieb ständige Diskussion, wieweit das Volk antisemitisch sei. Lazarus und Jacobowicz behaupten den absoluten Antisemitismus aller deutschen Klassen, den

---

425 Behrend-Rosenfeld, a. a. O. I, S. 105.
426 Cohn, a. a. O. I, S. 19.
427 Klemperer: „Tagebücher 1942", a. a. O. I, S. 21.
428 Klemperer: „Tagebücher 1942", a. a. O. I, S. 22 f.
429 Klemperer: „Tagebücher 1942", a. a. O. I, S. 27.
430 Klemperer: „Tagebücher 1943", a. a. O. I, S..55.

eingeborenen, allgemeinen, unausrottbaren; ich bestreite ihn, entschlossener, als ich selber glaube, und finde da und dort Unterstützung. Konrad: ‚Wäre das Volk wirklich judenfeindlich, dann wäre bei dieser Hetze längst kein einziger von uns mehr am Leben.'"[431]

„Nirgends unter den männlichen und weiblichen Bureau- und Fabrikleuten des Betriebes ist Antisemitismus zu spüren."[432]

Mit solchen Feststellungen geht es weiter:

„Immer wieder beobachte ich das durchaus kameradschaftliche, unbefangene, oft geradezu herzliche Benehmen der Arbeiter und Arbeiterinnen den Juden gegenüber; irgendwo wird immer ein Spitzel oder Verräter zwischen ihnen sein. Aber das hindert nichts an der Tatsache, daß sie in ihrer Gesamtheit bestimmt nicht Judenhasser sind. Trotzdem halten einige unter uns immer daran fest, dass alle Deutschen, auch die Arbeiter, durchweg Antisemiten seien. Eine umso unsinnigere These, als ja ihre Vertreter in Mischehen leben."[433]

„9. Juni, Mittwoch, 18.30 Uhr … Gegen sechs, zur Frühschicht, erschien Rößler, der arische Meister. Ein durchaus intelligenter, judenfreundlicher, keineswegs nationalsozialistischer Mann …"[434]

„Der allgemeine Umgangston freundschaftlich, fast kameradschaftlich, ganz unantisemitisch. Einmal in den heißen Tagen – jetzt herrscht Gewitterkühlung – kam Schlüters mit vollen Seltersflaschen in unsere Gruppe, Bier sei nicht aufzutreiben. Es wäre fast vergnüglich, wenn es nicht das Herz überanstrengte und die Freizeit durch Übermüdung aufhöbe … Der humanste Chef, gegen Arier und Nichtarier gleich human und weitherzig in Lohnzahlen und Urlaubgeben usw."[435]

„31. Oktober Sonntagabend … Die ganze Woche über Schlüters Kampf an Agonie grenzend, gestern, Sonnabend, die fulminante Abschiedsrede an die Arier – ‚die Jüdischen [sic!] Mitkameraden – das darf ich wohl sagen, wir sind alle Menschen! – bleiben noch ein bis zwei Monate.' Freude und Beruhigung. Heute Mittag erscheint hier Strelzyn: Befehl des Arbeitsamtes über die Gemeinde: Schlüter ganz

---

431 Klemperer: „Tagebücher 1943", a. a. O. I, S. 81.
432 Klemperer: „Tagebücher 1943", a. a. O. I, S. 83.
433 Klemperer: „Tagebücher 1943", a. a. O. I, S. 89. Es gab, wie nicht anders zu erwarten, auch Betriebe, in denen die Juden den amtlichen Vorgaben gemäß diskriminiert wurden. Valerie Wolffenstein berichtet (Wolffenstein, in: Boehm, a. a. O. II, S. 79), wie sich Frauen, die in einer Kantine arbeiteten, weigerten, mit Jüdinnen im selben Raum tätig zu sein. Doch wir erfahren nicht, um wie viele es sich handelte, ob eine Fanatische den Ton angab und die anderen sich genötigt sahen, mitzuheulen, oder ob sie alle dem Rassenwahn verfallen waren. Gleich im Anschluss schildert Wolffenstein Solidaritätsbekundungen seitens anderer Belegschaftsmitglieder (S. 80 f.).
434 Klemperer: „Tagebücher 1943", a. a. O. I, S. 92.
435 Klemperer: „Tagebücher 1943", a. a. O. I, S. 120.

stillgelegt, die jüdische Gruppe verstreut, ich morgen zu Bauer, Neue Gasse. Ich war also bei Schlüter vom 19. 4. bis 30. 10. 43. Sehr deprimiert."[436]

„Am Montag, 1. November, trat ich bei Bauer an … Bauer sagte: … Mein Freund Möbius [an ihn wurde Klemperer von Bauer ausgeliehen] gehört auch zur SS, Sie brauchen deshalb aber nichts zu befürchten, er denkt in diesen Dingen noch radikaler als ich. Nur bitte ich Sie dringend, nicht zu sagen, daß Sie es gut bei uns haben. Im Gegenteil, Sie müssen über schlechte Behandlung klagen; sonst bekommen wir Scherereien, und Sie haben erst recht den Nachteil davon. Schlüter ist im wesentlichen daran gescheitert, daß man ihm Judenfreundlichkeit nachsagte …' … Wir bekommen nun in aller Heimlichkeit das Essen umsonst, in aller Heimlichkeit Kartoffeln, die Möbius selber vom Land hereingeholt hat."[437]

„5. Dezember, Sonntag mittags … Meine Lehrmeisterin die gute Frieda, bucklig, dreißig Jahre im Betrieb – ein Obmann kam: ‚Privatgespräche verboten!' –, sie legte mir eine Birne und einen Apfel auf die Maschine; ‚Für Ihre Frau!' … Aber die Menge der Arbeiter und Arbeiterinnen ist bestimmt nicht judenfeindlich."[438]

„12. März [1944] Sonntagvormittag … In der Fabrik gab es für mich in den letzten Tagen dramatische Stunden … Meister Hartwig, ein Mann Ende der Sechzig, schwer abgemagert, leidend, wurde zutunlich … Hartwig also fragte nach meinem früheren Beruf. Darauf er: ‚Die Juden mögen ja an manchem schuld sein, aber *das* ist nicht recht … Für uns alte Leute wird nichts Gutes mehr kommen …' – ‚Meister, ich darf dazu nichts sagen, ich darf Ihnen nichts klagen, es kostet mich den Kopf.' – ‚Ich weiß … ich darf ja auch nicht mit Ihnen sprechen – aber was soll der Krieg noch Gutes bringen?'"[439]

Nachdem er mehrere ähnliche Begebenheiten geschildert hatte, zog Klemperer eine schier unglaubliche Bilanz. Doch wer ist berechtigt, ihn zu korrigieren?

„Einzeln genommen sind fraglos neunundneunzig Prozent der männlichen und weiblichen Belegschaft in mehr oder minder hohem Maße antinazistisch, judenfreundlich, kriegsfeindlich, tyranneimüde …, aber die Angst vor dem einen Prozent Regierungstreuer, vor Gefängnis, Beil und Kugel bindet sie."[440]

Und kurz darauf nochmals:

---

436 Klemperer: „Tagebücher 1943", a. a. O. I, S. 150.
437 Klemperer: „Tagebücher 1943", a. a. O. I, S. 156 f.
438 Klemperer: „Tagebücher 1943", a. a. O. I, S. 154 f.
439 Klemperer: „Tagebücher 1944", a. a. O. I, S. 32.
440 Klemperer: „Tagebücher 1944", a. a. O. I, S. 39. Vierzehn Tage zuvor hatte Klemperer notiert (S. 36): „Hinter den paar Milliardären hörte ich die ‚paar Juden' und fühlte die geglaubte nationalsozialistische Propaganda. Bestimmt glaubt dieser Mann [Kollege am Arbeitsplatz], der fraglos kein Nazi ist, … an die Schuld des ‚Weltjudentums' … In der Kriegführung mögen sich die Nationalsozialisten verrechnet haben, in der Propaganda bestimmt nicht." Wirklich? Goebbels' Propaganda hatte aus dem Kollegen weder einen Nazi noch einen Antisemiten gemacht, auch wenn der das geglaubt haben sollte, was Klemperer ihm unterstellt.

„Einzeln ist die überwiegende Mehrzahl der Arbeiterinnen und Arbeiter so. Aber überall die Angst. „Zeigen Sie's niemandem, sagen Sie's niemandem!"[441]

Schon 1941 lautete das Ergebnis seiner Beobachtungen:

„Fraglos empfindet das Volk die Judenverfolgung als Sünde."[442]

In seinem Buch „Lingua Tertii Imperii" (LTI) wiederholt Klemperer aus dem zeitlichen Abstand einiger Jahre das eben Zitierte, was beweist, dass es eben kein Schnellschuss gewesen ist.[443]

Noch eine namentlich nicht bekannte Stimme aus dieser Stadt: Sie veranschaulicht, welche Gratwanderung die Gutgesinnten riskieren mussten, ohne letztlich dem Tadel von beiden Seiten zu entgehen. Sie veranschaulicht ferner, dass Klemperers Erfahrungen durchaus nicht singulär gewesen sind, auch nicht in Dresden:

„In Dresden wurde ich im Juni 1941 zwangsverpflichtet, zu Zeiss-Ikon (Göhle-Werk) … Unser Meister war ein feiner Mensch, der überhaupt keine Notiz davon nahm, daß wir Juden waren."[444]

„Wir wurden von neuem eingeteilt. Ein Teil kam zur Reinigung Tempo, ein Teil zu einer Koffer-Firma. Die hatten es nicht so gut. Von einer Firma hieß es, der Chef sei anständig. Es war eine Kartonagenfabrik. Der Chef, Herr B., hatte zwanzig jüdische Arbeiter angefordert, auch ich kam dorthin … Als ich wieder einmal Nachtschicht hatte, kam Herr B. zu uns herein. Er war zwischen 30 und 40 Jahre alt. Anfangs waren wir sehr mißtrauisch. Er erklärte, daß er uns unterstützen möchte und daß er auf unserer Seite sei. Wir hatten aber erfahren, daß er Nationalsozialist war und mit 18 Jahren in die SS eingetreten war. Wir wußten nicht, was wir von ihm denken sollten. Er brachte uns später manchmal sogar Essen. Wir hatten Angst, daß es entdeckt werden könnte und sagten ihm, er solle es sein lassen. Doch er war in dieser Hinsicht sehr naiv. So grüßte er uns auch auf der Straße. Das durfte niemand, schon gar nicht der Chef. Wir waren ihm ja praktisch als Sklavenarbeiter zugeteilt … Eines Nachts kam er wieder, diesmal aber mit anderer Mine: ob wir nicht den Mund gehalten hätten, er wäre auf die Gestapo bestellt worden. Dort hätte man ihm gesagt, er wäre zu gut mit uns umgegangen …
Das Aussortieren ging weiter. Tagelang, wochenlang. Immer wieder wurde aussortiert. Immer kam einer weg. Wir hatten das Gefühl, daß Herr B. und wir dafür büßen mußten, daß er uns gut behandelt hatte."[445]

Aus Königsberg meldete sich noch der Junge Michael Wieck zu Wort:

„Zu meinem Glück waren die Nazis unter den Handwerkern der Nachbarwerkstätten wohl alle an der Front. Die zurückgebliebenen alten Meister der anderen

---

441 Klemperer: „Tagebücher 1944", a. a. O. I, S. 43.
442 Klemperer: „Tagebücher 1940–1941", a. a. O. I, S.173.
443 Klemperer: LTI, a. a. O. I, S. 123 ff.
444 Anonymus (8), a. a. O. I, S. 99.
445 Anonymus (8), a. a. O. I, S. 108 f.

Werkstätten ... waren sehr freundlich zu mir und verrieten damit ihre wahre Gesinnung."⁴⁴⁶

Fira Borisovna Svirnovskaja aus dem Lager Mühlhausen in Thüringen:

„Wir arbeiteten an einem Tisch mit deutschen Arbeitern, die an der gegenüberliegenden Seite saßen. Wir durften nicht mit ihnen sprechen. Am Kopf des Tisches saß als Kontrolleur ein älterer deutscher Arbeiter, der zwei Söhne an der russischen Front verloren hatte – einen bei Stalingrad. Wir unterhielten uns einmal, als die Aufseherinnen nicht da waren. Oft fanden wir auf dem Tisch ein Stückchen Brot, einen Apfel oder sonst etwas. In dieser Zeit, das verstand ich aus den Unterhaltungen der deutschen Arbeiter untereinander, lebten sie selbst unter sehr schweren Umständen ... Ich bedaure es sehr, daß ich den Familiennamen des Lagerleiters nicht kenne. Er war ein sehr ordentlicher Mensch und versuchte, uns das Leben zu erleichtern. Er erhob niemals seine Stimme, wenn er mit uns sprach."⁴⁴⁷

Abschließend soll Dr. Julius Spanier, Mitbegründer der Säuglingsfürsorge in München, Präsident der Israelitischen Kultusgemeinde 1945–1951, zu Wort kommen, obwohl er nicht zu den Dienstverpflichteten im engeren Sinne zählte. Während und nach dem Pogrom arbeitete er in einem jüdischen Krankenhaus in München in der Hermann-Schmid-Straße. In einem Rückblick aus dem Jahre 1958 schilderte er die Schikanen von Gestapo und SS, die das Personal des Hozpizes und seine Patienten erdulden mussten. Dann fuhr er fort:

„In diesem Zusammenhang würde es der Wahrheit und den Tatsachen widersprechen, wollte man nicht rühmlich hervorheben, daß es immer noch auch in dieser Zeit nicht jüdische Menschen, insbesondere auch Ärzte und Professoren der medizinischen Fakultät gegeben hat, die ihre Hilfe den gequälten und hilfsbedürftigen Menschen gegenüber trotz der für sie bestendenen Gefahren nicht versagten, sondern im Gegenteil dem damaligen Chefarzt (dem Verfasser dieser Zeilen) gegenüber ausdrücklich betonten, in gegebenen Fällen stets zur Verfügung zu stehen."⁴⁴⁸

---

446 Wieck, a. a. O. I, S. 128.
447 Svirnovskaja, a. a. O. I, S. 77.
448 Spanier, a. a. O. I, S. 128.

9. In der Schule

9.1 „Wer die Jugend hat, hat die Zukunft"

> „Wer die Jugend hat, hat die Zukunft. Auch dieser abgedroschene Satz ist Wahrheit. Hitler und die Seinen wissen das"[449]

– schrieb Erich Ebermayer am 17. Januar 1937 in sein Tagebuch. Dieser Einsicht gemäß legten die Nationalsozialisten größten Wert auf die Indoktrinierung der Heranwachsenden. Die Voraussetzungen waren nicht ungünstig: Die Lehrer hatten nicht nur den Lehrplan zu erfüllen, sondern auch ihre Zöglinge für die neuen Staatsziele zu begeistern. Hier gab es kein bequemes Wegtauchen. Den Widerborstigen drohte die Versetzung, die Entlassung aus dem Staatsdienst verbunden mit dem Verlust der Existenzgrundlage und schließlich die Einweisung in ein KZ. Gegen Fanatiker im Kollegium waren die Anständigen praktisch wehrlos. Die Schüler ihrerseits waren nicht nur verpflichtet, am Unterricht teilzunehmen und die Belehrungen über sich ergehen zu lassen. Der totalitäre Staat begnügte sich nicht mit den Schulstunden, in denen seine Lehrer die Kinder und Jugendlichen buchstäblich „in ihrer Gewalt hatten", er zwang sie auch – auf gesetzlichem Wege – in seine Staatsjugend einzutreten, und zwar ab dem zehnten Lebensjahr. Was dort der Hitlerjugend beigebracht wurde, fiel meist auf fruchtbaren Boden, es sei denn, dass das Elternhaus die Autorität und das Wissen hatte, eine solide humane Grundlage zu vermitteln.

Daher nimmt es nicht wunder, dass die Zeugnisse, die das Zusammenleben in der Schule schildern, ein weit weniger einheitliches Bild vermitteln als die Zeugnisse zu den anderen oben behandelten Themen. Hinzu kommt die wohl zu allen Zeiten in vielen Klassen übliche Gruppenbildung, deren sachliche Begründung meist mehr als dürftig ist. So äußerte Lord Ralf Dahrendorf, Hamburg betreffend:

> „Als ich Ostern 1938 in die Oberschule kam, waren die Katholiken noch die Verdächtigen, denn sie hatten ja mit dem fernen Rom zu tun."[450]

Im Rheinland war es nicht anders:

> „Da die Eltern oft zugewandert, die Beamtenväter aus anderen preußischen Provinzen nach Köln versetzt waren, gab es, für rheinische Verhältnisse, ziemlich viel Protestanten. Dadurch war eine geheime Zweiteilung gegeben, die uns nicht bewußt wurde, weil die Kölner Gemächlichkeit, jeglichem Eifer ... abhold, ein sol-

---

449 Ebermayer: „... und morgen", a. a. O. II, S. 135.
450 Dahrendorf, Ralf: „Als die Gestapo mich abholte", in: Aust, a. a. O. II, S. 24.

ches Zusammenleben auch zwischen jüdischen und nicht jüdischen Schülern, ohne weiteres hinnahm."[451]

Selbst unter jüdischen Kindern gab es Streit, der die Welt der Großen widerspiegelte: hier die „deutschen", dort die „polnischen" Kinder – wird aus einem jüdischen Waisenhaus berichtet.[452]

Der Vollständigkeit halber soll nicht unerwähnt bleiben, dass wüste Formen der Auseinandersetzung seitens der zuständigen Stellen nicht immer und überall geduldet wurden. Unter der Überschrift „Gegen Beschimpfungen jüdischer Schulkinder" berichtete die *Jüdische Rundschau* schon im April 1933, der Staatskommissar für die Unterrichtsverwaltungen in Baden habe die Lehrer darauf hingewiesen, dass Beschimpfungen jüdischer Schulkinder durch ihre Mitschüler nicht geduldet werden können.

„Auch in der Schule müsse die nationale Bewegung unbedingt Disziplin halten."[453]

Doch reichsweit gültige Anweisungen dieses Inhalts sind nicht bekannt. Auch ist nicht bekannt, dass diese Ermahnung später wiederholt wurde.

Immerhin haben die Leiter jüdischer Schulen in Frankfurt am Main am 29. August 1941 an den Oberbürgermeister appelliert, gegen die Belästigung ihrer Schüler geeignete Maßnahmen zu ergreifen, ob mit Erfolg, ist nicht aktenkundig.[454]

9.2 Vor 1933

„Before 1933, the experiences of Jewish children in public schools ... were generally positive",[455] schreibt Abraham Ascher in seinem Buch „A Community under Siege", in dem es um die Gegebenheiten in Breslau geht. Von der Regel und von Ausnahmen soll hier kurz die Rede sein.

Einer der einflussreichsten Juden Bayerns war Alfred Neumeyer, 1867 im Herzen Münchens, am Marienplatz, geboren, 1933 als Oberstlandesgerichtsrat von den neuen Machthabern zwangspensioniert, von 1919 bis 1941 Vorsitzender der Israelitischen Kultusgemeinde München, wegen seiner vielen Funktionen liebevoll „König der Juden" genannt. Neumeyer stieß auf Antisemitismus erstmals in Augsburg, wohin er 1910 von München aus versetzt worden war:

---

451 Mayer, Hans, a. a. O. I, S. 34.
452 Dijk, a. a. O. II, S. 25.
453 „Gegen Beschimpfungen jüdischer Schulkinder", in: *Jüdische Rundschau*, 07.04.1933.
454 Müller, Bernhard, a. a. O. II, S. 621.
455 Ascher, a. a. O. II, S.39; Übersetzung: „Vor 1933 waren die Erfahrungen jüdischer Kinder an den öffentlichen Schulen in der Regel positiv."

„Wir kannten nicht die engherzige Art sowohl des Schulleiters als der Mehrzahl der Lehrer und eines Teiles der Schüler, und zum ersten Mal in meinem Leben ist mir hier die abstoßende judenfeindliche Art ... entgegengetreten."[456]

„In jenen zwanziger Jahren gab man sich liberal", erinnert sich Hans Mayer aus Frankfurt und fährt fort:

> „Man war nach wie vor unter sich: nichts ließ vermuten, daß wenige Jahre später massige Schlägertrupps ... die jüdischen und marxistischen Untermenschen hinausprügeln würden."[457]

> „Für das Zusammenleben von liberalen und orthodoxen Juden sowie evangelischen und katholischen Christen spielte ... weniger die Religion als vielmehr der Lebensstandard und die soziale Herkunft eine entscheidende Rolle"[458],

steht über den Erfahrungen von Renate Hebauf. Heinz Berggruen wurde gefragt:

> „Haben Sie bei den anderen Schülern so etwas wie Antisemitismus gespürt?"

Seine Antwort:

> „Nein, absolut nicht. Das war allerdings auch vor 1933, da kam niemand und sagte ‚du Judenjunge' oder so etwas. Nichts, überhaupt nicht."[459]

Martin Hauser pflichtet bei:

> „... in der Schule hatte ich sehr wenig unter Antisemitismus zu leiden."[460]

In den Erinnerungen des jüdischen Lehrers Jizchak Schwersenz, „Die versteckte Gruppe", kommt beides zur Sprache:

> „Damals, ... in Wilmersdorf, fühlte ich mich als jüdisches Kind in keiner Weise angefochten. Meine Spielkameraden fand ich in christlichen Nachbarsfamilien; mit ihnen saß ich vor dem Weihnachtsbaum und sang ‚Stille Nacht, heilige Nacht', und heute noch kann ich viele christliche Weihnachtslieder auswendig ... In Charlottenburg kam ich zur Schule ... Hier gab es unter vierzig Schülern nur einen einzigen jüdischen Mitschüler, und ich ahnte zum ersten Mal, was jüdische Galut (Exil) bedeutete. Es verging kaum ein Tag, an dem wir nicht von den Mitschülern behelligt wurden. Ständig hänselten und verhöhnten sie uns ... Die redlichen Erklärungen unseres Klassenlehrers ..., daß ‚alle Menschen gleich und Juden ja auch Menschen' seien, hatten wenig Erfolg ... Wie die meisten Familien des jüdischen Mittelstandes lehnten auch meine Eltern die russischen und polnischen Juden ab, die seit der Jahrhundertwende in großer Zahl als Flüchtlinge oder Arbeiter nach Deutschland gekommen waren ... Meine Eltern vermieden jede persönliche Bezie-

---

456 Neumeyer, Alfred: „Fluch in Segen", a. a. O. I, S. 95.
457 Mayer, Hans, a. a. O. I, S. 75.
458 Hebauf, a. a. O. I, S. 293.
459 Berggruen: „Cocktail", a. a. O. I, S. 92.
460 Hauser, a. a. O. I, S. 10.

hung zu diesen Menschen, denn aus ihrer Sicht waren sie es, die den Antisemitismus ‚nach Deutschland gebracht' hatten. So durfte ich eher mit einem christlichen Nachbarjungen spielen als mit Simon Pfeiffenkopf."[461]

Noch trauriger ist, woran sich Ezra BenGershom erinnert:

„‚Schau, daß du ihnen aus dem Wege gehst!' rief mir Mutter. ‚Wenn sie dir Juden-Stinker nachrufen, antworte ihnen: ‚Ich bin der Jude, und du stinkst!' Wenn sie dich angreifen, schlag zurück und wehr dich, so gut du kannst!'"

Doch auch in dieser Schilderung gibt es Lichtblicke:

„Während der Pausen, auf dem Schulhof und im Klassenzimmer, hatte ich vor ihnen Ruhe. Die Gegenwart der übrigen Mitschüler, die zwischen fairem und unfairem Kampf wohl Unterscheidungen machten, genügte, sie einzuschüchtern. Mit den meisten Schulgefährten verstand ich mich recht gut; mit einigen hatte ich mich sogar angefreundet. Nur einmal, im Winter 1928, kam es vor, daß ich etwas wie eine feindselige Stimmung gegen mich bemerkte … Die Rache für den gekreuzigten Heiland endete erst, als vorübergehende Erwachsene eingriffen. ‚Laßt glei mol den Bub do gehe!' hörte ich ihre Stimmen, während ich den Schnee von mir abschüttelte … Unter der Aufsicht der Erwachsenen mußten die Buben mich vom Schnee abputzen. Verschämt zogen sie ab. Am nächsten Tag suchten einige von ihnen das Übel wiedergutzumachen, indem sie mir besondere Freundlichkeit zeigten."[462]

Helmut Eschwege zeigt, dass mutige Gegenwehr durchaus Erfolg zeitigen konnte:

„Anfeindungen, Schlägereien zwischen uns und nicht jüdischen Schülern erlebte ich nur zu oft. Weder auf der Straße noch auf Sportplätzen waren wir vor Schmähworten oder antijüdischen Liedern sicher. Immer eine Minderheit darstellend, lernten wir es bald, uns gegen mehrere Schüler zur Wehr zu setzen und die anderen in die Flucht zu treiben."[463]

Auch bei Erich Kuby, dem namhaften Schriftsteller und Journalisten, sind es einschlägige Schulerinnerungen, die er zum Stimmungsbild von damals beisteuert:

„Wir befinden uns jetzt im Jahre 1928/29 … und die politischen Verhältnisse waren bereits soweit aus der demokratischen Form gekommen, daß [der jüdische Lehrer] Schaalmann den Boden unter seinen Füßen wanken fühlen mußte. In der Klasse 9c hatte er etwa zwanzig Jungen und vielleicht acht oder zehn Mädchen vor sich, unter denen glaube ich niemand war, der von dem Ungeist der Zeit angekränkelt gewesen wäre. Wir wären alle, wie man so sagt, für Schaalmann durchs Feuer gegangen … Es ist vielleicht doch wert, festgehalten zu werden, daß vier Jahre vor Ausbruch des Dritten Reiches die Oberprima einer Oberrealschule … bedingungslos zu einem pronociert jüdischen Lehrer hielt … Die Schule war so frei von jeder

---

461 Schwersenz, a. a. O. I, S. 13 f.
462 BenGershom, a. a. O. I, S. 20 f.
463 Eschwege, a. a. O. I, S. 16.

Verhetzung, daß sogar noch die Freiheit vorhanden war, sich gegen einen Juden um einer für ‚typisch jüdisch' gehaltenen Äußerung willen zu wenden, ohne daß der Lehrer oder die Klasse dabei unsicher geworden wäre."[464]

9.3 Hitlerzeit

Betty Scholem schreibt am 10. Mai 1933 nach Jerusalem an ihren Sohn Gershom:

„Die sämtlichen Kinder unseres Umkreises gehen unbehelligt weiter in die Schule, wenigstens zunächst!"[465]

Doch wie ging es weiter? Das war recht unterschiedlich.

Was Selma Schiratzki, eine jüdische Lehrerin, schildert, ist äußerst aufschlussreich:

„Nicht überall wurden die Verhältnisse für die jüdischen Schüler an den öffentlichen Schulen schon zu Beginn der Hitlerzeit unerträglich. Viel hing von der Einstellung der Schulleiter und noch mehr vom Einfluß der einzelnen Lehrer ab."

Dann gibt sie wieder, was ihr die Mutter einer jüdischen Schülerin anvertraut hatte:

„Die Klasse spielte im Schulhof ein Kreisspiel. Da sieht die Lehrerin plötzlich, daß ein kleines Mädchen sich weinend absondert. Auf ihre Frage erfährt die Lehrerin, daß die anderen Kinder ihr nicht die Hand geben, weil sie jüdisch sei. Sofort greift die Lehrerin energisch ein und erreicht, daß das jüdische Kind wieder in den Kreis eingereiht wird. – Doch der Fall ist damit nicht erledigt. In der nächsten Lehrersitzung der Schule erhebt sich ein junger Lehrer, schildert den ‚unerhörten' Vorfall, in dem eine arische Lehrerin arische Kinder gezwungen habe, ein jüdisches Kind anzufassen und mit ihm zu spielen und erklärt, daß die Lehrerin nicht würdig sei, weiterzuamtieren. Die Lehrerin bricht in der Sitzung zusammen. Später, unter vier Augen, spricht ihr der Schulleiter sein Bedauern aus, erklärt ihr aber, daß dieser junge Lehrer von der Nationalsozialistischen Partei als ‚Aufsichtsperson' in die Schule gesetzt wurde ... Die Lehrerin mußte die Konsequenzen ziehen und die Schule verlassen."[466]

Aus Schönau am Königssee kamen ähnliche Klagen von Else Behrend-Rosenfeld über einen Lehrer, der Schule und Gemeinde gegen sie und ihre Familie aufgehetzt hatte. Viele hatten ein offenes Ohr für die Bedrängten. Aber letztlich gestanden alle ein, dass sie ohnmächtig seien:

---

464 Kuby, a. a. O. I, S. 334 f.
465 Scholem, Betty, a. a. O. I, S. 30.
466 Schiratzki, a. a. O. I, S. 181 f.

„Es ist eine seelische Rohheit, hat der Regierungsrat gesagt, aber er kann nichts dagegen tun"[467],

zitiert Else ihren Gatten, der bei der Aufsichtsbehörde um Beistand nachgesucht hatte.

Rahel Straus wollte gleich nach Hitlers Machtantritt ihren Sohn Ernst von der Schule nehmen:

„Der Direktor, ein alter sympathischer Mann, wollte mich gar nicht verstehen. ‚Aber was wollen Sie, das sind die ersten Tage, bald wird alles wieder normal und gut werden. Lassen Sie uns den Buben ruhig da.' Ich ließ mich überreden."[468]

„In jeder Schule, in jeder Klasse gab es Zellen von blind ergebener Hitlerjugend. Ernst hatte gelacht. Er gab es zu. Sein jüdischer Nachbar hatte einen Witz gemacht. Als der Lehrer erzählte, daß Hitler aus Braunau komme, hatte er gesagt: ‚Darum tragen die Hitler-Leute braune Hemden.' Deshalb war der arme kleine Kerl verprügelt worden, weder der Direktor noch der Lehrer konnten wagen, etwas dagegen zu unternehmen … Es selbst mußte seinen Posten bald aufgeben, er entsprach nicht echten Nazi-Ansprüchen."[469]

Marta Appel erzählt von der Anweisung eines Lehrers an ihre Tochter – es weist in dieselbe Richtung:

„Von jetzt an sei es nicht mehr möglich, dass ein arisches Mädchen neben einem jüdischen Mädchen sitzt. Dies wäre eine Schande für die Arierin, sagte der Lehrer in Gegenwart aller Mädchen, und der Lehrer befahl dem jüdischen Mädchen, sich auf die letzte Bank an der Wand zu setzen, wo kein arisches Mädchen mehr Platz nehmen konnte."[470]

Walter Steiner lebte in Weiden in der Oberpfalz:

„Auf dem Schulweg sind wir oft angespuckt und beschimpft worden. Ich bin immer in Begleitung meines großen Bruders in die Schule gegangen. Aber trotzdem hatten wir an manchen Tagen richtige Angst, in die Schule zu gehen, so daß wir manchmal zuhause bleiben mussten."[471]

Sein ehemaliger Mitschüler Harry Hutzler ergänzt:

„Es ist nicht leicht, die Atmosphäre zu beschreiben, in der wir Juden in einer Kleinstadt wie Weiden lebten. Der Antisemitismus wurde mehr und mehr bedrückend. In den ersten Hitlerjahren glaubten wir, nicht in Lebensgefahr zu sein, aber unser Kontakt mit der nichtjüdischen Bevölkerung nahm immer mehr ab. Das machte sich besonders in der Schule (Oberrealschule) mit 99 Prozent nichtjüdischen

---

467 Behrend-Rosenfeld, a. a. O. I, S. 23.
468 Straus, a. a. O. I, S. 277.
469 Straus, a. a. O. I, S. 278.
470 Appel: „From the Eyes", a. a. O. I, S. 58.
471 Steiner, a. a. O. I, S. 66.

Schülern bemerkbar ... Am Anfang hatte ich einige christliche Freunde, aber mit der wachsenden antisemitischen Propaganda wurde es für diese Jungen unmöglich, mit mir in Kontakt zu bleiben, und innerhalb eines Jahres war ich vollkommen isoliert.

Dieses sind meine ‚guten' Erinnerungen an meine Schulzeit in Weiden. Die Lehrer waren übrigens ziemlich unparteiisch, und ich erinnere mich an keine schlechte Behandlung."[472]

Aus Hannover wird berichtet:

„Wir Schulkinder wurden auf dem Schulweg mit Steinen beworfen und beschimpft. Alle sahen es, aber niemand griff ein."[473]

Edgar Hilsenrath, 1928 in Leipzig geboren, äußerte in einem Interview:

„Die ganze Atmosphäre wurde unerträglich. Meine Schule in Halle war eine richtige Nazischule, ich mußte mich jeden Tag mit den anderen Jungen prügeln, sie gaben mir üble Spitznamen, die Lehrer schikanierten mich."[474]

Alfred Grosser aus Frankfurt am Main, Jahrgang 1925, antwortete auf eine entsprechende Frage:

„Ich bin auch mal von meinen Mitschülern geprügelt worden, weil ich Jude war, aber das hat keine Spuren hinterlassen."[475]

Werner Halle (Vern), ebenfalls in einem Interview:

„Die Schule war zum Schluß schon sehr unangenehm. Die Jungen liefen in HJ-Uniform herum, aber sie waren sehr anständig zu mir. Aber weißt du, wenn du diese Uniformen jeden Tag siehst ..."[476]

„‚Itzig, Itzig', riefen sie in der Schule hinter mir her oder: ‚Alte Judensau'. Ich wurde angerempelt, hin- und hergestoßen, geschnitten"[477],

so Eugen Herman-Friede in seinen Erinnerungen.

Da war Ezras Aufatmen, als er in eine jüdische Schule übertreten konnte, nur zu verständlich:

„Der böse Spuk des Judenhasses war weggefegt. Da gab es keine Führerbilder und kein ‚Sieg Heil' mehr, keine unfairen Schlägereien und keine NS-Kampflieder. Befreit durfte ich aufatmen, war ich doch wieder in einer normalen Schule, so wie man sie in ganz Deutschland bis 1933 gekannt hatte."[478]

---

472 Hutzler, a. a. O. I, S. 67.
473 Kleinberger, a. a. O. I, S. 37.
474 Hilsenrath, a. a. O. I, S. 53.
475 Grosser: „Rache", a. a. O. I, S.122.
476 Vern, a. a. O. I, S. 167.
477 Herman-Friede, a. a. O. I, S. 54.
478 BenGershom, a. a. O. I, S. 77 f.

Dass einer der jüdischen Lehrer „sich oft kritisch über ‚die Juden' äußerte"[479], bedrückte ihn.

Der Gymnasiallehrer Hermann Klugmann aus München bekennt:

> „Ich kann mich nicht erinnern, daß mir aus meinem Judesein jemals eine Schwierigkeit erwachsen wäre. Eher das Gegenteil ..."[480]

Er führt dann Beispiele des Wohlwollens auf und fährt fort:

> „Die große Mehrheit der Lehrkräfte an der Schule ist dem Nat-Soz. ablehnend gegenübergestanden ..."[481]

> Sie hat sich „bei der Behandlung der Judenfrage der größten Zurückhaltung und wohltuenden Taktes befleißigt."[482]

In den Aufzeichnungen von Erika Gabai, auch einem Münchner Kindl, heißt es kurz und bündig:

> „*I keep very gratifying memoires both of elementary school and the following nine years of secondary instruction.*"[483]

Etwas anders Klugmann, das Mädchen-Lyceum und Gymnasium an der Luisenstraße betreffend:

> „Die unaufhörliche Hetze der Regierung gegen die Juden und ihre Maßnahmen ... haben natürlich ihre Wirkung auf die Jugend nicht verfehlt. Es hat wohl in jeder Klasse eine kleinere oder größere Gruppe von Schülerinnen gegeben, die den jüdischen Mitschülern mit Feindschaft begegnet sind ... Es waren dies meist Kinder von Parteimitgliedern."[484]

Was Christine Roth-Schurtman unter „Schülerschicksal 1933–1945" mitteilt, klingt positiver:

> „Meine Mutter erzählte mir ..., daß mein Drittklasslehrer, dessen Lieblingsschülerin ich war, sie eines Tages beiseite nahm und ihr sagte: ‚Gnädige Frau, Sie müssen sich wirklich keine Sorgen mehr machen. Das Judenproblem ist gelöst.' Das war 1936."[485]

---

479 BenGershom, a. a. O. I, S. 77 f.
480 Klugmann: „Mein Leben", a. a. O. I, S. 20.
481 Klugmann: „Mein Leben", a. a. O. I, S. 34.
482 Klugmann: „Mein Leben", a. a. O. I, S. 43.
483 Gabai, a. a. O. I, S. 27; Übersetzung: „Sowohl die Grundschule als auch die folgenden neun Jahre höherer Bildung haben sich als sehr befriedigend meinem Gedächtnis eingeprägt."
484 Klugmann: „Mein Leben", a. a. O. I, S. 46.
485 Roth-Schurtman, a. a. O. I, S. 250.

In der Schule

> „Im April 1938 kam ich in die ‚Mädchenoberschule am Anger', damals geleitet von Schwester Laurentine Blössner, die sich, im Wissen um unsere Familiensituation, ganz besonders nett um mich annahm."[486]

Letztgenannte Schule wurde auch von den Schwestern des Autors besucht. Sie liegt im Zentrum Münchens, nahe dem Jakobsplatz, heute Mittelpunkt des jüdischen Lebens in der Landeshauptstadt.

Die folgende Feststellung betrifft ebenfalls eine Münchner Schule:

> „Auch in den nachfolgenden Jahren am Max Gymnasium blieb ich ein Freund unter Freunden, und ich bin der Absolvia Maximiliana dankbar, daß diese Freundschaft in schwierigen Zeiten bis auf den heutigen Tag angehalten hat."[487]

Der erste Satzteil bezieht sich hier zwar auf die Zwanzigerjahre, der zweite zeigt jedoch, dass die Freundschaft die Stürme der Zeit überdauert hat.

Walter Laqueur, 1921 in Breslau geboren und 1938 nach Palästina emigriert, antwortete auf die Frage „Wann änderte sich das Leben für Sie?":

> „Nach dem Januar 1933 war in der Schule das Tragen von Uniformen – also Jungvolk und HJ – und Parteiabzeichen erlaubt. Die Lehrer begannen den Unterricht mit ‚Heil Hitler', und die Ausgrenzung der jüdischen Schüler setzte ein. Aber das zog sich, wie auf anderen Gebieten auch, über Jahre hin, und gerade deshalb gab es kein akutes Gefühl der Bedrohung."[488]

Gerhard Löwenthal, ein Redakteur des ZDF-Magazins während des Kalten Krieges, wurde 1922 als Sohn eines jüdischen Kaufmanns und einer zum Judentum übergetretenen Mutter in Berlin geboren und ist dort aufgewachsen. Das erste Kapitel seiner Erinnerungen trägt die bezeichnende Überschrift: „Unbeschwerte Kindheit 1922–1933"[489]. Antisemitismus hatte er demnach bis zur Machtergreifung der Nationalsozialisten nicht wahrgenommen.

„Ausgestoßen 1933–1939" lautet die Überschrift des folgenden Kapitels seiner Erinnerungen: In seiner Klasse stammte etwa die Hälfte der Schüler aus jüdischen Elternhäusern. Erst nach dem Pogrom mussten sie die Schule verlassen. Löwenthal schildert, wie die antisemitische Hetze „bei der jungen Generation", wie er zu schreiben nicht vergisst, Erfolg hatte:

> „In den Schulpausen gab es immer mehr Prügeleien, bei denen es nicht mehr um das übliche Kräftemessen unter Gleichaltrigen ging, sondern Jungvolk und HJ-

---

486 Roth-Schurtman, a. a. O. I, S. 251.
487 Cahnman, a. a. O. I, S. 414.
488 Laqueur: „Die Deutschen", a. a. O. I S. 68.
489 Löwenthal, a. a. O. I, S. 15.

Mitglieder auf ihre jüdischen Mitschüler eindroschen und dabei antisemitische Beschimpfungen ausstießen."⁴⁹⁰

Aber fast noch wichtiger ist seine folgende Feststellung:

„An die Schulzeit habe ich trotz allem überwiegend positive Erinnerungen. Der Direktor sowie die Mehrzahl der Lehrer waren anständige Menschen und gute Pädagogen, so daß wir wirklich etwas lernten ..."⁴⁹¹

Genau diese Schule betreffend, schrieb ein Rechtsanwalt, F.-W. S., dem Autor:

„In den neunziger Jahren hat der nicht mehr lebende Klassenkamerad H. v. K. eine Chronik des Kaiser Friedrich Gymnasiums zusammengestellt. In dieser Chronik hat er, soweit ihm zugänglich, die schulinternen jährlichen Beurteilungen der meiner Klasse angehörenden Schüler wiedergegeben. Die Beurteilungen belegen auch nicht ansatzweise eine Zurücksetzung der jüdischen Mitschüler. Zum Beleg füge ich die in der Chronik enthaltenen neun Beurteilungen jüdischer Klassenkameraden jeweils in Ablichtung bei."⁴⁹²

Auch Marlies Flesch-Thebesius stellt ihrer Schulleitung ein sehr gutes Zeugnis aus:

„Es ist klar, daß Frau Dr. Heisterbergk nur deswegen ihre undoktrinäre Haltung als Schulleiterin durchhalten konnte, weil Menschen hinter ihr standen, die sie deckten. Zum einen war das der Schulverein, zum anderen der zuständige Schulrat in Kassel. Daß der Schulrat – er hieß Dr. Grau – kein Nationalsozialist war, habe ich an der menschlichen und fast heiteren Art gemerkt, in der er uns prüfte. Ein solcher Mann konnte kein Nazi sein."⁴⁹³

Nochmals Berlin: Walter Frankenstein hebt hervor, seine Lehrer hätten sich bis zuletzt „anständig" verhalten. Die Mitschüler trauten sich nicht, ihn anzugreifen:

„Die machten meistens einen großen Bogen um mich. Ich war ziemlich groß und stark für mein Alter. Ich habe mir nie etwas gefallen lassen."⁴⁹⁴

Ingeborg Hecht, 1921 in Hamburg geboren, ergänzt ihre Stadt betreffend:

„Auch das Kollegium in unserer Schule war eindeutig gegen Hitler, und so konnte ich das letzte Jahr bis zur mittleren Reife [April 1937] mit viel Freude und dem Gefühl der Geborgenheit, auch mit treuen Freundinnen, mit denen ich heute noch in Verbindung stehe, zu Ende bringen."⁴⁹⁵

---

490 Löwenthal, a. a. O. I, S. 25.
491 Löwenthal, a. a. O. I, S. 25.
492 Archiv des Autors.
493 Flesch-Thebesius, a. a. O. I, S. 426.
494 Frankenstein, Walter, a. a. O. I, S. 64.
495 Hecht, a. a. O. I, S. 52.

In der Schule

Ralph Giordano, Sohn einer Jüdin, 1923 ebenfalls in Hamburg geboren, spart in seinen späten Erinnerungen nicht mit Kritik an den Deutschen. Die Schule und die Mitschüler kommen aber ganz gut weg:

> „Bei Ausflügen der Klasse in die Umgebung der Stadt konnten mein Bruder und ich nur dann mitmachen, wenn Mitschüler für das Fahrgeld aufkamen. Wofür Dr. Ernst Fritz feinfühlig sorgte ... Von Antisemitismus oder persönlicher Abneigung gegen uns war in dieser Frühzeit weder in der Schüler- noch in der Lehrerschaft etwas zu spüren."[496]

Der Boykottaufruf eines Mitschülers: „Ralle, mit dir spielen wir nicht mehr, du bist Jude!" fand kein Gehör.

> „Befolgt wurde es nur von ihm selbst, wenn auch konsequent."[497]

> „Zu antisemitischen Äußerungen oder Handlungen gegen die Nichtarier kam es selten in der Klasse. In Erinnerung habe ich einen Vorfall." Dann schildert Ralph den Klassenlehrer Dr. Rösch, einen sogenannten „alten Kämpfer", also ein Mitglied der NSDAP schon vor 1933. „Nur – wir Nichtarier seiner Klasse bekamen davon nichts zu spüren. Er behandelte uns wie alle anderen auch."[498]

Von 1940 bis 1941 besuchte Ralph die Höhere Handelsschule.

> „Ich habe sie und die Mitschüler in guter Erinnerung, ohne jeden Misston, obwohl alle wussten, dass ich unter die Nürnberger Rassegesetze fiel."[499]

Joseph Rovans „Erinnerungen eines Franzosen, der einmal ein Deutscher war" beantworten unsere Frage wie folgt:

> „Auch wenn ich alle meine Erinnerungen vor meinem geistigen Auge vorbeiziehen lasse, muß ich ehrlich sagen, daß ich während dieses Jahres, dem ersten der Nazi-Herrschaft, nicht wirklich gelitten habe ... In meiner Umgebung konnte ich jedenfalls nichts davon verspüren; während dieses Jahres meiner Jugendzeit war ich keineswegs unglücklich und erinnere mich nicht daran, es als Angehöriger einer verfolgten Minderheit erlebt zu haben."[500]

> „In einer Klasse mit 25 Schülern, von denen etwa ein Drittel Juden waren, hat dieses Ereignis [Hitlers Ernennung zum Reichskanzler] die Atmosphäre unter den Schülern meiner Erinnerung nach nicht verändert. Ich erinnere mich nicht daran, daß ein ‚arischer' Schüler oder Lehrer jemals, nicht vor und erst recht nicht nach dem 30. Januar 1933, irgendeine beleidigende, abschätzige oder unfreundliche Äußerung einem jüdischen Schüler gegenüber gemacht hätte. Mir scheint sogar, als

---

[496] Giordano, a. a. O. I, S. 90.
[497] Giordano, a. a. O. I, S. 104
[498] Giordano, a. a. O. I, S. 126 f.
[499] Giordano, a. a. O. I, S. 164.
[500] Rovan, a. a. O. I, S. 71.

hätte man uns ganz besonders rücksichtsvoll behandelt, wie jemanden, der in seiner Familie einen Trauerfall zu beklagen hat."[501]

„Ein Junge unter uns kam aus einer orthodoxen jüdischen Familie. Samstags durfte er seine Schultasche nicht selber tragen. So lange ich Schüler am Friedrichs-Werderschen Gymnasium war, hat sich nie jemand über ihn lustig gemacht, und es fand sich immer irgendein ‚arischer' Mitschüler, der zu verhindern wußte, daß er am Freitag abends mit seinen Sachen in die Klasse zurückkommen mußte."[502]

Ben-Chorin, alias Fritz Rosenthal, bestätigt:

„Diesen kameradschaftlichen Dienst [uns die Schultasche am Sabbat zu tragen] verweigerte uns niemand"[503]

Marcel Reich-Ranicki erinnert sich genau an seine Schulzeit:

„Es waren zwei tüchtige Spieler, doch der eine ein HJ-Führer, der andere ein Jude. In der Hitze des Gefechts brüllte R. den L. an: ‚Du Drecksjude!' Solche Beschimpfungen waren in dieser Schule damals, 1934, noch nicht üblich. So wuchs sich der Vorfall zu einem kleinen Skandal aus."[504]

Der Klassenleiter missbilligte diese Entgleisung vor allen Schülern und musste mit Strafversetzung dafür büßen. Er hatte sich auf sein christliches Gewissen berufen.

Reich-Ranickis Mutter fragte im Winter 1935 den Direktor des Fichte-Gymnasiums in Berlin:

„‚Mein Sohn ist Jude und Pole. Wie wird er in Ihrer Schule behandelt werden?' Der Herr Direktor versicherte überaus höflich, ihre Befürchtungen seien ihm schlechthin unbegreiflich. Dies sei schließlich eine deutsche, eine preußische Schule, und in einer solchen sei Gerechtigkeit oberstes und selbstverständliches Prinzip."[505]

Marcel Reich-Ranicki bestätigt, dass es sich nicht um leere Worte gehandelt hat:

„Ich hatte, wie sich in den nächsten Jahren herausstellte, viel Glück. Denn auch am Fichte-Gymnasium verhielten sich die Lehrer, ob Nazis oder nicht, den Juden gegenüber alles in allem anständig und korrekt."[506]

Nur einer der Lehrer gab sich als eifriger, ja fanatischer Nationalsozialist zu erkennen. Dennoch:

„Auch die jüdischen Schüler konnten sich nicht beklagen – und ich am allerwenigsten: Er war zu mir freundlich … Eines Tages teilte er der Klasse überraschenderweise mit, daß die jüdischen Schüler von der nächsten Geschichtsstunde ‚be-

---
501 Rovan, a. a. O. I, S. 77.
502 Rovan, a. a. O. I, S. 78.
503 Ben-Chorin, a. a. O. I, S. 15.
504 Reich-Ranicki, a. a. O. I, S. 48.
505 Reich-Ranicki, a. a. O. I, S. 68 f.
506 Reich-Ranicki, a. a. O. I, S. 69 f.

In der Schule

freit' seien: Die Stunde war, wie sich später herausstellte, der Auseinandersetzung mit dem ‚Weltjudentum' gewidmet. Dies sollte, immerhin, den jüdischen Schülern erspart bleiben."[507]

Noch mehrmals äußert sich Reich-Ranicki sinngemäß ebenso:

„Von keinem dieser Mitschüler habe ich je ein Wort gegen die Juden gehört."[508]

In einem Interview mit dem Literaturkritiker im Jahre 2008 berichtet er von einem Klassentreffen der Ehemaligen in den Sechzigerjahren und begründet seine Teilnahme:

„Sie haben mir persönlich nichts angetan. Sie haben die drei Juden in der Klasse tadellos behandelt."[509]

Ein weiterer unverdächtiger Zeuge pflichtet Marcel Reich-Ranicki bei:

„Bei den wenigen Malen, wo es unter meinen Klassenkameraden zu antisemitischen Äußerungen kam, war er [ein gewisser Schmidt] der Hauptanstifter; er drängte andere, die schmutzige Arbeit für ihn zu tun, allerdings – wenn mich meine Erinnerung nicht trügt – oft ohne Erfolg ... Der Druck, der am Goethe-Gymnasium auf die jüdischen Schüler ausgeübt wurde, blieb selektiv: Soweit ich mich erinnern kann, bin ich nie ausgelacht, belästigt oder angegriffen worden, nicht einmal hinterlistig. Mein Vetter Edgar dagegen wurde mehrfach zum Opfer, man drohte, ihn vor einen ausliegenden ‚Stürmer' zu zerren und zum Vorlesen zu zwingen."[510]

Werner Blumenthal, später in den USA Finanzminister, skizziert seine Schulerlebnisse folgendermaßen:

„Meine Eltern waren voller Befürchtungen und nervös und flüsterten hinter verschlossenen Türen. Aber ich war jung und ließ mich dadurch in meinem sorglosen Leben nicht stören. Eine Zeitlang ging ich auf die normale deutsche Volksschule; da gab es natürlich auch die üblichen Rabauken, die die anderen Kinder schikanierten, doch ich kann mich nur an einige wenige antisemitische Zwischenfälle erinnern."[511]

Die Münchner Schülerin Marguerite Strasser wechselte 1936 zum Anna-Lyzeum.

„Dort wurde ich von den Mitschülern und fast allen Lehrern wie alle anderen behandelt, und ich fühlte mich daher sehr wohl. 1938, in der sechsten Klasse, bekamen wir eine neue Mitschülerin. Ihr Vater war ein höherer SS-Offizier und sie war zu einer fanatischen Antisemitin erzogen worden. In kurzer Zeit hatte sie durch

---

507 Reich-Ranicki, a. a. O. I, S. 74.
508 Reich-Ranicki, a. a. O. I, S. 76.
509 „Ein Gespräch mit Marcel Reich-Ranicki", in: *Frankfurter Allgemeine Zeitung*, 04.06.2008
510 Gay: „deutsche Frage", a. a. O. I, S. 78 f.
511 Blumenthal, a. a. O. I, S. 412.

> List und Gewalt die Klasse in ihrer Hand ... Die Lehrer waren großteils weiterhin freundlich zu mir ..."[512]

> „Im großen und ganzen waren unsere Lehrer frei von politischem Eifertum und hatten es nicht darauf abgesehen, ihren jüdischen Schülern das Leben schwerer zu machen als den nicht jüdischen."[513]

Walter Gottheil erzählt von seinem Leben in einer deutschen Kleinstadt im Jahre 1936:

> „Ja es gab verschiedene Menschen auch im deutschen Volk, wie in jedem anderen schließlich auch ... Mein Junge ging in die Quarta der höheren Schule. Fast die ganze Klasse war in der H.J., der Hitlerjugend, vereinigt ... Spötteleien und Anpöbelungen blieben nicht aus, diese wurden immer schlimmer, die Seelen der Kinder immer vergifteter, bis er eines Tages während des Unterrichts heimkam und unter einem Strom von Tränen erklärte, lieber sterben zu wollen, als dies noch ertragen zu müssen. Was war zu tun? ... Ich mußte also den schweren Gang zur Schule antreten und dort um Abhilfe ersuchen. Abhilfe von was? Von etwas, das der Staat jeden Tag seinen Volksgenossen als die wichtigste Tat des Lebens befahl. Ich muß allerdings ehrlich bemerken, daß die meisten Schulleiter, die ja noch aus der alten Zeit stammten, den Mißhandlungen und Anpöbelungen jüdischer Schüler den schärfsten Widerstand entgegensetzten. Die meisten sage ich ausdrücklich, nicht alle! Wir hatten Glück. Es wurde uns Abhilfe und Bestrafung der Schuldigen bei Wiederholung zugesagt. Ja, einer der Lehrer, ein alter konservativer, königstreuer Herr, hat die Schüler noch einmal besonders ermahnt, niemand seines Glaubens wegen zu schädigen und zu verachten."[514]

Schon den Aufzeichnungen von Anne Frank ist zu entnehmen, dass die Juden in den Niederlanden keineswegs eine ganz andere Atmosphäre erlebten als in Deutschland. Im Folgenden geht es um eine andere „Anne", die sonst anonym bleiben wollte. Sie und Mitschülerinnen wurden von einer Gruppe niederländischer Jugendlicher bedrängt, die skandierte:

> „Ju-den, Ju-den!' Das machte uns Angst, und wir rannten davon. Es war das erste Mal, daß ich selber mit Antisemitismus konfrontiert wurde ... Es war den Deutschen gelungen, die von ihnen angestrebte Trennung von jüdischen und nicht jüdischen Kindern durchzusetzen."[515]

Noch eine Stimme aus Prag:

---

512 Strasser, a. a. O. I, S. 17.
513 Gay: „deutsche Frage", a. a. O. I, S. 81.
514 Gottheil, a. a. O. I, S. 628.
515 Anonyma (5), a. a. O. I, S. 96 f.

„Auf die Straße durften wir nur mit Kleidern, auf die ein gelber Stern mit der Aufschrift ‚Jude' genäht war. Was mich wunderte, war, daß Freundinnen, die früher oft mit mir gespielt hatten, nicht mehr zu mir kamen. Ich verstand nicht, warum."[516]

Abschließend Isaak Behar, der in Berlin zwischen die Stühle geriet:

„Von meiner nicht jüdischen, deutschen Umgebung wurde ich gemieden und verachtet, weil ich Jude war. Und hier, in der jüdischen Schule, wurde ich gemieden und belächelt, weil ich kein richtiger [orthodoxer] Jude war. Einmal zu viel Jude, dann wieder zu wenig."[517]

9.4 Sammlung „Berichte gegen Vergessen und Verdrängen"

Der Lehrer Benjamin Ortmeyer hat Jahrzehnte nach dem Ende der Hitlerherrschaft ehemals Frankfurter Juden über ihre Schulerlebnisse vor und während der NS-Zeit befragt. Die von ihm gesammelten Dokumente[518] unterstreichen in ihrer Widersprüchlichkeit das hier bereits Ausgeführte. Das Geleitwort der Vorsitzenden der Gesellschaft für Christlich-Jüdische Zusammenarbeit, Helga Cohn, fasst zusammen und widerspricht der Annahme einer homogen nazistischen Einstellung:

„Die 100 Berichte geben ein anschauliches Bild vieler Gesichtspunkte der NS-Zeit in Frankfurt. Es sind Mosaiksteine, manches scheint nicht zueinander zu passen, ja sich zu widersprechen."[519]

Viele der einzelnen Zeugnisse offenbaren in sich selbst die Ambivalenz der Erfahrungen. Eignen sie sich, den Vorwurf zu untermauern, das Volk in seiner Mehrheit habe den fanatischen Antisemitismus Hitlers geteilt?

Felix Adler trifft einleitend eine wichtige Feststellung:

„Wir beschäftigen uns hier mit einer Zeit, die etwa 55 bis 65 Jahre zurückliegt, und während allgemeine Eindrücke geblieben sind, gibt es nur wenige Erinnerungen an besondere Momente von entweder lobenswertem Verhalten oder sträflichen Handlungen von Mitschülern oder Lehrern gegenüber jüdischen Schülern, und irgendwie bleiben sie verschwommen."[520]

Das erste Dokument scheint den antisemitischen Alltag zu beweisen:

„Ich … ging in die Samson-Raphael-Hirsch-Schule. Der Weg zur Schule war eine tägliche Qual, da uns die ‚deutschen' Kinder ununterbrochen mit Schimpfwörtern

---

516 Erben, a. a. O. I, S. 13.
517 Behar, a. a. O., I, S. 76.
518 Ortmeyer: „Berichte", a. a. O. II.
519 Cohn, in: Ortmeyer: „Berichte" a. a. O. II, S. 16.
520 Adler, a. a. O. I, S. 29.

peinigten wie: ‚Schweinehund', ‚Schweinejude' usw. Unseren jüdischen Jungen wurde vielmals die Mütze vom Kopf runtergerissen. Wenn wir ‚deutsche' Kinder uns entgegenkommen sahen, kreuzten wir die Straße, aber meistens verfolgten sie uns dann auf der anderen Seite. G. M."[521]

Die Klage ist durchaus glaubwürdig. Am 29. August 1941 sah sich die Leitung der Israelischen Volksschule beim Philanthrophin veranlasst, sich an den Herrn Oberbürgermeister der Stadt Frankfurt zu wenden und um Abhilfe zu bitten:

„Wir unterzeichneten Schulleiter erlauben uns, Ihre Aufmerksamkeit auf die Tatsache zu lenken, daß unsere Schulkinder seit einiger Zeit auf den Wegen von und zu der Schule unerträglichen Belästigungen ausgesetzt sind …"[522]

Bemerkenswert ist das späte Datum. Die Angreifer waren sicher keine Mitschüler, sondern verhetzte Hitlerjungen. Vor den kleinen Möchtegern-Machthabern in brauner Uniform hatten auch die arischen Nichtangepassten Angst, woran sich der Autor erinnert. Leider ist die Reaktion der Behörde nicht überliefert.

Der folgende Beitrag stammt von Helmut Jaffe und setzt zu G. M.'s Erinnerung einen Kontrapunkt:

„1921 wurde mein Vater dann nach Berlin versetzt, und ich besuchte bis zum Abitur das Reform-Realgymnasium in Zehlendorf. Dort habe ich weder von Mitschülern noch von Lehrern etwas Negatives erfahren oder durchgemacht. Im Gegenteil, wir hatten einen Mitschüler …, der ein ‚strammer Nazi' war und deswegen von uns anderen ständig verspottet und verkohlt wurde. 1933 machte ich das Abitur."

Helmut Jaffe erwähnt dann noch, dass ein jüdischer Mitschüler bei einem „arischen" Klassenkameraden etwas hinterstellen konnte. Doch der eine ist verschollen, der andere gefallen.

Irma Levinson hat ausgerechnet über Hitler einen lobenswerten Aufsatz geschrieben:

„Ich war die einzige jüdische Schülerin in meiner Klasse in der Liebfrauenschule: Ich konnte mich nie beklagen über das Benehmen meiner Mitschülerinnen, auch nicht von denen, die echte Nazis waren. Die Schulleiterin war Frl. Lille. Sie war eine sehr feine Frau und hat mich immer gut behandelt. Meine Klassenlehrerin war Frl. Habermann. Sie war eine gute Lehrerin und ein anständiger Mensch. In der Berufsschule war mein Lehrer Herr Dr. Weigand, er war immer sehr korrekt. Ich erinnere mich, daß er mich vor der ganzen Klasse lobte, da ich ironischerweise den besten Aufsatz über Hitler geschrieben hatte."[523]

---

521 G.M., a. a. O. I, S. 28.
522 Fotokopie in Ortmeyer: „Schulzeit", a. a. O. II, S. 91.
523 Levinson, a. a. O. I, S. 38.

Aus der Fülle der Zeitzeugen sollen noch eine Schülerin, S. F., und ein Schüler, Walter J. Natt, zu Wort kommen. Beide stehen für viele und sind insofern repräsentativ. S. F.:

„Mein seliger Vater, Dr. Moses Breuer, war zwar in Buchenwald nach der ‚Kristallnacht', hat aber bis dahin von seinen Kollegen persönlich meines Wissens niemals irgendwelchen Antisemitismus erlebt. Meine selige Schwester und ich besuchten die Schillerschule in den Jahren 1936 bis 1939: Wir erfuhren so gut wie keinen Antisemitismus. (In der Klasse meiner Schwester war ein Mädchen aus einer bekannten antisemitischen Familie, die erfolglos versuchte, die Klasse aufzuhetzen. Direktor Maurer befreite uns samstags vom Unterricht … Auch Dr. Heubes und manch anderer, deren Namen mir nicht mehr gegenwärtig sind, waren frei von Antisemitismus."[524]

Walter J. Natt war Schüler der Musterschule. Von ihm erfahren wir Paradoxes:

„Die Mitschüler, die vor dem 30. Januar 1933 alle meine Freunde gewesen waren, durften nach der Machtübernahme nicht mehr mit mir sprechen – die haben dann alle der HJ angehört: Das war damals sehr schwer für mich, auf einmal allein zu sein ohne einen einzigen Freund in der Klasse … Da mein Ziel war, Medizin zu studieren, entschloß ich mich, das Abitur selbst unter diesen Umständen zu machen. Die Mitschüler wie auch die Lehrer waren mir gegenüber eiskalt. Keiner hat mit mir gesprochen, sie waren nur absolut höflich. Schimpfworte gab es überhaupt nie. Nach dem Abitur im Jahre 1935 kamen drei Klassenkameraden mich auf einmal zu Hause besuchen, um sich im Namen der ganzen Klasse zu entschuldigen, und alle waren äußerst nett zu mir."[525]

Abschließend Lore Confino, 1923 in Sachsenhausen (!) geboren:

„Nicht jedermann in Deutschland war ein Nazi. Wir hatten zum Beispiel katholische Freunde, die meinen Vater, als ihn die Nazis suchten, unter einer Kiste in ihrem Geschäft versteckten; und unsere frühere Haushälterin brachte meinen Großeltern nachts Essen, denn für Juden wurde es immer schwieriger, einzukaufen. Sie brachte damit ihre ganze Familie in Gefahr. Solche treuen Menschen gab es auch."[526]

Doch die meisten hatten nicht die Kraft und den Mut, sich in solche Gefahr zu begeben. Wurden sie deshalb zu Gehilfen, zu Tätern gar?

---

524 S. F., a. a. O. I, S. 48.
525 Natt, a. a. O. I, S. 65.
526 Confino, a. a. O. I, S. 106.

10. Resümees der jüdischen Zeitzeugen

Ging es bisher darum, die jüdischen Erfahrungen mit den „Ariern" bei bestimmten Anlässen und Maßnahmen wie Boykott, Nürnberger Gesetze, Novemberpogrom, Einführung des Judensterns oder in bestimmten Situationen als Schüler, als Arbeiter, als Käufer zu erfassen, so sollen im Folgenden allgemeine Urteile von jüdischen Zeitzeugen über die nichtjüdischen Deutschen präsentiert werden. Dabei wird so weit wie möglich berücksichtigt, welchen Zeitraum der NS-Ära der Zeuge vor Augen hatte, ferner wann und wo er sein Urteil fällte. Stimmt es wirklich, wenn behauptet wird, die Judenhetze habe ihren Zweck nicht verfehlt, der Antisemitismus habe in der Zeit des Dritten Reiches zugenommen?

Selbst wer einen engen Antisemitismus-Begriff zugrunde legt, kann, wie aufgezeigt, nicht in Abrede stellen, dass es Antisemitismus schon vor Hitler gegeben hat – auch jüdischen. Eine ganz andere Frage lautet: War dieser Antisemitismus damals ein die politische oder gesellschaftliche Wirklichkeit dominierendes Phänomen?

10.1 „Das Volk ist gut"

Friedrich Stampfer, SPD-Reichstagsabgeordneter aus jüdischem Hause, am 5. März 1933 wiedergewählt, verließ schon am 18. Mai fluchtartig das Land, um erneuter Verhaftung durch die jetzigen Machthaber zuvorzukommen. Aus eigenem Erleben konnte er von nun an die deutschen Landsleute der Heimat nicht mehr beurteilen. Doch beim Parteivorstand in Prag trafen laufend viele Informanten und noch mehr Informationen ein, sodass er, der das Parteiorgan *Vorwärts* redigierte, von nun an mit aller Entschiedenheit die These von der deutschen Kollektivschuld bekämpfte.

„Hat das deutsche Volk Schuld?",

fragte Stampfer nach dem Novemberpogrom 1938 und gab die Antwort:

> „Die Verbrechen, die da verübt werden, sind nicht die Verbrechen des deutschen Volkes. Sie sind von ihm nicht gewollt und nicht gebilligt."

Die einzig zu konstatierende Schuld – Stampfer meint damit das „Dulden und Ertragen" – sei aber eine, die alle betreffe:

> „Es hat eine Zeit gegeben, in der wir glaubten, beschämt die Augen senken zu müssen, wenn nichtdeutsche Kritiker uns fragten, warum wir nicht gekämpft haben. Heute könnten wir, wenn wir wollten, diese Frage mit einer Gegenfrage beantworten und so zu der Feststellung gelangen, daß Schwäche gegenüber der Gewalt nicht nur ein deutsches Laster ist."[527]

---

527 Später, a. a. O. II, S. 329.

Über Paris gelangte Stampfer 1940 in die USA und dort in Kreise,

> „die in den Leidenschaften des Krieges den Sinn für Vernunft und Recht nicht verloren hatten."[528]

In seiner Autobiografie „Erfahrungen und Erkenntnisse" aus dem Jahre 1957 schildert er, wie sie „Hitler und Himmler verabscheuten", zugleich aber auch „Vansittart und Morgenthau" entschieden ablehnten.[529]

> „Die Parole ‚Für Deutschland, gegen Hitler!' einte über Parteigrenzen hinaus."[530]

Heinz Brandt, aktiver Kommunist und Jude, wurde schon 1934 wegen seiner Agitation verhaftet und bis Kriegsende seiner Freiheit beraubt. In seinen Memoiren gibt er wieder, wie er als noch freier Mann seine Umwelt einschätzte:

> „Die Mehrheit der Arbeiter (dafür sprachen alle Berichte, die wir aus den Betrieben erhielten) war noch nicht der faschistischen Ideologie erlegen, war immer noch verhältnismäßig immun geblieben, vom rassistischen, chauvinistischen Wahn noch nicht ergriffen. Die Arbeitermassen hätten lieber heute als morgen die Hitlerdiktatur fallen sehen – eben fallen sehen –, denn sie selbst fühlten sich ohnmächtig …"[531]

Über die anderen Schichten der Bevölkerung urteilt er nicht – auch nicht darüber, wie sich die Arbeitermassen in den Folgejahren entwickelten, hatte er doch keinen Kontakt mehr zur Außenwelt, ausgenommen das Anstaltspersonal. Diesbezüglich schreibt er:

> „Die Nazis haben ihre Kerker noch nicht im Griff und werden es auch später (soweit es die Strafanstalten betrifft, die der Justiz unterstehen) nie voll erreichen."[532]

Der anonyme Autor des folgenden Textes machte seine Aufzeichnungen spätestens 1935:

> „Nein, es sind keine ‚Ausschreitungen'! Es ist der kalt-überlegte, zynisch ersonnene, mit dem nationalsozialistischen System unlösbar verbundene Meuchelmord an einer wehrlosen Minderheit. Die Meuchelmörder sind nicht das deutsche Volk. Es ist nicht das deutsche Volk, das ‚gegen den jüdischen Blutsauger' aufsteht, wie die Hakenkreuz-Diktatoren behaupten wollen. Noch heute, nach ihrer fast dreijährigen Gewaltherrschaft, bedarf es der ungeheuerlichsten Hetze, um für den von oben befohlenen Pogrom Stimmung zu machen."[533]

---

528 Stampfer, a. a. O. I, S. 7.
529 Stampfer, a. a. O. I, S. 7.
530 Stampfer, a. a. O. I, S. 281.
531 Brandt, a. a. O. I, S. 120 f.
532 Brandt, a. a. O. I, S. 128.
533 Anonymus (8), a. a. O. I, S. 17.

1936 kam in Paris ein Buch auf den Markt, betitelt: „Der gelbe Fleck. Die Ausrottung der 500.000 deutschen Juden". Aus verständlichen Gründen wird der Name des Autors nicht preisgegeben, jedoch stammt das Vorwort von Lion Feuchtwanger. Er glaubte zu wissen:

> „Tröstlich bleibt eines. Immer wieder finden sich in den hier zusammengestellten Berichten kleine Geschehnisse verzeichnet, die beweisen, daß weite Teile der Bevölkerung nicht einverstanden sind mit dem, was sich heute in Deutschland ereignet. Verweilen Sie bei diesen Episoden, Leser … Wenden Sie nicht mitleidig und verächtlich auf das ganze deutsche Volk jenen Satz an, den einst Friedrich Nietzsche seiner Schwester schrieb: ‚Armes Lama, jetzt bist du bis zum Antisemitismus hinabgesunken.' Das deutsche Volk ist nicht identisch mit den Leuten, die heute vorgeben, es zu vertreten. Es wehrt sich gegen sie."[534]

Im Frühsommer 1938 nahm der Weinexporteur Frederick Weil aus Frankfurt Abschied von seiner lieben Heimat:

> „Die [jüdische] Friedhofshalle und die Totenkammer wurden auf die gemeinste Weise als Klosett benützt. Andererseits hatte ich auch sprechende Beweise von überschäumendem Haß seitens der arischen Bevölkerung gegen das jetzige braune Regime. – Ein alte Bäuerin konnte es sich nicht versagen, einen kerndeutschen Fluch gegen die braune Pest so laut zu schreien, daß ich sie bitten mußte, in Zukunft mehr Vorsicht zu üben. – Während ich mit dieser Frau vor ihrem Hause mich unterhielt, kamen immer mehr Bauern mit ihren Frauen dazu. Jeder bat, daß ich noch einmal zu ihm in sein Haus kommen müßte, um gemeinsam mit ihm ein Glas Wein zu trinken. – Ich mußte der Kürze der verfügbaren Zeit wegen es ablehnen, aber innerhalb einer Viertelstunde kamen acht Frauen und eine jede hatte ein Abschiedsgeschenk unter der Schürze … Ich war ganz gerührt über diese Aufmerksamkeit, und im Moment, als ich mich bereits verabschiedet und bedankt hatte und ins Auto einsteigen wolle, brachte die Tochter des Bürgermeisters einen großen Strauß frischer Maiblumen für meine Frau. Ich denke noch immer gerne an diese Stunde, in der das alte Deutschland sich noch einmal mir zeigen wollte, wie es wirklich war!"[535]

Luise Solmitz, mit einem Juden verheiratet und deshalb ebenfalls diskriminiert, notierte am 14. Juni 1938 „Zur Ehre des deutschen Volkes":

> „Der Tag brachte mir (noch) eine Bitterkeit. Kleine Jungen in unserer Straße, die unseren Hund fürchten … Nun hatte sich einer aber eine feine Rache ausgedacht … ‚Jude', rief er hinter uns her, ‚Jude, Jude!' … Gegen solche Rüpelei gibt es keine Abwehr u. keinen Einspruch … Zur Ehre des deutschen Volkes sei es gesagt, es verhält sich anständig Wehrlosen gegenüber, bis jetzt. Ihm wäre ganz anderes erlaubt u. würde ihm als Verdienst angerechnet, wenn es nur wollte."[536]

---

534 Feuchtwanger, Lion, a. a. O. I, S. 6.
535 Weil, in: VEJ, a. a. O. I, S. 201
536 Solmitz, a. a. O. I, S. 162.

Friedrich Stampfer urteilte im Dezember 1938:

> „Wenn jemand fragt: ‚Gibt es ein anderes Volk, das solcher Verbrechen fähig ist', dann ist die Antwort leicht. Die Verbrechen, die da verübt werden, sind nicht die Verbrechen des deutschen Volkes. Sie sind von ihm nicht gewollt und nicht gebilligt. Wenn aber die Frage lautet: ‚Gibt es ein anderes Volk, das eine solche Verbrecherherrschaft erträgt', dann ist die Antwort schwer."[537]

Die Ärztin Rahel Straus blickt zurück auf die letzten Tage vor ihrer Flucht:

> „Mir war jeder Tag dort [in München] eine Last, sie lag auf mir und benahm mir den Atem. Dabei muß ich zugeben, daß ich persönlich nichts zu spüren bekam. Alle meine christlichen Freunde kamen noch zu mir wie zuvor. Else Wentz-Vietor, der ich hatte sagen lassen, ich hätte sie aus meinem Leben gestrichen, protestierte energisch dagegen, daß ihre Begeisterung für Hitler an unserer Freundschaft etwas ändern könne. Eine andere Freundin kam, mir zu sagen, auf welche Weise sie mir helfen wolle, mein Geld über die Grenze zu bringen. Und meine Trudel H. …"[538]

Kurz nach dem Beginn des Zweiten Weltkrieges erschien in England ein provozierendes Buch: „The German People versus Hitler", 400 Seiten stark, verfasst von dem aus Deutschland emigrierten sozialdemokratischen Journalisten Heinrich Fraenkel, der in London Asyl vor Hitler gefunden hatte. In „Lebewohl, Deutschland" aus dem Jahre 1960 begründet er sein Eintreten für das Volk, aus dem man ihn ausgebürgert hatte:

> „Es war schwierig, aber wichtig, einer damals sehr ungläubigen Mitwelt zu erklären, warum die Mehrheit des deutschen Volkes an den unfaßbar grauenhaften Verbrechen der vom Hitler-Regime beamteten Mordmechaniker keinen Anteil hatte; und gerade weil es heute wie damals von eminenter Wichtigkeit ist, sich darüber klar zu werden, daß eben jener grauenhafte und der Normalphantasie unverständliche Begriff des Massenmordes nicht aus dem nebulösen Begriff des ‚Volkscharakters' entspringt, sondern aus der unerbittlich mitleidlosen Dynamik eines totalitären Machtwahns, eben darum muß ich mich in diesem Rechenschaftsbericht damit befassen … Das mag in der Tat unter dem Eindruck der ‚Kristallnacht' und des weltweiten Abscheus, den dieser grausame Unfug erregte, als eine absurde Behauptung erschienen sein, aber der Wahrheitsbeweis war sehr leicht zu führen. Man brauchte ja nur zu bedenken, daß seit dem 30. Januar 1933 jeder Jude in Deutschland praktisch vogelfrei war und straflos ermordet werden konnte, wenn etwa der Täter zu Protokoll gab, der Jude hätte ein Attentat gegen den Führer geplant. Man brauchte nur weiter zu bedenken, daß trotzdem Hunderttausende von deutschen Juden noch jahrelang in Deutschland lebten, daß die erheblichen Anfechtungen, Demütigungen und Schikanen, denen sie ausgesetzt waren, ausnahmslos von der Obrigkeit befohlen und von ihren Vollzugsorganen durchgeführt wurden, daß aber umgekehrt unzählige Fälle bekannt sind von Deutschen, die ihren jüdischen

---

537 Stampfer, in: Lauber, a. a. O. I, S. 197.
538 Straus, a. a. O. I, S. 293.

Mitbürgern nicht nur Freundlichkeiten erwiesen, sondern auch praktische Hilfe, um die von der Obrigkeit befohlenen Schikanen zu umgehen."[539]

Bemerkenswert ist auch seine Rechtfertigung:

„Ich halte es für richtig und wichtig – und zwar gerade weil ich selber ... Jude bin – ich hielt es damals schon für wichtig, solch unangenehme Wahrheiten mit schonungsloser Offenheit auszusprechen. Damals lag freilich das Grauen von Auschwitz noch im Schoße einer grimmigen Zukunft, und ich muß heute zugeben, daß es nach Millionen von Vergasungen schwer ist, die komplexen Probleme der Judenfrage so objektiv zu sehen, wie man es möchte."[540]

Abraham Hochhäuser gibt unter „Jugenderinnerungen an das andere Deutschland" seine Antwort:

„Ich habe seit frühester Jugend in Deutschland gelebt. Breslau ist zu meiner zweiten Heimatstadt geworden, in der ich den größten Teil meiner Kindheit und Jugend verbrachte, in der ich in die Schule ging, den Kaufmannsberuf lernte, mit Menschen aus allen Kreisen der Bevölkerung ein harmonisches und menschliches Verhältnis fand ... Der Jude war, bevor Hitler und seine Partei im deutschen politischen Leben eine Rolle zu spielen begann, als Handwerker und Geschäftsmann geachtet und geschätzt. Daran änderte auch ein gewisser Antisemitismus nichts, der von jeher – und nicht allein in Deutschland – von einigen Kreisen verfochten wurde. Er war jedoch bei weitem nicht so stark, daß er unser Zusammenleben mit den Andersrassigen und -gläubigen hätte verhindern können ... Die Leistung im wirtschaftlichen und kulturellen Leben war letzthin der Maßstab für die Wertung des Menschen im Staate."[541]

Hochhäuser fährt fort:

„Mit dem Auftreten Hitlers und des Nationalsozialismus war es Deutschland, das als erstes Land den Antisemitismus zur Grundlage einer neuen staatlichen Ordnung machte ... Wahrscheinlich sind sich die meisten Deutschen, die auf solche Dinge damals ansprachen, nicht darüber klar gewesen, welche brutalen und sadistischen Konsequenzen später aus ihrem Antisemitismus gezogen wurden. Kein Deutscher wird damit von seiner Schuld freigesprochen. Ich wollte nur einen Versuch machen zu erklären, wie es möglich war, daß wir uns vor 1933 als Juden in Deutschland wohlgefühlt haben."[542]

Zum Stichwort „Schuld" werden an anderer Stelle Ausführungen gemacht. Hier sei nur an einem Beleg verdeutlicht, dass Hitler, wie unbestritten, selbst Juden in seinen Bann ziehen konnte:

---

539 Fraenkel, Heinrich, a. a. O. I, S. 37 f.
540 Fraenkel, Heinrich, a. a. O. I, S. 32 f.
541 Hochhäuser, a. a. O. I, S. 6 f.
542 Hochhäuser, a. a. O. I, S. 8.

„Wir waren keine Heldinnen und Helden im Dritten Reich. Wir machten unsere Kompromisse wie andere auch. Wie hätten wir uns verhalten, wenn uns unsere jüdische Abstammung nicht daran gehindert hätte, uns mit den Machthabern einzulassen? Darüber habe ich mich später mehrfach mit meiner Mutter unterhalten. Wir kamen zu dem Ergebnis, daß wir am Anfang vermutlich den Nationalsozialismus begrüßt hätten, nicht aus Opportunismus, sondern aus Überzeugung."[543]

Das Tagebuch von Walter Tausk vermittelt weitere Eindrücke aus dem Breslau der ersten Jahre unter Reichskanzler Hitler, beispielsweise seine Notiz vom 17. November 1935:

„Die gesamte Judenangelegenheit wird von der überwiegenden Zahl der Bevölkerung abgelehnt, die – auch jetzt zu Weihnachten – ihre Einkäufe, in Breslau wenigstens, ‚beim Juden' macht."[544]

Oben wurde ausführlich die *Jüdische Rundschau* vom 13. April 1933 zitiert, wonach sich „ein großer Teil der christlichen deutschen Bevölkerung" von „der beispiellosen Vehemenz der antijüdischen Propaganda" nicht zum Antisemitismus hat verführen lassen. Eine solch erfreuliche Mitteilung finden wir nur einmal in der *Rundschau*, weil sie die Zensoren als ausgesprochen unerfreulich missbilligen mussten – war es doch unverhohlene Kritik an staatlichen Maßnahmen und Belobigung derer, die dagegen Front machten.

Martin Andermann beschreibt die politischen und gesellschaftlichen Veränderungen in Königsberg im Jahre 1934:

„Überall, wo ich mit Nichtjuden in Berührung kam, schien mir eins deutlich: Die Leute waren aufgewühlt, voller Fragen, hatten Entscheidungen zu treffen, die ihnen nahegingen. So hatte ich immer das starke Gefühl, als ob unter der Façade dieses marschierenden, gleichgeschalteten Deutschlands das Leben jedes einzelnen mit einer nie dagewesenen Intensität gelebt wurde. Der ungeheure Druck, die Gefahr, stets gegenwärtige Möglichkeit, daß Ungeheuerliches geschehen könne – wie 1934 die Röhmrevolte –, bewirkte eine Steigerung aller Einzelhandlungen des Lebens ... So wie es eine Tat war, wenn ein Nichtjude einen alten jüdischen Freund besuchte – er konnte öffentlich im ‚Stürmer' angeprangert werden ..."[545]

Ernst Marcus, betraut mit der Wahrnehmung der Interessen jüdischer Palästinamigranten gegenüber den deutschen Behörden, schildert seine Erfahrungen:

„Dabei war zu erkennen, daß die deutschen Beamten aller Ministerien und Spitzenbehörden, die mit der Sachbearbeitung zu tun hatten, – darunter der junge, aus der SS kommende nationalsozialistische Nachwuchs, der zionistischen Sache gegenüber keine Feindseligkeit zeigten. Meine jahrelange Erfahrung mit allen in Fra-

---

543 Flesch-Thebesius, a. a. O. I, S. 432.
544 Tausk, a. a. O. I, S. 136.
545 Andermann, a. a. O. I, S. 406.

ge kommenden Beamtenkategorien bewies mir, daß das Bekenntnis zur jüdischen Nation und ihren Zielen in Palästina zusammen mit einer aufrechten und freien Haltung im Verkehr mit ihnen geeignet war, ihnen Respekt abzunötigen, daß sie vor allem aber auch den Wunsch der Juden nach Freiheit und Eigenleben als Nation verstanden und die Einzelheiten mit Interesse verfolgten."[546]

Marcus verschweigt nicht, dass es auch andere Amtswalter gab, nämlich

„eine kleine Minderheit von Nationalsozialisten, bestehend aus den ausgesuchten Verbrechern, die alles vernichten wollten, was zu vernichten war, und jene stupiden Subalternbeamten, die gehässig waren, weil die Sache *beyond their capacity* war …"[547]

Kurt Jakob Ball-Kaduri ergänzt:

„Die Beamten der Reichsfinanzverwaltung waren in ihrem Durchschnitt bestimmt keine Judenfreunde, aber in den 14 Jahren, die seit der Einführung der Reichsfinanzverwaltung durch die Steuerreform im Jahre 1919 unter der Weimarer Republik verflossen waren, waren diese Beamten in ausgezeichneter Weise dazu erzogen worden, ihr Amt ohne Ansehen der Person zu führen. Jeder Steuerpflichtige war für sie gleich. Diesem Grundsatz widersprach eine besondere Behandlung der Juden, und da es ursprünglich keine oder nur wenige Nationalsozialisten unter den Beamten gab, so widerstrebte diese [judenfeindliche] Gesetzgebung dem innersten Gefühl der Beamten."[548]

Mit Datum vom 9. Mai 1938 schrieb Max Mayer an seinen Enkel Peter einen langen Brief, in dem er von jüdischer Warte aus die rassistische Politik der Machthaber in Deutschland schilderte und bewertete:

„Höre, mein Enkel Peter! Seit fünf Jahren sind die Juden in Deutschland einem erbarmungslosen Prozeß der Ausstoßung aus dem Volkskörper überliefert … Das tragische Schicksal der Betroffenen zu schildern, gehört nicht hierher, auch nicht ihre sachliche Verteidigung. Ihnen gegenüber steht das ‚arische' Volk. Es unterzieht sich dieser befohlenen Judenverfolgung zum Teil bereitwillig … Aber zu einem sehr großen Teil lehnt das Volk im Wissen um die Unwahrheit und Ungerechtigkeit der Schlagworte die Verfolgung ab, ohne aber den Betroffenen helfen zu können."[549]

Helga Flatauer konnte mit ihren Eltern 1938 Deutschland verlassen. Seit Jahren ist sie zurückgekehrt und hält autobiografische Vorträge. Auf die Frage:

„Haben Sie in der NS-Zeit schlechte Erfahrungen mit den Vockenhäusern [gemeint sind die Bewohner ihres damaligen Wohnsitzes Vockenhausen im Taunus] gemacht?"

---

546 Marcus, a. a. O. I, S. 105.
547 Marcus, a. a. O. I, S. 105.
548 Ball-Kaduri: „Vor der Katastrophe", a. a. O. I, S. 119.
549 Mayer, Max, „Mein verwundetes Herz", a. a. O. I, S. 112 f..

antwortet sie:

> „Nein, wir haben keine Angriffe oder Anfeindungen aus der Bevölkerung erfahren."[550]

Fritz Goldschmidt, juristischer Berater bei der Reichsvertretung der Juden für hilfesuchende jüdische Glaubensbrüder, schrieb nach seiner Auswanderung im Mai 1939 rückblickend:

> „Trotz der ununterbrochenen Bemühungen der Nazis, die deutschen Juden wirtschaftlich zu ruinieren, blieben die Massen der Bevölkerung als Kunden den jüdischen Kaufleuten, Industriellen, Ärzten und Anwälten treu. Bis 1938 gelang es zwar, an einzelnen Orten und in gewissen Geschäftszweigen die Juden wirtschaftlich zu schädigen; im großen ganzen aber war der Boykott nicht vernichtend. In manchen Gegenden bevorzugten Mißvergnügte offensichtlich jüdische Läden und Betriebe."[551]

Etwa um die gleiche Zeit gelang auch dem Münchner Gymnasiallehrer Hermann Klugmann die Auswanderung. Die Quintessenz der vergangenen Jahre faßte er in die klaren Worte:

> „Ich selbst bin im Laufe dieser 5¾ Jahre nat.-soz. Herrschaft mit allen Schichten der Bevölkerung in Berührung gekommen, mit Arbeitern und Angestellten, mit Beamten und Kaufleuten, mit dem Hausmeister und Gemüsehändler, mit dem Handwerker und den Angehörigen der freien Berufe."[552]

Klugmann fährt fort:

> „Ich habe in dieser Zeit bis 1937 trotz der intensiven Judenhetze, trotzdem der Kampf gegen die Juden als eine vaterländische Pflicht in einer Sondernummer des ‚Stürmer' dargestellt wurde, nur wenige deprimierende Erlebnisse gehabt, die mich persönlich betreffen; weder meine Frau noch ich sind in diesen Jahren einer persönlichen Verunglimpfung ausgesetzt gewesen … Wir haben so viele Beweise der aufrichtigen und tätigen Teilnahme an unserem Schicksal erfahren, daß es ein reiner Akt der Dankbarkeit ist, ihrer in diesen Zeilen zu gedenken."

Offenbar fühlte sich auch Ernst Fraenkel beim Verlassen Berlins in Richtung USA nicht von seiner Umgebung herausgeekelt, sonst hätte er nicht geschrieben:

> „Als ich im November 1938 nach New York kam, war ich entschlossen, mit dem ersten Schiff zurückzukehren, das politischen Emigranten die ‚Heimkehr' ermöglichte."[553]

---

550 Jarocki, Julia: „Hier die Flucht", in: *Höchster Kreisblatt*, 08.04.2008.
551 Goldschmidt, Fritz, a. a. O. I, S. 292.
552 Klugmann: „Mein Leben", a. a. O. I, S. 55.
553 Fraenkel, Ernst, a. a. O. I, S. 389.

Während des Krieges änderte er seine Meinung. Aber nun konnten keine schlimmen eigenen Erfahrungen mit der deutschen Umwelt den Meinungsumschwung bewirkt haben, da er sie ja hinter sich gelassen hatte. Es waren Meldungen über die Judenvernichtung, die ihn, wie er selbst betont, zum Umdenken veranlassten. Bereits 1951 kehrte er wieder nach Deutschland zurück.

Ins gleiche Horn stießen 906 jüdische Passagiere des Dampfers „St.Louis". Am 18. Juni 1939 schrieben sie dem deutschen Kapitän Gustav Schröder:

> „Als wir in Hamburg Ihr schönes Schiff betraten und auf der Fahrt nach fernen und unbekannten Gestaden waren, ahnten wir noch nicht, welch seltsames und schweres Geschick uns beschieden sein würde. Nach den ungeheuren Sorgen in der Heimat ... war Ihr wunderschönes Schiff, Herr Kapitän, ... die Aufmerksamkeit Ihres gesamten Personals ... geradezu überwältigend ... Als dann das Unheil von Habana über uns hereinbrach ..."[554]

Was hat den langen Text, dem hier nur wenige Zeilen entnommen sind, ausgelöst? Das Schiff durfte in Habana nicht landen und über Wochen hinweg schwebten die Passagiere in der Angst, nach Deutschland zurückgebracht zu werden.[555] Betonung verdient, dass nicht einer von den 330 Mann Besatzung den Juden gegenüber unfreundlich gewesen ist („Ihr gesamtes Personal"). Als dann das dramatische Geschehen unter dem Titel „Schiff ohne Hafen" 1947 auf die Bühne kam, war der Kapitän unter den Zuschauern. Die freie Gestaltung des Geschehens veranlasste seine Stellungnahme:

> „Ich lege Wert darauf, daß bekannt wird, daß das holländische Schauspiel keine Darstellung der Reise der ‚St. Louis' ist ... Die in diesem Drama auftretende Besatzung läßt sich zu tätlichen Übergriffen auf die Passagiere hinreißen, was auf der ‚St. Louis' nicht vorgekommen ist, so daß ihnen an Bord kein Haar gekrümmt wurde."[556]

Elisabeth Freund, die uns schon mehrmals begegnet ist und noch 1941 auswandern durfte, schreibt in ihren kurz nach Erreichen der neuen Heimat verfassten Erinnerungen:

> „Deutschland besteht nicht nur aus Hitlerleuten. Es sind viele im Gegensatz zu der Partei und sind selbst in schweren Gewissenskonflikten, als Katholiken, als ehemalige Logenbrüder oder als Mitglieder der Bekennenden Kirche. Sie mißbilligen die Grundsätze der Partei und können doch nicht anders als mitmachen. Der Mann, den wir aufgesucht haben, war ehrlich und tief erschüttert, als wir ihm erzählten, weswegen wir seine Hilfe brauchten. Er sitzt in einer hohen Regierungsstelle

---

554 Passagiere, a. a. O. I, S. 113.
555 Schließlich gelang es doch, den Flüchtlingen Asyl zu verschaffen, einem Drittel in Belgien, einem in den Niederlanden und einem in Großbritannien.
556 Reinfelder, a. a. O. II, S. 185.

(Staatssekretär) und wußte von nichts, was uns betrifft. Das ist typisch … Aber er entschuldigt sich mit einem trüben Lächeln: ‚Wissen Sie, diese ganze Judenfrage ist so beschämend und schrecklich, es bleibt uns nur die Vogel-Strauß-Politik, gar nicht mehr hinzusehen.'"557

Ende 1941 schlug für Willy Cohn die bittere Stunde. Unter dem 30. Januar hatte er noch in seinem Tagebuch vermerkt:

„Viel Unheil ist in diesen acht Jahren über die Menschheit gekommen, aber ich glaube, wir stehen erst am Anfang dessen, was kommen wird … Der Schwung der Bewegung hätte nicht dazu ausarten brauchen. Denn an und für sich ist es ja um den nationalen Gedanken eine große Sache … Ich glaube auch nicht mehr, daß die Begeisterung des deutschen Volkes für das Dritte Reich sehr groß ist, aber niemand wagt sich zu rühren. Die Menschen denken alle mit Furcht und Grauen an das, was noch kommen kann. Dazu kommt noch im Augenblick die wahnsinnige Kälte und die Knappheit an Lebensmitteln …"558

Im Januar 1943 wurde Edith Marcuse aus Berlin-Charlottenburg zur Vernichtung verschleppt. Ihrem Bruder Ludwig verdanken wir, dass uns heute ihre Aufzeichnungen zugänglich sind. Viele Begegnungen hielt sie für berichtenswert und wurden bereits erwähnt. Hier zwei Zusammenfassungen:

„Die vielen Unannehmlichkeiten, von denen mir täglich berichtet wird, habe ich nie erfahren, ich glaube, weil ich mich genauso gebe wie früher."559

Wenig später schrieb sie:

„Nach wie vor halte ich daran fest, das Volk ist gut; nur ein kleiner Teil hat diesen anerzogenen Haß in sich."560

Hermann von Ameln, in Köln wohnhaft, heiratete noch im September 1933 die bereits diskriminierte „Halbjüdin" Elsbeth Pollitz, der er trotz allem die Treue hielt. Gegen Kriegsende schreibt er:

„Es ist ein ebenso ekelhafter wie drückender Zustand, das Objekt einer Treibjagd zu sein. Sehr, sehr viele haben sich nicht selbst ausgeliefert, und ich hörte, daß allgemein große Hilfsbereitschaft geübt wird. Es ist eine Zeit christlicher Bewährung in der Nächsten- und Bruderliebe. Manche sind gar genötigt, von Tag zu Tag eine neue Unterkunft zu suchen."561

Ruth Klüger überlebte und brachte es in den USA zu einer Professur, ausgerechnet in deutscher Literatur. Für dieses Berufsziel hatten ihre Freunde und Bekann-

---

557 Freund, a. a. O. I, S. 42 f.
558 Cohn, a. a. O. I, S. 26.
559 Marcuse, Edith, a. a. O. I, S. 332.
560 Marcuse, Edith, a. a. O. I, S. 334.
561 Ameln, Werner von, a. a. O. I, S. 101 f.

ten wenig Verständnis. Doch sie hielt daran fest. Aber die Geschichte ihres Volkes in den Jahren 1933–1945 lässt sie nicht los. Während eines Seminars erfuhr sie, dass Präsident John F. Kennedy ermordet wurde. Da schlug sie den Bogen von den Deutschen zum amerikanischen Volk:

> „Man kann, man will nicht glauben, dass einer oder auch nur zwei relativ einflusslose Männer es fertig bringen, den Willen eines großen Volkes außer Kraft zu setzen."[562]

Aber Hitler und seine Mannen haben dies geschafft!

Der Ort Blankenburg wurde bereits erwähnt und auch, dass es dem Juden Herman-Friede bei Frau Horn recht gut ging, weil die Lebensmittelhändler Mitleid hatten und der Fluchthelferin das Nötige ohne Bezugsscheine zur Verfügung stellten. Doch die Idylle währte nur einige Monate. Plötzlich musste Frau Horn gewahren, dass ihre riskante Gastfreundschaft zum Dorfgespräch geworden war:

> „Im Milchladen unterhalten sich die Leute ganz offen darüber, daß wir einen Juden versteckt halten bei uns zu Hause. Die werden uns alle abholen, wie furchtbar."[563]

Natürlich würden sich unter so vielen Dorfbewohnern einige Denunzianten finden, war die naheliegende Annahme. - Aber nichts geschieht. Alle hielten dicht, rührten zumindest keinen Finger, um die Horns und den Flüchtigen ans Messer zu liefern.[564]

In Frankfurt am Main, zwischen Hauptwache und Opernhaus, wohnte der Jude Valentin Senger die ganze NS-Zeit über mit seinen Eltern und Geschwistern. Viele Nachbarn, auch Angehörige der Hitler-Jugend und ein SA-Mann, wussten über die „Rasse" der Sengers Bescheid. Doch niemand denunzierte sie:

> „Wir wohnten weiter zusammen in der Kaiserhofstraße, Hitler kam, der Judenboykott, die Kristallnacht, die Judenverfolgungen, der Krieg, und immer sah ich die von der Clique, oft in ihren Uniformen, und sie sahen mich, sprachen sogar mit mir. Jeder einzelne hätte fragen können: ‚Wieso bist du noch da? Warum trägst du keinen Judenstern? Was ist mit dir los?' Ich bekam Herzklopfen, wenn ich einen von weitem kommen sah. Doch keiner fragte."[565]

In der Umgebung Kölns hatte die Familie Hoberg eine Bleibe gefunden. Tochter Inge erinnert sich an eine Episode, die sich kurz nach Kriegsende ereignet hat:

> „Mama sagte zu Frau Schmitz: ‚Nun kann ich ja ohne Gefahr darüber sprechen. Auch uns hat dieses Schicksal gedroht, denn ich bin als Jüdin geboren.' Da erwi-

---

562 Klüger: „unterwegs verloren", a. a. O. I, S. 104.
563 Herman-Friede, a. a. O. I, S. 39.
564 Herman-Friede, a. a. O. I, S. 100: „Die Leute haben alle dicht gehalten."
565 Senger, a. a. O. I, S. 56.

derte unsere Wirtin etwas ganz Erstaunliches. Sie, die wir immer als ausgesprochen parteitreu gekannt hatten, sagte: ‚Das ist für mich keine Neuigkeit. Das ganze Dorf wußte von Anfang an über euch Bescheid.' Fassungslos starrten wir sie an ... So manch einer hatte sich in gutem Glauben und Begeisterung dem Teufel verschrieben. Später ließ purer Pragmatismus die Menschen vieles nach außen hin bejahen, das sie im Innersten längst ablehnten."[566]

Auch die Jüdin Annie Kraus überlebte als „Abgetauchte" in Berlin. In einem Brief vom Sommer 1947 an Waldemar Gurian, ebenfalls Jude, schilderte sie mit stark bewegten Worten ausführlich die Hilfen, die ihr in der Zeit des Verborgenseins zuteil geworden waren. Zusammenfassend schrieb sie:

„Die Schablone, unter der man sich gewöhnt hat, Deutschland zu sehen, ist falsch. Das weiß niemand besser als wir, die in jenem Land am schwersten verfolgt worden sind. Ich werde nie aufhören, den Mut aufzubringen, dies zu behaupten, und sollte ich selbst dadurch weiter in Misskredit geraten und sollten mir weiterhin fühlbare Nachteile durch diese Behauptung und meine Haltung erwachsen. So verständlich und berechtigt das Entsetzen derer ist, die ein Land verließen, das gründlich suspekt werden mußte, weil in ihm ‚überhaupt so etwas passieren konnte', so unwiderleglich ist die Tatsache, daß in demselben Land Dinge geschahen, deren Erhabenheit nur in den glorreichen Märtyrerzeiten ihresgleichen findet ...

Und noch eins ist nicht zu vergessen: Gewissermaßen hatten es die Juden viel einfacher als jenes andere Deutschland. Wir hatten bloß zu leiden ... Jene Menschen waren jedoch in der geradezu verzweifelten Lage, sich schämen zu müssen für etwas, woran sie persönlich unschuldig waren, und etwas wirklich entscheidend Abhelfendes doch nicht tun zu können ... Die Vielen, die diesen Teil erwählten, dürfen wir nicht verurteilen."[567]

Eingehend beobachtete in Düsseldorf Albert Herzfeld seine Umgebung und notierte, nachdem er sich über den *Stürmer* direkt neben der Synagoge empört hatte, am 5. Februar 1936:

„Aber das große Publikum ist durchaus nicht antisemitisch. Denn keiner meiner arischen Freunde hat sich von mir zurückgezogen und, ganz im Gegenteil, alle, auch absolut Fernerstehende bekunden mir ihre Sympathie u. verabscheuen den Antisemitismus."[568]

Ein halbes Jahr später schrieb er:

„Inzwischen habe ich meinen 71sten Geburtstag gefeiert u. ich freue mich festzustellen, daß eine große Anzahl von Freunden, über 30, mir mündlich u. schriftlich dazu gratuliert haben. Ich muß dabei wieder konstatieren, daß trotz aller offiziellen

---

566 Hoberg, a. a. O. I, S. 123
567 Kraus, a. a. O. I, Sp. 6.
568 Herzfeld, Albert, a. a. O. I, S. 47.

u. systematischen Judenhetze sich keiner meiner ‚arischen' Freunde von mir zurückgezogen hat."[569]

Knapp zwei Jahre später, unter dem 31. März 1938, findet sich die Notiz:

„Aber was jetzt in den Wahlreden an Schmähungen gegen die Juden ausgesprochen wird, spottet jeder Beschreibung u. daß es noch nicht zu Pogromen gekommen ist, beweist, daß das ‚Volk' nicht an diese Verhetzung glaubt und weiß, daß die Juden nicht so sind, wie sie von den Rednern geschildert werden."[570]

Am 6. Januar 1939 beklagte Herzfeld, dass nun Ariern das Zusammenleben mit Juden in einem Haus nicht mehr gestattet war:

„So wurde den Juden, die seit Jahrzehnten in Häusern von christlichen Besitzern wohnten, die Wohnung gekündigt. Natürlich tun die christlichen Hausbewohner dies nur aus Furcht vor unliebsamen Weiterungen, wie ja überhaupt die Furcht und nicht die Abneigung gegen die Juden bei 90 Prozent der Mitbürger eine Rolle spielt. Es sind dies traurige Verhältnisse …"[571]

Herzfeld musste auch erdulden, dass er aus dem Briefmarkentauschverein ausgeschlossen wurde, dem er etwa 20 Jahre lang angehört hatte. Ein schwacher Trost war für ihn die Überzeugung,

„daß neun Zehntel der Mitglieder, mit denen ich befreundet war, nur aus Furcht vor Weiterungen u. mit größtem Bedauern ihre Zustimmung zu dieser Maßnahme gegeben haben."[572]

Hans-Joachim Schoeps, dem es gelungen war, seine Heimat rechtzeitig zu verlassen, blickt nach Jahren zurück:

„… im Jahre 1945 kannte die ganze Welt das Ausmaß der nationalsozialistischen Verbrechen und identifizierte im Anfang das ganze deutsche Volk mit ihnen. Tatsächlich hatten aber die Deutschen in ihrer Masse nur höchst unklare Vorstellungen von dem besessen, was um sie herum vorging, und in den Nachkriegsjahren schwankten sie unter der Wucht dieser Anklagen zwischen Nichtglaubenkönnen und Nichtglaubenwollen hin und her."[573]

„Allerorts versicherte man mir, daß man die Untaten des Nationalsozialismus nicht gebilligt habe und für sie nicht verantwortlich zu machen sei. Das hatte ich in den meisten Fällen ohnehin gewusst …"[574]

Eva Reichmann, von der das folgende Zitat stammt, hatte im jüdischen Leben Deutschlands als wissenschaftliche Mitarbeiterin des „Centralvereins deutscher

---

569 Herzfeld, Albert, a. a. O. I, S. 71.
570 Herzfeld, Albert, a. a. O. I, S. 94.
571 Herzfeld, Albert, a. a. O. I, S. 120.
572 Herzfeld, Albert, a. a. O. I, S. 121.
573 Schoeps, a. a. O. I, S. 124.
574 Schoeps, a. a. O. I, S. 141.

Staatsbürger jüdischen Glaubens" eine führende Rolle gespielt. Sie kann als besonders aufmerksame Beobachterin der Vorgänge in Hitlerdeutschland angesehen werden. In ihrem Hauptwerk „Flucht in den Hass. Die Ursachen der deutschen Judenkatastrophe" schreibt sie:

> „Die geringe Zahl spontaner Gewaltakte gegen Juden vor und selbst nach der nationalsozialistischen Machtergreifung sowie die durchschnittliche Zurückhaltung gegenüber Boykottparolen, deren Durchführung nicht gewaltsam erzwungen wurde, lassen Rückschlüsse auf den geringen Tiefgang der antisemitischen Stimmung selbst in diesen kritischen Jahren zu. Alle diese Feststellungen sind nicht absolut zu nehmen, sondern relativ zu der Ungeheuerlichkeit des aktiven Judenhasses, der nach der hemmungslosen Propaganda hätte erwartet werden müssen."[575]

> „Aber ... obgleich ein propagandistisches Trommelfeuer den Judenhaß zur Weißglut anzufachen sich bemühte, zeigten doch die Beziehungen zwischen Juden und Nichtjuden eine erstaunliche Widerstandskraft. Wären die Umstände, die die Menschen in die Verzweiflung und damit in die Hände der Nazis trieben, nicht so überstark gewesen, wären nicht politische Intrigen der Partei in der Stunde ihrer inneren Auflösung zur Hilfe gekommen, wäre schließlich der Vernichtungswille des einen Mannes Hitler nicht so dämonisch gewesen, – Austreibung und Vernichtung hätten sich niemals ereignet."[576]

Grete Leibowitz ergänzt Eva Reichmann auf anschauliche Weise:

> „In Heidelberg wohnten wir gegenüber dem Braunen Haus, dem SS-Quartier, und jeden Morgen erwachten wir um fünf durch die Marschmusik und die anti-jüdischen Lieder. Trotzdem griff man keinen Juden an ... Solange noch nicht der ausdrückliche Befehl der Obrigkeit vorlag, das auszuführen, was man die ‚Kristallnacht' (1938) nannte, kam es aus der deutschen Bevölkerung fast nicht zu Gewalttätigkeiten gegen Juden. Deshalb sind vom geschichtsphilosophischen Aspekt alle Theorien, die behaupten, der Nazismus sei eine konsequente Fortsetzung der deutschen Geschichte, einfach falsch."[577]

„Eine kleine Minorität hat der Menschheit ihr Erbe gestohlen"[578], lautete die bittere Bilanz des zur Auswanderung gezwungenen Soziologen Franz Oppenheimer, „obwohl seine deutschen Freunde und Schüler ihm in ihrer überwiegenden Mehrzahl auch unter dem nationalsozialistischen Regime die Treue hielten."[579]

In ihrer „Geschichte einer Jüdin" unterstellt Lotte Paepcke den Bewohnern Sachsens eine besondere Hitlerergebenheit:

---

575 Reichmann, a. a. O. I, S. 288.
576 Reichmann, a. a. O. I, S. 289 f.
577 Leibowitz, Grete, a. a. O. I, S. 97.
578 Oppenheimer: „Lebenserinnerungen", a. a. O. I, S. 278
579 Oppenheimer: „Lebenserinnerungen", a. a. O. I, S. 267.

„Wohl kaum irgendwo sonst in Deutschland gibt es so gute Arbeiter, so hingebungsvoll schaffende Handwerker wie in Sachsen ... Es ist ein Volk von hart arbeitenden Untertanen, die in ihrer unfrohen Strebsamkeit selten zu großherzigem Gewähren und Gewährenlassen kommen ... So folgt man auch in kaum einer Gegend Deutschlands dem Nationalsozialismus so fanatisch wie in Sachsen."[580]

Im Herzen Sachsens lebte damals der detailgenaueste Chronist jüdischen Lebens während der Hitlerzeit, nämlich Victor Klemperer. Unter dem 20. September 1937 skizzierte er Hitlers Rede auf dem Reichsparteitag, in der er sich über die „moralisch und geistig minderwertige jüdische Rasse" ausgelassen hatte. Daraus zog Klemperer den Schluss:

„Und ich bin immer überzeugter, daß Hitler wahrhaftig der Sprecher so ziemlich aller Deutschen ist."[581]

Wie er zu dieser Überzeugung gekommen war, verrät uns der sonst so mitteilsame Mann nicht. Am 5. April 1938 wiederholte er sinngemäß das Gesagte:

„Wie tief wurzelt Hitlers Gesinnung im deutschen Volk, wie gut war seine Arierdoktrin vorbereitet, wie unsäglich habe ich mich mein Leben lang betrogen, wenn ich mich zu Deutschland gehörig glaubte ..."[582]

Doch seine Gespräche und sonstigen Erfahrungen revidieren allmählich das düstere Bild, und zwar in dem Maße, wie der Stubengelehrte durch die Machthaber gezwungen wurde, auf der Straße und am Arbeitsplatz mit „Hinz und Kunz" Einsichten auszutauschen und Erfahrungen zu sammeln.

Am 28. November 1938, also kurz nach der Pogromnacht, schildert er ein Gespräch:

„Ich setzte meine Lage auseinander. Ich sagte, eine Regierung, die sich derart offen zum Banditentum bekenne, müsse in verzweifelter Lage sein. Er: ‚So denkt jeder anständige Deutsche.'"[583]

Klemperers Gegenüber war ein ihm bis dahin unbekannter Major, der Klemperer nachdenklich stimmte:

„Niemand, weder innen noch außen, kann die wahre Stimmung des großen Volkes ermessen – wahrscheinlich, nein sicher gibt es keine allgemeine wahre Stimmung, sondern immer nur Stimmun*gen* mehrerer Gruppen – eine dominiert, und die Masse ist stumpf oder steht unter wechselnden Suggestionen – ..."[584]

---

580 Paepcke, a. a. O. I, S. 17 f.
581 Klemperer: „Tagebücher 1937–1938", a. a. O. I, S. 55.
582 Klemperer: „Tagebücher 1937–1938", a. a. O. I, S. 77.
583 Klemperer: „Tagebücher 1937–1938", a. a. O. I, S. 113.
584 Klemperer: „Tagebücher 1937–1938", a. a. O. I, S. 135.

Im März 1940 schrieb er:

> „*Vox populi* [Stimme des Volkes] zerfällt in zahllose *voces populi* [Stimmen des Volkes] … Ich frage mich oft, wo der wilde Antisemitismus steckt. Für meinen Teil begegne ich viel Sympathie, man hilft mir aus, aber natürlich angstvoll."[585]

Dann folgen die bereits erwähnten zahlreichen Schilderungen von Begebenheiten beim Einkaufen, als „Sternträger", im Arbeitseinsatz, die in die Sätze mündeten:

> „Einzeln genommen sind fraglos neunundneunzig Prozent der männlichen und weiblichen Belegschaft in mehr oder minder hohem Maße antinazistisch, judenfreundlich, kriegsfeindlich, tyranneimüde …, aber die Angst vor dem einen Prozent Regierungstreuer, vor Gefängnis, Beil und Kugel binden sie."[586]

10.2 „Ich hasse die Deutschen"

Auch jene Stimmen, die in die andere Richtung weisen und gegen „die" Deutschen Hass ausdrücken, sollen voll Gehör finden. Da ist beispielsweise Max Kirschner, geboren in München, wohnhaft in Frankfurt, der nach der Pogromnacht abgeführt wurde:

> „Von da an empfand ich gegen die Deutschen – nicht das Land – einen tiefen Haß"[587],

bekennt er in seinem Buch „Weinen hat seine Zeit und Lachen hat seine Zeit". Wer nun erwartet, dass in dem Buch zahlreiche Deutsche geschildert werden, die ihren Antisemitismus austoben, der irrt. Vor dem eben Zitierten lesen wir zwar:

> „An jenem Morgen aber wurde meine Vorstellung vom ‚guten Deutschen' zerstört. Es war zutiefst widerwärtig, die Straße entlang zu gehen und zu sehen, wie alle diese Menschen grinsten, lächelten, winkten und den Arm zum Hitlergruß streckten. Alle wußten inzwischen, was vor sich ging … Indem ich in die meisten Gesichter sah, wußte ich, daß die Masse dieser Menschen ebenso verdorben war wie ihre Herren und daß gewiß nur eine winzige Minderheit die menschliche Würde wahrte."

Der Text wirft Fragen auf: Wer hat denn die Verhafteten eskortiert? Die Masse der Anständigen blieb doch dem traurigen Spektakel fern aus dem Bewusstsein heraus, dass jede Sympathiekundgebung nicht nur unnütz, sondern gefährlich werden dürfte. Kirschner selbst war es, der – seinem Sohn – zu äußerster Vorsicht riet:

---

585 Klemperer: „Tagebücher 1940–1941", a. a. O. I, S. 9.
586 Klemperer: „Tagebücher 1944", a. a. O. I, S. 39.
587 Kirschner, a. a. O. I, S. 161.

„Leiste keinerlei Widerstand, selbst wenn du findest, daß es furchtbar, demütigend oder was auch immer ist – sie sind die Stärkeren." [588]

Jeder Leser frage sich, wie er sich verhalten hätte, wenn er Gelegenheit gehabt hätte, dem bösen Treiben zuzusehen. Ferner: Es gibt Fotos von solchen Märschen. Doch offenbar gibt es nicht eines, das die Menge mit gestrecktem Arm zeigt, als ob gerade Hitler vorbeikäme. Und schließlich gibt es in dem Buch andere Passagen, die eine andere Sprache sprechen. So schreibt Kirschner noch kurz vor diesem Urteil:

„Die Wachen waren sehr nett, offenbar gefielen ihnen ihre momentanen Pflichten nicht im geringsten." [589]

Benehmen sich so die „Verdorbenen"?

Ist es deplaziert zu erwähnen, dass sich an anderer Stelle Kirschner über den „dummen Michel", den deutschen Soldaten, lustig macht, der seine Kriegsgefangenen „zu milde behandelt"?[590]

Auch in den folgenden Ausführungen ist von Hass die Rede:

„So wie ich das deutsche Volk hasse, wenn ihr nur irgend begreifen könnt, was hassen heißt",

schreibt Anita Lasker-Wallfisch, die Auschwitz überlebt hat. Ihr Groll ist schier grenzenlos:

„Es geht so weit, daß ich (und in meiner Eigenschaft als Dolmetscherin passiert mir das öfter) mich umdrehen muß, um ihnen nicht ins Gesicht zu schlagen. Jedem einzelnen, auch die mir persönlich nichts getan haben und die von den Greueln der Konzentrationslager nicht gewußt haben."[591]

Sie ist auch ungemein hart gegenüber ihren Leidensgefährten:

„Wir sehen die Menschen um uns herum, obwohl sie alle schrecklich nett zu uns sind, manchmal durch eine mitleidlose Brille, denn vor allem haben wir im KZ eins gelernt: Menschenkenntnis! Wir haben feststellen müssen, daß fast alle Menschen in der Stunde, wo sie sich bewähren müssen und zeigen, daß sie ‚Menschen' sind, zu Tieren werden."[592]

---

588 Kirschner, a. a. O. I, S. 160.
589 Kirschner, a. a. O. I, S. 160.
590 Kirschner, a. a. O. I, S. 89.
591 Lasker-Wallfisch: „Wahrheit", a. a. O. I, S. 175.
592 Lasker-Wallfisch: „Wahrheit", a. a. O. I, S. 180.

In Anita Lasker-Wallfischs Aufzeichnungen aus den Jahren vor ihrer Deportation begegnet der Leser, was das Verhalten der „Arier" betrifft, Erfreulichem wie Unerfreulichem. Beides in Relation gesetzt lässt nicht darauf schließen, dass Anitas Hass schon in dieser Zeit grundgelegt worden ist. – Meint Anita auch sich selbst, wenn sie gegen Ende schreibt:

> „Als ich durch Hamburg fuhr, habe ich mich geschämt. Nicht für mich, nicht für Deutschland, denn ich fühle nicht mit Deutschland, aber für die Menschen, für alle Menschen habe ich mich geschämt"[593]?

Im Tagebuch von N. Töpper ist ebenfalls der Hass Thema. Der Text trägt das Datum vom 21. November 1938 und wurde in Amsterdam verfasst:

> „Wir müssen es schaffen. Und dazu brauche ich Kraft. Und Kraft kriege ich durch Haß, und den durch den Gedanken an die … [unleserlich] der letzten zwei Wochen [Pogrom in Deutschland]. Liebe ich Deutschland noch? Ja, ja, ja, aber anders, bedingter als vorher. Viele Menschen müssen an die Wand gestellt werden, bevor man wieder einmal ein Reich schaffen kann, das Achtung genießt."[594]

Ob die Mehrheit der Deutschen Hitlers Judenpolitik guthieß oder nicht – dazu kein klares Wort aus seiner Warte. Oder doch?

> „Es ist kein Deutschland mehr, es ist ein Reich von Kannibalen, die man nicht mehr unter Menschen rechnen darf. Nach Berichten von Flüchtlingen hier soll ein großer Teil der Bevölkerung tief empört sein, aber es waren immer noch genug da, um 600.000 Menschen mehr oder weniger brotlos und obdachlos zu machen."[595]

(Nur am Rand sei vermerkt, dass Töpper auch mit Juden und „Weltjudentum" hart ins Gericht geht.[596])

Ruth Maier, in Wien geboren, führte in Norwegen Tagebuch, als sie ihren Empfindungen Ausdruck verlieh:

> „Ich war auch in Oslo. Viele deutsche Soldaten sind dort. Sie sprechen Deutsch, und das tut weh. Denn ich liebe die deutsche Sprache …, aber ich hasse die Deutschen. Nicht genug, ich weiß."[597]

Der Antisemitismus hatte sie aus Österreich vertrieben. Doch von eigenen bitteren Erfahrungen mit Deutschen, gar mit einer nennenswerten Anzahl, ist nicht die Rede. Monate später wurde sie nachdenklich:

> „Auch die deutschen Soldaten, wenn sie mit Mädchen gehen, haben tiefe Stimmen, die leise auflachen, am Frühlingsabend. Wenn ihre Hände um Liebe bitten, sind die

---

593 Lasker-Wallfisch: „Wahrheit", a. a. O. I, S. 175.
594 Töpper, a. a. O. I, S. 110.
595 Töpper, a. a. O. I, S. 113.
596 Töpper, a. a. O. I, S. 155 f.
597 Maier, a. a. O. I, S. 299.

deutschen Soldaten nicht Mörder, sind Knaben, die da stehen, in Nacktheit unschuldig lächelnd."[598]

Sie erwähnt

„20-jährige Burschen ... viele sind drei Jahre lang nicht daheim gewesen. Sie müssen ja die ganze Zeit kämpfen: Wenn nicht, werden sie erschossen!"[599]

Der Münchner Rechtsanwalt Philipp Loewenfeld zählt ebenfalls zu den Anklägern, kann jedoch kaum aus eigener Erfahrung sprechen, da ihm schon im März 1933 die Flucht gelang. Doch glaubte er zu wissen:

„Tatsache ist aber, daß ein großer Teil von Deutschland ihm [Hitler] wesensgleich ist und daß die Wesensgleichheit sich keineswegs nur auf eine kleine, aber gewalttätige Minorität erstreckt."[600]

Was heißt „ein großer Teil"? Die Antwort auf diese doch so wichtige Frage suchen wir in dem dicken Buch vergebens. Der erste Satz der Einleitung leistet der Annahme Vorschub, hier sei von „Kollektivschuld" die Rede. Aber allein die Schilderung seiner Flucht beweist das Gegenteil:

„Als ich kurz nach 11 Uhr vormittags in meinem Büro anlangte, herrschte dort nicht geringe Aufregung. Unseren Mitarbeitern und dem Personal steckte naturgemäß noch der Schrecken über die Verhaftung des ältesten ihrer drei Chefs in den Gliedern. Eine Viertelstunde zuvor aber hatte noch überdies das Personal eines der größten Münchener nazistischen Anwaltsbüros mit meinem Personal telefoniert, sie wüßten aus autoritativster Quelle, daß meine Verhaftung für diesen Nachmittag zwischen vier und fünf Uhr vorgesehen sei und man solle deshalb dafür sorgen, daß ich verschwinde."[601]

Ziemlich zeitgleich rief ihn sogar ein Staatsanwalt an, der ihm ebenfalls den dringenden Rat gab, das Land zu verlassen, und der sich anbot, ihn über die Grenze zu führen. Obwohl Loewenfeld der Ansicht war,

„daß man sich für diese große Auseinandersetzung bereit zu halten habe und daß ich deshalb das Land nicht verlassen könne"[602],

verließ er schnell das Land. Vom sicheren Hort aus erhob er dann gegen seine sozialdemokratischen Parteifreunde harte Vorwürfe, so:

„Diese schmutzige Abfuhr [die Niederlage bei der Abstimmung über das Ermächtigungsgesetz] hinderte die sozialdemokratische Fraktion nicht, fast zwei Monate später sich nochmals an einer sogenannten Reichstagssitzung zu beteiligen und bei

---

598 Maier, a. a. O. I, S. 407.
599 Maier, a. a. O. I, S. 298 f.
600 Loewenfeld, a. a. O. I, S. XXII.
601 Loewenfeld, a. a. O. I, S. 674.
602 Loewenfeld, a. a. O. I, S. 676.

der Gelegenheit sogar ihre Stimme *für* ,Außenpolitik Schückelgrubers' [sic! – gemeint ist Hitler] abzugeben."[603]

– Darüber keine Satire zu schreiben, fällt schwer:

„Mir wird der Boden unter den Füßen zu heiß. Holt Ihr die Kastanien aus dem Feuer!"

Er sprach es und begab sich dorthin, wo für ihn der Tisch schon gedeckt, das Bett schon gerichtet war, in die Schweiz.

Moses Goldschmidt ist unter den hier genannten Zeitzeugen der schärfste Ankläger der Deutschen, wenn auch nur mit einem Satz, der lautet:

„Das ganze deutsche Volk mit verschwindend geringen Ausnahmen ist an diesen Greueltaten… mitschuldig, denn es schwieg dazu oder billigte sie sogar."[604]

Eine Begründung dafür liefern die von ihm geschilderten Erfahrungen nicht. Doch wenig später heißt es bei ihm, dem Zitierten widersprechend:

„In Hamburg [wo Goldschmidt wohnte] war der Erfolg dieser Boykottmaßnahmen sehr gering, denn die Majorität der Hamburger Bevölkerung war sozialdemokratisch und haßte die Nazis."[605]

(Die Aufzeichnungen Goldschmidts enthalten allerdings außergewöhnlich viele unrichtige Behauptungen.[606] Auch gibt nichts Anlass zu der Annahme, er selbst habe nicht auch geschwiegen, sondern habe sich heroischer verhalten als die anderen.)

Ludwig Feuchtwanger ist hier schon zu Wort gekommen. Er konnte noch im Frühjahr 1939 von München aus nach England emigrieren. Dort schrieb er 1940, also kurz nach Kriegsbeginn, einen Aufsatz: „Distinction between Hitlerism and German People?" Darin ist zwar nicht ausdrücklich von Hass die Rede, aber die Ausführungen sind gleichwohl bitter und enden mit den Sätzen:

„The German people themselves have to be brought in guilty, aus den genannten Gründen. Die Frage bleibt, ob künftig eine sinnvolle Unterscheidung zwischen Hitlerismus und deutschem Volk gemacht werden kann."[607]

Wollte er sich bei seinen englischen Gastgebern in dieser Phase äußerster Bedrohung durch Hitlers Armee nicht unbeliebt, ja verdächtig machen, so durfte er kaum ein gutes Haar an den Deutschen lassen.

---

603 Loewenfeld, a. a. O. I, S. 682.
604 Goldschmidt, Moses, a. a. O. I, S. 159.
605 Goldschmidt, Moses, a. a. O. I, S. 177.
606 Goldschmidt, Moses, a. a. O. I, S. 194.
607 Feuchtwanger, Ludwig, a. a. O. I, S. 212 f.

Hélène Berr, die „Anne Frank von Paris", hatte offenbar noch keine schlimmen persönlichen Erlebnisse mit Deutschen, als sie über ihre eigenen Hassgefühle reflektierte:

> „Jetzt, das ist neu, wenn ich einen Deutschen oder eine Deutsche sehe, steigt ... plötzlich Wut in mir auf, ich könnte sie schlagen. Sie sind für mich zu denjenigen geworden, die das Böse tun, dem ich in jeder Minute begegne. Früher habe ich sie nicht so gesehen, ich sah sie als blinde Automaten, abgestumpft und beschränkt, aber nicht verantwortlich für ihr Handeln, vielleicht hatte ich recht? Jetzt sehe ich sie mit den Augen des einfachen Mannes, mit einer instinktiven, primitiven Reaktion – kenne ich den Hass? Warum sollte ich dieser primitiven Haltung nicht nachgeben? Warum versuchen zu argumentieren, klar zu sehen in den Gründen und Ursachen der jeweiligen Verantwortlichkeit, da sie es nicht tun?"[608]

„Die Deutschen" waren für sie eine unentwirrbare Einheit. Daher durften alle über einen Kamm geschoren werden:

> „Man darf nicht versuchen, die geistige Verfassung der Deutschen von heute mit der unseren zu vergleichen. Sie sind vergiftet; und sie denken nicht mehr; sie haben keine Kritikfähigkeit mehr: ,Der Führer denkt für uns.' Es würde mir Angst machen, einem Deutschen gegenüberzustehen, denn ich bin sicher, wir wären vollkommen unfähig, einander zu verstehen."[609]

Äußerst dramatisch verlief das Leben der mit ihren Eltern aus Polen immigrierten Lucille Eichengreen, der es gelang, Getto und Auschwitz zu überstehen. Schon mit Blick auf das Jahr 1937 stellt sie, damals Schülerin, die Frage:

> „Aber warum haßten uns die Deutschen so?"[610]

Dabei waren „Deutsche" bei ihr, der Polin, auch deutsche Juden. Im Getto wie im KZ waren es wieder überwiegend Juden, mit denen sie sich auseinandersetzte.

Viele Jahre später war sie inzwischen auf der Seite der Sieger bei der Vernehmung deutscher Kriegsgefangener tätig:

> „Ich konnte nicht verhindern, daß ich mich in diesem Moment daran erinnerte, wann ich die Deutschen hassen gelernt hatte. Es hatte begonnen, als SS-Männer meinen Vater nach Dachau abholten. Das Gefühl hatte mich seitdem nicht mehr losgelassen."[611]

Ob das Mädchen damals bedacht hat, dass vor und nach ihrem Vater „Arier" in großer Zahl von SS-Männern abgeholt wurden und im KZ Dachau vegetieren mussten.

---

608 Berr, a. a. O. I, S. 270.
609 Berr, a. a. O. I, S. 234.
610 Eichengreen, a. a. O. I, S. 24.
611 Eichengreen, a. a. O. I, S. 172.

Unter der Überschrift „Fünfzig Jahre später" schreibt die in die USA Emigrierte, die 1991 eine Reise nach Deutschland und Polen unternahm:

> „Und obwohl vielleicht niemand für die Politik seiner Regierung verantwortlich gemacht werden kann, muß sicherlich jeder von uns für seine individuellen Handlungen Verantwortung übernehmen."[612]

Gilt das auch für das Hassen von Kollektiven? Hat Eichengreen ihren Hass abgelegt? So deutlich wie Ruth Eisner, die wir im folgenden Kapitel wiedergeben, sagt sie es zumindest nicht.

Zusammenfassend ist festzustellen: Keiner der Hasser begründet seine Empfindung mit einer nennenswerten Zahl persönlicher Erfahrungen mit Deutschen.

Ganz ohne eigene Erfahrungen mit dem deutschen Volk bekannte die in Kiew geborene, in Palästina/Israel seit 1920 lebende israelische Ministerpräsidentin Golda Meir:

> „Meine Einstellung ist durchaus rassistisch. Für mich ist jeder Deutsche im nachhinein ein Nazi."[613]

Nicht anders verhielt es sich bei Menachem Begin, der es ebenfalls zum Ministerpräsidenten brachte. Er hatte zwar seine Eltern im Holocaust verloren, aber nennenswerten Umgang mit Deutschen hatte er nicht gehabt, als er sich zu den Worten hinreißen ließ:

> „Es gibt nicht einen Deutschen, der an der Ermordung unserer Väter unbeteiligt war. Jeder Deutsche ist ein Mörder, Adenauer ist ein Mörder."[614]

Diese pauschalen Beschimpfungen fielen, als es darum ging, ob Israel mit Deutschland Wiedergutmachungsverhandlungen aufnehmen solle. Besonders bemerkenswert ist hierbei, dass der jüdisch/israelische Wirtschaftsberater Peretz Naphtali, ehemals sozialdemokratisches Mitglied der Berliner Stadtverordnetenversammlung und 1933 verhaftet, immer wieder zugunsten der Deutschen in Israel das Wort ergriff: Man könne mit einem Volk nicht so umgehen, als ob alle seine Teile gleich seien. Es gehe nicht an, deutsche Sozialdemokraten zu schneiden, obwohl sie Gegner der Nazis gewesen seien:

> „Ich kenne Schumacher, und wenn ich ihn sehe, werde ich ihm die Hand schütteln, denn er war der tapferste Kämpfer aller deutschen Sozialdemokraten und in größerer Gefahr als die meisten Juden."[615]

---

612 Eichengreen, a. a. O. I, S. 222.
613 Hansen, a. a. O. II, S. 145.
614 Hansen, a. a. O. II, S. 149.
615 Hansen, a. a. O. II, S. 54.

10.3 Zwischentöne

„Nie will ich vergessen, nie will ich verzeihen", schrieb die Berliner Jüdin Ruth Eisner:

> „Und damit ich nichts vergesse, will ich ab jetzt [4. Januar 1939] ein Tagebuch führen ... Nein, ich will selbst keine Deutsche mehr sein. Es kann keine Ehre mehr bedeuten, Deutscher zu sein. Ich bin stolz darauf, daß sie ja erklärten, daß ich keine Deutsche mehr bin. Jetzt hasse ich sie, oh, wie ich sie hasse!"[616]

Am 25. Januar fuhr sie mit dem angeschnittenen Thema fort:

> „Minna sagte: ‚Es sind nicht alle Deutschen schlecht, Ruthchen, glauben Sie es mir doch. Sie haben nur alle Angst vor der SS und SA. Und was können einzelne Personen auch helfen? Ich kann es doch auch nicht, und wie gern täte ich es, ich kann oft nachts nicht schlafen, wenn ich an all das Böse denke, was jetzt geschieht.' Sie weinte dann so bitterlich und dann mußte ich sie trösten und ihr die Tränen abwischen. Ich habe ihr gesagt, daß ich sie lieb habe, auch wenn sie keine Jüdin ist. Es gäbe bei allen Völkern gute und schlechte Menschen, und ich glaube ihr, daß auch unter den Deutschen Menschen wie sie seien. Ich habe ihr das gesagt, um sie zu trösten, denn eigentlich denke ich: Warum laufen sie denn alle wie eine Hammelherde hinter diesem Hitler her, warum gibt es nicht welche, die ‚Nein!' sagen?"[617]

Noch vor Kriegsbeginn konnte Ruth Eisner Deutschland verlassen und fand eine neue Heimat zunächst in den Niederlanden und schließlich in England. Alle weiteren einschlägigen Tagebucheintragungen stammen aus der Nachkriegszeit in Deutschland. Sie traf sich mit der Mutter ihres Freundes, die sie tief beeindruckte:

> „Gestern habe ich nun Günthers Mutter kennengelernt. In den zwei Stunden, die ich mit ihr verbrachte, hörte ich von ihr [einer Arierin] weder eine Beschimpfung noch ein schlechtes Wort auf diejenigen, die sie ihres Mannes [Jude] und ihrer Kinder beraubten ... Diese großartige Frau sagte, trotz all der gräßlichen Dinge, die sie erleben mußte: ‚Wie dankbar bin ich Gott dafür, daß er mir wenigstens eines meiner Kinder erhalten hat ... Es war eine schreckliche Zeit. Viele Menschen handelten damals vor lauter Angst auch an den eigenen Angehörigen schlecht. Unter diesem Mordsystem war doch jeder, der sich nicht, wie befohlen, gegen die Juden stellte, genauso gefährdet wie diese selbst. So muß man ihre Handlungsweise verstehen, die von der Angst um das eigene Dasein diktiert wurde.' Ich bewundere Günthers Mutter. In Günthers Briefen lese ich immer nur Unversöhnlichkeit und Haß, ihn kann ich nicht bewundern. Er denkt nie über die Dinge nach, nie versucht er, einmal ganz objektiv und tolerant zu sein."[618]

Dass Ruth nun ihren Hass auf *die* Deutschen insgesamt abgelegt hat, beweist auch eine Eintragung vom 2. Januar 1946:

---

616 Eisner, a. a. O. I, S. 12.
617 Eisner, a. a. O. I, S. 19.
618 Eisner, a. a. O. I, S. 94 f.

„Nur leider müssen jetzt die Unschuldigen mit den Schuldigen leiden, und daß es viele, ja sehr viele Unschuldige gibt, das ist mir in der Zeit meines Hierseins bereits aufgefallen."[619]

Unter dem 12. März 1947 notierte sie:

„Ich mußte unwillkürlich daran denken, daß auch ich in langen Jahren nur jüdische Probleme im Vordergrund sah und die Tatsache, daß es für Nichtjuden Probleme und Gefahren gab, nur ganz am Rande erkannte. Wenn ich neue Menschen kennenlernte, ergründete ich erst einmal, ob es auch Juden waren. Die anderen interessierten mich wenig."[620]

Am 10. April 1947 lautet der Eintrag:

„Ich hatte diesen Begriff ‚Kollektivschuld' bisher nur auf Menschen bezogen, die zur Zeit der Machtübernahme Hitlers erwachsene und ausgereifte Menschen waren. Menschen aber, die damals noch Kinder, so wie ich, oder sogar noch jünger waren, konnten weder etwas für die ganze politische Entwicklung noch hätten sie jemals etwas dagegen tun können … Ich versuchte, Peter dies alles begreiflich zu machen, aber er beharrte stur auf seiner Mitschuld. Komisch, die älteren sind stets bestrebt, einem zu versichern, daß sie überhaupt nichts damit zu tun gehabt haben, ja, nicht einmal wußten, was alles geschehen ist, und außerdem hätten sie ja auch gar nichts dagegen unternehmen können. Die Jungen sind viel eher bereit, sich voll und ganz zu einer Mitschuld zu bekennen, die nicht sie selbst, sondern die Generation vor ihnen betrifft."[621]

Der folgende Text veranschaulicht eine ähnliche Revision eines Vorurteils. Er erschien bereits 1934 in London, und zwar aus naheliegenden Gründen anonym. So viel ist bekannt: Der Autor war ein deutsch-jüdischer Wissenschaftler. Er kündigte 1933 sein Arbeitsverhältnis in Deutschland, um der zu erwartenden Entlassung aus rassistischen Gründen zuvorzukommen. Er schildert, was ihn bewegte:

„Ich nahm wahr, daß sich mein Hass gegen die Verfolger meiner Mitjuden in einen Haß gegen das ganze deutsche Volk verwandelte, von dem diese schreckliche Niedertracht und Grausamkeit ausgegangen waren. Dann sagte ich mir wiederholt, daß die Juden nicht das einzige Volk seien, das gequält und gedemütigt werde. ‚Ist das Volk als ganzes für jedes Verbrechen verantwortlich, das in seinem Namen begangen wird?' fragte ich mich. Eine Stimme in mir antwortete: ‚In diesem Fall ist das Volk als ganzes für eine Regierung verantwortlich, die es an die Macht gebracht hat und die es, im vollen Wissen um die Vorgänge, mit lautem Beifall bedenkt, wann immer ein Gewaltakt oder eine Ungerechtigkeit begangen wird.' Doch dann beunruhigte mich eine andere Überlegung: ‚Vielleicht erleben wir gerade einen vorübergehenden Massenwahn …, für den das Volk nicht verantwortlich ist?' … Mein jüdisches Blut, mein Stolz, mein Gefühl der Solidarität mit meinem gede-

---

619 Eisner, a. a. O. I, S. 104.
620 Eisner, a. a. O. I, S. 127.
621 Eisner, a. a. O. I, S. 131.

mütigten und gequälten Volk machten es mir unmöglich, einem Land mildernde Umstände zuzubilligen, das einen Hitler oder Göring an die Macht gebracht hatte."[622]

Doch schließlich wird unser Zeuge sehr nachdenklich und selbstkritisch:

„Und das Volk? Was tut und fühlt das deutsche Volk? Zweieinhalb Millionen deutsche Arbeiter hatten sich auf dem Tempelhofer Feld versammelt. Viele von ihnen waren gekommen, weil sie es nicht wagten, fernzubleiben. Der Terror veranlaßte sie, diese Furcht zu verbergen. Äußerlich betrachtet war die Veranstaltung ein glänzender Erfolg, die Organisation perfekt. Das Volk hatte den ‚Volkskanzler' und die ‚Volksregierung' bejubelt. Am Abend dieses Tages – wie immer an ‚großen' Tagen – besuchten uns einige Freunde. Ein junger Ingenieur, der auf dem Tempelhofer Feld dabei war, erzählte uns, was er gesehen hatte. Tatsächlich war das deutsche Volk dort ... Ich antwortete: ‚Alle Schichten der Bevölkerung ... mußten Vertreter zu dieser Veranstaltung entsenden. Nur die Juden waren ausgeschlossen. Und eines Tages, wenn die Augen des deutschen Volkes geöffnet sein werden, wenn es aus seinem schrecklichen Traum erwacht, können wir Juden mit Stolz daran erinnern, daß wir an diesem Spektakel keinen Anteil hatten.'

Plötzlich erinnerte ich mich an die zusammengerollte Fahne auf meinem Balkon. Keiner meiner Gäste wußte davon. Ich schämte mich zutiefst, als ich hinzufügte: ‚Wir könnten stolz sein, hätten wir wirklich nicht an diesem Spektakel teilgenommen. Unglücklicherweise werden wir diese trostreiche Erinnerung nicht haben. Niemand in diesem Reich des Terrors kann seine Ehre und seinen Stolz makellos bewahren."[623]

Dies zeigt eine schonungslose Ehrlichkeit dem neugierigen Kundgebungsteilnehmer gegenüber, aber auch sich selbst gegenüber, dem, der die Fahne geschwenkt hatte.

Fesselnd die Erinnerungen Margot Friedlanders, 1921 in Berlin geboren. Jahrzehnte später fasst sie zusammen:

„Auch meine Familie war von den Deutschen ermordet worden. Aber das war nur ein Teil der Geschichte, meiner Geschichte ... Deutsche hatten mein Leben zerstört, Deutsche hatten es gerettet. Deutsche hatten mich versteckt, Juden mich ausgeliefert."[624]

Eine geradezu atemberaubende Rückschau beschert Ralph Giordano:

„Als der Sattlermeister meinen älteren Bruder und mich sah, winkte er uns in sein Haus: ‚Radio London hat eben angekündigt, dass Berlin bis Jahresende jede Nacht

---

622 Anonymus (3), a. a. O. I, S. 181 f.
623 Anonymus (3), a. a. O. I, S. 188 f.
624 Friedlander, a. a. O. I, S. 254

angegriffen wird, jede Nacht.' ... ‚Kill them!' schrieen wir, ‚kill them all!'... Zu diesem Zeitpunkt mussten schon die ersten Bomben auf Berlin gefallen sein."[625]

Beim Niederschreiben folgender Empfindungen war Giordano nachdenklich geworden:

„Wenn es denn eine Stunde, ein Ereignis gab, die mir später klarmachen sollten, dass die bestehenden Herrschaftsverhältnisse keineswegs nur die Verfolger entmenschlichten, sondern, wenngleich aus anderen Gründen, auch die Verfolgten – dann war es die Erinnerung an jene Nacht."[626]

Wenige Seiten weiter offenbart er uns den gleichen Freudentaumel angesichts der Vorboten des Sieges der Alliierten und der Hoffnung, die Verfolgung zu überleben:

„... das war die Bestätigung für einen heiligen, unausgesprochenen Schwur: im Fall der Befreiung ... den blutigen Staub dieses Landes so rasch wie möglich von unseren Füßen zu schütteln ... Davor aber Vergeltung! Vergeltung für jeden falschen Gedanken, für jedes verkehrte Wort und für jede herausgehängte Hakenkreuzfahne; für jeden Heil-Ruf, jeden Schlag, jeden Tritt ..., Zahn um Zahn, Blut um Blut, Tod um Tod – Vergeltung ... Das war meine Verfassung damals, und ich schäme mich nicht, sie zu offenbaren."[627]

Seine „arischen" Wohltäter konnten ihn darin nicht irre machen.

„Lehrten doch alle Erfahrungen, dass sie eine Minderheit waren, von der die Mehrheit nichts wissen wollte, ja, ihr gefährlich wurde."[628]

– Doch seine Aufzeichnungen bestätigen das zuletzt Gesagte nicht. Erinnert sei an seine Schulerfahrungen.[629]

Wer eine Erklärung für diesen Widerspruch sucht, wird als Leser der Biografie stutzig, wenn er auf Ralph Giordanos Skizze des Vaters und die Begegnungen der beiden stößt

„Die tiefe, schon dem Jüngling innewohnende Feindschaft meines Vaters gegenüber Welt und Menschen – sie war dabei, sich nun auch nach innen zu kehren, gegen seinen Nächsten." „... ich hatte ihm die Pistole in den Leib gerammt ... Da ließ er die Hand sinken, starrte ungläubig auf die Pistole, schlug die Hände vors Gesicht und brach auf seinem Lager zusammen."[630]

---

625 Giordano, a. a. O. I, S. 194 f.
626 Giordano, a. a. O. I, S. 195.
627 Giordano, a. a. O. I, S. 200.
628 Giordano, a. a. O. I, S. 200.
629 Siehe S. 149.
630 Giordano, a. a. O. I, S. 198 und 241

III. Teil

Bekundungen „arischer" Zeitzeugen

11. „Das andere Deutschland"

11.1 Ein verwirrendes Bild?

Hannes Heer lässt in seinem Buch „Hitler war's' Die Befreiung der Deutschen von ihrer Vergangenheit" das Mitglied der „Abteilung für psychologische Kriegführung" Saul K. Padover ausführlich zu Wort kommen. Padover war mit der siegreichen US-Army nach Europa zurückgekehrt und sollte nun die Mentalität der Besiegten erforschen. Auf deutschem Boden begann er in Aachen mit seiner Arbeit. Ergebnis:

> „Seit zwei Monaten sind wir hier zugange, wir haben mit vielen Menschen gesprochen, wir haben jede Menge Fragen gestellt, und wir haben keinen einzigen Nazi gefunden. Jeder ist ein Nazigegner. Alle Leute sind gegen Hitler. Sie sind schon immer gegen Hitler gewesen. Was heißt das? Es heißt, daß Hitler die Sache ganz allein, ohne Hilfe und Unterstützung irgendeines Deutschen durchgezogen hat"[631],

folgert Padover sarkastisch.

Am 30. Januar 1934 schrieb Erich Ebermayer, ein sehr erfolgreicher deutscher Autor für Bühne und Film, in sein Tagebuch:

> „Es ist den Nationalsozialisten in diesem ersten Jahr ihrer Macht gelungen – und dies zu leugnen, wäre Verblendung –, die gewaltige Mehrheit des Deutschen Volkes … auf ihre Seite zu ziehen. Wir Wenigen [Hitlergegner] werden immer weniger. Wir sind fast allein. Erfolg erzeugt Erfolg – das englische Sprichwort ist wahrhaftig auf Hitler anzuwenden."[632]

Wenn demnach schon nach einem Jahr „die gewaltige Mehrheit" Hitlers Gefolgschaft war, dann zehn Jahre später doch sicherlich so gut wie alle. Also haben fast alle Padover gegenüber die Unwahrheit gesagt. – Wirklich?

Derselbe Ebermayer notierte am 27. Mai 1936:

> „Der Kampf des Regimes gegen den Katholizismus wird immer erbitterter. Es ist, als ob unsere Herren es in tragikomischer Selbstzerstörung systematisch mit allen verderben wollen, während offiziell pausenlos behauptet wird, man wolle alle, auch die ehemaligen Gegner, versöhnen. Nach den Sozialisten, den Demokraten, den Juden, den Studenten, dem Adel, den Intellektuellen, den Homosexuellen, kommen nun die Katholiken an die Reihe. Es bleiben bald nur noch die Linkshänder und die Radfahrer übrig. Die NS-Führung spürt zu Recht im Katholizismus eine Gefahr. Hier sind hauptsächlich unterirdische Kräfte am Werke, die ihr, sollte der NS-Staat doch einmal in die Krise geraten, schwer zu schaffen machen würden."[633]

---

631 Heer, a. a. O. II, S. 5.
632 Ebermayer: „Deutschland", a. a. O. II, S. 249
633 Ebermayer: „… und morgen" a. a. O. II, S. 75.

Wenn wir diesem jüngeren Ebermayer-Text, dem eine deutlich längere Beobachtung zugrunde liegt, die größere Bedeutung beimessen, dann erscheinen die Gesprächspartner Padovers in einem weit günstigeren Licht, zumal unter Berücksichtigung der Tatsache, dass der Raum Aachen fast ausschließlich von Katholiken bevölkert war. Das würde heißen, dass unter den Befragten Padovers tatsächlich viele Hitlergegner waren. Ebermayer selbst zog nach dem Pogrom eine deutliche Trennlinie zwischen Volk und Nazis:

> „Man kann nur hoffen, daß noch heute Zehntausende von Juden … ihre Koffer packen, ehe sie auch noch physisch bedroht oder gar vernichtet werden. Der Haß gegen Deutschland – leider nicht nur gegen die Nazis! –, den diese Menschen in die Welt hinaustragen, wird eines Tages seine Früchte bringen."[634]

> „Die letzten Tage haben, gerade im einfachen Volk, nicht nur bei den ‚Gebildeten', einen Schauer erzeugt. Einen Schock besonderer und völlig neuer Art. Selbst der Dümmste erkennt oder ahnt nun, was da geschehen ist: Der nackte Terror …"[635]

Vergegenwärtigen wir uns einschlägige Äußerungen anderer namhafter Hitlergegner.

11.2 Adenauer und der Deutsche Bundestag

Im September 1949 wurde Konrad Adenauer, bis 1933 als Mitglied der katholischen Zentrumspartei Oberbürgermeister von Köln, zum Bundeskanzler gewählt. Niemand bezweifelt, dass er als entschiedener Gegner der Nationalsozialisten zwischen 1933 und Kriegsende schlimmen Verfolgungen ausgesetzt gewesen ist.

Mit deutlicher Mehrheit wiedergewählt, erklärte Adenauer am 27. September 1953 vor dem Plenum des Deutschen Bundestages:

> „Die Bundesregierung und mit ihr die große Mehrheit des deutschen Volkes sind sich des unermeßlichen Leides bewußt, das in der Zeit des Nationalsozialismus über die Juden in Deutschland und in den besetzten Gebieten gebracht wurde. Das deutsche Volk hat in seiner überwiegenden Mehrheit die an den Juden begangenen Verbrechen verabscheut und hat sich an ihnen nicht beteiligt …"

Das Protokoll vermerkt:

> „Lebhafter Beifall im ganzen Haus außer bei der KPD und auf der äußersten Rechten."[636]

Die Applaudierenden waren durch die Bank Persönlichkeiten mit weißer Weste.

---

634 Ebermayer: „… und morgen" a. a. O. II, S. 324.
635 Ebermayer: „… und morgen" a. a. O. II, S. 325.
636 Adenauer, Plenarprotokoll, I/165, S. 6698.

Gleich nach Adenauer sprach für die SPD Paul Löbe, der ehemalige Reichstagspräsident, auch er ein NS-Opfer. Wie nach dem Gesagten nicht anders zu erwarten, pflichtete er Adenauer namens seiner Partei ausdrücklich bei und fügte hinzu:

„Jeder rechtlich denkende Mensch schämt sich dieser Schandtaten, die unter Mißbrauch des deutschen Namens zum Entsetzen der überwiegenden Mehrheit auch des deutschen Volkes verübt worden sind."[637]

In diesem Geist war die SPD schon im Sommer 1945 angetreten. Der spätere Parteivorsitzende Kurt Schumacher, der jahrelang in einem KZ hatte vegetieren müssen, erklärte damals, dass

„mit dem Wort von der Gesamtschuld eine große geschichtliche Lüge beginnt, mit der man den Neuaufbau Deutschlands nicht vornehmen kann ... Daß der Nazismus kommen konnte, und mehr noch, daß er den Zweiten Weltkrieg vorbereiten und auszulösen vermochte, ist ja nicht nur eine Frage nationalen, sondern auch internationalen Verschuldens. Wenn es in Deutschland niemals zu den Formen des bewaffneten Widerstandes während des Krieges gekommen ist ..., so liegt das daran, daß der Druck des Naziterrors in Deutschland unvergleichlich stärker war als anderswo."[638]

Schumacher nannte es ein Wunder,

„daß nach zwölf Jahren Diktatur noch so viele Menschen innerlich anständig geblieben sind"[639].

1952 kam es – aus dem zitierten Geiste Begins heraus – zu einem Attentatsversuch auf Bundeskanzler Adenauer, dem „bösen Regierungschef eines Volkes von Mördern"[640], bei dem ein Sprengmeister den Tod fand. Adenauer ließ sich nicht aus der Ruhe bringen:

„Für mich ist das die Tat eines Verrückten. Ebenso wie jeder anständige Deutsche es ablehnt, mit den Wahnsinnstaten sadistischer Gestapoleute identifiziert zu werden, lehne ich es ab, das Judentum mit dem blödsinnigen Fanatismus eines einzelnen zu belasten, nur weil dieser zufällig ein Jude ist."[641]

Adenauer hatte schon in der Weimarer Zeit jüdische Freunde. Diese Freundschaften setzten sich nach der NS-Ära fort. Zu seinen Freunden zählte David Ben Gurion, der den Aufsatzband „The Jews in their Land" mit der Widmung versah: „Dem vorbildlichen Staatsmann, dem Menschen von hoher Moral, dem treuen

---

637 Löbe, Plenarprotokoll, I/165, S. 6698.
638 *Illustrierte Republikanische Zeitung*, Sonderausgabe 1985, S. 5; siehe auch Schumacher, a. a. O. II, S. 203 ff.
639 *Illustrierte Republikanische Zeitung*, Sonderausgabe 1985, S. 5.
640 Hansen, a. a. O. II, S. 150.
641 Hansen, a. a. O. II, S. 159.

Freund".⁶⁴² Einer von Adenauers Vertrauten war über lange Zeit Nahum Goldmann, der eine geradezu dramatische Begegnung mit dem Altbundeskanzler in Israel schildert: Ministerpräsident Levi Eschkol gab zur Ehre des Gastes, dem ein Ehrendoktor verliehen worden war, am Abend des 3. Mai 1966 ein Essen. In seiner Tischrede sagte Eschkol sinngemäß:

> „Herr Bundeskanzler, wir sind davon überzeugt, daß das deutsche Volk unter Ihrer Führung in die Gemeinschaft der zivilisierten Völker zurückkehren wird."⁶⁴³

Goldmann berichtet dann weiter:

> „Ich saß zu Adenauers Rechten und wußte sofort, da ich ihn gut kannte, daß er wütend war. Er beherrschte sich völlig, und sein unbewegliches Gesicht ließ keine Emotion erkennen. Er stand auf, sagte einige Worte, nahm wieder Platz, und erst dann wandte er sich an den deutschen Botschafter. ‚Bestellen Sie mein Flugzeug, ich fliege morgen zurück. Man hat das deutsche Volk, das ich vertrete, beleidigt.' Der Zwischenfall drohte die Ausmaße eines politischen Skandals anzunehmen …"

Eschkol versuchte, sich zu entschuldigen, er habe ja nur ein Kompliment machen wollen. Doch der Alte:

> „Herr Ministerpräsident, was Sie denken, kümmert mich nicht, und was Sie von mir halten, interessiert mich nicht im geringsten. Ich repräsentiere das deutsche Volk, Sie haben es beleidigt …"⁶⁴⁴

Hätte er das auch gesagt, wenn er an „deutsche Schuld" geglaubt hätte? Der Journalist Hans Ulrich Kempski notierte sich bei dieser Gelegenheit Adenauers Äußerung:

> „Die Nazi-Zeit hat ebenso viele Deutsche wie Juden getötet … Wir sollten diese Zeit nun in Vergessenheit geraten lassen."⁶⁴⁵

Erst als sichergestellt war, dass Eschkols Text nicht veröffentlicht würde, konnte Adenauer zum Bleiben bewogen werden. (Man stelle sich vor, ein späterer Kanzler wäre in Israel einer ähnlichen Herausforderung ausgesetzt gewesen!)

---

642 Blasius, Rainer: „Der gute Wille muss auch anerkannt werden", in: *Frankfurter Allgemeine Zeitung*, 12.03.2009.
643 Goldmann: „Paradox", a. a. O. I, S. 191.
644 Goldmann: „Paradox", a. a. O. I, S. 191 f.
645 Blasius, Rainer: „Der gute Wille muss auch anerkannt werden", in: *Frankfurter Allgemeine Zeitung*, 12.03.2009. Blasius bietet eine etwas andere Darstellung der Ereignisse vom 3. Mai.

11.3 Andere unverdächtige Zeugen

Sebastian Haffner, geboren 1907, nach 1945 ein herausragender Journalist, war 1938 nach England emigriert, weil die Nazis „seiner Nase nicht passten". 1939 schrieb er seine Erinnerungen an die Jahre 1914 bis 1933 nieder. Über den Boykott vom 1. April 1933 lesen wir da:

> „Alles dies erregte, was man den Deutschen nach den letzten vier Wochen kaum mehr zugetraut hätte: weitverbreiteten Schrecken. Ein gewisses Murmeln der Mißbilligung, unterdrückt aber hörbar, lief durch das Land. Feinfühlig merkten die Nazis, daß sie im Moment einen zu großen Schritt gemacht hatten, und ließen nach dem 1. April einen Teil der Maßnahmen wieder fallen."[646]

Ex-Reichskanzler Heinrich Brüning vermerkte am 30. Dezember 1938 in einem Brief, den er im amerikanischen Exil verfasste:

> „Viele Leute aus Deutschland besuchen mich, und alle berichten, daß die ganze Bevölkerung, auch die Nazis, sich der Greuel zutiefst schämt."[647]

Das Datum des Briefes verrät, von welchen Gräueln die Rede ist: von denen des Novemberpogroms 1938.

Der hoch angesehene Literat Jochen Klepper, Autor des Bestsellers „Der Vater", der trotz aller Verlockungen – „es sei der Wunsch des Führers, daß alle Kulturschaffenden sich scheiden ließen"[648] – unverbrüchlich zu seiner jüdischen Frau und seinen jüdischen Stieftöchtern stand, deshalb seinen Arbeitsplatz, seine Publikationsmöglichkeiten und schließlich sein Leben einbüßte, beobachtete über die Jahre hinweg das deutsche Volk. Sein Urteil hielt er in seinem voluminösen Tagebuch fest und kam zu dem Ergebnis: „Das Volk ist ein Trost." Hier Details seiner Begründung:

> „1. Mai 1935 … Über den großen Tag der Nation kann ich nun mitreden … Ein zum großen Teile stumpfsinniges, zum kleinen Teile stumpfgewordenes Volk marschiert, steht herum, zeigt Galgenhumor oder Albernheit – das Desinteressement war der entscheidende Eindruck; es grenzt ans Fatale. Die Begeisterung spielt sich nur in unmittelbarer Nähe der Festtribüne und namentlich als Rufe von Sprechchören ab. Die aber und aber Hunderttausende standen völlig unbeteiligt."[649]

Knapp drei Monate später hat sich sein Eindruck nicht verändert:

> „Es ist nicht zu fassen, was da über ein Sechzig-Millionen-Volk gekommen ist. Alle klagen, toben – und nehmen alles stumpf hin und sehen keinen Ausweg und spielen verängstigt das begeisterte, geeinte Volk … Die Juden und Menschen in meiner

---

646 Haffner, a. a. O. II, S. 138.
647 Eitner, a. a. O. II, S. 382.
648 Klepper, a. a. O. I, S. 1034.
649 Klepper, a. a. O. I, S. 254.

Situation werden sich weitaus immer mehr in ihren allerengsten Kreis zurückziehen."[650]

„30. Juli 1938 ... Wo Juden jetzt mit Hanni [K.s Frau] zusammenkommen, erfahren wir das Gleiche: viele Arier sind zu den vernichteten Juden so sehr anständig; die wohlhabenden Juden sind gegen die ärmeren so hart."[651]

Klepper erwähnt, dass die Vornamen, die für neugeborene jüdische Kinder zur Auswahl stehen, zu 80 Prozent eine sadistische Verhöhnung bedeuten. Dazu bemerkt er wieder: „Das deutsche Volk steht nicht dahinter."[652]

Während eines Urlaubs in Schlesien machte er die Beobachtung:

„Die Bauern im Dorf reden selbst davon, ‚daß doch die Auseinandersetzung zwischen Faschismus und Demokratie' – und sie glauben mit Hitler an den Sieg – kommen müsse! ... Dabei diese Herzlichkeit der schlesischen Dörfler ... Staat ist nicht Volk, und das Volk nicht ‚die Menschen' – wie sollen Herz und Geist sich herausfinden aus alledem!"[653]

„Mit den Juden geschieht etwas so Ungeheuerliches, daß man sich der lähmenden Wirkung kaum mehr erwehren kann! Diese entsetzliche Ohnmacht des Volkes gegenüber dem, was im Namen des Volkes geschieht, ohne daß es – über Numerusclausus-Maßnahmen hinaus – dahinterstünde."[654]

„Menschen, die Einspruch erhoben gegen die Plünderung jüdischer Geschäfte, sind von der Straße weg verhaftet worden."[655]

„10. November 1938 ... Heute sind alle Schaufenster der jüdischen Geschäfte zertrümmert ... Daß die Bevölkerung wieder nicht dahintersteht, lehrt ein kurzer Gang durch jüdische Gegenden; ich habe es selber gesehen, denn ich war heute morgen gerade im Bayerischen Viertel ... Aus den verschiedenen ‚jüdischen' Gegenden der Stadt hören wir, wie ablehnend die Bevölkerung solchen organisierten Aktionen gegenübersteht. Es ist, als wäre der 1933 noch reichlich vorhandene Antisemitismus seit der Übersteigerung der Gesetze in Nürnberg 1935 weit, weithin geschwunden. Anders steht es aber wohl bei der alle deutsche Jugend erfassenden und erziehenden Hitler-Jugend. Ich weiß nicht, wie weit die Elternhäuser da noch ein Gegengewicht sein können ... Wie man im Schlaf aufschrickt – als würden Hanni [Gattin], Brigitte, Renerle [deren Töchter] abgeholt –, das sagt genug".[656]

„Auch das, was Hanni heute von dem Verhalten selbst der recht nationalsozialistischen Südender und Steglitzer von der Marineoffiziersfrau bis zu den Frauen im Bäckerladen, von den Männern am Zeitungsstand bis zum kleinen Nachbarn des

---

650 Klepper, a. a. O. I, S. 270 f.
651 Klepper, a. a. O. I, .S. 619.
652 Klepper, a. a. O. I, S. 631.
653 Klepper, a. a. O. I, S. 641 f.
654 Klepper, a. a. O. I, S. 667 f.
655 Klepper, a. a. O. I, S. 680.
656 Klepper, a. a. O. I, S. 674 f.

– wohl letzten – jüdischen, demolierten Geschäftes hier zu sagen hat, bestätigt, daß man am deutschen Volke nach wie vor nicht zu verzweifeln braucht. Das Volk ist ein Trost, seine moralische Ohnmacht eine furchtbare Sorge."[657]

Immer wieder wird das Gesagte konkretisiert, veranschaulicht. Seine Frau musste zur Reichsbahndirektion, von wo sie berichtete:

„Und das ist das Bezeichnende für die ‚Volkswut' in Berlin: nach einer solchen Feststellung [Jude] werden die Menschen höflicher, interessevoller, herzlicher."[658]

Am 2. Februar 1945 wurde Alfred Delp in Plötzensee hingerichtet. Grund: Er war als Experte für „Staat, Kirche, soziale Fragen" Mitarbeiter im „Kreisauer Kreis" gewesen. Wie sollte es weitergehen nach dem Ende der Hitlerherrschaft? Darüber zerbrachen sich namhafte Persönlichkeiten den Kopf. Und wer sich darüber den Kopf zerbrach, musste damit rechnen, dass ihn dies den Kopf kosten kann. Das war das Los des Jesuitenpaters. Kurz vor seiner Hinrichtung schrieb er noch an seine Ordensfamilie:

„Bleibt dem stillen Befehl treu, der uns innerlich immer wieder rief. Behaltet dieses Volk lieb, das in seiner Seele so verlassen und so verraten und so hilflos geworden ist ... Mein Verbrechen ist, daß ich an Deutschland glaubte auch über eine mögliche Not- und Nachtstunde hinaus."[659]

Von Schuld und Unschuld ist hier nicht die Rede, aber – biblisch gesprochen – von: „Mich erbarmt des Volkes". Die Führung hatte das Volk verraten und verlassen.

Andreas Hermes war unter Brüning Reichsminister gewesen. Schon im Frühjahr 1933 wurde er, der noch am 5. März für die Zentrumspartei in den Reichstag gewählt worden war, von den neuen Machthabern in ein KZ eingeliefert. Nach dem geplanten Sturz Hitlers sollte er ein Ministeramt übernehmen. Das Scheitern des Attentats hatte sein Todesurteil zur Folge. Doch die Rote Armee war schneller als der Henker – so überlebte er. Wie ein aktuelles Vermächtnis an alle Deutschen klingen die Abschiedsworte vom 26. Januar 1945 an seinen Sohn Peter:

„Niemals darfst Du Büttel oder Handlanger fremder Sieger werden, sondern mußt Dich auch in der größten Not und Schmach unerschütterlich zu Deinem Volke bekennen. Ich sehe voraus, daß unsere Gegner, wenn sie einmal in unserem Lande schalten und walten werden, unserem Volke in seiner Gesamtheit den Vorwurf machen werden, es habe das Nazitum geduldet, ja gefördert, und sich zu ihm bekannt und sich dadurch mitschuldig gemacht an der grauenvollen Katastrophe, die über uns hereingebrochen ist. Der Vorwurf in dieser Allgemeinheit ist unberechtigt, und

---
657 Klepper, a. a. O. I, S. 676.
658 Klepper, a. a. O. I, S. 679.
659 Delp, a. a. O. II, S. 74.

das Ausland hat kein Recht darauf, ihn zu erheben. Millionen anständiger deutscher Menschen haben jahrelang unter dem Joch des Terrorsystems geseufzt, haben mit steigender Scham und Empörung seine zahllosen Greueltaten mitansehen müssen, und viele, viele sind in namenloses Leid gestürzt worden ... Alle diese Menschen stehen als Zeugen da für den Fonds an christlicher Ethik ..., den ein großer Teil unseres Volkes sich in der dunkelsten Epoche unserer Geschichte bewahrt hat, und sie haben einen Anspruch auf gerechte Würdigung unseres Volkes durch das Ausland. Diesem aber müßt Ihr in aller Bescheidenheit, aber auch Festigkeit seinen Anteil vorhalten, den es selbst an der Stärkung und Festigung des deutschen Naziregimes gehabt hat, wodurch es den anständigen Deutschen auch die letzte Möglichkeit genommen hat, dem sich ausbreitenden Terror wirksam Widerstand zu leisten."[660]

Erich Kästner, Opfer der Bücherverbrennung Mai 1933, prominenter Gegner der Nationalsozialisten und daher während ihrer Herrschaft mit Publikationsverbot mundtot gemacht, war nach Kriegsende Berater der Siegermacht USA. Am 8. Mai 1945 schrieb er in sein Tagebuch:

„Da haben nun die drei größten Mächte der Erde fast sechs Jahre gebraucht, um die Nazis zu besiegen, und nun werfen sie der deutschen Bevölkerung, die antinazistisch war, vor, sie habe die Nazis geduldet! Deutschland ist das am längsten von den Nazis besetzte und unterdrückte Land gewesen, – nur so kann man die Situation einigermaßen richtig sehen. Sie sollten nur statistisch feststellen, wie viele Deutsche von den Nazis zugrunde gerichtet worden sind! Dann werden sie merken, was los war!"[661]

Etwa zur gleichen Zeit, im Oktober 1945, meldete sich das Mitglied der Widerstandsorganisation „Onkel Emil", die Schriftstellerin Ruth Andreas-Friedrich zu Wort:

„Heute gilt Deutschland als Enfant terrible in der Welt. Man ist geneigt, das ganze Volk mit den Untaten seiner Führung zu identifizieren. Tausende und aber Tausende jedoch haben mit diesen Untaten nicht das geringste zu tun. Sie haben, im Gegenteil, jahraus, jahrein Leben und Freiheit dafür eingesetzt – ohne Hilfe fremder Staaten, ohne Unterstützung irgendeiner Organisation oder mächtiger Parteistellen –, wo immer sie nur konnten, der Menschlichkeit zu dienen."[662]

Am 9. November 1938 hatte diese „Gerechte unter den Völkern"[663] in ihr Tagebuch notiert:

„Im Omnibus, auf der Straße, in Geschäften und Kaffeehäusern wird der Fall Grünspan laut und leise diskutiert. Nirgends merke ich antisemitische Entrüs-

---

660 Hermes, a. a. O. II, S. 109.
661 Kästner, a. a. O. II, S. 1409.
662 Andreas-Friedrich, a. a. O. II, S. 8.
663 Ehrentitel der jüdischen Holocaust-Gedenkstätte Yad Vashem.

tung, wohl aber eine drückende Beklommenheit, wie vor dem Ausbruch eines Gewitters."[664]

Einige Tage später schrieb sie:

„Ist das ein Pogrom? Springt der Funke über, fällt ins Pulverfaß und entlädt den verhaltenen Grimm einer ganzen Nation mit donnernder Explosion? Nein und abermals nein."[665]

„Während die SS wütete, vergingen unzählige Volksgenossen vor Erbarmen und Scham."[666]

Am 19. September 1941, nachdem die Verpflichtung für Juden, den Stern zu tragen, in Kraft getreten war, klagte sie:

„Die Juden sind vogelfrei. Als Ausgestoßene gekennzeichnet durch einen gelben Davidstern, den jeder von ihnen auf der linken Brustseite tragen muß: Wir möchten laut um Hilfe schreien. Doch was fruchtet unser Geschrei? Die, die uns helfen könnten, hören uns nicht. Oder wollen uns vielleicht nicht hören. ‚Jude' steht in hebräischen Schriftzügen mitten auf dem gelben Davidstern, ‚Jude' höhnen die Kinder, wenn sie einen so Besternten durch die Straße wandern sehen. ‚Schämt euch!' schnauzt Andrik zwei solche Lümmel an und haut ihnen, ehe sie sich's versehen, ein paar rechts und links um die Ohren. Die Umstehenden lächeln zustimmend … Gott Lob und Preis! Das Gros des Volkes freut sich nicht über die neue Verordnung. Fast alle, die uns begegnen, schämen sich wie wir."[667]

Dem „Briefwechsel zweier Schulmänner", beide rasch NS-Gegner, verdanken wir eine in mehrfacher Hinsicht aufschlussreiche Skizze. Am 21. Juni 1942 schrieb Otto Schumann, Schulleiter am Lessing-Gymnasium in Frankfurt am Main, an seinen Kollegen Martin Havenstein, Berlin:

„Vor etwa einem Jahr gabs einmal einen großen Krach zwischen unserem Zeichenlehrer und meiner Klasse. Oder besser, weniger einen einzelnen Krach als eine ständige Opposition gegen einen Mann, mit dem sie sich sonst im allgemeinen ebenso gut vertrugen, wie er der Gegenstand ihrer Heiterkeit war. Ich ging der Sache auf den Grund, was ziemlich schwer hielt, aber schließlich kriegte ichs doch heraus. Die Klasse hatte sich empört über Ungerechtigkeit gegen *einen* ihrer Mitschüler. Der war nämlich ein Halbarier oder Viertelsarier, und der Lehrer, der ihn nicht leiden konnte, hat darauf des öfteren im Unterricht angespielt. Die Klasse nahm geschlossen für den Mitschüler Partei. Und dabei sind sie doch alle in der Hitlerjugend. Das war *meine* Erziehung."[668]

Schumann fährt fort:

---

664 Andreas-Friedrich, a. a. O. II, S. 26.
665 Andreas-Friedrich, a. a. O. II, S. 32 f.
666 Andreas-Friedrich, a. a. O. II, S. 36.
667 Andreas-Friedrich, a. a. O. II, S. 82.
668 Hammerstein, a. a. O. II, S. 158.

„Für jemand, der so denkt wie Sie und ich – und es gibt deren viele – ist die Lage überhaupt qualvoll. Siegen wir, dann geht sofort der Kampf gegen den ‚inneren Feind' los oder besser gesagt, er geht weiter, denn im Gange ist er ja längst und durch den Krieg nicht etwa abgeschwächt, sondern gesteigert worden; und ich weiß sehr gut, daß ich dann rücksichtslos auf die Straße gesetzt werde, wenn ich mich nicht völlig ducke, vor allem aus der Kirche austrete. Daß dies das Schicksal aller Beamten sein wird, die so handeln, ist schon vor fünfviertel Jahren hier in einer Amtswalterversammlung klipp und klar verkündet worden."669

Max Brauer, Bürgermeister der Freien und Hansestadt Hamburg, SPD, äußerte am 16. November 1948 im Gedenken an den Pogrom 1938:

„Schon damals gab es – das sei zur Ehre des deutschen Volkes gesagt – Millionen und Abermillionen, die nicht nur entsetzt waren, aufgewühlt, erschüttert. Es gab auch unzählige Deutsche, als man in diesem Lande Menschen wie Wild zu jagen suchte, die die Verfolgten zu verbergen und zu schützen trachteten. Leider waren sie schwach und ohnmächtig, denn sie selber waren ja längst die Gefangenen des Dritten Reiches geworden und besaßen nicht mehr die Bewegungsfreiheit freier Bürger."670

Dem Bestseller von Joachim Fest „Ich nicht. Erinnerungen an eine Kindheit und Jugend" ist zu entnehmen, dass in dem Haus, in dem er mit Eltern und Geschwistern die meisten Jahre der NS-Ära zubrachte, nur *ein* Hitleranhänger lebte. Dessen Frau sagte zu Fests Vater

„einmal ‚im Vertrauen', er solle ihren Mann bloß nicht zu ernst nehmen. Das mit den Nazis sei nur ‚dummes Zeug' …"671

Unter zwölf Parteien war eine Person ein Nazi, wie Fest an anderer Stelle beiläufig erwähnt672, und er fügt hinzu:

„… in den Nachbarhäusern verhielt es sich nach meiner Kenntnis nicht viel anders."

(Die Erinnerungen des Autors stimmen insofern mit den Angaben Fests voll überein.)

Ähnliches ist der Biografie des namhaften Kölner Soziologen Erwin Scheuch zu entnehmen:

„Diese Eindrücke im Elternhaus und in seiner unmittelbaren Umgebung immunisierten ihn schon als Schulkind für die Propaganda des politischen Systems des NS-Staates. Daß es überhaupt existieren konnte, blieb ihm ziemlich unverständ-

---

669 Hammerstein, a. a. O. II, S. 159.
670 Lauber, a. a. O. II, S. 165.
671 Fest, a. a. O. II, S. 60 f.
672 Fest, a. a. O. II, S. 343.

lich; denn die große Mehrheit derjenigen, mit denen Erwin aufwuchs, stand dem Regime mehr oder weniger fern."⁶⁷³

Seine Biografin und zweite Ehefrau Ute fügt hinzu:

> „Erwin blieb seinem späteren Freund und Kollegen Alphons Silbermann gegenüber verärgert, wenn dieser, der 1933 als Jude Deutschland verlassen mußte, ihm diese skeptische bis ablehnende Haltung von Kölnern den pöbelnden Nazis gegenüber nicht abnahm."⁶⁷⁴

Margarete Mitscherlich, als Tochter eines dänischen Landarztes und einer deutschen Lehrerin 1917 geboren, studierte ab 1937 in München und Heidelberg. Zusammen mit ihrem Mann verfasste sie 1967 das an die Adresse der Deutschen vorwurfsvoll gerichtete Buch „Die Unfähigkeit zu trauern". Umso glaubwürdiger und informativer sind ihre Antworten in einem *Spiegel*-Interview:

> *Der Spiegel*: „Während der Reichspogromnacht 1938 studierten Sie in München. Können Sie beschreiben, wie Sie die Ausschreitungen dort erlebt haben?"
>
> Mitscherlich: „Die habe ich erlebt, aber nicht gesehen. Wir wohnten – eine Freundin und ich – zusammen in einem Zimmer bei einer Familie, die jüdisch oder halbjüdisch war. Wir sind aus Angst nicht auf die Straße gegangen ..."
>
> *Der Spiegel*: „Haben Sie jemals Mißhandlungen von Juden oder Andersgesinnten beobachtet?"
>
> Mitscherlich: „Ich meine mich daran zu erinnern, wie ein alter Jude an den Haaren gerissen wurde, was ich nicht ertragen konnte. Trotzdem bin ich nicht eingeschritten, sondern davongelaufen. Ich hatte Angst."⁶⁷⁵

Angst und nochmals Angst. Dazu das halbe Vergessen einer erschütternden Misshandlung: „Ich meine mich daran zu erinnern ..."

Im weiteren Verlauf des Gesprächs erzählte sie:

> „Wir wußten genau, welcher unserer Professoren Nazi war und welcher nicht."

Leider nennt sie keine Zahlen. Sie fährt fort:

> „Meine Freunde und ich verachteten den Führer, aber auch die Mehrheit des deutschen Volkes, welches ihm alles zu glauben schien."⁶⁷⁶

---

673 Scheuch, Ute, a. a. O. II, S. 10.
674 Scheuch, Ute, a. a. O. II, S. 12.
675 Aust, a. a. O. II, S. 78.
676 Aust, a. a. O. II, S. 79.

„Schein" – wie leicht kann in einer Diktatur der öffentliche Schein trügen! Von der Universität abgesehen, stieß sie offenbar kaum auf Nazis:

> „Ich bin nie in ein Milieu hineingeraten, in dem man Hitler und seine Gefolgschaft nicht unendlich primitiv fand. … ich hatte das Glück, mit Menschen zusammen sein zu dürfen, deren innere Haltung eindeutig war. Selbst auf dem Gymnasium konnten wir durch die dreißiger Jahre hindurch immer noch lernen, was offiziell geächtet wurde."[677]

So also Margarete Mitscherlich.

In „Deutschlands Tragödie" erinnert sich Günter Rohrmoser, Jahrgang 1927:

> „Hitlers Gedanke vom ‚Herrenmenschen' hat nur wenige Deutsche fasziniert. Ich habe daran noch eine ferne Erinnerung: Am Tag der Reichskristallnacht kam ich von der Schule und mußte auf dem Heimweg durch die Stadt Bochum gehen … Meine Mutter hatte eine Jüdin zur Freundin, die sofort zu ihr geeilt kam. Und die beiden, die Deutsche und die Jüdin, haben einen ganzen Tag wie die Schloßhunde über das Ungeheuerliche, das da passiert war, geweint. Es war keiner da, der sich gefreut und es als einen Triumph empfunden hat. Es herrschte kaltes Entsetzen über das Unfaßbare. Kaum einer hat es für möglich gehalten, daß jüdische Familien, die damals in vielfältigen engen nachbarschaftlichen und freundschaftlichen Beziehungen mit den Deutschen lebten, ihres Vermögens beraubt und ins Elend gestoßen werden. Von Ausnahmen einmal abgesehen, war das die überwiegende deutsche Reaktion."[678]

Ein 97-Jähriger kam in der *Frankfurter Allgemeinen Zeitung* mit einem Leserbrief zu Wort, worin er seinem Ärger über Verallgemeinerungen wie „Die Deutschen waren Nazis" Ausdruck verlieh:

> „Ich habe dann einmal alle meine ‚Lebenskreise' überprüft und bin zu einem ganz anderen Ergebnis gekommen: in der Familie: niemand (wenn es einen Mann gab, der quasi als Führer in der Politik gelten konnte, dann war es Brüning …) Dann die Mitbewohner des Hauses: niemand. Im Gegenteil: Sie berichteten uns, dass sie von der Gestapo angewiesen waren, uns zu beobachten und auffälligen Besuch eines unbekannten Mannes der Gestapo zu melden – bevor ich verhaftet wurde unter dem Verdacht, den mit mir befreundeten Prior des Klosters Walberberg, Corbinian Roth, versteckt zu halten oder zur Flucht verholfen zu haben … Weiter in den Nachbarhäusern: niemand … Weiter in der Gymnasiumsklasse: einer. Im Lehrerkollegium: vielleicht einer mit NS-Neigung. Auf der Uni Köln: unter den mir bekannten Kommilitonen: einer. Unter den Dozenten: einer, im Fach ‚Erdkunde', weshalb ich dieses Fach dann fallen ließ. Unter den Mitgliedern des Deutschen Seminars, dessen Senior ich ab 1935 war: vielleicht drei oder vier … Dann zur Wehrmacht: keiner; unter den Offizieren war keiner auffällig … Dann als Assessor in Herford am Gymnasium: Ein Nazi war der Kollege Dr. Giesler (der Bruder des

---

677 Aust, a. a. O. II, S. 77.
678 Rohrmoser, a. a. O. II, S. 71.

Gauleiters von München); selbst der Chef, der jeden Morgen den Deutschen Gruß beim Hissen der Fahne machte, war kein Nationalsozialist … Ich schätze: fünf bis zehn Prozent der Bevölkerung waren Nazis. Mehr nicht."[679]

(Das waren in absoluten Zahlen doch mehrere Millionen. Sie reichten aus, um das System zu stabilisieren.)

Israels Staatspräsident Shimon Peres schrieb über den deutschen Botschafter in Israel Niels Hansen, er habe dort „im Geiste Adenauers und Ben Gurions" gewirkt und sich „hohes Ansehen" erworben.[680] Hansen, der persönlich wie auch familiär sicher politisch unbelastet ist, da er sonst für Israel eine Zumutung gewesen wäre, bekennt immer wieder seine Überzeugung:

„Es ist ganz falsch, tendenziell über einen Kamm zu scheren, was ja leider so oft undifferenziert geschieht. Die Judenpolitik Hitlers etwa wurde keineswegs allgemein gebilligt, und den Verfolgten ließ man vielfach Sympathie und, im Rahmen des überhaupt Möglichen, Unterstützung zuteil werden."[681]

Alle diese Erinnerungen sind keine Beweise, entsprechen aber den Angaben zahlreicher Juden. So heißt es bei Gerhard Löwenthal mit Blick auf die Hausgemeinschaft:

„Die Tatsache, daß wir bei aller Grausamkeit der Nazis gegenüber den Juden und bei allen Härten des Krieges … immer ein vertrautes Heim behielten und in einer uns freundschaftlich gesinnten Nachbarschaft weiterleben konnten, war für uns das deutlichste Zeichen der Gnade Gottes."[682]

11.4 „Mischehen" und Hitlergruß

„Jakob Kaduri sah im nächsten Verwandtenkreise viele Mischehen, und er sah sie gefühlsmäßig ungern, wenn er auch nicht leugnen konnte, daß alle Mischehen, die er sah, gute Ehen wurden und die Kinder aus diesen Mischehen ausgezeichnete Menschen. Auch hielten die deutschen Partner aus diesen Ehen, mit geringfügigen Ausnahmen, später in der nationalsozialistischen Zeit treu zu ihren jüdischen Ehegatten."[683]

Sind diese stabilen Mischehen, von denen hier der Jude Kurt Jakob Ball-Kaduri spricht, nicht auch ein deutliches Indiz für die Einstellung eines beachtlichen Teiles der Bevölkerung gegenüber der NS-Ideologie mit ihrem zügellosen Antisemi-

---

679 Deblon, August: „Wer war Nationalsozialist, wer war keiner?", in: *Frankfurter Allgemeine Zeitung*, 29.04.2008.
680 Geleitwort in: Hansen, a. a. O. II, S. 6.
681 Hansen, Niels: „Zum Geleit", in: Löw: „Die Münchner", a. a. O. II, S. 7.
682 Löwenthal, a. a. O. I, S. 22.
683 Kaduri, a. a. O. I, S. 28.

tismus? Die arischen Partner hatten doch Verwandte und Bekannte. Offenbar übten diese keinen Druck aus, den Vorgaben der „neuen Zeit" nachzukommen. Dass diese Ehen nach der herrschenden Ideologie unerwünscht waren, war allgemein bekannt, ließ sich spätestens aus den Nürnberger Gesetzen – wo sie als „Blutschande" bezeichnet wurden – ablesen.

Mehrere unserer Zeitzeugen lebten in einer Mischehe, so Victor Klemperer und Jochen Klepper, oder sind aus einer solchen hervorgegangen, so Gerhard Löwenthal und Ralph Giordano. Sie alle berichten über die furchtbaren Konsequenzen, mit denen die Treue zu den jüdischen Partnern bezahlt werden musste. Doch offenbar hielten diese Lebensgemeinschaften den Anfechtungen stand. Waren diese standhaften „Arier" nicht durchweg stumme Helden?

Klepper schildert den Fall Gottschalk, der offenbar für ihn selbst zum Vorbild wurde:

> „[Gottschalk] wurde zu Hans Hinkel zitiert wegen der Goebbelsschen Alternative: Beruf oder Ehe. (Hinkel war ‚Sonderbeauftragter des Reichsministers für Volksaufklärung und Propaganda für die Überwachung der im Reichsgebiet geistig und kulturell tätigen Nichtarier'.) Er antwortete: Ehe und einen anderen Beruf, und sei es: Arbeiter. – Hinkel: Auch das würde ihm nichts nützen; er habe die künftigen Erlasse [Trennung der Ehe von Amts wegen] in seiner Mappe …
>
> Gottschalks haben aus ihrem Tod kein ‚Fanal' gemacht. Der Selbstmord, in den sie ihren Jungen einbezogen, erfolgte durch Veronal und Gas, in aller Stille."[684]

Der Regisseur Felsenstein, so berichtet Klepper weiter, erklärte offen:

> „Eher würden wir wohl alle den Weg Gottschalks gehen."[685]

Nicht minder beeindruckend, was Klepper an anderer Stelle festhielt:

> „Bei einem Transport aus Breslau ist der arische Teil, der mit in die Deportation gehen wollte, nicht mit über die Grenze gelassen worden."[686]

Nur 10 bis 20 Prozent – wohl von Region zu Region verschieden – hielten dem Druck nicht stand und ließen sich scheiden.[687]

Dass die in Mischehe lebenden „Arier" keine nennenswerten Vorbehalte gegen Juden und Judentum hatten, liegt auf der Hand. Sie werden deshalb, von seltenen Ausnahmen abgesehen, auch keine Anhänger Hitlers gewesen sein. Wegen ihrer

---

684 Klepper, a. a. O. I, S. 983.
685 Klepper, a. a. O. I, S. 1034.
686 Klepper, a. a. O. I, S. 984.
687 Die Zahlenangaben schwanken. Meyer (a. a. O. II, S. 94): „für Hamburg … ungefähr 20 %".

„Das andere Deutschland" 199

relativ geringen Zahl ist von ihnen ein Rückschluss auf die Allgemeinheit jedoch kaum möglich.

Anders verhält es sich bei dem Gruß „Heil Hitler!" Wie schön war dieser Gruß, wenn man von Hitler begeistert war, wie leicht wurde er dann zur Gewohnheit!

Zunächst unter den Parteigenossen eingeführt, wurde der Führergruß seit Juli 1933 allen Volksgenossen nahegelegt und verpflichtend für den Bereich des staatlichen Lebens, d. h. im Verkehr mit Behörden, Gerichten, Schulen. Hans-Jürgen Eitner schreibt: Dieser Gruß

> „ist ein äußerliches Bekenntnis der freiwilligen, angepaßten oder erzwungenen Regime-Bejahung, seine Verweigerung ein Kennzeichen der Nonkonformität … In Süddeutschland, speziell bei den widerborstigen Bayern, kommt das ‚Heil Hitler!' privat nur schwer über die Lippen; das vertraute ‚Grüß Gott!' behält die Oberhand."[688]

Ja, so war es zumindest im südlichen Bayern, was alle damals Erwachsenen unter Eid bestätigen könnten. Jedes andere Verhalten hätte bei den meisten Angesprochenen die Vermutung ausgelöst, der Grüßende sei ein Nazi durch und durch, vor dem man sich in Acht nehmen müsse. Natürlich gab es Ausnahmen, aber mit denen wollte man nichts zu tun haben.

Wir Ministranten bekannten uns beim Betreten der Sakristei zu dem Juden Jesus: „*Laudetur Jesus Christus* – Gelobt sei Jesus Christus!". Der Priester und der Mesner antworteten: „*In aeternum* – in Ewigkeit, Amen!"

Im September 1943 kursierte ein Flugblatt, das wenig Sinn gemacht hätte, wären die Verfasser von völlig falschen Annahmen ausgegangen:

> „Bayern!
> Von Anfang an habt Ihr die Vergötzung des Mannes abgelehnt, der sich durch Lügen und betrügerische Versprechungen in euer Vertrauen eingeschlichen hat. Ihr habt in der Mehrzahl den ‚Deutschen Gruß' abgelehnt. Wie recht ihr gehandelt, zeigt sich jetzt. Welche Scham muß heute alle erfüllen, die dem Mann ‚Heil' wünschten, der ihnen das Unheil gebracht hat."

Wie wurde außerhalb Süddeutschlands gegrüßt? Bei Behördengängen kamen auch die entschiedensten Gegner, wie Klemperer und Klepper, nicht darum herum, für Hitler ein Lippenbekenntnis abzulegen. Doch außerhalb dieser Sphäre? Hören wir unsere Zeugen:

Ein Kölner:

---
688 Eitner, a. a. O. II, S. 369.

„1935–1938 – die Zeit als Lehrling bei Gottfried Hagen – zeigte mir, daß die Masse der Arbeiterschaft, im Gegensatz zu den meisten Angestellten, nicht viel vom Dritten Reich mit den neuen Bonzen und Goldfasanen hielt. Zeitweilig war ich als Terminjäger eingesetzt und kam dadurch in viele Betriebsabteilungen. In den meisten war man gut beraten, nicht mit ‚Heil Hitler' einzutreten, denn dann schaltete alles auf stur, und man wurde ohne viel Eifer abgefertigt."[689]

Von Inge Deutschkron erfahren wir aus Berlin:

„Die Lehrer, die nach 1933 gezwungen waren, bei ihrem Eintritt in die Schulräume mit ‚Heil Hitler' zu grüßen, taten dies in dieser Schule mit offensichtlicher Abneigung."[690]

Später arbeitete sie – als „Arierin" getarnt – in einer Leihbücherei:

„Die Zahl der Nazikunden war sehr klein. Sie grüßten mit ‚Heil Hitler'. Ich tat es auch, im Gegensatz zu Grete … Sie wagte dies natürlich nicht bei Beamten vom nahen Polizeirevier …"[691]

Ebenfalls aus Berlin berichtet Bella Fromm:

„Ein höherer Beamter im Wirtschaftsministerium: Er empfing mich mit einem kräftigen ‚Heil Hitler!' Seine Abschiedsworte waren jedoch sehr aufschlußreich. ‚Ich hoffe, hier herauszukommen, ehe der Krieg ausbricht …'"[692]

Der US-amerikanische Botschafter William Dodd vermerkte in seinem Tagebuch diplomatische Schritte, weil ein amerikanischer Staatsbürger Unter den Linden bewusstlos geschlagen worden war. Er hatte es unterlassen, einen vorbeimarschierenden SA-Trupp „angemessen" zu grüßen.[693]

Aus Dresden gibt Victor Klemperer ein Gespräch mit einem Bekannten relativ kurz nach der Machtergreifung wieder:

„Sie glauben nicht, wie wenig Nationalsozialisten es gibt. Es kommen viele Menschen zu mir. Zuerst weit ausgestreckter Arm, Hitlergruß. Dann tasten sie sich im Gespräch heran. Dann, wenn sie sicher geworden sind, fällt die Maske. Ich sage ‚Heil' – aber ‚Heil Hitler' bringe ich nicht über die Lippen. Ich war eben in Süddeutschland. Da hört man sehr selten das ‚Heil Hitler' – meist ‚Grüß Gott!' …"[694]

Nochmals Klemperer ein paar Jahre später:

„Am Donnerstag ließen wir vom alten Prof. von Pflugk unsere Brillen nachprüfen. Wir waren lange nicht bei ihm, weil er nie eine Rechnung stellt … ‚Wir sind hier

---

689 Matzerath, a. a. O. I, S. 101.
690 Deutschkron: „Stern", a. a. O. I, S. 24.
691 Deutschkron: „Stern", a. a. O. I, S. 121.
692 Fromm, a. a. O. I, S. 295.
693 Dodd, a. a. O. II, S. 50.
694 Klemperer: „Tagebücher 1933-1934", a. a. O. I, S. 110.

"Das andere Deutschland" 201

eine Hetzzentrale', sagte er, ,was meinen Sie, was hier alles erzählt wird!' Und gleich darauf zu einem eintretenden Kunden: ,Heil Hitler!' … Er, mit Leidenschaft: ,Ich muß doch.' Das ist es: Alle müssen; die Hälfte ist dumm gemacht, und an das Wahlgeheimnis glaubt keiner, und alle zittern."[695]

Bemerkenswert auch die dritte einschlägige Beobachtung Klemperers aus dem Jahre 1944:

„Während der Luftwache sitze ich an einem Kontorschreibtisch … Ich höre das ,Guten Tag' oder ,Guten Abend' der Kommenden, weiß nicht, ob es ihren Kameraden oder mir gilt, und bin oder scheine in mein Buch vertieft, um nicht am falschen Ort meinen Gegengruß anzubringen oder zu unterlassen. Neulich hörte ich ein hier so ganz exzeptionelles ,Heil Hitler!'. Ich dachte: Ein Aufpasser, ein Hundertprozentiger sei eben immer dazwischengesetzt. – Heute kommt die gute Frieda … an meinen Arbeitsplatz. Mit entschuldigender Stimme: ,Ich habe Sie am Sonnabend nicht erkannt, ich glaubte, der Chef sitze da. Ich dachte, da mußt du ,Heil Hitler!' sagen.' – Wenn ich bedenke, wie es um das SS-tum dieses Chefs steht, wird die Geschichte noch charakteristischer, als sie an sich ist. Auch Möbius [der Chef] denkt: Da mußt du ,Heil Hitler!' sagen – und läßt sich deshalb nicht in dem verjudeten Betrieb sehen."[696]

Zeigen diese Zitate nicht zur Genüge, dass es unrichtig wäre zu behaupten, nur die Süddeutschen hätten Hitler die Grußgefolgschaft verweigert? Andererseits war ein solches Verhalten in Oberbayern etwas Alltägliches.

Das Süd-Nord-Gefälle wird auch durch die Berichte des in Prag tätigen Exilvorstandes der SPD bestätigt. Darin heißt es im Augustheft 1937:

„Schon der Charakter der Bevölkerung stemmt sich dem Nationalsozialismus entgegen. In München haben einst die Nazis in einem Bierhausputsch gesiegt. Das war ein Rausch, den man bald überwand. München hatte danach seinen Faschismus überwunden. Siegen konnte er erst, als er sich auf den Norden des Reiches ausdehnte …"[697]

Eine sehr aufschlussreiche Bestätigung erfahren diese Schilderungen durch das antisemitische Hetzblatt *Der Stürmer*. Unter der Überschrift „Der Judenknecht. Woran man ihn erkennt" stand dort zu lesen:

„Sie trugen bis zum Jahre 1933 das Abzeichen irgend einer verjudeten Intelligenzpartei am Rockkragen. Aus ihren Überziehertaschen schaute die ,Frankfurter Zeitung', das ,Berliner Tageblatt' oder sonst eine Zeitschrift, die in Pazifismus, Völkerbund und Menschheitsverbrüderung machte … Wenn im Ort ein Jude beerdigt wird, marschiert der Judenknecht im Trauerzug mit. Auf den deutschen Gruß ,Heil Hitler' antwortet er beharrlich mit ,Grüß Gott' oder ,Hab ich die Ehre' … Auf den

---
695 Klemperer: „Tagebücher 1937–1939", a. a. O. I, S. 78 f.
696 Klemperer: „Tagebücher 1944", a. a. O. I, S. 39.
697 Sozialdemokratische Partei Deutschlands, a. a. O. II, Bd. 4, S. 1073.

‚Stürmer' und seinen Herausgeber Julius Streicher hat er eine Sauwut … Wenn ihm auf der Straße Marschkolonnen und Fahnen begegnen, biegt er in eine Seitenstraße ein[698] oder besichtigt krampfhaft ein Schaufenster … Lieber Stürmerleser! Halte in Deiner Umgebung Umschau! Du wirst dann den oder jenen entdecken, auf den eines oder gar mehrere jener Merkmale zutreffen, die den Judenknecht kennzeichnen. Hab dann auch den Mut, Deinem Nachbarn zu sagen, was er ist! Und lege ihm gründlich das Handwerk!"[699]

11.5 Der militärische Widerstand

Die bisher vernommenen Stimmen kamen von Leuten, die Hitler von Anfang an ablehnend gegenübergestanden hatten. Anders die Militärs: Die große Mehrheit erwartete von Hitler nicht nur die Revision des Versailler Vertrages, sondern gleichzeitig eine Stärkung der deutschen Streitkräfte. Insofern hat er sie auch nicht enttäuscht. Doch das Gewissen dieser Männer wurde dadurch nicht gänzlich auf Dauer ausgeschaltet. Es kam eine Zeit, in der der Treueeid auf den Führer für sie zum Problem wurde. Das trifft jedoch längst nicht auf alle Soldaten zu, und soweit es zutrifft, begannen die Zweifel nicht mit *einem* singulären Ereignis. Generaloberst Ludwig Beck war wohl der erste, der an Umsturz dachte. Er sah schon früh, dass Hitlers Politik in einen Krieg münden würde.

Hellmuth Stieff, Generalmajor, schrieb am 21. November 1939 in einem Brief:

> „Ich schäme mich, ein Deutscher zu sein! Die Minderheit, die durch Morden, Plündern und Sengen den deutschen Namen besudelt, wird das Unglück des ganzen deutschen Volkes werden, wenn wir ihr nicht bald das Handwerk legen …"[700]

Bei Stauffenberg, dem Namhaftesten unter den Verschworenen, dauerte es noch Jahre, bis er sich zum Attentat durchringen konnte.

> „Belegt ist, dass in ihm im Laufe des Jahres 1942 unter dem Eindruck von Massakern an Juden, des Massensterbens sowjetischer Kriegsgefangener, der unmenschlichen Behandlung der russischen Zivilbevölkerung und folgenreicher operativer Führungsfehler die Einsicht wuchs, Hitler müsse beseitigt werden."[701]

1944 waren es Tausende ranghoher Soldaten, die von den Umsturzplänen wussten. Doch keiner beging Verrat und das spricht Bände.

---

698 Dort, wo 1933 bis 1945 in der Residenzstraße in München Tag und Nacht zwei SS-Männer zum Gedenken an die Gefallenen des Marsches zur Feldherrnhalle die „Ewige Wache" bildeten, mussten die Vorbeigehenden ihre Hand zum „Deutschen Gruß" heben. Wer diesem Zwang entgehen wollte, bog von Süden kommend kurz vorher links ab ins „Drückebergergässchen".
699 *Der Stürmer*, Nr. 14/1935.
700 Steiner, a. a. O. II, S. 106.
701 Müller, Klaus-Jürgen, a. a. O. II, S. 481.

Unmittelbar nach dem Attentat sollte über den Rundfunk ein Aufruf an das deutsche Volk verbreitet werden. Er trug die Unterschrift von Generaloberst Ludwig Beck. Darin finden sich die Sätze:

> „Deutsche! Ungeheuerliches hat sich in den letzten Jahren vor unseren Augen abgespielt ... Rechtlosigkeit, Vergewaltigung der Gewissen, Verbrechen und Korruption hat er [Hitler] in unserem Vaterlande, das von jeher stolz auf seine Rechtlichkeit und Redlichkeit war, auf den Thron gesetzt, Wahrheit und Wahrhaftigkeit ... werden bestraft und verfolgt ... Das aber darf nicht sein, so geht es nicht weiter! Dafür dürfen Leben und Streben unserer Männer und Frauen und Kinder nicht fernerhin mißbraucht werden ... Wir werden die Beweise für den ungeheuerlichen Verrat an dem deutschen Volke und an seiner Seele, für die totale Beugung des Rechts ... offen darlegen. Wer an diesen furchtbaren Wahrheiten noch zweifeln sollte, weil er als anständiger Mensch es für unmöglich hält, daß hinter hochtönenden Worten sich eine solche Ruchlosigkeit verbergen könnte, wird durch Tatsachen belehrt werden ... Die Schuldigen, die den guten Ruf unseres Volkes geschändet und viel Unglück über uns und andere Völker gebracht haben, werden bestraft werden."[702]

Der Text stellt zwar dem Volk kein Zeugnis aus – weder ein gutes noch ein schlechtes, die Verfasser waren ja selbst Teil des Volkes –, er offenbart jedoch die Motive der Verschworenen und ihre Überzeugung, dass die Mehrheit des Volkes für diese Argumente empfänglich war.

Als Außenminister hatten die Verschworenen Ulrich von Hassell vorgesehen, der die Verstrickung in das Attentat mit dem Leben bezahlen musste. Auch von Hassell war kein kompromissloser Hitlergegner von Anfang an. Seit 1932 Botschafter im faschistischen Italien, war er 1933 der NSDAP beigetreten. Doch ein bedingungsloser Gefolgsmann Hitlers ist auch er nie geworden, weshalb er bereits 1938 aus dem Staatsdienst entlassen wurde. Sein Tagebuch offenbart eine sittlich hoch stehende Persönlichkeit und zeigt zugleich, wie er die Empfindungen der Bevölkerung einschätzte:

> „Ebenhausen, 25.11.38 ... Es gibt wohl nichts Bittereres im Leben, als ausländische Angriffe auf das eigene Volk als berechtigt ansehen zu müssen. Übrigens unterscheidet man draußen ganz richtig zwischen dem wirklichen Volk und der Schicht, die diese Sache zu verantworten hat ... Ein Trost ist, daß diesmal die Entrüstung über das Geschehene nicht nur die überwältigende Mehrheit der Gebildeten erfaßt hat, sondern ganz weite Kreise des Volkes ...
>
> Ebenhausen, 27.11.38. Bruckmann und Alex v. Müllers zum Tee hier. Das Entsetzen über die schamlose Judenverfolgung ist bei ihnen so groß wie bei allen anständigen Menschen. Durch und durch treue Nationalsozialisten, die in Dachau wohnen und bisher ‚durchgehalten' haben, sind nach Erzählungen B[ruckmann]s jetzt

---

702 Hentig, a. a. O. II, S. 42 ff.

restlos erledigt … Unterhaltung … ergebnislos: ohne Macht hat man kein wirksames Mittel; einzige Folge wäre vielmehr Mundtotmachen oder Schlimmeres."[703]

---

[703] Hassel, a. a. O. II, S. 67 f.

12. Die „Deutschlandberichte der Sopade" und die „Berichte über die Lage in Deutschland"

12.1 Die „Grünen Berichte" der Sopade

> „Erstaunlicherweise hat sich die Nationalsozialismusforschung bisher eine Quelle von erheblicher Bedeutung fast durchweg entgehen lassen, die seit 1980 komplett vorliegt und zumindest ausreichend ediert ist",

klagt Peter Maser zu Beginn eines Aufsatzes, gewidmet dem Andenken Erich Rinners.[704] Ist die Klage noch aktuell? Darauf ist später zu antworten.[705]

Rinner, von dem Maser spricht, war Mitglied des Hauptvorstandes der SPD und der allein verantwortliche Redakteur eines beachtlichen Werkes von 8634 Seiten (und 320 Seiten Register), den Deutschland-Berichten des Exilvorstandes der SPD. Sie erschienen auf grünem Papier gedruckt[706] von April/Mai 1934 bis Dezember 1936 unter dem Titel „Deutschland-Berichte der Sopade", von Januar 1937 bis April 1940 unter „Deutschlandberichte der Sozialdemokratischen Partei Deutschlands (Sopade)" mit einer Auflage von bis zu 1800 Exemplaren. Abonnenten waren u. a. „die Außenämter vieler Regierungen"[707]. Ort des Erscheinens war bis März 1938 Prag, ab April 1938 Paris. Die Verlegung war notwendig geworden, da der deutsche Gesandte Eisenlohr mehrmals in Prag vorstellig geworden war und die Ausweisung des SPD-Parteivorstandes gefordert hatte. Finanziert wurde die Edition aus dem Vermögen der Partei, soweit es Anfang 1933 noch ins Ausland geschafft werden konnte.

Es gibt offenbar kaum Hinweise darauf, dass der Inhalt von den Lesern beanstandet worden wäre, insbesondere nicht von den führenden Köpfen der Exil-SPD wie Otto Wels, Erich Ollenhauer, Paul Löbe und Friedrich Stampfer. Letzter erklärte zu den Berichten:

> „Es liegt in der Natur der Sache, daß sich diese Beobachtungen in der Regel auf Vorgänge beziehen, die sich nicht an der Spitze des Staates, sondern in seinen Massen und in seinem Alltag vollziehen. Gerade dadurch aber ist es gelungen, eine Sammlung von Zeitdokumenten zu schaffen, die zum Verständnis des Dritten Reiches … Entscheidendes beiträgt." [708]

---

[704] Maser, Peter, a. a. O. II, S. 125 f.
[705] Siehe S. 345.
[706] Friedrich-Ebert-Stiftung, a. a. O. II, S. 48: „… weil sie auffällig sein sollten."
[707] Friedrich-Ebert-Stiftung, a. a. O. II, S. 141, wo A. W. Dulles zitiert wird. Die *New York Times* hat die Arbeit der Sopade in umfangreichen Aufsätzen gewürdigt, vgl.: Sozialdemokratische Partei Deutschlands, a. a. O. II, Bd. 1, S. 64.
[708] Friedrich-Ebert-Stiftung, a. a. O. II, S. 25.

Die Berichte beruhen in der Hauptsache auf den Beobachtungen und Erfahrungen von einigen Hundert Genossen.[709] Sie lebten über ganz Hitlerdeutschland verstreut und schilderten dem geflohenen Vorstand, was sie hörten und sahen. Die Informanten waren also durchweg Gegner der neuen Machthaber, für die Leser damals wie heute anonyme Gegner. Verzeichnisse ihrer Namen und Anschriften existieren offenbar nicht. Es gab sehr gute Gründe, solche nicht anzulegen. Es bestand die Gefahr, dass die Unterlagen gestohlen, geraubt oder gar beschlagnahmt werden könnten.

Rinner und einige Genossen hatten die Berichterstattung vorzüglich organisiert. Ein Netz von elf „Grenzsekretariaten" umgab das Reich, die in den Anrainerstaaten arbeiteten und die Mitarbeiter vor Ort betreuten. So betreute Waldemar von Knoeringen, der spätere SPD-Landesvorsitzende von Bayern, von Neuern im Sudetenland aus die in Oberbayern und Schwaben Tätigen. Auch andere namhafte Persönlichkeiten zählten zu den Mitarbeitern Rinners, z. B. Wilhelm Hoegner, der spätere bayerische Ministerpräsident.

Rinners Aufgabe war es, die Mitarbeiter zu unterweisen, ihre Texte zu sichten, sie redaktionell zu bearbeiten und zu Themengruppen zu bündeln. Noch wichtiger war: Die Verfasser mussten für Dritte unbedingt anonym bleiben, um sie vor Verfolgung seitens der Gestapo zu schützen. Jede Äußerung, die den Urheber hätte verraten können, war also zu streichen oder bezüglich seiner Herkunft zu verschleiern.

Zunächst aber ging es um die Betreuung der Quellen. Rinner selbst schildert dies anschaulich:

> „Ich war mit Fritz Heine, meinem nächsten Mitarbeiter in Prag, fast jedes Wochenende an der deutschen Grenze, um Berichterstatter aus Deutschland zu vernehmen. Dies war kein ungefährliches Unternehmen, weil die Nazis wiederholt Emigranten über die Grenze nach Deutschland verschleppt hatten. Wir trugen dann auch regelmäßig Pistolen mit uns, um uns, wenn nötig, gegen gewaltsame Entführung verteidigen zu können."[710]

Rinner verdanken wir auch eine Auflistung der Grundsätze, die von den Quellen beachtet werden sollten. Sie zeigen seine Gewissenhaftigkeit und verdeutlichen die Ziele, die der Parteivorstand mit dem riesigen Projekt verfolgte. Die wichtigsten dieser Grundsätze seien kurz erwähnt:

> „Die Sammlung von Nachrichten über Deutschland in möglichst großem Umfang und mit größter Zuverlässigkeit.

---

709 Friedrich-Ebert-Stiftung, a. a. O. II, S. 62.
710 Rinner, a. a. O. II, S. 169.

Die Verbreitung der Wahrheit über Deutschland in der Welt und die Sammlung von Tatsachen und Erfahrungen als Grundlage für die Politik der Parteileitung im Auslande.

Die Überwindung der zunehmenden Isolierung der Parteimitglieder in Deutschland und der wachsenden Entfremdung zwischen den einzelnen Teilen der Bewegung drinnen und draußen.

Die politische Schulung der Illegalen innerhalb und der Emigranten außerhalb Deutschlands, den Tatsachen ins Auge zu sehen und sich mit der Wahrheit auseinanderzusetzen."[711]

Immer wieder betonte Rinner:

„Die Berichterstattung mußte sich an Tatsachen halten und Objektivität mußte ihr Ziel sein."[712]

Nun, wie haben sich demnach in Deutschland die Nichtjuden den Juden gegenüber verhalten? Wie lauten dazu die Erkenntnisse der SPD-Berichterstatter? Die folgenden Zitate sind chronologisch gegliedert

12.2 „Hitler wird von der Kritik meist ausgenommen" – 1934

Mit der Zeitangabe „April/Mai 1934" sind die ersten Berichte datiert. Darin wie auch in den nachfolgenden Berichten des Jahres 1934 spielt die Judenfrage erstaunlicherweise noch keine Rolle. Der erste Bericht veranschaulicht die Wege der Informationsgewinnung und informiert über die allgemeine Stimmung im Land:

„Zum ersten Mal seit der Machtergreifung der Nationalsozialisten läßt sich feststellen, daß die Berichte aus Deutschland nahezu einheitlich einen wesentlichen Stimmungsumschwung erkennen lassen. Da es sich um Berichte von Stützpunktleitern innerhalb Deutschlands oder an der Grenze und um Mitteilungen besonderer Berichterstatter aus Deutschland handelt, können sie ihrer Natur nach unmittelbar nur über die Lage in einem mehr oder minder begrenzten Gebiet Aufschluß geben ... Um so bemerkenswerter ist die Einheitlichkeit, mit der aus fast allen Landesteilen und fast allen Berufsschichten ein allgemeiner Stimmungsumschwung berichtet wird."[713]

Dann werden einzelne Berichte zitiert, so:

„Es kann kaum noch ein Zweifel darüber bestehen, daß die Massenbasis der Nationalsozialisten zu schwinden beginnt."

---

711 Rinner, a. a. O. II, S. 176.
712 Rinner, a. a. O. II, S. 176.
713 Sozialdemokratische Partei Deutschlands, a. a. O. II, Bd. 1, S. 9.

Hat hier Wunschdenken falsche Annahmen genährt? Aus dem Jahre 1934 ist noch besonders bemerkenswert, dass Hitler häufig in Schutz genommen wird:

> „Nicht unbeachtet kann bleiben …, daß viele, die nörgeln und klagen, immer noch an die Kraft und den ehrlichen Willen Adolf Hitlers glauben, der eben allein sich auch nicht durchzusetzen vermag."[714]

Dieser Berichterstatter schätzt die Zahl der Stimmen für die Nationalsozialisten bei einer wirklich freien und geheimen Wahl auf 45 Prozent, ein anderer politisch sehr urteilsfähiger Beobachter aus Berlin sogar nur auf 35 Prozent.[715] Ausführlich und glaubwürdig schildern die Sopade-Berichte unter der Überschrift „Wahlzwang und Wahlfälschung", wie die Wahlen manipuliert wurden.[716] Im Wahllokal hingen Plakate mit der Aufforderung:

> „Jeder Deutsche wählt offen! Wer wählt geheim?"

> „Bei unserem Gewährsmann wartete die SA nicht einmal ab, ob er nicht selbst seinen Zettel ausfüllen wollte. Man steckte ihm einen ausgefüllten Zettel vor der Überreichung in den Umschlag."[717]

Und stets aufs Neue:

> „Wo immer in Deutschland geschimpft wird über die Mißwirtschaft, über die braunen Bonzen, meist wird Hitler ausgenommen, der das alles nicht wolle und bloß schlecht beraten und unterrichtet werde."[718]

12.3 „Das System regiert … mit brutaler Gewalt" – 1935

Unter der Überschrift „Die allgemeine Stimmung" wird in der Januar-Nummer von 1935 überzeugend ausgeführt:

> „Für die Beurteilung der allgemeinen Stimmung sind in der Regel die Berichte von Reisenden besonders aufschlußreich."

Die Begründung lautete:

> „Diese Berichterstatter, zumal wenn sie nur in längeren Abständen nach Deutschland kommen, stehen stärker unter dem Einfluß der ganzen öffentlichen Atmosphäre, sie unterliegen nicht dem Einfluß der Gewöhnung und Anpassung wie die dauernd im Land lebenden Berichterstatter, und auch die Veränderung der Stimmung wird ihnen deutlicher spürbar."[719]

---

714 Sozialdemokratische Partei Deutschlands, a. a. O. II, Bd. 1, S. 10.
715 Sozialdemokratische Partei Deutschlands, a. a. O. II, Bd. 1, S. 11.
716 Sozialdemokratische Partei Deutschlands, a. a. O. II, Bd. 1, S. 282 ff.
717 Sozialdemokratische Partei Deutschlands, a. a. O. II, Bd. 1, S. 284.
718 Sozialdemokratische Partei Deutschlands, a. a. O. II, Bd. 1, S. 471.
719 Sozialdemokratische Partei Deutschlands, a. a. O. II, Bd. 2, S. 15.

Einem Reisebericht nach Südwestdeutschland und Berlin wurde entnommen:

> „Wenn man nach längerer Zeit wieder nach Deutschland kommt und sich mit offenen Augen umsieht, dann ist man geradezu erschüttert, was aus dem früheren Kulturstaat Deutschland geworden ist. Da läuft ein Volk umher, dem die Angst und die Furcht auf der Stirn geschrieben stehen. Gehen zwei Personen miteinander, so sind beide unsicher, ob nicht ein Spitzel hinter oder vor ihnen hergeht. So langsam aber werden die Leute wieder etwas selbstbewußter. Das ‚Heil Hitler' hat aufgehört und die Leute sagen wieder ‚Guten Tag'. Auch im Zug sagt man ‚Guten Tag' und die Beamten grüßen ebenfalls so."[720]

Über das Verhalten der Bevölkerung zu den Ausschreitungen der Nationalsozialisten erhielt die Redaktion folgenden Bericht aus Berlin:

> „Auch in Wedding hat man in den letzten Tagen bei den jüdischen Geschäften die Fensterscheiben beschmiert, aber zu größeren Ausschreitungen ist es nirgends gekommen. Die ganze Aktion findet, wenigstens im Berliner Norden, keinerlei Anklang bei der Bevölkerung ... Es heißt: Die Juden haben uns doch nichts getan. Ein großes jüdisches Kaufhaus im Wedding geht nach wie vor gut, vielleicht sogar besser als früher."[721]

Auch der nächste Bericht hielt fest:

> „Die Judenpogrome werden keineswegs gebilligt. Auch Leute, die mit der NSDAP sympathisieren, lehnen diese Art der Judenverfolgung ab. An die Delikte der Juden, die in der Presse groß aufgemacht werden, glaubt kein Mensch."[722]

Und aus Bayern:

> „So zeigte sich klar, daß die Bevölkerung keinerlei Verständnis für die Streiche der Nazis hatte. Die Polizei mußte schließlich die immer größer werdende Menge auseinandertreiben. Dem Beobachter war klar, daß die Ausschreitungen kein Ausfluß der Massenerregung, sondern eine vorbereitete Sache einiger Verbrecher waren."[723]

Schließlich „von der Wasserkante":

> „Die allgemeine Redensart in Lübeck ist: ‚Die Juden sind nicht die Schlimmen, sondern die weißen Juden!' Der Antisemitismus schlägt nicht tiefere Wurzeln. Beobachtungen in Lokalen, wo Zeitungsverkäufer den ‚Stürmer' anbieten, ergeben, daß ihnen fast nie jemand das Blatt abkauft."[724]

Dies waren Auszüge aus den Berichten vom Juli 1935. Das August-Heft befasst sich erneut ausführlich mit dem Terror gegen die Juden. Zunächst wird aus Bayern berichtet:

---
720 Sozialdemokratische Partei Deutschlands, a. a. O. II, Bd. 2, S. 15.
721 Sozialdemokratische Partei Deutschlands, a. a. O. II, Bd. 2, S. 811 f.
722 Sozialdemokratische Partei Deutschlands, a. a. O. II, Bd. 2, S. 812.
723 Sozialdemokratische Partei Deutschlands, a. a. O. II, Bd. 2, S. 813.
724 Sozialdemokratische Partei Deutschlands, a. a. O. II, Bd. 2, S. 814.

„Im allgemeinen wird der Judenboykott von der Bevölkerung abgelehnt. Es zeigt sich trotz der Veröffentlichungen im Prangerkasten, daß, teilweise aus Widerwillen gegen das Regime, nun erst recht demonstrativ beim Juden gekauft wird."[725]

Einem weiteren Bericht, abgedruckt auf derselben Seite, ist zu entnehmen:

„Die Judenverfolgungen finden in der Bevölkerung keinen aktiven Widerhall. Aber sie bleiben andererseits doch nicht ganz ohne Eindruck. Unmerklich hinterläßt die Rassenpropaganda doch ihre Spuren. Die Leute verlieren ihre Unbefangenheit gegenüber den Juden und viele sagen sich: eigentlich haben ja die Nazis mit ihrem Kampf gegen die Juden doch recht, aber man ist gegen die Übertreibungen dieses Kampfes und wenn man in jüdischen Warenhäusern kauft, dann tut man es in erster Linie nicht, um den Juden zu helfen, sondern um den Nazis eins auszuwischen."[726]

Aus Baden:

„Wer etwas kaufen wollte, ging dorthin, wo er glaubte, es am billigsten zu bekommen. Es gibt heute, ohne zu übertreiben, in Mannheim eine absolute Mehrheit in der Bevölkerung, die sich durch die Hetze gegen die Juden nicht im geringsten stören läßt."[727]

Aus Nordwestdeutschland:

„Die Judenverfolgungen finden in der Bevölkerung allgemein Ablehnung. Es ist nur die fanatische kleine SS- und SA-Clique, die die NSDAP gegen die Juden einsetzt, die glaubt, ein gutes Werk zu tun."[728]

Auch die folgenden Berichte aus Nordwestdeutschland stimmen im Kern überein:

„Die Bevölkerung ist von Abscheu gegen die Judenhetze erfüllt, zumal auch mehrere Juden von der SA verprügelt wurden, bis sie die Polizei durch Schutzhaft in Sicherheit brachte."[729]
„Plakate mit der Aufschrift ‚Die Juden sind unser Unglück' sind an die Fenster jüdischer Geschäfte und an die Plakatstellen geklebt. Die Nazizeitung bringt diese Parole in großen Lettern jeden Tag. Bezeichnend ist, daß sehr angesehene arische Familien ostentativ freundschaftlichen Verkehr mit jüdischen Familien unterhalten. Das Volk bemitleidet die Juden."[730]

Aus Breslau:

---

725 Sozialdemokratische Partei Deutschlands, a. a. O. II, Bd. 2, S. 922.
726 Sozialdemokratische Partei Deutschlands, a. a. O. II, Bd. 2, S. 922.
727 Sozialdemokratische Partei Deutschlands, a. a. O. II, Bd. 2, S. 923.
728 Sozialdemokratische Partei Deutschlands, a. a. O. II, Bd. 2, S. 925.
729 Sozialdemokratische Partei Deutschlands, a. a. O. II, Bd. 2, S. 926.
730 Sozialdemokratische Partei Deutschlands, a. a. O. II, Bd. 2, S. 927.

„Am Sonntag, den 18.8. wurde gleichzeitig eine Hetze gegen die Juden und Katholiken veranstaltet."[731]

Aus Südwestdeutschland:

„Aus einem Brief aus Ludwigshafen erscheint folgende Stelle erwähnenswert: ‚Was mir heute zu bemerken wichtig erscheint, ist, daß die Bevölkerung in der Verfolgung von Juden und Katholiken die Meinung vertritt, daß dies als Eingeständnis der Unfähigkeit, einen Staat zu regieren, zu bewerten ist. Nachdem der Karren im Dreck sitzt, müssen Schuldige gesucht und gefunden werden.'"[732]

Auch das Heft September 1935 befasst sich mit der Judenverfolgung. Wieder und wieder kamen gleichlautende Mitteilungen, und zwar aus allen Regionen des Reiches.

Aus der Pfalz:

„Man kann ohne Übertreibung sagen, daß vier Fünftel der Bevölkerung die Judenhetze ablehnt."[733]

In einem weiteren Bericht steht zu lesen: Die amtlich angeordnete Judenhetze würde nichts fruchten,

„weil der überaus größte Teil der Bevölkerung diesem Treiben absolut teilnahmslos gegenübersteht, es zum Teil sogar scharf abweist."[734]

Aus Sachsen:

„Die Massen der Bevölkerung ignorieren … die Judendiffamierung, sie kaufen sogar mit demonstrativer Vorliebe in jüdischen Warenhäusern und nehmen [gegen] die kontrollierenden SA-Posten, vor allem, wenn diese fotografieren wollen, eine recht unerfreuliche Haltung ein."

Die Folge war:

„Der Arbeiterschaft bei den Horchwerken wurde durch Anschlag bekannt gegeben, daß jeder, der in jüdischen Geschäften einkauft, mit der sofortigen Entlassung rechnen müßte. Eine ebensolche Anweisung hat auch die Zwickauer Stadtverwaltung an ihre Arbeiter und Beamten ergehen lassen."[735]

Mit einem allgemeinen Stimmungsbericht wurde der Jahresband eingeleitet – ein entsprechender Bericht steht auch am Ende:

„Nur die Bonzen, und alle die, die am System irgendwo persönlich hängen, die haben gut lachen. Die anderen kriechen in sich hinein; sie setzen sich eine Maske

---

731 Sozialdemokratische Partei Deutschlands, a. a. O. II, Bd. 2, S. 931.
732 Sozialdemokratische Partei Deutschlands, a. a. O. II, Bd. 2, S. 1021.
733 Sozialdemokratische Partei Deutschlands, a. a. O. II, Bd. 2, S. 1029.
734 Sozialdemokratische Partei Deutschlands, a. a. O. II, Bd. 2, S. 1032 f.
735 Sozialdemokratische Partei Deutschlands, a. a. O. II, Bd. 2, S. 1043.

auf. Haß speichert sich auf, bei allen, ob Arbeiter oder Bauer, ob Geschäftsmann oder Handwerker, ob Katholik oder ‚Reaktionär', ob Sozialdemokrat oder Kommunist. Das System regiert nur noch mit brutaler Gewalt."[736]

12.4 „Streicher wird überall abgelehnt" – 1936

Wir befinden uns im Jahr der Olympischen Spiele, die in Hitler-Deutschland ausgetragen wurden. Die schwere Enttäuschung der Sopade über „das Ausland" wird gleich zu Beginn des ersten Beitrags deutlich:

> „Das Dritte Reich hat im Ausland manch wohlwollenden Beobachter gefunden, der bereit war, alle nicht wegzudiskutierenden dunklen Seiten als zwar bedauerliche, aber verständliche Übergangserscheinungen zu betrachten, die nun einmal mit einer tiefgreifenden staatlichen Umwälzung regelmäßig verbunden sind. Eine solche Übergangserscheinung war in den Augen vieler ausländischer Beurteiler insbesondere der Terror. Die Redensarten der Führer des Systems von der unblutigsten Revolution aller Zeiten blieben nicht ohne Eindruck und viele neigten dazu, die immer wieder bekanntwerdenden neuen Terrorfälle in den Bereich der ‚Greuelmärchen' zu verweisen. Erst die Judenhetze, die im Sommer letzten Jahres einen neuen Höhepunkt erreichte und zu den Nürnberger Gesetzen führte, hat wenigstens einen Teil der Weltöffentlichkeit wieder aufgerüttelt. Aber es handelt sich nicht nur um den Terror gegen die Juden, der Terror ist nicht nur eine Folge der Rassengrundsätze des nationalsozialistischen Programms, sondern der Terror ist ein wesentlicher (und unentbehrlicher) Bestandteil des gesamten Regierungssystems im Dritten Reich. Er ist neben der mit den ‚modernsten' Methoden arbeitenden Massenpropaganda das entscheidende Mittel jener umfassenden und rücksichtslosen Volksbeherrschung, ohne die das Dritte Reich schon nicht mehr bestände, ohne die es überhaupt nicht denkbar ist. Das ist es, was im Ausland oft übersehen wird."[737]

Diese Klage durchzog das ganze Jahr 1936.

> „Im Schutz dieser Teilnahmslosigkeit steigert sich der Terror gegen die Illegalen."[738]

> „Die Grundzüge der allgemeinen Stimmung sind noch immer dieselben: Angst und Ausweglosigkeit."[739]

Die Berichte, die wiedergegeben werden, stimmen in diesen Monaten nicht voll überein:

> „Der Antisemitismus hat zweifellos in breiten Kreisen des Volkes Wurzeln gefaßt. Wenn die Leute trotzdem beim Juden kaufen, dann tun sie es nicht, um den Juden zu helfen, sondern um die Nazis zu ärgern. Die allgemeine antisemitische Psychose wirkt auch auf denkende Menschen, auch auf unsere Genossen. Alle sind entschie-

---

736 Sozialdemokratische Partei Deutschlands, a. a. O. II, Bd. 2, S. 1269.
737 Sozialdemokratische Partei Deutschlands, a. a. O. II, Bd. 3, S. 9.
738 Sozialdemokratische Partei Deutschlands, a. a. O. II, Bd. 3, S. 42.
739 Sozialdemokratische Partei Deutschlands, a. a. O. II, Bd. 3, S. 671.

„Das andere Deutschland"   213

dene Gegner der Ausschreitungen, man ist aber dafür, daß die jüdische Vormachtstellung ein für alle Mal gebrochen und den Juden ein bestimmtes Betätigungsfeld zugewiesen wird. Streicher wird überall abgelehnt, aber im Grunde gibt man doch Hitler zum großen Teil recht, daß er die Juden aus den wichtigsten Positionen herausdrängt."[740]

In einem anderen Bericht, aus Mitteldeutschland, bekundete ein jüdischer Geschäftsreisender:

„Bei meinen vielen Reisen sind mir noch keine Schwierigkeiten gemacht worden. Die Bevölkerung beteiligt sich an den Hetzereien entweder überhaupt nicht oder nur dem Zwang gehorchend. Auch die Geschäftsleute stehen dem Judenboykott innerlich ablehnend gegenüber."[741]

Dann schildert er seine Erfahrungen.

Ein Bericht aus Bayern informiert:

„Der Kampf gegen Juden und Katholiken hat wieder nachgelassen. Hier ist die Meinung der Leute auch sehr verschieden. Es gibt nicht wenige, die, obwohl keine Nationalsozialisten, dennoch in gewissen Grenzen damit einverstanden sind, daß man den Juden die Rechte beschneidet, sie vom deutschen Volke trennt. Diese Meinung vertreten auch sehr viele Sozialisten."[742]

Schon damals lautete eine Frage, die wohl nie eine klare Antwort finden wird:

„Inwieweit in den Kreisen der Nationalsozialisten selbst die antisemitischen Ausschreitungen verurteilt werden, läßt sich schwer feststellen. Es ist bei dieser Frage ebenso wie bei allen anderen. Die radikalen Schreier geben den Ton an und die Ruhigen merkt man nicht."[743]

Das Olympiajahr beschließend heißt es im Dezember:

„Der Kampf gegen die Juden in Deutschland beschränkte sich im ersten Halbjahr 1936 wegen der Olympiade auf zahlreiche unauffällige Behördenmaßnahmen und ‚Einzelaktionen'. Sehr bald nach Abschluß der Olympiade wurde aber die zentralgeleitete antisemitische Agitation wieder aufgenommen."[744]

12.5 „Klarheit und Wahrheit" – 1937

Die Berichte aus dem Jahr 1937 weisen mehrere bemerkenswerte Besonderheiten auf. Im Maiheft wird mitgeteilt, dass nunmehr eine gekürzte Ausgabe der „Berich-

---
740 Sozialdemokratische Partei Deutschlands, a. a. O. II, Bd. 3, S. 24.
741 Sozialdemokratische Partei Deutschlands, a. a. O. II, Bd. 3, S. 25.
742 Sozialdemokratische Partei Deutschlands, a. a. O. II, Bd. 3, S. 26.
743 Sozialdemokratische Partei Deutschlands, a. a. O. II, Bd. 3, S. 27.
744 Sozialdemokratische Partei Deutschlands, a. a. O. II, Bd. 3, S. 1648.

te aus dem Reich" in englischer Sprache erscheint⁷⁴⁵, ein Indiz dafür, dass sich ein entsprechender Bedarf ergeben hatte. Aus diesem Anlass wurden die Ziele der Herausgeber nochmals verdeutlicht: Sammlung von Tatsachen, Unterrichtung, Meinungsaustausch, Verbreitung der Wahrheit über Deutschland.⁷⁴⁶ Selbstkritisch wird festgestellt:

> „Es ist eine der schwersten Aufgaben für die Berichterstatter, zu lernen, Skepsis von Pessimismus und Siegeszuversicht von Illusionen zu unterscheiden. Aber es ist notwendig, wenn sie in der mühevollen und gefährlichen Arbeit der Berichterstattung nicht schließlich der psychologischen Ermüdung und der Hoffnungslosigkeit verfallen sollen."⁷⁴⁷

Bewundernswert sind die moralischen Prinzipien, zu denen man sich bekannte und die den Mitarbeitern nahegelegt wurden. Sie erhöhen die Glaubwürdigkeit:

> „Die politische Berichterstattung soll ein Ausdruck des Kampfes gegen die Diktatur sein. Wie verträgt sich damit der Grundsatz der Objektivität? Er verträgt sich nicht nur damit, er ist eine notwendige Voraussetzung … Dazu gehört moralischer Mut, weit mehr Mut und innere Sicherheit als zu einer oberflächlichen Polemik und einer ebenso unsachlichen Gegenpropaganda."⁷⁴⁸

Und eine Seite weiter heißt es:

> „Über alle Nützlichkeitserwägungen hinaus aber ist unsere Arbeit der politischen Berichterstattung mit einer bestimmten Auffassung vom Wesen des Moralischen in der Politik verbunden. Klarheit und Wahrheit sind Werte, ohne die die sozialistische Bewegung nicht leben kann."⁷⁴⁹

Sehr bedenkenswert war auch die folgende Einsicht:

> „Der Nationalsozialismus lebt von dem moralischen Kapital der Vergangenheit. Er lebt davon, daß das Volk immer noch viel zu gutgläubig ist, daß es sich immer noch nicht vorstellen kann, zu welchem Ausmaß von Unmoral dieses Regime fähig ist. Er lebt vor allem davon, daß sich noch immer im Volke Moralbegriffe erhalten haben, die er längst über Bord geworfen hat. Je mehr die Nationalsozialisten dieses moralische Kapital verschleudern, je mehr untergraben sie ihre eigene Machtstellung …"⁷⁵⁰

Nun zu einzelnen Berichten.

Aus München:

---

745 Sozialdemokratische Partei Deutschlands, a. a. O. II, Bd. 4, S. 744.
746 Sozialdemokratische Partei Deutschlands, a. a. O. II, Bd. 4, S. 745.
747 Sozialdemokratische Partei Deutschlands, a. a. O. II, Bd. 4, S. 758.
748 Sozialdemokratische Partei Deutschlands, a. a. O. II, Bd. 4, S. 758.
749 Sozialdemokratische Partei Deutschlands, a. a. O. II, Bd. 4, S. 759.
750 Sozialdemokratische Partei Deutschlands, a. a. O. II, Bd. 4, S. 759.

„Das Volk in seiner Mehrheit steht gegen das Regime, das ist die Feststellung, die heute jeder ernste Beobachter in Deutschland machen muß. Es ist vorbei mit dem Glauben an die Wunderkraft Hitlers, es ist vorbei mit der Hoffnung auf Erlösung aus aller Not."[751]

Zur „Judenfrage" waren die Beobachtungen 1937 etwas widersprüchlich. Einerseits:

„Der antisemitische Terror hat sich während der Berichtszeit weiter verschärft. Ämter, Parteistellen und Polizei wetteifern darin, die wehrlosen Juden zu verfolgen und zu quälen. Läßt irgendeine Amtsstelle auch nur ein wenig Milde walten, so fährt sofort die Parteipresse dazwischen – mit dem ‚Stürmer' an der Spitze …"

Andererseits:

„Die Stimmung der Juden schwankt außerordentlich. Einmal scheint es so, als wenn irgendeine Maßnahme des Regimes alle Hoffnungen vernichtet, dann wieder glaubt man Anzeichen dafür wahrnehmen zu können, daß die offizielle Verfolgung der Juden nicht weiter betrieben wird … So unwahrscheinlich es klingt, so muß man doch sagen, sie hängen an Deutschland trotz aller Verfolgungen und es versucht jeder, wenn irgend möglich, doch in Deutschland zu bleiben. Ja, es ist so, daß manche Juden, die 1933/34 ausgewandert sind, wieder zurückkehren. Ein Vertreter einer jüdischen Hilfsorganisation sagte kürzlich: ‚Man ahnt ja nicht, wie viele jüdische Eltern sich hier einfinden, um sich darüber zu informieren, welche Möglichkeiten bestehen, ihre Kinder wieder zurückzuholen.'"[752]

„Ein Jude berichtet uns: Trotz aller gegenseitigen Rücksichtnahme und obwohl von einer antisemitischen Welle nicht zu reden ist, gestaltet sich das Leben der Juden in Deutschland und das Zusammenleben mit Ariern äußerst unangenehm … Trotzdem muß man sagen, daß es Arier gibt, die den Juden helfen, die sie trösten oder ihnen Schwierigkeiten aus dem Wege räumen … Ich habe einen Bekannten, der SA-Mann ist. Wir kennen uns seit Jahrzehnten und reichen uns stets die Hände. Aber was sollen wir tun, wenn wir uns auf der Straße begegnen? Es kann zu vielen Schwierigkeiten führen und ihn in seiner Stellung gefährden, und so haben wir vereinbart, daß wir das Grüßen auf der Straße überhaupt unterlassen."[753]

12.6 „Alle Berichte stimmen darin überein …" – 1938

1938 füllte die Sopade Dutzende von Seiten mit Berichten über den Terror gegen die Juden, wobei meist auch das Verhalten der sonstigen Bevölkerung zur Sprache kam.

Im Februar wurde aus Bayern noch halbwegs Beruhigendes mitgeteilt:

---

751 Sozialdemokratische Partei Deutschlands, a. a. O. II, Bd. 4, S. 603.
752 Sozialdemokratische Partei Deutschlands, a. a. O. II, Bd. 4, S. 942.
753 Sozialdemokratische Partei Deutschlands, a. a. O. II, Bd. 4, S. 941.

„Die wirtschaftlichen Maßnahmen gegen die Juden werden in unserem ländlichen Bezirk bis jetzt nicht so rigoros durchgeführt wie in anderen Landesteilen. Mancher Jude macht bei uns noch gute Geschäfte. Viele Arbeiter gehen noch zum Juden kaufen, und sogar Pgs. und Beamte kaufen noch in jüdischen Geschäften. Siemens-Schuckert in Nürnberg dagegen hat zu Weihnachten eine Arbeiterin entlassen, die im jüdischen Warenhaus Socken eingekauft hatte. Daß die Bevölkerung antisemitisch geworden wäre, kann man bei uns nicht sagen … Bei uns sind die Juden im Besuch von Lokalen und Geschäften keiner Beschränkung unterworfen. Gesellschaftlicher Verkehr mit ihnen wird allerdings vermieden."[754]

Doch Berlin betreffend heißt es widersprüchlich:

„Der Kampf gegen das Judentum wird unvermindert fortgesetzt."[755]

Dabei werden antisemitische Propaganda und Boykottmaßnahmen geschildert. Abschließend:

„In der Bevölkerung hat das Benehmen der Nazis überall Ablehnung hervorgerufen."[756]

Andererseits steht zu lesen:

„Vom Antisemitismus ist in Berlin nichts zu merken."[757]

Gemeint ist wohl, dass der Antisemitismus in der Bevölkerung keinen Anklang findet.

Das Heft April/Mai 1938 enthält eine Vorbemerkung:

„Die Entwicklung der politischen Verhältnisse in Südosteuropa hat den Vorstand der Sozialdemokratischen Partei Deutschlands gezwungen, seinen Sitz von Prag nach Paris zu verlegen … In Zukunft werden die Berichte wieder regelmäßig monatlich herauskommen."[758]

Weitere Gründe für den Umzug wurden bereits genannt.

Im März 1938 hatte der Anschluss Österreichs an das Deutsche Reich stattgefunden. Sofort begann dort die Judenverfolgung. Über die dabei gemachten Erfahrungen informieren die Sopade-Berichte im Juli mit bitterem Unterton:

„Die Nationalsozialisten haben aus den österreichischen Erfahrungen den Schluß gezogen, daß ein rasches Vorantreiben der Judenverfolgung dem System nicht schaden könne, daß die Entfesselung der antisemitischen Instinkte in den Reihen der Anhängerschaft, die Duldung des offenen Pogroms weder wirtschaftliche Schwierigkeiten noch einen erheblichen Prestigeverlust in der Welt nach sich ziehe.

---

754 Sozialdemokratische Partei Deutschlands, a. a. O. II, Bd. 5, S. 194.
755 Sozialdemokratische Partei Deutschlands, a. a. O. II, Bd. 5, S. 189.
756 Sozialdemokratische Partei Deutschlands, a. a. O. II, Bd. 5, S. 202.
757 Sozialdemokratische Partei Deutschlands, a. a. O. II, Bd. 5, S. 193.
758 Sozialdemokratische Partei Deutschlands, a. a. O. II, Bd. 5, S. 364.

Von dieser Vorstellung geleitet, deren Richtigkeit hier nicht untersucht werden soll, bringt das Regime die Wiener Methoden rücksichtslos auch im alten Reich zur Anwendung."[759]

Die folgenden Detailschilderungen füllen nicht weniger als 40 Seiten, alles unter der Rubrik: „Der Terror gegen die Juden".

Dann kommen Informationen unter der Überschrift: „Der allgemeine Terror". Darin heißt es:

„Die Verhaftungswelle, die in den letzten Monaten über Deutschland hinweggegangen ist, hat nicht nur Juden und Antifaschisten betroffen, sondern Opfer aus allen möglichen Schichten und Berufen gefordert. Oft ist nicht erkennbar, welche Gründe dafür vorgelegen haben könnten, gerade diese Menschen und nicht etwa ihre Nachbarn zu verhaften. Es können nur zwei Motive gewesen sein, … : einmal der Wunsch, in möglichst breiten Kreisen Angst und Schrecken zu verbreiten und so wenigstens die lauten Äußerungen der wachsenden Mißstimmung zu unterdrücken …"[760]

Nach dem Novemberpogrom wurde beklagt:

„Viele Juden wurden schrecklich mißhandelt, manche wurden erschlagen. Viele Düsseldorfer, überhaupt viele rheinische Juden wurden nach Dachau gebracht. In manchen Fällen flüchteten die Juden vor der Aktion. Das war nur möglich, weil die Bevölkerung, ja selbst die Polizei und einige Nazis die Juden warnten und ihnen halfen."[761]

Zur vollen Wirklichkeit gehört auch das Geständnis:

„Ein besonders trauriger Anblick war die Beteiligung von Kindern an den Plünderungen. Soweit man überhaupt bei der ganzen Aktion von Erregung oder Begeisterung sprechen kann, war sie nur bei Jugendlichen und Kindern vorhanden. Sie haben ja keinerlei Lebenserfahrung und betrachten die Juden wirklich als Verbrecher und Bösewichter, wie es jetzt allgemein gelehrt wird."[762]

„In den kleinen Landorten wurde hauptsächlich die Hitlerjugend für die Zerstörungsaktion herangezogen. Wo keine Juden ansässig waren, zog man in benachbarte Orte und demonstrierte vor Pfarrhäusern. In Z. hat man ein regelrechtes Haberfeldtreiben vor dem Pfarrhaus abgehalten. Man organisierte Sprechchöre, bei denen z. B. gerufen wurde: ‚Wo ist der Herr Pfarrer? – Der liegt auf seiner Köchin!' – ‚Die Juden und die Jesuiten sind unser Unglück!'"[763]

Doch dann, nach vielen Details:

---

759 Sozialdemokratische Partei Deutschlands, a. a. O. II, Bd. 5, S. 732.
760 Sozialdemokratische Partei Deutschlands, a. a. O. II, Bd. 5, S. 772.
761 Sozialdemokratische Partei Deutschlands, a. a. O. II, Bd. 5, S. 1188.
762 Sozialdemokratische Partei Deutschlands, a. a. O. II, Bd. 5, S. 1191.
763 Sozialdemokratische Partei Deutschlands, a. a. O. II, Bd. 5, S. 1194.

„Alle Berichte stimmen darin überein, daß die Ausschreitungen von der großen Mehrheit des deutschen Volkes scharf verurteilt werden. In den ersten Pogromtagen sind im ganzen Reich viele hundert Arier verhaftet worden, die ihren Unwillen laut geäußert haben ... Man muß sich allerdings – wie groß die allgemeine Empörung auch sein mag – darüber klar werden, daß die Brutalitäten der Pogromhorden die Einschüchterung gesteigert und in der Bevölkerung die Vorstellung befestigt haben, jeder Widerstand gegen die uneingeschränkte nationalsozialistische Gewalt sei zwecklos."[764]

Es folgen dann Berichte aus einzelnen Landesteilen, so Rheinland-Westfalen, Südwestdeutschland, Bayern, Berlin, die das eben Zitierte untermauern.

„Goebbels hat das deutsche Volk, zur Verteidigung und Beschönigung der staatlich kommandierten Schandtaten, als in seinem Wesen antisemitisch hingestellt. Wer in diesen furchtbaren Tagen die Berliner Bevölkerung beobachten konnte, der weiß, daß sie mit dieser braunen Kulturschande nichts gemein hat. Die Proteste der Berliner Bevölkerung gegen die Beraubungen und Brandstiftungen, gegen die Missetaten an jüdischen Männern, Frauen und Kindern jeden Alters war deutlich. Er reichte vom verächtlichen Blick und der angewiderten Gebärde bis zum offenen Wort des Ekels und drastischer Beschimpfung. In der Weinmeister Straße waren es ein Schupohauptwachtmeister und ein Reichswehrunteroffizier, die zwei ältere jüdische Frauen mit ihren sechs oder sieben Kindern vor dem Partei-Mob beschützten und sie schließlich in Sicherheit brachten."[765]

Mit ähnlichen Schilderungen geht es weiter. Abschließend:

„Die deutschen Machthaber, die deutlich spüren, daß die Pogrome im deutschen Volk auf entschiedene Ablehnung gestoßen sind und dem Ansehen des Regimes sehr geschadet haben, versuchen die Schlappe durch erhöhte antisemitische Propaganda und durch Einschüchterung der Aufbegehrenden wettzumachen."[766]

12.7 „Was den Armeniern ... geschah" – 1939

Unter der Überschrift „Die Judenverfolgung" wird einleitend der „Führer" zitiert:

„,Man bleibe uns vom Leibe mit der Humanität!' Adolf Hitler in der Sitzung des großdeutschen Reichstags am 30. Januar 1939."[767]

Dann bekunden die Berichte ihre Sicht der Ereignisse:

„In Deutschland vollzieht sich gegenwärtig die unaufhaltsame Ausrottung einer Minderheit mit den brutalen Mitteln des Mordes, der Peinigung bis zum Wahnwitz, des Raubes, des Überfalls und der Aushungerung. Was den Armeniern wäh-

---

764 Sozialdemokratische Partei Deutschlands, a. a. O. II, Bd. 5, S. 1204.
765 Sozialdemokratische Partei Deutschlands, a. a. O. II, Bd. 5, S. 1207.
766 Sozialdemokratische Partei Deutschlands, a. a. O. II, Bd. 5, S. 1350.
767 Sozialdemokratische Partei Deutschlands, a. a. O. II, Bd. 6, S. 201.

rend des Krieges in der Türkei geschah, wird im Dritten Reich langsamer und planmäßiger an den Juden verübt. Die uns zugehenden Berichte bestätigen immer wieder, daß die überwiegende Mehrheit des deutschen Volkes diesen Prozeß verabscheut und daß die Exzesse im November und der seither herrschende Dauerpogrom das nationalsozialistische Regime in Deutschland mehr Ansehen gekostet haben als die zuvor begangenen Greueltaten. Aber, selbst unterdrückt, vermag die Bevölkerung den Mißhandelten nicht oder nur sehr unvollkommen zu Hilfe zu kommen."[768]

Und erneut unter der Überschrift „Die antisemitische Propaganda":

„Über die Hetzpropaganda gegen die Juden ist insofern wenig Neues zu berichten, als sie sich gleich geblieben ist und trotz des vollkommenen ‚Sieges' keineswegs nachgelassen hat. Die Nationalsozialisten wissen, daß sie das Volk bei ihren Gewaltakten gegen die Juden nicht hinter, sondern gegen sich haben, und ihre fortgesetzte Haßpropaganda stellt den ständig erneuten Versuch dar, die gewünschte Massenstimmung doch noch zu erzeugen.

Auf die Jugend übt dieses ständige Trommelfeuer in der Schule, in der Hitler-Jugend, auf der Straße, in den Zeitungen, natürlich eine starke Wirkung aus. Kinder und Jugendliche haben sich auch – wie die nachfolgenden Berichte wieder bestätigen – in den Pogromtagen durch besondere Rohheit hervorgetan."[769]

Dann folgen über Seiten hinweg erschütternde Tatsachenberichte.

„Die Haltung der Bevölkerung ist ungewöhnlich einheitlich. Die Berichte, die uns schon in den ersten Tagen nach den Pogromen zugegangen sind, werden immer wieder bestätigt: Die überwiegende Mehrheit des deutschen Volkes lehnt die antisemitischen Gewalttaten, lehnt auch den jetzt durchgeführten Raubzug mit Entrüstung ab. Anfänglich haben die Nationalsozialisten offenbar gehofft, es werde genügen, die ‚Meckerer' einige Stunden auf der Wache festzuhalten, und mit der Zeit werde die Ablehnung verschwinden. Jetzt aber sind die deutschen Gerichte angewiesen worden, mehr Strenge gegen die Pogromgegner anzuwenden. Es werden Gefängnisurteile bis zu sechs Monaten verhängt."[770]

Dann folgen Beispiele aus verschiedenen Landesteilen, von denen eines zur Veranschaulichung wiedergegeben werden soll:

„Schlesien, … Als bei dem Novemberpogrom ein Eisenbahnbeamter sich gegen diese Schandtaten aussprach und eine ältere Jüdin, die von der Hitler-Jugend angefallen wurde, in Schutz nahm, geschah ihm damals nichts. Jetzt wurde er wegen Beleidigung der Hitler-Jugend zu 6 Monaten verurteilt. Gleichzeitig verlor er seine Stelle."[771]

---

768 Sozialdemokratische Partei Deutschlands, a. a. O. II, Bd. 6, S. 201 f.
769 Sozialdemokratische Partei Deutschlands, a. a. O. II, Bd. 6, S. 211.
770 Sozialdemokratische Partei Deutschlands, a. a. O. II, Bd. 6, S. 223.
771 Sozialdemokratische Partei Deutschlands, a. a. O. II, Bd. 6, S. 225.

Fünf Monate später, im Juli 1939 heißt es:

> „Noch bis in die letzte Zeit hinein sind uns Berichte über die November-Pogrome zugegangen. Diese Aktion läßt die öffentliche Meinung nicht zur Ruhe kommen und hat dem Regime einen schweren Prestigeverlust auch innerhalb des deutschen Volkes eingetragen. Wir halten dieses Berichtsmaterial für wichtig genug, um es auch jetzt noch zu veröffentlichen. Einer unserer Freunde hatte Gelegenheit, bei einer ausländischen Regierungsstelle amtliche Berichte über die Judenverfolgung im November v. J. einzusehen."[772]

Ein Bericht aus der Stadt Prag, die eben erst in den Herrschaftsbereich Hitlers gelangt war, verdient beiläufig erwähnt zu werden, zeigt er doch, wie sich so manche Verhaltensmuster unabhängig von der Nationalität wiederholen:

> „Im täglichen Leben merkt man von Antisemitismus wenig. Ein großer Teil der Bevölkerung lehnt den Raubzug gegen die Juden schroff ab. Es gibt allerdings auch unter den Tschechen einige Leute, die froh sind, die jüdische Konkurrenz loszuwerden. An der Abhalfterung der jüdischen Anwälte z. B. war die tschechische Anwaltschaft führend beteiligt."[773]

Auch der nachfolgende Satz verdient Beachtung:

> „In Prag weiß man, daß gegenwärtig jeder Widerstand gegen Hitlers Macht unsinnig wäre."

Dann wieder auf Deutschland bezogen:

> „Die nachstehenden Berichte bringen erneut Material darüber bei, daß die Pogrome von der weitaus überwiegenden Mehrheit des deutschen Volkes abgelehnt wurden."[774]

> „Die Empörung über das Vorgehen war außerordentlich groß, und es wurde ihr auch vielfach deutlich Ausdruck gegeben. Nationalsozialisten diskutierten offen mit Leuten, die sich darüber entrüsteten, und sie führen als ‚Entschuldigung' an, daß Hitler die Pogromaktion nicht gebilligt habe, ja, daß sie gegen seinen Willen geschehen sei. Sie erzählen, daß Himmler und Goebbels ihm von antisemitischen Einzelaktionen in Hessen-Nassau berichtet hätten. Hitler hätte von ihnen strengstens verlangt, daß diese Aktionen lokalisiert werden … Gegen Hitlers Willen hätten also Goebbels und Himmler die Ausschreitungen veranlaßt. Diese Erzählung hörte man immer wieder …"[775]

---

772 Sozialdemokratische Partei Deutschlands, a. a. O. II, Bd. 6, S. 918. Auszüge aus diesen Berichten sind abgedruckt S. 238 f.
773 Sozialdemokratische Partei Deutschlands, a. a. O. II, Bd. 6, S. 289.
774 Sozialdemokratische Partei Deutschlands, a. a. O. II, Bd. 6, S. 926.
775 Sozialdemokratische Partei Deutschlands, a. a. O. II, Bd. 6, S. 928.

12.8 „Das deutsche Volk in seiner Mehrheit" – 1940

Im Frühjahr 1940 verstummen die Berichte der *Sopade*. Der Grund liegt auf der Hand: Deutsche Truppen besetzten Paris. Das Versiegen dieser Quelle ist überaus bedauerlich. Bewundernswert und dankbar anzuerkennen ist daher die Leistung der Jahre 1934 bis 1940. Eines der letzten Hefte befasst sich noch ausführlich mit den „Judenverfolgungen":

> „War schon damals [Juli 1939, also vor Kriegsbeginn] die Lage der Juden verzweifelt genug, so ist seither noch weit Schlimmeres geschehen. Die Judenverfolgung ist seit dem Polenfeldzug in ihr letztes, grauenvollstes Stadium getreten. Da das deutsche Volk in seiner Mehrheit den antisemitischen Exzessen heute weniger Sympathie entgegenbringt denn je, bemühen sich die Nationalsozialisten um die Aufputschung des Judenhasses, indem sie den Juden die Schuld am Kriege zuschieben … Der Rundfunk unterstützt die Arbeit Julius Streichers durch fortgesetzte Judenhetze … Soweit wir die Wirkung der Propaganda überblicken können, macht dieses Kriegsschuldmanöver auf das deutsche Volk wenig Eindruck, und die Judenverfolgungen werden nach wie vor abgelehnt."[776]

Einem Bericht aus Berlin ist zu entnehmen:

> „,Jüdische' Schuhe dürfen nicht besohlt, Wäschestücke nicht ersetzt werden. Vor allem die alten Leute haben unter der grimmigen Kälte bitter gelitten. Zum Glück finden sich doch sehr häufig mutige – fast darf man sagen todesmutige – arische Freunde, die diese Unglücklichen nicht im Stich lassen und ihnen heimlich dies oder jenes zustecken."[777]

> „Wenn einige wenige Juden bisher dem Ärgsten entgehen konnten, so danken sie das dem Umstand, daß der deutsche Antisemitismus eben nicht echt, sondern von der Partei künstlich aufgezogen ist."[778]

12.9 Wie authentisch sind die Sopade-Berichte?

Die Sopade-Berichte stellten den Deutschen ein gutes Zeugnis aus, die, wie zitiert, den antisemitischen Exzessen wenig Sympathie entgegenbrachten. Da auch die Informanten weit überwiegend Deutsche waren, drängt sich die Frage nach ihrer Authentizität, ihrer Glaubwürdigkeit, ihrer Zuverlässigkeit auf. Oben wurde die Klage zitiert, wonach die Berichte stiefmütterlich behandelt würden. Hängt dies mit der eben aufgeworfenen Frage zusammen?

---

776 Sozialdemokratische Partei Deutschlands, a. a. O. II, Bd. 7, S. 257.
777 Sozialdemokratische Partei Deutschlands, a. a. O. II, Bd. 7, S. 258.
778 Sozialdemokratische Partei Deutschlands, a. a. O. II, Bd. 7, S. 260.

In seinem umfangreichen Werk „Davon haben wir nichts gewusst!" befasst sich Peter Longerich ausführlich mit ihrer Authentizität und kommt zu einem skeptischen Urteil:

> „Sie sind ein Stück aufklärerischer Gegenpropaganda, und es wäre vor diesem Hintergrund naiv, davon auszugehen, dass es den Herausgebern der Deutschland-Berichte nur darum gegangen wäre, einfach ein getreues Bild der Situation in Deutschland zu entwerfen."[779]

Dem geht das Bedenken voraus: Die Informanten „verkehrten hauptsächlich mit Regimegegnern oder Unzufriedenen und verfügten kaum über intime Kenntnis der Verhältnisse in anderen Sozialmilieus"[780]. Ausführlich zitiert Longerich Wilhelm Sollmann, den Chefredakteur der *Deutschen Freiheit*, eines in Saarbrücken erscheinenden sozialdemokratischen Blattes, der sich im April 1936 in einem Brief freimütig geäußert habe: Rinners

> „Berichterstattung aus dem Reich [sei] beinahe wertlos … Die tapferen Genossen, die drüben ihre bewundernswerte illegale Arbeit leisten, sind zum allergrößten Teil für eine wirkliche Berichterstattung ungeeignet. Es sind Leute, die nur in einem sehr kleinen Umkreis leben und ihrer Vorbildung und Tätigkeit nach nicht in der Lage sind, die großen entscheidenden Zusammenhänge zu erkennen."[781]

Doch der zitierte Brief stammt nicht aus dem Jahre 1936, sondern datiert vom 23. April 1934 und befindet sich im Archiv der sozialen Demokratie (AdsD) der Friedrich-Ebert-Stiftung.[782] Diese Richtigstellung ist deshalb wichtig, weil die erste Nummer der Berichte das Datum April/Mai 1934 trägt. Stammte Sollmanns Kritik aus dem Jahre 1936, so wäre zu unterstellen, dass er sich bereits einen fundierten Überblick über die Jahrgänge 1934 und 1935 verschafft hatte. Dem war aber eben nicht so!

Rinner antwortete dem „lieben Genossen S." umgehend, und zwar mit Schreiben vom 26. April 1934, zweieinhalb enge Seiten lang. Daraus seien hier nur die wichtigsten Passagen wiedergegeben:

> „Sie sagen weiter: was die Mitarbeiter aus D. einschicken, sind fast ausschließlich Mitteilungen über kleine und kleinliche Ereignisse. Unterstellen wir einmal, daß es so ist, unterstellen wir selbst, daß es durch systematische Schulung nicht besser werden könnte – wäre dann diese Art der Berichterstattung schon wertlos? Ich glaube nicht, daß diese kleinen Nachrichten heute irgendwie zu entbehren sind … Heute, wo wir nicht mehr die Möglichkeit haben, dieses ‚wirkliche Leben' unmit-

---

779 Longerich, a. a. O. II, S. 31.
780 Longerich, a. a. O. II, S. 29.
781 Longerich, a. a. O. II, S. 30.
782 Archiv der sozialen Demokratie (AdsD), Bestand PV-Emigration-Sopade, Rinner-Korrespondenz, Bd. 34.

telbar zu beobachten, erscheint es mir wichtiger denn je, diese Eindrücke mittelbar zu verschaffen durch jene Einzeltatsachen, die andere beobachten. Daß es sich dabei um kleine Dinge handelt, ist nicht entscheidend. Gerade kleinen Dingen kann manchmal große symptomatische Bedeutung innewohnen. Entscheidend ist, daß bei der Beschaffung solcher Einzelmeldungen dreierlei beobachtet wird: 1. Es müssen wirkliche Tatsachen sein, nicht bloße ‚Eindrücke‘, Stimmungsberichte usw., 2. es müssen möglichst viele Mitteilungen sein, damit sich aus der Fülle der Einzelheiten ein Gesamtbild formen läßt, 3. und die Sammlung der Nachrichten muß möglichst systematisch und planmäßig erfolgen, soweit die entgegenstehenden Schwierigkeiten es irgendwie zulassen."[783]

Sollmann hat offenbar nicht geantwortet. Der Parteivorstand, an den sein Schreiben gerichtet war, hat keinen Anlass gesehen, Rinner von der weiteren Ausführung des Vorhabens abzuhalten, ihm gar das Vertrauen zu entziehen. Vielmehr haben Mitglieder an Berichten mitgewirkt. Sonstige kritische Stimmen, von Sollmann eben abgesehen, sind offenbar nicht vorhanden.

Waren, wie Sollmann und Longerich annehmen, die Informanten überfordert? An ihrem guten Willen ist nicht zu zweifeln. Sie waren mutige Idealisten. Die Versuchung ist für alle Menschen groß, in die Schilderung der Wirklichkeit Wunschdenken einfließen zu lassen. Sind Akademiker insofern resistenter? Davon kann nicht die Rede sein, wenn wir die Verführbarkeit durch totalitäre Bewegungen als Maßstab nehmen. Oder waren die Genossen deshalb schlechtere Zeitzeugen, weil ihr Milieu enger war? Ginge es um Nonnen, die ihre Klausur kaum verlassen, so wäre dieser Vorbehalt einleuchtend. Auch gegenüber Knechten und Mägden, die den Hof als Lebensmittelpunkt haben, könnte so argumentiert werden. Doch das Gros der Arbeiter wohnte zur Miete in einem Haus mit anderen Mietern, die alle nicht politisch handverlesen waren. Sie benutzten meist täglich öffentliche Verkehrsmittel und kamen so mit vielerlei Menschen in Berührung. Und erst am Arbeitsplatz! Wer einwenden würde, da sei der Genosse wieder unter seinesgleichen gewesen, würde damit zugleich einräumen, dass die Einschätzung des Genossen repräsentativ sei. Denn ein hoher Prozentsatz der Bevölkerung bestand aus Arbeitern und Angestellten. Wenn wir einmal von den Opfern absehen, so ist schwer vorstellbar, wessen Erfahrungen glaubwürdiger sein sollten.

12.10 Die Berichte der Gruppe Neu Beginnen

„Die Edition der zwischen 1933 und 1936 entstandenen ‚Berichte über die Lage in Deutschland‘ der linkssozialistischen Gruppe Neu Beginnen macht der Öffentlich-

---

783 Archiv der sozialen Demokratie (AdsD), Bestand PV-Emigration-Sopade, Rinner-Korrespondenz, Bd. 34.

keit eine außergewöhnliche Quelle zur Konstituierungsphase des NS-Staates zugänglich."[784]

So lautet der erste Satz aus dem Vorwort zu dem voluminösen Werk „Berichte über die Lage in Deutschland", das 1996 erschienen ist.

Die Gruppe Neu Beginnen, 1929 von Leninisten in Deutschland gegründet, rivalisierte vor wie nach 1933 sowohl mit der KPD als auch mit der SPD. Große Teile ihres Archivs gelangten nach Kriegsende in die Obhut der SPD, die angesichts ihrer eigenen Berichte wenig Drang verspürte, die Arbeiten ihrer einstigen Konkurrenz rasch zu veröffentlichen.

Inhaltlich gibt es mit den Sopade-Berichten viele Gemeinsamkeiten. Das Thema „Judenverfolgung" und „nichtjüdische Bevölkerung" spielt jedoch eine weit geringere Rolle. Über das Warum kann nur spekuliert werden. Das Gebotene verdient gleichwohl Beachtung. Zunächst geht es um Augenzeugenberichte von Vorfällen am Kurfürstendamm in Berlin 1935. „Etwa zwanzig recht finstere Gestalten" schrien u. a. „Juda verrecke". Sie zogen „in verschiedene Cafés, warfen Tische und Stühle um und zertrümmerten Fensterscheiben." Auch kam es zu Tätlichkeiten.

> „Inzwischen hörte man von weitem Signale der herannahenden Polizeiwagen. Hierdurch ermutigt äußerten sich Stimmen aus dem Publikum, die durch Pfuirufe ihre Ablehnung der Nazibrutalitäten zum Ausdruck brachten ... Die Stimmung des Publikums war einheitlich ablehnend."[785]

Ein weiterer Augenzeugenbericht:

> „Zum Judenboykott kann man allgemein sagen, dass die Bevölkerung sich ziemlich ablehnend verhält und daß es fast ausschließlich enttäuschte Nazis sind, die hier ihre Enttäuschung abreagieren. Aber trotz dem allgemeinen Unverständnis für die gegenwärtige Judenhetze ist nur ganz selten Widerstand gegen die Naziaktion zu verzeichnen, man hört zwar Stimmen wie: ‚Nun kaufe ich gerade beim Juden', aber im allgemeinen fürchtet man sich und gibt dem Druck der Nazis nach."[786]

> „Im Osten Berlins tauchten die ersten ‚Aktionen' Mitte Juni auf. Ganz vereinzelt wurde gegen einige ‚Eisdielen' vorgegangen, noch ziemlich sanft. Es kam zu einigen Zusammenrottungen vor den Läden, wüsten Schimpfereien der Nazis, die aber fast durchweg vom Publikum abgelehnt wurden. Man hörte Entgegnungen wie: ‚Die Juden sind auch Menschen' oder: ‚Wenn schon etwas gemacht wird, dann soll die Regierung bestimmen' usw."[787]

Auch das Folgende gehört zur repräsentativen Auswahl:

---

784 Stöver, a. a. O. II, S. IX.
785 Stöver, a. a. O. II, S. 574.
786 Stöver, a. a. O. II, S. 575.
787 Stöver, a. a. O. II, S. 576.

„Die Kunden werden angepöbelt. Und die Inhaber sind gezwungen, die Läden zu schließen. Tagtäglich waren große Ansammlungen vor diesen geschlossenen Läden. Man stand in kleinen Gruppen herum und diskutierte. Die meisten sagten, diesen dreckigen Juden hätten sie es schon längst gewünscht, endlich werde mal durchgegriffen usw. Andere wieder (hauptsächlich ältere Arbeiter) sagten, das wäre Unsinn ..."[788]

„Am 5. Juni am Bayerischen Platz Sprechchor von etwa 20 Halbwüchsigen vor einer ‚Eisdiele': ‚Wer bei Juden kauft, ist ein Volksverräter.' Dann erschien das Überfallkommando und die Jungens verschwanden. Am 8. Juli wurden in der Eisdiele Grunewald – Ecke Babelsbergerstraße mehrere Kunden verprügelt, das Überfallkommando erschien und schlug auf die Angreifer mit Gummiknüppeln. In einer von der HJ boykottierten Eisdiele im Zentrum Berlins traf einen Tag, nachdem vor diesem Geschäft Ausschreitungen waren, ein daran beteiligter HJler einen SA-Mann und einen PG., die dort kauften, und pöbelte sie an. Der Wirt rief das Überfallkommando herbei, der Hitlerjunge wurde verhaftet und einige Tage auf dem Alex festgehalten."[789]

Neu Beginnen berichtete noch rund ein Dutzend ähnlicher Vorfälle. Doch, wie schon betont, die Ausbeute ist, verglichen mit den Sopade-Berichten, spärlich, der Beobachtungszeitraum sehr kurz, zusammenfassende Wertungen fehlen. Der Kirchenkampf wurde dagegen weit häufiger angesprochen und bewertet.

12.11 Der Internationale Klassenkampf

Abschließend sei aus Der Internationale Klassenkampf, dem Organ der Internationalen Vereinigung der Kommunistischen Opposition mit Sitz in Paris zitiert: Die Judenpogrome

„haben auch nicht die geringste günstige Resonanz in der Bevölkerung gefunden. Ganz im Gegenteil. Die gewaltige Mehrheit der deutschen Bevölkerung – und erst recht die Arbeiterschaft – hat mit all diesen Bestialitäten nicht das Geringste zu tun. Trotz aller Gefahr sucht man den Opfern des Terrors zu helfen, wo es nur geht."[790]

„Die Judenpogrome wären in diesem Unfang nicht möglich gewesen ohne den Münchener Erfolg [Münchner Abkommen]. Der außenpolitische Prestigezuwachs hat die Naziregierung das Risiko eingehen lassen, auf diese Weise die sogenannte ‚Weltmeinung' herauszufordern und dadurch die Position ihrer Gegner zu stärken."[791]

---

788 Stöver, a. a. O. II, S. 577.
789 Stöver, a. a. O. II, S. 577.
790 *Der internationale Klassenkampf*, Dezember 1938, in: VEJ II, a. a. O. II, S. 221.
791 *Der internationale Klassenkampf*, Dezember 1938, in: VEJ II, a. a. O. II, S. 221.

13. Regimekritische Ausländer mit Deutschlanderfahrung

Winston Churchill diagnostizierte nach dem Attentat vom 20. Juli 1944: „Die Nazis bringen sich gegenseitig um." Saul Padover, 1905 in Wien geboren, 1920 mit den Eltern in die USA ausgewandert, keine Deutschlanderfahrung während der NS-Ära, schrieb gegen Kriegsende:

> „Die Deutschen haben Millionen unschuldiger Menschen massakriert, haben millionenfach getötet und versklavt und Familien auseinandergerissen und Unglück über die Menschen gebracht … Sie sind ein ausgestoßenes, beispiellos verfluchtes und gefürchtetes Volk."[792]

Entsprach dieses Bild der Deutschen den Erfahrungen jener Ausländer, die unter Hitler einige Zeit in Deutschland lebten?

Adam von Trott zu Solz, nach dem 20. Juli 1944 verhaftet und hingerichtet,[793] hatte unter dem unzulänglichen Deutschlandbild des Auslandes gelitten. Auf seinen Reisen, bei denen er sich mit ranghohen Repräsentanten von Regierungen austauschen konnte, wuchs die Einsicht: Das Ausland glaubt wohl an den bedingungslosen Schulterschluss der deutschen Bevölkerung mit „ihrem" Führer. – Eine plausible, naheliegende Annahme. Alle deutschen Medien verkündeten einstimmig: „Ein Volk, ein Reich, ein Führer". Und war es nicht so? „Führer befiehl, wir folgen dir!" – sangen anscheinend begeisterte Kolonnen. „Des Führers Gebot getreu bis zum Tod" zogen sie in Kampf und Tod.

Fast verzweifelt rief daher Adam von Trott:

> „… es muß Menschen dort draußen geben, die einsehen, daß die Nazis und alles, was sie vertreten, genauso unsere Feinde sind wie die ihrigen."[794]

Und bei anderer Gelegenheit:

> „Man scheint nicht zu begreifen, daß die Deutschen, genau wie die Franzosen und Holländer, in einem besetzten Land lebten und daß die deutsche Opposition mit der Fortsetzung ihrer Tätigkeit ein gewaltiges Risiko eingehe."[795]

Jene Ausländer, die sich in Deutschland ein eigenes Bild machen konnten, urteilten weit differenzierter als der britische Premier und seinesgleichen.

---

[792] Padover, a. a. O. II, S. 334.
[793] Er sollte nach geglücktem Attentat Außenminister oder Staatssekretär im Auswärtigen Amt werden.
[794] Bielenberg, a. a. O. II, S. 150.
[795] Wuermeling, a. a. O. II, S.128.

13.1 „Die Nationalsozialisten … eine kleine verbrecherische Clique" – Schlichte Reisende, Residenten, „Harvard"

Nicht nur zahlreiche deutsche Juden fühlten und dachten deutsch, auch die meisten anderen Hitlergegner des Reiches verstanden sich als gute Deutsche. Das NS-System sollte überwunden werden. Ein vaterlandsloser Internationalismus lag ihnen dagegen fern. Daher stand ihnen das Dritte Reich noch etwas näher als der drohende Bolschewismus, wodurch ihr Urteil über die politischen Zustände gelegentlich wohl etwas abgeschwächt wurde.

Right or wrong, my country konnte jedoch die Sicht der Ausländer mit Blick auf das Leben der Juden in Deutschland nicht trüben. Daher kommt ihnen und ihrem Urteil, das sie sich in Deutschland über die Deutschen machten, eine besondere Bedeutung zu.[796]

John Dippel, amerikanischer Schriftsteller und Literaturwissenschaftler, schildert in seinem Werk „Die große Illusion", wie 1933 in einem Berliner Bahnhof eine SA-Truppe: „Zur Hölle mit den Juden!" brüllte. Dann fährt er fort:

> „Diese Töne und Bilder hinterließen in den Erinnerungen der Juden untilgbare Narben, aber einen noch tieferen Eindruck machte auf sie die dazu im Gegensatz stehende Haltung der deutschen Öffentlichkeit. Die Deutschen allgemein waren offensichtlich keine antisemitischen Eiferer. In den großen Städten hatten Passanten entweder teilnahmslos zugeschaut oder hinter dem Rücken der SA-Trupps jüdische Geschäfte betreten. Einige gaben sich sogar besondere Mühe, … ihr Wohlwollen zu zeigen … Gegenüber den Juden empfanden viele Zuschauer nur Gleichgültigkeit: Ihr Mitleid mit ihnen hielt sich in Grenzen, aber sie hatten auch kein Interesse daran, daß deren mißliche Lage sich noch verschlechtere … Es war eine Reaktion, die die Machthaber nachdenklich stimmte."[797]

Und 70 Seiten weiter schreibt Dippel:

> „Der fehlgeschlagene April-Boykott hatte gezeigt, daß die meisten Deutschen breit angelegte judenfeindliche Maßnahmen nicht guthießen; aus persönlicher Loyalität, wenn nicht sogar echter Sympathie hielten sie ihrem Juwelier an der Ecke oder ihrem Kinderarzt die Treue."[798]

Der Schweizer Kulturphilosoph Denis De Rougemont, der 1935/36 eine Gastdozentur in Frankfurt am Main innehatte, beobachtete als Gegner des Regimes das Leben im Deutschen Reich:

---

796 Über das hier Gebotene hinaus gibt es sicher eine Vielzahl einschlägiger Erinnerungen. Für entsprechende Hinweise ist der Autor dankbar.
797 Dippel, a. a. O. II, S. 189.
798 Dippel, a. a. O. II, S. 260.

„Ich begegne vielen Angehörigen des Bürgertums: Professoren, Ärzten, Händlern, Industriellen, Rechtsanwälten, Angestellten, mehr oder weniger ruinierten Rentiers: Ich muß wohl zugeben, daß sie alle gegen das Regime sind. Es ist verkleideter Bolschewismus, wiederholen sie … Aber wenn ich sie danach frage, in welcher Form sie Widerstand leisten wollen, weichen sie aus. Es gelingt mir, ihnen das Geständnis zu entlocken, daß der braune Bolschewismus in ihren Augen im Grunde weniger schrecklich sei als der rote."[799]

Und an anderer Stelle räumt er ein:

„Das macht mich auf einen Fehler aufmerksam, den wir, die wir Deutschland oder die UdSSR von außen betrachten, häufig begehen: Wir glauben, daß alle, die dort leben, von Haß oder begeisterter Zustimmung gegenüber dem Regime erfüllt seien, das ihnen aufgezwungen ist. Die Wahrheit ist, daß die große Mehrheit das Regime mit Gleichgültigkeit hinnimmt, damit meine ich: es nicht mehr in Frage stellt."[800]

Die Engländerin Christabel Bielenberg hatte einen deutschen Rechtsanwalt geheiratet und verbrachte die Jahre des Hitlerregimes in Deutschland. Ihre Familie stand der Widerstandsbewegung – vor allem Adam von Trott zu Solz, Hans-Bernd von Haeften und Carl Langbehn – nahe, und ihr Mann kam ins Konzentrationslager Ravensbrück. Was nahm sie in Berlin wahr, als sich dort der Novemberpogrom ereignete?

„Ich war während dieser Zeit oft in der Stadt, in den Läden, in der Straßenbahn – mit aufgesperrten Augen und Ohren, wie es sich für jemanden gehört, der sich ja nichts entgehen lassen möchte. Niemand, mit dem ich sprach, freute sich über die Schandtaten; im Gegenteil, die Menschen, die sie angeblich spontan begangen hatten, standen um die Zeitungskioske und gaben ihrer Verwirrung, Bestürzung, ja sogar ihrem Abscheu Ausdruck, oder sie eilten mit gesenktem Blick an den rasch mit Brettern vernagelten Schaufenstern des Neuen Walls vorbei."[801]

Der Journalist der *New York Times* Brooks Peters führte in einem Vortrag aus, die einzigen Plünderungen, die er beobachtet habe, seien von Prostituierten ausgeführt worden, während die einzigen Deutschen, die ihn angesprochen hätten, als er die Inbrandsetzung der Hauptsynagoge Berlins in der Fasanenstraße beobachtete, offensichtlich zwei Arbeiter waren, die ihm klarmachen wollten, er solle in seinen Zeitungsberichten unterstreichen, dass dieses Verbrechen nicht das Werk des deutschen Arbeiters sei.[802]

---

799 Rougemont, a. a. O. II, S. 21.
800 Rougemont, a. a. O. II, S. 78.
801 Bielenberg, a. a. O. II, S. 37.
802 Allen, a. a. O. II, S. 398.

Die folgenden Briefauszüge stammen von einem Amerikaner, der sich vor dem Kriege und auch noch einige Zeit nach Kriegsausbruch in fast allen Teilen Deutschlands aufgehalten hat:

> „Die Psychologie der meisten Deutschen ist für uns Amerikaner nicht leicht zu verstehen. Wir haben nie so etwas wie einen Führerkultus gekannt ... Ich will das an einem Manne klar machen, mit dem ich monatelang zu tun hatte, einem Rechtsanwalt zu einem Teil jüdischer ,Rasse'. Obwohl praktisch aus der Volksgemeinschaft ausgestoßen, verteidigte er Hitlers Außenpolitik als groß. Als ich ihn nachdenklich auf die Rückwirkung der ,Eroberung' der Tschechoslowakei auf England und Amerika hinwies, sagte er triumphierend, das werde rasch vergessen sein."[803]

> „Manche Leute erzählen mir, 70 bis 90 Prozent der Bevölkerung seien gegen Hitler. Dahinter setze ich mein Fragezeichen, und zwar nicht nur aus deutschen Erfahrungen. In jedem Lande ist eine Mehrheit der Leute im Grunde politisch indifferent und passiv ... 20 Prozent sind aus irgendwelchen wirtschaftlichen und geistigen Gründen scharfe Gegner, ja Hasser des Systems und 20 Prozent würden es mit Gut und Blut verteidigen, meistens um ihrer eigenen Existenz willen. Das ist nicht eine sehr starke Basis in Zeiten wie jetzt, aber diese 20 Prozent haben alle Waffen und alle Macht, und das ist ihre Kraft."[804]

Der amerikanische Journalist Howard Smith arbeitete bis zur Kriegserklärung Hitlers an die USA in Berlin. Seine 1943 gemachten Aufzeichnungen erschienen brandaktuell noch im selben Jahr in New York. Da lesen wir:

> „Die neue Kampagne war von Anfang an ein gewaltiger Flop. Als der Gelbe Stern eingeführt wurde, fragten sich in ganz Berlin die Leute, warum, in Gottes Namen, diese Kampagne nötig gewesen sei. Es war zu offensichtlich, daß die armen, ausgequetschten Juden, die noch in Deutschland lebten, nichts mit dem Verschwinden von Lebensmitteln und dem Versagen des Oberkommandos in Rußland zu tun hatten. Wenn Deutsche an Juden vorbeigingen, die auf den Straßen ihre auffälligen Sterne trugen, neigten sie ihre Köpfe – die Einmütigkeit dieser Reaktion war bemerkenswert – teils aus Scham, teils um den Juden die Demütigung zu ersparen, angegafft zu werden. Mir ist kein Vorfall erinnerlich, bei dem Juden von gewöhnlichen Deutschen, die 95 Prozent der Bevölkerung ausmachen, irgendwie belästigt worden wären."[805]

Dann werden auf zwei Seiten Erlebnisse geschildert, die ein höfliches Verhalten der nicht braun Uniformierten veranschaulichen.

Damit stimmt nahtlos überein, was George Axelsson, ein Deutschland-Korrespondent der *New York Times*, am 10. November 1941, also kurz bevor Hitler den USA den Krieg erklärte, im *Time-Magazine* schrieb:

---

803 Sozialdemokratische Partei Deutschlands, a. a. O. II, Bd. 7, S. 10.
804 Sozialdemokratische Partei Deutschlands, a. a. O. II, Bd. 7, S. 12.
805 Smith, Howard, a. a. O. II, S. 195.

> „Der anständige nicht jüdische Deutsche starrt jene nicht an, die den Davidstern
> tragen, sondern schaut daran vorbei … Auf öffentlichen Plätzen oder am Arbeits-
> platz behandelt der deutsche Arbeiter den Juden wie seinesgleichen."[806]

Das Vorwort des Buches „Behind the Steel Wall" trägt das Datum „September 12, 1943". Der schwedische Journalist Arvid Fredborg hatte Deutschland verlassen und verfasste nun einen Erfahrungsbericht, *„a glimpse of purely political German problems"*.[807] Erstaunlicherweise findet die Judenfrage so gut wie keine Erwähnung. Doch der Judenstern begegnet dem Leser auch hier:

> „Aber die Bevölkerung Berlins reagierte auf den Judenstern so, daß die Propagan-
> disten nachdenklich werden mußten."[808]

1939 veranstaltete die Harvard-Universität – wie bereits erwähnt – ein Preisausschreiben: „Mein Leben in Deutschland vor und nach dem 30. Januar 1933". Einer der drei Initiatoren war Edward Hartshorne. Über ihn heißt es in einem Aufsatz des Jahres 2009:

> „1941 plante der inzwischen in den amerikanischen Geheimdienst Eingetretene
> ein Buch zur ‚Reichskristallnacht', in dem er mit Hilfe der gesammelten Zeitzeu-
> genberichte die Verlogenheit des Regimes herausstellen wollte: Die Nationalsozia-
> listen bildeten nämlich nur eine kleine verbrecherische Clique, welche die große
> schweigende Mehrheit tyrannisierte."[809]

Dieser „sensationelle" Befund war offenbar das Resultat der Auswertung des Preisausschreibens. Dabei wäre es doch naheliegend gewesen, dass die aus Deutschland vertriebenen oder geflohenen Juden an den „vollwertigen" deutschen Reichsbürgern, also jenen, die keiner Verfolgung wegen ihrer Rasse ausgesetzt waren, kein gutes Haar ließen.

> „Der Haß gegen Deutschland – leider nicht nur gegen die Nazis! –, den diese Men-
> schen in die Welt hinaustragen, wird eines Tages seine Früchte bringen"[810],

hatte Erich Ebermayer nach dem Pogrom befürchtet. Der 1933 aus Deutschland geflohene Jude Philipp Loewenfeld schreibt in seinen Erinnerungen:

> „Die Frage, was mit den Deutschen nach ihrer militärischen Niederlage und nach
> dem Niederbruch des Hitler-Systems geschehen soll, beschäftigt alle Gemüter die-
> ses Landes [der USA] … Nicht wenige träumen von ihrer ‚totalen Vernichtung'."[811]

---

806 „Germany", in: Time-*Magazine*, 10.11.1941, S. 30.
807 Fredborg, a. a. O. II, S. 7.
808 Fredborg, a. a. O. II, S. 73.
809 Karlauf, a. a. O. II, S. 440; vgl. auch „Die Not der Pringsheims", in: *Frankfurter Allgemeine Zeitung*, 14.09.2009, S. 32.
810 Ebermayer: „… und morgen", a. a. O. II, S. 324.
811 Loewenfeld, a. a. O. I, S. 1.

Und nun die folgenden Berichte der jüdischen Opfer:

Für Hartshorne waren die Einsendungen nicht die einzigen Informationen, auf die er sein Urteil stützte. Im Sommer 1935 hatte er schon mehrere Monate in Deutschland verbracht, um Material für seine Dissertation zu sammeln, die zwei Jahre später unter dem Titel „The German Universities and National Socialism" erschien.

13.2 „Decent Germans are Ashamed" – Aus der Auslandspresse

Die *Wiener Library* in London verwahrt ein aufschlussreiches Schriftstück. Es trägt das Datum des 20. Dezember 1938 und die Überschrift: „Vermerk über die Lage der Juden in Deutschland". Daraus seien einige Sätze wiedergegeben:

> „Aus verläßlichen Informationen geht klar hervor, daß gerade erst ein Bruchteil dessen, was tatsächlich seit der Pogromwelle vom 10. November in Deutschland geschieht, im Ausland bekannt geworden ist, ungeachtet der genauen und umfangreichen Berichte in der englischen und amerikanischen Presse. Dies ist darauf zurückzuführen, daß jegliche Enthüllung an die Auslandspresse über die Behandlung vieler Tausender von Juden in den Konzentrationslagern die Gefangenen sofort in tödliche Gefahr bringen würde; in Einzelfällen ist dies auch tatsächlich geschehen. Die wenigen nachstehend zitierten Fakten dürfen nicht veröffentlicht werden."[812]

Was hatte die englische und die amerikanische Presse zu berichten? Beschränken wir uns auf die Berichterstattung über den Novemberpogrom und auf zwei weltweit angesehene Blätter, *The Times*, London, und *The New York Times*. Ferner soll das damals im Ausland angesehenste deutschsprachige Blatt, die *Neue Zürcher Zeitung*, berücksichtigt werden. Ein umfassender Presseüberblick würde den Rahmen dieser Untersuchung gänzlich sprengen. Die genannten Zeitungen können jedoch als repräsentativ für die demokratische Auslandspresse angesehen werden.

Die Londoner *The Times* berichtete am 11. November 1938 ausführlich über den Pogrom und auch über das Echo in der Bevölkerung:

> „Die führende Rolle beim Zerstören spielten Hitlerjugendgruppen … Sie wurden üblicherweise von vier oder fünf Burschen angeführt, die etwas älter waren … Dabei schrien sie gemeinsam ‚Deutschland erwache! Juda verrecke!' … Die Menge, die zuschaute, zeigte, soweit sich das beurteilen läßt, eine Mischung aus Verwunderung, Befriedigung und Mißbilligung. Es gab kaum spontane Demonstrationen seitens der Zuschauenden … Viele Deutsche jedoch zeigten entschiedene Mißbilligung der Methoden, die zur Anwendung kamen, und ein Arbeiter bemerkte mir

---

812 Barkow, a. a. O. II, S. 189.

gegenüber, er möchte nicht die Fotos sehen, die morgen in ausländischen Blättern erscheinen."⁸¹³

Einen Tag später wurde wieder ausführlich über das Zerstörungswerk berichtet, auch unter der Überschrift: „CATHOLICS ATTACKED"⁸¹⁴ Dabei wird Bezug genommen auf über zwanzig Großveranstaltungen in München, auf denen die „Schwarzen" und die „Roten" als die Verbündeten des „jüdischen Mordgesindels" angegriffen wurden.

The New York Times berichtete noch ausführlicher über den November-Pogrom, insbesondere über die Ereignisse in Berlin. Am 11. November 1938 heißt es auf der Titelseite unter der Überschrift: „Nazis zertrümmern, plündern und brandschatzen jüdische Geschäfte und Tempel bis Goebbels Halt ruft":

> „Große, meist schweigende Massen schauen zu, und die Polizei beschränkt sich darauf, den Verkehr zu regulieren …"

Auch die folgenden Seiten befassen sich ausführlich mit den antisemitischen Ereignissen in Deutschland. Auf Seite 4 heißt es unter der Überschrift „Crowds Mostly Silent":

> „Im allgemeinen blieben die Massen still, und die Mehrheit schien angesichts der Vorgänge ziemlich verwirrt … Ein jüdischer Geschäftsinhaber rief, als er seinen verwüsteten Laden sah: ‚schrecklich!'. Er wurde auf der Stelle verhaftet. Andererseits war mehrfach zu beobachten, wie die Menge Platz schaffte, damit Juden ihre Geschäfte unbehelligt verlassen konnten. Einige Leute in der Menge – seltsam genug, meist Frauen – äußerten, es sei nur billig, daß die Juden nun erleiden, was die Deutschen 1918 erlitten. Aber da gab es auch Männer und Frauen, die ihren Protest zum Ausdruck brachten. Die meisten von ihnen sagten etwas wie Bolschewismus. Ein Mann – offenbar ein Arbeiter – rief, als er die brennende Synagoge in der Fasanenstraße sah: ‚Brandstiftung bleibt Brandstiftung!'"

Drei Spalten weiter steht zu lesen:

> „Während ein Großteil der deutschen Bevölkerung angesichts der Pöbelherrschaft einen ziemlich beschämten Eindruck machte, hatten jene, die sich an den antisemitischen Aktionen beteiligten, einen lustigen Tag."

Am 12. November konnte man auf der Titelseite unter der Hauptüberschrift „Nazis warn Foreign Press; ‚Lies' will hurt Reich Jews'; Arrests run to Thousands" – wieder über die übliche, durchaus beachtliche Einschüchterung nachlesen. Darunter wird Exgouverneur Alfred Smith ausführlich zitiert, der erklärte, die Herausforderung durch die deutschen Ereignisse

---

813 „Our Correspondent: Nazi Attacks On Jews", in: *The Times*, 11.11.1938, S. 14, Sp. 2.
814 „Our Correspondent: Catholics Attacked", in: *The Times*, 12.11.1938, S. 12, Sp. 2.

„war nicht nur eine Judenfrage, eine Katholikenfrage, eine Protestantenfrage, eine politische Frage oder eine Arbeiterfrage, sondern eine, die das Fundament, auf dem wir Amerika errichtet haben, angeht …"

Sowohl auf der Titelseite wie auch auf den folgenden Seiten des Blattes finden sich weitere Artikel über den November-Pogrom – ohne jedoch auf die Haltung der Bevölkerung einzugehen. Nur eine Mitteilung trägt die Überschrift: „Decent Germans Are Ashamed"[815]. Von einer Pressekonferenz bei Goebbels heißt es, der Hausherr habe die ausländischen Berichterstatter um Fairness gebeten.[816]

Lassen wir abschließend den Korrespondenten der *Neuen Zürcher Zeitung* zu Wort kommen. Unter der Überschrift „Vergeltungsaktion gegen die deutschen Juden" schrieb er am 10. November 1938:

„Die fruchtbarste antisemitische Welle seit dem Regimewechsel von 1933 hat sich in der vergangenen Nacht und am frühen Donnerstagmorgen über ganz Deutschland ergossen. In Berlin wurden die Synagogen in Brand gesteckt … Viele Juden sind geflohen und haben ihre Geschäfte preisgegeben; andere lesen mit resignierter Mine die Trümmer zusammen; Pflastersteine liegen noch in den Läden und auf der Straße herum."

Die Beschreibung, die zwei Spalten füllt, schließt mit den Worten:

„Die Bevölkerung, zur Ehre des deutschen Volkes sei es gesagt, zeigt sich zum allergrößten Teil über diese Exzesse empört, und viele Leute auf der Straße halten mit offener Kritik nicht zurück."

Einen Tag später, in der Morgenausgabe, wird der Vandalismus nochmals ausführlich geschildert und mit scharfen Worten gegeißelt. Dann folgt die Feststellung:

„Die Äußerungen der Missbilligung, die noch am Vormittag zu hören waren, sind verstummt, da es niemand gern mit den keulentragenden Stoßtrupps, hinter denen die Macht der Behörden steht, aufnimmt."

13.3 „In Fairness to the German People" – Diplomatenstimmen aus der westlichen Welt

„In fairness to the German people it must be said",

schrieb der amerikanische Konsul in Leipzig, Ralph G. Busser, am 8. April 1933 an das State Department,

---

815 Tolischus: „Nazis Smash …", in: *The New York Times*, 12.11.1938, S. 4, Sp. 5.
816 Tolischus: „Nazis Smash …" in: *The New York Times*, 12.11.1938, S. 4, Sp. 2: „Goebbels Asks for Fairness".

„daß der Boykott [der jüdischen Geschäfte am 1. April] sowohl bei den Arbeitern als auch beim einsichtigeren Teil der Mittelklasse auf Ablehnung stieß. Während des Boykotts und in der Zwischenzeit hatte ich Gelegenheit, mit vielen Deutschen zu sprechen, und ich bin nur zweien begegnet, die den Boykott verteidigten, beide Mitglieder der NSDAP."[817]

Der Tagebucheintrag des US-amerikanischen Botschafters William Dodd vom 26. Januar 1934 lautet:

„Der Vertreter der amerikanischen Filiale der Carl-Schurz-Stiftung ... war heute bei mir und berichtete über seine einmonatige Reise durch Deutschland. Nicht ein einziger Mensch hat über die Praktiken der Nazis gegenüber den Kirchen, Universitäten und den Menschen ein günstiges Urteil abgegeben. Er sagte, er habe mit Hunderten von Deutschen gesprochen. Diese Erfahrung habe ich selbst überall gemacht – außer in Gegenwart von Uniformierten."[818]

Dodd, ein Historiker, war von Anfang an entschiedener, klarsichtiger NS-Gegner. Der französische Botschafter François-Poncet sagte über ihn:

„Dodd ... bestand darauf, sich abseits zu halten. Zum Beispiel konnte nichts ihn dazu bewegen, nach Nürnberg zu fahren (wo die Parteikongresse stattfanden). Dieser alte Professor war seinem ganzen Wesen nach kaum der geeignete Mann für eine Laufbahn, die häufig von dem Diplomaten erfordert, Gedanken und Gefühle zu verbergen."[819]

Der britische Generalkonsul in Hamburg Laurence Milner Robinson schrieb in seinem Lagebericht für den Monat Juni 1938:

„The general feeling in Hamburg appears to be that this time the authorities have gone too far in their crusade against the Jews ... Meanwhile the man in the street grumbles and seems upset about the situation, but dare not say very much."[820]

Damals ging es um die Inhaftierung aller Juden und anderer, die schon zu einer Freiheitsstrafe von mehr als einem Monat verurteilt worden waren („Assozialenaktion"). Nach dem Pogrom enthält Robinsons Bericht die folgende Lagebeurteilung:

„The general local reaction amongst all classes is one of shame and disgust. Expressions of despair for the future are frequently heard. A number of arrests were reported of Aryans who were incautious enough to voice their feelings in the street".[821]

---

817 Müller, Bernhard, a. a. O. II, S. 64 in Anm. 188.
818 Dodd, a. a. O. II, S. 96.
819 Dodd, a. a. O. II, S. 21 f.
820 Bajohr: „Wunschdenken", a. a. O. II, S. 325 f.; Übersetzung: „Allgemein sind die Hamburger offenbar der Ansicht, dass die Machthaber dieses Mal ihren Kreuzzug gegen die Juden übertrieben haben ... Inzwischen schimpft der Mann auf der Straße und ist über die Zustände offenbar aufgebracht. Aber er wagt es nicht, viel zu sagen."
821 Bajohr: „Wunschdenken", a. a. O. II, S. 328; Übersetzung: „Die allgemeine Reaktion vor

Frank Bajohr, der die Berichte des britischen Generalkonsuls herausbrachte, hält die Bemerkung für angezeigt:

> „Der Konsul verstieg sich gar zu der Behauptung, daß der Pogrom in Hamburg von auswärtigen Elementen angezettelt worden sei, während sich die Hamburger Polizei bei den Verhaftungen ‚*generally polite and in some cases almost apologetic*' [im allgemeinen höflich und in manchen Fällen sogar verteidigend] gezeigt habe."

Doch was für Bajohr unglaubwürdig klingt – bezeichnend ist ja auch die Überschrift bei Bajohr: „Wunschdenken" –, wird durch jüdische Opfer belegt, wie z. B. Käte Frankenthal bestätigt:

> „*The police officers remainded calm and helped* [Die Polizeibeamten blieben ruhig und halfen]".[822]

Warum auch sollte sich der Konsul solche Geschichten aus den Fingern gesogen haben – zugunsten der Deutschen? Vizekonsul Baker glaubt von den jüngeren Deutschen zu wissen:

> „*They regret the recent excesses and the barbarous methods of carrying out antisemitic principles, but are none the less firmly convinced of the necessity for ridding Germany of the last jews.*"[823]

Wie diese Ansichten gewonnen wurden, bleibt unerwähnt.

Im Telegramm, das der französische Konsul Robert de Nogaret anlässlich des Novemberpogroms 1938 an das Außenministerium in Paris richtete, stand zu lesen:

> „… die Menschen sind passiv und schweigsam und lassen sich zu keinem Kommentar verleiten; fragt man die Münchner aber einzeln, so verabscheuen sie im allgemeinen diese Gewaltakte, was sie sich jedoch in der Öffentlichkeit nicht trauen würden."[824]

Günther Gillessen hat eine Reihe solcher Zeugnisse zusammengetragen: Der britische Geschäftsträger in Berlin, Sir George Ogilvie-Forbes, berichtete am 16. November 1938:

Ort in allen Bevölkerungsschichten offenbart Scham und Ekel. Häufig hört man Äußerungen der Verzweiflung mit Blick auf die Zukunft. Von vielen Verhaftungen arischer Bürger ist die Rede, von Menschen, die nicht vorsichtig genug waren und ihre Empfindungen auf der Straße vernehmbar machten."

822 Frankenthal, a. a. O. I, S. 31.
823 Bajohr: „Wunschdenken", a. a. O. II, S. 332; Übersetzung: „Sie bedauern die jüngsten Ausschreitungen und die barbarischen Methoden, wie die antisemitischen Ziele umgesetzt werden. Aber sie sind gleichwohl von der Notwendigkeit fest überzeugt, Deutschland von den letzten Juden freizumachen."
824 Heusler/Weger, a. a. O. II, S. 152.

„Obwohl die Masse des Volkes sich sprachlos verhielt, so habe ich doch nicht einen einzigen Deutschen, gleich welcher Klasse, getroffen, der nicht, in jeweils verschiedenem Maße, das Geschehene zum allermindesten tadelt. Aber ich fürchte, daß nicht einmal die ausgesprochene Verurteilung durch erklärte Nationalsozialisten selbst oder hohe Offiziere des Heeres irgendeinen Einfluß auf die irrsinnige Bande haben wird, die derzeit Nazideutschland beherrscht."

Der britische Konsul in Frankfurt schrieb, hinge die deutsche Regierung vom Willen der Wähler ab, so würden, davon sei er überzeugt, die Machthaber und die für diese Ungeheuerlichkeiten Verantwortlichen vom Sturm des Unwillens weggefegt, wenn nicht gar an die Wand gestellt und erschossen.

Der amerikanische Konsul in Leipzig beschrieb die in der Stadt wahrnehmbare Bevölkerung als „verstimmt und entsetzt".

Aus Stuttgart meldete der amerikanische Generalkonsul am 12. November, mindestens 80 Prozent der Bevölkerung lehnten die Ausschreitungen ab, und viele Leute ließen die Köpfe vor Scham hängen. Er habe, so fuhr er am 15. November 1938 fort, von vielen Fällen gehört, in denen Arier verfolgten jüdischen Familien heimlich Hilfe geleistet und sie mit Geld und Lebensmitteln versorgt hätten.[825]

Der amerikanische Botschafter Wilson wurde offiziell vom amerikanischen Außenminister Hull zur Berichterstattung nach Washington zurückbeordert. Die Rückberufung werde die gerecht denkenden Leute in Deutschland ermutigen, „die in der Mehrheit sind, wenngleich machtlos". Die Maßnahme werde der deutschen Regierung zu denken geben. Sie „wird zwar nicht Aktionen gegen die Juden und Katholiken stoppen, aber die Orgie eindämmen"[826], notierte sich Wilson. Am 16. November 1938, unmittelbar vor seiner Abreise, telegrafierte Wilson seinem Minister:

„Im Hinblick darauf, daß dies ein totalitärer Staat ist, besteht ein überraschendes Charakteristikum der Situation in der Intensität und im Umfang der Verurteilung der Aktionen gegen die Juden unter deutschen Bürgern ... : Solche Äußerungen sind nicht auf Mitglieder der gebildeten Schichten beschränkt. Man trifft sie in allen Klassen an ..."

Gillessen, der diese Fakten zusammengetragen hat, resümiert:

„Fast alle diplomatischen Berichte stellten die Passivität der Bevölkerung heraus, das stumme Entsetzen, Zornesausbrüche einiger weniger, die Scham der meisten. Die Diplomaten beobachteten Leute, die die Entehrung der Juden unmittelbar als Verletzung der eigenen Ehre, als Entehrung des deutschen Namens empfanden. Die auswärtigen Beobachter nahmen vor allem ein Volk in tiefer Depression wahr. Jeder, der widersprechen wollte, hatte längst begriffen, daß er auf keinerlei Schutz durch Behörden, Gerichte oder Nachbarn hoffen durfte."[827]

---

825 Gillessen: „Der organisierte Ausbruch", a. a. O. II, Sp 8 f.
826 Gillessen: „Die Benennung", a. a. O. II.
827 Gillessen: „Die Benennung", a. a. O. II.

Der Apostolische Nuntius in Berlin berichtete dem Vatikan am 15. November 1938 über den Pogrom:

> „Durch diesen Satz von Goebbels, daß die sogenannte ‚antisemitische Reaktion' ein Werk des ‚deutschen Volkes' gewesen sei, hat das wahre und gesunde deutsche Volk, das bestimmt die *major pars* [den größeren Teil] darstellt, schwer zu leiden."[828]

Ein französischer Diplomat in Berlin analysierte ebenfalls am 15. November 1938 den Pogrom:

> „… In Wirklichkeit war die Ermordung des deutschen Diplomaten nur ein Vorwand, und die deutsche Öffentlichkeit war sich generell darüber im Klaren. In Berlin und im übrigen Reich unterstellte der Mann von der Straße, der in der Regel den Randalen und den Plünderungen mit unausgesprochener Mißbilligung zusah, seinen Führern schnell, die Chance genutzt zu haben, die sich ihnen mit der Tat eines exaltierten 17-Jährigen bot. Insofern hat Goebbels' Propaganda das Gegenteil von dem bewirkt, was sie bezweckte. Je mehr sie sich bemühte, den Mord Grynszpans zu einem ‚historischen' Verbrechen aufzubauschen, desto mehr war der Durchschnittsdeutsche versucht, soweit er sich durch den Hitlerschen Fanatismus nicht hatte verwirren lassen, die Hintergedanken herauszufinden oder Motive zu erfinden, die, wie er meinte, seine Herren und Meister geleitet haben könnten. Goebbels hatte mit seiner Waffe aufs Geradewohl zugestochen und sie damit, so scheint es, entschärft und stumpf gemacht. Nichts verdeutlicht dies besser als das Gerücht, das hier unter den einfachen Leuten kursiert, wonach das Attentat auf vom Rath bloß eine Machenschaft der Gestapo sei."[829]

Die Berichte der Auslands-SPD teilen einen amtlichen Text mit, den einer der Freunde bei einer ausländischen Regierungsstelle hatte einsehen können. Der Verfasser war „ein ausländischer Diplomat von hohem Rang":

1. „Ein angesehener Nationalsozialist erzählte mir, es sei eine schreckliche Szene gewesen. Die Juden seien von vielen sonst harmlosen Einwohnern bespuckt und mit Schmutz beworfen worden … Ich traf nicht einen einzigen Deutschen, der mir nicht ähnliche Dinge mit Abscheu erzählte."[830]

Hier drängen sich Fragen auf: einerseits der „Abscheu" aller Informanten des NS-Mannes, andererseits die sonst „harmlosen Einwohner" als Täter. Warum sind die nationalsozialistischen Beobachter nicht gegen diese „harmlosen Einwohner" eingeschritten? Eine solche Intervention wäre gerade für sie risikolos gewesen.

2. „Ein Arier in München zeigte mir einen gebrechlichen jüdischen Greis, der aus drei Dörfern nach und nach vertrieben worden war und jetzt von einer christlichen Familie heimlich unterhalten wird. Von mehreren amtlichen deutschen Stel-

---

828 VEJ II, a. a. O. II, Dok. 153.
829 VEJ II, a. a. O. II, Dok. 56.
830 Sozialdemokratische Partei Deutschlands, a. a. O. II, Bd. 6, S. 918 f.

len erfuhr ich, daß Landbürgermeister, die von der bevorstehenden Aktion gehört hatten, jüdische Familien rechtzeitig warnten."[831]

3. „In einer Anzahl von Fällen (besonders bei den Angehörigen freier Berufe, Ärzte, Anwälte usw.) hörte ich, daß die Verhaftungen höflich und mit Ausdrücken des Bedauerns vorgenommen [sic!] wurden. Aber oft war die Behandlung roh."[832]

4. „Eine Sozialfürsorgerin aus Eisenach erzählte mir, daß dort kein Geschäft an Juden etwas abgebe. Auf meine Frage, wie sie dann einkaufen könnten, antwortete sie mir: ‚Oh, sie haben alle mindestens einen arischen Freund, der ihnen das Nötige beschafft.'"[833]

Berichte mit Nachrichten aus Deutschland zusammenfassend heißt es in einer Verlautbarung des britischen *Central Department* im *Foreign Office* vom November 1941 zu den Auswirkungen der Juden-Stigmatisierung,

„Juden scheinen eine freundlichere Behandlung seitens der Deutschen zu erfahren".[834]

Auch die britische Post- und Telegraphenzensur, die abgefangene Briefe aus Deutschland und Briefe mit Informationen über Deutschland aus neutralen Ländern auswertete, kam im März 1942 zu der Schlussfolgerung, dass

„das Tragen des Judensterns exakt das Gegenteil von dem zur Folge hatte, was man erwartet hatte, nämlich eine wesentlich freundlichere und hilfsbereitere Verhaltensweise der anderen."[835]

Ein Bericht des US-Generalkonsuls in Berlin, Leland B. Morris, vom 30. September 1941 bestätigt die allgemeine Wahrnehmung:

„Man kann feststellen, daß ein sehr großer Teil der Berliner angesichts der nach der kürzlich erlassenen Verordnung gezeigten jüdischen Abzeichen keine Befriedigung, sondern Verlegenheit und sogar Mitgefühl an den Tag gelegt hat … Die Mißbilligung dieser Maßnahme ist so allgemein, daß eine der … von den Verantwortlichen dafür vorgebrachten Rechtfertigungen lautet, Deutsche in den Vereinigten Staaten seien gezwungen, ein Hakenkreuz … zu tragen."[836]

Auch was sich der amerikanische Botschafter William E. Dodd schon am 19. September 1935 ins Tagebuch notiert hatte, passt hierher, obgleich hier nicht ausdrücklich die Judenfrage angesprochen wird. Doch da in den Reihen der Hitlergegner Antisemiten nicht zu vermuten waren und eine nachgewiesene Ausnahme

---

831 Sozialdemokratische Partei Deutschlands, a. a. O. II, Bd. 6, S. 920.
832 Sozialdemokratische Partei Deutschlands, a. a. O. II, Bd. 6, S. 922.
833 Sozialdemokratische Partei Deutschlands, a. a. O. II, Bd. 6, S. 925.
834 Longerich, a. a. O. II, S. 178.
835 Longerich, a. a. O. II, S. 178.
836 Friedländer: „Vernichtung", a. a. O. II, S. 282.

nur die Regel bestätigen würde, sind relevante Rückschlüsse naheliegend. Bei Dodd heißt es:

> „Der neue italienische Botschafter Attolico sprach vor. Er berichtete interessante Tatsachen über den Parteitag in Nürnberg … Er meinte, daß man in Deutschland Hitler zu verehren beginnt. Ich stimmte zu, daß dies vielleicht auf 40 Prozent der Bevölkerung zutreffen könne … Ich bin aber überzeugt, daß kaum die Hälfte der Katholiken Hitler ergeben sind [sic!]. Von den Protestanten hat sich vielleicht die Hälfte unterworfen, doch von den Calvinisten sympathisiert nicht ein Drittel mit dem Führer."[837]

In seinen Erinnerungen bekannte George F. Kennan, eine US-amerikanische diplomatische Legende, der 2005 im Alter von 101 Jahren gestorben ist:

> *„I have no love for Hitler. I have never questioned the necessity of defeating him. But I have no hatred for the German people."*[838]

---

837 Dodd, a. a. O. II, S. 306 f.
838 Kennan, a. a. O. II, S. 35; Übersetzung: „Für Hitler habe ich nichts übrig. Ich habe die Notwendigkeit, ihn zu besiegen, nie in Frage gestellt. Aber das deutsche Volk hasse ich nicht."

14. Deutsche und Juden in der Wahrnehmung des NS-Staates

Auch die Äußerungen der Täter und ihres Umkreises, insbesondere ihres Machtapparats, dürfen nicht unbeachtet bleiben, wenn es darum geht, zu klären, wie sich das Gros der Deutschen zu Hitlers Judenpolitik gestellt hat. Es gibt sogar beachtliche Stimmen, die die offiziellen Stimmungsberichte für die wichtigste Quelle halten, um beurteilen zu können, wie die Menschen auf die antisemitische Agitation reagierten.[839]

Andererseits heißt es in einer eingehenden Untersuchung:

> „Der Verdacht, die Stimmungsberichte seien im Sinne des Regimes gefärbt, drängt sich von vorneherein auf … Sowohl Ohlendorf [Otto O., der Zuständige für die „Meldungen aus dem Reich"] … wie auch Himmler und selbst Bormann wollten das Versagen des Nationalsozialismus als Parteiideologie und als Regierungsform nicht wahrhaben. Die tatsächliche Einstellung der Deutschen gegenüber der NS-Wirklichkeit muß eher negativer eingeschätzt werden, als sie in den … Berichten zum Ausdruck kommt."[840]

Das meiste von dem, was davon den Krieg überdauert hat, liegt zwischenzeitlich gut zugänglich als Rohmaterial vor. Für den vielseitig interessierten Laien, der sich kurz informieren möchte, ist die Fülle das eigentliche Problem.

Demoskopie im heutigen Sinne konnte und durfte es unter Reichskanzler Hitler nicht geben. Dieser Forschungsweg war wissenschaftlich noch nicht erschlossen. Damit er halbwegs zuverlässig begehbar wird, ist ferner Voraussetzung, dass die Befragten an die Vertraulichkeit ihrer Mitteilungen glauben. Ein Narr, wer damals bei einer Befragung Diskretion erwartet hätte.

So wenig auch die neuen Machthaber von der Zustimmung der ihrer Macht Unterworfenen abhingen, so sehr wollten sie doch, dass ihre Zielvorgaben verstanden und begeistert mitgetragen würden. Man wollte auch wissen, inwieweit dies gelungen ist. So gab es vielerlei Institutionen, die Bericht zu erstatten hatten, alte wie neue, amtliche und parteiamtliche. Zu nennen sind Polizeidienststellen, Landratsämter, Bezirksregierungen und der Sicherheitsdienst der SS, üblicherweise SD genannt.

---

839 So Longerich, a. a. O. II, S. 316.
840 Steinert, a. a. O. II, S. 40 f.

„Der SD unterhielt neben seinen etwa 3.000 hauptamtlichen Mitarbeitern ein Netzwerk von circa 30.000 nebenamtlichen Informanten, die speziell auf die Beobachtung der ‚Volksmeinung' angesetzt waren."[841]

Was sagen uns ihre Berichte?

14.1 „Die Juden in den geheimen NS-Stimmungsberichten 1933–1945" (Otto Dov Kulka)

Unter diesem Titel erschien 2004 ein 894 Seiten umfassendes Werk, das hoch gelobt wurde. Saul Friedländer, der Verfasser von „Das Dritte Reich und die Juden" spricht von einer „seltenen wissenschaftlichen Großtat"[842], Ian Kershaw, der namhafte Hitler-Biograf, von einer „herausragenden wissenschaftlichen Leistung"[843].

Es versteht sich von selbst, dass in dem Werk, der Aufgabenstellung gemäß, die anderen oben vorgestellten Quellen keine oder nur eine untergeordnete Rolle spielen. Doch wenn es im Vorwort der Herausgeber heißt:

„Die Geschichte der Juden in Deutschland unter der NS-Herrschaft muß auf zweierlei Wegen erschlossen werden: sowohl aus nationalsozialistischen wie auch aus jüdischen Quellen"[844],

so drängt sich die Frage auf, ob mit dieser Feststellung die anderen hier aufgeführten jüdischen Quellen beiseite geschoben werden sollen. Die weiteren Ausführungen erwecken den Anschein, als ob die „jüdischen Quellen" mit den Dokumenten zur Geschichte der Reichsvertretung der deutschen Juden identisch wären. Das ist aber ganz und gar nicht der Fall. Man denke nur an das oben ausgebreitete Material, bestehend aus zahlreichen Biografien und Autobiografien, Berichten, Interviews, Fragebögen und ähnlichem mehr, die wir Juden verdanken. Sie sind nicht minder wichtig.

Trotz dieser Bedenken bietet das Buch eine vorzügliche Arbeitsgrundlage für alle, die „Arier" und Juden im Spiegelbild der NS-Berichterstattung wahrnehmen wollen. Zwar hatte bereits Heinz Boberach mit seinen „Meldungen aus dem Reich"[845] den NS-Machthabern ihren eigenen Spiegel vorgehalten, der neue Spiegel aber – um im Bild zu bleiben – ist weit größer und somit aufschlussreicher. Schon der erste Satz der Einleitung verdient Beachtung:

---

841 Longerich, a. a. O. II, S. 36.
842 Kulka, a. a. O. II, Klappentext.
843 Kulka, a. a. O. II, Klappentext.
844 Kulka, a. a. O. II, S. 7.
845 Boberach, a. a. O. II.

„Wie aus den bisherigen Forschungen zur geheimen NS-Berichterstattung hervorgeht, glaubte das Regime nicht an das monolithische Bild von Staat und Gesellschaft, das von ihm selbst in den Massenmedien dargestellt und von der Welt meist entsprechend wahrgenommen wurde. Es entwickelte vielmehr eine eigene interne Berichterstattung."[846]

Es herrschte also demnach keine Einheit von Volk, Reich und Führer – zumindest nicht in der „Judenfrage".

3744 dieser Berichte sind auf CD-Rom gespeichert, davon sind 752 in dem erwähnten Buch abgedruckt. Die Zeitschrift des Deutschen Bundestages *Das Parlament* überschreibt seine Buchbesprechung mit „Gleichermaßen Schadenfreude und Anteilnahme"[847]. Dem steht die eigene Zählung des Autors entgegen, wonach weit mehr Berichte dem deutschen Volk zur Ehre gereichen als es in die NS-Judenpolitik verstrickt erscheinende Berichterstatter vermuten lassen.

Der über genügend Zeit verfügende gründliche Leser sei auf den gesamten Text des hier vorgestellten Buches verwiesen. Den anderen soll eine kleine, repräsentative Auswahl geboten werden. Um auch nur den Verdacht der Willkür zu vermeiden, bildet der erste Bericht den Anfang; es folgt jeder weitere fünfzigste Bericht.

Schon die erste der abgedruckten Meldungen lässt aufhorchen. Sie stammt vom 11. März 1933 und lautet folgendermaßen:

> „In Breslau ist heute früh die Ruhe gestört worden durch die SA, welche in jüdische Warenhäuser und Geschäfte eingedrungen ist. Es ist Schutzpolizei eingesetzt worden, die in aller Ruhe die SA abgedrängt hat … Der Polizeipräsident hat … mit Nachdruck erklärt, daß keine weiteren Ruhestörungen zugelassen würden".[848]

Der Polizeipräsident machte sich hier also für Recht und Ordnung und damit für die durch sie zu schützenden Juden stark.

> „51 Regierungspräsident Pfalz. Bericht für November. Speyer, 9.12.1934 … Die Polizeidirektion Ludwigshafen a/Rhein berichtet, daß in letzter Zeit viele Juden wegen asozialen Verhaltens angezeigt worden seien. Die Anzeigen haben sich zum größten Teil als haltlos erwiesen. Die Beweggründe der Anzeiger waren nicht immer zu billigen … Die jüdischen Pfadfinder in Ludwigshafen a/Rhein wurden wieder zur Betätigung zugelassen …

---

846 Kulka, a. a. O. II, S. 15.
847 „Gleichermaßen Schadenfreude und Anteilnahme", in: *Das Parlament*, 20/2005 (17.05.2005).
848 Kulka, a. a. O. II, S. 45.

> Die Ortsgruppe Speyer der jüdischen Jugendorganisation hielt mit Erlaubnis des Staatspolizeiamtes einen Vortragsabend. Die Veranstaltung fand, da ein anderes Lokal nicht zur Verfügung gestellt wurde, im katholischen Vereinshaus statt."[849]

Leider wird nicht mitgeteilt, wie viele Anzeigen wegen unsozialen Verhaltens eingegangen waren. Von solchen Anzeigen ist in den anderen Berichten kaum die Rede. Was war wohl hier der Anlass? Die für den zitierten Text Verantwortlichen waren offenbar durchaus nicht antisemitisch.

> „101 Stapostelle Regierungsbezirk Münster. Bericht für März 1935. Recklinghausen, 4.4.1935 … Kirchenpolitik. Evangelische Kirche. Die Bekenntnissynode in Westfalen hat die Kirchengewalt fast ausschließlich in ihrer Hand. Die Mitglieder der Deutschen Christen in den Presbyterien werden nunmehr aufgefordert, sich zur Bekenntnisfront zu bekennen und den Arierparagraphen fallen zu lassen. Im Falle der Weigerung werden sie einfach ihrer Ämter enthoben."[850]

Der „Arierparagraph" besagte, dass im öffentlichen Dienst nur beschäftigt werden durfte, wer „arischer" Abstammung war.

> „Aus Bocholt wird noch folgendes berichtet: ‚Das Verbot des Hissens der Reichsflagge durch Juden hat unter den Gefolgschaften der hiesigen Textilbetriebe starken Unwillen hervorgerufen. Die Gefolgschaften, die bis zu 99 Prozent arischer Abstammung sind, können es nicht verstehen, daß diese Betriebe die Reichsflagge nicht hissen dürfen. Wenn das Verbot am 1. März dieses Jahres aufrecht erhalten worden wäre, hätten sich die Gefolgschaften der jüdischen Betriebe geweigert, an dem Saarbefreiungsumzug teilzunehmen."[851]

Viele mag es überraschen, wenn sie hier erfahren, wer alles für die Demonstrationen des NS-Staates mobilisiert werden konnte.

> „151 Stapostelle Regierungsbezirk Osnabrück. Bericht für August 1935 … Die Juden haben im Berichtszeitraum keinerlei Versammlungstätigkeit entfaltet. Selbst die religiösen Veranstaltungen in der Synagoge sind unterblieben. Offenbar hegt man die – allerdings gänzlich unbegründete – Befürchtung, daß es bei Zusammenkünften zu irgendwelchen Ausschreitungen gegen sie kommen könnte. Die Angstpsychose ist so stark, daß während einer Kundgebung der NSDAP … in Osnabrück ein Teil der Juden die Stadt fluchtartig verließ …"[852]

Wer diese Psychose ausgelöst hatte, ist hinlänglich bekannt und kann auch dem Text entnommen werden: die NSDAP und ihre Helfer.

> „201 Stapostelle Regierungsbezirk Arnsberg. Bericht für Februar 1936 … In der Berichtszeit ist eine Zunahme der Betätigung der zionistischen Vereinigungen zu

---

849 Kulka, a. a. O. II, S. 93.
850 Kulka, a. a. O. II, S. 126.
851 Kulka, a. a. O. II, S. 126.
852 Kulka, a. a. O. II, S. 155.

verzeichnen. Man versucht, die Auswanderung durch Umschulung und Lehrkurse in hebräischer Sprache zu fördern ... Die Geschäftslage der Juden hat sich im Bereich der hiesigen Stapostelle nicht zu ungunsten der Juden geändert. Vielmehr werden die jüdischen Geschäfte sehr stark von Käufern besucht. Im Viehhandel beherrscht der Jude an zahlreichen Stellen das Feld. Es kommt sogar vor, daß Ortsbauernführer und Bauern, die öffentliche Ämter bekleiden, Vieh an Juden verkaufen."[853]

„251 Gendarmerie Oberammergau. Politischer Dienstbericht. Oberammergau 30.12.1936 ... Kirchenpolitik. Kaplan Kurt Eberlein von Oberammergau ... hielt am 27.12.1936 in der Pfarrkirche in Oberammergau eine Predigt, in der er wieder sehr ausfällig war ... Eberlein sprach über den Kampf der Religion in der Welt und in Deutschland und übte Kritik an der Einschränkung der katholischen Pressefreiheit."[854]

„301 NSDAP Kreis Bremen Kreispropagandaamt. Stimmungsbericht. Bremen 7.1.1938 ... Man empfindet die Straßenbezeichnung ‚Sinaistraße' nicht mehr als zeitgemäß und bittet um ihre Beseitigung."[855]

Wer ist „man"?

Blanker Hass spricht aus folgendem Text:

„351 Regierungspräsident Ober- und Mittelfranken. Bericht für September 1938 ... In den Tagen der drohenden Kriegsgefahr trat die gehässige Gesinnung der Juden wieder so recht in Erscheinung. Die Juden zeigten ein anmaßendes, herausforderndes Benehmen und gingen aus der sonst üblichen hinterhältigen Zurückhaltung und Scheu heraus. Man merkte es ihnen an, daß sie auf den Krieg warteten, der nach ihrer Berechnung den Untergang des Reiches bringen sollte. Infolge der Mord- und Greueltaten an Sudetendeutschen in der Tschechoslowakei machte sich in der Marktgemeinde Bechhofen, BA Feuchtwangen, und in Wilhermsdorf, BA Neustadt a. d. Aisch, eine große Empörung gegen die dort wohnhaften Juden geltend."[856]

Der Bericht lässt nicht erkennen, wodurch sich „die gehässige Gesinnung der Juden" manifestiert habe. Auch erfahren wir nicht, wie viele sich an der „großen Empörung" beteiligt haben. Wir erfahren nur, der Verfasser war Antisemit.

„401 Regierungspräsident Ober- und Mittelfranken. Bericht für Dezember 1938 ... Die Hetze des Auslands gegen das deutsche Volk wird richtig als Haß und Kampf des Weltjudentums gegen das Dritte Reich gewertet. Man ist aber bei dem unerschütterlichen Glauben an den Führer allgemein der festen Überzeugung, daß

---

853 Kulka, a. a. O. II, S. 190.
854 Kulka, a. a. O. II, S. 213.
855 Kulka, a. a. O. II, S. 257.
856 Kulka, a. a. O. II, S. 296.

auch dieser neue Angriff an der starken Hand und dem Willen des Führers zerschellen wird."[857]

Hat es eine solche „Hetze des Auslands gegen das deutsche Volk" wirklich gegeben? Wie oben nachgewiesen, pflegte die Auslandspresse deutlich zwischen Volk und Führung zu unterscheiden. Doch davon durften die Leser nichts erfahren.

„Gegen den Pfarrer Kübel von Untersteinbach ... wurde Strafanzeige erstattet ... Als er (ebenfalls im Konfirmandenunterricht) ausführte, daß durch die Taufe auch die Juden und die Heiden Christen würden, erhielt er eine kräftige, verdiente Abfuhr von einem Schüler, der ihm entgegnete: ‚Herr Pfarrer, wenn einem Juden sechs Kübel Wasser auf den Kopf geschüttet werden, dann bleibt er doch noch ein Jude.'"[858]

Die Äußerung des Pfarrers stimmte völlig mit der Lehre seiner Kirche überein. Trotzdem wurde gegen ihn Strafanzeige gestellt! In dem Bericht heißt es weiter:

„Am 25.11.1938 wurde der Rechtsanwalt Dr. Dehler in Bamberg auf Weisung der Staatspolizeistelle Nürnberg-Fürth vorübergehend in Polizeihaft genommen. Dr. Dehler, der selbst Arier, aber mit einer Jüdin verheiratet ist, vertritt mit Vorliebe Juden. Er hatte nach Bekanntwerden der Aktion gegen die Juden einen jüdischen Rechtsanwalt, der sich im Ausland befand, telegraphisch vor seiner Rückkehr nach Deutschland gewarnt."[859]

Nach dem Krieg war Thomas Dehler FDP-Vorsitzender und Bundesinnenminister.

„451 SD Unterabschnitt Thüringen. Bericht für August 1939 ... Eine Auswirkung der Ereignisse der letzten Zeit auf die Lage innerhalb des Judentums kann noch nicht einwandfrei erkannt werden ... Durch die veränderte außenpolitische Lage wird das Judentum rein stimmungsmäßig sehr stark beeindruckt sein. Die Juden fürchten den Krieg, obwohl sie gleichzeitig durch diesen Krieg und eine mögliche Niederlage Deutschlands [die] Vernichtung des ihnen verhaßten Regimes erhoffen ... Das jüdische Gemeindeleben hat eine gewisse Stabilität erfahren, die jüdischen Kinder erhalten wieder regelmäßig Unterricht usw. ..."[860]

„501 RSHA, Amt III (SD). Meldungen aus dem Reich. Berlin 10.4.1940. Auf die seit längerer Zeit umlaufenden Gerüchte über Abschiebung der Juden nach dem Generalgouvernement reagieren diese besonders in den östlichen Gegenden des Reiches durch Abwanderung in die Großstädte Berlin, Breslau, Leipzig. Als Grund hierfür geben die Juden an, daß sie von den Großstädten aus bessere Möglichkeiten zur Auswanderung hätten."[861]

---

857 Kulka, a. a. O. II, S. 342.
858 Kulka, a. a. O. II, S. 342.
859 Kulka, a. a. O. II, S. 343.
860 Kulka, a. a. O. II, S. 404.
861 Kulka, a. a. O. II, S. 425 f.

„551 Bürgermeister Ober-Erlenbach. Die politische Lage. ... 30.6.1941 ... Immer noch keine Entscheidung betreffs der Zwangsentjudung."[862]

„601 Gendarmerie Forchheim ... 27.11.1941 ... Die nach den Ostland [sic!] zu evakuierenden Juden von hier ... wurden heute um 9.00 Uhr mit einem Lastkraftwagen nach Bamberg abtransportiert ... Beim Abtransport am hiesigen Paradeplatz hatte sich eine größere Anzahl der hiesigen Einwohnerschaft eingefunden, die den Abtransport mit Interesse und großer Befriedigung verfolgte."[863]

„Eine größere Anzahl" – wie viele mögen das gewesen sein, absolut und prozentual? Die SD-Außenstelle Minden lieferte zum selben Thema einen anschaulicheren Bericht, der andere Schlüsse nahelegt. Da heißt es unter dem 6.12.1941:

„Die inzwischen zur Tatsache gewordene Evakuierung der Juden aus dem hiesigen Bereich wird in einem großen Teil der Bevölkerung mit großer Besorgnis aufgenommen. Dabei sind zwei Gesichtspunkte, die den Leuten am meisten am Herzen liegen. Einmal vermuten sie, daß dadurch den vielen Deutschen im noch neutralen Ausland, besonders in Amerika, wieder neues Leid zugefügt werden könnte. Man weist dabei wieder auf den 9. Nov. 1938 hin, der uns auch im ganzen Auslande mehr geschadet hat, als er uns hier im Inland genutzt hat. Der zweite Punkt ist der, daß es doch wohl sehr bedenklich sei, jetzt im Winter mit allen seinen Gefahren die Leute ausgerechnet nach dem Osten zu verfrachten. Es könnte doch damit gerechnet werden, daß sehr viele Juden den Transport nicht überständen. Dabei wird darauf hingewiesen, daß die jetzt evakuierten Juden doch durchwegs Leute wären, die seit ewigen Jahren in hiesigen Gegenden gewohnt hätten."[864]

Der Schreiber, wohl ein SS-Mann (SD), scheint auf der Seite der Opfer zu stehen. Der Hinweis auf die Auslandsdeutschen dient augenfällig dazu, die wahren Motive dieser vorsichtigen Intervention zu verschleiern.

„651 Bericht für Juli 1942 ... Im Berichtszeitraum wurden neue Aussiedlungen von Juden durchgeführt. In Augsburg hat sich ein alter Jude selbst entleibt; drei alte Jüdinnen haben Selbstmordversuche unternommen; von diesen ist eine im Krankenhaus gestorben."[865]

„701 SD Außenstelle Würzburg ... 31.8.1943 ... Die Berufung von Himmler zum Reichsinnenminister wurde nicht so sehr beachtet, wie das erwartet wurde, aber trotzdem beschäftigt sich die Bevölkerung damit. In Kreisen der Intelligenz stößt man auf die Ansicht, in diesem Wechsel komme eine Schwäche der Regierung zum Ausdruck, die durch einen starken, mit weit reichenden Vollmachten ausgestatteten Mann noch zu retten versucht ... In der Person des Reichsführers SS Himmler will man schon deswegen einen viel schärferen Mann erblicken, weil man ihm die ganzen Maßnahmen, die gegen die Juden ergriffen worden sind, zuschiebt. Es wird

---
862 Kulka, a. a. O. II, S. 448.
863 Kulka, a. a. O. II, S. 474.
864 Kulka, a. a. O. II, S. 476 f.
865 Kulka, a. a. O. II, S. 504 f.

deshalb die Befürchtung geäußert, daß er vor keinem Mittel zurückschrecken werde. Andererseits begegnet man aber in positiv zum Staat stehenden Kreisen der Ansicht, daß es nur so hätte kommen können."[866]

Jene, die Himmler beschuldigen, werden vorrangig erwähnt.

„751 Regierungspräsident Niederbayern und Oberpfalz. Bericht für Februar 1945 … 13 Juden und Jüdinnen wurden zum Arbeitseinsatz nach Theresienstadt verbracht."[867]

Eine Auswertung dieser repräsentativen NS-Stimmungsberichte verrät nur ganz ausnahmsweise Schadenfreude. Die meisten schildern nüchtern Tatsachen ohne eigene Wertung. Die Berichte 1 und 51 zeigen: Die Staatsgewalt verteidigte mitunter die Rechtsordnung auch gegen die erfolgreichen Revolutionäre und half damit den Juden. Bericht 101 spricht für einen Großteil der evangelischen Christen. Für die katholische Kirche war der „Arierparagraph" ohnehin nie ein Thema. Auch die Berichte 251 und 401 unterstreichen die Vorbehalte der Kirchen gegen die NS-Ideologie. Bericht 201 stellt der Bevölkerung ein gutes Zeugnis aus, die den Kontakt mit Juden immer noch aufrecht erhielt.

Die Berichte 351 und 501 verraten die judenfeindliche Gesinnung ihrer Verfasser. Ein Exempel besonderer Bösartigkeit außerhalb der oben erfassten Texte begegnet dem Leser auf Seite 461:

„573 NSDAP, Reichsleitung Reichsfrauenführung. Stimmungsbericht für November 1941 … Es ist im Gau Berlin außerordentlich begrüßt worden, daß die Juden durch Sterne gekennzeichnet worden sind, denn hier war es ihnen häufig noch möglich, wenn sie nicht jüdisch aussahen, sich unrechtmäßig Vorteile zu verschaffen. Das Verständnis dafür, daß Jüdinnen, die mit einem Arier verheiratet sind oder waren, keinen Stern zu tragen brauchen, wenn Kinder aus dieser Ehe stammen, fehlt noch."[868]

Doch wer die Einleitung dieses Berichts vor Augen hat, weiß, dass aus ihm nicht das Volk spricht. Da heißt es nämlich:

„Unruhe brachte auch die Musterung für den weiblichen Arbeitsdienst im Elsaß. Hier war der Einfluß der katholischen Kirche sehr stark zu spüren. Zum Teil wurde von den Mädels die Unterschrift, daß sie arischer Abstammung sind, verweigert, der Pfarrer habe gesagt, ‚vor Gott sind wir alle gleich', oder ‚wir stammen von den Juden ab'."[869]

---

866 Kulka, a. a. O. II, S. 529.
867 Kulka, a. a. O. II, S. 547.
868 Kulka, a. a. O. II, S. 461.
869 Kulka, a. a. O. II, S. 461.

Deutsche und Juden in der Wahrnehmung des NS-Staates 249

Was hier aus dem Elsaß berichtet wird, ereignete sich auch in Berlin, von wo im Herbst 1938 ausführlich über die „Laienaktivierung der Kirchen" informiert wurde. Im Bericht heißt es:

> „Gefördert durch die projüdische Haltung der Kirchen, die in der Masse der Kirchengläubigen jede antijüdische Propaganda der Partei wirkungslos macht, sind die Assimilationsbestrebungen im Judentum heute in einem Maße angesprochen, wie das seit der Machtübernahme noch niemals der Fall war."[870]

14.2 „Die Deutschen und die Judenverfolgung 1933–1945" (Peter Longerich)

Das eben ausgewertete Werk beansprucht nicht, alle relevanten Berichte zu berücksichtigen. Der renommierte Historiker Peter Longerich hat ebenfalls zahlreiche amtliche Berichte eruiert und in „Die Deutschen und die Judenverfolgung 1933–1945. ‚Davon haben wir nichts gewusst!'" aufgenommen. Daraus soll hier eine kleine, möglichst repräsentative Auswahl nebst kurzgefassten Auswertungsergebnissen Longerichs wiedergegeben werden.

Die Gendarmerie im unterfränkischen Steinach an der Saale schrieb im Monatsbericht für August 1934:

> „Das Judenproblem wird von der einheimischen Bevölkerung nach wie vor nicht erfasst."[871]

Der Leiter der Stapostelle Aachen vertrat im November 1934 die Ansicht,

> „dass weiteste Kreise der Bevölkerung über die Grundideen des Nationalsozialismus völlig im Unklaren sind und es oft nicht verstehen, dass zum Beispiel die Judenfrage in Deutschland geregelt werden muss."[872]

Härter ging die Stapostelle Potsdam mit jenen ins Gericht, die da glauben,

> „dass der Jude doch auch ein Mensch sei, dass es auch gute Juden gäbe und der Jude vielfach sogar besser sei als der Deutsche … Äußerungen über die Gefahr des Judentums werden abgemildert und die Leute, die sich mit Aufklärung befassen, gewissermaßen als Narren hingestellt."[873]

Ebenfalls im November 1934 stellte der Landrat von Brilon fest, dass in der Stadt

---

870 Kulka, a. a. O. II, S. 258.
871 Longerich, a. a. O. II, S. 73.
872 Longerich, a. a. O. II, S. 73.
873 Longerich, a. a. O. II, S. 73.

"das Vorgehen gegen jüdische Einwohner, denen man von Zeit zu Zeit die Fensterscheiben einwirft, von einem großen Teil der Bevölkerung missbilligt"[874]

wird.

Mit zahlreichen Belegen untermauert Longerich seine Feststellung:

"Zur Aufnahme der Nürnberger Gesetze in der Bevölkerung entwerfen die Berichte ein durchaus unterschiedliches Bild."[875]

Dennoch ergibt sich für ihn keine Pattsituation, vielmehr lautet sein Fazit für das Jahr 1935, dass

"die überwiegende Zahl der vorliegenden Berichte sogar eindeutig negative Reaktionen in der allgemeinen Bevölkerung vermeldet."[876]

"Ein Thema, das in den Jahren 1936/37 … durchgängig auftaucht, ist der trotz aller Anstrengungen der Parteiorgane anhaltende Kundenbesuch in jüdischen Geschäften …"[877]

"Die Stapoleitstelle München beklagt im Sommer 1937, dass gerade die Landbevölkerung weiter Geschäfte mit Juden betreibe."[878]

"Aus der offiziellen Berichterstattung des Regimes wird deutlich, dass die Bevölkerung auch im Jahre 1938 – trotz entsprechender Propaganda und erheblichen Drucks seitens der Partei – nicht bereit war, geschäftliche Kontakte mit Juden vollkommen aufzugeben."[879]

Wenig später registriert Longerich zahlreiche Berichte, die die "Stimmung der Bevölkerung gegen die Judenschaft" herausstellen. Auslöser war angeblich die Kriegsgefahr wegen der Sudetenkrise, die den "Urhebern aller Übel" angelastet werden sollte. Doch, so Longerich, diese Berichte

"spiegeln in Wirklichkeit diese Frontstellung radikaler Parteianhänger gegenüber dem ‚inneren Feind' wider."[880]

Bezüglich der Reaktionen der Bevölkerung auf den Novemberpogrom können die von Longerich erfassten Berichte mit der Feststellung der Judenabteilung des SD-Hauptamtes wiedergegeben werden:

"Die Zivilbevölkerung hat sich nur in ganz geringem Maße an den Aktionen beteiligt."[881]

---

874 Longerich, a. a. O. II, S. 73.
875 Longerich, a. a. O. II, S. 96
876 Longerich, a. a. O. II, S. 96.
877 Longerich, a. a. O. II, S. 104.
878 Longerich, a. a. O. II, S. 105.
879 Longerich, a. a. O. II, S. 117.
880 Longerich, a. a. O. II, S. 119.
881 Longerich, a. a. O. II, S. 129.

Der Regierungspräsident von Minden ergänzte vielsagend:

> „Über die von der Partei befohlene Aktion vom 9. bis 10. November herrscht dagegen – wie auf Verabredung – betretenes Schweigen. Selten äußert sich offene Meinung. Man schämt sich."[882]

Longerich ergänzt hier zu erläuternd:

> „Plausibel ist auch, dass die Berichterstatter – Bürgermeister, Landräte, Regierungspräsidenten, höhere Polizei- und Gestapobeamte – die Berichte ihrerseits als Medium benutzten, um ihr eigenes Missfallen an der nicht kontrollierbaren ‚Aktion' der Partei ... zu artikulieren."[883]

Das Jahr 1939 betreffend lautet der Befund:

> „Öffentlich geäußerte Empörung über das Verhalten von Juden und antijüdische Ausschreitungen ... kamen nur in geringer Zahl vor, dem steht eine ganze Anzahl von Berichten gegenüber, in denen nicht jüdische Deutsche sich von der Verfolgung distanzierten und Mitleid mit den Juden bekundeten."[884]

Ab 19. September 1941 mussten die Juden den gelben Stern tragen. Und wie war die Reaktion der Arier nach den amtlichen Berichten? Longerich belegt seinen Befund ausführlich:

> „In der Parteipresse lässt sich eine Reihe von Beiträgen finden, die verdeutlichen, wie sehr die Nationalsozialisten durch die ablehnende Haltung des Publikums auf die Kennzeichnungsverordnung in die Defensive gerieten."[885]

Im Herbst 1941 begann die Deportation der Juden aus dem Reich – meist in die Vernichtung. Wie reagierte die Bevölkerung? Longerich lässt die Stapostelle Bremen zu Wort kommen, wonach

> „der politisch geschulte Teil der Bevölkerung die bevorstehende Evakuierung der Juden allgemein begrüßt" habe, jedoch „insbesondere kirchliche und gewerbliche Kreise ... hierfür kein Verständnis aufbringen und heute noch glauben, sich für die Juden einsetzen zu müssen"[886].

Die Stapostelle wird dann anschaulich konkret.

Die Außenstelle Detmold berichtete, der Abtransport der letzten Juden „habe größeres Aufsehen erregt". Zahlreiche Menschen hätten sich auf dem Marktplatz der Stadt, der als Sammelpunkt diente, eingefunden. Der Bericht vermittelt das Bild einer lebhaften Diskussion:

---

882 Longerich, a. a. O. II, S. 132.
883 Longerich, a. a. O. II, S. 133.
884 Longerich, a. a. O. II, S. 157.
885 Longerich, a. a. O. II, S. 172.
886 Longerich, a. a. O. II, S. 195.

„Es konnte beobachtet werden, dass [von] ein[em] große[n Teil] der älteren Volksgenossen (darunter sollen sich auch Parteigenossen befunden haben) die Maßnahme des Abtransportes der Juden aus Deutschland allgemein negativ kritisiert wurde. Gegen den Abtransport wurde mehr oder weniger offen mit allen möglichen Begründungen Stellung genommen ... Selbst solche Volksgenossen, die bei jeder passenden oder unpassenden Gelegenheit früher ihre nationalsozialistische Gesinnung herausgestellt hätten, hätten in dieser Hinsicht Partei für die Interessen der Juden bzw. der kirchlich gebundenen Volksgenossen genommen."[887]

Welche Erkenntnisse sind aus diesen amtlichen Berichten – nach Longerich – zu gewinnen?

„Das Un-Thema Deportationen, das machen all diese Berichte deutlich, wurde also durchaus wahrgenommen und in der Bevölkerung diskutiert. Über die Reaktion lässt sich kein einheitliches Bild gewinnen, doch haben wir genügend Anhaltspunkte, dass die Deportationen in der Bevölkerung kontrovers erörtert wurden. Gleichwohl zeigte das im Oktober verfügte absolute Kontaktverbot zu Juden[888], gekoppelt mit der erneuten antisemitischen Propagandakampagne, Wirkung. Waren ostentative Gesten der Hilfsbereitschaft gegenüber den gekennzeichneten Juden im September noch möglich gewesen, so war das Regime im Herbst 1941 dazu übergegangen, solche Gesten massiv zu unterdrücken."[889]

Und alles in allem:

„Überblickt man den gesamten Zeitraum der NS-Diktatur, wird ein deutlicher Trend erkennbar: Der Unwille der Bevölkerung, ihr Verhalten zur ,Judenfrage' entsprechend den vom Regime verordneten Normen auszurichten, wuchs, je radikaler die Verfolgung wurde."[890]

14.3 „Bayern in der NS-Zeit. Judenverfolgung und nicht jüdische Bevölkerung" (Martin Broszat)

Unter der Überschrift „Bayern in der NS-Zeit" erschien schon 1977 ein sechsbändiges Standardwerk. Die Federführung lag bei Martin Broszat, dem Leiter des Instituts für Zeitgeschichte, München. Ein Kapitel des 1. Bandes trägt die Überschrift „Judenverfolgung und nichtjüdische Bevölkerung". Die Dokumente füllen 54 der insgesamt 59 Seiten dieses Kapitels. Eine ähnliche Sammlung aus anderen Bundesländern gibt es offenbar nicht. Daher erscheint es geboten, hier eine mög-

---

887 Longerich, a. a. O. II, S. 219.
888 Danach war in „Schutzhaft" zu nehmen und bis zu drei Monaten in ein Konzentrationslager einzuweisen, wer „in der Öffentlichkeit freundschaftliche Beziehungen zu Juden" erkennen ließ.
889 Longerich, a. a. O. II, S. 200.
890 Longerich, a. a. O. II, S. 321.

lichst aussagekräftige Auswahl wiederzugeben, soweit das Verhalten der Bevölkerung angesprochen wird.

Vom Bezirksamt Weißenburg, Mittelfranken, stammt folgende Meldung mit Datum vom 2. April 1933:

„Bei der Boykottierung der Judengeschäfte hat sich bisher in Stadt und Bezirk alles ohne irgendwelche Störungen abgewickelt. Der Radau am Abend des 29. März in Ellingen vor dem Haus eines jüdischen Viehhändlers hat sich als sehr harmlos herausgestellt. Ich habe sofort dafür gesorgt, daß keine Mitteilungen hierüber in die Presse gekommen sind ..."[891]

Ein Artikel aus dem *Völkischen Beobachter* vom 3. April 1933 ist zwar kein Bericht im engeren Sinne, das ausführliche Zitat zeigt jedoch recht gut, wie Widerstand aus dem Volk abgearbeitet wurde:

„München im Zeichen des Abwehrkampfes gegen die jüdische Greuel- und Boykotthetze. Von den Litfaßsäulen künden große Anschläge in gelber und roter Farbe die Wahrheit über den volksfremden Juden, der stets auf seinen eigenen Vorteil bedacht und dessen einziges Bestreben es ist, das deutsche Volkstum zu vernichten ... Vor den Warenhäusern ‚Epa' und ‚Uhlfelder' glaubten jüdisch-marxistische Hetzer, im Trüben fischen zu können. Aber sie hatten nicht mit dem Wandel im Volk gerechnet. Meist übergab das Publikum selbst die Provokateure der Polizei und Hilfspolizei. Ein Teil dieser jüdischen Helfershelfer trug sogar das Parteiabzeichen [!]."[892]

Bezeichnend, wie Juden und Marxisten hier in einen Topf geworfen werden: „...jüdisch-marxistische Hetzer"!

Die Schutzmannschaft Bad Tölz berichtete am 10. April 1933:

„Am 1. April 1933, vormittags 10 Uhr, wurde von der Parteileitung der NSDAP eine Boykottbewegung gegen jüdische Geschäfte ... eingeleitet, als Abwehr gegen die jüdische Greuelpropaganda im Ausland. Bad Tölz wurde davon nicht betroffen, d. h. das einzige jüdische Geschäft ‚Cohn' am Fritzplatz hier wurde nicht boykottiert ..."[893]

Der Regierungspräsident von Unterfranken beklagte sich am 6. September 1933 über SS-Leute:

„Am 28. August wurden von fünf bis sechs SS-Leuten aus Schaffenburg drei Juden aus Hörstein ... in unerhörter Weise mit Gummiknüppeln mißhandelt ..."[894]

---

891 Broszat u. a., a. a. O. II, S. 433.
892 Broszat u. a., a. a. O. II, S. 433.
893 Broszat u. a., a. a. O. II, S. 435.
894 Broszat u. a., a. a. O. II, S. 436.

Dem Lagebericht des Chefs des Sicherheitsamts des Reichsführers SS (Berlin) für Mai/Juni 1934 ist zu entnehmen:

> „Der nationalsozialistische Staat hat durch seine Gesetzgebung den Kampf gegen den übermäßigen Einfluß des Judentums im gesamten Kultur- und Wirtschaftsleben Deutschlands aufgenommen. Gegen diese Maßnahme wird von katholischer Seite zwar nicht offen Stellung genommen, aber aus zahlreichen Äußerungen geht deutlich die Sympathie für das Judentum hervor. Besonders bemerkenswert war in dieser Beziehung die Wirkung der Adventspredigten des Kardinals Faulhaber über das Judentum ... In der jüdischen und Auslandspresse werden Faulhabers Ausführungen als Verteidigung des Judentums aufgefaßt ..."[895]

Im Monatsbericht der Polizeidirektion München vom 4. Juni 1935 heißt es:

> „Der Monat Mai hatte im Vergleiche zum Vormonat in politischer Hinsicht Bewegung unter die Bevölkerung gebracht. Die Vorfälle am 18.5.1935, die zum Verbot der Caritassammlung in München führten, sowie die Auswüchse, die sich im Verlaufe des Monats, besonders aber am 18.5.1935 und am 25.5.1935 im Rahmen der in der letzten Zeit mit übergroßem Auftrieb von nicht berufenen Elementen vorwärts getriebenen Boykottbewegung der jüdischen Geschäfte ereigneten, fanden wohl in einem Teil der Bevölkerung Zustimmung. Der ruhige und besonnene Teil jedoch hielt sich von dieser überlaut betriebenen, stellenweise auch von staatsfeindlichen Hetzern geschürten Art von Antisemitismus fern ..."[896]

Weiter berichtete die Münchner Polizeidirektion:

> „Ab 15 Uhr (bis gegen 17 Uhr) gingen die Akteure schlagartig an vielen Stellen der Stadt gegen jüdische Geschäfte vor. Sie drangen in die Geschäfte ein, wiesen die Kunden aus den Läden und zwangen den Inhaber oder Geschäftsführer, den Laden zu schließen. In einzelnen Fällen wurden arische Angestellte dieser Geschäfte mißhandelt. Es konnte sehr bald festgestellt werden, daß sich unter den Demonstranten nicht allein Angehörige der NSDAP und ihrer Gliederungen befanden, sondern daß sich den Kundgebungen Gruppen sehr zweifelhafter Art anschlossen, die die Gelegenheit benutzen wollten, die Erregung noch weiter zu steigern und Leute gegen die Polizei zu hetzen ... In der Zwischenzeit war auch versucht worden, gegen die Wache 11/I (Schwabing) vorzugehen. Dort wurde versucht, einen Festgenommenen zu befreien. Die Polizeibeamten wurden mit Ausdrücken belegt wie ‚Judenschützlinge, schwarze Sauhunde, Bluthunde, die Wache wird noch ausgehoben' und dgl. Auch hier mußte ein Überfallwagen eingesetzt werden ... Gegen 18 Uhr kam der Überfallwagen gerade dazu, als versucht wurde, das Bernheimer Haus am Lenbach ... zu stürmen. Das Überfallkommando nahm Personen, die offensichtlich mit den Tätern zusammen waren, fest; es handelte sich um Angehörige der politischen Verfügungstruppe in bürgerlicher Kleidung. Die Vorgeführten gaben an, sie seien beim Appell angewiesen worden, in Zivil auszugehen,

---

[895] Broszat u. a., a. a. O. II, S. 439.
[896] Broszat u. a., a. a. O. II, S. 442 f.

damit nicht Angehörige der aktiven SS in Uniform bei Demonstrationen gegen Juden festgestellt würden."⁸⁹⁷

Mit anderen Worten, der Pöbel, der gegen die Juden Krawall machte, ging auch auf die Polizei los, die ihrerseits den Juden Schutz bot. Damals bestanden noch Gegensätze zwischen Partei und Staat bzw. SS und Polizei.

Dem Lagebericht der Polizeidirektion Augsburg vom 1. August 1935 ist zu entnehmen:

„Die angebrachten Aufschriften an den Schaufenstern der Juden werden z. T. mittels Glasschleifapparaten entfernt. Die meisten Leute, die hier zusehen, äußern sich sehr mißliebig über ein derartig unsinniges Vorgehen gegen die Juden … Im Interesse des Ansehens von Staat und Partei dürfte es unbedingt erforderlich sein, auf die maßgebenden Parteidienststellen einzuwirken, daß sie ihren Leuten ein derartiges Vorgehen in Zukunft verbieten."⁸⁹⁸

Der Regierungspräsident von Unterfranken beschrieb die Lage am 6. September 1935:

„… Der Kampf gegen die Juden hat in den letzten Wochen überall an Schärfe zugenommen. Vereinzelt ist es auch zu Ausschreitungen gekommen, die nicht zu billigen sind … In Alzenau erregte das wiederholte Erscheinen anonymer Flugblätter, die in teilweise übertriebener, teilweise sogar wahrheitswidriger Weise eine Reihe von Beamten und Bürgern der Judenfreundlichkeit und des Volksverrats bezichtigen, starke Erbitterung, da die Angegriffenen außerstande waren, sich gegen die unbekannten Verfasser zur Wehr zu setzen."⁸⁹⁹

Im Monatsbericht der Bayerischen Politischen Polizei vom 1. Oktober 1935 wird betont:

„… Dass manche Bekenntnispfarrer in Anlehnung an die Bibel die frühere oder zukünftige ‚Sendung' des jüdischen Volkes besonders hervorheben oder behandeln zu müssen glauben, muß als eine Herausforderung der nationalsozialistischen Bevölkerung angesehen werden … In Passau fand am 31. August 1935 eine große Kundgebung mit dem Thema ‚Gegen Judentum und politischen Katholizismus' statt."⁹⁰⁰

Die Polizeistation Augsburg stellte in ihrem Lagebericht vom 1. Oktober 1935 fest:

„Die in den letzten Monaten in der Nationalsozialisten-Presse wieder erschienenen Aufklärungsartikel haben bei einem großen Teil der Bevölkerung die beabsichtigte Wirkung nicht verfehlt … Dennoch gibt es auch jetzt noch Leute genug, die ihre Einkäufe in Judengeschäften betätigen. Von nationalsozialistisch eingestellten

---

897 Broszat u. a., a. a. O. II, S. 444 f.
898 Broszat u. a., a. a. O. II, S. 449.
899 Broszat u. a., a. a. O. II, S. 452.
900 Broszat u. a., a. a. O. II, S. 443 f.

Kreisen wird gefordert, daß die jüdischen Geschäfte dem Publikum als solche gekennzeichnet werden müssen."⁹⁰¹

Der Lagebericht der Polizeidirektion München vom 5. Februar 1936 informierte:

„… Wie alljährlich kam es bei der Durchführung des Inventur-Verkaufes im jüdischen Stoffgeschäft Sally Eichengrün in der Karmeliterstraße in den ersten Tagen … zu großen Ansammlungen. Zeitweise stellten sich die kauflustigen Frauen in langen Schlangenlinien, die bis zu 300 Personen zählten, vor dem Geschäfte auf der Straße auf. Diese Tatsache, daß noch ein großer Teil der Frauen und Mädchen die vom Führer aufgezeigten Richtlinien zur Lösung der Judenfrage nicht begriffen hat oder nicht begreifen will, löste unter vielen der Passanten Erregung aus."⁹⁰²

Das Gauamt für Kommunalpolitik, Gau Franken, gab in seinem Tätigkeitsbericht vom 7. September 1936 bekannt:

„Eine bedauerliche Feststellung mußte in den letzten Monaten die politische Leitung des Kreises Hilpoldstein machen. Die Handelsbeziehungen der Bauern mit Juden haben einen derartigen Umfang angenommen, daß sich die politische Leitung zu einem energischen Eingreifen veranlaßt sah. In einer am 23. August anberaumten Versammlung der Bürgermeister … geißelte der Kreisbauernführer das Verhalten mancher Bauern, die in der heutigen Zeit noch nicht einmal die einfachsten Richtlinien der nationalsozialistischen Bewegung erfaßt haben."⁹⁰³

Im Monatsbericht der Staatspolizeistelle München vom 1. Juli 1937 heißt es:

„Auch wenn die Juden trotz [sic!] der Aufklärung der nationalsozialistischen Bewegung fast überall die ihnen gebührende Behandlung finden, gibt es immer noch Volksgenossen, die für das jüdische Volk glauben, eine Lanze brechen zu müssen. Am meisten tun sich hier hervor die Vertreter der beiden christlichen Kirchen, besonders aber der streitenden Kirche. Oft kommt es in den Landgemeinden vor, daß der Geistliche die Juden seiner Gemeinde als auserwähltes Volk darstellt und die Bevölkerung geradezu dazu auffordert, bei den Juden zu kaufen."⁹⁰⁴

Der Mordanschlag auf Ernst vom Rath, der am 9. November 1938 seinen Verletzungen erlag, hatte zur Folge, dass nun mehrere Berichte den Anschein erweckten, das Volk stünde weithin geschlossen hinter den Maßnahmen des Regimes, – ein Widerspruch zu den Erfahrungen der Betroffenen und den Beobachtungen politischer Gegner, wie oben ausgeführt.

So suggeriert Monatsbericht der NSDAP-Kreispropagandaleitung Eichstätt vom 30. November 1938:

---

901 Broszat u. a., a. a. O. II, S. 454.
902 Broszat u. a., a. a. O. II, S. 458.
903 Broszat u. a., a. a. O. II, S. 462.
904 Broszat u. a., a. a. O. II, S. 466.

„… Bei der Judenaktion war das Volk restlos in der Hand der Partei. Es wird einmütig gutgeheißen, daß die Propaganda sich nicht auf die Abwehr [der Proteste des Auslands] beschränkt, sondern besonders England und Amerika gegenüber zum Angriff vorgegangen ist."[905]

Im politischen Monatsbericht des NS-Lehrerbundes Kreis Traunstein vom 19. November 1938 war zu lesen:

„Die Stimmung ist angesichts der friedlichen Angliederung des Sudetenlandes an das Reich gut und konnte auch durch die Aktion gegen die Juden im wesentlichen nicht getrübt werden. Die Bauern und Bürger, allen voran die Schwarzen, mitunter sogar ein PG. [NSDAP-Parteigenosse], geißelten die Gewaltanwendung gegenüber dem ‚auserwählten Volke'. Das habe mit Kultur und Anstand nichts mehr zu tun. Es fehlte aber auch nicht an Verteidigern, welche diesen neunmalklugen Kritikern die Leviten lasen …"[906]

Wenn „Bauern und Bürger" den Pogrom missbilligten, wer hat ihn dann noch verteidigt? Doch nicht etwa der Arbeiterstand?

Die Verwaltungsspitze Ober- und Mittelfrankens berichtete:

„Die freche Herausforderung des Weltjudentums durch den feigen Mord in Paris war für zahlreiche Lehrer des Regierungsbezirks Veranlassung, aufgrund ihrer nationalsozialistischen Einstellung zur Judenfrage den Religionsunterricht niederzulegen. Im Verlauf der Protestaktion gegen die Juden wurden in Wunsiedel auch zwei evangelische Geistliche und vier katholische Pfarrer, die als ‚Judenknechte' gelten, durch die empörte Volksmenge auf die Polizeiwache verbracht und dort vorübergehend festgehalten. In den Pfarrhäusern wurde eine Anzahl Fensterscheiben zertrümmert."[907]

Auffällig ist, dass mehrere Berichte bis in den Wortlaut hinein übereinstimmen, was geradezu auf eine gemeinsame Vorlage schließen lässt, so z. B. die Wortverbindung „helle Empörung" im Bericht des Regierungspräsidenten von Schwaben:

„Helle Empörung weckte allenthalben der feige Meuchelmord an dem Gesandtschaftsrat 1. Klasse vom Rath … Nach solchem Anschauungsunterricht wurden die Gegenwirkungen des Volkes in Gestalt von Demonstrationen und Aktionen gegen Juden und jüdischen Besitz, insbesondere Synagogen, und jene der Reichsregierung … allgemein verstanden und – hauptsächlich die wirtschaftspolitischen Maßnahmen – von immer mehr Volksgenossen auch grundsätzlich gebilligt …"[908]

Im Monatsbericht des Regierungspräsidenten von Niederbayern und der Oberpfalz vom 8. Dezember 1938 heißt es ebenso:

---

[905] Broszat u. a., a. a. O. II, S. 471.
[906] Broszat u. a., a. a. O. II, S. 470 f.
[907] Broszat u. a., a. a. O. II, S. 473.
[908] Broszat u. a., a. a. O. II, S. 472.

„Die jüdische Mordtat an dem deutschen Gesandtschaftsrat in Paris löste in allen Kreisen der Bevölkerung helle Empörung aus; allgemein wurde ein Einschreiten der Reichsregierung erwartet ... Umso weniger Verständnis brachte der Großteil der Bevölkerung für die Art der Durchführung der spontanen Aktionen gegen die Juden auf; sie wurde vielmehr bis weit in Parteikreise hinein verurteilt. In der Zerstörung von Schaufenstern, von Ladeninhalten und Wohnungseinrichtungen sah man eine unnötige Vernichtung von Werten, die letzten Endes dem deutschen Volksvermögen verlorengingen ... Auch die Befürchtung wurde laut, daß bei den Massen auf solche Weise der Trieb zum Zerstören wieder geweckt werden könnte. Außerdem ließen die Vorkommnisse unnötigerweise in Stadt und Land Mitleid mit den Juden aufkommen ... In einigen Fällen richteten sich die Demonstrationen vom 9./10.11. auch gegen Nichtjuden. So wurde in Weiden die Wohnung des Rechtsanwalts Justizrat Dr. Pfleger zerstört; der Schaden wird von Pfleger auf 10.000 RM geschätzt ... Pfleger war früher Abgeordneter der Bayerischen Volkspartei, stets ausgesprochener Gegner des Nationalsozialismus und trat auch bis in die letzte Zeit anwaltschaftlich für Juden ein."[909]

Es folgen weitere ähnliche Fälle.

Der Monatsbericht des Regierungspräsidenten von Oberbayern vom 10. Dezember 1938 offenbarte:

„Die Protestaktion gegen die Juden wird von der Bevölkerung vielfach als organisiert betrachtet. Die Gewalt, die hierbei zum Teil angewendet wurde, hat insbesondere bei der ländlichen Bevölkerung Anlaß zu Kritik gegeben."[910]

Im Monatsbericht des Regierungspräsidenten von Niederbayern und der Oberpfalz vom 9. Februar 1939 stand bemerkenswerterweise zu lesen:

„Über die Aktion vom 9./10. November ist es im allgemeinen zur Ruhe gekommen; die Bevölkerung hat sich mit den Geschehnissen abgefunden. Die Staatspolizeistelle Regensburg hat ihre Verhandlungen über die Vorgänge nunmehr soweit abgeschlossen, daß ein allgemeiner Überblick möglich ist. Dabei stellte sich, insbesondere nach der Entlassung der männlichen Juden aus dem Konzentrationslager Dachau, heraus, daß doch noch in einer größeren Reihe von Orten und Fällen als bisher bekannt bedauerliche Übergriffe gegenüber jüdischem Vermögen vorgekommen sind. Leider waren an diesen auch einzelne Parteigenossen und SA-Angehörige beteiligt. Das geraubte Gut ... konnte zum Teil wieder beigebracht werden."[911]

Im Stimmungsbericht der NSDAP-Kreisleitung Kitzingen-G. vom 11. September 1939 heißt es nüchtern:

---

909 Broszat u. a., a. a. O. II, S. 473 f.
910 Broszat u. a., a. a. O. II, S. 477.
911 Broszat u. a., a. a. O. II, S. 478.

„In Kitzingen und Marktbreit kam es am Wochenende zu Tätlichkeiten gegen die Juden. In Kitzingen wurde der berüchtigte Jude Moses Meier verprügelt. Der Täter wurde in Schutzhaft genommen, jedoch sofort auf Betreiben der Partei wieder auf freien Fuß gesetzt."[912]

Der Regierungspräsident von Schwaben gab in seinem Monatsbericht vom 8. Oktober 1941 bekannt:

„Nach dem Bericht des Oberbürgermeisters von Augsburg hat die Kennzeichnung der Juden bei allen Volksgenossen große Befriedigung ausgelöst."[913]

Demnach war der Andersdenkende wohl kein „Volksgenosse".

Am 21. Januar 1942 notierte der Regierungspräsident von Schwaben:

„... der Besuch des Stadtmarktes [Augsburg] wurde ihnen [den Juden] verboten. Der Oberbürgermeister berichtet hierzu, daß diese Regelung von der Bevölkerung begrüßt wurde. Es konnte aber bereits festgestellt werden, daß nun nichtjüdische Personen für Juden auf dem Wochenmarkt einkaufen ... Der Oberbürgermeister glaubt, daß man sich mit dieser Tatsache solange abfinden müsse, als nicht eigene Einkaufsgelegenheiten für Juden bestehen."[914]

14.4 Das Echo der Chef-Observatoren

Selbst jene Berichte, die auf den ersten Blick die Annahme nahelegen, die Bevölkerung in ihrer großen Mehrheit habe die Verfolgung aus Rachemotiven durchgeführt, ließen nicht selten durchblicken, wer sich hinter der „rächenden Bevölkerung" in Wahrheit verbarg, so wenn es im Anschluss an entsprechende Schilderungen heißt:

„Diese von den Ortsgruppen oder Kreisleitern angeregten und von den Gliederungen der Partei durchgeführten Aktionen [!] hatten zumeist rein örtlichen Charakter."[915]

Dort, wo Texte das Volk in seiner Mehrheit belasten, stellt sich erst recht die Frage, ob und in welchem Maße die Informanten glaubwürdig sind. Schon in Sophokles' Antigone lesen wir: „Niemand liebt den Boten schlechter Nachricht." Die Zuträger des NS-Regimes waren entweder gekaufte oder fanatische Parteigänger. Letzteren musste das Voranschreiten in der ideologischen Führung der Massen ein Anliegen und eine Freude sein. Entsprechendes galt für jene, die die Berichte ent-

---

912 Broszat u. a., a. a. O. II, S. 480.
913 Broszat u. a., a. a. O. II, S. 483.
914 Broszat u. a., a. a. O. II, S. 483.
915 SD-Hauptamt, Lagebericht der Judenabteilung für Oktober 1938, in: Longerich a. a. O. II, S. 121.

gegennahmen. Das waren alles gute Gründe, um den Berichten im Zweifel einen systemfreundlicheren Anstrich zu geben.

Hinzu kam, dass es diese Spitzel schwer hatten, ins Vertrauen gezogen zu werden. In einem *Sopade*-Bericht aus Berlin vom Mai 1937 heißt es dazu:

> „Freiwillige Denunzianten sind heute … überaus selten geworden. Dafür nehmen allerdings die bezahlten Lockspitzel zu. In der Bahn, auf den Märkten, in den Kneipen und in den Lebensmittelgeschäften kann man auf diese Achtgroschenjungens stoßen, die sich aber meist durch ein allzu provokatorisches Schimpfen kenntlich machen."[916]

Ferner: Wer Verfolgung zu befürchten hat, neigt dazu, sich zu verstellen. Allein der Kontakt mit Juden konnte „Schutzhaft" zur Folge haben, wie der folgenden Anweisung der Stapoleitstelle Magdeburg vom 11. November 1941 zu entnehmen ist:

> „In der letzten Zeit wurde bekannt, daß deutschblütige Personen nach wie vor freundschaftliche Beziehungen zu Juden unterhalten und sich mit diesen in auffälliger Weise in der Öffentlichkeit zeigen. Da die betreffenden Deutschblütigen durch ein derartiges Verhalten beweisen, daß sie auch heute noch den elementarsten Grundbegriffen des Nationalsozialismus verständnislos gegenüberstehen und ihr Verhalten als Mißachtung der staatlichen Maßnahmen anzusehen ist, ersuche ich, bei solchen Vorkommnissen den deutschblütigen Teil sowie den Juden in Schutzhaft zu nehmen."[917]

War unter diesen Gegebenheiten geheuchelte Ablehnung, zumindest Gleichgültigkeit nicht geradezu ein Gebot der Stunde?

Der Terror bis in die hintersten Winkel der Privatsphäre war Ausfluss der verbindlichen Weltanschauung, die von allen Medien weitestgehend befolgt und verkündet werden musste. Die konkreten Vorgaben erfolgten durch Presseanweisungen. So sollte über den November-Pogrom nicht mehr geschrieben werden, als die Leser ohnehin vor Ort wahrnehmen konnten.

Auch wenn im nachfolgenden Text des *NS-Kuriers Stuttgart* von Mord und Totschlag nicht die Rede ist, so ist der Text gleichwohl aufschlussreich, zeigt er doch, dass die Hetze längst nicht allseits auf fruchtbaren Boden gefallen war:

> „Man sagt, daß der Schwabe ein Gemütsmensch sei. Das hat aber doch keinesfalls etwas mit Gefühlsduselei zu tun … Gerade in den letzten Tagen sind mir ein paar Menschen begegnet, die ein Jammern und Wehklagen wegen den Aktionen gegen die Juden anstimmten. Sie weinen den paar Schaufenstern jüdischer Spekulanten nach und trauern um die Synagogen … Und ganz Gescheite diskutieren über ‚Bol-

---

916 Sozialdemokratische Partei Deutschlands, a. a. O. II, Bd. 4, S. 139.
917 Kulka, a. a. O. II, S. 473.

Deutsche und Juden in der Wahrnehmung des NS-Staates

schewistenzustände', Mangel an vielgepriesener Kultur und Autorität ... Sollte man es für möglich halten, daß es im Jahre 1938 noch verbohrte Menschen gibt! Wie viele, hauptsächlich Frauen, kaufen noch in jüdischen Geschäften ein. Man sage mir nicht, daß es dort billiger sei! Bei dem Erzjuden Salberg floriert das [Geschäft] in der Königstraße. Solche Leichtsinnige! Man muß sich schämen!"[918]

Noch weit mehr empörten sich die Handlanger der Gestapo am 19. August 1942: Es hatte sich

„einwandfrei ergeben, daß die katholische Kirche in Deutschland in betonter Ablehnung der deutschen Judenpolitik systematisch die Juden unterstützt, ihnen bei der Flucht behilflich ist und kein Mittel scheut, ihnen nicht nur die Lebensweise zu erleichtern, sondern ihnen auch illegalen Aufenthalt im Reichsgebiet möglich zu machen. Die mit der Durchführung dieser Aufgabe betrauten Personen genießen weitestgehende Unterstützung des Episkopats und gehen sogar so weit, deutschen Volksgenossen und deutschen Kindern die ohnehin knapp bemessenen Lebensmittelrationen zu schmälern, um sie Juden zuzustecken."[919]

Die Berichte über die Resonanz der Judenpolitik im Volk – allgemein, wie auch speziell – wurden von den Machthabern als unerfreulich empfunden, weshalb sie immer mehr gedrosselt wurden. Schon im Herbst 1935 machte sich der Regierungspräsident von Oppeln Gedanken über den Wert der Berichte:

„Die allgemeine Stimmung der Bevölkerung richtig zu beurteilen, ist heute schwieriger denn je, da die Bevölkerung in Äußerungen außerordentlich vorsichtig geworden ist. Die Schärfe, mit der von Seiten des Staates Äußerungen der Kritik unterbunden werden, sowie das Denunziantentum bewirken, dass die unzufriedenen Elemente ihr Missfallen an den allgemeinen Vorgängen und Einrichtungen nicht oder nur in versteckter, darum aber nicht ungefährlicherer Art erkennen lassen. Diese Sachlage birgt zweifellos die Gefahr in sich, dass der Volksgenosse zur Verstellung und Heuchelei verführt wird. Da, wo die wahre Stimmung der Bevölkerung in ihrem gesamten Umfang einmal sichtbar wird, spielt häufig der Alkohol und der durch ihn bewirkte Leichtsinn eine nicht unerhebliche Rolle."[920]

Am 8. April 1936 ließ Heydrich die Berichterstattung der Gestapo auf Wunsch des Preußischen Ministerpräsidenten Hermann Göring einstellen. In der Berichterstattung würden

„vielfach vereinzelte Unzuträglichkeiten oder örtliche Schwierigkeiten unnötig in den Vordergrund gestellt oder auch örtlich begrenzte Erscheinungen verallgemeinert". So entstehe die Gefahr, „dass die Lageberichte selbst zur Verschlechterung

---
918 Zelzer, a. a. O. II, S. 195 f.
919 Schwalbach, a. a. O. II, S. 117.
920 Longerich, a. a. O. II, S. 90.

der Stimmung beitragen". Hinzu komme, dass „die Partei die Stimmung im Volk weit besser beurteilen kann, als dies der Bürokratie der Behörden möglich ist".[921]

Ähnliche Klagen wurden auch später laut:

> „Da fernerhin die Oberabschnitte in der Hauptsache negative Dinge melden, insbesondere die Stimmung nur von dieser Seite her beurteilen, erhält die tatsächliche Lage eine falsche, zumindest aber schiefe Würdigung. Denn auf diese Weise wird lediglich die Wirkung gegnerischer Tätigkeit oder die negative Auswirkung von Maßnahmen des Staates oder Partei dargestellt, nicht aber die tatsächliche Lage in ihrer Totalität, wozu unbedingt das positive Geschehen gehört."[922]

Von Hamburgs NSDAP-Gauleiter Karl Kaufmann wird berichtet, dass er sich die SD-Berichte nicht mehr vorlegen ließ, weil sie seiner Meinung nach „Feindpropaganda" enthielten."[923]

Am 12. Mai 1943 diktierte Goebbels in sein Tagebuch:

> „Himmler ist jetzt bereit, den SD-Bericht einstellen zu lassen, da er auf die Dauer defaitistisch wirkt, wenigstens in seiner Übergabe an alle möglichen Minister. Himmler will jetzt durch den SD einen Sonderbericht für mich persönlich herstellen lassen …"[924]

Im Juli 1944 wurde die regelmäßige Berichterstattung des SD ganz eingestellt. Hitler soll seinen Adjutanten Fritz Wiedemann wutschnaubend zurechtgewiesen haben:

> „Die Stimmung im Volk ist nicht schlecht, sondern gut. Ich weiß das besser. Sie wird durch solche Berichte schlechtgemacht. Ich verbitte mir so etwas in Zukunft."[925]

Damit sind wir bei Hitler angelangt. War er wirklich von *seinem* Volk überzeugt?

14.5 Die Klagen Hitlers

Unter der Überschrift „Das Volk ist gegen die Judenhetze" heißt es in „Der gelbe Fleck", 1936 in Paris erschienen:

> „Wie stark der Widerstand gegen die Pogromtreiber ist, kann man aus keiner Zeitung besser erkennen als aus dem ‚Stürmer'. Keine Nummer, in der nicht spaltenlang über ‚Judenknechte' geklagt wird."[926]

---

921 Longerich, a. a. O. II, S. 33.
922 Longerich, a. a. O. II, S. 36.
923 Bajohr: „Hamburg", a. a. O. II, S. 82.
924 Goebbels, a. a. O. II, Teil II, Bd. 8, S. 279.
925 Kershaw: „Der Hitler-Mythos", S. 99.
926 Anonymus (8), a. a. O. I, S. 283.

Auch für die Deutschlandberichte der SPD sind die Denunziationen des *Stürmer* ein Beweis, um die Feststellung zu belegen:

„Die Haltung der Bevölkerung ist ungewöhnlich einheitlich"[927], nämlich gegen den Novemberpogrom 1938.

Dann wird ausführlich aus dem Stürmer zitiert:

„Die Frau des Pfarrers von Bodelschwingh. Sie spricht den Juden ihr Beileid aus … Daß es immer noch Volksgenossen gibt, die noch nicht wissen, um was es heute geht, zeigt ein Vorfall in Schlüsselburg (Krs. Minden). Am Tag nach der Aktion gegen die Juden begab sich die Frau des Ortspfarrers von Bodelschwingh in die Wohnung des Juden Hildesheimer. Bei dieser Gelegenheit sprach sie dem Juden ihr Beileid aus und bot ihm die Hilfe der Gemeindeschwester von Schlüsselburg an … Ist es nicht eine Schande, wenn eine christliche Pfarrersfrau Judengenossin ist? … Man sollte die Pfarrersfrau von Bodelschwingh einige Monate zur ‚Kur' nach Sowjetrußland schicken. Dann würde sie von ihrem Wahn bald geheilt sein."[928]

Mit anderen Worten: Der *Stürmer* und sein Herausgeber, Julius Streicher, sahen Handlungsbedarf, da beachtliche Teile des Volkes den Geist der neuen Zeit noch nicht verinnerlicht hatten.

In einer Rede am 10. November 1938 ließ Streicher vernehmen:

„Aber wir wissen, daß es auch bei uns noch Leute gibt, die Mitleid mit den Juden haben, Leute, die nicht wert sind, in dieser Stadt wohnen zu dürfen, die nicht wert sind, zu diesem Volke zu gehören, von dem ihr ein stolzer Teil seid."[929]

Doch Streicher war selbst in NS-Kreisen nicht unumstritten. Zu den führenden Persönlichkeiten zählte er nicht, aber er war ein Günstling Hitlers.

Geradezu idealtypisch verkörperte Hitler dagegen die Spitze der Macht in einem totalitären System: als Reichspräsident (seit 1934), Reichskanzler, oberster Gesetzgeber, oberster Feldherr und oberster Richter in einer Person. Er konnte alle kontrollieren, niemand konnte dagegen ihn in die Schranken weisen. Die mit seiner NSDAP konkurrierenden Parteien waren zerschlagen, viele potenzielle Feinde in Lager verbracht, was allen drohte, die sich nicht widerspruchslos beugten.

Hitler war, wie unbestritten, der Haupttäter in der Judenpolitik des Dritten Reiches. Volle Unterstützung fand er dabei nicht nur in Heinrich Himmler, sondern auch in Joseph Goebbels. War das Volk nach deren Überzeugung ein williger Vollstrecker der antisemitischen Vorgaben? Mit den Verlautbarungen, die für die Öffentlichkeit bestimmt waren, sollte dieser Anschein erzeugt und untermauert wer-

---
927 Sozialdemokratische Partei Deutschlands, a. a. O. II, Bd. 6, S. 223.
928 Sozialdemokratische Partei Deutschlands, a. a. O. II, Bd. 6, S. 224.
929 Gebhardt, a. a. O. II, S. 91.

den. Der amerikanische Außenminister Dodd schrieb bereits am 19. April 1935 in sein Tagebuch:

„Sie [gemeint sind Hitler, Göring und Goebbels] tun so, als glaubten sie, 90 Prozent aller Deutschen stünden hinter ihnen."

Auch Fotos und Wochenschauen ließen und lassen an der Umsetzung von Hitlers Vorgaben kaum einen Zweifel. Doch glaubten die Drahtzieher selbst an das, was sie der Welt zu glauben vorgaben?

Hitler schien nahezu allmächtig. Aber die „Allmacht" hatte Lücken, nicht nur in Gestalt feindlicher auswärtiger Mächte, auch in Deutschland. Das wusste Hitler, und diese „Lücken" hatten durchaus mit der Judenfrage zu tun.

Nicht über Nacht wurden aus den Gegnern von gestern überzeugte Gefolgsleute. Wurden sie es später? 1934 äußerte Hitler auf einer Reichsstatthalterkonferenz die Einsicht,

„dass der Staat auch heute noch unter den Beamten Zehntausende teils versteckter, teils lethargischer Gegner habe"[930].

So befanden sich im preußischen Innenministerium unter den insgesamt 270 Ministerialbeamten des höheren, mittleren und unteren Dienstes nur 18 Altparteigenossen, 29 Neuparteigenossen und etwa 20 Parteikandidaten. Daran änderte sich nicht sehr viel.[931] In anderen Behörden war es vermutlich nicht ganz anders.

Vor den versammelten Gauleitern nannte Hitler am 2. Februar 1934 als wesentliche Aufgabe der Partei,

„für die beabsichtigten Maßnahmen der Regierung das Volk aufnahmefähig zu machen"[932].

Wurde dieses Ziel je erreicht? Am 1. September 1939 appellierte Hitler an die Parteiführer, für eine positive Stimmung zu sorgen:

„Keiner melde mir, daß in seinem Gau, oder in seinem Kreis, oder in seiner Gruppe, oder in seiner Zelle die Stimmung einmal schlecht sein könnte. Träger, verantwortlicher Träger der Stimmung sind Sie. Ich bin verantwortlich für die Stimmung im deutschen Volk. Sie sind verantwortlich für die Stimmung in Ihren Gauen ..."[933]

1939 kam es zu einem Führererlass, der Himmler, den „Reichskommissar für die Festigung Deutschen Volkstums", zur „Ausschaltung des schädigenden Einflusses von solchen volksfremden Bevölkerungsteilen, die eine Gefahr für das Reich und

---

930 Broszat, a. a. O. II, S. 160.
931 Broszat, a. a. O. II, S. 305.
932 Broszat, a. a. O. II, S. 266.
933 Domarus, a. a. O. II, S. 1317.

die deutsche Volksgemeinschaft bedeuten", ermächtigte. Ganz offenbar sah die NS-Führung Handlungsbedarf.

Am 3. Juni 1941 gab Martin Bormann, der Leiter der Parteikanzlei und Sekretär des Führers, bekannt, dass auf Weisung des Führers Friedrich Schillers „Wilhelm Tell" nicht mehr aufgeführt und in der Schule behandelt werden dürfe.[934] Angst vor dem eigenen Volk? Im Auftrag des Führers teilte Bormann am 1. August 1944 mit:

> „Nach dem Attentat auf den Führer muß unser Volk, muß die breite Masse, stärker denn je die Überzeugung gewinnen, daß seine nationalsozialistische Führerschaft die beste ist, die unser Volk haben kann."[935]

Den Parteigenossen und politischen Leitern befahl Bormann „im Auftrag des Führers":

> „Es muß selbstverständlich sein, daß wir nur mit Nationalsozialisten und Nationalsozialistinnen verkehren."

Steckt darin nicht bereits eine innere Kapitulation lange vor der äußeren am 8. Mai 1945: die Angst der Führung vor dem Volk?

Drei Personengruppen waren besondere Risikofaktoren: die offiziell unabhängigen Gerichte, die hohen Militärs und die praktizierenden Christen. Auf diese Gruppen soll hier kurz eingegangen werden.

Keineswegs waren alle Beamten und Richter skrupellose Vollstrecker der neuen Zielvorgaben. Der große Ärger begann bereits 1933, als das Reichsgericht die Kommunisten Ernst Torgler, Georg Dimitroff und zwei weitere bulgarische Genossen vom Vorwurf, den Reichstag in Brand gesteckt zu haben, freisprach. Diese Ungeheuerlichkeit aus der Sicht der Machthaber bildete den Anlass, einen Volksgerichtshof zur Verfolgung schwerer politischer Straftaten einzurichten. Schon im März 1933 waren für politische Strafsachen Sondergerichte geschaffen worden. Doch es gab immer noch Richter, die die Zeichen der Zeit nicht erkannt hatten, nicht anerkennen wollten. So entschied das Oberverwaltungsgericht Berlin in ständiger Rechtsprechung zugunsten jüdischer Händler, denen die Gewerbescheine ohne Rechtsgrundlage entzogen worden waren.[936] Die Jüdin Dorothee Fließ erinnert sich, dass sie noch 1940 und 1941 ihren Vater zum Reichsgericht nach Leipzig begleitet hatte, der dort Juden vertrat, die Pensionsansprüche geltend machten:

---

934 Heiber, Beatrice, a. a. O. II, S. 234.
935 Heiber, Beatrice, a. a. O. II, S. 271.
936 Ball-Kaduri: „Das Leben der Juden", a. a. O. I, S. 60.

„… das Gericht entschied gegen das Deutsche Reich zugunsten der jüdischen Kläger."[937]

Am 25. November 1938 notierte Goebbels in seinem Tagebuch:

„Der Chauffeurmörder Hahn zum Tode verurteilt und gleich hingerichtet. Der Führer hat eingegriffen, und nun arbeitet die Justiz wie am Schnürchen."[938]

Am 25. Oktober 1941 schrieb der Reichsminister und Chef der Reichskanzlei, Heinrich Lammers, an den damaligen geschäftsführenden Reichsjustizminister und wies ihn darauf hin, Hitler habe erfahren, dass der Jude Markus Luftgas wegen eines Verstoßes gegen die Lebensmittelbewirtschaftung nur zu zweieinhalb Jahren Gefängnis verurteilt worden sei. Lammers nun wörtlich:

„Der Führer wünscht, daß gegen Luftgas auf Todesstrafe erkannt wird. Ich darf bitten, das Erforderliche beschleunigt zu veranlassen und dem Führer zu meinen Händen über die getroffenen Maßnahmen zu berichten."[939]

Am 26. April 1942 zeigte Hitler in einer Reichstagsrede seine tiefe Unzufriedenheit mit dem Richterstand und formulierte seine Erwartung,

„daß die deutsche Justiz versteht, daß nicht die Nation ihretwegen, sondern daß sie der Nation wegen da ist, das heißt, daß nicht die Welt zugrunde gehen darf, in der auch Deutschland eingeschlossen ist, damit ein formales Recht lebt, sondern daß Deutschland leben muß, wie immer auch formale Auffassungen der Justiz dem widersprechen mögen … Ich werde von jetzt ab in diesen Fällen eingreifen und Richter, die ersichtlich das Gebot der Stunde nicht erkennen, ihres Amtes entheben."[940]

Schon früher vertrat Hitler die Ansicht,

„daß man mit Juristen keine Geschichte machen kann. Dazu gehört Kopf, Herz und Mut, und alles das fehlt den Juristen"[941].

Ein Machtfaktor von noch größerem Gewicht als die Justiz waren die Streitkräfte. Hinlänglich bekannt ist, dass die meisten Militärs dem Kanzler Hitler zunächst wohlwollend gegenüberstanden. Dies änderte sich erst allmählich angesichts der aggressiven Expansionspolitik und der mörderischen Brutalität gegenüber den als „minderwertig" eingestuften Geisteskranken, Slawen und Juden. Wann Hitler an der Loyalität einer nennenswerten Zahl auf ihn vereidigter Soldaten zu zweifeln begann, ist wohl nicht mit Sicherheit zu ermitteln. So äußerten Armeekommandeure Bedenken gegen den Kommissarbefehl, der die Liquidierung der politi-

---

937 Fließ: „Geschichte", a. a. O. I, S. 72.
938 Goebbels, a. a. O. II, Teil I, Bd. 6, S. 201.
939 Lamm: „Entwicklung des deutschen Judentums", a. a. O. II, S. 83
940 Bundesminister der Justiz, a. a. O. II, S. 293.
941 Goebbels, a. a. O. II, Teil I, Bd. 6, S. 280.

schen Soldaten der Roten Armee vorsah.⁹⁴² Spätestens mit „Stalingrad", d. h. mit der Gründung des Nationalkomitees Freies Deutschland im Jahr 1942, dem namhafte deutsche Offiziere in sowjetischer Kriegsgefangenschaft vorstanden, hatte das tiefe Misstrauen Hitlers eingesetzt. Ab dem missglückten Attentat vom 20. Juli 1944 bewunderte er Stalins Härte gegenüber seinem Generalstab, bedauernd, dass er selbst nicht in gleicher Weise aufgeräumt hatte.⁹⁴³ Sicher wusste er über das Ergebnis der Ermittlungen des Obersturmbannführers von Kielpinski in Sachen Attentat Bescheid, das da lautete, „die ganze innere Fremdheit" der Verschwörer „gegenüber den Ideen des Nationalsozialismus" komme „vor allem in der Stellung zur Judenfrage zum Ausdruck". Die Verhafteten

> „stehen … stur auf dem Standpunkt des liberalen Denkens, das den Juden grundsätzlich die gleiche Stellung zuerkennen will wie jedem Deutschen"⁹⁴⁴.

Schon am 11. März 1943 hatte Goebbels in sein Tagebuch diktiert:

> „Überhaupt kann man dem Urteil des Führers über die führenden Militärs nur beipflichten. Sie sind keinen Schuß Pulver wert."⁹⁴⁵

Dann gab es die Kirchen. Wohl Hitlers größter Störfaktor! Sie hatten noch Reste ihrer ursprünglichen Autonomie bewahrt. Zur Einführung sei berichtet, was der amerikanische Botschafter William Dodd, selbst kein Angehöriger einer der beiden Großkirchen, am 26. August 1936 als neutraler Beobachter in seinem Tagebuch festhielt:

> „Das erinnerte mich an ähnliche Vorkommnisse, die ich in Konstanz beobachtet hatte. In der letzten Woche meines Aufenthalts wurden überall in den Straßen der alten Stadt Plakate angebracht, auf denen die deutsche Regierung die Katholiken ernsthaft warnte und jegliche Kritik an dem Hitlerregime untersagte. Nach drei bis vier Tagen waren sie alle heruntergerissen, obgleich dies nach deutschem Gesetz als Verrat gilt. Am 25. August besuchte ich das katholische Münster. Die Plätze reichten nicht aus für die vielen Besucher, und eine Anzahl wohnte stehend dem Gottesdienst bei. Die Predigt begann um 9.15 Uhr. Der Priester kritisierte sehr geschickt die deutsche Regierung, indem er alle Katholiken aufforderte, ihre Kinder dazu zu erziehen, daß sie sich öffentlich zu ihrem Glauben bekennen. Um 11 Uhr ging ich in die St.-Stephans-Kirche, wo Hunderte von deutschen Soldaten reservierte Plätze eingenommen hatten. Ich erwartete eine Predigt über den Naziglauben oder vielleicht eine katholische Bejahung des Hitlersystems. Die Kirche war noch mehr überfüllt als das Münster, und diese Predigt unterschied sich wenig von der anderen."⁹⁴⁶

---

942 Breitmann, a. a. O. II, S. 198.
943 Ausführlich dazu Zitelmann, a. a. O. II, S. 442 ff.
944 Dipper, a. a. O. II, S. 610 f.
945 Goebbels, a. a. O. II, Teil II, Bd. 7, S. 528.
946 Dodd, a. a. O. II, S. 305.

Nichts spricht dafür, dass die Kirche in Konstanz aus dem Rahmen fiel. „Konstanz" war gleichsam überall in katholischen Landen, und das wusste Hitler sehr wohl. Auch viele Protestanten erfüllten ihn mit Skepsis.

Die Gegnerschaft der katholischen Kirche hatte Hitler längst vor seiner Kanzlerschaft erfahren. Zwar hatten ihn seine Eltern taufen und damit in die katholische Kirche aufnehmen lassen, aber schon der Knabe Adolf entfernte sich vom katholischen Glaubensleben. Seine einschlägigen Verlautbarungen über die Jahre hinweg zeigen, dass seine Judenfeindschaft auf das Christentum durchschlug. Die christliche Lehre musste daher missbilligt werden.[947] Nur wenige Stunden vor seinem Staatsstreich vom 8./9. November 1923 gab Hitler dem spanischen Korrespondenten Eugeni Xammar ein Interview. Darin führte er aus:

> „In Bayern hat die Judenvertreibung schon begonnen, aber zaghaft. Von Kahr [Ministerpräsident] weist nach und nach alle Juden aus, die keine bayerischen Bürger sind. Das ist sehr wenig, aber man muß von Kahr zugestehen, daß er nicht mehr tun kann. Ihm sind die Hände gebunden."
>
> *„Darf man wissen, von wem?"*
>
> „Sie werden baß erstaunt sein. Der größte Verteidiger der Juden in Bayern ist der Erzbischof von München, Kardinal Faulhaber. Ein großer Mann, klug, aufrecht, national und monarchistisch gesinnt. Aber Kardinal, verstehen Sie? Kardinal und Erzbischof, und darum verpflichtet, die Anweisungen des Vatikans zu befolgen, sprich, der Juden. Der Vatikan ist das Zentrum der internationalen jüdischen Verschwörung gegen die Befreiung der germanischen Rasse."[948]

1925 erschien Hitlers Hauptwerk: „Mein Kampf". Er hatte es während seiner Festungshaft in Landsberg am Lech verfasst. Seine Sicht der Kirchen spielt in dem Buch keine geringe Rolle:

> „Nehmen z. B. in der Judenfrage nicht beide Konfessionen heute einen Standpunkt ein, der weder den Belangen der Nation noch den wirklichen Bedürfnissen der Religion entspricht? Man vergleiche doch die Haltung eines jüdischen Rabbiners in allen Fragen von nur einiger Bedeutung für das Judentum als Rasse mit der Einstellung des weitaus größten Teils unserer Geistlichkeit, aber gefälligst beider Konfessionen!"[949]

> „Der Protestantismus vertritt von sich aus die Belange des Deutschtums besser, soweit dies in seiner Geburt und späteren Tradition überhaupt schon begründet liegt; er versagt jedoch in dem Augenblick, wo diese Verteidigung nationaler Interessen auf einem Gebiete stattfinden müßte, das in der allgemeinen Linie seiner Vorstellungswelt und traditionellen Entwicklung entweder fehlt oder gar aus ir-

---

947 Ausführlich hierzu Löw: „Die Schuld", a. a. O. II, S. 101 ff.
948 Xammar, a. a. O. II, S. 148.
949 Hitler: „Mein Kampf", a. a. O. II, S. 121.

gendeinem Grunde abgelehnt wird. ... er bekämpft aber sofort auf das feindseligste jeden Versuch, die Nation aus der Umklammerung ihres tödlichsten Feindes zu retten, da seine Stellung zum Judentum nun einmal mehr oder weniger fest dogmatisch festgelegt ist."[950]

In einem Zeitungsartikel vom 13. März 1929 erneuert Hitler das Bild enger Freundschaft zwischen Juden und Christen:

„Wenn nun irgendwo jemand für Juden so außerordentlich zu schwärmen beginnt, pflegt es sich meist selbst wieder um einen Juden zu handeln oder um einen ‚Christen‘, der ‚nähere Beziehungen‘ zum auserwählten Volk angeknüpft hat."[951]

Seine Regierungserklärung vom März 1933 schien der Entspannung zu dienen, wie auch der Abschluss des Reichskonkordats. Doch Hitlers Rechnung ging nicht ganz auf, denn er war nicht gewillt, seine Zusagen in die Tat umzusetzen, und seine Kontrahenten schluckten nicht alles widerspruchslos. Hitler hasste daher die Kirchen, was zumindest seine Getreuen wussten.

Die päpstliche Enzyklika „Mit brennender Sorge" vom Palmsonntag 1937 hatte das Spannungsverhältnis und die kirchlichen Vorbehalte gegenüber der amtlichen NS-Weltanschauung für jedermann anschaulich gemacht, gerade auch hinsichtlich der „Rassenlehre". In ihr heißt es:

„Wer immer die Rasse oder das Volk oder den Staat oder die Staatsform, die Träger der Staatsgewalt oder andere Grundwerte menschlicher Gemeinschaftsgestaltung – die innerhalb der irdischen Ordnung einen wesentlichen und ehrengebietenden Platz behaupten – aus dieser ihrer irdischen Wertskala herauslöst, sie zur höchsten Norm aller, auch der religiösen Werte macht und sie mit Götzenkult vergöttert, der verkehrt und verfälscht die gottgeschaffene und gottbefohlene Ordnung der Dinge ... Nur oberflächliche Geister können der Irrlehre verfallen, von einem nationalen Gott, von einer nationalen Religion zu sprechen ..."

Auch unter der Überschrift „Reiner Christusglaube" werden „Blut und Rasse" in ihre Schranken gewiesen:

„Der im Evangelium Jesu Christi erreichte Höhepunkt der Offenbarung ist verpflichtend für immer. Diese Offenbarung kennt keine Nachträge durch Menschenhand, ... die gewisse Wortführer der Gegenwart aus dem sogenannten Mythus von Blut und Rasse herleiten wollen."

Die Ausführungen unter „Reiner Kirchenglaube" betonen die Gleichwertigkeit aller Menschen:

„Unter ihrem [der Kirche] Kuppelbau, der wie Gottes Firmament die ganze Erde überwölbt, ist Platz und Heimat für alle Völker und Sprachen, ist Raum für die

---
950 Hitler: „Mein Kampf", a. a. O. II, S. 123.
951 Institut für Zeitgeschichte: „Hitler" a. a. O. II, Bd. 2, S. 100.

Entfaltung aller von Gott dem Schöpfer und Erlöser in die Einzelnen und in die Volksgemeinschaften hineingelegten Eigenschaften, Vorzüge, Aufgaben und Berufungen."[952]

Das amtliche Organ der NSDAP, der *Völkische Beobachter*, legte am 1. August 1938 ein unmissverständliches Zeugnis davon ab, dass die maßgebenden Nationalsozialisten die Kirche „durchschaut" hatten:

> „Der Vatikan hat die Rassenlehre von Anfang an abgelehnt. Teils deshalb, weil sie vom deutschen Nationalsozialismus zum ersten Mal öffentlich verkündet wurde, und weil dieser die ersten praktischen Schlußfolgerungen aus der Erkenntnis gezogen hat; denn zum Nationalsozialismus stand der Vatikan in politischer Kampfstellung. Der Vatikan mußte die Rassenlehre aber auch ablehnen, weil sie seinem Dogma von der Gleichheit aller Menschen widerspricht, das wiederum eine Folge des katholischen Universalitätsanspruchs ist und das er, nebenbei bemerkt, mit Liberalen, Juden und Kommunisten teilt."[953]

Vom 1. März 1942 stammt ein „Führererlass", der die Kontinuität dieser Betrachtungsweise veranschaulicht:

> „Juden, Freimaurer und die mit ihnen verbündeten weltanschaulichen Gegner des Nationalsozialismus sind die Urheber des jetzigen gegen das Reich gerichteten Krieges. Die planmäßige geistige Bekämpfung dieser Mächte ist eine kriegsnotwendige Aufgabe. Ich habe daher den Reichsleiter Alfred Rosenberg beauftragt …"[954]

Als eben dieser Rosenberg seinen Führer scheinheilig fragte, wer denn die mit den Juden verbündeten Gegner des Nationalsozialismus seien, wurde ihm reiner Wein eingeschenkt: die Christen. Rosenberg notierte in sein Tagebuch:

> „Nie habe er [Hitler] auf einer Parteiversammlung oder Beerdigung von Pg. [Parteigenossen] einen Geistlichen zugelassen. Die christlich-jüdische Pest gehe jetzt wohl ihrem Ende entgegen."[955]

Goebbels trug in sein Tagebuch am 12. Februar 1939 ein:

> „Abends beim Führer. Angeregte Diskussion. Scharfe Auseinandersetzung mit dem Christentum."[956]

Nur wenige Wochen später ergänzte Goebbels:

---

952 Neuhäusler, a. a. O. II, S. 34 ff. [http://stjosef.at/dokumente/mit_brennender_sorge.htm]
953 *Völkischer Beobachter*, Münchner Ausgabe, 01.08.1938.
954 Moll, Martin, a. a. O. II, S. 237.
955 Seraphim, a. a. O. II, S. 117 f.
956 Goebbels, a. a. O. II, Teil I, Bd. 6, S. 256.

„Mittags beim Führer. Er schwärmt von der griechischen und römischen Antike und drückt seinen Abscheu gegen das Christentum aus. Er wünscht nur, daß die Zeit reif werde, daß er das auch öffentlich bekennen dürfe."[957]

Der Papst, der nicht über Divisionen (Stalin) verfügte, wurde doch als Potenz gewertet, die Kirche, die er repräsentierte, als „5. Feind von Weltgeltung"[958].

14.6 Die Klagen Himmlers

Wenn von hemmungslosem Terror, von brutaler Judenverfolgung die Rede ist, so klingen die Namen Hitler und Himmler heute gleichwertig. In den ersten Jahren der NS-Herrschaft galt aber Himmler als der böse Geist hinter Hitler, zu dessen Gunsten angenommen wurde, er wisse nichts von den „Missständen". Heinrich Himmler, Reichsführer der SS, Chef der Gestapo und der Waffen-SS, war nach Hitler der mächtigste Mann in NS-Deutschland.

Bereits 1935 nannte er die Gründe, warum eine scharfe Überwachung des Volkes notwendig sei:

„Millionen [sind] in Ehrlichkeit und Aufrichtigkeit zu uns gekommen und heute überzeugte Nationalsozialisten." Aber daneben gibt es „noch Volksgenossen …, die trotz der großen Erfolge, die die nationalsozialistische Regierung in den zwei Jahren ihrer Arbeit aufzuweisen hat, aus einer armseligen Gesinnung heraus Gegner von uns sind. In mancherlei Gewand und Gestalt schleichen diese einher und ein wachsames Auge zu haben, ist notwendig."[959]

Wer waren diese Gegner? 1938 wurde Himmler in einer Ansprache an seine Gefolgsleute ziemlich konkret:

„Wir haben sehr, sehr viele gegen uns, die Sie selbst als Nationalsozialisten sehr gut kennen: Das gesamte Kapital, das gesamte Judentum, die gesamte Freimaurerei, die gesamten Demokraten und Spießer der Welt, die gesamten Bolschewisten der Welt, die gesamten Jesuiten der Welt und nicht zuletzt alle Völker, die es bereuen, daß sie uns im Jahre 1918 nicht ganz umgebracht haben …"[960]

„Jesuiten" war nur ein anderes Wort für „praktizierende Katholiken". Himmler wusste genau, dass alle Jesuiten beim Eintritt in den Orden streng gelobten, dem Papst treu zu dienen.

Himmlers Aufzählung schien umfassend zu sein, doch gab es ferner den „Bodensatz des eigenen Volkes", wie er erläuterte:

---

957 Goebbels, a. a. O. II, Teil I, Bd. 6, S. 272.
958 Picker, a. a. O. II, S. 26.
959 Smith, Bradley, a. a. O. II, S. 60.
960 Smith, Bradley, a. a. O. II, S. 57.

„Jedes Volk, es kann das beste sein, hat seinen Bodensatz, hat seine Hefe. Unser deutsches Volk, das im Verlauf von drei Jahrhunderten aus dem Restbestand von vier Millionen, die nach dem Dreißigjährigen Krieg übrig blieben, wieder herausgewachsen ist, hat auch einen Bodensatz. Er ist bestimmt nicht größer als bei anderen Völkern. Er ist manchmal für uns als so hochstehendes Volk besonders gefährlich, weil er besonders aus dem Rahmen fällt."961

Unbedenklich empfahl er abschließend,

„die heutigen Träger der schlechten Anlagen des kriminellen Untermenschentums zu beseitigen …"

Himmler war nicht nur williger Vollstrecker von Hitlers Vorgaben, sondern auch Antreiber, wenn er glaubte, „Missstände" seien zu beheben. So sah er schon am 22. November 1934 Veranlassung, Hitler zu bitten, er möge den Verband der Bayerischen Offiziers-Regiments-Vereine zum Ausschluss seiner jüdischen Mitglieder verpflichten. Wörtlich:

„Nach einer mir zugegangenen Mitteilung der Bayerischen Politischen Polizei vertritt der Verband der Bayerischen Offiziers-Regiments-Vereine in der Frage der Mitgliedschaft von Juden auch heute noch einen Standpunkt, der im nationalsozialistischen Staate als unzulässig bezeichnet werden muß."

Himmler zitierte aus einer Stellungnahme des Verbandes, worin es heißt:

„Die Versammlung billigt den seit Jahren eingenommenen Standpunkt unseres Verbandes, wonach Juden, die in den ersten drei Jahren seit Bestehen des Verbandes die Mitgliedschaft erworben haben, unsere Kameraden bleiben …"962

Aus seiner Sicht war diese manifeste Zivilcourage von Vereinsspitzen gegen die braunen Machthaber ein gewaltiger Skandal, zumal sie das Dogma des Antisemitismus tangierte.

Himmlers namhafter Biograf Richard Breitman schreibt:

„Himmler hatte gegen die Beseitigung von genetisch ‚minderwertigen' Deutschen nichts einzuwenden; aber später fürchtete er, es könne politisch riskant sein, die SS in Tötungen zu verwickeln, die das deutsche Volk, falls es davon erfahre, in seiner überwiegenden Mehrheit ablehne."963

Mit dieser Feststellung dürfte Breitman kaum Widerspruch auslösen. Sie zeigt zugleich, dass das Volk nicht als blinder Mitläufer gewertet wurde. Diese Befürchtung begleitete auch Himmlers Judenpolitik. So äußerte er gegenüber Rudolf Höss, als er ihn mit der Leitung des Lagers Auschwitz beauftragte:

---

961 Smith, Bradley, a. a. O. II, S. 197.
962 VEJ I, a. a. O. II., Dok.. 142.
963 Breitman, a. a. O. II, S. 123.

Der Führer und Reichskanzler

Führer-Hauptquartier,
den 25. September 1941

Grundsätzlicher Befehl.

1. Niemand: Keine Dienststelle, kein Beamter, kein Angestellter und kein Arbeiter dürfen von einer geheimzuhaltenden Sache erfahren, wenn sie nicht aus dienstlichen Gründen unbedingt davon Kenntnis erhalten müssen.

2. Keine Dienststelle, kein Beamter, kein Angestellter und kein Arbeiter dürfen von einer geheimzuhaltenden Sache mehr erfahren, als für die Durchführung ihrer Aufgabe unbedingt erforderlich ist.

3. Keine Dienststelle, kein Beamter, kein Angestellter und kein Arbeiter dürfen von einer geheimzuhaltenden Sache bzw. dem für sie notwendigen Teil früher erfahren, als dies für die Durchführung ihrer Aufgabe unbedingt erforderlich ist.

4. Das gedankenlose Weitergeben von Erlassen, Verfügungen, Mitteilungen, deren Geheimhaltung von entscheidender Bedeutung ist, insbesondere laut irgendwelcher allgemeiner Verteilerschlüssel, ist verboten.

Adolf Hitler

Das Datum ist beachtlich. Damals entschloss sich Hitler, alle Juden seines Machtbereichs zu töten.

„Der Führer hat die Endlösung der Judenfrage befohlen, wir – die SS – haben diesen Befehl durchzuführen … und Sie haben nun diese Aufgabe … Sie haben über diesen Befehl strengstes Stillschweigen, selbst Ihren Vorgesetzten gegenüber, zu bewahren."[964]

Warum „strengstes Stillschweigen … bewahren"? – Die Antwort liegt auf der Hand: Das Volk war eben keine Marionette, das wusste er.

Von ganz seltenen Ausnahmen abgesehen, hatte auch Himmler dieses Stillschweigen gewahrt und so ersetzte er sogar die Formulierung „Sonderbehandlung der Juden" durch „Transportierung der Juden aus den Ostgebieten nach dem russischen Westen" oder „Durchschleusung der Juden durch die Lager".[965] Warum das alles? Weil nach seiner Einschätzung, wie oben zitiert, „das deutsche Volk", falls es davon erfahren hätte, die Vernichtung der Juden „in seiner überwiegenden Mehrheit" abgelehnt hätte. Daher wurden auch alle Vernichtungslager außerhalb des deutschen Sprachraumes angelegt.

Die folgenden Sätze aus einer seiner berüchtigten Ansprachen unterstreichen die Motive für die Geheimhaltung. Himmler beklagte am 6. Oktober 1943 in Posen die Allgegenwart des „anständigen Juden" in der Post, die ihn erreichte:

„Der Satz ‚Die Juden müssen ausgerottet werden' mit seinen wenigen Worten, meine Herren, ist leicht ausgesprochen. Für den, der durchführen muß, was er fordert, ist es das Allerhärteste und Schwerste, was es gibt. Sehen Sie, natürlich sind es Juden, es ist ganz klar, es sind nur Juden, bedenken Sie aber selbst, wie viele – auch Parteigenossen – ihr berühmtes Gesuch an mich oder irgendeine Stelle gerichtet haben, in dem es hieß, daß alle Juden selbstverständlich Schweine seien, daß bloß der Soundso ein anständiger Jude sei, dem man nichts tun dürfe. Ich wage zu behaupten, daß es nach der Anzahl der Gesuche und der Anzahl der Meinungen in Deutschland mehr anständige Juden gegeben hat als überhaupt nominell vorhanden waren. In Deutschland haben wir nämlich so viele Millionen Menschen, die ihren einen berühmten anständigen Juden haben, daß diese Zahl bereits größer ist als die Zahl der Juden. Ich will das bloß deshalb anführen, weil Sie aus dem eigenen Lebensbereich Ihres Gaues bei achtbaren und anständigen nationalsozialistischen Menschen feststellen können, daß auch von ihnen jeder einen anständigen Juden kennt. Ich bitte Sie, das, was ich Ihnen in diesem Kreise sage, wirklich nur zu hören und nie darüber zu sprechen."[966]

In seiner Einführung zu Bradley Smith's „Heinrich Himmler. Geheimreden" teilt Joachim Fest mit, dass Himmler während der Posener Rede plötzlich eine offene Türe wahrnahm. Er brach

---

964 Breitman, a. a. O. II, S. 251.
965 Breitman, a. a. O. II, S. 318.
966 Smith, a. a. O. II, S. 169.

„seine Ausführungen abrupt ab und befahl erregt, den Durchgang sofort zu schließen. In erregtem Flüsterton erklärte er anschließend, das Küchenpersonal dürfe nicht erfahren, wovon er gerade gesprochen habe."⁹⁶⁷

Zurück zu den Petenten. Hut ab vor jenen, die es wagten, ausgerechnet an Himmler eine solche Bitte um Verschonung heranzutragen! Es muss ihm doch schwer gefallen sein, zehn Jahre nach Beginn der NS-Herrschaft ein solches „Versagen der Volksaufklärung" und letztlich des Volkes einzugestehen.

14.7 Die Klagen Goebbels'

Für die „Volksaufklärung" war Himmlers Ministerkollege Joseph Goebbels zuständig, der durch seinen geliebten Führer zum brutalen Antisemiten geworden war.⁹⁶⁸ Der ernannte ihn am 13. März 1933 zum „Reichsminister für Volksaufklärung und Propaganda". Von niemandem wird bezweifelt, dass er dieses Amt vorzüglich im Geiste seines Idols wahrnahm und die Volksaufklärung über das „wahre Wesen der Juden" mit aller Kraft betrieb. Glaubte er insofern an seinen Erfolg? Dass er nach außen diesen Anschein erwecken wollte, versteht sich von selbst. Damit hatte er im Inland wie im Ausland großen Erfolg.

Im Juni 1935 äußerte sich Goebbels auf dem Tempelhofer Feld zur Judenfrage:

> „Glaubt denn einer, wir hätten Knöpfe statt Augen, um nicht zu sehen, wie sich gewisse Gegenströmungen in der Reichshauptstadt heute wieder ungescheut breitzumachen versuchen? Und wie bürgerliche Intellektuelle sich wiederum anschicken, ihnen Hilfsbrüderschaft zu leisten mit den dummen und albernen Phrasen, daß der Jude auch ein Mensch sei."⁹⁶⁹

Sein umfangreiches Tagebuch, das letztlich auch für die Öffentlichkeit bestimmt war, enthält auf den ersten Blick Widersprüchliches:

> „10. November 1938 ... Die Juden sollen einmal den Volkszorn zu verspüren bekommen. Das ist richtig."⁹⁷⁰

> „Das ganze Volk ist in Aufruhr."⁹⁷¹

---

967 Smith, a. a. O. II, S. 17 f.
968 Wie Himmler so wollte auch Goebbels dem Führer an Radikalität nicht nachstehen. Schon im Sommer 1938 kam es durch ihn zu pogromähnlichen Ausschreitungen in Berlin, die jedoch „durch persönliches Eingreifen Hitlers" (Longerich, a. a. O. II, S. 112) abgebrochen wurden.
969 „Der Jude ist auch ein Mensch", in: *Jüdische Rundschau*, 2.7.1935.
970 Goebbels, a. a. O. II, Teil I, Bd. 6, S. 180.
971 Goebbels, a. a. O. II, Teil I, Bd. 6, S. 181.

„11. November 1938 … Es kommen Meldungen aus Berlin über ganz schwere antisemitische Ausschreitungen. Jetzt geht das Volk vor. Aber nun muß Schluß gemacht werden."[972]

„14. November 1938 … Die neuen Judengesetze beherrschen vollkommen Presse und öffentliche Meinung. Das deutsche Volk ist ganz damit einverstanden."

Woher hatte er sein Wissen? Die „Meldungen aus dem Reich" konnten ihm noch gar nicht vorgelegen haben. Dennoch fuhr er fort:

„Alles wird mit größtem Verständnis aufgenommen. Die Leute sind außerordentlich nett zu mir. Unser Volk ist das beste Volk."[973]

Brauchte „das beste Volk" – Goebbels' Lakaien und Claqueurs – noch Aufklärung? Dieses „Volk" sicher nicht. Doch Goebbels musste rasch einsehen: Dieses „Volk" war nur ein Teil des Ganzen und der „Rest" weit mehr als nur eine *Quantité négligeable*. Am 23. November 1938 gestand er seinem Tagebuch:

„Propagandakonferenz bzgl. der Judenfrage. Wir wollen nun eine lange und intensive Kampagne eröffnen. Vor allem das Bürgertum aufklären. Und zwar nicht mit sichtbarer Absicht, sondern durch ständige penetrante Bearbeitung."[974]

Und wieder, nur drei Tage später, notierte er nach Erhalt der „Stimmungsberichte":

„… fast ausschließlich Judenfrage. Teils positiv, teils negativ. Wir müssen das Volk und vor allem die Intellektuellen über die Judenfrage aufklären."[975]

Nun hatte er plötzlich ein anderes deutsches Volk entdeckt, das offenbar in den ersten fünf Jahren der antisemitischen Indoktrination nicht erlegen war. Das bestätigten auch die Deutschlandberichte der *Sopade*:

„Allgemein muß man nach wie vor feststellen, daß das deutsche Volk vom Antisemitismus nicht wirklich erfaßt ist. Wenn die antisemitische Propaganda so gewirkt hätte, wie sie wirken sollte, dann wäre ja diese Aktion überhaupt nicht nötig gewesen. Wenn man es in 5 ½ Jahren nicht fertig bringen konnte, das Volk davon abzuhalten, in jüdischen Geschäften zu kaufen, wenn vielmehr immer wieder festzustellen war, daß Nichtjuden ostentativ in jüdischen Geschäften kauften, so kennzeichnet das am besten die Wirkungslosigkeit dieser Propaganda."[976]

Nach außen versuchte Goebbels, die Intellektuellen, die „Snobs" vom gesunden Volk zu scheiden. Im „Kampfblatt der national-sozialistischen Bewegung Großdeutschlands", dem *Völkischen Beobachter* klagte er 1939:

---

972 Goebbels, a. a. O. II, Teil I, Bd. 6, S. 183.
973 Goebbels, a. a. O. II, Teil I, Bd. 6, S. 186.
974 Goebbels, a. a. O. II, Teil I, Bd. 6, S. 198.
975 Goebbels, a. a. O. II, Teil I, Bd. 6, S. 202.
976 Sozialdemokratische Partei Deutschlands, a. a. O. II, Bd. 5, S. 1208.

„Wir glauben, es herrscht heute in keinem Lande Europas so viel Freude wie in Deutschland ... Allerdings haben unsere Intellektuellen und Gesellschaftssnobs weder Zeit noch Lust, sich mit diesen Leistungen des nationalsozialistischen Regimes [„Kraft durch Freude"] bekanntzumachen oder gar zu befreunden. Sie sind seit 1933 in ihren eigenen eng umschlossenen Konventikeln geblieben und spielen dort Monarchie oder Demokratie, sie allein haben sich in einer Zeit, in der in Deutschland sich alles geändert hat, selbst in keiner Weise geändert."

Auch die folgenden Sätze verdienen Beachtung:

„Wir haben weitestes Verständnis für gewisse Zeiterscheinungen, die unserem System ebenso wenig erspart geblieben sind wie allen Systemen, die ihm vorangingen. Aber darüber kann und darf es keinen Zweifel geben, daß bei uns eine Zeitkrankheit in dem Augenblick, in dem sie anfängt, eine öffentliche Gefahr darzustellen, beseitigt wird."

Diese Ausführungen Goebbels' stehen unter der Überschrift „Haben wir eigentlich noch Humor?" Daran erinnert er sich, wenn er abschließend schreibt:

„Wir haben Humor, hätten wir ihn nicht, wir wären längst an der Welt und an den Menschen verzweifelt, aber bei ihnen sucht man ihn vergebens, sie sind nur frech, dummdreist, arrogant und taktlos, und wenn es donnert, haben sie Angst, wie man so sagt: Judenjungenangst."[977]

Ja, das Volk hatte Humor, oder besser gesagt: Politische Witze waren sehr gefragt und dementsprechend hinter vorgehaltener Hand in Umlauf. Vor dem Hintergrund des NS-Ideals des blonden hochgewachsenen Siegfrieds bot Goebbels neben Hitler und Göring eine unfehlbare Zielscheibe. Doch ein solcher Humor konnte ins Konzentrationslager führen.

Der böse Feind der Juden, Goebbels, bekannte sich zu seiner Agitation und räumte auch Widerstände ein.

„26. August 1941 ... Die Judenfrage wird von mir unentwegt weitergetrieben. Zwar sind fast in allen Ämtern große Widerstände festzustellen, aber ich lasse da nicht locker. Es kommt nicht in Frage, daß wir auf halbem Wege stehen bleiben."[978]

Am 28. Oktober 1941 waren die Juden bereits stigmatisiert und sollten nach Osten verfrachtet werden. Wieder sah Goebbels Anlass, zu klagen:

„Unsere intellektuellen und gesellschaftlichen Schichten haben plötzlich wieder ihr Humanitätsgefühl für die armen Juden entdeckt. Der deutsche Michel ist ihnen nicht auszutreiben. Die Juden brauchen nur eine Greisin mit einem Judenstern über den Kurfürstendamm zu schicken, so ist der deutsche Michel schon geneigt, alles zu

---

977 Goebbels, Joseph: „Haben wir eigentlich noch Humor?", in: *Völkischer Beobachter*, Süddeutsche Ausgabe, 4.2.1939.
978 Goebbels, a. a. O. II, Teil II, Bd. 1, S. 311.

> **Juden und Judenknechte**
> Nur für Redner. (Veröffentlichung, insbesondere in der Presse, verboten). München 1938. S. 2 (Sonderlieferung 3/1938 des Aufklärungs- und Redner-Informationsmaterials der Reichspropagandaleitung der NSDAP und des Reichspropagandaamtes der Deutschen Arbeitsfront).
> Hessisches Hauptstaatsarchiv, Abt. 1129/Nr. 214.
>
> „Der Reichspropagandaleiter gibt bekannt: Bei der Druchführung verschiedener einschneidender Maßnahmen in den vergangenen Tagen gegen das Judentum hat sich gezeigt, daß ein großer Teil des Bürgertums für die durchgeführten Maßnahmen geteiltes Verständnis aufbringt. Zum größten Teil laufen diese Spießer und Kritikaster herum und versuchen, Mitgleid mit den „armen Juden" zu erwecken mit der Begründung, daß Juden auch Menschen seien. Bis zur Machtergreifung hat in bürgerlichen Zeitungen nie ein Wort über den Juden, auf keinen Fall aber ein abfälliges Wort gestanden. Die Masse der Bevölkerung, die nicht in der Kampfzeit und auch späterhin nationalsozialistische Zeitungen regelmäßig gelesen hat, hat damit nicht die Aufklärung erfahren, die für die Nationalsozialisten im Kampf ohne weiteres gegeben war. Dieses Versäumnis ist daher nachzuholen. [...]
>
> Heil Hitler
> gez. Dr. Goebbels
> Reichspropagandaleiter der NSDAP"

Goebbels' Offenbarungseid: „Die Masse der Bevölkerung"
hat Mitleid mit den „armen Juden".

vergessen, was die Juden uns in den vergangenen Jahren und Jahrzehnten angetan haben ... Es muß also erstrebt werden, noch im Laufe dieses Jahres die letzten Juden aus Berlin herauszubringen, damit endlich das Problem für die Reichshauptstadt als gelöst gelten kann. Ob mir das gelingt, weiß ich noch nicht; denn die Juden finden immer noch mächtige Beschützer in den obersten Reichsbehörden ... Es ist merkwürdig, welch eine Instinktlosigkeit der Judenfrage gegenüber immer noch in unseren gesellschaftlichen und intellektuellen Kreisen zu finden ist."[979]

Am 2. März 1943 diktierte Goebbels in sein Tagebuch:

„Wir schaffen die Juden nun endgültig aus Berlin heraus. Sie sind am vergangenen Samstag schlagartig zusammengefaßt worden und werden nun in kürzester Frist nach dem Osten abgeschoben. Leider hat sich auch hier wieder herausgestellt, daß

---
979 Goebbels, a. a. O. II, Teil II, Bd. 2, S. 194 f.

die besseren Kreise, insbesondere die Intellektuellen, unsere Judenpolitik nicht verstehen und sich zum Teil auf die Seite der Juden stellen. Infolgedessen ist unsere Aktion vorzeitig verraten worden ..."⁹⁸⁰

Und eine Woche später ergänzte er:

„Daß die Juden an einem Tage verhaftet werden sollten, hat sich infolge des kurzsichtigen Verhaltens von Industriellen, die die Juden rechtzeitig warnten, als Schlag ins Wasser herausgestellt. Im ganzen sind wir 4000 Juden dabei nicht habhaft geworden. Sie treiben sich jetzt wohnungs- und anmeldungslos in Berlin herum ..."⁹⁸¹

Aufschlussreich sind auch seine geheimen Vorgaben für seine Propagandisten. Hier räumte Versäumnisse ein und klagte nach dem Novemberpogrom 1938:

„Die Masse der Bevölkerung, die nicht in der Kampfzeit und auch späterhin nationalsozialistische Zeitungen regelmäßig gelesen hat, hat damit nicht die Aufklärung erfahren, die für die Nationalsozialisten im Kampf ohne weiteres gegeben war."

Aus seinem Ministerium war am 24. November 1938 zu vernehmen:

„Man wisse, daß der Antisemitismus sich heute in Deutschland immer noch zu einem wesentlichen Teil auf die Partei und ihre Gliederungen beschränkt und daß immer noch eine gewisse Schicht der Bevölkerung vorhanden ist, die nicht das geringste Verständnis dafür aufbringt, der überhaupt jede Einfühlungsmöglichkeit fehlt. Diese Leute seien bereits am Tage nach der Zertrümmerung der jüdischen Geschäfte sofort zu den Juden gelaufen, um nach Möglichkeit dort zu kaufen."⁹⁸²

Im Herbst 1941 ließ Goebbels erneut eine bittere Klage vernehmen: Nun waren es die einfachen Menschen, denen die Einsicht fehlte, wie sich Albert Speer, der Rüstungsminister, erinnert:

„Im Verlauf der Unterhaltung begann Goebbels plötzlich, sich bei Hitler über die Berliner zu beklagen: ‚Die Einführung des Judensterns hat genau das Gegenteil von dem bewirkt, was erreicht werden sollte, mein Führer! Wir wollten die Juden aus der Volksgemeinschaft ausschließen. Aber die einfachen Menschen meiden sie nicht, im Gegenteil. Sie zeigen überall Sympathie für sie. Dieses Volk ist einfach noch nicht reif und steckt voller Gefühlsduseleien!'"⁹⁸³

Eine solche Mitteilung dürfte dem Reichspropagandaminister nicht leicht gefallen sein, war es doch geradezu das Eingeständnis eigenen Versagens. Speer schildert auch Hitlers Reaktion:

„Verlegenheit. Hitler rührte stumm in seiner Suppe."

---

980 Goebbels, a. a. O. II, Teil II, Bd. 7, S. 449.
981 Goebbels, a. a. O. II, Teil II, Bd. 7, S. 528.
982 Toepser-Ziegert, a. a. O. II, S. 1117.
983 Speer, a. a. O. II, S. 401.

Auf der internationalen Propagandakonferenz vom 30. April 1943 knöpfte Goebbels sich die Presse vor. Zum Teil säßen in den Redaktionen „sehr veraltete Schriftleiter", die die antisemitische Propaganda „vorschriftsmäßig", aber „ohne innere Anteilnahme" durchführten:

> „Sie erzeugen so keine Wut und keinen Hass, weil sie diese Gefühle selbst nicht besitzen."[984]

Der Propagandaerfolg war Goebbels also in einem wichtigen Punkt der NS-Ideologie versagt geblieben. So urteilt auch sein Biograf Ralf Georg Reuth: Goebbels erreichte nicht

> „sein Ziel, die ‚Volksmassen' auf den ‚Führer' einzuschwören"[985].

Sein Tagebuch beschloss Goebbels nicht mit einer Klage, sondern mit einem wahrhaft diabolischen Fluch:

> „Sollte uns der Sprung in die große Macht nicht gelingen, dann wollen wir unseren Nachfolgern wenigstens eine Erbschaft hinterlassen, an der sie selbst zugrunde gehen sollen … Das Unglück muß so ungeheuerlich sein, daß die Verzweiflung, der Wehruf und Notschrei der Massen trotz aller Hinweise auf uns Schuldige sich gegen jene richten muß, die sich berufen fühlen, aus diesem Chaos ein neues Deutschland aufzubauen."[986]

Das war sicherlich kein Schuldeingeständnis, jedoch eine bedenkenswerte Dichotomie: „die Schuldigen" einerseits und davon getrennt andererseits „die Massen".

Eingangs wurde bereits erwähnt, dass Goebbels' Agitation im Inland wie im Ausland viele nachhaltig beeindruckte. Das eben Gebotene zeigt, dass der Diabolus in den Gehirnen seiner Zuhörer doch nicht schalten und walten konnte, wie er wollte. Diese Erkenntnis hat sich auch bei namhaften Ausländern Bahn gebrochen. So schreibt der amerikanische Historiker William Sheridan Allen:

> „War bisher die Ansicht als gültig akzeptiert, daß Goebbels ein Zauberer der Massenmanipulation war, daß er die Deutschen dazu zwingen konnte zu glauben, daß die Nacht der Tag und daß aufwärts gleich abwärts sei, so sind wir demgegenüber jetzt zu der Erkenntnis gelangt, daß Propaganda Menschen nicht zwingen kann, Ideen zu akzeptieren, die ihrem vorherigen Glauben und Verhalten schlicht widersprechen … Wir haben sehr viele Beweise dafür, daß Goebbelsche Propagandafeldzüge nicht erfolgreich verliefen."[987]

---

[984] Longerich, a. a. O. II, S. 271.
[985] Reuth, a. a. O. II, S.400.
[986] Speer, a. a. O. II, S. 105 f. Es handelt sich offenbar um kein wörtliches Goebbelszitat. Doch der Text gibt sinngemäß Aufzeichnungen von Goebbels (Goebbels, a. a. O. II) wieder, wie sie dem letzten Band seiner Tagebücher zu entnehmen sind.
[987] Allen, a. a. O. II, S. 407 f.

IV. Teil

Würde, Gesetz, Schuld – Nachbetrachtungen

15. Die Schoa und das deutsche Gesetz

15.1 Begriffsverwirrung

Im Februar 2007 wurde das Ergebnis einer Studie „Deutsche und Juden" veröffentlicht. Darin steht zu lesen:

> „Auf die Frage: ‚Zur Schuld der Deutschen gegenüber den Juden aufgrund der Judenverfolgung im Dritten Reich gibt es verschiedene Meinungen. Was hiervon gibt Ihre persönliche Ansicht am besten wieder?' – antworteten 4 vom Hundert: Die Schuld trifft alle Deutschen, also auch die nach dem Krieg geborenen, 15 vom Hundert: Die Schuld trifft alle erwachsenen Deutschen der damaligen Generation, 33 vom Hundert: Die Schuld trifft nur jene Deutschen, die von der Judenverfolgung wussten, 45 vom Hundert: Die Schuld trifft nur jene Deutschen, die an der Judenverfolgung direkt beteiligt waren."[988]

Der zentrale Begriff, um den es hier geht, ist die „Schuld" – Schuld an einem Massenmord. Die Rede ist von uns und unseren Vorfahren in Bezug auf die Verbrechen des NS-Regimes. Die da zu Wort kommen, geben jeweils sicherlich die Meinung von Hunderttausenden wieder. Sich mit der Schuldfrage zu befassen müsste für alle Angesprochenen eine große Herausforderung sein, vor allem für unsere Erzieher, Lehrer und Seelsorger. Wie ist es möglich, dass in einer so wichtigen Frage die Antworten derart differieren? Wird die Frage zu Hause, in der Schule, in der Kirche nicht gestellt? Oder hat man keine überzeugenden Antworten? Basieren sie auf höchst subjektiven Werturteilen, die man am besten für sich behält? Hazel Rosenstrauch schreibt:

> „Im Gegensatz zu ehemaligen Nationalsozialisten haben viele überlebende Juden ihre Schuldgefühle bekannt."[989]

Ist „Schuld" eine Gefühlssache? Keineswegs. Es lohnt sich, darauf näher einzugehen, auch um skrupulöse Menschen zu entlasten.

Von den abgefragten Meinungen kann nur eine richtig sein. Doch welche ist richtig? Um darauf eine solide Antwort geben zu können, brauchen wir einen Maßstab von höchster Reputation. Wer leichtfertig Schuld zuweist, verletzt die Würde des Beschuldigten, zumal, wenn es sich um schwerste Schuld handelt, die den Gegenstand der Anklage bildet. Am Anfang wurde bereits auf das Grundgesetz hingewiesen, von dem es unwidersprochen heißt, es sei die „Grundlage der politi-

---

[988] Bertelsmannstiftung, a. a. O. II, S. 11.
[989] Rosenstrauch, a. a. O. I, S. 99.

schen Verfassung unseres Landes". Wer auf das Grundgesetz schwört und diesen Schwur ernst nimmt, ist unschwer in der Lage, die aufgeworfene Frage überzeugend zu beantworten.

15.2 Das Grundgesetz als Maßstab

Das Grundgesetz beginnt, wie eingangs schon erwähnt, mit den Sätzen:

> „Die Würde des Menschen ist unantastbar. Sie zu achten und zu schützen ist Verpflichtung aller staatlichen Gewalt."

Mit anderen Worten: Nicht jedermann wird durch diesen Artikel unmittelbar rechtlich in Pflicht genommen, sondern nur die Träger staatlicher Gewalt. Sie haben bei allem, was sie tun, die Würde der Betroffenen zu achten. Was das im Einzelnen bedeutet, mag umstritten sein. Einig sind sich die Interpreten, dass Völkermord, Sklaverei, Massenaustreibung, Brandmarkung und Sippenhaft die Würde der Betroffenen auf das Schwerste verletzen.

Doch damit nicht genug. Als Ordnungs- und Wehrverband obliegt es dem Staat, Angriffe Dritter auf die Würde abzuwehren. Dazu zählen Mord und Totschlag, vorsätzliche Körperverletzung, Beleidigung, üble Nachrede, Verleumdung und vieles mehr. „Der Rufmord geht dem Mord voraus." Um solche Angriffe auf die Würde des Mitmenschen zu unterbinden, bedroht der Staat die potenziellen Täter mit harter Strafe.

Jedermann wird ausdrücklich angesprochen vom Wortlaut des Artikels 2, Absatz 1 Grundgesetz, wo es heißt:

> „Jeder hat das Recht auf die freie Entfaltung seiner Persönlichkeit, soweit er nicht die Rechte anderer verletzt und nicht gegen die verfassungsmäßige Ordnung oder das Sittengesetz verstößt."

Mit anderen Worten: Der Mensch ist – nach dem Menschenbild des Grundgesetzes – frei geboren und bleibt es. So der Grundsatz. Natürlich ist diese Freiheit nicht grenzenlos. Doch wer eine Grenzverletzung behauptet, ist beweispflichtig und nicht umgekehrt. Die Grenzen sind „die Rechte anderer", „die verfassungsmäßige Ordnung" und „das Sittengesetz". „Verfassungsmäßige Ordnung" meint die Rechtsordnung, die mit den Grundsätzen der Verfassung übereinstimmt. Da die Rechtsordnung auch „die Rechte anderer" regelt, können diese beiden Schranken der Handlungsfreiheit unter dem Oberbegriff „staatliches Gesetz" zusammengefasst werden.

Es ist vor allem das Strafgesetzbuch, das uns sagt, wo unsere Handlungsfreiheit endet und schuldhaftes Handeln beginnt. Doch die wichtigsten Prämissen des

Strafrechts finden wir schon im Grundgesetz, welches in Artikel 103, Absatz 2 bestimmt:

> „Eine Tat kann nur bestraft werden, wenn die Strafbarkeit gesetzlich bestimmt war, bevor die Tat begangen wurde."

Eine strafrechtlich relevante Schuld liegt also nur vor, wenn das fragwürdige Handeln durch eine Strafnorm zuvor missbilligt worden ist. Der Grundsatz „keine Strafe ohne Gesetz" (*nulla poena sine lege*) hat in Deutschland also Verfassungsrang. Aber es handelt sich nicht um typisch deutsches Recht, sondern um altes europäisches Kulturgut noch aus der Römerzeit.

15.3 Das einfache Gesetz

Die Hauptverantwortlichen der NS-Verbrechen haben sich selbst gerichtet: Hitler, Himmler, Goebbels und Göring. Tausende wurden von den Richtern der Besatzungsmächte abgeurteilt, Tausende kamen vor deutsche Gerichte. Bis heute sind Strafverfahren zu Verbrechen im Dritten Reich anhängig. Doch die Zahl der Täter im engeren Sinne ist größer gewesen. Ein Teil ist während des Krieges umgekommen, ein anderer Teil unentdeckt geblieben. Nicht wenige fanden unter falschen Namen Zuflucht im Ausland. Wie bei den meisten anderen Delikten gibt es auch hier eine Dunkelziffer.

Was ist mit dem Gros der Menschen, die zu Beginn des Kapitels als Objekte einer Schuldzuweisung Erwähnung gefunden haben? Beginnen wir mit denen, die nach dem Zweiten Weltkrieg geboren wurden. Wo ist die Norm, die allen Deutschen ohne Weiteres Schuld zuweist? Es gibt sie nicht, höchstens im Wörterbuch des Unmenschen. Nichts anderes gilt für Anklagen zulasten jener, die, obgleich dem Alter nach schuldfähig, vom Holocaust nichts gewusst haben. Ihr prozentualer Anteil an der Gesamtbevölkerung wird nie zu ermitteln sein. Doch diese Zahl ist nicht sonderlich relevant, wie die folgenden Ausführungen zeigen.

Wie sind jene zu beurteilen, für die der Holocaust zwar kein Geheimnis gewesen ist, die aber in keiner Weise daran mitgewirkt haben? Es hat ganz den Anschein, als ob das Wissen um den Holocaust nach Ansicht vieler einen Schuldvorwurf begründen würde. Groß ist die Zahl der Publikationen, die mit beachtlicher wissenschaftlicher Akribie den Nachweis versuchen, dass der Holocaust ein offenes Geheimnis gewesen sei. Auf die im nächsten Kapitel besprochene Literatur sei hier schon hingewiesen. Dabei wird geflissentlich *wahrnehmbar* mit *Wahrnehmung* verwechselt. Abmärsche zur Deportation waren häufig von jedermann *wahrnehmbar*. Doch wie viele haben sie tatsächlich wahrgenommen? Wohl nicht einer von hundert, die sie hätten wahrnehmen können. Wie viele Funksendungen sind wahrnehmbar und nicht ein Promille davon nehmen wir wahr!

Und wie hätten die Kundigen helfen können? Informiertsein ist nur eine der Voraussetzungen für nennenswerte Hilfe. Joachim Fest schildert eine Begegnung mit seinem aus dem Amt entfernten Vater:

> „Mein Vater sah eine Weile stumm vor sich hin: ‚Nicht erstmals!' meinte er dann. ‚Gerüchte und eine BBC-Sendung gab es schon. Durch diese Hinweise aufgeschreckt, habe ich Anfang 1943 fast drei Monate lang nach unwiderleglichen Beweisen gesucht. Dann hatte ich Gewissheit: Sie mordeten wie besessen drauflos!' Und nach einer weiteren Pause: ‚Ich wollte damals und will jetzt nicht darüber reden! Es erinnert mich immer wieder daran, dass ich mit meinem Wissen nicht das Geringste anfangen konnte. Nicht mal darüber reden! … Auch vor Massengräbern redet man nicht!'"[990]

Zu Beginn dieses Kapitels haben wir erfahren, dass 33 Prozent der Befragten jenen Deutschen Schuld zusprechen, die von der Judenverfolgung wussten, auch wenn sie nicht mitwirkten. Kann kriminelle Schuld durch Unterlassen entstehen? Das ist unbestritten so, auch wenn diese Fälle relativ selten sind. Die Voraussetzungen hierfür sind eng eingegrenzt. Der Paragraf, der im Strafgesetzbuch die unterlassene Hilfeleistung zur Straftat macht (§ 323 c), lautet:

> „Wer bei Unglücksfällen oder gemeiner Gefahr oder Not nicht Hilfe leistet, obwohl dies erforderlich und ihm den Umständen nach zuzumuten, insbesondere ohne erhebliche eigene Gefahr und ohne Verletzung anderer wichtiger Pflichten möglich ist, wird … bestraft."

Die Judenverfolgung im Dritten Reich war ein Mega-Verbrechen. War sie auch ein „Unglücksfall", eine „gemeine Gefahr und Not"? Selbst wer dies bejaht, dem wird nur selten der Nachweis gelingen, dass die Angeschuldigten effektive Hilfe hätten leisten können. Und zudem: „ohne erhebliche eigene Gefahr"? Die „Judenfreunde", die „Judenknechte" waren, wie oben gezeigt, sogar mit Strafe bedroht, nicht nur mit Deportation in ein Konzentrationslager. In der einschlägigen Literatur zum Thema Judenverfolgung werden offenbar keine Sachverhalte geschildert, die den Tatbestand des § 323 c erfüllen. Auch hat es nach dem Krieg wohl kein einziges Strafverfahren gegeben, in dem jemand wegen unterlassener Hilfeleistung zugunsten Verfolgter bestraft worden wäre.

Aus diesen Ausführungen folgt bereits, dass nach geltendem deutschen Recht die deutsche Staatsangehörigkeit für sich allein genommen keinen Schuldvorwurf begründet, es also keine „Kollektivschuld" gibt. Es gilt die alte Einsicht: *Societas delinquere non potest*, wonach eine Gemeinschaft nicht schuldig werden kann,

---
[990] Fest, a. a. O. II, S. 321.

d. h. die Schuldfrage bei jedem Einzelnen zu prüfen ist, selbst bei den Angehörigen der SS.

Auch die Strafprozessordnung enthält mehrere Bestimmungen, die für vorliegende Untersuchung aufschlussreich sind, so die Verpflichtung:

> „Das Gericht hat zur Erforschung der Wahrheit die Beweisaufnahme von Amts wegen auf alle Tatsachen und Beweismittel zu erstrecken, die für die Entscheidung von Bedeutung sind."[991]

> „Eine Beweiserhebung darf nicht deshalb abgelehnt werden, weil das Beweismittel oder die zu beweisende Tatsache zu spät vorgebracht worden sei."[992]

> „Zu jeder dem Angeklagten nachteiligen Entscheidung über die Schuldfrage und die Rechtsfolgen der Tat ist eine Mehrheit von zwei Dritteln der Stimmen [der Richter] erforderlich."[993]

Die Beachtung dieser und zahlreicher ähnlicher Vorschriften hat sicher dazu beigetragen, dass viele der angeklagten NS-Täter freigesprochen wurden. Freisprüche trotz fortbestehenden Tatverdachts sind aber keine Besonderheiten der deutschen Rechtspflege oder gar ein Indiz für Kumpanei, sondern Selbstverständlichkeiten bei allen rechtsstaatlichen Verfahren. Man denke nur an die Freisprüche in den Nürnberger Kriegsverbrecherprozessen der Alliierten und den Freispruch zugunsten von John Demjanjuk in Jerusalem, der bereits in erster Instanz zum Tode verurteilt worden war.

Nicht wenige haben daran Anstoß genommen, dass die Täter eines Unrechtsstaates, in dem auf behördliche Anordnung oder mit Duldung durch die Obrigkeit schwerste Verbrechen begangen wurden, in den Genuss einer rechtsstaatlichen Judikatur gelangt sind.

> „Unerörtert bleibt ... vielfach, dass der Bonner Gesetzgeber es unterlassen hat, die rechtlichen Voraussetzungen für eine angemessene Aburteilung der NS-Täter zu schaffen ... Den Deutschen fehlte die geistig-sittliche Kraft. Juristen trugen – bar aller Erkenntnisse der Präzedenzlosigkeit des Verbrecherstaats und seiner Taten – geschichtsblinde, inadäquate rechtsgrundsätzliche Erwägungen vor, beharrten auf der Beachtung des Rückwirkungsverbots, verschlossen sich der Einsicht, dass nur Sondernormen es gewährleisten können, die justizielle Verfolgung der NS-Verbrechen durchzuführen ... Politiker hatten weder die Einsicht noch den Mut, die gebotenen rechtspolitischen Entscheidungen zu treffen."[994]

---

[991] § 244, Abs. 2.
[992] § 246, Abs. 1 StPO.
[993] § 263, Abs. 1 StPO.
[994] Renz, Werner: „Auf schwankendem Grund", in: *Frankfurter Rundschau*, 19.8.2005.

Was der Schreiber dieser Zeilen, wissenschaftlicher Mitarbeiter am Fritz Bauer Institut, als Fehlen der „geistig-sittlichen Kraft" tadelt, war in Wirklichkeit ihre Bewährung. Der Rechtsstaat Bundesrepublik begann nicht mit der Preisgabe seiner Grundsätze, sondern mit ihrer Anwendung. Die Richterschelte ist ein Angriff auf den Rechtsstaat und sein Fundament, nämlich die Gewaltenteilung, wonach der Richter an die demokratisch legitimierten Gesetze gebunden ist. Hätten sie nach ihrer subjektiven Beliebigkeit urteilen sollen? Sollte nicht länger die Schwere der Schuld der Maßstab sein?

Ferner: Wer sich die Auswirkungen staatlich geförderter Verrohung vergegenwärtigt, wird zögern, den Opfern der Indoktrination, die so zu Tätern wurden, eine besondere Schuld zuzusprechen. Jeder frage sich, was aus ihm geworden wäre, wäre er ohne den Schutz eines integren Elternhauses solchen Einflüsterungen durch Schule, Hitlerjugend, Rundfunk und Presse jahrelang ausgesetzt gewesen.

15.4 Die Befreiungsgesetze – Wie viele wurden entnazifiziert?

In der Ständigen Ausstellung des Deutschen Historischen Museums im Berliner Zeughaus sind Selbstmordszenen aus dem Jahr 1945 zu sehen mit der Erläuterung, bei Kriegsende hätten „rund 200.000 Deutsche" Selbstmord begangen, also sich selbst gerichtet, darunter waren die Hauptverantwortlichen der Massenmorde:

> „Insgesamt begingen acht von 41 Gauleitern, sieben von 47 höheren SS- und Polizeiführern, 53 von 554 Generälen des Heeres, 14 von 98 Generälen der Luftwaffe und elf von 53 Admiralen Selbstmord."[995]

Dieser Selbsteliminierung folgte die Säuberung durch die Alliierten und die junge deutsche Demokratie.

Ob die Entnazifizierung nach dem Kriege geglückt ist oder nicht, darüber gehen die Meinungen auseinander. Dass es sich um eine einmalige, präzedenzlose Aufgabe gehandelt hat, kann man kaum bezweifeln. Was hätte man besser machen können? Was auch immer, die Versuche, das deutsche Volk vom Nazismus und Militarismus zu befreien oder zu läutern, haben zu Erkenntnissen geführt, die bei der Beurteilung der Menschen von damals nicht unberücksichtigt bleiben dürften, aber dennoch kaum thematisiert werden.

Als die US-Army in deutsches Gebiet eindrang, erwartete sie aufgrund der nationalsozialistischen Indoktrination den Hass der Bevölkerung.

---
995 Evans, a. a. O. II, S. 911.

"Die deutsche Vorstellung von sich selbst als einer ‚Herrenrasse' sei zu stark eingepflanzt worden, als daß sie sofort ausgerottet werden könnte … Bei SHAEF erwartete man deshalb eine enorme, gegen die Alliierten gerichtete Untergrundbewegung."[996]

Doch nichts dergleichen wurde angetroffen. Offenbar gab es nicht *einen* Partisanen. Und die immer noch Verblendeten waren zahlenmäßig so wenige, dass sie nicht in Erscheinung traten. Gegen alle Verbote begann sofort die *Fraternization*, was der Autor aus der eigenen Erfahrung in seiner Region bestätigen kann. Allmählich wuchs die Einsicht:

"We were neatly caught in our own propaganda which, for reasons which are still obscure, obliterated the fact that the very first victim of the Nazis had been the German people themselves and that a clear distinction had to be made between non Nazi Germans and Nazis."[997]

Saul Padover, als amerikanischer Soldat damit beauftragt, Deutsche im US-amerikanischen Besatzungsgebiet nach ihrer Vergangenheit zu befragen, wunderte sich über das selbstbewusste Auftreten der „Besiegten", die ihm Rede und Antwort stehen mussten.[998] Die große Mehrheit hatte offenbar kein schlechtes Gewissen und daher keine Angst. Sie vertraute auf die Ankündigungen der westlichen Sieger, so auch der Autor. Niemand aus seinem Umfeld fürchtete sich vor Vergeltung seitens der einrückenden Streitkräfte. (Ganz anders wäre es gewesen, hätte die Rote Armee Bayern okkupiert!) Es war wie bei Heinrich Böll, der in einem Brief an seine Söhne bekundete:

„Wir warteten auf unsere ‚Feinde' als unsere Befreier."[999]

Mit diesen Eindrücken stimmen auch die Ergebnisse der Entnazifizierungsverfahren überein. Die Sieger- und Besatzungsmächte hatten sich vorgenommen, den Nationalsozialismus und den Militarismus in Deutschland auszurotten.

„Anfang 1947 hatten die Amerikaner fast 400.000 Deutsche aus ihren Positionen entfernt, die Briten fast 300.000 und die Franzosen nahezu 70.000."[1000]

Es gab

---

996 Schöbener, a. a. O. II, S. 463
997 Schöbener, a. a. O. II, S. 466; Übersetzung: „Wir waren befangen in unserer eigenen Propaganda, die aus immer noch undurchsichtigen Gründen die Tatsache leugnete, dass das erste Opfer der Nazis das deutsche Volk selbst war und zwischen den nicht nazistischen Deutschen und den Nazis eine saubere Scheidung geboten war."
998 Padover, a. a. O. II.
999 Schröder, Gerhard: „Wir stehen erst jetzt am Ende …", in: *Süddeutsche Zeitung*, 7.5.2005, S. 7.
1000 Scheuch, Erwin, a. a. O. II, S. 19.

„mehr als drei Millionen Spruchkammerverfahren, bei denen über eine Million Menschen als Mitläufer, über 250.000 als Belastete und fast 25.000 als Schuldige und Hauptschuldige eingestuft worden sind."[1001]

In der amerikanischen Besatzungszone musste ein umfangreicher Fragebogen, die NS-Belastung betreffend, von allen Erwachsenen über 18 Jahren ausgefüllt werden. Lutz Niethammer hat sich sehr ausführlich mit der Entnazifizierung in Bayern auf der Grundlage des bayerischen Befreiungsgesetzes befasst. Vergleichbare Untersuchungen für den restlichen Bereich der Amerikanischen Besatzungszone und für die anderen Besatzungszonen gibt es offenbar nicht. Niethammer kommt zu dem Ergebnis:

„Nach amtlicher Erhebung hatte die bayerische Entnazifizierungsmaschinerie bis zum 31.12.1949 über 6,7 Millionen Fragebögen bearbeitet. Nach der Grobauswertung waren 72,5 Prozent der Meldepflichtigen vom BefrG [Befreiungsgesetz] nicht betroffen, was ihnen meist im ersten Halbjahr 1947 mitgeteilt wurde. Weitere 23,25 Prozent der Fälle wurden eingestellt oder durch Straffreiheitserlasse, die sog. Amnestien, vom BefrG ausgenommen. Nur rund 4 Prozent der Meldepflichtigen … wurden von den Spruchkammern erster Instanz in die fünf nach dem BefrG vorgesehenen Sühneklassen eingestuft."[1002]

Demnach liegt die Zahl der Täter, die bloßen Mitläufer eingeschlossen, zwischen einer und zwei Millionen bei einer Gesamtzahl von damals knapp 50 Millionen erwachsenen Deutschen. (Die Vorfahren und Geschwister des Autors, die alle in Bayern lebten, waren, wie es amtlich hieß, „vom Gesetz überhaupt nicht betroffen"[1003], er selbst, Jahrgang 1931, zu jung, um fragebogenpflichtig zu sein.)

Oben wurde bereits ein Herr Behrens erwähnt, der Juden das Leben gerettet hatte. Selbst er geriet in die Mühlen der Entnazifizierung und wurde schließlich als „Mitläufer" eingestuft, obwohl Isaak Behar ausführlichst die Wohltaten dieses „Goldfasans" zugunsten politisch Verfolgter vor dem Tribunal geschildert hatte.[1004]

Der Einwand liegt nahe, dass unter den Unbelasteten heimliche Sympathisanten, Hitler-Fans gewesen sein dürften. Doch, wer vom „Führer" leidenschaftlich geschwärmt hat, wird sich kaum seinen Lockrufen gänzlich entzogen haben und dürfte ihm in der Regel bis in seine Formationen hinein gefolgt sein.

1001 Gauweiler, Peter: „Weder eine zweite noch eine dritte Schuld", in: *Frankfurter Allgemeine Zeitung*, 12.4.1996, S. 14.
1002 Niethammer, a. a. O. II, S. 540. Die „Sühneklassen" waren: 1. Hauptschuldige, 2. Belastete (Aktivisten, Militaristen, Nutznießer), 3. Minderbelastete (Bewährungsgruppe), 4. Mitläufer, 5. Entlastete."
1003 Schullze, a. a. O. II, Anm. zu Art. 4.
1004 Behar, a. a. O. I, S. 203 f.

Umgekehrt sind die Fälle von Deutschen, die wegen ihrer Zugehörigkeit zu verbrecherischen Organisationen automatisch als Belastete galten, aber dennoch Juden geholfen haben, so zahlreich, dass sie nicht übergangen werden dürfen. Darauf wird an anderer Stelle noch zurückzukommen sein.[1005]

Dieses Kapitel abschließend soll eine denkwürdige Bemerkung eines deutschen Staatsoberhauptes zur Sprache kommen. Aus Anlass des 40. Jahrestages der Beendigung des Krieges in Europa und der nationalsozialistischen Gewaltherrschaft fand am 8. Mai 1985 im Plenarsaal des Deutschen Bundestages eine Gedenkstunde statt. In seiner Rede nannte Bundespräsident Richard von Weizsäcker den 8. Mai 1945 einen „Tag der Befreiung"[1006]. Es wäre blanker Zynismus gewesen, hätte er dabei jene vor Augen gehabt, die nun wegen ihrer braunen Weste mit ihrer Degradation, Verhaftung oder Bestrafung rechnen mussten. Doch für uns und unseresgleichen war es – nach dem schon Ausgeführten also für die große Mehrheit in den westlichen Besatzungszonen – wirklich ein Tag der Befreiung.

1005 S. 357 ff.
1006 Weizsäcker von, a. a. O. II, S. 441.

16. Die Schoa und die allgemeinen Regeln des Völkerrechts

16.1 Völkerrecht und deutsches Recht

Das Grundgesetz für die Bundesrepublik Deutschland ist am 23. Mai 1949 in Kraft getreten. Artikel 25 des Grundgesetzes bestimmt:

> „Die allgemeinen Regeln des Völkerrechts sind Bestandteile des Bundesrechts. Sie gehen den Gesetzen vor und erzeugen Rechte und Pflichten unmittelbar für die Bewohner des Bundesgebietes."

Mit anderen Worten: Der deutsche Richter genügt seiner Dienstpflicht nicht schon dann, wenn er die vom Bundestag und den Landtagen erlassenen Gesetze befolgt, er muss sich auch fragen, ob nicht internationales Recht die Rechtsfolgen eines Sachverhalts beeinflusst.

Wie von vornherein zu vermuten, zählen viele dieser Regeln des Völkerrechts zu den erlesensten Früchten europäischer Gesittung und abendländischen Geistes. Gibt es eine angemessenere ethische Basis als diese allgemeinen Regeln des Völkerrechts, um willkürfrei die gerade abgelaufene Ära des Nationalsozialismus aufzuarbeiten? Ohne die furchtbaren Erfahrungen der letzten Jahre, insbesondere der Jahre 1933 bis 1945, wäre es sicher nicht zu diesen Texten gekommen. Sie sagen uns, was eine zivilisierte Obrigkeit zu beachten und zu befolgen hat.

16.2 Die Menschenrechte der Vereinten Nationen

Beginnen wir mit der Charta der Vereinten Nationen vom 26. Juni 1945, die gleich zu Beginn ihre Motive offenlegt:

> „Wir, die Völker der Vereinten Nationen, fest entschlossen, … unseren Glauben an die Grundrechte des Menschen, an Würde und Wert der menschlichen Persönlichkeit … erneut zu bekräftigen, … haben beschlossen … zusammenzuwirken."

Der hier zitierte Beschluss, nach Weltkriegen und Völkermorden die „Grundrechte des Menschen" erneut zu bekräftigen, hat mit der Allgemeinen Erklärung der Menschenrechte vom 10. Dezember 1948 seine Umsetzung erfahren. Die jüngsten apokalyptischen Ereignisse haben in der Allgemeinen Erklärung der Menschenrechte ihre Spuren hinterlassen. So steht in deren Präambel:

> „… da Verkennung und Missachtung der Menschenrechte zu Akten der Barbarei führten, die das Gewissen der Menschheit tief verletzt haben, … verkündet die Generalversammlung der Vereinten Nationen die vorliegende Allgemeine Erklärung der Menschenrechte."

Ihr Geist hat sicher die Arbeit des Parlamentarischen Rates, der damals gerade das Grundgesetz für die Bundesrepublik Deutschland verfasste, nachhaltig beeinflusst.

In der Erklärung selbst heißt es gleich in Artikel 1:

> „Alle Menschen sind frei und gleich an Würde und Rechten geboren."

Artikel 2 ergänzt:

> „Jeder Mensch hat Anspruch auf die in dieser Erklärung verkündeten Rechte und Freiheiten, ohne irgendeinen Unterschied, wie etwa nach Rasse, Hautfarbe, Geschlecht, Sprache, Religion, politischer oder sonstiger Überzeugung, nationaler oder sozialer Herkunft, Vermögen, Geburt oder sonstigem Stand."

Der Geist, der aus Artikel 11 spricht, sollte jedem amtlichen oder selbst ernannten Richter stets gegenwärtig sein, nämlich:

> „Jeder Mensch, der einer strafbaren Handlung beschuldigt wird, ist solange als unschuldig anzusehen, bis seine Schuld in einem öffentlichen Verfahren … nachgewiesen ist."

Dieser Grundsatz kann natürlich nur zugunsten Lebender gelten, die sich einem ordentlichen Gericht stellen.

Auch Grundpflichten werden von der Allgemeinen Erklärung benannt, so in Artikel 29, Absatz 2:

> „Jeder Mensch ist in Ausübung seiner Rechte und Freiheiten nur den Beschränkungen unterworfen, die das Gesetz ausschließlich zu dem Zweck vorsieht, um die Anerkennung und Achtung der Rechte anderer zu gewährleisten und den gerechten Anforderungen der Moral, der öffentlichen Ordnung und der allgemeinen Wohlfahrt in einer demokratischen Gesellschaft zu genügen."

Die Allgemeine Erklärung der Menschenrechte war nur ein erster, bescheidener Schritt, um die Würde des Individuums zu schützen. Da es in der Präambel heißt, dass

> „die vorliegende Allgemeine Erklärung der Menschenrechte als das von allen Völkern und Nationen zu erreichende gemeinsame Ideal angesehen wird,"

so lautet die Schlussfolgerung, dass man unmittelbar daraus noch keine Rechte und Pflichten ableiten könne.

Um diesen Mangel zu beheben, wurde 18 Jahre später, am 19. Dezember 1966, der Internationale Pakt über bürgerliche und politische Rechte abgeschlossen, der ausdrücklich auf die Allgemeine Erklärung der Menschenrechte Bezug nimmt, und es traten in der Folge weitere internationale Schutzbestimmungen in Kraft.

Art. 14 des Internationalen Pakts befasst sich ausführlich mit den Rechten der Angeklagten. Besonders bemerkenswert erscheint in Artikel 14. Absatz 3 g der Hinweis, der Angeklagte

> „darf nicht gezwungen werden, gegen sich selbst als Zeuge auszusagen oder sich schuldig zu bekennen".

Des Weiteren verdient gerade mit Blick auf die oben erwähnte Kritik an der deutschen Nachkriegsrechtsprechung Artikel 15, Absatz 1 Erwähnung:

> „Niemand darf wegen einer Handlung oder Unterlassung verurteilt werden, die zur Zeit ihrer Begehung nach inländischem oder nach internationalem Recht nicht strafbar war. Ebenso darf keine schwerere Strafe als die im Zeitpunkt der Begehung der strafbaren Handlung angedrohte Strafe verhängt werden."

16.3 Europäischer Menschenrechtsschutz

Nicht zuletzt wegen der bereits erwähnten Unverbindlichkeit der Allgemeinen Erklärung ratifizierten europäische Staaten bereits knapp zwei Jahre später, am 4. November 1950, eine Konvention zum Schutze der Menschenrechte und Grundfreiheiten, die ebenfalls ausdrücklich auf die Allgemeine Erklärung der Menschenrechte hinweist.

Neben den üblichen Menschenrechten wie dem Recht auf Leben, dem Verbot der Folter und dem Verbot der Sklaverei wird das Recht auf ein faires Verfahren in Artikel 6 ausführlich abgehandelt:

> „Jede Person hat ein Recht darauf, dass ... über eine gegen sie erhobene strafrechtliche Anklage von einem unabhängigen und unparteiischen, auf Gesetz beruhenden Gericht in einem fairen Verfahren, öffentlich und innerhalb angemessener Frist verhandelt wird ... Jede Person, die einer Straftat angeklagt ist, gilt bis zum gesetzlichen Beweis ihrer Schuld als unschuldig ... Jede angeklagte Person hat mindestens folgende Rechte ... Fragen an Belastungszeugen zu stellen oder stellen zu lassen und die Ladung und Vernehmung von Entlastungszeugen unter denselben Bedingungen zu erwirken, wie sie für Belastungszeugen gelten ..."

Und Artikel 7 fügt den schon mehrmals erwähnten Rechtsgrundsatz hinzu: Keine Strafe ohne vorher schon geltendes Gesetz.

Auch die Europäische Union hat sich eine Charta der Grundrechte gegeben, die vom Europäischen Rat am 7. Dezember 2000 proklamiert wurde. Kapitel 1 trägt die Überschrift „Würde des Menschen" und Artikel 1 lautet fast wortgleich mit dem Grundgesetz:

> „Die Würde des Menschen ist unantastbar. Sie ist zu achten und zu schützen."

Da nach dem Willen der Mitgliedsstaaten der Charta als solcher keine rechtliche Verbindlichkeit zukommen soll, kann hier eine nähere Betrachtung unterbleiben.

16.4 Der Internationale Strafgerichtshof

In Artikel 11 des Römischen Statuts vom 17. Juli 1998, das die Aufgaben, den Aufbau und das Prozedere des Internationalen Strafgerichtshofes regelt, heißt es:

> „Die Gerichtsbarkeit des Strafgerichtshofes erstreckt sich nur auf Verbrechen, die nach Inkrafttreten dieses Statuts begangen werden."

Damit ist klargestellt, dass es irrelevant für die NS-Verbrechen ist. Gleichwohl zeigt es dem Leser, nach welchen Grundsätzen die Vertragsstaaten schwerste Verbrechen aburteilen wollen. Daraus lassen sich Schlüsse ziehen für die Wertung der NS-Verbrechen im Lichte einer höchst fortgeschrittenen Ethik.

Wieder erinnert die Präambel an die überaus blutige Geschichte des 20. Jahrhunderts, in dem „Millionen von Kindern, Frauen und Männern Opfer unvorstellbarer Gräueltaten geworden sind" und fährt fort, dass die Vertragsstaaten „in Bekräftigung der Ziele und Grundsätze der Charta der Vereinten Nationen" übereingekommen sind, „der Straflosigkeit der Täter ein Ende zu setzen".

Bestraft werden soll dabei nach rechtsstaatlichen Grundsätzen! In den folgenden Artikeln begegnet der Leser Wohlvertrautem, nämlich, dass niemand wegen ein- und derselben Tat mehrmals bestraft werden darf (Artikel 20) und dass Strafbarkeit nur dann gegeben ist, wenn die Strafbarkeit schon vor der Tat beschlossen war (Artikel 22).

Ganz klar ist in Artikel 25, Absatz 2 auch die Absage an eine Kollektivschuld formuliert:

> „Wer ein ... Verbrechen begeht, ist dafür in Übereinstimmung mit diesem Statut individuell verantwortlich und strafbar."

Schließlich sei noch erwähnt, dass der Gerichtshof nach Artikel 26 keine Gerichtsbarkeit über eine Person hat,

> „die zum Zeitpunkt der angeblichen Begehung eines Verbrechens noch nicht achtzehn Jahre alt war".

Das Statut kennt ferner in Artikel 32 den Tatirrtum wie auch den Rechtsirrtum. In Artikel 33 ist ebenso der Befehlsnotstand geregelt.

16.5 Zusammenfassung

Nach deutschem wie internationalem Recht gibt es keine Kollektivschuld. Zunächst wird die Schuldlosigkeit des Beschuldigten vermutet.[1007]

Ohne Verstoß gegen ein im Zeitpunkt der Tat gültiges Gesetz gibt es weder Rechtswidrigkeit noch Schuld.

Die Feststellung von Schuld hat ferner zur Voraussetzung, dass der inkriminierte Sachverhalt bewiesen ist. Dabei sind alle Beweismittel *pro* und *contra* zu berücksichtigen. Im Zweifel ist das für den Beschuldigten Günstigere anzunehmen.

Rasse, Religion, Weltanschauung und Herkunft sind für die Schuldfrage irrelevant. Der Angeklagte darf nicht gezwungen werden, sich schuldig zu bekennen.

1007 Prantl, Heribert: „Star, Sex und Stigma", in: *Süddeutsche Zeitung*, 17.4.2009, S. 2.: „Die Unschuldsvermutung gehört zu den Grundsätzen des Rechtsstaats – sie wird aber immer öfter verletzt."

17. Das Sittengesetz als weitere Schranke der Freiheit

17.1 Was meint „Sittengesetz"?

Haben die deutschen Nichtjuden, die von keinem Gericht wegen des Massenmords an den Juden zur Verantwortung gezogen worden sind, gleichwohl schuldhaft gehandelt? Davon sind offenbar Millionen überzeugt, wie die eingangs veröffentlichte Umfrage beweist. Haben sie Böses getan oder Gutes unterlassen? Suchen wir nach einer fundierten Antwort. Als verbindlicher Maßstab kommt das Sittengesetz in Betracht. Wer es leugnet, möge angeben, woran sich sein Urteil orientiert.

Von den Schwierigkeiten, den Inhalt des Sittengesetzes zu bestimmen, war schon die Rede. Die Annahme, dass sich alle jene danach schuldig gemacht haben, die die Judenverfolgung *beifällig* hinnahmen, auch wenn sie ganz untätig blieben, dürfte kaum auf Widerspruch stoßen. Demnach ist die Zahl der moralisch Schuldigen sicherlich weit größer als die Zahl der Straftäter. Doch wie groß war ihr Anteil an der Gesamtbevölkerung? Darauf gehen die erwähnten Autoren nicht ein. Sie tun so, als gehörten zu dieser Gruppe fast alle Deutschen, die nicht ausdrücklich Täter waren. Doch die Einvernahme aller zugänglichen Zeitzeugen ergibt, wie gezeigt, ein anderes Bild.

Ausgangspunkt für die Frage, wer sich neben den Tätern und ihren Sympathisanten schuldig gemacht hat, soll wieder das Grundgesetz sein, das „die freie Entfaltung der Persönlichkeit" schon im 2. Artikel als Grundrecht betont. Nach der Auslegung des Bundesverfassungsgerichts gestattet diese Norm die eigenverantwortliche Tätigkeit jedes Menschen. Dafür schuldet er der Obrigkeit keine Rechenschaft. Da die freie Entfaltung für ein Menschenrecht gehalten wird, entfällt der Einwand, das Grundgesetz sei erst nach der NS-Ära entstanden. Die Menschenrechte sind zeitlos gültig, auch wenn frühere Zeiten sie nicht erkannt und anerkannt haben.

Selbstverständlich ist dieses umfassende Recht wie gesagt nicht schrankenlos. Neben dem kodifizierten Recht, dem innerstaatlichen und dem internationalen, ist gemäß dem Verfassungstext das Sittengesetz die Schranke der Handlungsfreiheit. Während es ohne große Unsicherheit möglich ist, das innerstaatliche und das internationale Recht zu definieren, in Gesetzessammlungen abzudrucken, also greifbar und Wort für Wort lesbar zu machen, ist es schier ausgeschlossen, Inhalt und Grenzen des Sittengesetzes widerspruchsfrei aufzuzeigen. Daher haben die Positivisten den Vertretern eines überstaatlichen Sittengesetzes eine klare Absage erteilt. Ihr Credo lautete:

> „Für den Richter ist es Berufspflicht, den Geltungswillen des Gesetzes zur Geltung zu bringen, das eigene Rechtsgefühl dem autoritativen Rechtsbefehl zu opfern, nur zu fragen, was Recht ist und niemals, ob es auch gerecht sei."

Dies schrieb noch 1932 der bis heute hoch angesehene Jurist, Rechtsphilosoph und zeitweilige Justizminister in der Weimarer Republik Gustav Radbruch in seiner „Rechtsphilosophie".[1008]

Erst 15 Jahre später, 1947, also nach Hitler, steht bei Radbruch zu lesen:

> „Die Rechtswissenschaft muß sich wieder auf die jahrtausendealte gemeinsame Weisheit der Antike, des christlichen Mittelalters und des Zeitalters der Aufklärung besinnen, daß es ein Gottesrecht, ein Vernunftrecht, kurz, ein übergesetzliches Recht gibt, an dem gemessen das Unrecht Unrecht bleibt, auch wenn es in die Form des Gesetzes gegossen ist."[1009]

Die Erfahrungen mit dem Dritten Reich ließen keine andere Wahl. Das erstmalige Bekenntnis einer deutschen Verfassung zum Sittengesetz ist Ausdruck dieser gewandelten Einsicht, dieser kopernikanischen Wende, die nicht nur Radbruch, sondern eine ganze Wissenschaft vollzogen hat. Dabei kommt es nicht auf die Bezeichnung an: Manche sprechen statt vom Sittengesetz von „Kernbereichen des Rechts", vom übergesetzlichen Recht, von den Geboten und Verboten der Moral, andere wieder vom Naturrecht.

Gibt es überhaupt „das Böse"? War Hitlers Judenpolitik „böse", „unmoralisch"? Wer die Ansicht vertritt, es sei das gute Recht jedes Einzelnen zu bestimmen, was moralisch ist, tut sich schwer, mit dem gebotenen klaren „Ja" zu antworten. Wer nur auf die eigene innere Stimme hört, muss sich mit dem Vorwurf der Willkür auseinandersetzen und läuft doppelt Gefahr, in die Irre zu gehen, der Skrupellosigkeit den Weg zu ebnen. Das Böse kann man nicht beweisen. Es ist für die allermeisten evident. Auch die Menschenrechte, die das Böse bedroht, kann man nicht beweisen. Daher heißt es im Grundgesetz, Artikel 1, Absatz 2:

„Das deutsche Volk *bekennt* sich daher zu … Menschenrechten".

Es klingt paradox und ist dennoch richtig: Das nationale wie das internationale Recht stellen Versuche dar, das sittlich Gebotene in Worte zu fassen. Die Pflicht des Staates, die Menschenwürde zu schützen, wird vor allem durch das Strafrecht wahrgenommen, niedergelegt in zwei Gesetzen, dem Strafgesetzbuch und der Strafprozessordnung, die zusammen einige hundert Seiten füllen. Sie sollen schwere Rechtsverletzungen unterbinden und sicherstellen, dass dem Angeklag-

---

1008 Radbruch, a. a. O. II, S. 83 f.
1009 Radbruch, Gustav: „Gesetzliches Unrecht und übergesetzliches Recht", in: *Süddeutsche Juristenzeitung*, Nr. 46, S. 105.

ten Gerechtigkeit widerfährt. Die knapp eintausend Paragrafen sind nicht etwa aus dem Rechtsgefühl unserer Bundestagsabgeordneten hervorgegangen, sondern haben meist eine jahrhundertealte Vorgeschichte. So betrachtet verkörpern sie ein Kulturgut ersten Ranges, das Deutschland mit der zivilisierten Welt in vielfacher Hinsicht teilt. Wer richtet, ohne Richter eines staatlichen Gerichtes zu sein, sollte sich stets vor Augen halten, welch hohe Anforderungen an jedes staatliche Urteil gestellt werden. Dabei geht es vor den Amtsgerichten häufig um Bagatellen, verglichen mit dem Vorwurf, Sympathisant oder gar Kollaborateur von Massenmördern gewesen zu sein.

Auf der Suche nach den Essentialia des Sittengesetzes, der verbindlichen Moral, kann man auch nicht am Dekalog, dem Kulturgut, das Juden wie Christen heilig ist, achtlos vorübergehen. Mehrere Gebote betreffen die Thematik dieses Buches:

> „Ehre deinen Vater und deine Mutter ... Du sollst nicht morden. Du sollst nicht die Ehe brechen. Du sollst nicht stehlen. Du sollst nicht falsch gegen deinen Nächsten aussagen ..."[1010]

Groß ist die Zahl der Versuche, diese knappen Sätze näher zu erläutern. Auch wer sich nicht bevormunden lassen will, tut gut daran, bei der Bildung eines eigenen Urteils derlei Traditionen zu berücksichtigen.

Unter den Versuchen, das sittlich Gebotene zu bestimmen, kommt dem Katechismus der katholischen Kirche besondere Bedeutung zu, der, vom Dekalog ausgehend, die Einsichten und Erfahrungen vieler Jahrhunderte und vieler Millionen Menschen zusammenfasst. Da heißt es:

> „Die Freiheit kennzeichnet die eigentlich menschlichen Handlungen. Sie macht den Menschen für willentlich gesetzte Taten verantwortlich ... Unkenntnis, Gewalt, Furcht und weitere psychische oder gesellschaftliche Umstände können die Anrechenbarkeit einer Tat und die Verantwortung für sie vermindern oder aufheben. Das Recht, seine Freiheit auszuüben, ist eine von der Menschenwürde untrennbare Forderung ... Mit der Ausübung der Freiheit ist aber nicht das Recht gegeben, alles zu sagen oder alles zu tun."[1011]

Die Allgemeine Erklärung der Menschenrechte und die anderen oben angeführten internationalen Abkommen sind ebenfalls bei der Ermittlung des Inhalts des Sittengesetzes zu berücksichtigen. Denn diese Urkunden sind ihrerseits Ausfluss der Überzeugung, dass die Souveränität des Staates nicht grenzenlos ist, dass es Vorgaben gibt, an denen gemessen obrigkeitliche Befehle Unrecht sein können, auch wenn sie in die Form eines Gesetzes oder eines rechtskräftigen Urteils gekleidet sind.

1010 Ex 20,12 ff.
1011 Ecclesia Catholica, a. a. O. II, S. 466; Nr. 1745–1747.

Dabei ist es durchaus vertretbar, dem Sittengesetz eine größere Sensibilität zuzusprechen als dem staatlichen Recht. *Cogitationis poenam nemo patitur* – „für böses Denken gibt es keine Strafe" –, lernt der angehende Jurist. Aber als sündhaft, als unmoralisch wird es nach dem Sittengesetz gleichwohl gewertet. Die biblischen Gebote: „Du sollst nicht morden" und „Du sollst nicht stehlen" sind zugleich feste Bestandteile jedes Strafgesetzbuches. Anders verhält es sich mit: „Du sollst nicht falsch gegen deinen Nächsten aussagen." Die falsche Aussage vor Gericht ist zwar in der Regel ebenfalls mit Strafe bedroht. Aber das Grundrecht der Meinungsfreiheit macht es unschwer möglich, durch leichtfertiges oder böswilliges Reden die Ehre anderer zu beeinträchtigen.

In jedem Fall gilt zu bedenken, dass die Autonomie im Rahmen des Sozialverträglichen als Ausfluss der Menschenwürde angesehen wird und als Menschenrecht anerkannt ist. Im Grundgesetz folgt daher auf den Satz über die Würde des Menschen die kühne Behauptung:

> „Das deutsche Volk bekennt sich daher zu unverletzlichen und unveräußerlichen Menschenrechten."

Die dann aufgelisteten Grundrechte können als Versuch angesehen werden, die „unverletzlichen und unveräußerlichen Menschenrechte" zu konkretisieren: die Gleichberechtigung, die Glaubens-, Gewissens- und Religionsfreiheit, die Meinungsfreiheit. Wer auf dem Boden des Grundgesetzes steht, kann nicht umhin, auch den Menschen von damals diese Rechte zuzugestehen, mit der Folge, dass Irrtümer allein noch keine Schuldvorwürfe rechtfertigen.

Schon 1947 schrieb Eugen Kogon[1012], der Jahre im KZ Buchenwald überlebt hatte und deshalb bestimmt nicht in eigener Sache plädierte:

> „Wir wollen es ohne Umschweife aussprechen: Es ist nicht Schuld, sich politisch geirrt zu haben. Verbrechen zu verüben oder an ihnen teilzunehmen, wäre es auch nur durch Duldung, ist Schuld … Aber politischer Irrtum – in allen Schattierungen – samt dem echten Fehlentschluß, gehört weder vor die Gerichte noch vor Spruchkammern. Irren ist menschlich."[1013]

Wie gewaltig waren die Irrtümer der linken Intelligenz zugunsten von Stalin. Mit ihnen lassen sich Bücher füllen und sind auch schon gefüllt worden.[1014] Franz Oppenheimer, gebürtiger Mainzer, der mehrere Verwandte durch Hitlers Rassenwahn verloren hat, resümiert seine einschlägigen Erfahrungen und Betrachtungen mit den Worten:

1012 Autor des Bestsellers „Der SS-Staat", Frankfurt am Main 1946.
1013 Vollnhals, a. a. O. II, S. 302.
1014 Vgl. Koenen, a. a. O. II.

„Wenn ich die Behauptung ausspreche, daß die große Mehrheit der Deutschen
(‚die Deutschen' im allgemeinen Sprachgebrauch) keine größere Schuld an Hitlers
Verbrechen hatte als andere an denen Stalins …, dann weiß ich auch, daß ich mich
heftigen Anklagen aussetze."[1015]

Erwähnt sei des Weiteren der aus München stammende Dichter Lion Feuchtwanger, der Hitlers Pendant im Kreml als Machthaber pries, wie er ihn nicht würdiger ausmalen konnte, und dafür fürstlich belohnt wurde.[1016]

Sein 153 Seiten umfassender Reisebericht „Moskau 1937" endet mit den Worten:

„Man atmet auf, wenn man aus dieser drückenden Atmosphäre einer verfälschten
Demokratie und eines heuchlerischen Humanismus in die strenge Luft der Sowjet-
Union kommt … Es tut wohl, nach all der Halbheit des Westens ein solches Werk
zu sehen, zu dem man von Herzen Ja, Ja, Ja sagen kann."[1017]

Zuvor verhöhnt er die in einem Schauprozess heuchlerisch Angeklagten in *Stürmer*-Manier, so auch den Juden Karl Radek, der

„dasaß in seinem braunen Rock, das häßliche, fleischlose Gesicht von einem kastanienfarbenen, altmodischen Bart umrahmt …"[1018]

Der Engländer Ian Kershaw nimmt dagegen die verblendeten Deutschen in Schutz:

„Nur die völlig überzeugten Gegner vermochten zu leugnen, daß Hitler tatsächlich
eine bemerkenswerte, gar phänomenale Veränderung in Deutschland bewerkstelligt hatte: Die Verbindung augenscheinlich eindrucksvoller Taten, die für sich
selbst zu sprechen schienen, mit der allgegenwärtigen Propaganda machte es
schwer, der Droge ‚Führer-Mythos' zu widerstehen."[1019]

Bevor wir „moralisch" be- und verurteilen, sollten wir schließlich bedenken, was der Ex-KZ-Häftling Roman Frister, ein heute hoch angesehener Journalist in Israel, in der Einleitung zu seiner umwerfend ehrlichen Autobiografie „Die Mütze oder der Preis des Lebens" schreibt:

„Mit dieser, wie ich hoffe, aufrichtigen und ungeschönten Beschreibung meiner
eigenen seelischen Versehrtheit setze ich mich natürlich mitleidloser moralischer
Verurteilung aus. Die Frage ist jedoch: Hat jemand das Recht, mich nach den Maß-

---

1015 Opppenheimer: „Vorsicht", a. a. O. I.
1016 Stalin persönlich verfügte, dass von Feuchtwangers „Moskau 1937" 200.000 Exemplare
    gekauft wurden. Sie waren in der SU „buchstäblich in einer Woche vergriffen". Doch
    vorab musste Feuchtwanger alles Kritische streichen (Hartmann, Anne: „Lion Feuchtwanger, zurück aus Sowjetrussland. Selbstzensur eines Reiseberichts", in: Exil. Forschung
    – Erkenntnisse – Ergebnisse, Nr. 29 (2009), Heft 1, S. 16–40.).
1017 Feuchtwanger, a. a. O. II, S. 152 f.
1018 Feuchtwanger, a. a. O. II, S. 129.
1019 Kershaw: „Mythos", a. a. O. II, S. 104.

stäben unserer aufgeklärten Gesellschaft zu richten für das, was ich im Dunkel des menschlichen Dschungels beging?"[1020]

Alle Nachgeborenen, vom NS-Schicksal Verschonten sollten intensiv darüber nachdenken.

17.2 Die Anklage: „Die Deutschen haben Millionen ... massakriert"

Vergegenwärtigen wir uns Anschuldigungen, wie sie seit vielen Jahrzehnten immer wieder wegen der NS-Verbrechen zulasten der nicht unmittelbar am Mordgeschehen beteiligten Deutschen erhoben werden. Noch vor Hitlers Kriegserklärung an die USA im Dezember 1941 schrieb Theodore N. Kaufman, Präsident der American Federation of Peace, eine 98 Seiten umfassende Abhandlung mit dem Titel „Germany Must Perish!" („Deutschland muss untergehen"). Dem deutschen Propagandaminister, Goebbels, lieferte er damit eine Steilvorlage.[1021] Jede Seite wiederholte groß die Überschrift des Buches „Germany Must Perish!", so wie jede Seite des *Stürmer* die Anschuldigung erneuerte: „Die Juden sind unser Unglück". In Kaufmans Pamphlet häufen sich Sätze wie:

> „Die Deutschen sind ein abscheuliches Volk! Sie denken und träumen nichts anderes als Niederträchtigkeiten ... Ihr Land zu lieben, bedeutet für sie, jedes andere Land zu verachten, zu verhöhnen und zu beleidigen. Sie sind kaum in der Lage etwas anderes zu tun, als zu hassen und zu lügen ..."[1022]

Daher kam Kaufman zu dem Schluss:

> „Germany Must Perish!"

Wie? Seine Antwort lautete:

> „*Quite naturally, massacre and wholesale execution must be ruled out ... There remains then but one mode of ridding the world forever of Germanism ... Eugenic Sterisization*".[1023]

Das sind Angriffe, die kaum steigerungsfähig sind. Das Pamphlet erschien im Eigenverlag, was darauf schließen lässt, dass Kaufman keinen Verleger fand. Wie viele Amerikaner haben gleichwohl seine Meinung geteilt, ihm gerne das Ohr geliehen? Präsident Franklin D. Roosevelt kam zu der Überzeugung:

1020 Frister, a. a. O. I, S. 2.
1021 Auf Veranlassung von Goebbels brachte der *Völkische Beobachter* am 24. Juli 1941 Auszüge daraus.
1022 Kaufman, a. a. O. II, S. 22 f.
1023 Kaufman, a. a. O. II, S. 86; Übersetzung: Natürlich müssen Blutbäder und Massenhinrichtungen ausgeschlossen werden ... Es bleibt demnach nur eine Methode, die Welt für immer vom Germanismus zu befreien, ... die eugenische Sterilisation".

„Dem gesamten deutschen Volk muss eingehämmert werden, dass die ganze Nation an der gesetzlosen Verschwörung gegen die Gesittung der modernen Welt beteiligt war."[1024]

Selbst General Eisenhower blieb von derartigen Verschwörungstheorien offenbar nicht ganz unberührt, was ihn veranlasst haben dürfte, Zehntausende deutsche Kriegsgefangene auf den Rheinwiesen im Frühjahr 1945 wochenlang ungeschützt jeder Witterung auszusetzen – zur Buße.

Unmittelbar nach Kriegsende vertrat Saul Padover, Soldat der US-Streitkräfte, eine ähnliche Ansicht:

„Die Deutschen haben Millionen unschuldiger Menschen massakriert, haben millionenfach getötet und versklavt und Familien auseinandergerissen und Unglück über die Menschen gebracht. Und nun haben sich die Räder der Gerechtigkeit gedreht".[1025]

Der Ton hat sich zwischenzeitlich gemäßigt, aber Anschuldigungen dieser Art sind nach wie vor an der Tagesordnung. Ohne konkrete Belege kann bis heute behauptet werden:

„Wie antisemitisch waren die Deutschen – wieviele wußten vom Holocaust? Mit der Ausgrenzung und Enteignung der Juden nach der ‚Machtergreifung' waren die meisten einverstanden",

so ein Text unter der Überschrift „Die große Gier".[1026] Buchtitel wie „Nicht alle waren Mörder"[1027] legen ähnliche Schlussfolgerungen nahe. Michael Wolffsohn kam in der *Bild*-Zeitung unter der Überschrift zu Wort: „Warum nicht alle Deutschen Judenmörder waren".[1028]

Martin Doerry, Stellvertretender Chefredakteur des *Spiegel*, glaubt zu wissen, warum mit der Aufarbeitung der Vergangenheit nicht eher begonnen wurde:

„Daß dies so spät geschieht, liegt nur zu einem Teil an der langjährigen Dominanz der Tätergeneration, vor allem erklärt sich das Schweigen mit einem kollektiven Trauma, das die Opferfamilien lähmte. Erst jetzt, ein halbes Jahrhundert später, wird diese Traumatisierung offenbar schwächer. Viele Menschen finden nun die Kraft zu berichten, was war und was nie wieder geschehen soll."[1029]

Weder wird im Text verdeutlicht, von wann bis wann diese „Dominanz der Tätergeneration" gedauert hat, noch wer die Täter und wer die Dominatores gewesen

---

1024 Nawratil, a. a. O. II, S. 15 f.
1025 Padover, a. a. O. II, S. 334.
1026 Wiegrefe, a. a. O. II, S. 223.
1027 Degen, a. a. O. I.
1028 29.8.1996, S. 2.
1029 Doerry: „Gegenwart", a. a. O. II, S. 110.

sind. Auf Bundesebene: Konrad Adenauer? Kurt Schumacher? Theodor Heuss? In Bayern: Alois Hundhammer? Joseph Müller? Wilhelm Hoegner? In Berlin: Ernst Reuter? Louise Schröder? So könnte Bundesland für Bundesland geprüft werden und man würde zu dem Ergebnis gelangen: Alle führenden Politiker der Nachkriegsära waren NS-Opfer, die einen mehr die anderen weniger. Wohl keiner musste entnazifiziert werden.

Und wer wollte eher sprechen und hatte dazu nicht die Kraft? Hätte der nun in Freiheit Kraftlose in der NS-Zeit die bei anderen vermisste Kraft zum Widerspruch gehabt? Wer die „Dominanz der Tätergeneration" nur behauptet, aber nicht belegt, muss sich fragen lassen, ob er nicht insofern der Sprache des Unmenschen verfallen ist. Doch „deutsche Schuld" zu bekennen, da diese ja nur die Schuld der Väter und Großväter ist, macht sich bezahlt.

Unter „Vorbemerkung" steht in einem angeblich exemplarischen Buch:

> „Das ‚Suchbild. Über meinen Vater' galt schon 1980, als es zuerst erschien, als literarische ‚Sensation', und es erregt seither ein unverändert lebhaftes Aufsehen. Christoph Meckel stellt darin seinen Vater, den Schriftsteller Eberhard Meckel, als den ‚exemplarischen Fall' eines deutschen Schöngeistes und Intellektuellen vor, der sich in der Nazizeit blind und angepaßt verhalten hat. Er steht damit für eine ganze Generation, die, ideologieanfällig und gewaltbereit, den ‚normalen Weg in den Faschismus' ging, der später verdrängt und verschwiegen wurde."[1030]

Einer steht „für eine ganze Generation". Die Behauptung, vor allem wenn sie wiederholt wird, genügt. Beweise sind nicht gefragt. Doch der Vater Meckel war – nach den Schilderungen des Sohnes – nur der „exemplarische Fall" eines Sadisten, nicht eines Vaters:

> „Die Prügel erfolgten gnadenlos und präzis, laut oder leise gezählt, und ohne Bewährung ... An mehreren Tagen, jeweils vor dem Frühstück, wurde die Strafe im Keller wiederholt."[1031]

Götz Aly glaubt zu wissen:

> „In jenen Jahren [gemeint sind die Sechzigerjahre des 20. Jahrhunderts] ereignete sich in ungezählten deutschen Familien dieselbe Urszene: ‚Ihr habt das gewusst! Ihr müsst das gewusst haben!'... Was immer die Eltern gewusst, wie immer sie sich verhalten hatten, sie reagierten hilflos. Sie schwiegen verstört, wütend, suchten nach Ausflüchten."[1032]

Doch woher weiß er, dass es häufig so war – „Urszene"? Darauf gibt er keine Antwort. Der Autor der vorliegenden Untersuchung hat derartiges nicht erlebt und

---

1030 Meckel, a. a. O. II, S. 4.
1031 Meckel, a. a. O. II, S. 29 f.
1032 Aly, a. a. O. II, S. 150 f.

auch nicht von Freunden mitbekommen. Wenn Aly über eigene Erfahrungen spricht, was legitimiert ihn, sie zu verallgemeinern?

Der Direktor der Katholischen Akademie Hamburg, Günter Gorschenek, und der Leiter der evangelischen Akademie Nordelbien, Stephan Reimers, haben zusammen das Buch „Offene Wunden – brennende Fragen. Juden in Deutschland von 1938 bis heute" herausgebracht. Darin schreiben sie einleitend:

> „Es steht außer Zweifel, daß die meisten Christen in dieser historischen Situation nicht hinreichend Widerstand gegen diese Gewaltakte des NS-Regimes geleistet haben."[1033]

Einer von beiden, vom Autor gefragt, was seine Eltern unternommen haben, antwortete: Sie hätten von alledem nichts gewusst. – Nicht einer von hundert deutschen Christen hätte bei bestem Willen „hinreichenden Widerstand" leisten können. Wer widerspricht, der sage, *wie* er hätte Widerstand leisten können! Leute wie Oberst Claus Graf Stauffenberg hatten eine kleine Chance, haben sie genutzt und dabei ihr Leben geopfert. Die Bekundung der beiden Direktoren, so angreifbar sie auch ist, macht sie zu lieben Kindern des Zeitgeistes.

In einer Zeitschrift, die mit Steuermitteln gefördert wird, stand 2008 zu lesen:

> „Der grauenvolle, bürokratisch organisierte und exekutierte Massenmord der Nationalsozialisten an den Juden, an Sinti und Roma und anderen Menschen ist jedoch der einzigartige Zivilisationsbruch, ist das entsetzlichste Verbrechen der Menschheitsgeschichte. Und dieser Mord ist das deutsche Verbrechen. Darüber kann und darf es keine Diskussion geben … Genauso wenig wird die Schuld der Deutschen durch die Beteiligung ausländischer Kollaborateure gemildert. Es ist die Schuld unseres Volkes, die nie vergehen wird."[1034]

Auch Jean-Claude Juncker spricht als Mitherausgeber des *Rheinischen Merkur* von „der deutschen Schuld".[1035] Geradezu auf Schritt und Tritt begegnet der aufmerksame Leser Texten, in denen *„die* Deutschen" angeklagt werden, wo es schlimmstenfalls heißen dürfte „Hunderttausende Deutscher" oder „das NS-Regime":

> „Die Deutschen … haben ihre Juden vertrieben oder ermordet."[1036]

> „Der Versuch der Deutschen, Europas Juden zu ermorden, bleibt ein einzigartiges Verbrechen."[1037]

1033 Gorschenek, a. a. O. II, S. 7.
1034 Eckert, a. a. O. II, S. 117.
1035 Juncker, Jean-Claude: „Deutschland-Israel: Anlass zur Hoffnung", in: *Rheinischer Merkur*, Nr. 14/2008.
1036 Seligmann, Rafael: „Die wirklich wahrste Wahrheit", in: *Cicero*, Nr. 1/2007, S. 11.
1037 Wiesel, Elie: „1945 und heute", in: *Die Zeit*, 14.4.1995.

„Die Deutschen haben den Krieg ausgelöst und schreckliche Verbrechen begangen."[1038]

Wissen die Zitierten nicht um die Bedeutung des bestimmten Artikels? Reich-Ranicki, der sprachgewaltige „Literaturpapst", verdeutlicht den Unterschied:

> „Das Schrecklichste, was mir angetan wurde, war Werk der Deutschen. Das Schönste, was ich erlebt habe, verdanke ich Deutschen …"[1039]

Nicht minder die deutsche Allgemeinheit belastend ist die Formulierung:

> „In der Mittäterschaft der Vielen und nicht in der Dämonie einiger weniger exponierter ‚Führer' erschließt sich das eigentliche Wesen des Nationalsozialismus als gesamtgesellschaftliches Phänomen."[1040]

Der zu recht hoch angesehene Ian Kershaw reiht sich ein:

> „Während Hitlers Macht … absolut wurde, durchdrang der Antisemitismus alle Bereiche des öffentlichen Lebens. Zahllose Deutsche fanden sich in unzähligen Detailangelegenheiten bereit, ‚dem Führer entgegenzuarbeiten', indem sie freiwillig bei der Verfolgung von Nachbarn oder Konkurrenten mitwirkten – ob nun aus ideologischen Motiven oder weil sie einfach auf Kosten von Juden eine bessere Wohnung oder sonst einen materiellen Vorteil haben wollten."[1041]

„Der Autor befürwortet … die Kollektivschuldthese (nicht übertragbar auf Nachgeborene!)", schreibt Ralph Giordano, Träger des Bundesverdienstkreuzes, mit bemerkenswertem Stolz in seinen Lebenserinnerungen, in denen er bekennt, Anhänger eines totalitären Regimes gewesen zu sein.[1042] Darauf werden wir noch zurückkommen.[1043]

Vielsagend ist der Buchumschlag zu „Hitler. Die Deutschen und ihr Führer" von Rafael Seligmann.[1044] Er zeigt eine schier endlose Menschenmenge, die von vorne rechts über die ganze Rückseite reicht – geradezu ringsherum. Die Abbildung soll den Betrachter glauben machen, die Schar der Verehrer Hitlers sei schier grenzenlos gewesen. Doch näheres Hinsehen macht deutlich, dass es sich um eine Fotomontage handelt. Mindestens viermal wurde eine und dieselbe Aufnahme aneinandergereiht. War die Wirklichkeit nicht schlimm genug?

1038 Kuczynski, Waldemar: „Lassen wir doch Frau Steinbach in Ruhe!", in: *Die Welt*, 10.3.2009.
1039 Reich-Ranicki, Marcel: „Das Beste, was wir sein können", in: *Frankfurter Allgemeine Zeitung*, 2.12.1998.
1040 Heusler u. a., a. a. O. II, S. 38.
1041 Kershaw: „Trauma", a. a. O. II, S. 98.
1042 Giordano, a. a. O. I, S. 439.
1043 S. 343 f.
1044 Seligmann, a. a. O. II.

Zu Beginn dieser Untersuchung wurde der Klappentext zum amtlich von der Bundeszentrale für politische Bildung vertriebenen Buch von Robert Gellately zitiert, wonach dieses angeblich beweise,

> „daß die Deutschen nicht nur von den Verbrechen der nationalsozialistischen Machthaber wußten, sondern ... weit aktiver, als bisher bekannt war, mithalfen – durch Zustimmung, Denunziation oder Mitarbeit"[1045].

Wer in dem Buch den Beweis für diese Behauptung sucht, der sucht vergebens.[1046] Wer von den für das Zitierte Verantwortlichen Näheres erfahren möchte, bleibt ohne Antwort.

Bereits am 23. August 1945 veröffentlichte die Fuldaer Bischofskonferenz der katholischen Kirche eine Erklärung, in der vielen Deutschen „auch aus unseren Reihen" ohne nähere Erläuterung Schuld zugesprochen wird. Meint „aus unseren Reihen" auch die Taufscheinchristen à la Hitler, Himmler, Goebbels und Konsorten? Dann würde niemand widersprechen.

Am 19. September 1945 folgte die evangelische Kirche Deutschlands mit dem „Stuttgarter Schuldbekenntnis". Daraus seien hier die wichtigsten Sätze wiedergegeben: Wir wissen

> „uns mit unserem Volk nicht nur in einer großen Gemeinschaft der Leiden ..., sondern auch in einer Solidarität der Schuld. Mit großem Schmerz sagen wir: Durch uns ist unendliches Leid über viele Völker und Länder gebracht worden"[1047].

Bekannt ist auch das Schuldbekenntnis von Propst Heinrich Grüber, der wegen seiner Hilfstätigkeit zugunsten von Juden die Jahre 1940 bis 1943 in KZ-Haft hatte zubringen müssen:

> „Unser aller Versagen – der Christen und der Juden, der Männer der Kirchen und der verantwortungsvollen Politiker – sollte uns aber nicht auseinanderbringen oder gar gegeneinanderstellen, sondern sollte uns zusammenführen mit dem Ziel, aus der Vergangenheit zu lernen und gemeinsam dafür zu sorgen, daß wir nicht noch einmal schuldig werden."[1048]

1998 hat der Vatikan ein Dokument zum Holocaust herausgegeben, verfasst von der Kommission für die religiösen Beziehungen mit dem Judentum. Es erhebt schwere Vorwürfe praktisch gegen alle Christen, die damals in den von Hitler beherrschten Gebieten lebten:

1045 Gellately, a. a. O. II, Umschlagrückseite.
1046 Siehe S. 311 ff.
1047 Bodenstein, a. a. O. II, S. 22.
1048 Raddatz, Fritz, a. a. O. II, S. 204.

„Wir können nicht wissen, wie viele Christen in den von den nazistischen Mächten und ihren Verbündeten besetzten oder regierten Ländern mit Schrecken das Verschwinden ihrer jüdischen Nachbarn konstatierten, aber dennoch nicht stark genug waren, ihre Stimme zum Protest zu erheben. Für die Christen muß diese schwere Gewissenslast ihrer Brüder und Schwestern während des letzten Weltkrieges ein Aufruf zur Reue sein. Wir bedauern zutiefst die Fehler und die Schuld dieser Söhne und Töchter der Kirche …"[1049]

Auch hier bleibt, wer Nachforschungen anstellt, wie die für den Text Verantwortlichen und deren Eltern damals protestiert haben, ohne Antwort.

Die Zitate stempeln alle Deutschen, *die* Deutschen, *zahllose* Deutsche und Christen zu amoralischen, zumindest moralisch defekten Helfern Hitlers bis hin zu dessen „Endlösung der Judenfrage", auch jene, denen nicht der Prozess gemacht worden ist. Wer so pauschal formuliert, muss sich fragen lassen, welche ethische Basis seine Vorwürfe legitimiert. Haben sich die so angeschwärzten Deutschen nach dem Sittengesetz schuldig gemacht? Soweit die zitierten Verfasser nicht ausdrücklich die Kollektivschuld bejahen, legen ihre Formulierungen den Kollektivschuldvorwurf zumindest nahe. Jeder Deutsche, jeder Protestant oder Katholik von damals, der nicht den Entlastungsbeweis antreten kann, müsste demnach mit der Verdächtigung und dem Vorwurf leben, Gehilfe eines Massenmörders gewesen zu sein. Von Unschuldsvermutung ist keine Rede.

Doch können diese Ankläger, soweit sie nicht stichhaltige Beweise antreten, ihrerseits vor dem Sittengesetz bestehen? Viele davon spielen Richter in eigener Sache, worauf wir noch zurückkommen werden, denn das eigene Verstricktsein erklärt manches.[1050]

17.3 Die einschlägige Historiografie: Juden – als Zeugen – unerwünscht?

Alle zitierten namhaften Dokumente, beginnend mit dem Dekalog über den Katechismus der katholischen Kirche bis hin zum deutschen Strafgesetzbuch, stimmen ausdrücklich oder sinngemäß darin überein, dass die Handlungsfreiheit nicht das Recht umschließt, andere vorsätzlich oder leichtfertig zu beschuldigen.

„Du sollst kein falsches Zeugnis geben wider Deinen Nächsten!"

1049 Zitiert nach *Rheinischer Merkur*, 20.3.1998, S. 29.
1050 S. 375 ff.

„Das Recht, seine Freiheit auszuüben, ist eine von der Menschenwürde untrennbare Forderung ... Mit der Ausübung der Freiheit ist aber nicht das Recht gegeben, alles zu sagen oder alles zu tun."[1051]

Oder noch konkreter:

„Schuldig macht sich des vermessenen Urteils, wer ohne ausreichende Beweise, und sei es auch nur stillschweigend, von einem Mitmenschen annimmt, er habe einen Fehltritt begangen".[1052]

Zumindest leichtfertig verstoßen jene gegen diese Vorgaben, die wichtige Beweise bei ihrer Urteilsbildung nicht berücksichtigen.

Die Zahl der Veröffentlichungen, die sich mit dem Verhalten der nichtjüdischen Deutschen in den Jahren 1933 bis 1945 gegenüber Juden befassen, ist groß. So weit ersichtlich, ist kaum eine darunter, die den Wert jüdischer Erfahrungen ausdrücklich herabspielt. Diese Zeugen werden in der Regel geradezu hymnisch gepriesen:

„Wer, wenn nicht der Überlebende, kann noch authentisch und unangreifbar erzählen, wie es wirklich gewesen ist? Wer, wenn nicht das Opfer, ist jeder Verdrehung der Tatsachen unverdächtig? Wer, wenn nicht der Zeitzeuge, wird auch noch jene überzeugen, die zweifeln ...?"[1053]

In Teil 2 dieses Buches, dem eigentlichen Hauptteil, sind über 300 Zeugnisse abgedruckt, die jüdische Erfahrungen mit deutschen „Ariern" in den Jahren 1933 bis 1945 festhalten. Welche Rolle spielen diese hoch gelobten Aufzeichnungen in der einschlägigen Publizistik wirklich? Gut ein Dutzend der wichtigsten Veröffentlichungen soll im Folgenden daraufhin befragt werden, ob sie der Forderung nachkommen, die vorhandenen Beweise auszuschöpfen.

17.3.1 „Hitler und sein Volk" – Gellately

Beginnen wir mit dem von der Bundeszentrale für politische Bildung herausgegebenen Buch von Robert Gellately: „Hingeschaut und weggesehen. Hitler und sein Volk"[1054]. Auf der 4. Umschlagseite steht:

„Der Autor... beweist stichhaltig, daß die Deutschen nicht nur von den Verbrechen der nationalsozialistischen Machthaber wußten, sondern ... weit aktiver, als bisher bekannt war, mithalfen – durch Zustimmung, Denunziation oder Mitarbeit ... Die

---

1051 Ecclesia Catholica, a. a. O. II, S. 466; Nr. 1747
1052 Ecclesia Catholica, a. a. O. II, S. 622, Nr. 2477.
1053 Doerry: „Die Gegenwart", a. a. O. II, S. 113.
1054 Gellately, a. a. O. II. Das englische Original ist 2001 bei Oxford University Press unter dem Titel „Backing Hitler. Consent and Coercion in Nazi Germany" erschienen. Die Deutsche Erstauflage erschien in Stuttgart 2002. Seit 2003 erfolgt der Gratis-Vertrieb durch die Bundeszentrale für politische Bildung in seither mehreren Auflagen.

gewöhnlichen Leute sahen erst zustimmend hin, wie ihre Mitbürger verhaftet und verschleppt wurden, und schauten später weg, als sie um das eigene Überleben kämpfen mußten."

Im Vorwort schreibt Gellately:

„Ich habe versucht, die Opfer der Unterdrückung zu Wort kommen zu lassen, besonders durch die Auswertung von Tagebüchern und sonstigen Zeugnissen …"[1055]

Die Erwartungen, die Gellately mit diesen Worten weckt, werden jedoch auf das Schwerste enttäuscht. Von den Hunderten jüdischer Zeitzeugen, die oben zu Wort kommen, findet kaum einer in „Hingeschaut und weggesehen" Erwähnung. Eine Ausnahme bildet Klemperer. Von ihm heißt es:

„Einen Eindruck von der positiven Reaktion der deutschen Öffentlichkeit auf die verschiedenen Wellen der Judenverfolgung, ja auf den Geist der nationalsozialistischen ‚Justiz', vermittelt praktisch jede Seite des Tagebuches von Victor Klemperer. Es stellt die ausführlichste Chronik der Repression und ihrer Durchsetzung … dar, die wir besitzen."[1056]

So kommt Klemperer auch mehrmals bei Gellately zu Wort, aber mit keiner der zahlreichen oben zitierten Äußerungen, die auf das Verhalten der „Arier" den Juden gegenüber schließen lassen. Einmal heißt es, Klemperer habe unter dem 25. April 1933 in seinem Tagebuch vermerkt,

„daß er die Deutschen insgesamt nicht für besonders antisemitisch halte."[1057]

Doch nirgendwo findet sich unter dem angegebenen Datum derartiges auch nur sinngemäß. Klemperer gab dort die Meinung eines jungen Mannes wieder, der hoffte, die Franzosen würden die Deutschen befreien. Dann fährt Klemperer fort:

„Und ich glaube wirklich, sie werden bald kommen und werden von vielen, auch von ‚Ariern', als Befreier begrüßt werden."[1058]

Im ersten Kapitel glaubt Gellately feststellen zu können:

„Es war gar nicht nötig, daß die Nationalsozialisten die Polizei ‚säuberten', weil es den meisten Polizisten leichtfiel, sich anzupassen."[1059]

Zahlreich sind, wie gezeigt, die Bekundungen der Opfer, die Polizisten ein gutes Zeugnis für ihr menschliches Verhalten ausstellten. Doch bei Gellately findet keines davon Erwähnung.

1055 Gellately, a. a. O. II, S. 10.
1056 Gellately, a. a. O. II, S. 22.
1057 Gellately, a. a. O. II, S. 47.
1058 Klemperer: „Tagebücher 1933–1934", a. a. O. I, S. 24.
1059 Gellately, a. a. O. II, S. 33.

Difficile est, satyram non scribere („Schwer ist es, keine Spottschrift darüber zu schreiben"), wenn man liest:

> „Bei genereller Betrachtungsweise liefern Volksbefragungen und Reichstagswahlen von 1933 und die Volksbefragung von 1934 Indizien dafür, daß das deutsche Volk die [Konzentrations-]Lager und die neue Polizei akzeptierte oder zu tolerieren bereit war."[1060]

Durfte man glauben, dass die „Wahl" geheim ablief? In welchem totalitären Staat bescheren Volksbefragungen Überraschungen?

> „Daß die Bevölkerung sogar in dieser Gegend [Unterfranken[1061]] schließlich mit der Gestapo zusammenarbeitete, wirft ein eher beunruhigendes Licht auf die Nation als ganze"[1062],

lautet der nächste „Beweis". Doch wie viele haben mit der Gestapo zusammengearbeitet? Gellately selbst liefert die Antwort in Gestalt einer Tabelle. Da heißt es: „1. Anzeigen aus der Bevölkerung 123"[1063]. Diese Zahl bezieht sich auf die Jahre 1933 bis 1945. 1939 wurde die Einwohnerzahl Unterfrankens mit 840.663 statistisch erfasst.[1064]. Demnach hat nicht einmal einer von tausend während der zwölf Jahre der NS-Herrschaft denunziert. Ganz gegen seine Absicht hat Gellately mit seiner Anschuldigung den Angeschuldigten, d. h. „der Bevölkerung", ein großes Kompliment gemacht. Wenn im zitierten Klappentext von stichhaltigen Beweisen für das Denunziantenunwesen im Dritten Reich die Rede ist, so trifft dies auf das Gegenteil dessen zu, was bewiesen werden sollte.

> „Gelegentlich prasselten Haßausbrüche von Passanten auf der Straße oder an seinem Arbeitsplatz auf ihn nieder ..."[1065],

informiert Gellately seine Leser, doch dass solches – nach Klemperer[1066] – die große Ausnahme war, bleibt unerwähnt.

Wer nun glaubt, der schuldige Respekt vor der Würde der Angeschuldigten verpflichte ihn, gegen die staatliche geförderte Diskriminierung eines Kollektivs durch Gellately aufzutreten, erlebt Unglaubliches. Die Verantwortlichen antworten: Man mag den Klappentext für „reißerisch" halten, die Meinung der Bundeszentrale für politische Bildung gebe er nicht wieder. – Doch ihr Name und nur ihr Name steht darunter.

1060 Gellately, a. a. O. II, S. 89.
1061 Die Gestapounterlagen wurden fast überall vernichtet; nicht aber in Unterfranken.
1062 Gellately, a. a. O. II, S. 189.
1063 Gellately, a. a. O. II, S. 188.
1064 Historisches Gemeindeverzeichnis, Heft 192, S. 9.
1065 Gellately, a. a. O. II, S. 193.
1066 Siehe oben 134 ff.

17.3.2 „Ein Schriftdenkmal für die ermordeten Juden" – Gruner

Mit diesen Worten wirbt der Oldenbourg Verlag in München für das im Entstehen begriffene *Opus magnum* „Die Verfolgung und Ermordung der europäischen Juden durch das nationalsozialistische Deutschland", dessen erster Band „Deutsches Reich 1933–1937" 2008 erschienen ist. Im Jahr 2009 folgte Band 2. Im Prospekt heißt es, mit dieser Edition werde erstmals eine umfassende, auf 16 Bände geplante Auswahl von Quellen vorgelegt. In zehn Jahren soll das Projekt abgeschlossen sein. In der Tat, zumindest was den geplanten Umfang anlangt, existiert nichts Vergleichbares und wird auch so schnell nichts folgen.

Schon ein flüchtiger Blick auf das Inhaltsverzeichnis von Band 1 wirft die Frage auf, warum im Titel das Wort „Dokumentation" fehlt. Denn um eine solche handelt es sich. Beginnend mit Seite 51 folgen ununterbrochen insgesamt 320 Dokumente, chronologisch geordnet und mit zahlreichen Fußnoten versehen. Darunter ist viel Aufschlussreiches. Aber welches sind die Auswahlkriterien?

> „Mit dem Verzicht auf thematische Bündelung wollen die Herausgeber interpretierende und dramatisierende Abfolgen vermeiden"[1067],

steht im Vorwort. So tut sich der Laie schwer zu beurteilen, ob ein Text repräsentativ oder exzeptionell ist. Da trägt z. B. Dokument 18 die Überschrift: „Privatlehrer Ackermann regt am 30. März 1933 den Boykott jüdischer Privatlehrer in München an." Dass es derlei Kanaillen gegeben hat, überrascht nicht. War ihre Zahl signifikant?

In der Einleitung lesen wir unter der Überschrift „Verhaltensweisen der ‚arischen' Mehrheit":

> „Die Frage, wie es um den gesellschaftlichen Antisemitismus zu Beginn der NS-Herrschaft bestellt war, lässt sich schwer beantworten."

Nun gibt es Hunderte jüdischer Verlautbarungen, die auf persönliche Erfahrungen gestützt Antwort geben. Wer sie aber unter den Dokumenten des Buches sucht, sucht vergebens. Hier nur drei Beispiele: Vorab seien Alfred Neumeyer und Hans Lamm zitiert, führende Persönlichkeiten der Israelitischen Kultusgemeinde in München, der eine vor 1941, letzterer nach dem Kriege.

Alfred Neumeyer teilt in seinen „Erinnerungen" mit:

> „Die uns freundlich gesinnte Bayerische Volkspartei war wohl die stärkste Partei im Landtag, besaß aber nicht die absolute Mehrheit."[1068]

1067 VEJ I, a. a. O. II, S. 7.
1068 Neumeyer, Alfred: „Memoiren", a. a. O. I, Blatt 174.

„Im Polizeipräsidium München war … 1932 Politischer Referent der Regierungsrat und spätere Reichsinnenminister Frick. Während ich zu allen anderen Referenten freundliche Beziehungen hatte und unsere Wünsche tunlichst berücksichtigt wurden, stand Frick uns kalt und starr gegenüber …"[1069]

Sein Nachfolger als Präsident der Israelitischen Kultusgemeinde in München und Oberbayern 1970 bis 1985, Hans Lamm, äußert sich noch weit ausführlicher zu unserem Thema:

„Von 1933 bis zu meiner Emigration lebte ich … ich würde nicht gerade sagen glücklich, aber ich würde auch nicht sagen unglücklich. Man lebte eben, und man schrieb und studierte, ohne zu merken, daß man auf einem Vulkan saß."[1070]

Weiter heißt es in der Einleitung zu Gruners Sammelband:

„Aus dieser Sicht ist die fehlende Anteilnahme gegenüber dem Schicksal der Menschen, die nicht zur Volksgemeinschaft gerechnet wurden, das vielleicht wichtigste Verhaltensmuster der deutschen Gesellschaft gewesen …"

Aber war die Anteilnahme unter den Opfern so viel größer?

„Wir nahmen zwar wahr, was die anderen Juden erleiden mußten, wie sie zunehmend in Armut, Isolation, Verzweiflung getrieben wurden, aber es berührte uns nicht in dem Maße, wie es hätte sollen, denn es schien alles so weit weg von unserem Leben."[1071]

Dagegen gibt es Zeugnisse wie das des Juden Joseph Levy:

„Lieferanten von Lebensmitteln kamen heimlich … und brachten die Ware ins Haus, die man im Laden nicht mehr bei ihnen kaufen und holen konnte. Solche Beispiele könnte ich aus dem täglichen Erleben eine Menge erzählen. Das Gegenteil, die Verweigerung von Lieferungen, kam in den seltensten Ausnahmen vor."[1072]

Der Leser findet hier weitere Beispiele in Kapitel VII, „Beim Einkauf". Zeigen sie etwa nicht, dass die Anteilnahme hier ganz beachtlich gewesen ist?

17.3.3 „Davon haben wir nichts gewusst!" – Longerich

Oben wurde bereits aus Peter Longerichs Werk „Die Deutschen und die Judenverfolgung 1933–1945. ‚Davon haben wir nichts gewusst!'" ausführlich zitiert. Berücksichtigt er die jüdischen Zeitzeugen? Das Buch beginnt mit dem Titel-Zitat und fährt fort:

1069 Neumeyer, Alfred: „Memoiren", a. a. O. I, Blatt 200.
1070 Lamm, in: Sinn, a. a. O. II, S. 26.
1071 Behar, a. a. O. I, S. 59.
1072 Levy: „Die guten und die bösen Deutschen", a. a. O. I, S. 179.

> „Der Satz ist allgemein bekannt: Es ist die Antwort, die man wohl am häufigsten hört, wenn man Deutsche der älteren Generation befragt, was sie denn als Zeitgenossen seinerzeit über die Verfolgung und Ermordung der europäischen Juden … in Erfahrung gebracht haben."[1073]

Ist diese Antwort wirklich allgemein bekannt? Der Autor hat sie noch nie gehört! Niemand, der die NS-Ära als Zurechnungsfähiger erlebt hat, wird bestreiten, dass ihm damals die Judenverfolgung zumindest zu Ohren gekommen ist. Gilt dies auch für die massenhafte Ermordung von Juden? Longerich bietet eine Fülle amtlicher Informationen, die Anlass zu den schlimmsten Befürchtungen geben, sodass man von einer an Sicherheit grenzenden Wahrscheinlichkeit des Wissens zu sprechen versucht ist. Was Zweifel nährt, sind die Bekundungen von Menschen, die in hohem Maße Vertrauen genießen und die bis heute ihre Unkenntnis beteuern, so der Altbundespräsident Richard von Weizsäcker, die Historiker Joachim Fest und Hans-Ulrich Wehler.[1074] Helmuth von Moltke, einer der Köpfe des Hitlerattentats vom 20. Juli 1944, den gerade die Judenverfolgung motivierte, schrieb 1943, dass das deutsche Volk nichts von der Tötung Hunderttausender von Juden wisse.

> „Sie haben immer noch die Vorstellung, daß die Juden nur ausgegrenzt worden sind und nun im Osten in ähnlicher Weise wie vorher in Deutschland weiterlebten."[1075]

Auch Peter Hermes, Sohn von Andreas Hermes, der nur knapp seiner Hinrichtung im Zusammenhang mit dem Hitlerattentat entging, verdient Erwähnung. In seiner Biografie schreibt er:

> „Es gibt im Hinblick auf eine deutsche Kollektivverantwortung für Verbrechen bis 1945 die Behauptung, wer in Deutschland wissen und hören wollte, hätte das unvorstellbare Unrecht, besonders die Judenvernichtung, wahrnehmen können. Ich widerspreche aus meiner Erfahrung: Ich habe vom Holocaust nichts gewusst und davon erst in sowjetischer Kriegsgefangenschaft erfahren."[1076]

Irrtum, Täuschung, Selbstbetrug? Dürfen, müssen wir das unterstellen?

Das Urteil über den wahren Sachverhalt fällt noch schwerer, wenn wir uns vergegenwärtigen, dass selbst zahlreiche jüdische Opfer ganz entschieden ihr Nichtwissen beteuern.[1077] Hier zur Veranschaulichung nur ein Beispiel: Eva Erben vegetier-

---

1073 Longerich, a. a. O. II, S. 7.
1074 Siehe Löw: „Das Volk …", a. a. O. II, S. 211 ff.
1075 Bankier, a. a. O. II, S. 140.
1076 Hermes, a. a. O. II, S. 7.
1077 Siehe Löw: „Das Volk …", a. a. O. II, S. 212 f.

te mit ihren Eltern im Lager Theresienstadt dahin. Eines Tages im Spätherbst 1944 wurde der Vater einem Transport in ein Vernichtungslager zugeteilt.

> „Wir winkten zum Abschied mit unseren Kopftüchern. Mutters Gesicht war von Trauer und Sorge überschattet. Was ich weder wußte noch ahnte: Ich sah meinen Vater zum letzten Mal. Nach einigen Wochen ‚erlaubte' uns die Ghetto-Kommandantur, den Männern nachzureisen. Mit uns meldeten sich freiwillig viele andere Frauen und Kinder für diesen Transport. Wir wurden angenommen und hofften jetzt auf ein baldiges Wiedersehen mit Vater."[1078]

Aufschlussreich ist auch, was Alfred Schreyer, der jüdische Opernsänger, auf die Frage:

> „Im Juni 1941 marschierte die Wehrmacht in Ostpolen ein. Ahnten Sie, was geschehen würde?"

geantwortet hat:

> „Das war unser Unglück: Wir wussten nichts von dem, was im Generalgouvernement geschehen war. Wir hatten keine Ahnung von der Judenverfolgung."[1079]

Adolf Oppenheimer schrieb am 15. November 1942 an seine Frau:

> „Man sagte mir gestern, dass ich Montag Morgen nach Auschwitz komme, es kann auch Aussitz oder Ausswitz heissen … der Ort war meinen Vorgesetzten nicht bekannt."[1080]

Vier Wochen später war er bereits tot. Auf solche Stimmen geht Longerich nicht ein. Auch sonst kommen jüdische Zeitzeugen kaum zu Wort. Victor Klemperer wird zwar mehrmals zitiert, aber seine aussagekräftigsten Beobachtungen bleiben dem Leser vorenthalten.[1081] Ein Grund dafür dürfte sein, dass Longerich den amtlichen Stimmungs- und Lageberichten eine besondere Bedeutung beimisst, eine Wertschätzung, die der Autor so nicht teilen kann.

Ist der, der etwas gehört hat, schon ein Wissender? Auch wenn er das Gehörte nicht glaubt? Ein amerikanischer Sergeant erzählte einem Journalisten nach dem Besuch von Buchenwald, was als verbreitete Ansicht galt:

> „Vorher hätte man gesagt, alle diese Geschichten seien Propaganda, aber jetzt weißt du, dass sie es nicht sind."

Ein Reporter von *Newsweek* konstatierte:

1078 Erben, a. a. O. I, S. 28.
1079 Schreyer, a. a. O. I.
1080 Oppenheimer, Adolf, a. a. O. I, S. 110.
1081 Siehe oben S. 171 ff.

„Zum erstenmal glaubt die Öffentlichkeit in Amerika und Großbritannien wirklich, was ihnen zuvor als unmöglich erschienen war, nämlich dass die Nazis organisierten Mord und Folter in gigantischem Ausmaß praktizierten."[1082]

Viel wichtiger als die Frage, wer was *wusste*, ist: *Was* konnte der wissende Gegner des NS-Regimes mit Aussicht auf Erfolg gegen den Völkermord unternehmen, ohne sich selbst und seine Angehörigen auf das Äußerste zu gefährden? Wie lautet die Ethik, die eine solche Selbstgefährdung Juden wie Nichtjuden zur Pflicht machte, selbst dann, wenn die Erfolgsaussichten gleich Null waren? Auch Sebastian Haffner nennt als Entschuldigungsgrund, dass die Deutschen „ohnehin nichts dagegen unternehmen konnten ..."[1083]

Dennoch ist es für den Autor erfreulich, dass Longerich, wenn auch auf anderem Wege, im Kern zum gleichen Ergebnis gelangt, zu dem auch er mithilfe der jüdischen Zeitzeugen gelangt ist:

„Überblickt man den gesamten Zeitraum der NS-Diktatur, wird ein deutlicher Trend erkennbar: Der Unwille der Bevölkerung, ihr Verhalten zur ‚Judenfrage' entsprechend den vom Regime verordneten Normen auszurichten, wuchs, je radikaler die Verfolgung wurde."[1084]

17.3.4 „Der Mut zum Überleben" – Kaplan

In seiner Besprechung des Buches von Longerich erhebt Daniel Goldhagen einen anderen Vorwurf:

„Longerich kann diese zutiefst fehlerhaften Schlussfolgerungen über die Reaktion der Deutschen auf die Verfolgung und die Motive des Regimes glaubhaft machen, indem er Quellen und Beweise in großem Umfang ignoriert und Sichtweisen übernimmt, die erstaunlich überholt, unhaltbar und unbegründet sind ... Er versäumt es, Marion Kaplans unverzichtbare jüngste allgemeine Studie ‚Der Mut zum Überleben' zu erwähnen, ein Buch das absolut entscheidende Quellen nutzt."[1085]

Was an Longerichs Buch erregt Goldhagens Zorn? Longerichs Erkenntnis, dass Hitlers Judenpolitik von der Mehrheit der Deutschen, die keine fanatischen Anhänger des Regimes waren, missbilligt wurde. Die Lektüre des Buches von Kaplan hätte Longerich eines Besseren belehrt, behauptet Goldhagen. Wirklich? Eine oberflächliche Lektüre sicherlich, eine quellenkritische mitnichten.

1082 Waite, a. a. O. I, S. 227.
1083 Haffner: „Bismarck", a. a. O. II, S. 276.
1084 Longerich, a. a. O. II, S. 321.
1085 Goldhagen, Daniel Jonah: „Sie wussten und sie wollten", in: *Die Literarische Welt*, 6.5.2005.

Der volle Titel von Kaplans Buch lautet: „Der Mut zum Überleben. Jüdische Frauen und ihre Familien in Nazideutschland"[1086]. Da müssen doch jüdische Frauen und ihre Erlebnisse im Mittelpunkt stehen. Erfreulich ist, dass eine ganze Reihe von Jüdinnen verschiedenen Alters, die damals in Deutschland lebten, ausführliche und für jedermann zugängliche Aufzeichnungen hinterlassen haben. Manche, längst nicht alle, finden sich bei Kaplan im Literaturverzeichnis. Doch keine von ihnen kommt ausführlich zu Wort! Erwähnt seien Else Behrend-Rosenfeld, Inge Deutschkron, Bella Fromm, Hertha Nathorff, Margot Schmidt, Marga Spiegel und Valerie Wolffenstein. Über andere wurden Biografien verfasst, so über Lilli Jahn.[1087] Von all dem, was die Genannten an Gewichtigem zu sagen haben, kein Wort in Kaplans Buch „Jüdische Frauen ..."

Obwohl weder Frau noch Familienvater wird Victor Klemperer von Kaplan zitiert:

> „Ich rufe mir immer wieder die Komik der Situation ins Bewußtsein, aber die Erniedrigung quält mich doch sehr."[1088]

Was war vorgefallen? Ein „arischer" Vorarbeiter hatte den zwangsverpflichteten Klemperer getadelt:

> „Ich würde mich schämen, solchen Scheißdreck zu arbeiten!"

Doch wer bei Klemperer nachliest, erfährt, dass der Tadel nicht ihm als Juden galt, sondern seiner unzulänglichen Leistung, für die der Vorarbeiter letztlich einzustehen hatte. Was hat der Vorfall mit dem Thema zu tun?

Die Episode wird von Kaplan berichtet unter der Überschrift „Zwangsarbeit und Deportationen". Gerade seine Zwangsarbeit betreffend schildert Klemperer zahlreiche Denkwürdigkeiten, die das Verhalten der Nichtjuden den Juden gegenüber beleuchten, so, neben den oben bereits abgedruckten[1089], beispielsweise:

> „Beim Antreten am Montag wurde ich in die Bureauräume im ersten Stock geführt, und der Chef, ein Herr in den Vierzigern, sah meine Papiere. ‚Schade, daß wir keine Zeit haben, wie schöne Vorträge könnten wir uns halten lassen, alle Fakultäten sind jetzt bei uns vertreten!' Es klang durchaus gutmütig – ich bin auch noch nirgends einer antisemitischen Regung im Betrieb begegnet."[1090]

1086 Kaplan: „Der Mut", a. a. O. II.
1087 Doerry: „Lili Jahn", a. a. O. II.
1088 Kaplan: „Der Mut", a. a. O. II, S. 249.
1089 S. 134 ff.
1090 Klemperer, Victor: „Tagebücher 1943", a. a. O. I, S. 60.

17.3.5 „Führerkult und Volksmeinung" – Kershaw

Im dritten Jahrzehnt nach Hitler befasste sich Ian Kershaw mit der Frage, wie die Bevölkerung auf die NS-Judenpolitik reagierte. Er war damit einer der ersten, die dieser Thematik Aufmerksamkeit schenkten. Unter dem Titel „Antisemitismus und Volksmeinung. Reaktionen auf die Judenverfolgung" wurde sein knapp 70 Seiten umfassender Befund von Martin Broszat und Elke Fröhlich im 2. Band ihres Werkes „Bayern in der NS-Zeit" veröffentlicht. Einleitend betont Kershaw die optimale Quellenlage für Bayern. Dabei stehen die amtlichen Berichte für ihn im Vordergrund.

> „Wo es möglich und notwendig erschien, wurden auch Informationen aus anderen Quellen herangezogen, z. B. die etwa 10.000 Akten des Sondergerichts München … Auch die Akten des Reichsstatthalters Epp und der Bayerischen Staatskanzlei boten ergänzendes Material, das die Volksstimmung zur Judenfrage kennzeichnet."[1091]

Doch Zeugnisse der Hauptbetroffenen werden so gut wie nicht herangezogen. Einmal wird die Jüdin Behrend-Rosenfeld mit einer Bemerkung den Novemberpogrom betreffend zitiert:

> „Auch den Gesichtern war ganz selten einmal anzumerken, was ihre Besitzer dachten. Hier und da fielen Worte der Schadenfreude, aber auch solche des Abscheus konnte man gelegentlich hören."[1092]

Wie armselig, ja nichtssagend ist diese Ausbeute, wenn man sie mit dem oben wiedergegebenen Bekundungen vergleicht![1093] Die Quellen sind doch nicht ganz unbekannt. Wieder die Frage: Warum wird aus ihnen nicht geschöpft?

Kershaws Resümee ist gleichwohl bemerkenswert:

> „Die permanente Radikalisierung des NS-Regimes in Bezug auf die ‚Judenfrage' entsprach keiner vergleichbar starken Wunschvorstellung der Bevölkerung. Sie führte oft sogar zu einem Prestigeverlust der Partei und hätte auch die Popularität Hitlers beeinträchtigen können, wenn für die Bevölkerung klar ersichtlich gewesen wäre, daß Hitler" die Untaten deckte.[1094]

1981 erschien sein Aufsatz „Alltägliches und Außeralltägliches: ihre Bedeutung für die Volksmeinung 1933–1939". Darin heißt es:

> „Zwei Quellengattungen sind für die Rekonstruktion der Volksmeinung im Dritten Reich von überragender Bedeutung: die vertraulichen, regelmäßig erstatteten Berichte der NS-Machthaber über die Stimmung und Haltung der Bevölkerung …,

---

1091 Kershaw: „Reaktionen", a. a. O. II, S. 285.
1092 Kershaw: „Reaktionen", a. a. O. II, S. 328.
1093 S. 85 ff.
1094 Kershaw: „Reaktionen", a. a. O. II, S. 346.

und die detaillierten, ausführlichen Berichte über die Lage in Deutschland, die von linken Gruppen ... erstattet wurden."[1095]

Und welche Bedeutung wird den zahlreichen Zeugnissen der Opfer beigemessen? Einleitend heißt es immerhin:

„Die meisten Deutschen waren weder eingefleischte Nationalsozialisten noch überzeugte Antifaschisten."[1096]

1999 hat Kershaw das Buch „Der Hitler-Mythos: Führerkult und Volksmeinung"[1097] veröffentlicht. Unter der Kapitelüberschrift „Das Hitler-Bild in der Bevölkerung und die ‚Judenfrage'" lesen wir:

„Das Quellenmaterial, das für den Versuch zur Verfügung steht, diese Frage zu beantworten, ist, das muß betont werden, schwer zusammenzustellen und noch weniger leicht zu interpretieren."[1098]

Er kommt dennoch zu der Überzeugung, dass der Führermythos weder stark genug gewesen sei, um aus der Gefolgschaft begeisterte Krieger zu machen, noch um die Mehrheit der Deutschen in fanatische Antisemiten zu verwandeln, wie dies selbst Hitler, Himmler und Goebbels einsehen mussten.

Unbegreiflich ist, dass Kershaw es wieder unterlässt, die Äußerungen der jüdischen Zeitzeugen bei seiner Zusammenstellung zu berücksichtigen. Er tut so, als ob es sie nicht gäbe oder sie dazu nichts zu sagen hätten. Dabei machen sie doch, wie in Teil 2 gezeigt, einschlägige Aussagen in so großer Zahl, dass es sich von selbst verbietet, sie stillschweigend zu übergehen.

17.3.6 „Die Jahre der Verfolgung" und „Die Jahre der Vernichtung" – Friedländer

Macht Saul Friedländers großes Werk „Das Dritte Reich und die Juden", gegliedert in die Bände „Die Jahre der Verfolgung" und „Die Jahre der Vernichtung", mit insgesamt 1300 Seiten eine Ausnahme? Im Klappentext von Band 2 heißt es vielversprechend, er arbeite „mit einem überwältigenden Chor von Stimmen". Nun, viele namhafte jüdische Zeitzeugen kommen nicht zu Wort, so Schalom Ben-Chorin, Werner Michael Blumenthal, Else Behrend-Rosenfeld, Werner Cahnmann, Inge Deutschkron, Viktor Frankl, Alfred Grosser, Gerhard Löwenthal, Hans Rosenthal, Margot Schmidt, Marga Spiegel und Valerie Wolffenstein. Victor Klem-

---

1095 Kershaw: „Alltägliches", a. a. O. II, S. 275.
1096 Kershaw: „Alltägliches", a. a. O. II, S. 273.
1097 Kershaw: „Hitler-Mythos", a. a. O. II.
1098 Kershaw: „Hitler-Mythos", a. a. O. II, S. 279.

perer hingegen, dem Friedländer „absolute Aufrichtigkeit" attestiert[1099], begegnet uns auf vielen Seiten, doch nicht eines der oben abgedruckten Zitate.

Hier einige typische Beispiele aus Friedländers Werk:

> „In einer Tagebucheintragung vom Dezember 1938 erzählt Victor Klemperer von einem Polizisten, der ihm in der Vergangenheit freundlich, ja ermutigend begegnet war. Als er ihn in diesem Monat in der Stadtverwaltung der kleinen Stadt ... traf, ging derselbe Polizist ‚starr in die Luft blickend möglichst fremd an mir vorbei. Der Mann repräsentierte', so Klemperers Kommentar, ‚in seinem Verhalten wahrscheinlich 79 Millionen Deutsche'"[1100],

das heißt so gut wie alle, da die Einwohnerzahl damals mit ca. 80 Millionen angegeben wird. Diese Notiz datiert vom 15. Dezember 1938. Am 3. Dezember, also knapp zwei Wochen vorher, hatte Klemperer seinem Tagebuch anvertraut:

> „Edith Aulhorn ist schon mehrfach auf die Gestapo gerufen und gewarnt worden; man gehe mit arischen Judenfreunden schlimmer um als mit den Juden selber."[1101]

Ist das keine hinreichende Erklärung für das zunächst befremdliche, anscheinend unfreundliche Verhalten der „79 Millionen" den Juden gegenüber?

Gegen Ende des zweiten Bandes von Friedländer lesen wir:

> „Klemperer erschienen die Einstellungen der Bevölkerung ebenso widersprüchlich wie immer, selbst in dieser letzten Phase des Krieges ... ‚Auf dem Weg zu Katz' notierte er am 7. Februar 1944, ‚ein älterer Mann im Vorbeigehen: >Judas!< Auf dem Korridor der Krankenkasse. Ich pendle als einziger Sternträger vor einer besetzten Bank auf und ab. Ich höre einen Arbeiter sprechen: >Eine Spritze sollte man ihnen geben. Dann wären sie weg!< Meint er mich? Die Besternten? Ein paar Minuten später wird der Mann aufgerufen. Ich setze mich auf seinen Platz. Eine ältere Frau neben mir, flüsternd: >Das war gemeen! Vielleicht geht es ihm mal so, wie er's Ihnen wünscht. Man kann nicht wissen, Gott wird richten!<'"[1102]

Dass es solche und solche Menschen gab, ist gänzlich unbestritten. Dennoch: Müsste sich Friedländer nicht mit Klemperers „neunundneunzig Prozent ... judenfreundlich" und ähnlichen Zahlenangaben auseinandersetzen? Müsste er derlei Textstellen, die oben zitiert worden sind, nicht wenigstens auch zitieren?

Im letzten Klempererzitat Friedländers kommt ein Fräulein Dumpier zu Wort:

> „Sie glaubt an das Recht der Völker, die Überheblichkeit und Verrohung in Deutschland sei ihr zuwider – ‚nur die Juden hasse ich ...'"[1103]

1099 Friedländer: „Vernichtung", a. a. O. II, S. 89.
1100 Friedländer: „Verfolgung", a. a. O. II, S. 347.
1101 Klemperer: „Tagebücher 1937–1939", a. a. O. I, S. 116.
1102 Friedländer: „Vernichtung", a. a. O. II, S. 546 f.
1103 Friedländer: „Vernichtung", a. a. O. II, S. 691.

Der Dialog mit dem Fräulein wird ausführlich wiedergegeben. Was fehlt, ist der Satz:

> „Sie erzählte, ihre Großeltern könnten nicht Deutsch, sprächen nur Litauisch, sie erzählte von der Unterdrückung der Litauer durch die Deutschen."[1104]

Offenbar war das Fräulein also gar keine Deutsche, sondern das Opfer Deutscher. Verdient dieser Gesichtspunkt keine Erwähnung, wenn es um das Verhalten der Deutschen geht?

Friedländer macht den Leser eingehend mit Jochen Klepper bekannt, jenem Literaten, der freiwillig das Los seiner jüdischen Frau und seiner jüdischen Stieftochter Renerle teilte und mit ihnen in den Tod ging:

> „So machte Kleppers gepeinigtes Leben ihn zu einem Zeugen ungewöhnlicher Art, zu einem, der das Schicksal der Opfer teilte und sie doch in gewisser Weise von außen, als Deutscher und Christ, betrachtete."[1105]

Also ein wichtiger Zeuge! Ihm verdanken wir Beobachtungen wie: „Das Volk ist ein Trost."[1106] Doch von derartigen Bekundungen will Friedländer offenbar nichts wissen. Er zitiert sie nicht, er setzt sich nicht damit auseinander.

Am Ende seines Buches teilt er mit:

> „Die letzten Stimmungsberichte, die der SD Anfang 1945 im Reich zusammenstellte, ... lassen vor allem verschiedene ... Aspekte der Tiefe des Hasses auf die Juden ... in weiten Teilen der Bevölkerung ... erkennen."[1107]

Diese Behauptung, die jeder vernünftigen Erwartung widerspricht, bleibt ohne Beleg. Warum hätte gegen Ende des Krieges der Antisemitismus zunehmen sollen, wo doch seine Propagandisten täglich an Glaubwürdigkeit verloren? Dass sich die Führung, einschließlich der SD, auch selbst belogen hat, dürfte bei der Auswertung ihrer Informationen nie unberücksichtigt bleiben.

17.3.7 „Die öffentliche Meinung im Hitler-Staat" – Bankier

1992 erschien „The Germans and the Final Solution; Public Opinion under Nazism" des amerikanischen Professors David Bankier, die deutsche Übersetzung seines Werkes drei Jahre später unter dem Titel „Die öffentliche Meinung im Hitler-Staat". Gleich zu Beginn der Einleitung problematisiert Bankier den Begriff „öffentliche Meinung" und vermerkt die Auffassung vieler, die Beschäftigung mit

---

1104 Klemperer: „Tagebücher 1945", a. a. O. II, S. 74.
1105 Friedländer: „Vernichtung", a. a. O. II, S. 90.
1106 Siehe S. 190 f.
1107 Friedländer: „Vernichtung", a. a. O. II, S. 638.

diesem Thema sei in Bezug auf totalitäre Systeme „ganz sinnlos".[1108] Dann folgt sein Versprechen,

> „anhand von dokumentarischem Material der unterschiedlichsten Herkunft ... die Stimmung der Öffentlichkeit im Dritten Reich"[1109]

zu belegen. Doch gehört es nicht geradezu zu den Merkmalen eines totalitären Systems, dass sich zu den zentralen Aussagen der offiziellen Weltanschauung nur die parteikonforme Meinung an die Öffentlichkeit wagen kann? Was ist mit der Meinung jener, die sich nur hinter vorgehaltener Hand äußern konnten oder stillschweigend amtlich Missbilligtes taten? Hier beginnt das Dilemma, das Bankier nicht ausräumt.

Umfangreich werden die Quellen vorgestellt. Einleitend heißt es:

> „Die von uns herangezogenen Quellen sind in der Hauptsache vertrauliche Berichte der deutschen Sicherheitsdienste und verschiedener Staats-, Partei- und Amtsgruppen, bekannt als ‚Lageberichte' und ‚Situationsberichte' ... Durch sie haben die Behörden genaueste Kontrolle über außergewöhnliche Vorkommnisse, oppositionelle Bestrebungen, subversive Elemente und Störungen der öffentlichen Ordnung ausgeübt."[1110]

Wirklich? Wie konnte dann das Attentat des 20. Juli 1944 von den genannten Stellen unbemerkt vorbereitet werden? An ihm waren Tausende beteiligt.

Bankier betont, dass die amtliche Berichterstattung ohne Rücksicht auf die nationalsozialistische Weltanschauung ausgeübt werden sollte. Doch es war bekannt:

> „Der Reichsführer [SS Heinrich Himmler] wünscht sich im Grunde einen Nachrichtendienst, der ihm frohe, zukunftsfreudige Berichte liefert."[1111]

Dieser Widerspruch zwischen Wirklichkeit und Erwartung setzt hinter jeden parteifreundlichen Bericht ein fettes Fragezeichen.

Als Quellen werden auch die *Sopade*-Berichte angeführt. Doch kritisch wird vermerkt:

> „Aus mehreren Gründen lassen sich aus diesen Quellen keine repräsentativen Beispiele für einzelne Bevölkerungskreise bilden. Erstens sind nur wenige der Variablen bekannt; Variablen wie Alter, Geschlecht und Beruf lassen sich nicht ermitteln ..."[1112]

1108 Bankier, a. a. O. II, S. 7.
1109 Bankier, a. a. O. II, S. 8.
1110 Bankier, a. a. O. II, S. 11 f.
1111 Bankier, a. a. O. II, S. 17.
1112 Bankier, a. a. O. II, S. 18.

– Dagegen ist einzuwenden, dass es nicht primär um einzelne Bevölkerungskreise (wie Männer und Frauen, Alte und Junge, Reiche und Arme, Katholiken und Protestanten) geht, sondern um das Gros der gesamten Bevölkerung. Auch die anderen Vorbehalte können nicht überzeugen.

Schier unbegreiflich ist, dass Bankier die Bekundungen der jüdischen Opfer nicht als Quellen erwähnt. Ist ein Victor Klemperer, der wochenlang in den Straßen Dresdens als mit dem Stern Stigmatisierter Schnee schaufeln musste, eine schlechtere Quelle bezüglich der Einstellung der Bevölkerung den Juden gegenüber als irgendein unqualifizierter Bursche, der sich für Spitzeldienste hat anheuern lassen? Erst im vorletzten Kapitel kommt Bankier auf die jüdischen Zeugnisse zu sprechen und gibt zu bedenken:

> „… vorsichtig muß man mit den in der Nachkriegszeit verfaßten Erinnerungen von jüdischen Auswanderern umgehen … Zunächst einmal kommt es bei den Angaben dadurch, daß in der Erinnerung etwas entfallen ist, zu Diskrepanzen und Widersprüchen. Zum anderen wird die Vergangenheit, sei es bewußt oder unbewußt, in der Erinnerung zurechtgerückt; Erinnerungen sind eher durch das Verdrängte als durch das Erinnerte charakterisiert."[1113]

Wer Bankier insofern beipflichtet, entwertet alle KZ-Berichte, ja eigentlich alle Zeugenaussagen. Dass Erinnerungen verblassen, sich mit Schilderungen anderer vermengen und so an Wert verlieren, wurde schon in anderem Zusammenhang betont. Aber die meisten einschlägigen Aufzeichnungen beginnen nicht mit: „Es war einmal …"

Noch wichtiger ist, dass wir, wie das Literaturverzeichnis, Teil 1, zeigt, über Dutzende von Aufzeichnungen der Opfer verfügen, die noch zu Hitlers Lebenszeit verfasst worden sind, manche sogar von später Ermordeten. Sie geben Einblick in die Erfahrungen und Empfindungen der Verfolgten, um die es, wie wohl unbestritten, hauptsächlich geht. Doch was tun, wenn diese Juden nicht das berichten, was von ihnen erwartet wird? Dann sind sie für Bankier wenig vernünftig und eigentlich unbeachtlich. Lassen wir Bankier selbst zu Wort kommen:

> „Wie sind persönliche Zeugnisse zu bewerten? Auch wenn sie als viel tauglichere historische Dokumente anzusehen sind, können uns viele trotz allem nicht auf festeren Boden stellen, auch dann nicht, wenn sie während der Vorgänge aufgezeichnet wurden. Wir wollen uns einige Beispiele ansehen. Ein jüdischer Geschäftsmann, der Deutschland im März 1941 verlassen hatte, erzählte seinem britischen Interviewpartner, daß es bei den Mittelschichten und der Arbeiterklasse keinen Judenhaß gibt und sogar Wehrmachtsoffiziere gegen die antisemitische Politik sei-

---

1113 Bankier, a. a. O. II, S. 162.

en. Eine abgewogenere, vernünftigere Einschätzung, aber noch auf derselben Linie, gab ein anderer Emigrant, der im August 1941 Deutschland verließ."[1114]

Ist diese geradezu willkürliche (Ab-)Wertung nicht skandalös? Wie lautet die „vernünftigere Einschätzung" nach Bankier?

> „Er war der Meinung, daß das Gros der deutschen Bevölkerung den lautstarken terroristischen Antisemitismus der Nationalsozialisten nicht ausstehen könne und nichts damit zu tun haben wolle, sich aber nicht getraue, die Stimme dagegen zu erheben oder dagegen aufzustehen."[1115]

Bankier kommentiert dies:

> „Diese Zeugnisse müssen aber mit einiger Vorsicht behandelt werden, auch wenn ihre Angaben richtig sind."[1116]

Die darauf folgende Begründung ist schier unglaublich und verdient es geradezu, mehrmals gelesen zu werden:

> „Die Juden waren unvergleichliche Vertrauenspersonen. Die Deutschen brauchten keine Angst vor Verleumdung zu haben, wenn sie ihnen ihre Ängste und Unzufriedenheiten anvertrauten."[1117]

Eigentlich möchte man meinen, dass die Bekundungen umso glaubwürdiger sind, je freimütiger sich die Testperson dem Zeugen gegenüber geoffenbart hat. Nicht so bei Bankier.

Offenbar ist es diese irrationale Skepsis, die Bankier entgegen allen Bekundungen der jüdischen Zeitzeugen Sätze wie den folgenden formulieren lässt:

> „Die Mehrheit scheint jedoch offen feindlich gesonnen gewesen zu sein."[1118]

Auch der folgende Vorwurf Bankiers hängt in der Luft:

> „Viele, die begriffen, was die Politik der Nationalsozialisten beinhalte, und die sich in einer Position befanden, in der sie hätten versuchen können, Hilfsoperationen zu organisieren, haben nichts getan."[1119]

Wenn er dann als Beispiel für eine Ausnahme

> „die Nonnen, die im Kloster außerhalb Münchens für die Juden ein ‚Jüdisches Getto' schufen"[1120],

---

1114 Bankier, a. a. O. II, S. 162 f.
1115 Bankier, a. a. O. II, S. 163.
1116 Bankier, a. a. O. II, S. 163.
1117 Bankier, a. a. O. II, S. 163.
1118 Bankier, a. a. O. II, S. 166.
1119 Bankier, a. a. O. II, S. 163.
1120 Bankier, a. a. O. II, S. 164.

erwähnt, so liegt er nicht nur deshalb daneben, weil sich das Kloster auf Münchener Boden befand und heute noch befindet (Ortsteil Berg am Laim), sondern vor allem, weil in dieser Zeit niemand in Deutschland ein jüdisches Getto schaffen konnte, ausgenommen die NS-Machthaber. So war es auch in diesem Falle. Die Gestapo hatte einen Teil des Klosters der Barmherzigen Schwestern beschlagnahmt und in ein Judenhaus umgewandelt. Dort halfen die Schwestern auf vorbildliche Weise.

Zu welchen einschlägigen Erkenntnissen kommt Bankier mithilfe seiner Quellen, deren Wert hier als nachrangig angesehen wird? Das Ergebnis ist recht widersprüchlich. Es trägt daher kein pauschales Unwerturteil, wie die folgenden chronologisch geordneten Texte beweisen:

> „Viele Forscher schreiben die breite Zustimmung zum Dritten Reich der Bereitschaft fast aller Bevölkerungsschichten zu, an der neuen Ordnung teilzunehmen. Sie argumentieren, daß ein religiöser Eifer die Massen gepackt habe und sie spontan und bereitwillig der Parteiführung folgten. Daraus ergibt sich das Bild einer eindeutigen Unterstützung des nationalsozialistischen Systems und seiner politischen Kultur durch den Großteil der Bevölkerung. Dieses Bild entspricht ziemlich genau dem der Goebbelsschen Propagandamedien und den Hoffnungen des Regimes, nicht aber der historischen Wirklichkeit. Im Gegensatz zu diesen Idealbildern weisen unsere Quellen nach, daß die Euphorie, die den Aufstieg der Partei und ihre Machtergreifung begleitet hatte, schon seit dem Sommer 1934 ständig nachließ."[1121]

Daher stehen im Untertitel seines Buches die Worte: „Eine Berichtigung".

Speziell zum Thema „Rasse" schreibt Bankier:

> „Trotz Hitlers Popularität fand die Zielsetzung der Partei, eine ergebene rassische Gemeinschaft zu mobilisieren, offenbar keinen Boden."[1122]

Später wird er noch deutlicher:

> „Den Eindrücken nach zu urteilen, den die Aussagen verschiedenster Beobachter machten, scheint es keine eindeutige Identifikation der Bevölkerung mit der antisemitischen Politik der Nationalsozialisten gegeben zu haben."[1123]

> „Nur selten ist der Antisemitismus der Nationalsozialisten aus ethischen Rücksichten oder aus Empörung, daß menschliche Werte verletzt werden, abgelehnt worden. Solidaritätserklärungen mit den verfolgten Juden sind sogar eher die Ausnahme. Die wahren Motive hinter der Ablehnung der Aufrufe der Partei werden gewöhnlich in den Berichten selbst erwähnt: Sie liegen ganz selten jenseits von Nützlichkeitserwägungen und Eigennutz."[1124]

1121 Bankier, a. a. O. II, S. 25.
1122 Bankier, a. a. O. II, S. 75.
1123 Bankier, a. a. O. II, S. 95.
1124 Bankier, a. a. O. II, S. 102.

Das mag stimmen. Doch woher hat Bankier diese Einsicht? Aus den Berichten von Hitlers Kollaborateuren! Wie dumm wären die Judenfreunde gewesen, hätten sie ihre Kritik an den antisemitischen Maßnahmen nicht möglichst so verpackt, dass sie auch bei Anhängern Hitlers auf fruchtbaren Boden fallen und Wirkung zeitigen konnte! Der als „Oskar Schindlers Doppelgänger" gefeierte Franz Fritsch verdeutlicht in einer Aufzeichnung das eben Gesagte:

> „Als im September 1942 Krakauer Juden in Krakau verladen und in Richtung Tarnow nach dem Vernichtungslager Belcec abtransportiert wurden, intervenierte ich ... mit der Begründung (die natürlich nicht den Tatsachen entsprach), daß sich in diesem Transport versehentlich qualifizierte Facharbeiter aus unserem Betrieb befänden ..."[1125]

> „Die Behandlung der Juden [Novemberpogrom 1938] erregte bei vielen, die bisher ‚gemäßigten' antisemitischen Maßnahmen zugestimmt hatten, Mißfallen."[1126]

Auch hier fehlt jeder anschauliche Nachweis. Dies gilt ebenso für Bankiers Urteil über die Bauern:

> „In allen Fällen haben die Bauern die NS-Politik nicht etwa aus Opposition gegen antisemitische Prinzipien kritisiert."[1127]

Allein schon die Wortkombination „in allen Fällen" disqualifiziert das Urteil. Ferner: Man müsste in die Menschen hineinschauen können, um ihre wahren Motive zu kennen.

Dann erfahren wir von Bankier, dass 1941 ein SD-Agent über „stürmische Entrüstung in Bielefeld" berichtete, weil man den Juden längere Einkaufszeiten zugebilligt hatte und so Nichtjuden gezwungen waren, zusammen mit den „Aussätzigen" einzukaufen. Da sich die genehmigende Stelle kritisiert fühlte, wurde der Klage nachgegangen. Es stellte sich heraus, dass die „stürmische Entrüstung" von einigen Dorffrauen stammte.[1128]

Verwunderlich ist auch die Meinung Bankiers im nächsten Abschnitt:

> „Manche Überblicke, die nicht aus nationalsozialistischer Sicht über die Situation in Deutschland und über die Haltung der Öffentlichkeit gegenüber den Juden informieren, halten einer kritischen Prüfung nicht stand. Dazu gehören die von deutschen Exilanten herausgegebenen ‚Nachrichten aus Deutschland', in denen das Bild eines ‚anderen Deutschland' herausgestellt werden sollte. [Woher weiß er das?] Vieles von dem dort Angeführten enthält hineinprojizierte eigene Wünsche

---

1125 Grossmann, a. a. O. II, S. 168.
1126 Bankier, a. a. O. II, S. 121.
1127 Bankier, a. a. O. II, S. 133.
1128 Bankier, a. a. O. II, S. 161.

Das Sittengesetz als weitere Schranke der Freiheit

und steht in starkem Gegensatz zur Darstellung der Vorgänge in den SD-Berichten."[1129]

Muss es nicht stark befremden, den Exilanten, durch die Bank honorige Leute, weniger Vertrauen entgegenzubringen als den SS-Spitzeln?

Bankier hat damit kein Problem:

> „Typisch für diese unkritische und apologetische Haltung ist, daß sie vom Deutschland der Zeit von Ende 1940 ein Bild entwerfen, in dem den Juden offensichtlich mehr Beistand geleistet als Feindseligkeit entgegengebracht wurde. Deutschland als ein Land, in dem es Tausende von Beispielen nonkonformistischen Verhaltens gegeben hat und den Juden heimlich in jeder nur denkbaren Weise geholfen wurde; wo Nachbarn und Bekannte sie mit Bekleidung versorgt und ihnen ihre eigenen Lebensmittelkarten gegeben haben; wo Verkäufer Anstalten getroffen haben, um sie mit Gütern, die sie nicht kaufen durften, zu versorgen … Solche Hilfsaktionen waren eher die Regel als die Ausnahme … Dieses Bild, das allen anderen verfügbaren Darstellungen widerspricht, muß offensichtlich als eine Rechtfertigung der deutschen Exilanten interpretiert werden."[1130]

Welches sind die „anderen verfügbaren Darstellungen"? Darauf gibt Bankier keine Antwort.

Ferner: Mit ihren Schilderungen setzten sich die Exilanten der vorwurfsvollen Frage aus, warum sie bei diesem Wohlwollen der Bevölkerung Deutschland verlassen haben. Nun, es war eben nicht die Bevölkerung, die sie vertrieb, sondern es waren ihre Fronvögte.

Noch ein Beispiel für Bankiers widersprüchliche Bilder der Deutschen. Unter der Überschrift „Die Reaktion auf den gelben Stern" informiert Bankier, dass nach SD-Rundfunkberichten die Einführung des gelben Sterns positiv aufgenommen worden sei. Dann fährt er fort:

> „Welches Bild ergibt sich, wenn wir diese recht problematische nationalsozialistische Quelle mit anderen Dokumenten vergleichen?"[1131]

Es folgen mehrere Seiten, die ganz konkret die Missbilligung des gelben Sterns durch die große Mehrheit veranschaulichen. Im Anschluss daran folgt die Abwägung:

> „Wenn wir die verfügbaren Zeugnisse und die SD-Berichte miteinander abwägen, dann scheint die Waage zugunsten der Augenzeugenberichte auszuschlagen."[1132]

1129 Bankier, a. a. O. II, S. 161.
1130 Bankier, a. a. O. II, S. 161 f.
1131 Bankier, a. a. O. II, S. 171.
1132 Bankier, a. a. O. II, S. 174.

Es ist erfreulich, dass auch bei ihm aufs Ganze gesehen letztlich nicht die amtlichen Berichte Vorrang behalten, obwohl, wie gezeigt, die Einleitung seines Buches diese Befürchtung nahelegt.

17.3.8 „Hitlers willige Vollstrecker" – Goldhagen

Mit großem Tam-Tam erschien 1996 das 730 Seiten umfassende Buch „Hitlers willige Vollstrecker. Ganz gewöhnliche Deutsche und der Holocaust" des jungen amerikanischen Historikers Daniel Jonah Goldhagen. Er glaubt, er sei zu völlig neuen Einsichten gekommen:

> „Meine Erklärung lautet – und dies ist neu in der wissenschaftlichen Literatur über die Täter –, daß die ganz ‚normalen Deutschen' durch eine bestimmte Art des Antisemitismus motiviert waren, die sie zu dem Schluß kommen ließ, daß die Juden sterben sollten."[1133]

Diese seine so schwerwiegende Einsicht wiederholt er immer und immer wieder. Schon im Vorwort zur deutschen Ausgabe steht zu lesen:

> „Ohne die Nationalsozialisten und ohne Hitler wäre daher der Holocaust niemals möglich gewesen. Genau so wesentlich war aber die große Bereitschaft der meisten gewöhnlichen Deutschen, die rabiate Verfolgung der Juden in den dreißiger Jahren zunächst zu tolerieren, zu unterstützen, oft sogar tätig daran mitzuwirken … Ohne diese Bereitschaft hätte das Regime nicht sechs Millionen Juden ermorden können. Die Machtergreifung der Nationalsozialisten und die Bereitschaft der Deutschen, dem Staatspolitik gewordenen Antisemitismus zu folgen, waren beide in gleichem Maße notwendige Voraussetzungen des Holocaust."[1134]

Und in diesem Stil geht es bei Goldhagen weiter. Der Einleitung sind die folgenden Anschuldigungen entnommen:

> „Die ersten Schritte des antijüdischen Programms, der systematische Ausschluß der Juden vom deutschen Wirtschafts- und Gesellschaftsleben, wurden in aller Öffentlichkeit, mit Zustimmung und Mitwirkung buchstäblich aller Schichten der deutschen Gesellschaft unternommen; Juristen, Mediziner und Lehrer, die katholische und die evangelische Kirche sowie die ganze Palette der wirtschaftlichen, gesellschaftlichen und kulturellen Gruppen und Verbände beteiligten sich daran."[1135]

1133 Goldhagen, a. a. O. II, S. 28. Im englischen Text (S. 9) wird er noch deutlicher. Dort spricht er sich für „a radical revision of what has until now been written" und erklärt zugleich: „This book is that revision".
1134 Goldhagen, a. a. O. II, S. 9.
1135 Goldhagen, a. a. O. II, S. 21.

Gleich zu Beginn des ersten Kapitels zitiert Goldhagen beifällig einen amerikanischen Erziehungswissenschaftler, der bereits 1941 zu wissen glaubte: Das nationalsozialistische Schulwesen

> „brachte in NS-Deutschland eine Generation menschlicher Wesen hervor, die sich so sehr von der normalen amerikanischen Jugend unterscheidet, daß ein bloßer akademischer Vergleich unangemessen zu sein scheint".

Goldhagen fährt fort:

> „Was rechtfertigt also die vorherrschende Meinung, daß uns die Deutschen während und vor der NS-Zeit ähnlich waren?"[1136]

Derartige Töne waren auch schon von extremen Rassisten zu vernehmen. Heinrich Himmler belehrte seine Mannen:

> „Der Untermensch – jene biologisch scheinbar völlig gleichgeartete Naturschöpfung mit Händen, Füßen und einer Art Gehirn, mit Augen und Mund – ist doch eine ganz andere, eine furchtbare Kreatur ..."[1137]

Goldhagen stieß bei seinen Fachkollegen fast durchweg auf Ablehnung, was aber das breite Publikum nicht daran hinderte, das Buch zu einem Bestseller zu machen und den Autor mit Preisen zu ehren.

Welche Rolle spielen in seinem Drama die Juden? Sie sind ausschließlich die Objekte der Verbrechen. Als Leumundszeugen für oder gegen ihre „arischen" Mitbürger kommen sie nicht vor! Ihre Erfahrung, ihr Wissen ist für Goldhagen offenbar wertlos, passt nicht zur oben zitierten „Erkenntnis". Kann man das als redliche Wissenschaft bezeichnen? Wer aus den Menschenopfern stumme Statisten macht, vermisst ihre Stimmen nicht. Erstaunlich ist, dass die sachkundigen Kritiker auf dieses gewaltige Defizit – soweit ersichtlich – nicht hingewiesen haben.

17.3.9 „Die Deutschen und der Holocaust" – Dörner

Knapp 900 Seiten füllt Bernward Dörner mit Ausführungen zum Thema: „Die Deutschen und der Holocaust. Was niemand wissen wollte, aber jeder wissen konnte"[1138]. Er beginnt in Anlehnung an Longerich mit dem Schein-Zitat: „Das haben wir nicht gewusst!" und fährt fort:

> „hieß es nach dem Ende des NS-Regimes im Land der Täter mit Blick auf den Jahrhundertmord."[1139]

1136 Goldhagen, a. a. O. II, S. 45.
1137 Reichsführer-SS (Hrsg.), a. a. O. II, S. 2.
1138 Dörner, a. a. O. II.
1139 Dörner, a. a. O. II, S. 9.

Was folgt, ist überzeugend gegliedert und aufgebaut: „Der Genozid an den europäischen Juden", „Die Wahrnehmung des Genozids", „Stellungnahmen nach 1945". Unter der Überschrift „Die Wahrnehmung ..." befinden sich die Unterkapitel: „Hindernisse der Wahrnehmung", „Möglichkeiten der Wahrnehmung", „Phasen eines gesellschaftlichen Wahrnehmungs- und Reaktionsprozesses". Die Einleitung sagt dem Leser abschließend:

> „Dieses Buch verfolgt das Ziel, Quellen, die der Vernichtung entgangen sind und uns über die Reaktionen der Deutschen auf den Holocaust Auskunft geben, der Öffentlichkeit vorzustellen ..."[1140]

Doch die über 300 Aufzeichnungen jüdischer Zeitzeugen, die oben in Teil 2 zitiert worden sind, bleiben so gut wie unberücksichtigt. Warum? Der Einwand, Klemperer werde doch immer wieder zitiert, lohnt eine nähere Betrachtung. Dörner nennt Klemperer den „herausragenden Chronisten des Verfolgungsprozesses". Aber das, was bei Dörner folgt, ist typisch für nahezu alle seine Klempererzitate. Sie betreffen die Deportationen der Juden und nicht die Einstellung der deutschen Bevölkerung dazu, so wenn Klemperer unter dem 7. November 1940 festhält:

> „Schwer beunruhigt durch brutale Judenevakuierungen aus Württemberg. Die Leute seien nackt und bloß binnen zwei Stunden abgeschoben worden, nach Südfrankreich, in die Barackenlager der spanischen Kommunisten."[1141]

So weit Klemperer bei Dörner. Unberücksichtigt bleibt bei Dörner, was Klemperer unter demselben Datum notierte:

> „Die Volksstimmung scheint sehr schlecht, täglich berichtet Frau Voß von seltsam bezeichnenden Gesprächen, sie behauptet sogar, man sage weniger ‚Heil Hitler' und häufiger ‚Guten Tag'."[1142]

Ist diese Ergänzung wirklich irrelevant in einem Buch, das mit „Die Deutschen und der Holocaust" betitelt ist? Bei der Beantwortung ist zu bedenken, dass Hitler damals, im November 1940, im Zenit seiner Macht stand – Belgien, Holland, Frankreich waren unterworfen – und so eigentlich in der Volksstimmung Euphorie zu erwarten gewesen wäre.

Nicht minder bezeichnend ist die folgende Interpretation eines Klempererzitats. Dörner schreibt:

> „Klemperers letzter Satz lässt erkennen, dass er hinsichtlich der Akzeptanz des Judenmords in der nicht jüdischen Bevölkerung nicht sicher war, denn seine Feststel-

---

1140 Dörner, a. a. O. II, S. 18.
1141 Dörner, a. a. O. II, S. 383.
1142 Klemperer: „Tagebücher 1940–1941", a. a. O. I, S. 56.

lung klingt überraschend. Wenn sich aber ein so aufmerksamer Beobachter wie Klemperer in Bezug auf die Akzeptanz des Genozids nur mühsam ein Urteil bilden konnte, dann spricht es dafür, dass es in der deutschen Bevölkerung kein eindeutiges und klares Pro oder Contra gab."[1143]

Doch um dies zu wissen, müssen nicht mühsam die Quellen befragt werden. Insofern gab und gibt es keinen „Historikerstreit". Niemand behauptet, es habe ein „klares Pro oder Contra" gegeben. Die Frage lautet doch: Wie dachte das Gros der Bevölkerung? Dazu schreibt Klemperer, dass sogar „eine Durchschnittsstimme aus dem Nationalsozialismus" (!) einräume:

„Unsere Judenvertilgung ist in Deutschland selber gar nicht populär."[1144]

Darf man diese Klage eines fanatischen Antisemiten, die sich Klemperer notiert, zur Ansicht Klemperers machen, „dass es in der deutschen Bevölkerung kein eindeutiges und klares Pro oder Contra gab"? Klemperer selbst ist uns sein eindeutiges Urteil nicht schuldig geblieben, wie oben eingehend belegt.[1145] Doch bei Dörner suchen wir es vergebens.

Oben wurde bereits Graf Moltke erwähnt. Dörner zitiert ihn ausführlich und kritisiert:

„Graf von Moltke bemerkt am 25. März 1943 in einem Brief aus Stockholm: ,... mindestens neun Zehntel der Bevölkerung weiß nicht, dass wir Hunderttausende von Juden umgebracht haben': Diese Schätzung ist in der Literatur häufig zur Entlastung der deutschen Bevölkerung zitiert worden, vermag diesen Zweck aber nicht [zu] erfüllen. Dafür steht sie zu sehr im Widerspruch zu einer Fülle anderer zeitgenössischer Dokumente."[1146]

Doch welches sind diese Dokumente? Nicht eines aus der „Fülle" wird belegt oder gar zitiert.

Dörner setzt sich auch nicht mit den jüdischen Stimmen auseinander, die ihre Unkenntnis beteuern.[1147] Hier sei zur Veranschaulichung eine davon wiedergegeben. Der Auschwitzflüchtling Friedemann Bedürftig glaubte zu wissen:

„Die in Auschwitz Ankommenden hatten samt und sonders nicht nur keine Ahnung, wo sie waren, sondern auch nicht die geringste davon, was ihnen zugedacht war. Sie ließen sich nicht etwa wegen ihrer ,rassischen Minderwertigkeit', wie die

---

1143 Dörner, a. a. O. II, S. 759.
1144 Klemperer: „Tagebücher 1943", a. a. O. I, S. 87.
1145 S. 171 f.
1146 Dörner, a. a. O. II, S. 297.
1147 Löw: „Das Volk", a. a. O. II, S.212 ff.

Nazis gerne behaupteten, fast widerstandslos zur Schlachtbank führen, sondern weil sie gar nicht wußten, daß sie sich auf die Reise dahin begaben …"[1148]

Damit müsste sich Dörner beschäftigen, zumal er selbst schreibt:

„Doch auf der Täterseite fiel es vielen schwer, den Mund zu halten. So musste das RSHA [Reichssicherheitshauptamt; SS] seine Leute am 29. April 1943 ermahnen, ‚den zu evakuierenden Juden vor dem Abtransport in keiner Weise irgendwelche beunruhigenden Eröffnungen zu machen'."[1149]

Schließlich drängt sich die Frage auf, ob die in Freiheit Geborenen und Aufgewachsenen überhaupt befähigt sind, sich die Anforderungen eines totalitären Systems an seine Opponenten bewusst zu machen. Kopfschüttelnd nimmt man Sätze zur Kenntnis wie:

„Dagegen befanden sich diejenigen, die die Stigmatisierung und Verfolgung zu kritisieren wagten, in aller Regel hoffnungslos in der Minderheit."[1150]

Nur vier Seiten später wiederholt Dörner:

„Wer zu protestieren wagte, sah sich in der Minderheit und musste mit Sanktionen rechnen."

Wäre das nicht so gewesen, so wäre Hitlerdeutschland kein totalitärer Staat gewesen.

Einer Gerichtsakte entnimmt Dörner folgende Begebenheit: In einem Lokal erzählte der Bedienstete eines Beerdigungsinstituts, er habe heute eine jüdische Leiche holen müssen. Da fingen die übrigen Gäste zu lachen an. Der Vorgang fand deshalb Eingang in die Gerichtsakte, weil der spätere Angeklagte daraufhin äußerte:

„… die Juden hätten nicht die geringste Schuld, das würde den Leuten nur vorgeredet".

Darauf kam es zur Denunziation. Dörners kommentiert dies:

„Solche Reaktionen zeigen in beklemmender Weise, wie stark der Respekt vor dem Leben von Jüdinnen und Juden geschwunden war."[1151]

Die Richtigkeit der Schilderung vorausgesetzt – genügt das schon für so weitreichende Schlussfolgerungen?

1148 Bedürftig, Friedemann: „Nachrichten, die nicht ankamen", in: *Süddeutsche Zeitung*, 15./16.02.1997.
1149 Dörner, a. a. O. II, S. 468.
1150 Dörner, a. a. O. II, S. 335.
1151 Dörner, a. a. O. II, S. 335.

Das Sittengesetz als weitere Schranke der Freiheit 335

22 Zeilen zitiert Dörner aus einem Adenauer-Brief vom 23. Februar 1946 an den Bonner Pfarrer Bernhard Custodis. Da dieser Text auch sonst gerne zitiert wird, lohnt es sich, näher darauf einzugehen. Die ersten und wichtigsten Sätze in diesem Brief lauten:

> „Nach meiner Meinung trägt das deutsche Volk und tragen die Bischöfe und der Klerus große Schuld an den Vorgängen in den Konzentrationslagern. Richtig ist, daß nachher vielleicht nicht mehr viel zu machen war. Die Schuld liegt früher. Das deutsche Volk, auch Bischöfe und Klerus zum großen Teil, sind auf die nationalsozialistische Agitation eingegangen."[1152]

Einer so honorigen Persönlichkeit wie Adenauer vertraut man gerne. Aber entbindet dieser Respekt den Wissenschaftler von jeder kritischen Würdigung? Oben wurde aus der Regierungserklärung Adenauers vom September 1949 zitiert[1153]:

> „Das deutsche Volk hat in seiner überwiegenden Mehrheit die an den Juden begangenen Verbrechen verabscheut und hat sich an ihnen nicht beteiligt …"

Nun schließt die eine Feststellung die andere nicht gänzlich aus. Aber wenn Adenauer schon unter der Überschrift „Holocaust" zitiert wird, so ist die Regierungserklärung sachbezogener als der Brief an Custodis und dürfte dem Leser nicht vorenthalten werden.

Hätte Adenauer über interne Vorgänge unterrichtet, für die es sonst keine Quelle gibt, würde man die Richtigkeit seiner Worte unterstellen. Doch die Kritik Adenauers betrifft einen historischen Prozess, der bestens belegt ist. Was heißt in seinem Text „nachher"? Wir können es nur vermuten: nach dem 5. März 1933. Vor der letzten halbwegs freien Wahl an diesem Tag hat die katholische Kirche die Partei Hitlers mit äußerster Entschiedenheit abgelehnt und der Zentrums-Partei zugearbeitet, in deren Reihen Adenauer stand. Das ist unbestritten. Und das Zentrum hatte an dem genannten Tag nicht an Stimmen eingebüßt. Auch die Mehrheit der Bevölkerung hat bei dieser von Terror überschatteten Wahl nicht mehrheitlich NSDAP gewählt; sie erhielt 43,9 Prozent. Nach diesen Wahlen suchte Adenauer, der „Alte Fuchs" aus Rhöndorf, bei Anhängern Hitlers Schutz und Hilfe – nicht ohne Erfolg! Wer will es ihm verübeln? Umso mehr ist seine Kritik an anderen zu missbilligen.

Adenauers Kritik am Volk trifft ihn selbst, was er vehement in Abrede gestellt haben würde. Seine Familie erklärte ausdrücklich, dazu nicht Stellung zu nehmen. Doch Faktum ist: Vor diesem Datum war er – wie die Mehrheit – gegen Hitler, und nachher: war er kein Widerstandskämpfer. So sehen es auch die besten Ade-

---
1152 Dörner, a. a. O. II, S. 537.
1153 S. 186.

nauerkenner. Einer seiner Referenten, G. B., schrieb auf eine entsprechende Anfrage hin am 13. September 2003:

> „Mit Ihnen bin ich der Meinung, daß Adenauer hier gründlich irrt. Der Brief wurde im Februar 1946 geschrieben. Vielleicht hat Adenauer damals noch zu sehr an die ursprüngliche Regimefreundlichkeit von Abt Ildefons [einem einstigen Schulfreund Adenauers und Helfer in aktueller Not] gedacht, von der er andererseits sehr profitiert hat. Ich möchte annehmen, daß er später seine Meinung geändert hat … Adenauer war immer bereit, hinzuzulernen, das habe ich bei verschiedenen Gelegenheiten beobachtet."[1154]

Gegen Goldhagen schreibt Dörner dennoch:

> „Pauschalurteile über die Einstellung der Deutschen werden angesichts der Auffassungsunterschiede in der Bevölkerung der historischen Realität nicht gerecht. Schon allein deshalb ist das Urteil, der Judenmord sei ‚auf allgemeines Verständnis, wenn nicht gar Zustimmung' gestoßen, unhaltbar."[1155]

17.3.10 „Täter, Opfer, Zuschauer" – Hilberg

Raul Hilberg, 1926 in Wien geboren und 1939 ausgewandert, um den rassistischen Nachstellungen zu entgehen, zählt zu den namhaftesten Holocaustforschern. Neben seinem dreibändigen Hauptwerk „Die Vernichtung der europäischen Juden" ist es vor allem seine Abhandlung „Täter, Opfer, Zuschauer", die ihn bekannt gemacht hat.

Auch in ihr steht „Die Vernichtung der Juden 1933–1945" im Vordergrund, wie der Untertitel belehrt. Doch zugleich enthält sie schwerwiegende Vorwürfe an die Adresse der Deutschen, so wenn er schreibt:

> „In der Tat waren die Juden in Deutschland schon bald völlig isoliert. Noch bevor man sie zwang, ‚Israel' oder ‚Sara' als Zusatznamen zu führen, und lange vor Verhängung der Pflicht, den gelben Stern zu tragen, wurden die Juden offen gebrandmarkt und manchmal total gemieden."[1156]

> „Von Deutschland ging der Vernichtungsprozeß aus. Es verlief keine Kluft zwischen dem Mann auf der Straße und den Tätern, die man in jeder Behörde oder Dienststelle fand."[1157]

Anders als viele andere Historiker geht er allerdings mit den deutschen Juden ebenfalls hart ins Gericht:

1154 Brief im Archiv des Autors.
1155 Dörner, a. a. O. II, S. 363. (Das Zitat im Zitat stammt von Goldhagen.)
1156 Hilberg: „Täter", a. a. O. II, S. 216.
1157 Hilberg: „Täter", a. a. O. II, S. 217.

Das Sittengesetz als weitere Schranke der Freiheit 337

„Ehemals hatten jüdische Honoratioren nur der jüdischen Sache gedient, doch als Mitglieder oder Funktionäre der Räte erwartete man von ihnen, daß sie viele zwingende Forderungen ‚der Behörden' erfüllten, sei es die Erhebung statistischer Daten, die Auslieferung jüdischen Vermögens, die Rekrutierung von Zwangsarbeitern oder das Zusammentreiben von Menschen für Deportationen."[1158]

Entschuldigend führt er aus:

„Die Judenräte saßen selber in der Falle, auch sie waren Opfer … Sie waren nicht der Meinung, unverdiente Privilegien zu genießen, auch wenn sie kaum verleugnen konnten, daß sie besser aßen und geräumiger wohnten als die meisten anderen Juden."[1159]

Inwieweit wäre ein solches Vorbringen auch zugunsten der Nichtjuden plausibel? Darauf geht Hilberg nicht ein.

Soweit es sich bei den Feststellungen zulasten der Deutschen um Pauschalurteile handelt, stellt sich die Frage, ob sie mit den Bekundungen der Zeitzeugen in Einklang stehen. Doch Hilberg unterlässt jede Beschäftigung mit den Zeitzeugen. Er selbst kann kaum als solcher angesehen werden, lebte er doch nur wenige Monate in Hitlers Machtbereich, bevor er als Zwölfjähriger mit den Eltern auswandern konnte.

17.3.11 „Hitlers München" – Large

Für die deutschen Sozialdemokraten war München nie die Hauptstadt des Herzens. Daher verwundert es, dass ihre führenden Köpfe, die als Flüchtlinge in Prag lebten und dort unter anderem mit ihren Berichten zu wirken versuchten, im August 1937 unter der Überschrift „Deutsche Städtebilder" mit München begannen und der Stadt wie ihren Bewohnern folgendes Kompliment machten:

„Trotz aller Bemühungen, trotz der vielen repräsentativen Veranstaltungen, trotz der Sonderstellung, die München als Kunststadt genießt, kann man ruhig sagen: München ist keine nationalsozialistische Stadt und sie ist es auch nie gewesen. Der Nationalsozialismus hat seine Anziehungskraft eingebüßt. Der Münchner erträgt ihn, wie eine unabänderliche Schickung des Himmels und sucht auf seine Art sich herauszuwinden, wo er nur kann, ohne dabei mit den Gesetzen in Konflikt zu geraten. Dieser Zustand drückt sich überall aus. Reisende aus Berlin z. B. haben schon oft festgestellt, daß man in München viel freier leben könne, weil schon die ganze Atmosphäre anders sei."[1160]

1158 Hilberg: „Täter", a. a. O. II, S. 123.
1159 Hilberg: „Täter", a. a. O. II, S. 135.
1160 Sozialdemokratische Partei Deutschlands, a. a. O. II, Bd. 4, S. 1073. So habe auch ich als Kind und Jugendlicher meine Münchner Umwelt erlebt, glaubte aber, bis ich auf derlei

„München leuchtet" – ist man versucht zu sagen, ein Wort von Thomas Mann aufgreifend.

Aus den Nachkriegsjahren bis heute sind dementgegen durchaus kritische Stimmen zu vernehmen. In einem Artikel neueren Datums steht zu lesen:

> „Die kleine jüdische Gemeinde war offenbar stets vom latenten Judenhass in der Bevölkerung bedroht. Und doch blieben die Juden in München – oder wurden … wieder in die Stadt zurückgelockt."[1161]

Belege für den Judenhass sucht man hier vergebens.

Aus eigentlich berufenem Munde lautet die Bilanz:

> „Hinter den leidvollen Schicksalen der Opfer wird die Kontur einer Stadtgesellschaft erkennbar, die kritiklos und gleichgültig die antijüdischen Gewaltakte der NS-Führung hinnahm …"[1162]

Auch hier folgen keine Belege.

Dem Zitierten geht die Bemerkung voraus:

> „Überliefert ist u. a. ein anonymes Flugblatt, das sich dezidiert gegen den Abriß der [evangelischen Matthäus-] Kirche aussprach. Hinsichtlich des Synagogenabrisses ist nichts dergleichen bekannt."

Wirklich? Von Erich Ortenau, Student der Medizin und Ethnologie in München, dem noch rechtzeitig die Ausreise gelang, erfahren wir:

> „Ich stand 51 Jahre später an dieser Stelle, wo unter dumpfem Krachen eine von einem Kran geschwenkte Demolierungskugel das stolze Gotteshaus [die Synagoge] zerschmetterte."

Und besondere Bedeutung kommt der folgenden Beobachtung zu:

> „In der Menge, die stumm zusah, konnte man kein Zeichen der Zustimmung verspüren. Ein beklommenes Schweigen ging von ihr aus. Ahnte sie die vielen Trümmer, die dieser gottlosen Saat folgen sollten?"[1163]

Auch Hermann Klugmann mischte sich unter die Zuschauer:

> „Ich habe an den Mienen der meisten Menschen, die den Abbruch der Synagoge beobachtet haben, entschiedene Mißbilligung gelesen …"[1164]

Texte stieß, meine Erinnerungen seien das Abbild der Großfamilie und der nächsten Bekannten.
1161 Warta, Christina: „Verfolgt, verfemt und immer wieder zurückgeholt", in: *Süddeutsche Zeitung*, 17./18.11.2007.
1162 Heusler / Weger, a. a. O. II, S. 37.
1163 Ortenau, a. a. O. I, S. 114.
1164 Klugmann: „Mein Leben", a. a. O. I, S. 74.

David Larges „Hitlers München" bietet eine Vielzahl solcher Invektiven, so wenn er – um nur einige anzuführen – schreibt:

> „Was die Mehrheit der gewöhnlichen Bürger anging, so verlangten sie von Hitler keine große Rechtfertigung."[1165]

Wie bitte? Und weiter:

> „Doch es kam nicht zu einem Aufschrei gegen den Antisemitismus."[1166]

> „Doch nicht einmal jetzt mündeten ihre Klagen über die Politik der Nationalsozialisten in ein ernsthaftes und systematisches Bemühen um einen Sturz des Regimes."[1167]

Ein Kommentar verbietet sich geradezu. Die hier zitierten kritischen Bemerkungen lassen die zahlreichen jüdischen Zeitzeugen speziell zum Thema München[1168] nahezu gänzlich unberücksichtigt, ebenso Ortenau und Klugmann. Wieder lautet die Frage: Warum?

Zum „Judenstern" schreibt Large:

> „Diejenigen, die sich der Anordnung fügten, begegneten einer breiten Palette von Reaktionen ihrer Mitbürger. Manche Passanten taten so, als sähen sie den ‚Judenstern' nicht, andere äußerten Genugtuung darüber, daß das ‚Judenpack' endlich auf den ersten Blick zu erkennen war; wieder andere zeigten ein gewisses Mitgefühl für die Opfer ..."[1169]

Bei Behrend-Rosenfeld aber, deren Text Large kennt, heißt es:

> „Die meisten Leute tun, als sähen sie den Stern nicht, ganz vereinzelt gibt jemand in der Straßenbahn seiner Genugtuung darüber Ausdruck, daß man nun das ‚Judenpack' erkennt. Aber wir erlebten und erleben auch viele Äußerungen des Abscheus über diese Maßnahme und viele Sympathiekkundgebungen für uns Betroffene."[1170]

Mindestens 43 Einzeltransporte in Richtung Osten wurden in München abgefertigt.[1171] Zu den Deportationen schreibt David Large:

> „Die nicht jüdische Bevölkerung Münchens bekam die Deportation der Juden, die sich am helllichten Tag vollzog, zweifellos mit. Doch offenbar nahmen die Leute

---

1165 Large, a. a. O. II, S. 330.
1166 Large, a. a. O. II, S. 386.
1167 Large, a. a. O. II, S. 391.
1168 Siehe Löw: „Die Münchner", a. a. O. II, passim.
1169 Large, a. a. O. II, S. 419.
1170 Behrend-Rosenfeld, a. a. O. I, S. 116.
1171 Stadtarchiv München, a. a. O. II, S. 881.

kaum Notiz davon. In den Berichten des SD ist weder von Beifalls- noch von Mißfallensbekundungen die Rede."[1172]

Large, der dies zu wissen vorgibt, verrät dem Leser nicht, woher er sein Wissen bezieht. Es ist bestenfalls reine Phantasie. Wer nicht ganz engen Kontakt zu Juden hatte, und das waren die wenigsten in diesen unheilschwangeren Monaten, mag zwar wahrgenommen haben, dass dieser und jener Jude nicht mehr dort lebte, wo er bislang gelebt hatte, angesichts der ständigen Auswanderung von Juden seit 1933 aber nichts ganz Überraschendes, zumal jedermann um den Druck auf die Juden wusste. Wer Nachforschungen anstellte, dürfte, falls er überhaupt eine Antwort erhielt, erfahren haben: Ausgezogen, zunächst vielleicht – in ein Judenhaus, und dann?

Der eigentliche Abtransport in den Osten erfolgte in aller Regel von Milbertshofen aus, und zwar, wie Behrend-Rosenfeld, eine Betroffene, berichtet, um 4 Uhr morgens.[1173] Behrend-Rosenfeld, eines der Opfer mit bestem Überblick, lässt Large auch insofern unberücksichtigt.

Obgleich gebürtiger Münchner, auch heute im Landkreis München lebend, war der Verfasser noch nie in Milbertshofen. Diese Feststellung dürfte auf das Gros der Münchner zutreffen. Jene Münchner aber, die sich aus welchen Gründen auch immer Anfang der Vierzigerjahre in Milbertshofen aufgehalten haben, sind kaum Stunden vor Tagesanbruch am Bahnhof gewesen. Nicht einer von eintausend Münchnern hat also die Abtransporte wahrgenommen.[1174]

17.3.12 „Hitler. Die Deutschen und ihr Führer" – Zusammenfassung

„Warum machten die Deutschen Adolf Hitler zu ihrem Führer und verbanden ihr Schicksal bedingungslos mit seiner Person?",

fragt der Klappentext des Buches von Rafael Seligmann „Hitler. Die Deutschen und ihr Führer" und verspricht, dass der 1946 geborene Autor, dem Leser darauf die Antwort gibt. Wie Hitler an die Macht kam, ist hinlänglich bekannt. Inwieweit brachten ihn *die* Deutschen an die Macht?

Manches hat wie der Blitzsieg über Frankreich weitverbreitete Euphorie ausgelöst, wie Seligmann hervorhebt, um dann fortzufahren:

1172 Large, a. a. O. II, S. 420.
1173 Behrend-Rosenfeld, a. a. O. I, S. 146.
1174 Die Geheimhaltung wird auch „von der anderen Seite" bestätigt; siehe Stadtarchiv München: „Ich lebe!", a. a. O. II, S. 81 f.

„Im weiteren Kriegsverlauf sollte die deutsche Treue zunehmend ihre furchtbare Kraft entfalten."[1175]

Doch war es „Treue", was die meisten Wehrpflichtigen zu den Waffen greifen ließ, oder war es die Todesdrohung für den Fall der Wehrdienstverweigerung, des militärischen Ungehorsams? Warum dienten Zehntausende Juden in Hitlers Armee? Warum waren die jüdischen Zwangsarbeiter besonders fleißig? Diese Fragen werden nicht gestellt, geschweige denn beantwortet. Umso häufiger wird die These präsentiert:

„Die überwiegende Mehrheit der deutschen Soldaten – und der Bevölkerung in der Heimat – stand unverbrüchlich hinter ihrem vertrauten Oberbefehlshaber."[1176]

„Das deutsche Volk war in seiner überwiegenden Mehrheit tatsächlich entschlossen, ‚wenn der Führer es befiehlt, zehn, zwölf, und wenn nötig vierzehn und sechzehn Stunden täglich zu arbeiten …'"[1177]

Der Autor verzichtet auf alle Belege und auch auf das übliche Literaturverzeichnis. Es gibt kein Indiz, dass er die Aufzeichnungen der jüdischen Zeitzeugen berücksichtigt hat. Er hätte sonst die pauschalen Aussagen über Hitlers Gefolgschaft sicherlich so nicht zu Papier gebracht. Allein was die verfolgte Anna Haag schildert, reicht aus, um Seligmann zu widerlegen:

„Goebbels hat die Bevölkerung sehr gelobt ob ihrer Tapferkeit. Genau wie eine Mutter, um seinem Weinen vorzubeugen, ihr ‚tapferes' Kind lobt, das sich an der Stuhlkante gestoßen hat. Aber dieses Kind, hier die Bevölkerung unsrer Stadt, schreit trotz dieses vorbeugenden, auf suggestive Wirkung zielenden Lobes. Das heißt: da es nicht ‚schreien' darf, weil ihm sonst ‚im Namen der deutschen Sache' der Kopf abgeschlagen wird, wimmert es in sich hinein, erfüllt von tödlicher Angst."[1178]

Anders als Seligmann urteilt der britische Historiker Richard Evans, der in seinem gewaltigen dreibändigen Werk „Das Dritte Reich" auf zahlreiche Belege und Literaturhinweise nicht verzichtet. Was die Zeitzeugen betrifft, so schwärmt er von den einfachen, anspruchslosen Bürgern,

„deren umfangreiche und gewissenhaft geführte Tagebücher eine so unentbehrliche Quelle für das Alltagsleben unter den Nationalsozialisten darstellen"[1179].

Doch die jüdischen Zeitzeugen werden recht stiefmütterlich behandelt; von den oben Zitierten höchstens einer von fünfzig! Zu den Ausnahmen zählt Klemperer.

1175 Seligmann, a. a. O. II, S. 246.
1176 Seligmann, a. a. O. II, S. 264.
1177 Seligmann, a. a. O. II, S. 275.
1178 Haag, a. a. O. II, S. 167.
1179 Evans: „Reich", a. a. O. II, S. 942.

Evans will mit Klemperer den Nachweis führen, dass es solche und solche Deutsche gegeben habe, was ohnehin weltweite Erfahrung und ein Gemeinplatz ist. Alle Quantifizierungen Klemperers bleiben dem Leser jedoch vorenthalten. Immerhin räumt Evans ein, dass Wissen nicht gleichbedeutend mit Billigung gewesen sei, vielmehr lasse das verfügbare Quellenmaterial darauf schließen,

> „daß die einfachen Deutschen im großen und ganzen nicht einverstanden waren."[1180]

Mit diesen Worten geht er zu den meisten seiner Kollegen auf Distanz.

Erwähnt werden muss auch das über tausend Seiten umfassende Buch der jüdischen Historikerin Leni Yahil „Die Shoah. Überlebenskampf und Vernichtung der europäischen Juden"[1181]. Die Verfasserin betont die Hilfe, die zahlreichen Juden von ihren Mitmenschen zuteil wurde. Doch die Einstellung der Bevölkerung allgemein den Juden gegenüber kommt nicht zur Sprache, es sei denn dass aus dem Gebrauch des bestimmten Artikels *die* Schlüsse auf die Gesamtheit der Deutschen gezogen werden. Die oben zitierten Zeitzeugen spielen keine Rolle. Einige davon werden in der Bibliografie berücksichtigt.

Zumindest kurz soll auch Hans Joachim Schoeps' „Leiden an Deutschland" zur Sprache kommen. Schoeps als Sohn weit rechtsstehender jüdischer Emigranten 1942 in Schweden geboren, Politologe und Historiker, tadelt alle Deutschen heftig, wenn er schreibt:

> „Die Bevölkerung hat sich nicht schützend vor die jüdischen Mitbürger gestellt. In der Nacht vom 9. auf den 10. November, als überall in Deutschland an die Synagogen Feuer gelegt wurde, stand die Menge da, rührte keine Hand und gaffte: stumm, dumpf und gefühllos."[1182]

Das kann er selbst gar nicht beobachtet haben. Doch seine Quellen benennt er nicht. Die jüdischen Zeitzeugen können es nach den Darlegungen oben nicht gewesen sein, die in ihm dieses Bild produziert haben.

Auf 650 Seiten geht Marlis Steinert der Frage nach, wie waren „Stimmung und Haltung der deutschen Bevölkerung im Zweiten Weltkrieg", wie der Untertitel ihres Buches „Hitlers Krieg und die Deutschen" lautet.[1183] Auch dieses beachtliche Werk verzichtet weitgehend auf die Auswertung der Zeitzeugen, ein Faktum, das wohl primär mit dem Erscheinungsjahr (1970) zu erklären ist.

1180 Evans: „Gesicht", a. a. O. II, S. 10.
1181 Yahil, a. a. O. II.
1182 Schoeps, a. a. O. II, S. 25.
1183 Steinert, a. a. O. II.

Abschließend soll Ralf Giordano erwähnt werden, der in seiner Autobiografie „Erinnerungen eines Davongekommenen" die leidvollen Erfahrungen eines „Halbjuden" während der Hitlerjahre beschreibt. Auch er geht mit den Deutschen hart ins Gericht:

> „Die Nacht vom 9. auf den 10. November 1938 zwang ... alle Deutschen in die Mitwisserschaft des rassistischen Großverbrechens, in die Rolle eines Komplizen, der nicht befragt worden war, ob er / sie überhaupt mitspielen wolle oder nicht. Die Machthaber wollten die Schamschwelle der Nation prüfen, und das war ihnen wichtiger als die sichere Gewissheit, mit der Pogromnacht dieses Deutschland endgültig außerhalb der gesitteten Menschheit gestellt zu haben. ... Denn die Pogromnacht ereignete sich in einem Deutschland, dessen überwältigende Bevölkerungsmehrheit ... längst für den Nationalsozialismus gewonnen war, ja, ihm begeistert und inbrünstig anhing."[1184]

Nun sollte man meinen, in einer Autobiografie würde diese abstrakte Schuldzuweisung veranschaulicht. Aber nichts dergleichen. Natürlich macht Giordano uns mit willfährigen Nazis bekannt, aber das Gros seiner Umwelt liefert – wie oben gezeigt – gerade kein Material für eine pauschale juristische oder moralische Anklage. Er selbst räumt ein:

> „Richtig, es gab Bekundungen der Abscheu und der Trauer, der Wut und der Auflehnung, ich selbst bin mehr als einmal Zeuge solcher humaner Haltung geworden, eines natürlichen Mitleids mit den Geschundenen, bis hin zu Tränen der Fassungslosigkeit."[1185]

Giordano erwähnt eine „zweite, ebenfalls Ablehnung signalisierende Gruppe" und fährt fort:

> „Aber es gab auch massenhaft Beispiele privater Teilnahme an der organisierten Aktion, zahllose Exempel persönlicher Genugtuung über das Verbrechen, demonstrative Zustimmung und absolute Mitleidlosigkeit ..."[1186]

Darf von einer Biografie nicht erwartet werden, dass der Verfasser anschaulich konkret wird? Doch so weit dies hier der Fall ist, untermauern die Schilderungen nicht die abstrakten Anschuldigungen. Dass die Schilderungen der anderen jüdischen oder „halbjüdischen" Zeugen von ihm nicht berücksichtigt werden, überrascht nach dem Gesagten kaum.

Für ihn ist die Sache klar:

1184 Giordano, a. a. O. I, S. 134.
1185 Giordano, a. a. O. I, S. 136. Das Gesagte gilt auch für Leonie Frankenstein (siehe Frankenstein, Leonie, a. a. O. I, S. 130), deren Biografie viele Berichte über korrekte, ja äußerst hilfsbereite Deutsche enthält, die aber dementgegen nach dem Krieg äußert: „Wir wollten mit diesen Deutschen nicht zusammenleben. Ich hätte sie alle umbringen können."
1186 Giordano, a. a. O. I, S. 137.

„Doch wie auch immer die Gewichte innerhalb der drei Reaktionsgruppen mit mancher Grauzone verteilt gewesen sein mögen – es lassen sich keine Anhaltspunkte dafür finden, dass die Pogromnacht auch nur eine graduelle, geschweige denn eine prinzipielle Minderung der Popularität Hitlers und seiner Sache unter den Deutschen nach sich gezogen hätte. Hier hatte eine Generalprobe stattgefunden: Wann immer es der Mörder bedurfte – sie waren zur Stelle."[1187]

Kein Satz in seiner Biografie verrät, inwiefern der Autor und sein „arischer" Vater einen anderen Weg gegangen sind als die Mehrheit und wie Vater und Sohn die Befehle von oben sabotiert haben. Auf seine durch nichts legitimierte Selbstgerechtigkeit wird noch einzugehen sein.[1188]

Das Ergebnis dieser Analysen einschlägiger Publikationen namhafter Zeitgeschichtler – Giordano ausgenommen, da kein Historiker – ist paradox: Hitler wollte die Juden töten und damit unschädlich, auch mundtot machen. Jene, die mit Eifer bestrebt sind, die schrecklichen zwölf Jahre aufzuarbeiten, schenken jedoch den Stimmen derer, die damals zum ewigen Schweigen verurteilt waren, kaum Gehör, und wenn doch, dann höchst halbherzig: Sie loben die jüdischen Zeugen, rufen sie aber nicht in den Zeugenstand. Bankier geht sogar so weit, den Wert ihrer Bekundungen ausdrücklich mit einem Fragezeichen zu versehen. Nicht nur ihm sind die NS-amtlichen Berichte offenbar wichtiger als die Informationen aus erster Hand: Die Täter wissen es scheinbar besser als die Opfer, was Letztere erlebt und erlitten haben. Sind die Täter und ihr Umfeld vielleicht gar glaubwürdiger, insofern besser?

Keiner der vorgestellten Autoren verfügt über eigene Totalitarismuserfahrungen. Die einzige Ausnahme, wiederum Giordano, war selbst jahrelang Anhänger der totalitären Alternative des Nationalsozialismus, nämlich des Stalinismus, was seine Kompetenz für moralische (Un-)Werturteile mit einem überdimensionalen Fragezeichen versieht. Auch er argumentiert nicht mit eigenem Erleben. Man könnte geradezu sagen, die Erlebnisse, die er schildert, sind Wasser auf die Mühlen seiner Kritiker.

Kein strafgerichtliches Urteil hätte in einem Rechtsstaat Bestand, hätten die Richter in der Beweisaufnahme auf die Bekundungen der aussagebereiten Opfer verzichtet. Für die Historiografie sollte diese juristische Selbstverständlichkeit ebenfalls gelten. Auch in dieser Wissenschaft dürfen Urteile mit einem solchen Mangel keinen Bestand haben.

1187 Giordano, a. a. O. I, S. 137.
1188 S. 377 f.

Warum finden die jüdischen und die anderen zitierten Zeugen kein oder kaum Gehör? Viele Vermutungen sind denkbar. Doch hier soll nicht spekuliert werden, zumal die Motive von Person zu Person andere sein dürften bis hin zum *Ondit* („man sagt"), weil alle es sagen. Es kann doch nicht sein, dass jedes Mitglied der Scientific Community instinktiv und übereinstimmend fühlt, welche Grenzen bei der Wahrheitssuche nicht überschritten werden dürfen, ohne im Abseits zu landen!

Liefert die blinde Begeisterung, ja Verehrung für den vorgeblich „jüdischen" „Zeitzeugen" „Binjamin Wilkomirski" und seine angeblich in Auschwitz erlebten Skandalgeschichten[1189] einen Schlüssel zur Beantwortung der aufgeworfenen Frage? Sein zahlreiches Publikum hörte es unter Tränen, wie er in seinen Vorträgen auch völlig unbescholtene deutsch-schweizer Bürger in die Nähe der NS-Folterknechte rückte.

Dazu äußerte sich entlarvend Daniel Ganzfried, selbst ein Jude:

„Ein so genannt Jüdischer Verlag am Main war nach einigen Missgriffen gehalten, endlich einen holocaustigen Knüller zu landen … Die brutalst möglichen holocaustigen Grausamkeiten, begangen am rührendsten Opfer, dem Kind, und einen Autor, der gewillt war, dieses Kind im Erwachsenen zu verkörpern. Eine gänzlich neue Nummer im Zirkus."[1190]

Diese Fiktionen wurden zumindest leichtfertig auch von Wissenschaftlern gefördert, die Fakten dagegen missachtet.

17.4 Mitwisserschaft und Schuld

Keine der Verlautbarungen, die unsere Frage nach dem Inhalt des Sittengesetzes beantworten, bietet jenen eine Handhabe, die da glauben, allein das Wissen Deutscher um Unrecht oder konkreter um den Massenmord an den Juden könne einen Schuldvorwurf rechtfertigen. Wer widerspricht, möge sagen, wie er über die Juden denkt, die noch nicht verhaftet waren, und die, die bereits die Lager bevölkerten. Keine dieser Verlautbarungen rechtfertigt es, einen Schuldvorwurf allein damit zu begründen, dass der Angeschuldigte ein nichtjüdischer Deutscher gewesen sei.

Alle Bewohner des westlichen Auslands konnten sich leichter über die NS-Verbrechen informieren als die gewöhnlichen Deutschen, die keine Auslandspresse beziehen und keine Auslandssendungen legal hören konnten.

1189 Wilkomirski, a. a. O. II.
1190 Ganzfried, a. a. O. II, S. 71.

„Unter der äußerlichen Unbekümmertheit [der Freien Welt] wurde Karski von
Verbitterung über die Vergeblichkeit seines Kampfes [Wahrnehmung von ‚Auschwitz'] verzehrt"[1191],

schreiben die Autoren des Buches „Einer gegen den Holocaust", in dem sie schildern, wie der Held – wann wäre das Wort sonst berechtigt? – Auschwitz ausspionierte und dann die Spitzen der freien Welt darüber zu informieren versuchte. Auf der Rückseite des Buches heißt es zusammenfassend:

„Als Kurier der polnischen Untergrundbewegung brachte Jan Karski den Alliierten
1942 handfeste Beweise für Hitlers Verbrechen. Aber keiner wollte ihm glauben."[1192]

Der jüdische Emigrant Moritz Bonn ergänzt:

„… die Scheußlichkeiten von Auschwitz und anderen Orten waren in Amerika
längst bekannt, als die große Menge der Deutschen davon noch nichts wußte."[1193]

Wer dennoch „Feindsender" hörte und die so erlangten Informationen weitergab,
den erwartete die Todesstrafe. Haben sich die Engländer, die US-Amerikaner
schuldig gemacht, die über Hitlers Verbrechen Bescheid wussten? Aus dem Internationalen Pakt verdient dazu Artikel 26 Erwähnung:

„Alle Menschen sind vor dem Gesetz gleich und haben ohne Diskriminierung Anspruch auf gleichen Schutz durch das Gesetz. In dieser Hinsicht hat das Gesetz jede
Diskriminierung zu verbieten …"

Noch erheblicher ist im Rahmen dieser Untersuchung Artikel 6, Absatz 2 der Europäischen Menschenrechtskonvention, der in Übereinstimmung mit Artikel 11
der Allgemeinen Erklärung der Menschenrechte bestimmt:

„Jede Person, die einer Straftat angeklagt ist, gilt bis zum gesetzlichen Beweis ihrer
Schuld als unschuldig."

Es folgt eine Reihe von Vorschriften, die in ihrer Gesamtheit zeigen, welche Sorgfalt in einem rechtsstaatlichen Verfahren angezeigt ist, um dem Gebot, die Menschenwürde zu achten, zu genügen. Diese Vorgaben sind selbst dann zu befolgen,
wenn es sich um schlichte Vergehen handelt, die nur mit einer Geldstrafe bedroht
sind. Um wie viel mehr sind sie zu respektieren, wenn die Anschuldigung die Mitwirkung an Massenmorden zum Gegenstand hat!

1191 Wood u. a., a. a. O. II, S. 313.
1192 Wood u. a., a. a. O. II., U 4
1193 Bonn, a. a. O. I, S. 17.

17.5 Schuldausschließungs- und Schuldminderungsgründe – auch für NS-Täter?

Das Strafgesetzbuch bestimmt in § 17 unter der Überschrift „Verbotsirrtum":

> „Fehlt dem Täter bei Begehung der Tat die Einsicht, Unrecht zu tun, so handelt er ohne Schuld, wenn er diesen Irrtum nicht vermeiden konnte. Konnte der Täter den Irrtum vermeiden, so kann die Strafe … gemildert werden."

Diese Regelung ist keine Juristenmarotte, sondern Ausfluss hoher Rechtskultur, die sich aus einer adäquaten, humanen Betrachtung ergibt. Wer schuldlos irrt, kann nicht schuldig gesprochen werden. Daher kann diese Einsicht nicht nur in Strafverfahren Beachtung beanspruchen, sondern auch überall dort, wo Werturteile gefällt werden und einer entwickelten Moral zu entsprechen haben. Das Zitierte gilt primär für die Täter, aber auch für alle jene Mitläufer, denen sonst Vorwürfe gemacht werden, weil sie, wie auch immer, fragwürdigen Geboten eines Unrechtsstaates Folge geleistet haben.

Oben wurde schon der angesehene Rechtsphilosoph und Politiker Gustav Radbruch zitiert, der nach dem Ende der NS-Herrschaft viel dazu beitrug, dass sich die Einsicht durchsetzte, das Gesetz habe der Gerechtigkeit zu weichen, falls der Widerspruch zwischen diesen Vorgaben unerträglich sei. Aber auch er musste einräumen, dass die Juristen gegenüber den nationalsozialistischen Gesetzen „wehrlos" gewesen seien, hatte er selbst doch kurz vor Hitler noch gelehrt:

> „Für den Richter ist es Berufspflicht, den Geltungswillen des Gesetzes zur Geltung zu bringen, … nur zu fragen, was Recht ist und niemals, ob es auch gerecht sei."[1194]

Mit dieser streng positivistischen Sicht stand er nicht allein. Das Gegenteil wurde nur noch von den Lehrstühlen der katholischen Moralphilosophie aus verkündet. An der Uni Köln vertrat der nicht minder angesehene Jude, Demokrat und Sozialist Hans Kelsen die „Reine Rechtslehre", die scharfe Scheidung zwischen Sein und Sollen, zwischen Gesetz und Gerechtigkeit. Ein Vertrauter Kelsens schreibt:

> „Der oberflächliche Einwand drängt sich auf: Kelsen legalisiere den Unrechtsstaat, und er mache sich nichts aus der Gerechtigkeit. Auch hier war das Gegenteil richtig. Er litt unter den Folgerungen seines denkerischen Rigorismus. Herzlich gern hätte er sich, wie so viele Rechtsphilosophen, die geachtet wurden, auf irgendein Naturrecht berufen."[1195]

Da er es nicht getan hat, wussten seine Hörer, die später als Juristen unter Hitler wirkten, nicht, was Kelsen und seine Kollegen gedacht und gewünscht, sondern nur, was sie vom Katheder aus vertreten und geschrieben hatten. Kann man mit

---
1194 Radbruch, a. a. O. II, S. 83 f.
1195 Mayer, Hans, a. a. O. I, S. 149.

den Schülern rechten, wenn sie sich den Vorgaben ihrer Lehrer gemäß verhalten haben?

Hier verdient Erwähnung, was ebenfalls im Raum Köln – im Widerspruch zu Kelsen – von den Kanzeln in der NS-Zeit vertreten wurde:

„Gegen … schrankenlosen Individualismus ist die Kirche entschieden aufgetreten. Mit demselben Nachdruck tritt sie aber auch gegen die Aufhebung oder die ungebührliche Einengung des Rechts des Einzelnen auf. Der Einzelne kann und darf nicht völlig aufgehen im Staat oder im Volke oder in der Rasse … Wer immer Menschenantlitz trägt, hat Rechte, die ihm keine irdische Gewalt nehmen darf. Es ist ein Ruhmesblatt in der Geschichte der Menschheit, daß das Recht der Fremden sich immer mehr entwickelt hat, daß das Völkerrecht diese Rechte näher umgrenzt und festlegt. All die Urrechte, die der Mensch hat, das Recht auf Leben, auf Unversehrtheit, auf Freiheit, auf Eigentum, auf eine Ehe, deren Bestand nicht von staatlicher Willkür abhängt, können und dürfen auch dem nicht abgesprochen werden, der nicht unseres Blutes ist oder nicht unsere Sprache spricht."[1196]

Der große deutsch-jüdische Philosoph Moses Mendelssohn aber hatte in seinem Buch „Jerusalem" ebenfalls geschrieben:

„Auch wer nicht an Gesetze glaubt, muß nach dem Gesetze thun, sobald es Sanction erhalten hat."

In einer Erläuterung dazu steht:

„… seine Auffassung vom Gesetz war ein typisches Beispiel dafür, wie NS-Gesetze von den meisten betrachtet wurden. Alles, was offiziell war, mußte befolgt werden."[1197]

Wie groß ist gleichwohl die Schuld der „Befolger"? Ist sie größer als die ihrer großen Lehrer? Falls ja, erfüllt sich dann nicht das Sprichwort: „Die Kleinen hängt man, die Großen lässt man laufen", d. h. die Verführer werden geehrt?

Wenn sich schon der gebildete Richter darauf berief: „Gesetz ist Gesetz", dann sagte sich doch erst recht der Soldat im Ernstfall: „Befehl ist Befehl". Hunderte Male hatte er es hören müssen. Christopher Browning schildert eine Szene vor einer Massenerschießung von Juden:

„Die Männer des Reserve-Polizeibataillons 101 kletterten von ihren LKWs und sammelten sich im Halbkreis um Major Wilhelm Trapp, einen dreiundfünfzigjährigen Berufspolizisten … Trapp war bleich und nervös, hatte Tränen in den Augen und kämpfte beim Reden sichtlich darum, seine Gefühle unter Kontrolle zu halten. Das Bataillon stehe vor einer furchtbar unangenehmen Aufgabe, erklärte er mit tränenerstickter Stimme. … aber der Befehl dazu komme von ganz oben. Vielleicht

---

[1196] Volk, Ludwig (Bearb.): „Akten deutscher Bischöfe", Bd. V, S. 595 f.
[1197] Rigg: „Hitlers jüdische Soldaten", a. a. O. II, S. 42.

werde ihnen die Ausführung leichter fallen, wenn sie an den Bombenhagel dächten, der in Deutschland auf Frauen und Kinder niedergehe."[1198]

Um einen Schuldausschließungsgrund (§ 35 StGB) oder verminderte Schuld geht es auch, wenn Furcht und Angst das Tun oder Unterlassen bestimmt haben.

„Wer in einer gegenwärtigen, nicht anders abwendbaren Gefahr für Leben, Leib oder Freiheit eine rechtswidrige Tat begeht, um die Gefahr von sich, einem Angehörigen oder einer anderen ihm nahe stehenden Person abzuwenden, handelt ohne Schuld."

Im Kern damit übereinstimmend urteilt die christliche Moralphilosophie im Katechismus der katholischen Kirche:

„Unkenntnis, Gewalt, Furcht und weitere psychische oder gesellschaftliche Umstände können die Anrechenbarkeit einer Tat und die Verantwortung für sie vermindern oder aufheben."[1199]

Der Jude Valentin Senger macht sich in Nachhinein noch Vorwürfe, dass er gehandelt hat, obwohl er beim Verbreiten von Flugblättern noch mit einem blauen Auge davongekommen war:

„Ich war zu feige, nein zu sagen, wenn Mimi meinte, es müsse wieder einmal etwas getan werden, damit die Bevölkerung sehe, daß es in Deutschland noch Kommunisten und Antifaschisten und einen Widerstand gegen Hitler gebe. Ich war zu feige, nein zu sagen, obwohl ich die Sinnlosigkeit solchen Tuns auch damals schon deutlich empfand …"[1200]

Wer wollte ihm widersprechen?

Es bedarf keiner langatmigen Beweise, um die Angst aller Juden und „Judenfreunde" glaubhaft zu machen.

„Je mehr ich mich nach den Ereignissen der Nazizeit erkundige und je mehr ich mich in diese Zeit zurückversetze, umso stärker wird mir bewußt, daß das charakteristische Merkmal dieser Jahre die Angst war. Die Angst trieb an, verführte, lähmte und erstickte. Sie breitete sich wie Mehltau über alles Leben."[1201]

Bundeskanzler a. D. Helmut Schmidt sagte in einem Interview:

„Mein Vater hatte schreckliche Angst. Nicht davor, umgebracht zu werden. Er hatte keine Ahnung davon, auch während des Krieges nicht, daß Juden umgebracht wurden. Seine ganze Angst war konzentriert in der Vorstellung: Wenn die das rauskrie-

---

1198 Browning, a. a. O. II, S. 22.
1199 Ecclesia Catholica, a. a. O. II, S. 466, Nr. 1746.
1200 Senger, a. a. O. I, S. 161.
1201 Tigges, a. a. O. II, S. 68.

gen [ein Großelternteil jüdisch], verliere ich meine Stellung als Studienrat. Diese
Angst allein hat ausgereicht, diesem Mann jegliche Energie zu rauben."[1202]

Flächendeckend war dafür gesorgt, dass die Missliebigen verschwinden konnten.
Die „Rechtsprechung" der Sondergerichte tat das Ihre, um die Lager zu füllen:

> „Ein Jude, der sich der Evakuierung entzieht, ist ein Reichsfeind ... Der flüchtige
> Jude kann Hilfeleistung nur von Elementen erwarten, die auch ihrerseits staatsfeindlich ausgerichtet sind. Eine solche Staatsfeindlichkeit liegt auch schon dann vor, wenn der Helfer sich die staatspolitischen Notwendigkeiten, die für die Evakuierung der Juden sprechen, gleichgültig sein läßt und sich nicht darum schert. Auch diese Gleichgültigkeit ist schon ein Verbrechen."[1203]

Mit der Einlieferung in ein Lager wurden nicht nur die materiellen Lebensbedingungen katastrophal, auch der psychischen Belastung waren sehr viele nicht gewachsen:

> „Der Drang zur Selbsterhaltung, Furcht, Hunger und Durst führten zu einer völligen Umwandlung der Persönlichkeit bei der Mehrzahl der Gefangenen ... In vielen Fällen verschwand jedes Verantwortungsgefühl gegenüber anderen Menschen ..."[1204]

Wo ist die moralische Instanz, die es verübeln könnte, wenn ein schwacher Mensch solchen sadistischen Versuchungen entgehen wollte?

17.6 Schuld und Verantwortung

Beim Thema „Vergangenheit" ist viel von „Verantwortung" die Rede. Häufig wird das Wort als Synonym für „Schuld" verwendet. Soll damit nur eine kleine stilistische Abwechslung geboten werden oder will man das Wort „Schuld" vermeiden, wohl wissend, dass an den Schuldvorwurf harte Anforderungen gestellt werden? Letzteres wäre ein mehr als fragwürdiger Versuch der Umgehung dessen, was rechtlich und sittlich geboten ist. Die andere Bedeutung von „Verantwortung" begegnet uns beispielsweise schon im Vorwort des Grundgesetzes: „Im Bewusstsein seiner Verantwortung vor Gott und den Menschen" hat sich das deutsche Volk diese Verfassung gegeben. Hier wie meist auch sonst macht dieses anschauliche Wort bewusst, dass der Verantwortliche Rede und Antwort stehen muss für alles das, was sich in seinem Verantwortungsbereich zugetragen hat, so der Lehrer für die Vorkommnisse in seiner Klasse, jeder Elternteil für seine minderjährigen Kinder usw. „Verantwortung" ist dann eine Voraussetzung für etwaige Schuld, aber nicht mehr. Der Lehrer kann sich in vielen Fällen exkulpieren, auch die El-

---

1202 Schmidt, Helmut: „Die Deutschen bleiben ein gefährdetes Volk", in: *Frankfurter Allgemeine Zeitung*, 09.04.2005.
1203 Golz-Goldlust, a. a. O. I, S. 177 f.
1204 Löwenthal, Leo, a. a. O. I, S. 19.

tern. Sobald das Kind volljährig wird, entfällt ihre besondere gesetzliche Verantwortung. Bei einem so sensiblen Thema wie „Schuld" empfiehlt es sich nicht, mit Synonyma zu arbeiten. Klarheit hat oberste Priorität.

Auch wer den diffusen Begriff „kollektive Verantwortung" meidet, da er weder im deutschen noch im internationalen Recht verankert ist, kann gleichwohl die Haftung der Bundesrepublik Deutschland aus Gründen der Ursächlichkeit und der Billigkeit – ganz im Geiste Adenauers – bejahen. Ursächlichkeit und Billigkeit sind zentrale Begriffe des deutschen Schuldrechts. Hitler war Deutschlands oberster Repräsentant von 1933 bis 1945, und als solcher hat er die Verbrechen begangen, die eine Entschädigung im Rahmen des Möglichen geboten erscheinen lassen.

18. Der Richter unter dem Gesetz

Das Strafrecht ist keine Spielwiese für den Richter, auf der er sich frei bewegen kann. Er selbst ist ebenfalls dem Strafrecht unterworfen, macht Fehler, kann sich sogar strafbar machen. Das Gesetz beschneidet seine Freiheit auf vielfältige Weise, was nicht nur dem Verfassungssatz zu entnehmen ist, wonach die Menschenwürde primär seitens des Staates zu achten sei. Der Dekalog appelliert an alle, auch an die Richter, besonders an jene, die sich selbst zu Richtern machen: „Du sollst kein falsches Zeugnis geben wider Deinen Nächsten." Ähnliches gilt für wohl jede Ethik.

Der Richter ist, wie selbstverständlich und auch schon mehrmals betont, an das Gesetz gebunden. Er darf nicht zulasten des Angeklagten „neues Recht" erfinden oder ausgemustertes reaktivieren. Das gilt im Prinzip nicht minder für den Amateurrichter. Auch er steht unter dem Sittengesetz, und leichtfertige Beschuldigungen begründen nur seine eigene Schuld. Der Kollektivschuldvorwurf ist daher eine grobe Missachtung des Gebotes: „Vor dem Gesetz sind alle gleich!" sowie des Grundsatzes, dass niemand in eigener Sache Richter sein kann.

18.1 Keine Kollektivschuld

Nur wenige bejahen die Kollektivschuld ausdrücklich. Aber die oben zitierten Anklagen lassen kaum einen anderen Schluss zu als den, dass *die* Deutschen schwer gefehlt haben. Immer wieder werden *die* Deutschen bemüht, fast so, als ob der bestimmte Artikel Bestandteil des Substantivs wäre. In den großen Rechtsurkunden, die oben ausführlich thematisiert wurden, finden sich hingegen keine Anhaltspunkte dafür, dass ein Kollektiv schuldig werden könne. Das Sittengesetz steht dem nicht nach: Kein vernünftiger Mensch beichtet die Missetaten anderer, mag er auch für die Sünden anderer Buße tun, ihretwegen Scham empfinden.

Dem Kollektivschuldvorwurf sind von Anfang an Menschen entgegengetreten, die über jeden Verdacht der geistigen Komplizenschaft mit Hitler erhaben sind. Sie urteilen nicht nur aus dem Fundus ihrer Erfahrungen heraus, sondern auch gemäß den Vorgaben ihres sensiblen Gewissens. Friedrich Stampfer, das im Exil lebende Vorstandsmitglied der SPD, ist einer der ersten, die sich verpflichtet fühlten, gegen den Kollektivschuldvorwurf vorzugehen.[1205]

Mit Blick auf *die* Juden war es vor Stampfer schon Jakob Wassermann, der einem Kritiker antwortete:

1205 Siehe Kapitel III 1.

„Es gäbe solche und solche Juden. Alle Gesamturteile seien schief und führten zur Vergewaltigung, zur Verzerrung, zur Ausnützung im Dienste von Parteiinteressen. Warum nicht menschlich den Menschen sehen, nur den Menschen?"[1206]

Victor Klemperer, auf der Flucht vor Not und Verfolgung, berichtete am 21. März 1945 in seinem Tagebuch über einen Disput mit einer jungen Frau:

„Sie bog der Judenfrage zu. Ich wich vorsichtig aus. Wer sage, *der* Deutsche, *der* Jude, *der* Pole, habe immer unrecht."[1207]

Damit hat er deutlich jedes Kollektivschuldurteil verworfen.

Ludwig Marcuse, der Krieg und Verfolgung im Exil überlebt hat, verlieh schon am 11. Mai 1945 seiner entschiedenen Ablehnung des Kollektivschuldgedankens Ausdruck:

„Ein Leipziger Portier steht auf der Straße zwischen Trümmern und schreit: ‚Wir sind belogen und betrogen worden.' Ein Leipziger Professor entschuldigt sich: ‚Wir haben nichts damit zu tun.' Mit ‚damit' meint er die vergangenen zwölf Jahre. Hatten sie alle nichts ‚damit' zu tun? Ich bin aber leidenschaftlich gegen den Begriff, der im ‚Hexenhammer' stehen könnte: Kollektivschuld. Sie ist das Produkt eines Kollektivwahns. Die ist der Ausdruck einer Hitlermethode, die Praxis der baren Unmenschlichkeit: vom Einzelnen abzusehen und nur in Gruppen zu denken … Kein Verzeichnis der Greuel sollte uns dahin bringen, so unzugänglich für das Individuum zu sein, wie es die verstorbene deutsche Gewalt war."[1208]

Marcuse formulierte noch deutlicher:

„Wenig erschütterte mich, was vielen Emigranten soviel Kummer machte: wem kann ich die Hand geben? Will man ganz sichergehen, so bleibt man zu Hause und gibt sie niemand. Wer von der Kollektivschuld beunruhigt ist, hat mehr Hitler in sich, als er ahnt. Ich habe über dem bequemen Wort ‚Deutsches Volk' nie vergessen, daß es achtzig Millionen gab; ich will nicht, daß man mich zugunsten irgendeines Abstraktums übersieht – und tue es anderen nicht an."[1209]

Und wiederholte noch einmal:

„Ich kenne keine Kollektivschuld des deutschen Volkes und keine Kollektivschuld der Marxisten."[1210]

Wenig später, am 9. November 1945, verlieh Jacob Littner seiner leidenserprobten Einsicht Ausdruck:

1206 Wassermann, Jakob: „Mein Weg", a. a. O. I, S. 55.
1207 Klemperer: „Tagebücher 1945", a. a. O. I, S. 74.
1208 Marcuse, Ludwig, a. a. O. I, S. 352.
1209 Marcuse, Ludwig, a. a. O. I, S. 365.
1210 Marcuse, Ludwig, a. a. O. I, S. 369. Ebenso schon S. 178. Mit dieser Feststellung lässt er jedoch unberücksichtigt, dass man die Staatsangehörigkeit in der Regel automatisch erwirbt, nicht aber die Eigenschaft „Marxist".

„Das Prinzip des Bösen hat seine Heimat nicht bei einem einzelnen Volk, wie dies eine falsche Propaganda predigte, eine Irrlehre, die auf die Menschen eine wahrhaft hypnotische Wirkung ausübte und durch die so viel Unglück über die Welt gekommen ist."[1211]

In einem Urteil der Alliierten in den Nürnberger Kriegsverbrecherprozessen gegen die I. G. Farben wird betont:

„Es ist undenkbar, daß die Mehrheit aller Deutschen verdammt werden soll mit der Begründung, daß sie Verbrechen gegen den Frieden begangen hätten. Das würde der Billigung des Begriffes der Kollektivschuld gleichkommen, und daraus würde logischerweise Massenbestrafung folgen, für die es keinen Präzedenzfall im Völkerrecht und keine Rechtfertigung in den Beziehungen zwischen den Menschen gibt."[1212]

David Ben Gurion, der „Vater Israels", gab allen zu bedenken:

„… muß ich mich denn einem Deutschen gegenüber, der kein Nazi war, so verhalten, wie ich mich einem Nazi gegenüber verhalte? Das wäre ja Hitlersche Rassentheorie …, ich muß nicht einen jungen Deutschen hassen, weil sein Vater ein Nazi war. Ich hasse den Nationalsozialismus. Das deutsche Volk ist wie jedes andere Volk."[1213]

In einer Ansprache nannte Papst Pius XII. am 20. Februar 1946 den Kollektivschuldvorwurf einen „verhängnisvollen Irrtum":

„Es gehen verhängnisvolle Irrtümer um, die einen Menschen für schuldig und verantwortlich erklären, nur deshalb, weil er Glied oder Teil irgendwelcher Gemeinschaften ist, ohne daß man sich die Mühe nimmt, nachzufragen und nachzuforschen, ob bei ihm wirklich eine persönliche Tat oder Unterlassung vorliegt." [1214]

Im evangelischen „Handwörterbuch für Theologie und Religionswissenschaft" heißt es klar und deutlich:

„Kollektivschuld ist ein Unding; in diesem abzulehnenden Begriff überleben längst überwundene primitiv-religiöse Vorstellungen von magischem Zusammenhang des Stammes, der Sippe oder des Volkes."[1215]

1211 Littner, a. a. O. I, S. 12.
1212 Wikipedia „Kollektivschuld".
1213 Barzel, a. a. O. II, S. 32.
1214 „Pius XII. und die Deutschen", in: *Rheinischer Merkur*, Nr. 38/1958.
1215 Galling, a. a. O. II, Bd. 6, Sp. 500. In die Irre führt allerdings, wenn es im Anschluss daran heißt: „Politische Schuld dagegen besteht in der Mitschuld des einzelnen Bürgers an den Handlungen der Regierung kraft seines Anteils an der Staatsgewalt." In einer Diktatur gibt es keine Bürger, nur Untertanen. Ferner: Ist diese „Mitschuld" ethisch fundierter als die primitive „Kollektivschuld"?

Alfred Grosser, ebenfalls Opfer des NS-Rassismus, gelangte bereits als Kind zu der klaren Erkenntnis, dass es keine Kollektivschuld gibt. Am Abend vorher hatte er erfahren, dass die älteren Insassen des Lagers Theresienstadt nach Auschwitz transportiert worden seien, darunter vermutlich nahe Angehörige.

> „Der Schlag war hart. Ich habe in dieser Nacht wenig geschlafen. Am nächsten Morgen war ich sicher, endgültig sicher, dass es keine Kollektivschuld gibt, seien die Verbrechen noch so groß und die Verbrecher und ihre Mittäter noch so zahlreich."[1216]

Von Joseph Rovan zitiert Grosser den Leitspruch:

> „Wir sollten doch wissen, dass Dachau zwar von Deutschen, aber für Deutsche eingerichtet worden ist."

– Rovan war dort Häftling.[1217] An anderer Stelle schreibt Rovan:

> „Wenn ich Zeuge unsinniger Äußerungen werde, in denen alle Deutschen mit den Nationalsozialisten gleichgesetzt werden …, dann brauche ich nur an unsere alte Marie zu denken"[1218],

das ungebildete Dienstmädchen!

In seinem „Brief an einen jüdischen Freund" greift Sergio Romano diese Betrachtungsweise auf:

> „Nun gibt es aber die Tendenz, den Völkermord gleichsam zu kanonisieren, ihn zu einer festen geschichtlichen Kategorie zu machen, ihn metahistorisch zu interpretieren. In der Art und Weise, in der man an ihn erinnert und seiner Opfer gedenkt, schwingt die Überzeugung mit, der Holocaust sei weit mehr als ein geschichtliches Faktum: nämlich, er sei die gemeinsame Schuld ganzer Nationen und Religionen. Doch gerade in dieser Vorstellung einer ‚Kollektivschuld' verbirgt sich einer der gefährlichsten Ursprünge rassistischer Phänomene. Der Rassismus beginnt dort, wo jemand behauptet, die Verantwortung für ein bestimmtes Ereignis laste auf den Schultern eines ganzen Volkes."[1219]

Mit großer Leidenschaft hat sich auch der Auschwitzüberlebende Viktor Frankl bei jeder sich bietenden Gelegenheit gegen Kollektivschuld ausgesprochen, so in einem Vortrag am 2. November 1987:

> „Schuldigwerden kann nur eine menschliche Person, das Personale im Menschen, aber nicht das Kollektive, was einem Menschen sehr wohl natürlich anhaften mag … Es gibt keine Berechtigung zu einem Pauschalurteil. Sie wissen, seinerzeit, nach dem Krieg meine ich, hat man gesagt, die Deutschen, die sind Nazis, die sind

---

1216 Grosser: „Auschwitz", a. a. O. I, S. 10.
1217 Grosser: „Auschwitz", a. a. O. I, S. 39.
1218 Rovan, a. a. O. I, S. 63.
1219 Romano, a. a. O. II, S. 162.

schuld an der ganzen Katastrophe usw. … Wer eine ganze Nation, ja wer ganze Generationen der betreffenden Nation kollektiv schuldig zu sprechen wagt, der lebt mit einer Lüge, und zwar mit der Lüge von der Kollektivschuld …"[1220]

Im Dezember 1949 äußerte Bundespräsident Theodor Heuss, treffend:

„Man hat von einer ‚Kollektivschuld' des deutschen Volkes gesprochen. Das Wort Kollektivschuld und was dahinter steht ist aber eine simple Vereinfachung, es ist eine Umdrehung, nämlich der Art, wie die Nazis es gewohnt waren, die Juden anzusehen: dass die Tatsache, Jude zu sein, bereits das Schuldphänomen in sich eingeschlossen habe."[1221]

Sein Nachfolger im Amt, Richard von Weizsäcker, drückte sich in seiner „8.-Mai-Rede" nicht minder eindeutig aus:

„Schuld oder Unschuld eines ganzen Volkes gibt es nicht. Schuld ist, wie Unchuld, nicht kollektiv, sondern persönlich."[1222]

Ohne nähere Begründung, ohne ethische oder historische Reflexion, spricht er jedoch kurz darauf in einem handgreiflichen Selbstwiderspruch von „der deutschen Schuld":

„Dadurch wird die deutsche Schuld am Ausbruch des Zweiten Weltkrieges nicht vermindert."[1223]

Mit „Kollektivschuld" eng verwandt ist „kollektive Verantwortung":

„Ein herausragendes Herrschaftsmittel, von dem die Deutschen gegenüber den Juden Gebrauch machten, war die Strategie der ‚kollektiven Verantwortung' … Ihr zufolge ließ man die gesamte Gemeinschaft … für das Verhalten eines einzelnen büßen, der nach Meinung der Deutschen sich gegen ihre Herrschaft, Ehre oder Interessen vergangen hatte."[1224]

Weder Recht noch Ethik bieten dafür eine Grundlage.

18.2 „Nicht alle waren Mörder" – SA, SS, NSDAP

„Nicht alle waren Mörder"[1225], lautet der Titel eines Buches, das nicht verrät, wen es mit „alle" meint: alle Menschen, alle Deutschen, alle Nazis? Ist es abwegig anzunehmen, dass die Rede von den Deutschen ist, von denen einige, so die Helfer des Verfassers, gütigst in Schutz genommen werden? Wenn dem so ist, so gilt das oben

---

1220 Aufgezeichnet durch Mäser Studios in Zusammenarbeit mit dem ORF-Vorarlberg.
1221 Später, a. a. O. II, S. 242.
1222 Weizsäcker, a. a. O. II, S. 443.
1223 Weizsäcker, a. a. O. II, S. 443.
1224 Yahil, a. a. O. II, S. 247.
1225 Degen, a. a. O. I.

zum Thema „Kollektivschuld" Ausgeführte. Denn solche Ausnahmen konzediert jeder, wie auch Hitler Ausnahmen von der „Verderbnis des jüdischen Blutes" kannte und Juden deshalb arisierte.

„Nicht alle waren Mörder" passt jedoch auch auf jene Schöpfungen Hitlers, die seine vorzüglichen Werkzeuge waren, denen daher alles Schlimme zugetraut wurde und die tatsächlich seine rücksichtslose Politik mitgetragen haben: die Organisationen der SA, der SS und der NSDAP. Umso erstaunlicher ist es, dass nicht wenige Opfer (!) sich gedrängt fühlten, mit ihrem Gedenken die Ausnahmen unter den blinden Gefolgsleuten zu ehren. Um diese Ausnahmen soll es im Folgenden gehen: Auch sie sollen dem Leser nicht vorenthalten werden.[1226]

Ein Augenzeuge und Opfer berichtet über seine Erfahrungen nach der Festnahme anlässlich des Pogroms:

> „Eine Nacht übernahm die Polizei freiwillig die Wache, nachdem sie schon den ganzen Tag Dienst getan hatte. Dies geschah, um die unschuldigen Menschen vor der zum Morden abgerichteten SS zu retten."[1227]

Und doch: Wer auf dem Boden des Grundgesetzes steht und die Würde jedes Menschen respektieren will, kann nicht über alle rigoros den Stab brechen, auch nicht über alle SS-Männer. Er wird zu ihren Gunsten, wie stets, zunächst die Unschuldsvermutung gelten lassen:

Dass es sich bei den Judenhelfern in schwarzer oder brauner Uniform sicherlich um rühmliche Ausnahmen gehandelt hat, sei vorab betont. Aber der Leser einschlägiger Literatur begegnet ihnen fast auf jeder Seite. Schon in anderem Zusammenhang wurden solche „Verräter am Geist des Nationalsozialismus" erwähnt. Hier nun weitere Begebenheiten aus zuverlässigen Aufzeichnungen:

Am 16. August 1934 sah der Stellvertreter des Führers, Rudolf Heß, Veranlassung, allen NSDAP-Mitgliedern den Umgang mit Juden zu untersagen. Einleitend heißt es:

> „Aus Mitteilungen geht hervor, daß Parteigenossen die dem Judentum gegenüber gebotene Zurückhaltung vermissen lassen."[1228]

Der Bühnendichter Fritz Ebermayer, Anfang der Dreißigerjahre in Deutschland hoch angesehen, notierte am 15. September 1935 in sein Tagebuch:

1226 Eine Zusammenstellung bietet auch Wette a. a. O. II.
1227 Neff, a. a. O. I, S. 455.
1228 VEJ I, a. a. O. II, S. 131.

"Eben war Werner M., mein SS-Freund, bei mir. Er klagt sehr über eine geradezu hemmungslose Korruption in der Partei, auch in seinem Amt. Er ist natürlich fest überzeugt, daß der Führer von alledem nichts weiß …"[1229]

Dieser Irrtum war damals weitverbreitet und hat sich lange gehalten. Ebermayer fährt fort:

"Je mehr Korruption, um so besser! Umso schneller vergehen die Jahrtausende [Tausendjähriges Reich!] … Der verbrecherische Wahnsinn, den Hitler verkündete, nennt sich Nürnberger Gesetze … Das Symbol des Rassenhasses und des Rückfalls in finsterstes Mittelalter wird in Zukunft allein das Symbol des deutschen Reiches sein."

Leider erfährt der Leser nicht, wie lange es dauerte, bis Werner im „Führer" selbst das Übel erkannte.

Um Sippenhaft zu vermeiden, wollte unbekannt bleiben, wer Folgendes erlebt hatte:

"Am Morgen des 9. [richtig wohl: 10.] November 1938 klingelt in der Wohnung das Telefon. Ein Freund des Vaters ist am Apparat, sie haben früher zusammen gekämpft, jetzt kämpft der Freund bei der SA. ‚Heinrich, nimm den Jungen und verschwinde', sagt er. ‚Ich komme dich holen.' Die beiden packen sofort das Nötigste".[1230]

Die Flucht gelang. Der SA-Mann war der Judenretter.

Die Familie Haas lebte in Kirchhain. Nur den Kindern Sophie und Max gelang die Auswanderung in die USA. Max berichtet über seine Flucht nach dem Pogrom:

"Und morgens um sieben oder so was kommt mein Vater ans Bett und sagt: ‚Ich glaube, sie werden alle jungen Leute verhaften. Es ist besser, wenn du dich versteckst.' Da hab ich schnell den Koffer zusammengepackt, bin nach Marburg gefahren. Und am Bahnhof treffe ich den Bürgermeister Metzler, der von Kindheit an ein Freund unserer Familie war. Er mußte natürlich als Bürgermeister den Nazi spielen. Er hat mir zugeblinkert und daß er weiß, was vorgeht, und daß er mich verschont, sozusagen."[1231]

"Die Legalität war allenthalben noch zu spüren",

schreibt Schalom Ben-Chorin und fährt fort:

"Auch als ich nach drei Tagen entlassen wurde (die Entlassung hatte ich wohl dem Stiefvater meines Freundes Soik, einer hohen SA-Charge, zu verdanken), mußte ich unterschreiben, daß ich gut behandelt … wurde."[1232]

1229 Ebermayer: „persönliches Tagebuch", a. a. O. II, S. 594.
1230 Ohnewald, Michael: „Der lächelnde Mahner", in: *Stuttgarter Zeitung*, 19.01.2008.
1231 Haas, Max, a. a. O. I, S. 200.
1232 Ben-Chorin, a. a. O. I, S. 120.

Auch Victor Klemperer lieferte einen Beitrag zum Thema „Nazis", „SS":

> „In der Fabrik für Briefumschläge ... ging es gar nicht sonderlich nazistisch zu. Der Chef gehörte der SS an, aber er tat für seine Juden, was irgend möglich war, er redete höflich mit ihnen, er ließ ihnen manchmal etwas aus der Kantinenküche zukommen."[1233]

Im Vorwort des Buches „Rabbi Schneersohn und Major Bloch" heißt es:

> „Das verblüffende an der Geschichte aber ist, daß sich ausgerechnet Wehrmachtssoldaten und NS-Funktionäre, die sich wohl kaum um das Überleben von Juden scherten, an der Rettungsaktion beteiligten."[1234]

Walter Frankenstein musste bei der SS im Reichssicherheitshauptamt als Maurer arbeiten.

> „Der Untersturmführer Hahn war hinter mir her. Wahrscheinlich, weil ich nicht unterwürfig war ... Frankenstein mehr arbeiten oder ab ins KZ! brüllte er mich an. Das wurde mir zu viel ..."[1235]

Frankenstein beschwerte sich beim Sturmbannführer, der seinen Untergebenen derart „ausgeschimpft" hatte, dass er Frankenstein „fortan in Ruhe gelassen" hat.

Zweimal lief Frankenstein, nachdem er untergetaucht war, um der Deportation zu entgehen, „Kettenhunden", d. h. einer Wehrmachtsstreife, in die Fänge. Er gab seine jüdische Herkunft preis und bat sie, zu bedenken, dass er nach Auschwitz käme, falls er abgeliefert würde. Beide Male ließen sich die Soldaten erweichen.[1236]

Viktor Frankl, der mehrere Konzentrationslager durchlitten hatte, einschließlich Auschwitz, empörte sich:

> „Wer von Kollektivschuld spricht, setzt sich selbst ins Unrecht. Wo immer es ging, bin ich gegen die Kollektivschuld aufgetreten."[1237]

Er nennt auch gleich einen der Gründe aus dem Schatz seiner bitteren Erfahrungen:

> „Der Lagerführer des Lagers, in dem ich zuletzt war und aus dem ich befreit wurde, war SS-Mann. Nach der Befreiung des Lagers stellte sich jedoch heraus, wovon bis dahin nur der Lagerarzt (selber Häftling) wußte: Der Lagerführer hatte aus eigener Tasche nicht geringe Geldbeträge insgeheim hergegeben, um aus der Apotheke des nahen Marktfleckens Medikamente für seine Lagerinsassen besorgen zu lassen! Die Geschichte hatte ein Nachspiel: Nach der Befreiung versteckten jüdische Häftlinge

---

1233 KlempererLTI, a. a. O. I, S. 123.
1234 Rigg: „Rabbi", a. a. O. II, S. 13.
1235 Frankenstein, Walter, a. a. O. I, S. 26.
1236 Frankenstein, Walter, a. a. O. I, S. 114 f.
1237 Frankl: „Was nicht", a. a. O. I, S. 80.

den SS-Mann vor den amerikanischen Truppen und erklärten deren Kommandanten gegenüber, sie würden ihm den SS-Mann einzig und allein unter der Bedingung ausliefern, daß ihm kein Haar gekrümmt werde."[1238]

Der Kommandant gab ihnen sein Ehrenwort.

Eine schwangere Jüdin kam ins Lager Kaufering, wo sie entbunden wurde. Auf dem Todesmarsch war sie zu schwach, ihren Säugling zu tragen. Da erbarmte sich ein SS-Mann der vollkommen entkräfteten Frau und trug den Knaben. Mutter und Kind überlebten.[1239]

Der Industrielle Berthold Beitz, hoch geehrt in Israel wie in Deutschland, weil er Hunderten Juden das Leben gerettet hat, holte nach dem Krieg einen SS-Obersturmbannführer aus dem Gefangenenlager. Auf die Frage des Magazins *Der Spiegel*:

„Hatten Sie keine Bedenken, einem ehemaligen SS-Mann zu helfen?"

– gab er die Antwort:

„Wissen Sie, wenn der nicht damals die Anzeige [der Judenbegünstigung] vernichtet hätte, säße ich jetzt nicht hier, und viele hätten nicht überlebt. Viele haben ja auch nicht verstanden, daß ich später vor Gericht zugunsten des ehemaligen Kommandanten des Zwangsarbeitslagers Boryslaw ausgesagt habe … Ich war nicht der liebe Gott … Ich brauchte solche Leute."[1240]

Es gab sie und nicht nur einen.

Eine für „das dritte Deutschland" – angesiedelt zwischen Hitlers Gefolgschaft und seinen ständigen Gegnern – sicherlich nicht untypische Einzelfallstudie verdanken wir Wibke Bruhns. Diese „Geschichte einer Familie", so der Buchuntertitel, macht uns mit fanatischen Parteigängern Hitlers vertraut. Bruhns' Vater, Hans Georg Klamroth, war 1933 in die NSDAP eingetreten, seine Frau, Bruhns' Mutter, 1937. Der Vater war zudem Mitglied der SS, die Mutter Ortsgruppenführerin der NS-Frauenschaft. „Wir singen Hitlerlieder mit Vater", schrieb die begeisterte Mutter ins Tagebuch.[1241] Gleich 1933 beschloss der Familienclan, in den Wibke hineingeboren wurde, einen „Arierparagraphen". Er sollte sicherstellen, dass ein Mitglied, das eine Ehe mit einem Nichtarier eingeht, ausscheidet. Doch die Vorbehalte gegen Juden waren nicht so stark, dass der Vater, Hans Georg Klamroth, nicht einen „Halbjuden" über Jahre hinweg als „engsten Mitarbeiter" ge-

---

1238 Frankl: „Was nicht", a. a. O. I, S. 80.
1239 Hintermeier, Hannes: „Geburtsort: Kaufering", in: *Frankfurter Allgemeine Zeitung*, 28.04.2010, S. 33.
1240 Aust, a. a. O. II, S. 62 f.
1241 Bruhns, a. a. O. II, S. 20.

schätzt und beschützt hätte. Bis nach dem Attentat auf Hitler konnte er seine schützende Hand über den „Mischling" halten. Auch unterhielt er Geschäftsbeziehungen zu Juden, solange das irgend möglich war, und unterließ jeden Versuch, sie zu übervorteilen.

Die Mutter, eine glühende Hitler-Anhängerin, ergriff nach den Vorkommnissen des 9. November 1938 heller Zorn:

> „Synagogen werden angesteckt, die Geschäfte und Wohnungen von Juden völlig zerstört, wir hausen schlimmer als die Hunnen, man schämt sich, ein Deutscher zu sein, und das Ganze wird auch noch als spontane Handlung hingestellt … Es gab aber auch eine allgemeine Empörung in Deutschland selber. Das sind feige und unwürdige Kampfmethoden …"[1242]

Worte, die an Deutlichkeit nichts zu wünschen übrig lassen. Schon den Boykott vom 1. April 1933 hatte sie ganz entschieden missbilligt. Der Vater aber, der den antisemitischen Familien-Konsens des Jahres 1933 mitgetragen hatte, wurde wegen seiner Beteiligung am Attentat des 20. Juli 1944 hingerichtet.

Ulrich von Hassell, ebenfalls als Mitverschwörer des Hitlerattentats hingerichtet, wurde oben schon zitiert:

> „Das Entsetzen über die schamlose Judenverfolgung ist bei ihnen so groß wie bei allen anständigen Menschen. Durch und durch treue Nationalsozialisten, die in Dachau wohnen und bisher ‚durchgehalten' haben, sind nach Erzählungen B[ruckmann]s jetzt restlos erledigt."[1243]

Im Bericht für Mai 1935 der Stapostelle für den Regierungsbezirk Koblenz geht es auch um „anstößiges Verhalten" von Mitgliedern der NS-Frauenschaft:

> „Für die Einstellung eines Teils der arischen Volksgenossen gegenüber den Juden spricht auch folgender Vorfall. Anfang Mai wurde in Merxheim … die Ehefrau eines Juden beerdigt. Die Annahme, die Bevölkerung würde sich bei der Beerdigung gebührend zurückhalten, erwies sich als unzutreffend. Es nahm im Gegenteil eine große Anzahl von arischen Volksgenossen am Leichenzug teil, darunter auch eine Anzahl der NS-Frauenschaft. Auffallend stark beteiligte sich die katholische Bevölkerung."[1244]

Oben wurde schon Ernst Marcus zitiert, der nach der Pogromnacht namens der Reichsvertretung der Juden eine Verbindung mit dem Auswärtigen Amt herstellte und dabei erlebte:

> „Entgegen seiner Gewohnheit, mich allein zu empfangen, war er [Otto v. Hentig] von einigen Attachés seines Referates umgeben. Alle Anwesenden waren mir per-

---

1242 Bruhns, a. a. O. II, S. 280.
1243 Hassel, a. a. O. II, S. 67 f.
1244 Kulka, a. a. O. II, S.136 f.

sönlich bekannt. Hentig ... drückte mir unumwunden seinen Abscheu gegenüber den Ereignissen [vom 9. November 1938] aus. ‚Ich schäme mich für mein Volk', diese herausgestoßenen Worte blieben mir im Gedächtnis. Einer der Attachés – alle gehörten der SS an – fügte hinzu: ‚Glauben Sie mir, wir werden diese Taten büßen müssen. Dieser Tag bleibt nicht ungesühnt. Vielleicht ist Ihnen das ein Trost'."[1245]

In seinem Buch „Generation zwischen Furcht und Hoffnung" schildert Werner Angress die Verhaftung der Bewohner des Auswandererlehrguts Groß-Breesen im November 1938:

„Dabei erfuhren sie, daß nicht alle Nationalsozialisten die Aktion begeistert mitmachten. Ein SA-Mann, der sie in der Nacht zum 11. November bewachte, distanzierte sich merklich von Dr. Goebbels' ‚kochender Volksseele' ... Die Behandlung während der Fahrt hing von der Einstellung der Bewacher ab: In einigen Abteilen ging es sehr laut zu, in anderen recht gemütlich. So steckte im Abteil der zweiten Breesener Gruppe ein SS-Mann den Jungen Schokolade zu, wenn der gleichfalls den Transport begleitende junge Polizist gerade nicht hinschaute."[1246]

Weithin bekannt ist Kurt Gerstein. Über ihn steht in der „Enzyklopädie des Holocaust" zu lesen:

„SS-Offizier, der versuchte, die Ermordung der Juden öffentlich bekanntzumachen ... Er trat 1933 in die NSDAP ein, war aber zugleich Mitglied der Bekennenden Kirche ... Seine Versuche, die Fakten des Massenmords bekannt zu machen, hatten wenig Erfolg."[1247]

Margarete Neff, deren Mann in der Pogromnacht verhaftet worden war, erinnert sich:

„Ein Mann, der früher im Geschäft von Freunden angestellt war, nahm sich meiner an; er hob Dokumente und etwas Geld auf, weil sie bei mir nicht sicher waren. Er stand mir jederzeit zur Verfügung, er war verzweifelt über das Unglück, das seine Nazis über uns gebracht hatten. Er war selbst langjähriges Parteimitglied, er schämte sich fürchterlich."[1248]

Schon am 26. November, früher als die meisten anderen Leidensgenossen, wurde Neff entlassen,

„ein Mensch, ein hilflos blickendes Wesen in schmutzigem Anzug ... Gegen Abend kamen die Mädchen der Mutter und noch drei andere Köchinnen aus der Nachbarschaft, um Glück zu wünschen, und alle weinten vor Freude. Ein paar Tage später kam die Bestätigung dafür, dass Emmy Göring sich für uns verwendet hatte."[1249]

1245 Marcus, a. a. O. I, S. 178 f.
1246 Angress, a. a. O. II, S. 72 f.
1247 Gutmann: „Gerstein", a. a. O. II.
1248 Neff, a. a. O. I, S. 454.
1249 Neff, a. a. O. I, S. 456.

Emmy Göring war die Frau des Generalfeldmarschalls Hermann Göring, wie einem ebenda abgedruckten Schreiben zu entnehmen ist. Auch bei Jochen Klepper taucht das Ehepaar Göring als Nothelfer auf:

> „Helene Körner, wohl die letzte große Schauspielerin zu unserer Zeit, ist … ja die unerschrockene und unermüdliche Fürsprecherin für ehemals namhafte jüdische Kollegen und die Schauspielermischehen. Göring und Frau Göring erklären, sie hätten bei Hitler nichts mehr zu sagen."[1250]

Im Folgenden ist von Hedwig Pringsheim und ihrem Mann, beide Juden, die Rede. Wie ihnen die Ausreise im „allerletzten Moment" gelang, grenzt fast an ein Wunder:

> „Da war ein SS Mann, Obersturmführer, sogar, wie man hörte, mit dem Allerhöchsten liiert. Dieser SS Mann hatte den Auftrag: unser der Partei verkauftes Haus möglichst rasch zu evakuieren."

Doch wohin, lautete die Klage des bisherigen Hausherrn: Wir sollen raus und man lässt uns nicht.

> „Nun war dieser Mann, trotz Ober-Nazi, ein liebenswürdiger, sehr gutartiger, verständnisvoller, und dazu noch ein hübscher jüngerer Herr, der sofort bereitwillig sagte: ‚Das will ich schon machen!' Er flog nach Berlin, ging aufs Ministerium, und zwei Tage darauf hatten wir unsere Pässe! … Gott segne den Obersturmführer! (Sie sind nämlich keineswegs alle Schweine, wie es ein irriger Glaube wähnt)."[1251]

Inge und Walter Jens bemerken:

> „Kein Wunder, dass Hedwig Pringsheim später gern von ihrem ‚gottgesandten Lohengrin' sprach, wenn sie sich ihres Retters erinnerte. Vermutlich hat sie nie erfahren, dass Otto Rudolf Hess [so der Name des Retters] seine Hilfe, die er fast ein Jahr später in einer für ihn noch gefährlicheren Situation auch den Wohnungsnachbarn … zuteil werden ließ, mit Aufhebung seiner Unabkömmlichkeits-Stellung bezahlen musste."[1252]

Oskar Schindler, der bekanntlich Hunderten Juden das Leben rettete, war viele Jahre Mitglied der NSDAP und entwickelte sich gleichwohl zum großen Wohltäter. Sein Parteiabzeichen hat ihm dabei gute Dienste geleistet. Von seinem Biografen David Crowe erfahren wir, Schindler habe nach dem Krieg die Entnazifizierung über sich ergehen lassen müssen.[1253]

1250 Klepper, a. a. O. I, S.1034.
1251 Jens, Inge und Walter, a. a. O. II, S. 227 f.
1252 Jens, Inge und Walter, a. a. O. II, S. 229 f.
1253 Crowe, a. a. O. II, S. 529 ff.

Karl Plagge, der „Schindler aus Darmstadt", der gleichfalls Hunderte von Juden vor dem Tod bewahrt hat, war ebenfalls Mitglied der NSDAP.[1254]

> „Als Generaldirektor eines großen, als kriegswichtig geltenden Industrieunternehmens wurde [Hans] Walz nominell Mitglied der NSDAP und sogar in den Rang eines SS-Untersturmführers ehrenhalber befördert",

bekundet das „Lexikon der Gerechten unter den Völkern" über einen weiteren Wohltäter.[1255]

Wegen schlimmer Bauchschmerzen musste Valentin Senger einen Arzt aufsuchen. Dabei konnte er nicht umhin, die Hose herunterzulassen und sich als Juden erkennbar zu machen. Der Arzt war gehalten, ihn anzuzeigen, tat es aber nicht. Senger schreibt über ihn:

> „Viele Jahre später erfuhr ich, Dr. Hanf-Dressler habe, obwohl er in der Reiter-SA war, einer Reihe von Juden geholfen, habe sie trotz Verbots in seiner Praxis behandelt, außerhalb der Sprechstunde, und in seinem Jagdhaus ein jüdisches Ehepaar über ein halbes Jahr versteckt gehalten, bis sich eine Gelegenheit fand, die beiden illegal über die Grenze zu bringen."[1256]

Wilm Hosenfeld trat bereits am 15. April 1933 in die SA ein und zwei Jahre später in die Partei Hitlers. Gleichwohl beweisen seine Aufzeichnungen und Briefe aus Warschau, wie er Juden und Polen unter Einsatz seines Lebens geholfen hat.[1257] Das „Lexikon der Gerechten unter den Völkern" nennt weitere „Gerechte", die aus welchen Gründen auch immer in eine NS-Organisation eingetreten sind, so Albert Battel im Mai 1933 in die NSDAP[1258]. Aus dem Lexikon seien ferner genannt: „der Sohn der Gerbrandts, der als Mitglied der SS oder SA eine Naziuniform trug"[1259], ein mitleidiger Gestapo-Befrager[1260], Emil Heinzmann[1261], „NSDAP-Ortsgruppenleiter Karl Bratzke"[1262], Gerhard Müller[1263]. Als die Jüdin Sandra Brand den Kriminalbeamten

---
1254 Bremer, Jörg: „Israel ehrt den ‚Schindler aus Darmstadt'", in: *Frankfurter Allgemeine Zeitung*, Rhein-Main-Ausgabe, 12.04.2005.
1255 Fraenkel, a. a. O. II, S. 279.
1256 Senger, a. a. O. I, S. 141.
1257 Hosenfeld, a. a. O. II, passim.
1258 Fraenkel, a. a. O. II, S. 65.
1259 Fraenkel, a. a. O. II, S. 120.
1260 Fraenkel, a. a. O. II, S. 127.
1261 Fraenkel, a. a. O. II, S. 143.
1262 Fraenkel, a. a. O. II, S. 157.
1263 Fraenkel, a. a. O. II, S. 205.

„Peschel bat, die Deportation von 25 jüdischen Ghettoarbeitern ... zu verhindern, wandte sich dieser tatsächlich an einen Freund bei der Gestapo und konnte 22 von ihnen ... befreien."[1264]

Der „Gerechte unter den Völkern" Karl Plagge berichtete über die SS-Funktionäre in Wilna:

„Wenn man sich einen dieser Leute persönlich vorknöpfte, haben sie die Gräuel auch eingesehen. Aber sie sagten alle: es sei ihnen befohlen. Sie hatten alle eine starke Bindung an das, was ihnen befohlen worden war."[1265]

„In den Kriegsjahren stellten sich einige alte NS-Kämpfer und SS-Prominente, aus welchen Gründen auch immer, schützend vor die Juden",

schreibt Hans-Jürgen Eitner und nennt Wilhelm Kube, Werner Best und Staatssekretär Wilhelm Stuckart.[1266]

Best, der Stellvertretende Gestapo-Leiter in Dänemark, der als „unerbittlicher nationalsozialistischer Ideologe"[1267] bekannt war, wird im „Lexikon der Gerechten unter den Völkern" wie folgt gewürdigt:

„Am 28. September 1943 spielte Best seinem Vertrauten Informationen über den Plan zur Deportation der 6500 dänischen Juden zu ... Am 2. Oktober, als die Gestapo ihre Pläne in die Tat umsetzen wollte, hatten fast alle Juden fliehen können."[1268]

Fast unglaublich klingt es, dass Klepper im Kampf um das Überleben seiner Frau und insbesondere seiner Stieftochter bis zum Reichsinnenminister Frick vordrang. Seine Reportage ist geradezu dramatisch; er gibt Frick mit folgenden Worten wieder:

„‚Noch ist Ihre Frau durch die Ehe mit Ihnen geschützt. Aber es sind Bestrebungen im Gange, die die Zwangsscheidung durchsetzen sollen. Und das bedeutet nach der Scheidung gleich die Deportation des jüdischen Teils.' Dies seine Worte. Er war erregt und bedrückt und lief am Schreibtisch auf und ab. ‚Ich kann Ihre Frau nicht schützen. Ich kann keinen Juden schützen. Solche Dinge können sich ja der Sache nach nicht im Geheimen abspielen. Sie kommen zu den Ohren des Führers, und dann gibt es einen Mordskrach.' Für ihn, der seinerzeit Hitler erst die Möglichkeit geschaffen hat, gewählt zu werden."[1269]

Sogar Himmlers Name taucht im Umkreis der Wohltäter auf. Welche Ironie der Geschichte! Der große jüdische Chirurg Paul Rosenstein erinnert sich:

1264 Fraenkel, a. a. O. II, S. 218.
1265 Fraenkel, a. a. O. II, S. 224.
1266 Eitner, a. a. O. II, S. 383; zu Kube und Stuckart siehe Gutmann, a. a. O. II.
1267 Fraenkel, a. a. O. II, S. 104.
1268 Fraenkel, a. a. O. II, S. 104.
1269 Klepper, a. a. O. I, S. 1130.

„Eine frühere christliche Schwester meiner Klinik unterhielt in Grunewald eine als Altersheim ausgegebene Pension, in der sie 15 kranke jüdische Menschen versteckt hatte und ernährte. Wenn sie etwas Besonderes für ihre Leute brauchte, telephonierte sie mit einer Dame, die bei der Partei eine einflußreiche Rolle spielte. Diese erschien am nächsten Tag zuverlässig mit einem SS-Mann, um nach den Wünschen zu fragen. Beide wußten, daß es sich um versteckte Juden handelte."

Die Schilderung wird noch grotesker:

„In Dahlem hatte Himmler ein Gut, auf dem er selten anwesend war. Dort stahlen sie dann einige Hühner und sonstige Nahrungsmittel – die Hühner wurden ‚Himmel-Hühner' genannt – und brachten sie in die Pension. Ich konnte die Richtigkeit dieser Angaben feststellen, da ich von der Pensionsinhaberin den Namen der Nationalsolzialistin erfuhr."[1270]

Auch die Parteikanzlei der NSDAP taucht unter den überraschenden Helfern auf. Dort saß der SS-Mann Gerhard Klopfer als Stellvertreter Martin Bormanns. Auf Klopfers Intervention führt es Viktor Goldschmidt zurück, dass er und seine Familie 1943 aus dem Lager Theresienstadt entlassen wurden und nach Hause zurückkehren konnten.[1271]

Ein Erlebnis ihres Mannes veranlasste Elisabeth Freund zu der Feststellung:

„So, Gestapo men are sometimes also human beings."[1272]

Isaak Behar ist einer jener Berliner Juden, die im Untergrund die Verfolgung überlebten. Doch wie? Als Zwangsarbeiter hatte er einen Chef namens Gehrens.

„Mein Atem stockte, als ich am Revers der Jacke des rundlichen, untersetzten Mannes das Goldene Parteiabzeichen prangen sah. Ein ‚Goldfasan'! Ein Hundertfünfzigprozentiger also!"[1273]

Doch dann gelangte er bald zu der Feststellung:

„Niemals demütigte er mich und hatte sogar oft ein freundliches Wort übrig. Das bedeutete in unserer Situation sehr viel. Wir jüdischen Zwangsarbeiter liebten Behrens geradezu."[1274]

Als Isaak Behar abtransportiert werden sollte, tauchte er unter. Aber er hatte kein Dach über dem Kopf. In seiner Not wandte er sich verzweifelt an den „Goldfasan", und ausgerechnet der beschaffte ihm eine Bleibe.[1275]

1270 Rosenstein, a. a. O. I, S. 307.
1271 Glasmacher, André: „Der jüdische Kläger", in: *Jüdische Allgemeine*, Nr. 5/2007, S. 3.
1272 Freund: „Waiting", a. a. O. I, S. 126; Übersetzung: „So sind Gestapo-Männer manchmal auch Menschen.".
1273 Behar, a. a. O. I, S. 84.
1274 Behar, a. a. O. I, S. 85.
1275 Behar, a. a. O. I, S. 118.

In dem Buch von Lutz van Dijk „Zu keinem ein Wort" spielt ein SS-Mann eine Heldenrolle. Erst 1993 wurde sein Name bekannt: Alfons Zündler. Über ihn erfahren wir aus dem Munde einer Verfolgten:

> „Ich war auf einen unfreundlichen Deutschen vorbereitet, der mich zuerst verhören und zurechtweisen würde. Nun aber konnte ich ihn endlich erkennen ... Ich konnte es kaum fassen. Das sollte ein Nazi sein? Jemand, der für Hitler war und alle Juden haßte?"

In ihr Tagebuch trug sie ein:

> „Ich war bei dem nettesten SS-Mann, den es gibt!"[1276]

Zündler konnte viel für Jutta Rosen-Levitus und ihre Schwester tun. Eine Ehrung durch Yad-Vashem unterblieb wegen der SS-Zugehörigkeit, obgleich er zwangseingegliedert worden war.[1277] In einer anderen Publikation heißt es über ihn, er konnte

> „etwa sechshundert Kindern und einer Vielzahl Erwachsener zur Flucht verhelfen".[1278]

Clara Kramer erzählt in „Eine Handbreit Hoffnung", wie sie mit 17 weiteren Juden länger als ein Jahr unter dem Fußboden der Wohnräume des Ehepaars Beck dahinvegetierte. Sie verstanden jedes Wort, das über ihnen gesprochen wurde und so auch die antisemitischen Ausfälle der einquartierten Soldaten. Wenn die uns wahrnehmen, sind wir verloren, dachten die „U-Boote". Doch als die Soldaten das Haus verließen, wurde Folgendes offenbar:

> „Es war einfach unbegreiflich: Deshalb waren die Männer so wütend gewesen, als die Blaumäntel [ukrainische Polizei] das Haus nach uns durchsucht hatten. Deswegen hatte Norbert sie als ‚Schweine' beschimpft. Es war wieder eines dieser unfassbaren Wunder. Unser Leben lag in den Händen dieser Soldaten. Sie hatten uns beschützt, und wir hatten es nicht einmal gewusst. Wir waren uns so sicher gewesen, dass Norbert einer der schlimmsten Nazis war, dabei verdankten wir ihm unser Leben. War sein Antisemitismus so wie bei Beck nur eine List?"[1279]

Margareta Glas-Larsson erfuhr in Auschwitz, dass nun auch ihr Mann eingeliefert worden sei. Sie wandte sich an einen SS-Arzt namens Rohde:

> „Herr Hauptsturmführer, ich hab' erfahren, daß mein Mann nach Auschwitz gekommen ist, bitte, bitte, helfen Sie mir oder ich bring' mich noch heute um.' Und da hat er angefangen zu lachen und hat gesagt: ‚Was willst du?' Und da hab' ich gesagt: ‚Bitte, darf ich ihm mein Brot bringen und meine Zahnbürste?' Und er hat

---

1276 Rosen-Levitus, a. a. O. I, S. 139 ff. Im Buch heißt der Held irrtümlich „Zündel".
1277 Dijk, a. a. O. II, S. 217.
1278 „Goldkörnchen", in: *Frankfurter Allgemeine Zeitung*, 25.03.2004.
1279 Kramer, a. a. O. I, S. 350.

faktisch die Zahnbürste genommen und das Brot genommen, ist am Abend ins Lager Auschwitz, ins Männerlager gegangen, hat sich Georg Glas herausrufen lassen. Mein Mann hat mir dann noch erzählt, er ist furchtbar erschrocken wie dieser große SS-Mann vor ihm gestanden ist und ihm gesagt hat: ‚Ihre Frau lebt, und läßt Sie grüßen und schickt Ihnen das.' Und von dem Tag an war eigentlich mein Mann gerettet, weil Rohde veranlaßt hat, daß er ins Rajsko-Kommando kommt. Rajsko-Kommando war ein Außenkommando, wo man Gemüse und Blumen und solche Dinge betreuen musste ... Unverständlich, warum mir Rohde geholfen hat."[1280]

Mitunter gelang Häftlingen auch die Flucht aus dem KZ, so Vitèslav Lederer.

„Am 6. April 1944 flüchtete er mit Hilfe eines rumänischen Volksdeutschen, des 20jährigen SS-Mannes Viktor Pestek."[1281]

Auf einem der berüchtigten Todesmärsche versprach ein SS-Mann einem Opfer eine lebensrettende Tat:

„Ich sehe Langner, den Oberscharführer ... Auch er erkennt mich und kommt zu mir rüber. Ich flehe ihn an, uns und vor allem meinem Vater zu helfen. Ich habe noch nicht zu Ende gesprochen, als Langner einhakt. ‚Wenn es gar nicht mehr geht, werde ich deinen Vater auf den Transporter am Kopf des Zuges setzen. Ihm wird nichts geschehen.'"[1282]

Am 2. Februar 1945, also kurz vor Kriegsende, erhielt Johanna Kritzer, wohnhaft in München, eine „Gestellungsanordnung", dass sie sich am 20. Februar bei der Gestapo-Leitstelle in der Brienner Straße 53 einzufinden habe. Ihr war klar, dass das die Deportation bedeutete. Doch die Hausgemeinschaft, der sie angehörte, „darunter auch Parteigenossen", setzte sich für die Jüdin und ihre Kinder ein.

„Peter, damals 14 Jahre alt, wird zur Dienststelle der Gestapo in die Dietlindenstraße in Schwabing geschickt, wo ihm ein höflicher Beamter mitteilt:

‚Geh heim und sag deiner Mutter, die Verschickung ist um drei Wochen aufgeschoben.'"

In den Wirren des Kriegsendes war dies die Rettung.[1283]

Hans Lamm, der spätere Vorsitzende der jüdischen Kultusgemeinde in München, schreibt über den letzten Lagerkommandanten von Theresienstadt, Rahm, die befreite Ghettoverwaltung habe ihm in Würdigung seiner tatsächlichen oder vermeintlichen Verdienste die Erlaubnis erteilt,

„stillschweigend nach der Schweiz zu gehen. Die übrige Lagerbesatzung wurde von den einziehenden Russen festgesetzt und hat wahrscheinlich kein schönes Ende

---
1280 Glas-Larsson, a. a. O. I, S. 155.
1281 Burger, a. a. O. I, S. 109.
1282 Schwerdt, a. a. O. I, S. 89.
1283 Schoßig, a. a. O. II, S. 182.

gefunden. Doch muß man der Wahrheit wegen zugeben, daß nicht alle das schlimme Ende verdient haben. Von einem gewissen Olbrich, der auch erschossen worden sein soll, erzählten die Frauen, die unter ihm zu arbeiten hatten, daß er immer sehr menschlich gewesen wäre und alles getan hätte, um ihnen zu helfen …"[1284]

„Ein KZ-Kommandant, den der Himmel schickte" lautet die Überschrift eines Artikels, den die Zeitschrift *Publik-Forum* 1990 veröffentlicht hat. Darin wird über einen 24-jährigen KZ-Kommandanten berichtet,

> „der mindestens tausend Menschen vor dem sicheren Tod" bewahrt hat".[1285]

Der polnische Jude Tubiaszewicz erinnerte sich 1946 vor dem französischen Kriegsverbrechergericht an seine erste Begegnung mit dem neuen Lagerführer:

> „‚Ich war im Krankenrevier. Das war für Juden verboten. Dold kam herein; ich sprang von der Pritsche auf und stand zitternd vor ihm. Er hatte die Macht, mich totzuschlagen. Ich flehte ihn an. Da legte er die Hand auf meine Schulter und sagte: >Warum haben Sie Angst? Sie sind krank und Sie sind kein anderer Mensch als ich.< Ich werde diese Worte nie vergessen. Erwin Dold wurde uns vom Himmel gesandt.' … Dold stellt sich [nach Kriegsende] der französischen Besatzungsmacht. Im Herbst 1946 wird er, zusammengekettet mit 49 Massenmördern, Folterern und Schreibtischtätern, als ,Angeklagter Nr. 41' vor das französische Militärtribunal in Rastatt gestellt. Es kommt zu Auftritten, die in der Geschichte der Kriegsverbrecherprozesse ohnegleichen sind: Weinend bitten die befreiten Gefangenen von Dautmergen um Leben und Freiheit für den ehemaligen KZ-Kommandanten. Als ein jüdischer Greis vor den Schranken des Gerichts den Segen des Himmels für ,diesen Mann, seine Kinder und Kindeskinder' erfleht, bricht einer der Armeerichter in Tränen aus. Am 17. Januar 1947 wird der Angeklagte Nr. 41 aus der Untersuchungshaft entlassen. Am Morgen des 1. Februar verkündet der Vorsitzende des Tribunals … 21 Todesurteile und hohe Haft- und Zwangsarbeitsstrafen. Erwin Dold wird als einziger KZ-Chef des Dritten Reiches freigesprochen: wegen erwiesener Unschuld."[1286]

Elisabeth Freund sammelte am Arbeitsplatz Erfahrungen mit Leuten, die ganz fest an Hitler glaubten, die aber gleichwohl keine fanatischen Antisemiten waren und Hitler entschieden zu entlasten versuchten:

> „Immer wieder, wenn etwas Grausiges geschehen ist, hört man dieses ,Das weiß der Führer ja gar nicht, der Führer will das nicht, das ist sicher nur eine Parteistelle gewesen', während doch in Wirklichkeit das ganze System des Terrors von ihm eingeführt und gebilligt wird."[1287]

1284 Lamm: „Entwicklung", a. a. O. II, S. 323.
1285 Seiterich, Thomas: „Ein KZ-Kommandant, den der Himmel schickte", in: *Publik-Forum*, 13.04.1990.
1286 Seiterich, Thomas: „Ein KZ-Kommandant, den der Himmel schickte", in: *Publik-Forum*, 13.04.1990.
1287 Freund, in: Sachse, a. a. O. I, S. 123.

„Es war ganz bezeichnend, wie dieses ältliche Mädchen die Situation umdrehte. Sie hatte instinktiv diese Enteignung mißbilligt und fand als Ausweg, daß es eine Herabsetzung des Führers wäre, die Partei, das heißt also ihn, mit einer niedrigen Handlung in Verbindung zu bringen. Mein Nachbar hatte das genauso gemacht."[1288]

Es wurde also nicht etwas gutgeheißen, weil es dem Willen des Führers entsprach, sondern, weil es böse war, konnte es der Führer nicht wollen.

Thomas Dehler, der spätere Bundesinnenminister, stand, wie bereits erwähnt, bei den Machthabern des NS-Regimes in schlechtem Ruf. Nach dem Krieg wurde ihm vorgehalten, er habe einem Nazi geholfen. Darauf rechtfertigte sich Dehler: Er habe mit einem Blutordensträger in einem Hause gewohnt und ihn persönlich geschätzt; umgekehrt habe dieser ihm während seiner Verhaftung durch die Nazis geholfen; er habe sich menschlich verpflichtet gefühlt, darüber der Spruchkammer ein Entlastungszeugnis zu überreichen. Alle, auch die NS-Gegner, hätten ja Bindungen an NS-Belastete.[1289] Zumindest mittelbar traf dies auf sehr viele zu. Zwar stimmt es, dass Hitler seine führenden Mordkumpanen hauptsächlich aus SA, SS und hohen Parteifunktionären rekrutierte, aber diese Tatsache reicht nicht aus, um Menschen allein wegen ihrer Mitgliedschaft als Verbrecher abzustempeln.

18.3 Gleiches Recht für alle

Die Jüdin Ilse Werner schrieb am 24. März 1939 in einem Brief:

„Wer Mensch sein will in des Wortes wahrer Bedeutung, teilt seine Mitmenschen nicht ein nach Sprache und Rasse, sondern in gut und schlecht."[1290]

Allein schon der Verfassungssatz von der Würde des Menschen lässt darauf schließen, dass der Wert des Menschen nicht von Sprache und Rasse abhängt. Jeden Zweifel räumt das Grundgesetz mit der Feststellung des Artikels 3, Satz 3 aus, wo es heißt:

„Niemand darf wegen seines Geschlechtes, seiner Abstammung, seiner Rasse, seiner Sprache, seiner Heimat und Herkunft, seines Glaubens, seiner religiösen oder politischen Anschauungen benachteiligt oder bevorzugt werden."

Schon oben wurde die Allgemeine Erklärung der Menschenrechte zitiert:

„Alle Menschen sind frei und gleich an Würde und Rechten geboren … Jeder Mensch hat Anspruch auf die in dieser Erklärung verkündeten Rechte und Freiheiten, ohne irgendeine Unterscheidung, wie etwa nach Hautfarbe, Geschlecht, Spra-

---
1288 Freund, in: Sachse, a. a. O. I, S. 122.
1289 Niethammer, a. a. O. II, S. 427.
1290 Werner, Ilse: „Lebt wohl und denkt an uns", in: *Frankfurter Allgemeine Zeitung*, 05.07.2008.

che, Religion, politischer oder sonstiger Überzeugung, nationaler oder sozialer Herkunft, Vermögen, Geburt oder sonstigem Stand … Alle Menschen sind vor dem Gesetz gleich."

Man möchte meinen, dies seien für alle „aufgeklärten", selbsternannten Zensoren Selbstverständlichkeiten, und doch werden Menschen anscheinend in Gemeinschaften hineingeboren, denen angeblich ein ewiger Makel anhaftet, eine gruppenspezifische „Erbsünde". Handelt nicht jeder, der die Schuldfrage an Kollektive stellt und bejaht, diesen Vorgaben eklatant zuwider? Gleichwohl ist dies, wie gezeigt, häufig der Fall.

Wer die Biografien liest, aus denen im zweiten Hauptteil zitiert wurde, merkt keine prinzipiellen Unterschiede im Denken, Empfinden, Benehmen von Juden, „Halbjuden" und „Ariern". Da gibt es keine manichäische Scheidung dem Blut nach , auch wenn die damaligen Machthaber glaubten, es besser zu wissen. Es gab Täter und Opfer auf beiden Seiten, auch wenn die Zahl der Opfer auf der einen Seite die auf der anderen Seite, prozentual betrachtet, bei Weitem überwog – selbst unter Berücksichtigung der Opfer des Krieges und der Vertreibung.

Allein schon einige Passagen aus Isaak Behars Beschreibung (s)eines jüdischen Schicksals, um auf den Untertitel seiner Erinnerungen anzuspielen, veranschaulichen das Gesagte:

„Und auch die Tatsache, dass bald nur noch ‚ehrbare Volksgenossen deutschen oder artverwandten Blutes' einen Schrebergarten haben durften, betraf uns nicht. Wir hatten ja unsere zwei Balkone. Wir nahmen zwar wahr, was die anderen Juden erleiden mussten, wie sie zunehmend in Armut, Isolation, Verzweiflung getrieben wurden, aber es berührte uns nicht in dem Maße, wie es hätte sollen, denn es schien alles so weit weg von unserem Leben."[1291]

Sicher empfanden viele der arischen Nachbarn ebenso.

Mirjam Bolle, eine niederländische Jüdin, verrichtete, wie sie schreibt, beim Jüdischen Rat in Amsterdam „Henkersarbeit":

„der eine Jude schickt den anderen auf Transport".

Deshalb zählte sie zu den Privilegierten. So kam es, dass sie nicht zur Vernichtung „auf Transport" kam, vielmehr noch 1944 legal ausreisen konnte. Sie schildert ausführlich die Spannungen zwischen den privilegierten und den sonstigen Juden. Deutsche kommen in dem Buch kaum vor, und wenn, dann als konturenloses Kollektiv, von dem das Böse ausgeht.[1292]

1291 Behar, a. a. O. I, S. 59.
1292 Bolle, a. a. O. I., S. 180.

Der Richter unter dem Gesetz

Raul Hilberg, der namhafteste Holocaustforscher, ergänzt:

> „Während der gesamten Nazi-Herrschaft war die Judenheit überall im Machtbereich der Deutschen durch Ungleichheiten geprägt. Während manche Juden einen gewissen Komfort bewahrten, kämpften andere gegen den Hunger, wieder andere standen an der Schwelle des Todes."[1293]

> „Vorteile verschaffte auch eine privilegierte Position, besonders in einem der Judenräte ..."[1294]

Ähnliches bestätigen auch andere jüdische Zeitzeugen:

> „Die Nationalsozialisten verfügten nicht nur über jüdische Spitzel und Verräter, die sich ... in der Deportationszeit bei der Aufspürung untergetauchter Juden auszeichneten, sondern auch über eine Handvoll jüdischer ,Vertrauensmänner'."[1295]

> „Die Boten [der Todesurteile] waren meistens Leute von der Gemeinde ... Die Gemeinde war eben nichts weiter als eine Abteilung der Gestapo."[1296]

Und Behar macht folgendes Geständnis:

> „Ohne Vorrede bat ich ihn, meine Familie und mich von der vorgesehenen Transportliste zu streichen. Was das bedeutete, wussten wir beide: Statt der fünf Behars würde eine andere Familie auf die Liste gesetzt werden ... Die Zigaretten ließ ich auf seinem Schreibtisch liegen."[1297]

Nur wer der Versuchung in einer ähnlichen Todesgefahr widerstanden hat, hebe einen Stein.

Und schließlich, wohl ebenfalls Resultat der Todesangst:

> „Bereits während der Fahrt im Lastwagen war uns Stargater, der uns bewachende jüdische Glaubensgenosse, äußerst unangenehm aufgefallen ... Sein Gebaren war das eines SSlers ... Er brüllte herum und wollte sich mit seinem besonders widerlichen Verhalten uns gegenüber wohl bei dem Gestapo-Beamten, von dem letztlich auch sein Leben abhing, einschmeicheln."[1298]

Stargater war Täter und Opfer in einer Person, und diese Beschreibung traf auf nicht wenige zu. Der SS-Arzt Walter Müller erschoss sich am 27. Juni 1933:

> „Der Oberarzt, der stolz war, ein ,Herrenmensch' zu sein, wählte den Freitod, nachdem amtlich festgestellt worden war, dass sein Vater Jude war. Seine Mitgliedschaft in der SS hätte er aufgeben müssen."[1299]

1293 Hilberg: „Täter", a. a. O. II, S. 178.
1294 Hilberg: „Täter", a. a. O. II, S. 179.
1295 Kwiet, a. a. O. II, S. 259.
1296 Neumann, Camilla, a. a. O. I, S. 323. Besonders kritisch: Lévy-Hass, a. a. O. I, S. 89
1297 Behar, a. a. O. I, S. 94.
1298 Behar, a. a. O. I, S. 161.
1299 Soldt, Rüdiger: „Opfer oder Täter", in: *Frankfurter Allgemeine Zeitung*, 19.06.2008.

Hans Auman, geboren am 27. Januar 1913, Vater Jude, wuchs überwiegend in Berlin auf und studierte Jura. Als Soldat verbrachte er längere Zeit im besetzten Warschau. Er nennt sich selbst MM (für „Mischmosch"). Schuld wird in seiner Lebensbeschreibung kaum angesprochen. Charakteristisch ist die Stelle:

> „Und wieder griff er sich an die Brust und fragte sich, wie er diesen Verbrechern überhaupt noch dienen könne, ob die Hilfe, die er bedrängten Menschen zukommen lassen konnte, nicht nur ein Vorwand für die eigene Bequemlichkeit sei. Der Teilgoi und das Halbjüdele stritten sich heftig."[1300]

Wer das Deutschland der Jahre 1933 bis 1945 auf die Anklagebank setzt, hat keine Mühe, eine vorbehaltlose Verurteilung zu erwirken. Diese liegt längst vor. Wer aber so tut, als seien die „deutschen" Verbrechen einmalig und unvergleichlich gewesen, muss sich fragen lassen, woher er sein Wissen bezieht, wenn er keine Vergleiche anstellt, wenn er *ex cathedra* die Unvergleichbarkeit verkündet, wenn er die Diskussion darüber tunlichst unterbindet. Er muss sich ferner fragen lassen, ob er nicht Millionen anderweitig Ermordeter verunglimpft, wenn er den Anschein erweckt, als sei das Morden der Stalinisten und anderer diktatorischer Regime humaner gewesen. Ob jemand seiner Rasse oder seiner Klasse wegen getötet wurde, hing nicht selten von Zufällen ab. Die KPD-Funktionärin Ruth Fischer erklärte beispielsweise im Juli 1932 vor dem Kommunistischen Studentenverband:

> „Tretet die Judenkapitalisten nieder, hängt sie an die Laterne, zertrampelt sie."[1301]

Sind die Opfer ihrer Agitation danach zu qualifizieren, ob sie primär als Kapitalisten oder als Juden ermordet wurden?

Ein Unmensch konnte und kann man in nahezu jedem Staat der Welt sein – doppelt schlimm, wenn solche Menschen an die Macht gelangen. Das war aber leider nicht nur in Deutschland der Fall. Ferner: Auf Hitler gemünzt schreibt Joachim Fest:

> „Er wurde nicht nur im Inland bejubelt, sondern, womöglich weit verheerender, vom Ausland her."[1302]

Und schuld allein sollen die Deutschen sein, auch jene, die Hitler gerade nicht zugejubelt haben, nicht dagegen jene Ausländer, die ihm zugejubelt haben?! Wer diese Frage bejaht, verletzt eklatant den Grundsatz: gleiches Recht für alle.

1300 Auman, a. a. O. I, S. 68.
1301 Elon, a. a. O. I, S. 372.
1302 Fest, a. a. O. II, S. 78.

18.4 Richter in eigener Sache?

Was sich vor Gericht von selbst versteht, nämlich dass ein Richter nicht in eigener Sache tätig werden darf, sollte auch außerhalb der Gerichtsgebäude eine Selbstverständlichkeit sein. Was heißt das in Bezug auf die hier gegenständliche Schuldfrage? Dass jene, die selbst oder deren nahe Angehörige vom Befreiungsgesetz betroffen waren, beim Richten allgemein, insbesondere über die Nichtbetroffenen Zurückhaltung üben sollten. Friedbert Pflüger, enger Mitarbeiter des Bundespräsidenten Richard von Weizsäcker, sinniert über seinen früheren Chef,

> „dass die Biographie und Lebensweise des Vaters prägenden Einfluss auf den Sohn, dessen Sichtweisen und Lebensthemen hatten. Vielleicht kommt es auch daher, dass er nach Möglichkeit größere Konflikte vermied und immer wieder versuchte, es vielen recht zu machen".[1303]

Im Wilhelmstraßenprozess war der Vater, Ernst von Weizsäcker, verurteilt worden und verbüßte bis 1950 in Landsberg seine Strafe. Daher nimmt es nicht wunder, dass Sohn Richard zwischen Vater und Volk nicht unterscheidet. Dabei hat der vom Sohn verteidigte Vater, wie unbestritten, Judentransporte nach dem Osten mit seiner Paraphe gebilligt. Dem Durchschnittsdeutschen glaubt der Sohn, die speziellen Kenntnisse des Vaters vorhalten zu dürfen:

> „Wer seine Ohren und Augen aufmachte, wer sich informieren wollte, dem konnte nicht entgehen, dass Deportationszüge rollten."[1304]

Den Nachweis der Richtigkeit dieser Behauptung bleibt er schuldig. Nicht einer von tausend hatte eine solche Möglichkeit. Wie denn? Der Autor lebte in den fraglichen Jahren in München, im 3. Stock der Gotzingerstraße 46. Er hatte freie Sicht auf den Südbahnhof, durch den die Züge von Ost nach West und West nach Ost die Stadt passierten, täglich Dutzende. Darunter war bestimmt nicht einer, dessen Anblick eine Deportation verriet. Die Waggons mit der todgeweihten Fracht waren äußerlich als solche nicht gekennzeichnet. Wer sich aber alle Mauern und Wände wegdenkt, suggeriert schier unendliche Möglichkeiten.

Den Südbahnhof in München betreffend gab es zumindest eine Ausnahme über die der schon erwähnte Arzt Julius Spanier berichtet:

> „Da kam im Juni 1942 der Befehl, daß das Schwestern- und Krankenhaus aufgelöst und geräumt werden müsse oder wie es in der damaligen Amtssprache hieß: ‚Evakuierung' des Krankenhauses der Israelitischen Kultusgemeinde München nach Theresienstadt. Am 4. Juni 1942 ging der erste Transport unter dem Befehl und der Aufsicht der Gestapo und der SS ab. Etwa fünfzig Kranke, Schwerstkranke, ja Ster-

---

1303 Pflüger, a. a. O. II, S. 215.
1304 Weizsäcker a. a. O. II S. 442.

bende mit drei Schwestern unter der Leitung des Chefarztes wurden auf Krankenbahren in einen Möbelwagen verladen, die ganze ‚Fracht' dann am Südbahnhof abgesetzt und in bereitstehende Waggons überführt. Während des Abtransportes war die Hermann-Schmid-Straße für den Verkehr gesperrt, nur ein Major der Wehrmacht durfte die Straße passieren. Als dieser des unheimlichen Transportes ansichtig wurde, frug er die Oberin nach dem Grunde dieses merkwürdigen Vorgangs. Als er von ihr dann wahrheitsgemäß unterrichtet war, rief er voll Entsetzen und ungeachtet der umstehen Gestapo und SS mit lauter und wohlvernehmbarer Stimme aus: ‚Was? Kranke und sterbende Menschen? Ich schäme mich, ein Deutscher zu sein!'"[1305]

Weder ich noch meine Angehörigen noch Nachbarn haben diesen Abtransport mitbekommen.

Das Phänomen ist nicht neu, dass belastende individuelle Gegebenheiten von den Betroffenen kollektiviert werden nach dem Muster: Ist nicht meine und meines Vaters Schuld bei genauerer Betrachtung die Schuld aller? Oben wurde bereits das Stuttgarter Schuldbekenntnis der evangelischen Kirche erwähnt, das praktisch die Kollektivschuld bejaht. Der wortgewaltige Pastor Martin Niemöller hat sich als ihr Befürworter hervorgetan. Er erschien besonders glaubwürdig, hatte er doch Jahre in Konzentrationslagern zugebracht, zwar nicht als gewöhnlicher Häftling, aber immerhin. So war er in den Augen der meisten, die er ansprach, offenbar ein entschiedener Gegner des Nationalsozialismus. In der Tat, er hatte die Übernahme des „Arierparagraphen" in seine Kirche abgelehnt[1306] und die mutige Protestschrift der Deutschen Evangelischen Kirche vom 28. Mai 1936 an Reichskanzler Hitler[1307] unterzeichnet. Das verdient Anerkennung. Doch darf nicht unerwähnt bleiben, dass er zu jenen Pastoren zählte, die Hitler den Weg zur Macht geebnet hatten, nicht nur durch die Wahl der Hitlerpartei seit 1924 bis 1933, sondern auch als Prediger und Seelsorger. Von seinem Biografen Matthias Schreiber erfahren wir:

> „1931, in einer Zeit, in der das Radio sich seinen Weg zum Massenmedium bahnte, wurde ihm die Ehre zuteil, einen Vortrag im Berliner Rundfunk zu halten: Niemöllers Thema stellt sich als ein einziger Ruf nach einem politischen Führer des deutschen Volkes dar: ‚Wo ist der Führer? ... Wann wird er kommen? Unser Sehnen und Wollen, unser Rufen und Mühen bringt ihn nicht herbei. Wenn er kommt, kommt er als Geschenk, als Gabe Gottes.'"[1308]

1305 Spanier, a. a. O. I, S. 128.
1306 Für die katholische Kirche war die Ablehnung stets eine Selbstverständlichkeit.
1307 Gedenkstätte Deutscher Widerstand, Berlin, Nr. 5/03/2.
1308 Schreiber, a. a. O. II, S. 48.

In Berlin Dahlem galt er schon vor 1933 als „der nationalsozialistische Pfarrer"[1309]. In einer Erntedankrede 1934 bekannte sich Niemöller zu der

> „befreienden und erlösenden Wiederentdeckung der vergessenen Wahrheit, deren er sich freue, der Idee von Rasse und Volkstum"[1310].

Aus dem KZ heraus meldete er sich 1939 bei Hitler zu den Waffen, um wieder gegen England U-Boot fahren zu dürfen, wie schon im Ersten Weltkrieg.

Ist gerade er wirklich berufen, auch für andere an die Brust zu klopfen, für jene, die er verführt hat, und gar für jene, die sich nicht durch ihn verführen ließen? Wenn Yad Vashem ihn zitiert, darf dann die braune Vergangenheit des Zitierwürdigen unerwähnt bleiben?

Im Kalten Krieg ließ er sich von der kommunistischen Friedensbewegung vereinnahmen und mit dem Lenin-Orden dekorieren, offenbar ohne zu bedenken, dass auch Lenin sich mit Blut befleckt, eine junge Demokratie – ähnlich wie Hitler – erfolgreich bekämpft und der Welt Stalin hinterlassen hat.

Der evangelische Bischof Wolfgang Huber wird in der jüdischen Zeitschrift *Tribüne* als vorbildlich hingestellt:

> „So warnte er vor einem neuen deutschen Antisemitismus und bekannte sich zur Mitschuld der Christen an der Schoa."[1311]

Damit knüpfte er an das oben erwähnte Stuttgarter Schuldbekenntnis an. Wie Weizsäcker ist auch Huber durch das väterliche Erbe belastet, war doch Ernst Rudolf Huber, der Vater, ein so herausragender NS-Jurist, dass mit der NS-Ära auch seine Laufbahn endete.

Von Ralph Giordano und seine jüdischen Mutter war schon die Rede. Giordano gehört zu den wenigen, die ausdrücklich die archaische Kollektivschuld bejahen. Zugleich stellt er sich selbst ungeniert das beste Zeugnis aus:

> „Die erste Frage, ob ich mich um die Bundesrepublik Deutschland verdient gemacht habe, beantworte ich mir selbst mit einem klaren Ja! Ich habe ihr seit über vierzig Jahren öffentlich ihre Sünden um die Ohren geschlagen, ich habe sie zu keinem Zeitpunkt ihrer Geschichte geschont, ich habe sie die Republik der zweiten Schuld genannt, nämlich der Verdrängung und Verleugnung der ersten, der unter Hitler, nach 1945."[1312]

1309 Schreiber, a. a. O. II, S. 50.
1310 Brebeck, a. a. O. II, S. 6 f.
1311 Felsenthal, Alexander: „Deutsches Kaleidoskop", in: *Tribüne*, Nr. 182, S. 36.
1312 Giordano, a. a. O. II, S. 463.

Wiederum stellt sich die Frage: Ist dieser Kritiker moralisch legitimiert, anderen „ihre Sünden um die Ohren zu schlagen", wo er doch selbst auf das Schwerste gefehlt hat, als er sich nach dem Krieg Stalins KPD anschloss, zu einer Zeit, als Stalin schon die Massenmorde begangen hatte, die ihm das „Schwarzbuch des Kommunismus" nachweist und die unter Demokraten kein Geheimnis waren? Stalin hatte mit Hitler einen Freundschaftsvertrag geschlossen, der bei Hitler die letzten Bedenken ausräumte, Polen militärisch anzugreifen.

In seiner Selbstgerechtigkeit kokettiert Giordano mit seiner politischen Blindheit. Den Volksaufstand vom 17. Juni 1953 in der DDR und sein Ende betreffend, schreibt er:

> „mir war nicht eine Träne geflossen, im Gegenteil ich hielt seine Niederschlagung für gerechtfertigt".[1313]

Sich selbst konzediert er das Recht der „eigenen Rehumanisierung"[1314], allen anderen, die Hitler verkannten, offenbar nicht.

Walter Jens, wortgewaltig wie Giordano, drückte in Hamburg dieselbe Schulbank. Ralf und Walter waren also Schulkameraden. Doch was noch wichtiger ist: Auch Jens wurde zum harten Kritiker der jungen Bundesrepublik, die bei der Vergangenheitsbewältigung versagt habe. In „Demenz. Abschied von meinem Vater" schreibt sein Sohn Tilman:

> „Walter Jens, der Solitär und Einzelgänger, der couragierte Nein-Sager über Jahrzehnte, ist im September 1942 der NSDAP beigetreten und hat darüber, das scheint der Knackpunkt, fast 60 Jahre geschwiegen."[1315]

Der Ankläger der Vätergeneration mutierte nun zum Angeklagten des eigenen Sohnes, jeweils der immer gleiche Vorwurf: Verschweigen.

In der *Frankfurter Allgemeine Zeitung* sah sich der Tübinger Rhetoriker von Hubert Spiegel dem Vorwurf ausgesetzt:

> „Was Jens und andere der Generation ihrer Väter zu recht vorgeworfen haben, galt, wie wir jetzt wissen, auch für sie selbst – über die eigene Vergangenheit wurde nicht geredet."[1316]

War der Vorwurf wirklich „zu recht"? Besonnen kann nur antworten, wer vorab eine Einzelfallprüfung vorgenommen hat. War der Vater oder Schwiegervater po-

---

1313 Giordano, a. a. O. II, S. 312.
1314 Giordano, a. a. O. II, S. 495.
1315 Jens, Tilman, a. a. O. II, S. 25.
1316 Jens, Tilman, a. a. O. II, S. 57.

litisch belastet – Jens' Schwiegervater war bei der SS –, dann gab es plausible Gründe, über die Vergangenheit zu schweigen.

Nicht minder treffend ist Ulrich Greiners Befund in der Zeitung *Die Zeit*:

„Wer anklagt (und die Anklage ist der Cantus firmus aller politischen Einmischungen von Grass und auch Jens), schlägt sich unerkannt auf die andere Seite. Wie Odo Marquard einmal bemerkt hat: ‚Man entkommt dem Tribunal, indem man es wird.'"[1317]

Eben wurden Grass und Jens in einem Atemzug genannt. Auch Grass machte sich zum Tribunal und wurde dazu gemacht.

Das Wochenmagazin *Der Spiegel* ehrte ihn:

„Grass ist nicht nur eine politische Kapazität, er ist auch das moralische Gewissen der Republik."[1318]

Ausgerechnet der Ex-SS-Mann – das moralische Gewissen!? Dieses Gewissen fragte heuchlerisch in einem Offenen Brief an den CDU-Kanzlerkandidaten Kurt Georg Kiesinger:

„Wie sollten wir der Toten von Auschwitz und Treblinka gedenken, wenn Sie, der Mitläufer von damals, es wagen, heute hier die Richtlinien der Politik zu bestimmen?"[1319]

Der Autor der „Blechtrommel" und Nobelpreisträger ließ seit Herbst 1989 jahrelang kaum eine Gelegenheit verstreichen, ohne der Wiedervereinigung Deutschlands unter Hinweis auf den Holocaust entgegenzutreten:

„Wer gegenwärtig über Deutschland nachdenkt und Antworten auf die deutsche Frage sucht, muß Auschwitz mitdenken."[1320]

Wenn es um die Schoa geht, ist dann nicht der SS-Mann, der seine eigene Vergangenheit unterdrückt, wider alle Moral Richter in eigener Sache? Wie will er für jene Deutschen sprechen, die beim Anblick eines SS-Mannes ein kalter Schauder überkam? Und das war wohl die Mehrheit der Deutschen, zu der sich auch der Autor zählt.

Das Wochenmagazin *Der Spiegel* ehrte auch Richard von Weizsäcker als „Mahner und Warner":

„Richard von Weizsäcker ist in seiner Amtszeit als Bundespräsident (1984 bis 1994) immer wieder als Mahner und Warner hervorgetreten. Seine Appelle gegen das

---

1317 Jens, Tilman, a. a. O. II, S. 91.
1318 Aust, a. a. O. II, S. 73.
1319 Aly, a. a. O. II, S. 204.
1320 Winkler, Heinrich August: „Lesarten der Sühne", in: *Der Spiegel*, 24.08.1998, S. 180.

Verdrängen und Vergessen der dunklen Kapitel deutscher Geschichte machten ihn zum Gewissen der Nation und Leitbild für viele Bürger."[1321]

Im Vorabdruck seiner Memoiren heißt es neben dem eben Zitierten:

„Über den wahren Charakter der Nazis wußte mein Vater zu wenig, und von den Verbrechen, die kommen sollten, ahnte er so gut wie nichts."[1322]

War Hitler wirklich bis 1933 ein unbeschriebenes Blatt? In der Heiligen Schrift wird Gott gepriesen, dass er manche Einsicht den Großen verborgen, den Kleinen aber geoffenbart habe. Joseph Rovan erinnert sich an das Dienstmädchen im Elternhaus:

„Wenn ich Zeuge unsinniger Äußerungen werde, in denen alle Deutschen mit den Nationalsozialisten gleichgesetzt werden oder in denen – umgekehrt behauptet wird, daß es den einfachen Leuten in Deutschland unmöglich gewesen sei, das wahre Wesen des Nationalsozialismus zu erkennen, dann brauche ich nur an unsere alte Marie zu denken."[1323]

Auch der Autor könnte Dutzende namentlich benennen, die, der alten Marie gleich, Hitler schon vor 1932 als Gefahr witterten.

Unter den Anklagen und Vorwürfen wurde das bitterböse Wort zitiert: „langjährige Dominanz der Tätergeneration", bezogen auf die Politiker der ersten Stunde nach Kriegsende, unter denen in den Ländern und dann, ab 1949, im Bund wohl keiner war, der mit den Nationalsozialisten geflirtet hatte, von Schlimmerem ganz abgesehen. „Dominanz der Tätergeneration" stammt von Martin Doerry, dessen Großmutter mütterlicherseits, Lilli Jahn, in Auschwitz ermordet wurde. So betrachtet ist auch er ein NS-Opfer. Doch die irrationale Verachtung der „Tätergeneration" hat sicherlich einen ganz anderen Grund. Der Großvater mütterlicherseits, Ernst Jahn, hat seine ermordete Frau auf dem Gewissen. Denn trotz eindringlicher Warnung vor den Folgen einer Scheidung[1324] hat er sich von seiner Frau getrennt, sodass nun für Lilli Jahn der Mischehenschutz sofort entfiel und die Henker freien Zugriff hatten. Wenn wir den Enkel der Großmutter wegen als Opfer gelten lassen, so müssen wir ihn des Großvaters wegen als Richter in eigener Sache ablehnen, wenn er sich zur Generation seines Großvaters äußert. Oben wurden die „Mischehen" beleuchtet, und es zeigte sich, dass sie sehr stabil waren. Unter denen, die nach 1945 Politiker wurden, war sicher nicht einer, der sich von seiner jüdischen Frau hatte scheiden lassen. Ein solcher Fehltritt wäre ihm nie

---

1321 Vorspann zu Weizsäcker, Richard von: „Notwendige Einsichten", in: *Der Spiegel*, Nr. 35/ 1997, S. 64.
1322 Weizsäcker, Richard von: „Notwendige Einsichten", in: *Der Spiegel*, Nr. 35/1997, S. 64.
1323 Rovan, a. a. O. I, S. 63
1324 Doerry: „Mein verwundetes Herz", a. a. O. II, S. 137.

verziehen worden. Daher ist die Wortverbindung „Dominanz der Tätergeneration" in Zusammenhang mit den Gründervätern der jungen Bundesrepublik vollkommen abscheulich.[1325]

Die „Achtundsechziger" wurden erwähnt, die ihre Eltern mit Vorwürfen überhäuften, gipfelnd in dem Satz der Terroristin Gudrun Ensslin:

"Ihr könnt nicht mit Leuten reden, die Auschwitz gemacht haben."[1326]

Einer der Ankläger belegt heute ausführlich, wie er und seinesgleichen „unverhüllt verfassungsfeindlich" und „antisemitisch" gewesen seien. Das bekamen auch Juden zu spüren, die unter Hitler das Weite suchen mussten, so Ernst Fraenkel und Richard Löwenthal, nun erneut in die Defensive getrieben – dieses Mal von den „antifaschistischen Gutmenschen".[1327]

In einer „Anmerkung zum Start des Films ‚Operation Walküre'" versucht der englische Historiker Richard Evans, Stauffenbergs „wahres Gesicht" zu entschleiern. Seine Ausführungen beendet er mit den Sätzen:

> „Als moralische Geste war Stauffenbergs Bombe ohnehin völlig unzureichend, um die Verbrechen auszugleichen, die ... mit der überwältigenden Unterstützung, der Duldung oder dem schweigenden Einverständnis des deutschen Volkes begangen wurden. Lange vor Stauffenbergs Attentatsversuch, am 16. Juni 1943, schrieb der Offizier Wilm Hosenfeld, ein Katholik und ehemaliger Dorfschullehrer: ‚Mit diesem entsetzlichen Judenmord haben wir den Krieg verloren. Eine untilgbare Schande, einen unauslöschlichen Fluch haben wir auf uns gebracht. Wir verdienen keine Gnade, wir sind alle schuldig.'"[1328]

Damit beendet Evans seinen Beitrag über Stauffenberg. Hätte Evans nicht erwähnen müssen, dass Hosenfeld, wäre er nicht in sowjetischer Gefangenschaft umgekommen, zu denjenigen Deutschen gehört hätte, die „entnazifiziert" werden mussten? Bereits am 15. April 1933 war er in die SA eingetreten, am 1. August 1935 in die NSDAP. Durfte er sich selbst auf eine Stufe mit jenen stellen, die sich nicht haben verführen lassen und deshalb selbst Opfer wurden, die es zumindest viel schwerer hatten als er?

Auch Dritte bedienen sich der Person Hosenfelds, um anderen einen „Sittenspiegel" vorzuhalten:

1325 Doerry schildert die Familiengeschichte der Jahns in „Mein verwundetes Herz", a. a. O. II.
1326 Siegfried, a. a. O. II, S. 105.
1327 Aly, a. a. O. II, S. 131 ff.
1328 Evans: „Gesicht", a. a. O. II, S. 10.

„Dass man viel wissen konnte, wenn man wissen wollte, und was man tun konnte, wenn man etwas tun wollte, wird am Beispiel eines deutschen Offiziers deutlich … Wilm Hosenfeld …"[1329]

Wirklich? Hosenfeld war nicht freiwillig nach Warschau, ins Zentrum des Terrors, gegangen, sondern als Offizier dorthin versetzt worden, und seine Arbeit, die Befragung von Partisanen, hatte er sich auch nicht ausgesucht. So saß er, ohne sein Zutun, an der Quelle. So konnte er vielen helfen und hat es auch getan. Andere hatten die gleiche Möglichkeit und leisteten keine Hilfe. Insofern war er vorbildlich. Doch verglichen mit dem Gros hatte nicht einer von hundert diese Chance.

So war es bei nahezu allen Helfern. Sie haben nicht die Gelegenheit zur Hilfe gesucht, sondern sie wurden – häufig widerwillig – mit der Hilfsbedürftigkeit konfrontiert und haben sich in dieser Probe bewährt.

1997 wurde der Ergoldsbacher Max Maurer von Yad Vashem geehrt, weil er in der Nacht vom 26. auf den 27. April 1945 13 Juden gerettet hatte. Wäre der Krieg acht Tage eher zu Ende gegangen, wäre dann Maurer kein „Gerechter unter den Völkern" gewesen? Die Anerkennung als solche wäre jedenfalls unterblieben.[1330] In den zwölf Jahren zuvor ist er nicht als Helfer aufgefallen. Maurer steht für sehr viele, wie das „Lexikon der Gerechten unter den Völkern" beweist, so wenn es dort heißt:

„Kurt Fuchs, ein Sanitäter, war wegen seiner schwächlichen Gesundheit vom Militärdienst freigestellt. In den letzten Tagen des Dritten Reiches, ungefähr von Mitte April 1945 bis zum Einmarsch der Russen im Mai, versteckten die Fuchsens in einer Laube in ihrem Garten drei polnische Juden".

Daher wurden die Fuchsens am 2. April 1995 als „Gerechte unter den Völkern" anerkannt.[1331]

In Italien kann man schwerlich das Thema „Gerechte" ansprechen, ohne Giorgio Perlasca zu erwähnen, jenen Italiener, der sich dem Lager Francos anschloss und in Ungarn Tausende von Juden rettete. Auf die Frage:

„Was glauben Sie, warum so wenige versucht haben, Juden zu retten? Warum haben so viele nichts getan?"

antwortete er:

„Man mußte die Gelegenheit haben, etwas zu tun. Ich hatte sie damals."[1332]

1329 Dörner, a. a. O. II, S. 95.
1330 N.N.: „13 Juden gerettet: Hohe Auszeichnung für einen niederbayerischen Polizisten", in: *Passauer Neue Presse*, 04.03.1997.
1331 Fraenkel, a. a. O. II, S. 117.
1332 Halter, a. a. O. II, S. 330.

Gelegenheit schafft Diebe, aber offenbar auch Helfer und „Gerechte". Der gute Samariter des Lukas-Evangeliums hat seine Hilfe auch nicht auf dem Markt feilgeboten, sondern sich des Mannes erbarmt, der auf seinem Wege lag.

Wer sich die deutschen Teilnehmer des Tribunals, das über die Deutschen der Jahre 1933 bis 1945 seither den Stab bricht, vergegenwärtigt, nimmt wahr, dass darunter offenbar keiner ist, den seine eigene Vita dafür qualifiziert. Groß ist die Zahl derer, die dafür infrage gekommen wären. Zur Veranschaulichung sei auf die unverdächtigen „arischen" Zeugen verwiesen, die in dem Kapital „Das andere Deutschland" erwähnt wurden. Doch statt ihrer bilden Belastete das Tribunal, dem sie sich selbst stellen müssten. Das erklärt viel.

Die deutschen Opfer des Nationalsozialismus waren nicht darauf erpicht, jetzt, nach dem Ende der Schreckensherrschaft, mit ihren Widersachern abzurechnen. Der Autor hat nur einen persönlich kennengelernt, der diese wichtige Aufgabe übernahm, der spätere Münchner Bundestagsabgeordnete Karl Wieninger.[1333] Der eigene Vater lehnte ab: Für ihn das Wichtigste, die Teufelei war vorüber.

Schon wenige Jahre nach dem Ende des Zweiten Weltkrieges belehrte die Sozialdemokratische Partei Deutschlands unter der Überschrift: „Kollektivschuld schützte Schuldige" treffend:

> „Die Sozialdemokratische Partei hat die denkbar härteste Bestrafung aller Schuldigen verlangt. Aber die Möglichkeit, Erklärlichkeit und Entschuldbarkeit des Hineinrutschens in diese Bewegung ist ein Punkt, der von vornherein zu berücksichtigen war. Dadurch, daß man es nicht genügend tat, und die Barbarei der Kollektivschuld auf ein ganzes Volk zu wälzen versuchte, hat man die Schuldigen geschützt."[1334]

1333 Näheres dazu siehe: Löw: „Die Münchner", a. a. O. II.
1334 Archiv des Autors.

19. Schoa – „Zivilisationsbruch" oder „Kulturbruch"?

19.1 Was meint „Zivilisationsbruch"?

In ihrer Ansprache vor der Knesset, dem Parlament des Staates Israel, äußerte die Kanzlerin der Bundesrepublik Deutschland Angela Merkel am 18. März 2008:

> „Der Zivilisationsbruch durch die Schoa ist beispiellos. Er hat Wunden bis heute hinterlassen."[1335]

Der Duden, „Das große Wörterbuch der deutschen Sprache in zehn Bänden", kennt das Wort „Zivilisationsbruch" nicht. Unter „Zivilisation" steht dort:

> „1.a) Gesamtheit der durch den technischen und wissenschaftlichen Fortschritt geschaffenen u. verbesserten sozialen u. materiellen Lebensbedingungen ... 2. >o[hne]. Pl[ural].< (selten) durch Erziehung, Bildung erworbene (verfeinerte) Lebensart".[1336]

Die Wortbildung „Zivilisationsbruch" stammt offenbar von Dan Diner, der sie in seinem Aufsatz „Aporie der Vernunft" verwendete:

> „In ihrer Ermordung als Juden ... wird darüber aber auch ein universeller Zivilisationsbruch offenkundig. Er liegt darin begründet, daß eine grundlose Vernichtung von *Menschen* möglich und wirklich geworden ist."[1337]

An anderer Stelle schreibt er dazu:

> „Das Wort vom *Zivilisationsbruch* ... vereint einander perspektivisch Widerstrebendes. Zum einen das über die Juden gekommene Unheil, allein und überall ihrer Zugehörigkeit, gar ihrer bloßen Abstammung wegen – also grundlos – einer kollektiven Vernichtung überantwortet worden zu sein ...".[1338]

Bruno Schoch erläutert das Gesagte noch weiter, indem er ausführt:

> „Die Zeugnisse sind Legion, daß Nachrichten von den nationalsozialistischen Massenvernichtungspraktiken, die nach außen drangen, kein Gehör fanden. Sie schienen so unglaublich, daß sie als phantastisch abgetan und als unglaubwürdig zu-

---

1335 „Die Rede der Bundeskanzlerin Merkel vor der Knesset", in: *Frankfurter Allgemeine Zeitung*, 19.03.08; vgl. auch Pax Christi (Hrsg.): „Zivilisationsbruch Auschwitz", Idstein 1999.
1336 „Duden. Das große Wörterbuch der deutschen Sprache in zehn Bänden", Mannheim 1999. In der Auflage des Jahres 1981 stand noch ein aussagekräftiges Beispiel: „China ist ein Land mit alter Kultur, aber geringer Zivilisation".
1337 Diner, Dan „Aporie der Vernunft", in ders. (Hrsg.): „Zivilisationsbruch. Denken nach Auschwitz", Frankfurt am Main 1988, S. 31.
1338 Diner, Dan: „Den Zivilisationsbruch erinnern", in: Heidemarie Uhl (Hrsg.): „Zivilisationsbruch und Gedächtniskultur", Innsbruck 2003, S. 17.

rückgewiesen wurden, sie ‚prallten an einem von Zweckrationalität her geprägten okzidentalen Bewußtsein ab'."[1339]

Kann man tatsächlich grundlos vorsätzlich töten? Gibt es nicht immer einen Grund, mag dieser auch noch so irrational, pervers oder abscheulich sein? Das Mindeste ist doch Mordlust! Sie ist ein altbekanntes Motiv und findet sich nicht erst im deutschen Strafgesetzbuch des Jahres 1871.[1340]

Rückschauend betrachtet hat es tatsächlich den schier unglaublichen Anschein, dass das Ringen um den Endsieg im Denken Hitlers einen geringeren Stellenwert einnahm als die „Endlösung der Judenfrage", was kaum jemand damals hat vermuten können. Tausende Juden wurden trotz der Proteste ihrer Arbeitgeber aus kriegswichtiger Beschäftigung abgeholt und in die Vernichtung deportiert. Dazu waren Transportkapazitäten erforderlich, die anderweitig für den militärischen Nachschub hätten genutzt werden können. Doch aus Hitlers Sicht gab es eben gute Gründe für diese scheinbar so irrationale Verhaltensweise. Ein Beleg dafür ist sein Testament vom 29. April 1945, welches er einen Tag vor seinem Selbstmord verfasste, in dem es heißt:

> „Vor allem verpflichte ich die Führung der Nation und die Gefolgschaft zur peinlichen Einhaltung der Rassengesetze und zum unbarmherzigen Widerstand gegen den Weltvergifter aller Völker, das internationale Judentum."[1341]

Daher ist Diners Argumentation schwer nachvollziehbar, zumal die massenweise Tötung geistig Behinderter und anderer Menschen, die als „lebensunwertes Leben" Hitlers Wahn zum Opfer fielen und keine Juden waren chronologisch betrachtet vor dem Massenmord an den Juden stattfand.

19.2 Ist „Kulturbruch" nicht besser?

Ob grundlos oder nicht: Eine weitere Frage drängt sich auf: Wäre nicht *„Kultur*bruch" für das, was mit *„Zivilisations*bruch" ausgesagt werden soll, angemessener? „Kultur" wird in oben zitiertem Wörterbuch treffend mit „Gesamtheit der geistigen, künstlerischen, gestaltenden Leistungen einer Gemeinschaft als Ausdruck menschlicher Höherentwicklung" definiert. Eine anspruchsvolle Ethik ist doch eine geistige Leistung und keine vorrangig zivilisatorische?! In „Kultur" schwingt auch mit, was die lateinische Wurzel *colere* zum Ausdruck bringt: „hegen", „pflegen", „verehren". Diese Überlegung mag der Grund dafür sein, dass „Zivilisations-

---

1339 Schoch, Bruno: „Ernst Bloch: Hoffnung – aus Verzweiflung", in: Heidemarie Uhl (Hrsg.): „Zivilisationsbruch und Gedächtniskultur", Innsbruck 2003, S. 69.
1340 § 211 StGB.
1341 Evans: „Das Dritte Reich", a. a. O. II, S. 907.

bruch" zumindest bisher keinen Eingang in den im „Großen Duden" gespeicherten Sprachschatz gefunden hat.

Die geistig-moralische Höherentwicklung der Menschheit als Kennzeichen der Kultur ist kein linearer Prozess. Sie gleicht eher einem Rösselsprung. Mit dem Versuch, diesen facettenreichen Prozess darzustellen, könnten dicke Bücher gefüllt werden. Hier nur die bekanntesten Meilensteine, die zugleich die Entwicklung der Annahme angeborener Rechte kennzeichnen. Schon am Anfang des Mittleren Ägyptischen Reiches, rund um das Jahr 4000 v. Chr., verkündete ein König:

> „Ich habe die vier Winde gemacht, auf dass ein jeder zu seiner Zeit darin atmen könne wie sein Nächster. Ich habe die große Überschwemmung gemacht, auf dass der Arme darin sein Recht habe wie der Große ..."

Der Dekalog spricht zwar nicht von Rechten, sondern nur von Pflichten. Aber den Pflichten entsprechen Rechte und umgekehrt. Findet „Du sollst nicht morden" Anerkennung, wird das Recht der anderen auf Leben grundsätzlich anerkannt.

Herrliche Sentenzen sind uns aus dem alten Athen und dem vorchristlichen Rom überliefert, so die Sätze Ciceros:

> „Die Freiheit ist das herrlichste Gut, das es geben kann. Wenn sie nicht jedem gleichmäßig zuteil wird, so ist sie keine Freiheit."

Zahlreiche Ermahnungen des Neuen Testaments haben die Humanisierung der Lebensverhältnisse zum Ziel, so wenn es heißt: „Liebet Eure Feinde! Tuet Gutes denen, die Euch hassen!" Samuel Pufendorfs Hauptwerk „De iure naturae et gentium" charakterisiert den Menschen als sittlich freies Wesen, als Träger der Menschenwürde. Aus diesem Geist heraus entstand die Unabhängigkeitserklärung der USA, der wir das folgende Bekenntnis entnehmen:

> „Der Schöpfer hat alle Menschen frei geschaffen und ihnen unveräußerliche Rechte verliehen."

Daran erinnern auch die Einlassungen der französischen Verfassung von 1789.

Das Grundgesetz für die Bundesrepublik Deutschland des Jahres 1949 atmet diesen Geist, u. a. mit den Proklamationen: „Die Würde des Menschen ist unantastbar ..." und „Das deutsche Volk bekennt sich daher zu unverletzlichen und unveräußerlichen Menschenrechten...". Landesverfassungen beschreiben ihren Staat als Kulturstaat.[1342] Internationale Vereinbarungen, die die Menschenrechte zum Gegenstand haben, gingen dem Grundgesetz voraus oder folgten ihm, worauf weiter oben bereits hingewiesen wurde.[1343]

1342 So die Bayerische Verfassung in Art. 3, Abs.1.
1343 S. 293 ff.

19.3 Wann begann der „Kulturbruch"?

In dem eingangs zitierten Text sprach die Kanzlerin von dem beispiellosen „Zivilisationsbruch" durch die Schoa. Hätte sie hinzugefügt „in der deutschen Geschichte", so wären sachliche Anfragen kaum angebracht, selbst wenn die Vorgänge in Deutsch-Südwestafrika, dem heutigen Namibia, zu Beginn des 20. Jahrhunderts dabei mit berücksichtigt würden. Es ist gut für jedermann, gerade auch für uns Deutsche, zunächst vor der eigenen Türe zu kehren. Vielleicht erwartete die Kanzlerin, dass die Eingrenzung auf die deutsche Geschichte hinzugedacht würde. Wer dies nicht tut, dem drängen sich zahlreiche Fragen auf.

Das mit knapp 700 Seiten stattliche Werk neueren Datums von Bernhard Müller mit dem Titel „Alltag im Zivilisationsbruch" schildert das „Ausnahme-Unrecht gegen die jüdische Bevölkerung von 1933 bis 1945".[1344] Für den Autor beginnt der „Zivilisationsbruch" also bereits mit dem Beginn der Kanzlerschaft Hitlers und nicht erst mit dem Polenfeldzug, mit dem Beginn der „Säuberungen", mit der bürokratisch effizient organisierten Massenvergasung. Wer Müller folgt, für den ist die braune Revolution zwar ein für Deutschland umstürzendes, aber zunächst – verglichen mit anderen Revolutionen – kein exzeptionelles Ereignis: ein deutscher „Kulturbruch" vielleicht, wenn es so etwas geben kann, aber nicht mehr.

Wer den „Kulturbruch" auf einen späteren Zeitpunkt datiert, muss sich fragen lassen: Kann eine „bürokratische Organisation" oder fabrikmäßiges Töten wirklich einen Massenmord höherstufen, ins Einmalige entrücken? War Babi Jar, wo Zehntausende erschossen wurden, weniger schlimm als Auschwitz? Ist es nicht ethisch betrachtet unerheblich, ob die Opfer in den Tod getrieben oder gekarrt oder über Hunderte von Kilometern transportiert wurden? Letzteres war auch bei der Euthanasie der Fall, die zeitlich der Schoa vorausging. Oder spielt die „Rasse" der Opfer eine ausschlaggebende Rolle? Alfred Grosser, selbst Jude und von Hitler vertrieben, tadelt heftig:

> „Nichts ist moralisch so verwerflich wie die explizite oder implizite Überzeugung, eine Million ermordeter ukrainischer Bauern stelle ein geringeres Verbrechen dar als eine Million ermordeter Juden."[1345]

Wer kann ihm widersprechen?

Auch am Tötungsmittel Gas kann es nicht liegen, kam es als tödliche Waffe doch schon im Ersten Weltkrieg zum Einsatz, etwas später in den USA als fortschrittliche Todesart bei Hinrichtungen und dann in Deutschland bei der „Euthanasie".

1344 Müller, Bernhard, a. a. O. II
1345 Grosser: „Ermordung", a. a. O. II, S. 87.

Polen beansprucht den ersten Platz in der Hierarchie der Opfer[1346] und Österreich in der zeitlichen Reihenfolge. In Chelmno in Polen begannen die Nationalsozialisten ihr Programm der Germanisierung durch Deportation und Vernichtung der „Fremdvölker", nicht nur der Juden, zu verwirklichen.[1347] Dass nicht eine unauffindbare Ratio dem Massenmord eine andere Qualität verleiht, wurde schon oben ausgeführt.

Ist es nicht ein makabres Unterfangen, Massenmorde daraufhin zu vergleichen, ob es nicht auch weniger schlimme gegeben habe und ob nicht einer davon alle anderen auf die Plätze verweise? Für die Opfer ist der gewaltsame Tod ohnehin ein einmaliges Ereignis. Doch in den eingangs zitierten Texten ist von Vergleichen gar nicht die Rede. Das Dogma der „Unvergleichlichkeit" wird dadurch verteidigt, dass Vergleiche von vornherein tunlichst untersagt werden.[1348] Das Absolute wird dekretiert.

Im ersten Jahr ihrer Herrschaft haben sich die Nationalsozialisten auf einen Vergleich eingelassen und eine in der *Leningradskaja Prawda* erschienene Karikatur abgedruckt. Unter einem Hakenkreuz, das sich drehend Menschenmassen abschlachtet, heißt es: „Die Fleischhackmaschine ist in Betrieb gesetzt!" Die nationalsozialistische Presse kommentierte dies:

> „Wie sehr muß der russischen Bevölkerung die Wahrheit vorenthalten werden, wenn sich eine Regierung, deren Gewaltherrschaft zwei Millionen Menschen zum Opfer gebracht wurden, erdreisten darf, die deutsche Erhebung von 1933 überhaupt mit ihrem kommunistischen Blutrausch in Vergleich zu setzen?"[1349]

Nicht nur dieser Blutrausch war Hitler sehr wohl bekannt, auch der Massenmord an den Armeniern und die Untätigkeit der restlichen Welt, während diese Verbrechen geschahen. Er hat seine Schlüsse daraus gezogen.

19.4 Menetekel am Horizont

Die Höherentwicklung des Rechts und der Ethik konnte, wie kurz skizziert, Massenmorde nicht verhindern. Ja, es stellt sich die Frage, ob sie nicht zugenommen haben. Dann wären die erwähnten humanistischen Dokumente geradezu Reaktionen auf die blutigen Exzesse, was mit Blick auf das Grundgesetz und die Allgemeine Erklärung der Menschenrechte sicherlich zutrifft.

1346 Funke, Manfred: „Polen und seine Juden", in: *Frankfurter Allgemeine Zeitung*, 17.06.2008.
1347 Döscher, Hans-Jürgen: „Synonym für Unmenschlichkeit", in: *Frankfurter Allgemeine Zeitung*, 17.06.2008.
1348 Wer dennoch vergleichen will, greift mit Gewinn zu Heinsohn a. a. O. II.
1349 N.N.: „Hitler in der Karikatur der Welt 1924-1934 mit Kommentaren aus dem Dritten Reich", Darmstadt 1973, S. 146 f.

Die angesprochenen Kulturbrüche sind keine Ereignisse, die gänzlich unvermittelt über die Menschheit kamen; sie sind vorausgedacht worden. Drei Wegbereiter weisen nach Auschwitz: der französische Sozialist Pierre Proudhon, der deutsche Orientalist Paul de Lagarde und der in Deutschland eingebürgerte Engländer Houston Stewart Chamberlain. Begnügen wir uns mit der Stimme Lagardes:

> „Es gehört ein Herz von der Härte einer Krokodilshaut dazu, um mit den armen, ausgesogenen Deutschen nicht Mitleid zu empfinden und – was dasselbe ist – um die Juden nicht zu hassen ... Mit Trichinen und Bazillen wird nicht verhandelt, Trichinen und Bazillen werden auch nicht erzogen, sie werden so rasch und so gründlich wie möglich vernichtet."[1350]

„Das Schwarzbuch des Kommunismus"[1351] weist nach, dass die kommunistische Weltbewegung annähernd 100 Millionen Menschenleben vernichtet hat. Karl Marx ist der bekannteste kommunistische Denker. Unbestritten hat sein Manifest der Kommunistischen Partei die mit Abstand weiteste Verbreitung aller politischen Publikationen gefunden. Der gemeinsame Nenner der Täter des „Schwarzbuches" ist das Bekenntnis zu Marx. War Marx der Schreibtischtäter, der geistige Urheber, der eigentliche und erstrangige Anstifter der Verbrechen?

Wer ihn an seinen eigenen Worten misst, kann nicht umhin, gerade in ihm den Kulturbrecher schlechthin zu entdecken. Seine lebenslängliche Devise lautete: „rücksichtslose Kritik alles Bestehenden"[1352], was selbstredend die Kultur miteinschließt. Im Text des von ihm und seinem Freund Engels verfassten „Manifests der Kommunistischen Partei", dem weitestverbreiteten politischen Pamphlet überhaupt, lesen wir:

> „Die Kommunisten verschmähen es, ihre Ansichten und Absichten zu verheimlichen. Sie erklären offen, daß ihre Zwecke nur erreicht werden können durch den gewaltsamen Umsturz aller bisherigen Gesellschaftsordnung."[1353]

Das ist eine Kampfansage an Staat und Recht, an Ehe und Familie, an Glaube und Religion, an die gewachsene Kultur schlechthin. Wer sich die Folgen dieses Programms vorstellt, sieht Berge von Leichen und Ströme von Blut.

1350 Lagarde, Paul de: „Ich mahne und künde", Breslau 1936, S. 63.
1351 Courtois, Stéphane u. a. (Hrsg.): „Das Schwarzbuch des Kommunismus. Unterdrückung, Verbrechen und Terror", München 1998.
1352 Marx, Karl / Engels, Friedrich: „Werke", Berlin (Ost) 1956 ff., Bd. 1, S. 344. Eine Sammlung einschlägiger Zitate bietet Löw: „Rotbuch", a. a. O. II.
1353 Marx, Karl / Engels, Friedrich: „Werke", Berlin (Ost) 1956 ff., Bd. 4, S. 493.

19.5 Ist der Kulturbruch überwunden?

Wenn wir bei dieser Frage nur an den Nationalsozialismus denken, so besteht guter Grund zu der Annahme, dass er auf Dauer Geschichte bleibt. Doch der Mann aus Trier, Karl Marx, der schon 1843 allem Bestehenden den Kampf angesagt hatte, ist allgegenwärtig, als Autor, als Monument, als Straßenname. Auf die ZDF-Frage nach dem größten Deutschen kam er in Gesamtdeutschland hinter Konrad Adenauer und Martin Luther auf Platz 3, in den neuen Bundesländern sogar auf Platz 1. Bleibt nur zu hoffen, dass jene, die ihm diese Ehrung verschaffen, ihn letztlich nicht kennen.

Eingangs wurde ein Foto abgebildet, das einen Knaben zeigt, der ein Plakat intensiv betrachtet. Darauf Leichenberge aus Konzentrationslagern. Die Überschrift: „Diese Schandtaten: Eure Schuld!" Im Frühjahr 1933 schrien Plakate von deutschen Litfasssäulen:

> „Die Schuldigen an diesem wahnwitzigen Verbrechen, an dieser niederträchtigen Boykotthetze sind die Juden in Deutschland".

Beiden Texten ist gemeinsam: Es werden Menschen pauschal schuldig gesprochen, ohne dass die Schuldfrage zum Gegenstand einer individuellen Prüfung gemacht worden wäre, ein eklatanter Verstoß gegen alle oben erwähnten schriftlichen Errungenschaften der Menschheitskultur: Alle erwähnten Dokumente stimmen darin überein, dass sie sich an Individuen wenden, nicht an Völker, Rassen, Stämme, Klassen oder Religionsgemeinschaften. Der Einzelne hat sich angesprochen zu fühlen und schließlich auch zu rechtfertigen.

20. „Vergangenheitsbewältigung" ohne Achtung vor der Würde?

20.1 Weder „Würde" noch „Dekalog"

Die „Würde des Menschen" ist Dreh- und Angelpunkt des Grundgesetzes für die Bundesrepublik Deutschland. Bei feierlichen Anlässen werden die Menschenwürde, ihre überragende Bedeutung und ihre verbindlichen Konsequenzen immer wieder betont. Weltweit erfährt dies viel positives Echo und nicht selten Nachahmung. Nirgendwo ist eine Gegenrede zu vernehmen! Auch die Genesis dieses Neuzugangs im juristischen Vokabular ist nicht strittig, die Missachtung eben dieser Würde vor allem seitens der totalitären Regime des 20. Jahrhunderts. Niemand behauptet, erst mit dem Inkrafttreten des Grundgesetzes seien die Rechte, die aus der Würde folgen, entstanden, sonst hätten sie in der NS-Ära gar nicht verletzt werden können.

Einigkeit herrscht ferner darüber, dass alle Menschen ohne jede Ausnahme Träger dieser Würde sind, also Kinder wie Greise, Gesunde wie Kranke, Europäer wie Asiaten, Gute wie Böse. Konsens besteht darüber hinaus insofern, als die im Grundgesetz nachfolgenden Grundrechte weithin Konkretisierungen dessen sind, was aus der Anerkennung der Würde folgt, die Glaubens-, Gewissens- und Meinungsfreiheit eingeschlossen.

Die Missachtung der Würde hat das Bewusstsein der Würde geweckt, könnte man kurz sagen. Umso mehr verwundert es, dass die Würde des Menschen offenbar bei der historischen und politischen Vergangenheitsbewältigung – anders als in der strafrechtlichen mittels Strafgesetzbuch und Strafprozessordnung – nur sehr selektiv angesprochen wird: Die mutmaßlichen Täter und sogenannten „Zuschauer" scheinen hier keine solche Würde zu besitzen. Da gibt es keine Unschuldsvermutung, keine Gleichbehandlung von „Rassen" und Nationen, keine prinzipielle Handlungsfreiheit. Die „Schuldigen" gelten als bekannt, bilden ein Kollektiv, über dessen Eingrenzung geschwiegen wird. Dass so die Würde des Menschen, eben eines Individuums, unter die Räder kommt, wird nicht wahrgenommen, zumindest nicht thematisiert. Mit dem feierlichen Bekenntnis zur Menschenwürde glaubt man, dem Geist des Grundgesetzes Genüge getan zu haben. Im Alltag kann die Menschenwürde dagegen nur hinderlich sein.

Auch die Kirchen fragen im Zusammenhang mit der Schoa nach Schuld und Schuldigen. Gerade die Kirchen haben einen altehrwürdigen Maßstab zur willkürfreien Beantwortung der Schuldfragen, den Dekalog und darauf aufbauend den Katechismus. Daraus wurde oben mehrmals zitiert. Doch in den Erklärungen der Kirchen zur Schoa, den genannten wie den ungenannten, wird weder der Dekalog noch der Katechismus angesprochen. Woran sollte sich das Kirchenvolk in den Jahren 1933 bis 1945 orientieren, wenn nicht an derlei Handreichungen? Hat es dies getan, falsch getan, nicht getan? Wären das nicht die Fragen, die dann zu einem Schuldspruch oder Freispruch führen könnten?

20.2 „Hitler hat gewonnen"?

„Hitler hat gewonnen", lautete der Arbeitstitel des Buches von Avraham Burg, das schließlich unter „Hitler besiegen" 2009 erschienen ist. Der Autor ist der Sohn eines 1939 aus Dresden ausgewanderten Juden. Ist „Hitler" schon besiegt oder wartet diese Aufgabe trotz aller „Vergangenheitsbewältigung" noch auf ihre Erledigung? Niemand von denen, die ernst genommen werden, bekennt sich zu Hitler. Und doch ist das „Ja" nur ein bedingtes.

Bei der aufgeworfenen Frage geht es nicht um den historischen Hitler aus Braunau, sondern um die geistigen Vorgaben des „Führers". Er hat die Menschen und Völker eingeteilt in kulturschaffende, (nur) kulturerhaltende und kulturvernichtende, in wertvolle und minderwertige, in gute und böse. Im Vorwort zu seinem Buch „Die ersten Israelis" schreibt Tom Segev:

> „Es war ihr [der Gründerväter] Wunsch gewesen, dass die neuen Israelis eine Gemeinschaft bilden sollten, um sich einen kollektiven Plan zu erfüllen ... Alles wurde nun schwarzweiß dargestellt: Wir waren die Guten, die Araber waren die Schlechten. Grauzonen kannten wir nicht."[1354]

Für Hitler und seinesgleichen waren die Juden ein Mördervolk, also in höchstem Maße böse, und das nicht erst ab Kriegsbeginn, sondern in der Propaganda längst vorher. So kam es, dass die *Jüdische Rundschau* schon 1935 den aufrichtigen Wunsch aussprach:

> „Eine Diffamierung der Juden soll unterbleiben ... Wer sich in die Lage eines aufrechten und gesund empfindenden Menschen versetzt, der in Publikationen sein Volk als ‚Mördervolk' bezeichnet findet, wird diese Forderung wohl verstehen können."[1355]

Wer sich in die Lage eines „aufrechten und gesund empfindenden" Deutschen versetzt, der in Publikationen sein Volk als „Mördervolk" bezeichnet findet, hat denselben Wunsch: dass diese Diffamierung unterbleibe. Wer diesem Wunsch nicht entspricht, muss sich fragen lassen, ob er den Hitler in sich schon besiegt

---

1354 Segev, a. a. O. II, S. 8.
1355 „Die Nürnberger Gesetze", in: *Jüdische Rundschau*, 17.09.1935.

hat, um ein vorwurfsvolles Bild Ludwig Marcuses aus dem Jahre 1945 aufzugreifen.[1356]

Nach den glaubwürdigen Zeugnissen, die Peter Longerich zusammengetragen hat,

> „war es definitiv die Politik des Regimes, Verbrechen zu begehen, um das deutsche Volk als Ganzes schuldig zu machen und alle Energie auf die Kriegsanstrengungen zu lenken. Die Generallinie lautete, man habe alle Brücken hinter sich abgebrochen, und alle Deutschen säßen im selben Boot."[1357]

Wie schon ausgeführt, ist diese Rechnung nur teilweise aufgegangen. Der britische Rundfunk durchschaute das Spiel ziemlich rasch. In einer Sendung für die deutschen Hörer kam ein Sprecher zu Wort:

> „Bisher sagte die Welt immer wieder mit den Stimmen Churchills, Roosevelts und Stalins:"

Andere Stimme:

> „Die Naziverbrecher sind die Schuldigen – sie und das deutsche Volk sind nicht dasselbe."

Sprecher:

> „Die Nazis wollen diesen Unterschied aufheben. Das deutsche Volk soll in ihre Verbrechen verstrickt werden. Wenn es nicht mitschuldig ist, dann muss es mitschuldig werden … Das Ausland soll urteilen, wie Goebbels urteilt:
>
> Goebbels: Wir, die Führung, und ihr, das deutsche Volk, haben gemeinsame Sache gemacht."[1358]

Doch dieser Enttarnung Goebbels' zuwider ließen sich viele Engländer und vor allem Amerikaner durch die amtlichen Verlautbarungen des deutschen Reichspropagandaministers täuschen und zerstörten mitleidlos wie sinnlos – als der Krieg so gut wie zu Ende war – zahlreiche deutsche Städte. Sie waren dann, wie ausgeführt, bass erstaunt, als den Bodentruppen das Gros der Bevölkerung selbstbewusst, nicht ängstlich gegenübertrat. Wer heute versucht, „die deutsche Schuld" möglichst auf alle Deutschen zu verteilen, ist insofern Hitlers wie Goebbels' williger Vollstrecker. Freilich, den Beweis des ersten Anscheins haben sie auf ihrer Seite, da sich Begeisterung unschwer in Bildern festhalten lässt und von Goebbels' Apparat – stets abrufbar – festgehalten wurde, nicht jedoch die Abwesenheit, nicht die Ablehnung, zumal wenn beides mit Gefahren verbunden war.

1356 Siehe S. 354.
1357 Longerich, a. a. O. II, S. 267.
1358 Dörner, a. a. O. II, S. 206 f.

20.3 Gollancz oder Goldhagen?

Wohl jeder, der sich mit dem Verhalten der Nichtjuden den Juden gegenüber in den Jahren 1933 bis 1945 befasst, kennt den Namen Daniel Goldhagen. Doch wem ist Victor Gollancz, 1960 mit dem Friedenspreis des Deutschen Buchhandels ausgezeichnet, heute noch ein Begriff? Gollancz, Jude wie Goldhagen, 1893 in London geboren, lebte auch in den fraglichen Jahren und danach überwiegend in dieser Stadt. Deutschland betreffend hatte er Reiseerfahrungen, vor wie nach dem Kriege. Wie kaum ein anderer hat er sich mit Deutschland, den Deutschen und der Judenverfolgung befasst. Seine Einsichten sind zeitlos gültig und verdienen es auch heute noch, dass wir uns damit befassen. So zitierte er im Dezember 1942 aus Hitlers berüchtigter Rede vom Januar 1939, in der Hitler die Ausrottung des europäischen Judentums ankündigte, falls es den Krieg auslösen würde, was dann, laut Hitler, der Fall gewesen ist. Gollancz fährt fort:

> „Es ist nicht so einfach, in diesem Ausmaß zu morden. Man kann diese Aufgabe nicht irgendwelchen Leuten anvertrauen. Muß man also nicht Jahre hindurch eine Spezialtruppe für den Massenmord ausbilden? … Und wird man nicht, weil ihre Zahl nicht ausreicht, diese Mördergruppen mit dem Abschaum der kriminellen Elemente aus anderen Ländern auffüllen? So lesen wir in den Mitteilungen des Polnischen Informationsministeriums vom 1. Dezember: ‚Ab Montag, den 20. Juli, ist die Bewachung der Ghettogrenzen starken Einheiten von Junaks, d. h. Sicherheitsbataillonen übertragen, die sich aus Litauern, Letten, Ukrainern zusammensetzen …'

> ‚… Die Besatzung der Gestapo im Ghetto ist etwa zehn Mann stark, die der ‚Weißgardisten' (d. h. Nichtdeutschen) etwa 50 Mann. Das Ghetto wird von außen von Ukrainern, Letten, Esten und Litauern bewacht, die in die Fenster der jüdischen Häuser schießen, sobald sich jemand sehen läßt."[1359]

Wenige Seiten später ergänzt er das eben Zitierte:

> „Die zur Deportation Bestimmten mußten täglich spätestens 4 Uhr nachmittags durch die jüdische Polizei abgeliefert werden. Die Mitglieder des Rates und andere Geiseln hafteten für die strikte Durchführung des Befehles."[1360]

Was folgt daraus? Wohl keine Menschengruppe kann für sich beanspruchen, dass sich in ihr nicht Elemente finden, die sich – aus welchen Beweggründen auch immer – zum Bösen missbrauchen lassen. Davon will Goldhagen nichts wissen. Anerzogener Antisemitismus, den Goldhagen bei den Deutschen von damals für gegeben erachtet, ist also sicherlich nicht Voraussetzung für die Teilnahme an Ver-

---

[1359] Gollancz: „Stimmen", a. a. O. II, S.102 f.
[1360] Gollancz: „Stimmen", a. a. O. II, S. 106. Entsprechende Berichte gibt es in großer Zahl; so Friedler, a. a. O. I, passim, Frister, a. a. O. I, passim, Greif a. a. O. I, passim, Perechodnik a. a. O. I, passim, Shlomo, a. a. O. I, passim, Anonymus (5), a. a. O. I, S. 202.

brechen. Alles Wesentliche über Deutsche und Juden unter Hitler hatte Gollancz also schon 1942 durchschaut und kundgetan.

Doch was noch viel bemerkenswerter ist: Gollancz, der die Verbrechen und Verbrecher so schonungslos aufgespürt und benannt hat, setzte sich nach dem Kriege mit ganzer Kraft für eine humane Befassung der Sieger mit den Deutschen ein und nannte Voraussetzungen dafür, die bis heute keine Selbstverständlichkeit sind: das Individuum und nicht das Kollektiv an ethischen Maßstäben messen!

So beschwor er seine englischen Landsleute,

> „nicht an ‚Deutschland' als irgendeinen abstrakten Begriff [zu] denken. Vielmehr handelt es sich um Millionen von Männern, Frauen und Kindern … wir müssen, und zwar Tag für Tag, an einen einzigen, konkreten Menschen denken …"[1361]

– sei es als Opfer der Luftangriffe, sei es als potenziellen Täter.

> „Deutschland: Daß wir zu diesem Land in einer besonders engen Beziehung stehen, ist offenkundig. Wir haben es erobert: Wir haben es zur bedingungslosen Übergabe gezwungen und jetzt regieren wir es … Jeder von uns muß sich, soweit er nur irgendwie kann, dafür einsetzen, daß die Politik unserer Regierung zum Ausdruck des Wohlwollens wird, der Nächstenliebe im christlichen Sinne gegenüber jedem einzelnen Deutschen … Sie, diese Deutschen, haben ein entsetzliches seelisches Unheil erlitten … Zwölf Jahre lang hat ein Teil von ihnen tyrannisiert und ein anderer Teil unter der Tyrannei gelebt … Ich bin weit davon entfernt, behaupten zu wollen, daß als Ergebnis dieser ganzen Entwicklung die gesamte Nation, oder auch nur ein wesentlicher Teil, dem seelischen Verfall preisgegeben sei … Ich glaube auch, … daß die Zahl der Unverdorbenen weit größer ist, als man allgemein annimmt … Was ich … für verhängnisvoll halte, ist selbst eine leise Andeutung jener Einstellung: ‚Seht her, wie viel besser wir sind als ihr'".[1362]

Victor Gollancz ist seit 1967 tot, seine geistige Hinterlassenschaft weitgehend in Vergessenheit geraten. An seine Stelle sind Jüngere getreten, für die Daniel Goldhagen gleichsam der Prototyp ist. Auf eigentümliche, schier unerklärliche Weise sind sie erfolgreich, finden Resonanz, auch wenn die sachkundigen Rezensenten mit Kritik nicht sparen, wie sie auch oben geübt worden ist.[1363] Die Goldhagen-Generation operiert mit der allmächtigen Logik:

> „Wie unsere Untersuchung ergeben hat, können, ja müssen die Schlußfolgerungen aus dem Handeln der Polizeibataillone und ihrer Angehörigen *auf das deutsche Volk insgesamt* [Hervorhebung im Original] übertragen werden. Was diese *ganz*

1361 Gollancz: „Versöhnung", a. a. O. II, S. 27.
1362 Gollancz: „Versöhnung", a. a. O. II, S. 26 ff.
1363 S. 310 ff.

gewöhnlichen Deutschen taten, war auch von anderen *ganz gewöhnlichen* Deutschen zu erwarten."¹³⁶⁴

Dazu Raul Hilberg, der amerikanische Holocaustexperte:

„Nicht alle Vollstrecker waren Deutsche, nicht alle Opfer waren Juden."¹³⁶⁵

Mit Goldhagens Schlussfolgerung können im Handumdrehen alle Menschen zu potenziellen Mördern gemacht werden, denn alle Täter waren Menschen. Doch auf solche Überlegungen lässt sich Goldhagen erst gar nicht ein. Er wiederholt nur seine aberwitzigen Schlussfolgerungen.

Hans Mommsen hat Goldhagen vorgeworfen, sein Buch „Hitlers willige Vollstrecker" falle

„eindeutig hinter den Forschungsstand zurück, beruht auf weiten Strecken auf unzureichenden Grundlagen und bringt keine neuen Einsichten für die Beantwortung der Frage, warum in einem fortgeschrittenen und hoch zivilisierten Land der Rückfall in die Barbarei … möglich geworden ist."¹³⁶⁶

Mommsen spricht für das Gros der deutschen Historiker.

Auch bei Fachkollegen des Auslands ist das Buch durchgefallen. In einer Zusammenfassung französischer Kulturzeitschriften heißt es „Hitlers willige Vollstrecker" betreffend:

„Der Tenor der Texte ist zunächst überraschend einheitlich. Kaum ein Autor mag Goldhagens wissenschaftlichen Ansatz als solchen passieren lassen, und praktisch alle Autoren fragen nach den Gründen seines riesigen Erfolgs besonders beim deutschen Publikum, das sich frech über das Verdikt der Fachwelt hinweggesetzt hat. 160.000 Exemplare wurden hier bis heute [April 1997] verkauft."¹³⁶⁷

Was Ian Kershaw ergänzt, ist geradezu unheimlich:

„Die erste Auflage war bereits vor der Auslieferung an die Buchhandlungen verkauft."¹³⁶⁸

Wie ist das nur möglich? Welche geheimnisvollen Kräfte waren und sind da am Werk? Goldhagen war doch damals noch ein Niemand! Kershaw fährt fort:

„Tausende – von denen die wenigsten das Buch und wohl auch kaum eine der wissenschaftlichen Untersuchungen über den Nationalsozialismus oder die ‚Endlö-

---

1364 Goldhagen, a. a. O. II, S. 471.
1365 Chervel, Thierry: „Fingerschnippender Klassenprimus", in: *Süddeutsche Zeitung*, 07.04.1997.
1366 Mommsen, Hans: „Die dünne Patina der Zivilisation", in: *Die Zeit*, 30.08.1996.
1367 Chervel, Thierry: „Fingerschnippender Klassenprimus", in: *Süddeutsche Zeitung*, 07.04.1997.
1368 Kershaw: „NS-Staat", a. a. O. II, S. 379.

sung' gelesen hatten – strömten zu den Podiumsdiskussionen zwischen dem amerikanischen Autor und den ihn kritisierenden deutschen Kollegen."

Auch der Autor dieser Untersuchung durfte in Hamburg auf dem Podium sitzen und sechs Minuten, so die Vorgabe, mitreden.[1369] Nochmals Kershaw:

> „Goldhagens Buch beleuchtete von neuem und in greller Weise das anhaltend gestörte Verhältnis der Deutschen zu ihrer Vergangenheit …"[1370]

Und schließlich:

> „Je mehr die erfahrenen Historiker Goldhagens anklagenden Rundumschlag zu widerlegen versuchten, desto weniger Wirkung schien ihre – wenn auch durchaus zutreffende – Kritik auf eine Generation zu haben, die von ihren Großvätern das Schlimmste zu denken bereit war."[1371]

Die nachfolgenden Bücher Goldhagens wurden nicht freundlicher aufgenommen, doch was normalerweise zur Nichtbeachtung führen würde, hatte bei ihm eine seitenlange Präsentation zur Folge, so in *Das Parlament*, dem amtlichen Organ des deutschen Bundestages. Da heißt es einleitend:

> „Daniel Jonah Goldhagens neuer Beitrag zur Genozidforschung vermag einmal mehr nicht zu überzeugen. Zu selektiv, widersprüchlich und auch polemisch …"[1372]

Doch dann folgen sechs Spalten Besprechung.

Der Rummel um Goldhagen und sein verrissenes Opus war aber nicht der Höhepunkt des Anstößigen. Die Zeit berichtete am 14. März 1998 unter der Überschrift: „Warum ein ‚Demokratiepreis' für Daniel J. Goldhagen?"[1373] Da heißt es einleitend:

> „Ein intellektuelles Ereignis, ein kleines Gipfeltreffen eigener Art: Das war wohl der Grund für das gewaltige Interesse … Die ‚Blätter für deutsche und internationale Politik …' … hatten dem jungen amerikanischen Historiker den ‚Demokratiepreis 1997' für sein Buch über ‚Hitlers willige Vollstrecker' verliehen."

Habermas nannte in seiner Ansprache als Begründung: Goldhagen habe

> „aufgrund der Eindringlichkeit und der moralischen Kraft seiner Darstellung dem öffentlichen Bewußtsein in der Bundesrepublik wesentliche Impulse gegeben".

1369 Im Anschluss daran gab es einen kleinen Empfang. Bei Tisch war zu hören, dass höchste Ex-Repräsentanten des Staates (nicht Helmut Kohl) dem umstrittenen Gast ihre Aufwartungen gemacht hatten.
1370 Kershaw: „NS-Staat", a. a. O. II, S. 381.
1371 Kershaw: „NS-Staat", a. a. O. II, S. 385 f.
1372 Manutscharjan, Aschot: „Auf den Spuren des Grauens", in: *Das Parlament*, 25.01.2010. Ähnlich bei anderen Organen, vgl. Hartmann, Christian: „Der Entdecker des Eliminationismus", in: *Frankfurter Allgemeine Zeitung*, 27.01.2010.
1373 Habermas, Jürgen: „Geschichte ist ein Teil von uns", in: *Die Zeit*, 14.03.1997, S. 13.

„Moralische Kraft" oder Kraft, ein Volk zu verleumden? Letzteres war die Ansicht der meisten sachkundigen Rezensenten.

Auf dem Foto, das unter der Überschrift abgebildet wurde, ist neben dem Preisträger und dem Laudator Jan Philipp Reemtsma zu sehen. Bekannt ist, dass die Familie, der Reemtsma entstammt, zu den bedeutenden Förderern Hitlers zählte.

Zu den Herausgebern der den Demokratiepreis verleihenden *Blätter für deutsche und internationale Politik* gehört neben Jürgen Habermas auch Walter Jens, der hier schon erwähnt wurde, weil er als Stabbrecher über andere seine eigene Mitgliedschaft in der NSDAP über Jahre hinweg verschwiegen hatte.

Zu den Herausgebern zählt auch Günter Gaus, der sechs Jahre lang der Bevollmächtigte der Bundesrepublik in Ostberlin war. Über ihn schrieb sein SPD-Genosse, der Politologe Kurt Sontheimer nach der friedlichen Revolution:

> „Am weitesten hat diese beschönigende, die repressiven und brutalen Seiten des kommunistischen Herrschaftssystems stark relativierende Sicht der Dinge zweifelsohne Günter Gaus getrieben."[1374]

Dazu passt das Bedenkliche, dass die „Blätter" jahrzehntelang von der totalitären SED bezuschusst wurden, wodurch sichergestellt war, dass in ihnen zumindest keine nennenswerte Kritik des totalitären DDR-Regimes zum Abdruck kam.

Angesichts einer so mächtigen Allianz politisch vorbelasteter Trendsetter könnte man versucht sein, in die Resignation zu verfallen. Doch gerade die intensive Beschäftigung mit den verfolgten Juden, die trotz ihrer aussichtslosen Lage zur Feder griffen, um Zeugnis abzulegen, verbietet jedes Verstummen. Erinnert sei an Klemperer, seine Klage und seine Mission:

> „Die Angst um das Tagebuch. Es kann das Leben kosten. Wo versteckt man es? Aber wenn ich es nicht schreibe, werde ich meiner Aufgabe untreu."[1375]

– Wenn wir heute und hier unter dem Schutze des Grundgesetzes schreiben, riskieren wir nicht das Leben, und unsere Erfolgschancen sind nicht geringer als es die seinen waren.

20.4 „Masochistisches Schuldbewusstsein"

Gegen Ende seines Buches „Von Auschwitz nach Jerusalem" schreibt Alfred Grosser, Träger des Friedenspreises des Deutschen Buchhandels 1975, mit Blick auf „Hitlers willige Vollstrecker":

1374 Sontheimer, Kurt: „Real war nur der schöne Schein", in: *Rheinischer Merkur*, 23.02.1990.
1375 Klemperer: „Tagebücher 1942", a. a. O. I, S. 133.

„Vergangenheitsbewältigung" ohne Achtung vor der Würde? 401

„Dass ein Buch, das die in Frankreich oder England erschienenen wahrhaft rassistischen antideutschen Werke der zwanziger und dreißiger Jahre wieder aufgriff, in der Bundesrepublik mit Begeisterung aufgenommen wurde, das würde ein Rätsel für mich bleiben, wenn ich diese Begeisterung nicht einem übertriebenen, masochistischen Schuldbewusstsein zuschreiben könnte."[1376]

Gibt es ein anderes Volk mit einem ähnlichen Schuldbewusstsein? In seiner „Weltgeschichte der Sklaverei" nennt Egon Flaig viele Völker, in denen Sklavenhalter und Sklavenhändler sich tief ins Unrecht setzten, beginnend bei dominierenden Völkern der Antike. Die Regionen nördlich und westlich der Alpen bilden demnach eine Ausnahme. Dies als richtig unterstellt, wären derlei Befunde eine vernünftige Basis, um Vorwürfen anderer mit der Frage entgegenzutreten: Wessen Weste ist weiß? Doch Misshandlungen dulden keine Aufrechnung. Eine tabuzonenfreie Rückbesinnung kann jedoch der Selbstgerechtigkeit wie dem Selbsthass entgegenwirken. In einem Artikel über „Die Claims Conference und die Überlebenden des Holocaust" heißt es einleitend:

„Das Verbrechen ist in seiner Monstrosität und Systematik einmalig gewesen in der Menschheitsgeschichte. Doch es hat auch noch nie ein Volk für das in seinem Namen begangene Morden und Rauben eine derart hohe materielle Sühneleistung erbracht. Alles in allem zahlte Deutschland bisher etwa 65 Milliarden Euro an Wiedergutmachung an Überlebende des Holocaust und an jüdische Organisationen …"[1377]

Der erstzitierte Satz ist allgegenwärtig. Sind es auch die folgenden Sätze? Falls ja, wäre es dann möglich, dass noch im Jahre 2010 wegen einer Steuersünder-CD vom betroffenen Ausland die Auschwitz-Keule geschwungen wird?[1378] Deutschland als Schlusslicht in der Geburtenstatistik wird im Ausland damit erklärt:

„Niemand wird sich Kinder wünschen, wenn er nicht, wenn auch nur unterbewusst, an die Zukunft glaubt, wenn er sich nicht danach sehnt, dass seine Nation und sein Vaterland über seine eigene Existenz hinaus fortbestehen."[1379]

Frankreich führt in Europa die Geburtenstatistik an. Hat dies mit dem Selbstbewusstsein zu tun? Ein Artikel, der die historische Verständigung zwischen Deutschland und Frankreich würdigt, belehrt den Leser über die Selbstwahrnehmung unserer Nachbarn:

1376 Grosser: „Auschwitz", a. a. O. II, S. 170.
1377 Riebsamer, Hans: „Schuld und Sühne", in: *Frankfurter Allgemeine Zeitung*, 07.11.2009.
1378 Altwegg, Jürg: „Der Deutschenhass auf neuer Stufe", in: *Frankfurter Allgemeine Zeitung*, 09.02.2010.
1379 Laulan, Yves-Marie: „Frankreich altert, Deutschland vergreist", in: *Frankfurter Allgemeine Zeitung*, 08.02.2010.

„Der Franzose nennt mit Selbstgefühl sein Volk *la grande nation*, und es ist groß, insofern es Sinn für das Große hat. Die Begriffe Vaterland, Ehre, Ruhm (oder richtiger *gloire*) haben über ein französisches Herz eine wunderbare Macht."[1380]

In seinem Aufsatz „Was ist deutsche Staatsangehörigkeit heute noch wert", führt Günter Bertram aus:

„Die Entscheidung, ob man die eigene Nation für ein wertvolles Gut hält, so wie die anderen Völker, oder in erster Linie für eine geschichtliche Bürde"[1381],

muss Auswirkungen auf die Integrationskraft haben.

So könnte man Beispiel an Beispiel reihen und zeigen, welche Bedeutung das Geschichtsbewusstsein im Leben und Zusammenleben der Völker haben kann und weshalb es wichtig ist, negativen Mythen entgegenzutreten.

„Die deutsche Justiz hat bei der Verfolgung des NS-Unrechts nach dem Krieg vielfach versagt"

schreibt die *Leipziger Volkszeitung* und fährt fort:

„Im Westen kamen zahlreiche Täter ungeschoren davon ..." [1382]

Das war sicher so. Selbst in ruhigen Zeiten ist je nach Delikt die Dunkelziffer hoch. Und erst im Chaos zerstörter Städte, zerlumpter und hungernder Menschen! Zugegeben, die Erfassung der Täter war lückenhaft. Doch wann und wo hat ein Rechtsstaat seine politischen und militärischen Verbrecher härter zur Rechenschaft gezogen als im Nachkriegsdeutschland? Wenn die Deutschen auch insofern den Vergleich nicht zu scheuen brauchen, sollte dies ebenfalls Bestandteil des deutschen kollektiven Gedächtnisses sein.

Ein masochistisches Schuldbewusstsein ist ein krankes Schuldbewusstsein. Nicht nur die Resonanz auf Goldhagens Verunglimpfungen, auch die oben erwähnten Befragungsergebnisse[1383] sprechen dafür. Dann stellt sich die Frage, was ist die Ursache und wie kann dieses kranke Bewusstsein geheilt werden?

Eine der Ursachen ist ein wackeliges moralisches Fundament. Schuld oder Unschuld ist keine Machtfrage, sondern eine Gegebenheit. Ihre Feststellung muss solide begründet werden. Wer „aus der Hüfte heraus" solche Urteile fällt, macht

---

[1380] Schmoll, Heike: „Historische Verständigung", in: *Frankfurter Allgemeine Zeitung*, 08.04.2008, zitiert nach Meyers Konversationslexikon. Leipzig / Wien, 4. Auflage 1885–1892, Bd. 6, S. 520, Stichwort: „Frankreich (Nationalcharakter)".
[1381] Bertram, Günter: „Was ist deutsche Staatsangehörigkeit heute noch wert", in: *Mitteilungen des Hamburger Richtervereins*, Nr. 2/2008, S. 10.
[1382] „Stimmen der anderen", in: *Frankfurter Allgemeine Zeitung*, 02.12.2009.
[1383] Kapitel XV. 1.

sich selbst schuldig. Die soliden Dokumente einer solchen Urteilsbildung wurden oben aufgezeigt.

Hinzu kommt: Der Sachverhalt muss unter Heranziehung aller Beweismittel erkundet werden. Wer dabei die jüdischen Zeitzeugen berücksichtigt, der kommt, wie oben aufgezeigt, zu keinem negativen Urteil, das Gros der Deutschen und ihr Verhalten den Juden gegenüber betreffend. Es darf eben nicht pauschal – vom Resultat her – geurteilt werden. Wir müssen Individuen ins Auge fassen, so wie der Richter in jedem ordentlichen Strafverfahren. Roosevelt hatte „das deutsche Volk" vor Augen, als er seinen Schuldspruch fällte, deutsche Individuen kannte er kaum. Helmuth Moltke hingegen machte sich im Ausland zum Anwalt der einzelnen Mitbürger, die zusammen das deutsche Volk bildeten.

Dieses Plädoyer zugunsten all derer, die Träger der Würde sind und die die daraus folgenden Rechte geltend machen dürfen, ist nicht nur ein Appell zugunsten der potenziellen Täter, der Verdächtigten, sondern auch zugunsten der jüdischen Opfer, die nach dem Ende der Hitlerherrschaft wieder in Deutschland ihre Zelte aufschlugen. Unter der Überschrift „Schuldgefühl als Begleiter" schreibt Ulrike Schuler im amtlichen Organ des Deutschen Bundestages:

> „Eine doppelte Bürde hatten die Juden in Deutschland nach 1945 zu schultern: Sie mussten den Holocaust und seine Nachwirkungen verarbeiten und waren dabei erheblichen Anfeindungen von außen ausgesetzt, weil sie ‚im Land der Täter' blieben."[1384]

Wer ist mit schuld an diesen Anfeindungen? Wer ist mit schuld an den Beneš-Dekreten, den Vertreibungen? Jene, die die Wirklichkeit entstellt haben und bis heute entstellen. Erinnert sei an die Einsicht des namhaftesten Chronisten der Judenverfolgung, Victor Klemperer:

> „Fraglos empfindet das Volk die Judenverfolgung als Sünde"[1385],

und an die repräsentative Zahl ähnlicher Erfahrungen. Warum hätte Klemperer nach dem Krieg Dresden meiden, Deutschland verlassen sollen? Die kriminellen Antisemiten hatten sich aus dem Staub gemacht, saßen nun ihrerseits in Lagern oder hatten sich selbst gerichtet.

20.5 „Zur Ehre des deutschen Volkes"

Wörtlich übereinstimmend haben die unterschiedlichsten Persönlichkeiten, wie oben gezeigt, „zur Ehre des deutschen Volkes" ihre Stimme erhoben, so die treu in

---

1384 Schuler, Ulrike: „Schuldgefühl als Begleiter", in: *Das Parlament*, Nr. 44-45/2007.
1385 Klemperer: „Tagebücher 1940–1941", a. a. O. I, S. 173.

„Mischehe" lebende Luise Solmitz, der Deutschland-Korrespondent der *Neuen Zürcher Zeitung* und der Sozialdemokrat, Hamburgs Bürgermeister Max Brauer. Wenn das amtliche Organ des Deutschen Bundestages, *Das Parlament*, über die Holocaust-Gedenkfeier 2010 unter der Überschrift „Wider das Vergessen" berichtet[1386], so sollte dieser gute Vorsatz auch das Zeugnis der NS-Opfer einschließen, das sie zugunsten des Deutschen Volkes abgelegt haben, ohne das Hässliche auszublenden. In seiner viel gefeierten Ansprache zum 40. Jahrestag der Beendigung des Krieges in Europa führte Bundespräsident Richard von Weizsäcker aus:

> „Erinnern heißt, eines Geschehens so ehrlich und rein zu gedenken, daß es zu einem Teil des eigenen Innern wird. Das stellt große Anforderungen an unsere Wahrhaftigkeit."[1387]

Wer diese Worte bejaht, kann nicht gleichzeitig die wichtigsten Zeugen ausblenden.

Die Lügen über die Juden haben furchtbare Auswirkungen gehabt. Auch die Lügen über die Deutschen sind ein Fluch, nicht nur zulasten der nichtjüdischen[1388], auch zulasten der jüdischen Deutschen. Gibt es noch ein anderes „Tätervolk" oder sind die Deutschen schon wieder einmalig? Mit gutem Grund wurde „Tätervolk" zum Unwort des Jahres 2003 gewählt. Dieses Unwort ist auch die Negation dessen, was gleichsam am Beginn der Geschichte der Bundesrepublik Deutschland wie am Beginn ihrer Verfassung steht: „Die Würde des Menschen ist unantastbar." Ein „Tätervolk" kann schwerlich aus Menschen bestehen, welche durch die Menschenwürde geadelt werden.

Am Ende seiner Lebenserinnerungen fasst Michael Wieck seine Erfahrungen und Überlegungen in Worte, die es verdienen, stets bedacht zu werden:

> „Aber war es nicht so, daß Hitler mich zum Juden, und Stalin dann zum Deutschen gebrandmarkt hatte? … gewiß nach allem, was geschah, bedrückt es mich, zum Volk der Täter und Opfer gleichzeitig zu gehören. Wenn man jedoch – wie ich – erlebt hat, wie schnell auch ganz normale Menschen – ja, eigentlich alle Menschen – zu Tätern oder Opfern werden können, dann sieht man voll Furcht immer gleich beide Möglichkeiten in jedem Menschen – unabhängig davon, zu welcher Gemeinschaft er gerade gehört."[1389]

1386 Tepasse, Nicole: „Wider das Vergessen", in: *Das Parlament*, Nr. 5-6/2010.
1387 Weizsäcker, a. a. O. II, S. 442.
1388 Glaubhaft wird versichert, dass in England wie in Schweden deutsche Urlauberkinder auch heute noch wegen Hitler verspottet werden. Wenn deutsche Politik im Ausland missfällt, kommt immer noch der Hinweis auf Hitler und die deutsche Schuld, nicht nur in Polen aus diversen Anlässen, auch in Griechenland, als z. B. in Deutschland die trügerischen Machenschaften, die zur Währungsunion führten, thematisiert wurden.
1389 Wieck, a. a. O. I, S. 371.

Einleitend wurde die Frage aufgeworfen, ob es nur eine „kleine verbrecherische Clique" gewesen sei, die unter Hitler die große schweigende Mehrheit tyrannisiert habe oder ob *die* Deutschen Hitlers Judenpolitik unterstützt hätten. Die Befragung aller Zeugen, insbesondere der jüdischen, hat gezeigt: Allzuviele aus allen von Hitler beherrschten Völkern befolgten – meist aus Angst – die Parole:

„Befehl ist Befehl!" Eine deutliche Mehrheit der Deutschen, darunter auch Hitlerverehrer, missbilligte jedoch Hitlers Judenpolitik, nicht wenige in der irrigen Annahme, der „Führer" selbst sei gar nicht eingeweiht.

Arnold Zweig hat in seiner „Bilanz der deutschen Judenheit" seinen Erkenntnissen mit den Worten Ausdruck verliehen:

> „An diesem Tage", gemeint ist der 1. April 1933, „bewies das deutsche Volk zweierlei: erstens, daß es sich widerstandslos jeder Maßregel der neuen Macht fügen werde, zweitens aber, daß es bei all seiner Passivität in seiner Masse ein zivilisiertes, gerecht und billig empfindendes europäisches Volkswesen geblieben sei."[1390]

Hat sich daran in den darauf folgenden zwölf Jahren etwas geändert? Die Zeitzeugen haben die Antwort gegeben.

In der Gedenkstunde des Deutschen Bundestages zum Tag des Gedenkens der Opfer des Nationalsozialismus am 27. Januar 2010 führte Bundestagspräsident Norbert Lammert aus:

> „Wir erneuern unser Versprechen, dass wir das, was in der Vergangenheit geschehen ist, nicht vergessen. Wir wissen um die Verpflichtung, jede Form von Hass, Intoleranz, Diskriminierung ... entschieden zu bekämpfen."[1391]

Ja, wir sollen nicht vergessen! Wem die Worte des Präsidenten mehr bedeuten als feierliche Töne anlässlich eines Staatsaktes, kann schwerlich umhin, für jene laut die Stimme zu erheben, die diskriminiert wurden und werden, nur weil sie Deutsche sind. Wie kann der, der die Diskriminierung seiner Vorfahren hinnimmt, glaubhaft versprechen, dass er jede Form der Diskriminierung bekämpft?

Im Bund wie in den Ländern wird der Kampf gegen Rechtsradikalismus als große Aufgabe herausgestellt. Viele junge Menschen gehen deshalb in die Irre, weil die Mächtigen der Politik wähnen, sie seien im Alleinbesitz der Wahrheit, deren Hinterfragung suspekt sei. Jahrzehntelange Erfahrung als akademischer Lehrer hat den Autor davon überzeugt, dass Gesprächsbereitschaft und Offenheit die besten Wege bilden, um Nachdenklichkeit auch bei scheinbar Verstockten zu bewirken.

1390 Zweig, Arnold, a. a. O. I, S. 17.
1391 Lammert, Norbert: „Manches ist verhandelbar ...", in: *Das Parlament*, Dokumentation, 27.01.2010.

In seiner Dankesrede anlässlich der Verleihung des Friedenspreises des Deutschen Buchhandels 1999 empfahl Fritz Stern, ein uns schon vertrauter jüdischer Zeitzeuge, folgenden Weg der Gefahrenabwehr:

„Ich würde mir für dieses Land eine gerechte, liberale Streitkultur wünschen: offene Debatten um die heikelsten Probleme von Gegenwart und Vergangenheit, Diskussionen ohne Ad-hominem-Verdächtigungen, ohne verletzende, vage Andeutungen, wie es zum Beispiel im sogenannten Historikerstreit passiert. Verschweigen ist gefährlich: Ressentiments nisten in der Gesellschaft; bleiben sie unausgesprochen, dringen sie noch tiefer ..."[1392]

Das Verhalten unserer Vorfahren 1933 bis 1945 ist eines der „heikelsten Probleme von Gegenwart und Vergangenheit", um Sterns Worte aufzugreifen. Werden die Mächtigen den Dialog mit den Zeitzeugnissen wagen? Vor allem der Menschenwürde wegen sind sie und wir alle dazu verpflichtet. Stehen wir auch dann auf dem Boden des Grundgesetzes, wenn wir uns im Alltag dieser Herausforderung versagen?

1392 Stern, Fritz: „Warum nicht endlich eine deutsche Demokratie?", in: *Frankfurter Allgemeine Zeitung*, 18.10.1999.

Nachwort von Alfred Grosser

Der Leser wird festgestellt haben, dass es ein gutes, ein mutiges, ein nützliches Buch ist. Es wurde ohne Zorn, aber mit Bewegung geschrieben. Wie könnte man dies nicht verstehen, wenn man weiß, welch niedrigen Angriffen Konrad Löw ausgesetzt war. Als er 2007 als Mitglied des Kuratoriums eines Kongresses „Forum deutscher Katholiken" auftreten sollte, hieß es, im Namen des Zentralrats der Juden in Deutschland, er sei „ein geistiger Vater des ehemaligen Abgeordneten Martin Hohmann und Autor antisemitischer Beiträge"[1393]. Dies, nur weil er in seinem ersten einschlägigen Buch bewiesen hatte, dass weit mehr als bisher gesagt, nichtjüdische Deutsche Juden in Deutschland, laut jüdischen Zeugnissen, Hilfe geleistet hatten. Das neue Buch geht weiter und tiefer in der Quellenforschung und in seinen Ergebnissen.

Das Buch ist mutig, weil es Kritik an der Arbeit hoch anerkannter Autoren übt. Saul Friedländer, Peter Longerich und sogar Ian Kershaw haben die jüdischen Schriften vernachlässigt. Sie wollten nur über die Politik der Vernichtung berichten und über das Ausmaß der Zustimmung, das der Judenverfolgung zugekommen war. Manchmal weist der Mangel sogar auf Unaufrichtigkeit hin, wenn z. B. ein Autor zwar zitiert wird, etwa Victor Klemperer, aber unter Beiseitelassen aller Zitate, die Positives über die Haltung gegenüber den Verfolgten, den Gejagten berichten.

Das Buch ist nützlich, weil es Klarheit schafft über die entgegenkommende Haltung vieler „arischer" Deutscher, die bisher unbekannt geblieben sind und nun, dank der Berichte und Aufzeichnungen der Juden, denen sie geholfen haben, gewissermaßen ins Licht treten, auch wenn sie im Allgemeinen namenlos bleiben, weil sie ja nur als „der Metzger" oder „der Bäcker" oder „die Frau aus der Nachbarschaft" bezeichnet werden können. Sollte man aber nicht alle, die ein enormes Risiko auf sich genommen haben (mindestens das, in ein KZ eingeliefert zu werden) als „Gerechte" bezeichnen? Das gilt bereits für die Reaktionen auf die furchtbaren Brandstiftungen und Ausschreitungen vom 9. November 1938. Nicht alle blieben so unwissend wie die dann reuige Metzgerfrau in der vielleicht schönsten deutschen Erzählung der Nachkriegszeit, nämlich „Das Brandopfer" von Albrecht Goes.

Der Antisemitismus war auch nicht so tief verankert und weitverbreitet, wie oft geschrieben wurde und wird. Warum benutzt man nicht mehr die Bilanz, die

---

[1393] An der harmonischen Veranstaltung nahm auch der geschäftsführende Botschafter des Staates Israel, Iwan Mor, teil.

Marlis Steinert gezogen hat in ihrem Buch „Hitlers Krieg und die Deutschen. Stimmung und Haltung der deutschen Bevölkerung im 2. Weltkrieg"[1394]? Aufgrund der Polizei-, Gestapo- und Gauleiter-Berichte schreibt sie:

> „Hat die Judenfrage die breiten Massen vielleicht viel weniger intensiv beschäftigt, als bisher angenommen wurde, und entspricht der geringe Raum, den dieses Kapitel im Rahmen unserer Studie einnimmt, etwa dem Gewicht, das diesem Problem im Rahmen der deutschen Meinungsbildung tatsächlich zukommt? Es ist eine bestürzende Frage. In dem Widerhall, den Hitler und seine Weltanschauung im deutschen Volk fanden, hat der Antisemitismus kaum die zentrale Rolle gespielt, die ihm in Hitlers Ideologie zweifellos zukommt."

Natürlich hat es massenhafte Abdankungen von Anfang an gegeben. Kein Arzt, kein Professor, noch weniger die Berufsverbände sind aufgestanden, um etwas Solidarität mit meinem Vater zu zeigen. In Frankreich ist das nicht anders gewesen, als bereits im Herbst 1940 Marschall Pétain die jüdischen Beamten entließ und Berufsverbote verkündete. Mit denselben schockierenden Reaktionen auch auf jüdischer Seite. Alles sei die Schuld der Juden aus dem Osten, denen man nicht energisch genug entgegengetreten sei. Der Präsident des israelitischen Konsistoriums schrieb an Pétain, es wäre besser, anstatt alteingesessene gute israelitische Familien zu belästigen, vier französische Großeltern zu fordern, um Zugang zum Beamtentum zu erlangen. Dieser Präsident war zugleich Präsident des *Conseil d'Etat*, des höchsten Verwaltungsgerichts. Deswegen schrieb in den Neunzigerjahren der Direktor des Pariser *Institut d'études politiques*, selbst Mitglied des *Conseil*, an alle Studenten, sie hätten sich nicht nur Wissen anzueignen, sondern auch eine Ethik, denn 1940 hätte nur ein *conseiller* gegen die Judenverfolgung protestiert. Und diese Abdankungen waren noch weniger schlimm als das Gutheißen ganz am Anfang, z. B. wenn der Generalsuperintendant Otto Dibelius – später eine Größe der EKD – in seiner Predigt zum „Tag der nationalen Erhebung" am 21. März 1933 die neue Obrigkeit ermunterte, „schonungslos vorzugehen, damit wieder Ordnung im Lande werde".

Im Buch von Konrad Löw geht es auch um die Brutalität Jugendlicher gegen Juden mit negativen Reaktionen vonseiten der Erwachsenen. Man darf da nicht vergessen, dass seit dem 1. Dezember 1936 ein Gesetz „die gesamte deutsche Jugend ... in der Hitler-Jugend zusammengefasst" hat. „Die gesamte deutsche Jugend ist", sagt § 2 des Gesetzes über die Hitlerjugend, „außer in Elternhaus und Schule in der Hitler-Jugend körperlich, geistig und sittlich, im Geiste des Nationalsozialismus ... zu erziehen."

1394 Düsseldorf (Econ) 1970, 646 S.

Darf ich hier hinzufügen, dass ich nie geglaubt habe, eine solche Erziehung hätte eine endgültige Wirkung? Eben weil wir das nicht geglaubt haben, haben wir uns auf französischer wie auf deutscher Seite mitverantwortlich gefühlt für die freiheitliche Zukunft der verführten Jugendlichen – und wir haben damit recht behalten. Genau so, wie 1956 in Budapest und noch mehr 1968 in Prag der Beweis geliefert wurde, dass eine langjährige totalitäre Erziehung den Sinn für Freiheit nicht vollkommen zerstört. Heute werden in China manche Erwachsene eingesehen haben, wie sehr sie als Jugendliche während der sogenannten Kulturrevolution missbraucht worden waren, um zu schlagen, zu foltern, zu erniedrigen.

Ohne dass Konrad Löw es allzu oft und allzu stark betont, geht es doch um das Zurückweisen des Begriffs der „Kollektivschuld", die schon durch die Verwendung des Ausdrucks „*die* Deutschen" impliziert wird. Im Buch geht es nur um die Verallgemeinerung der Akzeptanz des herzlosen Antisemitismus. Sonst hätte er daran erinnern können, dass von den 1244 Abgeordneten der Weimarer Republik 766 in der Nazi-Zeit politisch verfolgt, darunter 88 ermordet und 416 für mehrerer Jahre in Gefängnis oder KZ eingeliefert, wurden. Auch dass es lange gedauert hat, bis der Widerstand nicht nur auf den 20. Juli 1944 und die Geschwister Scholl begrenzt blieb, sondern bis all das anerkannt wurde, was Günter Weisenborn in „Der lautlose Aufstand" bereits Anfang der Fünfzigerjahre beschrieben hatte. Auch wird heute immer noch, im Ausland wie in Deutschland selbst, verkannt, was die besondere deutsche Problematik des Widerstandes war. In Frankreich war man zugleich *résistant* und Patriot. In Deutschland war man in der Kriegszeit ein Verräter, wenn man die nationale Niederlage wünschte, um den Nazismus und seine Barbarei zu beseitigen. Sophie Scholl wollte keine Kleidung und keine Lebensmittel an die Front schicken, um die Niederlage zu beschleunigen. Hans Filbinger hat im Namen des Rechts „Verräter" verurteilt.

Vielleicht kommt doch im Buch etwas zu kurz, dass, wenn es auch keine Kollektivschuld gibt, wenn auch der Ausdruck „*die* Deutschen" abzulehnen ist (wie übrigens auch „*die* Franzosen", „*die* Moslems", „*die* Katholiken" …), so gibt es doch eine kollektive Haftung. Nirgends ist diese besser ausgedrückt worden als durch Willy Brandt bei seinem Kniefall vor dem Ghetto-Denkmal von Warschau (der heute durch ein kleineres Denkmal an derselben Stelle verewigt wird). Der bereits 1933 aus Hitler-Deutschland geflohene junge Sozialist, der Bekämpfer dieses Deutschlands von Norwegen und Schweden aus, nahm 1970 als Kanzler der Bundesrepublik Deutschland die Last der Judenvernichtung, die Haftung dafür, auf seine Schultern.

Dies war natürlich nicht das Hauptanliegen von Konrad Löw, als er Zeugnisse für sein Buch sammelte. Es ging ihm ja darum, die Kollektivanklage zurückzuweisen, die nur einige wenige Ausnahmen zuließ und noch zulässt. Immer mehr Bücher berichten über Gräuel und Schrecken. Immer mehr Erinnerungen über erlittenen Horror erscheinen. Gerade deswegen verdient das Werk von Konrad Löw viele positive Besprechungen und viele, viele Leser. Ich bin mir nicht sicher, ob es diese Rezensionen auch geben wird. Der Finger von außen zeigt noch immer auf die Deutschen schlechthin. Und innen sprechen auch noch allzu viele Deutsche, als hätten sie eine kollektive Schuld mitzutragen, sodass alles, was sich der Verallgemeinerung widersetzt, als störend empfunden wird.

Alfred Grosser

Literatur

Teil 1
Aufzeichnungen jüdischer Zeitzeugen
(in „Mischehe" lebende Nichtjuden eingeschlossen)

Literatur fettgedruckt stammt im Original ganz oder in Teilen aus der Zeit vor dem Ende des Dritten Reiches, manches von außerhalb des NS-Machtbereichs.

1. Abraham, Georg, in: Gerhardt, a. a. O. II, S. 189 ff.
2. Adler, Felix: „‚Stramme Nazis' gab es viele…", in: Ortmeyer, „Berichte", a. a. O. II
3. Ameln, Elsbeth von: „Köln Apellhofplatz. Rückblick auf ein bewegtes Leben". Köln, 1985
4. Ameln, Hermann von, in: Ameln, Elsbeth von, a. a. O. I
5. Andermann, Martin: „Mein Leben in Deutschland vor und nach dem 30. Januar 1933", in: VEJ, Bd. 1, a. a. O. II, S. 403 ff.
6. Anonyma (1), „**Vienna: To the West Station**", in: Anderson, a. a. O. I, S. 94 f. (Die Anonymität erklärt sich aus dem Bestreben, niemanden an die Machthaber in Deutschland zu verraten.)
7. Anonymus (2), in: Sozialdemokratische Partei Deutschlands (Hrsg.): „**Deutschlandberichte**", a. a. O. II, Bd. 6, S. 926 f. (Die Anonymität erklärt sich aus dem Bestreben, niemanden an die Machthaber in Deutschland zu verraten.)
8. Anonymus (3), „**Why I Left Germany**", London 1934 (Der Autor war deutscher Naturwissenschaftler. Die Anonymität erklärt sich aus dem Bestreben, niemanden an die Machthaber in Deutschland zu verraten.)
9. Anonymus (4), „**Jüdische Zwischenbilanz**", in: *Jüdische Rundschau*, Berlin 13.04.1933 (Der Name des Verfassers wurde in der Regel nicht mitgeteilt.)
10. Anonyma (5), in: Maarsen, a. a. O. I, S. 202
11. Anonyma (6), in: *Jüdische Rundschau*, Berlin 03.08.1934 (Der Name des Verfassers wurde in der Regel nicht mitgeteilt.)
12. Anonyma (7), in: Brenner, a. a. O. II (Die Anonymität erklärt sich aus dem Bestreben, niemanden an die Machthaber in Deutschland zu verraten.)
13. Anonymus (8): „Der Gelbe Fleck. Die Ausrottung der 500.000 deutschen Juden." Mit einem Vorwort von Lion Feuchtwanger. Paris 1936 (Das Erscheinungsjahr erklärt, warum der Autor anonym bleiben wollte; dass es sich bei den Autoren um jüdische Emigranten wie Lion Feuchtwanger handelt, ist zu vermuten.)
14. Anonymus (9), in: Kwiet / Eschwege, a. a. O. II, S. 254 f. (Die Anonymität erklärt sich aus dem Bestreben, niemanden an die Machthaber in Deutschland zu verraten.)
15. **Anonymus (10)**, in: Barkow, a. a. O. II (Warum anonym? Siehe Barkow, a. a. O. II)
16. **Anonymus (11)**, in: Barkow, a. a. O. II (Warum anonym? Siehe Barkow, a. a. O. II)
17. **Anonymus (12)**, in: Barkow, a. a. O. II (Warum anonym? Siehe Barkow, a. a. O. II)
18. **Anonymus (13)**, in: Barkow, a. a. O. II (Warum anonym? Siehe Barkow, a. a. O. II)
19. Appel, Marta: „From the Eyes of a Mother", in: Anderson, a. a. O. II, S. 47 ff.

20. Appel, Marta: „Memoirs", in: Richarz, a. a. O. II, S. 231 ff.
(Es handelt sich bei diesem Text um die Übertragung von „From the Eyes …", s. o., aus dem Amerikanischen. Doch gibt es in beiden Texten Auslassungen.)
21. Auman, Hans J.: „Mein Leben als Mischmosch", München 1977
22. Backhaus, Fritz: „,Ein Experiment des Willens zum Bösen' – Überleben in Theresienstadt", in: Heuberger, a. a. O. II, S. 110 ff.
23. Badt-Strauss, Bertha: „Studententage in München, 1912–1913", in: Lamm, „Vergangene Tage", a. a. O. II., S. 197 ff.
24. **Ball-Kaduri, Kurt: „Das Leben der Juden in Deutschland im Jahre 1933. Ein Zeitbericht", Frankfurt am Main 1963**
25. **Ball-Kaduri, Kurt: „Vor der Katastrophe. Juden in Deutschland 1934–1939", Tel Aviv 1967**
26. Begov, Lucie: „Auschwitz-Birkenau 1944", in: Lixl-Purcell, a. a. O. II, S. 354 ff.
27. Behar, Isaak: „Versprich mir, dass du am Leben bleibst. Ein jüdisches Schicksal", München 2002
28. **Behrend-Rosenfeld, Else: „Ich stand nicht allein. Leben einer Jüdin in Deutschland 1933–1944", München 1988**
(Die erste Auflage dieses Buches erschien 1945 in Zürich unter dem Titel „Verfemt und verfolgt. Erlebnisse einer Jüdin in Nazi-Deutschland 1933–1944". Es ist daher davon auszugehen, dass mit den Aufzeichnungen schon vor Kriegsende begonnen wurde.)
29. Ben-Chorin, Schalom: „Jugend an der Isar", Gütersloh 2001
30. BenGershom, Ezra: „David. Aufzeichnungen eines Überlebenden", Frankfurt am Main 1993; siehe auch König, a. a. O. II
31. Berg, Arthur, in: Heusler/Weger, a. a. O. II, S. 156
32. **Berger, Hans, in: Richarz, a. a. O. II, S. 323**
33. Berggruen, Heinz: „Ein wunderbarer Cocktail", in: Doerry: „Gespräche mit Überlebenden", a. a. O. II, S. 88 ff.
34. Berggruen, Heinz: „Hauptweg und Nebenwege. Erinnerungen eines Kunstsammlers", Berlin 1996
35. **Berr, Hélène: „Pariser Tagebuch 1942–1944", München 2009**
36. **Bing, Rudolf, in: Gerhardt, a. a. O. II, S. 86 ff.**
37. Birnbaum, Immanuel: „Achtzig Jahre dabei gewesen. Erinnerungen eines Journalisten", München 1974 (Der Autor, 1894 in Königsberg geboren, studierte vor allem in München. Er kam weit in Deutschland herum, lebte in Bremen, Breslau und anderen Orten. Er schildert Begegnungen mit Karl Kautsky, Eduard Bernstein, Karl Renner, Lujo Brentano, Max Weber, Thomas Mann, Otto Klemperer. Er beschreibt Unruhen unter den Studenten. Doch Antisemitismus taucht bei ihm erst auf Seite 129 auf, im Jahre 1933, als er schon 39 Jahre alt ist. Vorher gab es für den Journalisten insofern offenbar nichts Berichtenswertes.)
38. Bloch-van Rhijn, Bertje: „Tagebuch", in: Dwork, a. a. O. II
39. Blumenthal, Werner Michael: „Die unsichtbare Mauer. Die dreihundertjährige Geschichte einer deutsch-jüdischen Familie", München 2000
40. **Bolle, Mirjam: „,Ich weiß, dieser Brief wird dich nie erreichen'. Tagebuchbriefe aus Amsterdam, Westerbork und Bergen-Belsen", Frankfurt am Main 2006**

41. Bonn, Moritz Julius: „So macht man Geschichte. Bilanz eines Lebens", München 1953
42. Borinski, Anneliese: „Wir sind die letzten hier", in: Lixl-Purcell, a. a. O. II, S. 337 ff.
43. Brandt, Heinz: „Ein Traum, der nicht entführbar ist. Mein Weg zwischen Ost und West", München 1967
44. Burger, Adolf in der Talkshow des Johannes B. Kerner am 11.05.2006 um 23.00 Uhr im ZDF (Burger mehrmals sinngemäß: Es war nicht die Mehrheit der Deutschen, die uns verfolgt hat, sondern die SS.)
45. Burger, Adolf: „Des Teufels Werkstatt. Die größte Geldfälscheraktion der Weltgeschichte", München 2007
46. Cahnman, Werner J.: „Deutsche Juden. Ihre Geschichte und Soziologie", Münster 2005
47. Cahnman, Werner J.: „Die Juden in München 1918–1943." Sonderdruck aus der *Zeitschrift für bayerische Landesgeschichte*, Bd. 42, Heft 2/1979, S. 403 ff.
48. Cahnmann, Werner J.: „Die Juden in München 1918–1943", in: Lamm „Vergangene Tage ...", a. a. O. I, S. 31 ff.
49. Carlebach, Joseph, in: Gillis-Carlebach, a. a. O. II
50. Chotzen, Joseph, in: Pieken / Kruse, a. a. O. II
51. Cohn, Kate, in: Longerich, a. a. O. II
52. **Cohn, Willy (siehe Walk, Joseph: „Als Jude in Breslau", a. a. O. II)**
53. **Comité des Délégations Juives (Hrsg.): „Die Lage der Juden in Deutschland 1933. Das Schwarzbuch – Tatsachen und Dokumente", Frankfurt am Main 1983** (Darin heißt es S. 8: „Die Wirkung des Buches wird zwiespältig sein. Der Ausländer ... Der Deutsche aber, der diese Zeit in seinem Vaterlande verbracht hat, dem das Halbjahr mit seinen Schrecken jeder Art in der Seele brennt, wird schmerzliche Enttäuschung empfinden über die Schwäche der Wiedergabe. Was hat er erlebt an Brutalisierung, Schmähung, Demütigung." – Es ist nicht auszuschließen, dass mit „der Deutsche" der deutsche Jude gemeint ist. Sonstige Aussagen über „die" Deutschen sind dem Buch nicht zu entnehmen.)
54. Confino, Lore: „Ein Junge ...", in: Ortmeyer: „Berichte", a. a. O. II, S. 106
55. Degen, Michael: „Nicht alle waren Mörder. Eine Kindheit in Berlin", München 2001
56. Deutschkron, Inge: „Ich trug den gelben Stern", München 1985
57. Deutschkron, Inge: „Ein Land, wo man Jude war, kein Mensch", in: Doerry „Gespräche mit Überlebenden", a. a. O. II, S. 130 ff.
58. Dewynter, Melanie: „Erinnerungen" in Heusler, Andreas / Weger, Tobias „‚Kristallnacht' Gewalt gegen die Münchner Juden im November 1938", München 1998, S. 72
59. Döblin, Alfred: „Leben und Werk in Erzählungen und Selbstzeugnissen", Düsseldorf 2006
(Döblin hat bereits Anfang März 1933 Deutschland verlassen. Über seine Erfahrungen mit „arischen" Deutschen hat er offenbar nur wenig geschrieben. 1946 (S. 191 f.): „Das Land hat erduldet, wovon ich mich losreißen konnte. Jetzt ist es deutlich geworden: ein Moloch ist hier gewachsen, man hat ihn gespürt, er hat sich hochmütig gespreizt, gewütet, gewüstet ... Dann sehe ich ihr Elend und sehe, sie haben noch nicht erfahren, was sie erfahren haben. Es ist schwer. Ich möchte helfen." Im Anhang

schreibt die Herausgeberin (S. 209): „Trotz der Trauer um Sohn Wolfgang, der vielen Toten in der Familie und in seinem großen Bekanntenkreis empfand er keinen Hass …"

60. **Dubnow, Simon: „Buch des Lebens. Erinnerungen und Gedanken. Materialien zur Geschichte meiner Zeit", Bd. 3, Göttingen 2005**
61. **Dürkefälden, Karl: „‚Schreiben, wie es wirklich war …' Die Aufzeichnungen Karl Dürkefäldens aus der Zeit des Nationalsozialismus", Niedersächsische Landeszentrale für politische Bildung (Hrsg.), Hannover 1985**
62. Dwork, Debórah: „Kinder mit dem gelben Stern. Europa 1933–1945", München 1994
63. Ehre, Ida: „Gott hat einen größeren Kopf, mein Kind…", München 1985
64. Eichengreen, Lucille: „Von Asche zum Leben", Hamburg 1992
65. **Eisner, Ruth: „Nicht wir allein … Aus dem Tagebuch einer Berliner Jüdin", Berlin 1971**
66. Elkan, Wolf: „Ich hätte Hitler auch gewählt", in: Limberg / Rübsaat, a. a. O. II, S. 20 ff.
67. Erben, Eva: „Mich hat man vergessen. Erinnerungen eines jüdischen Mädchens", Weinheim, Basel 2005
68. Eschwege, Helmut: „Fremd unter meinesgleichen. Erinnerungen eines Dresdner Juden", Berlin 1991
69. **Feiner, Hertha: „Vor der Deportation. Briefe an die Töchter Januar 1939 bis Dezember 1942", Frankfurt 1993**
70. **Feuchtwanger, Lion, siehe Anonymus (8): „Der gelbe Fleck"**
71. **Feuchtwanger, Ludwig: „Gesammelte Aufsätze zur jüdischen Geschichte", Berlin 2003**
72. Flatauer, Helga, in: Julia Jarocki: „Hier die Flucht, dort das Kunstverbot", in: *Höchster Kreisblatt*, 08.04.2008
73. Flehinger, Arthur, in: Thalmann / Feinermann, a. a. O. II
74. Flesch-Thebesius, Marlies: „Wir saßen zwischen allen Stühlen", in: Kingreen (Hrsg.), a. a. O. II, S. 415 ff.
75. Fliess, Dorothee, in: Kilius, a. a. O. II
76. Fliess, Dorothee: „Geschichte einer Rettung", in: Voss, Rüdiger von – u. a. (Hrsg.), a. a. O. II
77. **Fraenkel, Alice: Brief an ihren Gatten, abgedruckt in: *Mitteilungsblatt Hamburger Richter*, Nr. 4/2006, S. 21**
78. Fraenkel, Heinrich: „Lebewohl, Deutschland", Hannover 1960
79. **Frank, Anne: „Anne Frank Tagebuch", Frankfurt am Main 2001**
80. **Frank, Bruno**, in: Herbert Günther: „Bruno Frank", in Lamm: „Von Juden", a. a. O. II, S. 225 ff., hier S. 230
81. Frankenstein, Leonie, in: Hillenbrand, a. a. O. II
82. Frankenstein, Walter, in: Hillenbrand, a. a. O. II
83. Frankenthal, Käte: „Der Reichstag is burning …", in: Anderson, a. a. O. II, S. 28 ff.
84. Frankl, Viktor E.: „Was nicht in meinen Büchern steht", München 1995
85. Frankl, Viktor Emil: „… trotzdem Ja zum Leben sagen. Ein Psychologe erlebt das Konzentrationslager", München 2005

86. Frankl, Viktor Emil: „Kollektiv und Person. Zur Kritik der Kollektivschuldlüge", Vortrag gehalten am 02.11.1987 im Kulturhaus Dornbirn, Aufzeichnung des ORF-Landesstudios, Vorarlberg
87. Frankl, Viktor Emil: „Was nicht in meinen Büchern steht. Lebenserinnerungen", München 1995
88. **Freund, Elisabeth,** in: Sachse, a. a. O. II
89. **Freund, Elisabeth: „Waiting",** in: Anderson, a. a. O. II, S. 116 ff. (Teilweise identisch mit Freund, Elisabeth, in: Carola Sachse, a. a. O. II)
90. Friedländer, Margot: „‚Versuche, dein Leben zu machen.' Als Jüdin versteckt in Berlin", Berlin 2008
91. Friedler, Eric / Siebert, Barbara / Kilian, Andreas: „Zeugen aus der Todeszone. Das Jüdische Sonderkommando in Auschwitz", Lüneburg 2002
92. Friedrich, Karin: „‚Er ist gemein zu unseren Freunden …' Das Rettungsnetz der Gruppe ‚Onkel Emil'", in: Benz: „Überleben", a. a. O. II,
93. Friedrichs, Nellie H.: „Erinnerungen an Braunschweig", in: Lixl-Purcell a. a. O. II, S. 154.
94. Frister, Roman: „Die Mütze oder der Preis des Lebens. Ein Lebensbericht", Berlin 1998
95. Fromm, Bella: „Als Hitler mir die Hand küßte", Berlin 1993
96. Gabai, Erika: „Erinnerungen", in: Archiv der Landeshauptstadt München, Judaica, Memoiren, Nr. 17
97. Gay, Peter: „Meine deutsche Frage. Jugend in Berlin 1933–1939", München 1999
98. Gay, Peter: „Gott ist eine Erfindung", in: Doerry „Gespräche mit Überlebenden", a. a. O. II, S. 60
99. Gilbert, Martin: „Sie waren die Boys. Die Geschichte von 732 jungen Holocaust-Überlebenden", Berlin 2007 (Die jüdischen Boys waren zum allergrößten Teil polnischer oder ungarischer Abstammung.)
100. **Ginz, Petr: „Prager Tagebuch 1941–1942", Berlin 2006**
(Der Autor, 1928 geboren, wurde 1942 nach Theresienstadt transportiert und 1944 in Auschwitz ermordet. Er war sich offenbar der Gefahr bewusst, dass seine Aufzeichnungen in unrechte Hände gelangen könnten. Daher ließ er Vorsicht walten.)
101. Giordano, Ralph: „Erinnerungen eines Davongekommenen. Die Autobiografie", Köln 2007
102. Glas-Larsson, Margareta: „Ich will reden. Tragik und Banalität des Überlebens in Theresienstadt und Auschwitz", Wien 1981
103. Glaser, Alfred: „Post aus Israel", in: Lange, a. a. O. I, S. 72 ff. (neu)
104. Glaser, Ruth: „Jugend in Düsseldorf", in: Lixl-Purcell, a. a. O. II, S. 144 ff.
105. G. M., in: Ortmeyer: „Berichte", a. a. O. II, S. 28
106. **Goldberg, Fritz, in: Gerhardt, a. a. O. II, S. 309 ff.**
107. Goldmann, Nahum: „Das jüdische Paradox", Hamburg 1992
108. Goldmann, Nahum: „Mein Leben als deutscher Jude", München 1980 (insbes. 244 ff.)
109. Goldmann, Robert B.: „Mehr als Kristall", in: *Frankfurter Allgemeine Zeitung*, 09.11.2007
110. Goldschmidt, Fritz: „Mein Leben", in: Benz: „Überleben", a. a. O. II

111. Goldschmidt, Moses: „Mein Leben als Jude in Deutschland 1873–1939", Hamburg 2004
112. Golz-Goldlust, Marianne: „Ich war glücklich bis zur letzten Stunde", Berlin 2004 (Die Vorgänge, die geschildert werden, ereigneten sich in Prag.)
113. Gottheil, Walter, in: VEJ, Bd. 1, a. a. O. II, S. 627 ff.
114. Greif, Gideon: „‚Wir weinten tränenlos …' Augenzeugenberichte des jüdischen ‚Sonderkommandos' in Auschwitz", Frankfurt am Main 1999
115. Groot-Cossen, H. de, in: Barkow, a. a. O. II
116. Gross, Ruth: „Erinnerungen", in: Rosenstrauch, a. a. O. II
117. Grosser, Alfred: „Mein Deutschland", München 1996
118. Grosser, Alfred: „Von Auschwitz nach Jerusalem. Über Deutschland und Israel", Reinbek 2009
119. Grosser, Alfred: „Der Begriff Rache ist mir völlig fremd", in: Doerry: „Gespräche mit Überlebenden", a. a. O. II, S. 120 ff.
120. Grube, Ernst, Jahrgang 1931, München. Er hat seine Erlebnisse nicht zu Papier gebracht, hält jedoch Vorträge, so am 3. Mai in St. Matthias, München. Der Autor hat daran teilgenommen und sich dabei Aufzeichnungen gemacht.
121. Gumpert, Charlotte, in: VEJ, Bd. 1, a. a. O. II, S. 143 ff.
122. Haarburger, Martha, in: Zelzer a. a. O. II, S. 230 f.
123. Haas, Eva: „Ein Schild mit Namen und Nummer um den Hals", in: Doerry „Gespräche mit Überlebenden", a. a. O. II, S. 68 ff.
124. Haas, Max, in: Händler-Lachmann, a. a. O. II
125. Habe, Hans: „Ich stelle mich", München 1986
126. Hadda, Siegmund, siehe Genzow, a. a. O. II
127. Hahn, Lili: „Bis alles in Scherben fällt. Tagebuchblätter 1933–1945", Hamburg 2007 (Neudruck der Ausgabe 1979)
(Zwar heißt es gleich zu Beginn des Vorwortes: „‚Bis alles in Scherben fällt' sind Auszüge aus meinem Tagebuch, ein Tagebuch, das zu führen ich längst vor dem Dritten Reich begann und das schließlich mein einziger und letzter Vertrauter in einer Zeit der Vereinsamung wurde", aber weder die Autorin noch der Herausgeber teilt dem Leser mit, wie das sehr umfangreiche Manuskript die Zeit der Verfolgung überstanden und wie die Autorin das Risiko der Entdeckung gerechtfertigt hat. Beides spricht dagegen, dass die Eintragungen mit den angegebenen Daten übereinstimmen. Auch die langen Zitate können nur sinngemäße Wiedergaben sein.)
128. Halle, Werner, in: Zacher, Hans Jürgen: „Vern", Paderborn 2006, S. 119
129. Hauser, Martin: „Auf dem Heimweg. Aus dem Tagebuch eines deutschen Juden 1929–1945", Bonn 1975
130. Hebauf, Renate: „Frankfurt am Main, Gaußstraße 14", in: Kingreen (Hrsg.), a. a. O. I, S. 289 ff.
131. Hecht, Ingeborg: „Als unsichtbare Mauern wuchsen: Eine deutsche Familie unter den Nürnberger Rassengesetzen", Hamburg 1993
132. Heppner, Ernest G.: „Fluchtort Shanghai", Bonn 1998
133. Herman-Friede, Eugen: „Für Freudensprünge keine Zeit. Erinnerungen an Illegalität und Aufbegehren 1942–1948", Berlin 2002

134. Hersh, Renate: „Die drei Ohren Gottes. Roman. Eine jüdische Emigrantin erinnert sich an ihre Jugend im Isartal", Schäftlarn 1995 (Im Vorspann heißt es: „Renate Hersh … erzählt darin ihre Kindheit und Jugend und vor allem die Lebensgeschichte ihres Vaters, des Kinderpsychotherapeuten Professor Benjamin … Zwar geben die meisten Episoden des Buches real Erlebtes … wieder. Aber es gibt Abschnitte darin, die aus dramaturgischen Gründen etwas erzählen, das zu anderer Zeit oder an anderen Orten geschehen ist." Entscheidend für die Aufnahme war, dass es keinen Anlass gibt, an der Übereinstimmung der Kernaussagen mit den Erfahrungen der jüdischen Autorin zu zweifeln. Siehe auch Oechsle, a. a. O. II)
135. Herzfeld, Albert: „Ein nichtarischer Deutscher. Die Tagebücher des Albert Herzfeld 1935–1939", Düsseldorf 1982
136. Herzberg, Georg, in: Zelzer, a. a. O. II S. 200 f.
137. Herzfeld, Albert: „Ein nichtarischer Deutscher. Die Tagebücher des Albert Herzfeld 1935–1939", hrsg. von Hugo Weidenhaupt, Düsseldorf 1982
138. Herzfeld, Ernst: „Meine letzten Jahre in Deutschland", in: Richarz, a. a. O. II, S. 301 ff.
139. Hilsenrath, Edgar: „Ich glaube, es ist leichter, wenn man glaubt", in: Doerry „Gespräche mit Überlebenden", a. a. O. II, S. 50
140. Hoberg, Inge: „Der Dom so nah und doch so fern. Das Leben eines Mädchens im Versteck und auf der Flucht", Köln 1998
141. Hochhäuser, Abraham: „Unter dem gelben Stern. Ein Tatsachenbericht aus der Zeit von 1933 bis 1945", Koblenz 1948
142. Hofeller, Ernest: „Erinnerungen", Landeshauptstadt München Archiv Judaica Memoiren 16
143. Hohenlohe, Stephanie von, siehe Stoiber, a. a. O. II
144. Holzmann, Helene, siehe Kaiser, Reinhard / Holzmann, Margarete, a. a. O. II
145. Hopp, Erich: „,Your Mother has twice given you Life'", in: Boehm, a. a. O. II, S. 98 ff.
146. Hutzler, Harry, in: Brenner: „Weiden", a. a. O. II
147. Jacobson, Jacob: „Bruchstücke 1939–1945", in: Heid / Schoeps, a. a. O. II, S. 296 ff.
148. Jacobson, Jacob: „Ein Lehrer sagte uns …", in: Ortmeyer, „Berichte", a. a. O. II, S. 31
149. Jens, Inge und Walter: „Katias Mutter. Das außerordentliche Leben der Hedwig Pringsheim", Reinbek 2005
150. Joseph, Rolf: „Rags, Picklocks and Pliers", in: Boehm, a. a. O. II
151. Kaduri, Klaus, in: Ball-Kaduri: „Vor der Katastrophe", a. a. O. I, S. 208 ff.
152. Kaplan, Chaim, in: Katsh, a. a. O. II
153. Kerr, Judith: „Als Hitler das Rosa Kaninchen stahl", Stuttgart 1990 (Offenbar ein biografischer Roman einer Jüdin, keine Quelle.)
154. Kingreen, Monica: „Zuflucht in Frankfurt", in: Kingreen (Hrsg.), a. a. O. II, S. 119 ff.
155. Kirschner, Max: „,Weinen hat seine Zeit, und Lachen hat seine Zeit'. Erinnerungen aus zwei Welten", Frankfurt am Main 2004
156. Klein, Moritz, in: Barkow, a. a. O. II.
157. Kleinberger, Margot: „Transportnummer VIII/1 387. Als Kind in Theresienstadt", Düsseldorf 2009
158. Klemperer, Klemens von: „Sie gingen ihren Weg …", in: Schmädeke, a. a. O. II, S. 1097 ff.

159. Klemperer, Victor: „Curriculum vitae. Erinnerungen eines Philologen. 1881–1918", Berlin 1989
160. Klemperer, Victor: „Leben sammeln, nicht fragen wozu und warum. Tagebücher 1918–1924", Berlin 1996
161. Klemperer, Victor: „Leben sammeln, nicht fragen wozu und warum. Tagebücher 1925–1932", Berlin 1996
162. Klemperer, Victor: „Lingua Tertii Imperii" (LTI), Leipzig 1975
    (Das Buch erhielt seine endgültige Fassung erst in der SBZ/DDR, sodass es in dieser Diktatur veröffentlicht werden konnte. Darauf nahm Klemperer Rücksicht.)
163. Klemperer, Victor: „Tagebücher 1933–1934", Berlin 1998
164. Klemperer, Victor: „Tagebücher 1935–1936", Berlin 1998
165. Klemperer, Victor: „Tagebücher 1937–1939", Berlin 1998
166. Klemperer, Victor: „Tagebücher 1940–1941", Berlin 1998
167. Klemperer, Victor: „Tagebücher 1942", Berlin 1998
168. Klemperer, Victor: „Tagebücher 1943", Berlin 1998
169. Klemperer, Victor: „Tagebücher 1944", Berlin 1998
170. Klemperer, Victor: „Tagebücher 1945", Berlin 1998 (alle: Walter Nowojski (Hrsg.) unter Mitarbeit von Hadwig Klemperer)
171. Klepper, Jochen: „Unter dem Schatten deiner Flügel. Aus den Tagebüchern der Jahre 1932–1942", Stuttgart 1957
172. Klüger, Ruth: „Weiterleben. Eine Jugend", München 1992
173. Klüger, Ruth: „Unterwegs verloren. Erinerungen", Wien 2008
174. Klugmann, Hermann: „Mein Leben in Deutschland vor und nach dem 30. Januar 1933", Archiv der Landeshauptstadt München, Judaica, Memoiren, Nr. 30
175. Klugmann, Hermann: „Wiesenbronn wird antijüdisch", in: Limberg / Rübsaat, a. a. O. II, S. 150 ff.
176. Koehn, Ilse: „Mischling, Second Degree. My Childhood in Nazi Germany", New York 1977
177. König, Joel: „Den Netzen entronnen. Die Aufzeichnungen des Joel König", Göttingen 1967. Eine erweiterte Neuausgabe erschien unter dem Namen BenGershom, Ezra: „David", a. a. O. I
178. Kosta, Jiri: „Nie aufgeben. Ein Leben zwischen Bangen und Hoffen", Berlin 2004
179. Krakauer, Max: „Lichter im Dunkel. Flucht und Rettung eines jüdischen Ehepaares im Dritten Reich", Stuttgart 1979
180. Kramer, Clara: „Eine Handbreit Hoffnung. Die Geschichte meiner wunderbaren Rettung", München 2009
181. Kraus, Annie: „Ich war erschüttert von dieser nie geahnten Menschlichkeit", in: *Frankfurter Allgemeine Zeitung*, 20.07.2007, S. 35
182. Krüger, Helmut: „Der halbe Stern. Leben als deutsch-jüdischer ‚Mischling' im Dritten Reich", Berlin 1993
183. Kuby, Erich: „Von der Bruderstraße 12 …", in Lamm: „Vergangene Tage", a. a. O. II, S. 332 ff.
184. Lamm, Hans, in: Sinn, a. a. O. II
185. Landau, Edwin: „„Für die standen wir in den Schützengräben"", in: Limberg / Rübsaat, a. a. O. II, S. 31 ff.

186. Landau, Edwin: „Mein Leben vor und nach Hitler", in: Richarz, a. a. O. II, S. 99 ff.
187. Lange, Bernd-Lutz: „Davidstern und Weihnachtsbaum. Erinnerungen von Überlebenden", Leipzig 1992
188. Lapide, Pinchas E.: „Rom und die Juden", Freiburg 1968
189. Laqueur, Walter: „Geboren in Deutschland", Berlin 2000
190. Laqueur, Walter: „Die Deutschen übertreiben wieder", in: Aust, a. a. O. II, S. 68 ff.
191. Laqueur, Walter: „Einwanderung abgelehnt. Wie eine deutsche Familie versuchte, den Nazis zu entkommen", München 2004
192. Lasker-Wallfisch, Anita: „Man hofft, solange man atmet", in: Doerry: „Gespräche mit Überlebenden", a. a. O. II, S. 160 ff.
193. Lasker-Wallfisch, Anita: „,Ihr sollt die Wahrheit erben!'. Breslau – Auschwitz – Bergen-Belsen", Bonn 1997
194. Lasler-Wallfisch, Renate, in: Lasker-Wallfisch, Anita, a. a. O. I, S. 113 ff.
195. Leibowitz, Grete, in: Leibowitz, Jeshajahu, a. a. O. I, S. 94 ff.
196. Leibowitz, Jeshajahu: „Gespräche über Gott und die Welt", Frankfurt 1990
197. Lessler, Toni, in: Karlauf, a. a. O. II
198. Leuner, Heinz David: „Gerettet vor dem Holocaust. Menschen, die halfen", München 1979
199. Levinson, Irma: „Man hörte eine Stimme …", in: Ortmeyer: „Berichte", a. a. O. II, S. 38
200. Levitus-Peiser, Cilly, siehe Dijk, a. a. O. I
201. Levy, Joseph: „Die vaterländische Gesinnung", in: Limberg / Rübsaat, a. a. O. I, S. 23 ff.
202. Levy, Joseph: „Die guten und die bösen Deutschen", in: Limberg / Rübsaat, a. a. O. I, S. 178 ff.
203. Lévy-Hass, Hanna: „Tagebuch aus Bergen-Belsen 1944–1945", München 2009
204. Leyens, Erich / Andor, Lotte: „Die fremden Jahre. Erinnerungen an Deutschland", Frankfurt am Main 1991
205. Liebermann von Wahlendorf, Willy: „Erinnerungen eines deutschen Juden 1863–1936", München 1988
206. Liebrecht, Heinrich F.: „,Nicht mitzuhassen, mitzulieben bin ich da'. Mein Weg durch die Hölle des Dritten Reiches", Freiburg i. B. 1990
207. Littauer, Margot: „Mein Leben in Deutschland vor und nach dem 30. Januar 1933", in: VEJ, Bd. 1, S. 128, a. a. O. II
208. Littner, Jakob: „Mein Weg durch die Nacht", Berlin 2002
209. Loewenberg, Ernst: „Mein Leben in Deutschland vor und nach dem 30. Januar 1933", in: Richarz, a. a. O. II, S. 244 ff.
210. Loewenfeld, Philipp, siehe Landau, Peter u. a., a. a. O. II
211. Löwenthal, Gerhard: „Ich bin geblieben. Erinnerungen", München 1987
212. Löwenthal, Leo, in: Diner, a. a. O. II
213. **Löwith, Karl: „Mein Leben in Deutschland vor und nach 1933 – ein Bericht", Stuttgart 1986**
214. Lucas, Eric: „Jüdisches Leben auf dem Lande. Eine Familienchronik", Frankfurt am Main 1991
215. Ludwig, Max: „Das Tagebuch des Hans O. Dokumente und Berichte über die Deportation und den Untergang der Heidelberger Juden", Heidelberg 1965

216. Lustiger, Arno: „Sing mit Schmerz und Zorn. Ein Leben für den Widerstand", Berlin 2004
217. Maarsen, van Jacqueline: „Ich heiße Anne, sagte sie, Anne Frank", Frankfurt am Main 2004 (Maarsen, „Halbjüdin", ist Niederländerin. Ihre Aussagen schildern nur ganz am Rande das Verhalten Deutscher gegenüber Juden. Vielmehr zeigen sie, dass sich die „arischen" Niederländer nicht besser gegenüber den Juden verhalten haben als die „arischen" Deutschen.)
218. **Maier, Ruth: „‚Das Leben könnte gut sein.' Tagebücher 1933 bis 1942", München 2008**
219. Mandelkern, Moritz: „In Our Hope", in: Boehm, a. a. O. II
220. **Manes, Philipp: „Als ob's ein Leben wär. Tatsachenbericht. Theresienstadt 1942–1944", Berlin 2005**
221. **Malsch, Paul Brief an Willy Malsch, in: VEJ, Bd. 1, a. a. O. II**
222. Marcus, Ernst, in: Ball-Kaduri: „Vor der Katastrophe", a. a. O. I, S. 104 ff.
223. **Marcuse, Edith: „Aus den Papieren meiner Schwester vor der Deportation",** in: Marcuse, Ludwig
224. Marcuse, Ludwig: „Mein zwanzigstes Jahrhundert. Auf dem Weg zu einer Autobiografie", Zürich 1975
225. **Marum, Hans, in: Marum-Lunau, Elisabeth: „Auf der Flucht in Frankreich. ‚Boches ici, Juifs Là-bas.' Der Briefwechsel einer deutschen Familie im Exil 1939–1942", Teetz 2000**
(In einem Brief vom 11. Juni 1940 (S. 166): „Für mich wird mit jedem Tag die Überzeugung stärker, dass ich bald wieder arbeiten und mit Dir und unserem Kind nach Deutschland zurückkehren kann und dort daran mitarbeiten werde, unserem Volk das zu geben, was ihm so lange fehlte, Freiheit, Demokratie und Wohlstand.")
226. Marx, Otto: „Mein Leben in Deutschland vor und nach dem 30. Januar 1933", in: VEJ, Bd. 1, S. 38, a. a. O. I
227. Matzerath, Horst: „‚… vergessen kann man die Zeit nicht, das ist nicht möglich …' Kölner erinnern sich an die Jahre 1929–1945", Köln 1985
228. Maurer, Trude: „Vom Alltag zum Ausnahmezustand: Juden in der Weimarer Republik und im Nationalsozialismus 1918–1945", in: Kaplan, Chaim, a. a. O. II
229. Mayer, Hans: „Ein Deutscher auf Widerruf. Erinnerungen", Frankfurt am Main 1982
230. **Mayer, Max, in: Doerry „‚Mein verwundetes Herz' …", a. a. O. II, S. 110 ff.**
231. **Merecki, Siegfried, in: Gerhardt, a. a. O. II, S. 60 ff.**
232. Meyering, Else: „Deportation aus Stettin", in: Lixl-Purcell, a. a. O. II, S. 307 ff.
233. Mibberlin, Raffael: „Kesseltreiben gegen ‚Judenärzte'", in: Limberg / Rübsaat, a. a. O. II, S. 54 ff.
234. Mibberlin, Raffael: „Arier würden auch gerne ausreisen", in: Limberg / Rübsaat, a. a. O. II, S. 355 ff.
235. Michel, Ernest W.: „Warum habt ihr mir das angetan?", in: Doerry: „Gespräche mit Überlebenden", a. a. O. II, S. 38 ff.
236. Michel, Ernest W.: „Promises To Keep", New York 1993
237. **Moses, Hugo, in: Gerhard, a. a. O. II, S. 37 ff.**
238. Naphtali, Peretz, in: Hansen, a. a. O. II
239. Nathorff, Hertha: „Das Tagebuch der Hertha Nathorff. Berlin – New York. Aufzeichnungen 1933 bis 1945", München 1987

240. Natt, Walter J., in: Ortmeyer: „Berichte", a. a. O. II, S. 66
241. Necheles-Magnus, Henriette, Text ohne Titel (25.03.1940), in: VEJ, Bd. 1, S. 21, a. a. O. II
242. Neff, Margarete, in: Karlauf, a. a. O. II, S. 437
243. Neuhaus, Cilly, in: Kingreen, a. a. O. II, S. 7
244. Neumann, Camilla: „Erlebnisbericht aus der Hitlerzeit", in: Heid / Schoeps, a. a. O. II, S. 322 ff.
245. Neumann, Siegfried: „Vom Kaiserhoch zur Austreibung. Aufzeichnungen aus dem Leben eines jüdischen Rechtsanwalts in Deutschland", Bonn 1978
246. Neumeyer, Alexander: „Von einer Generation zur anderen: Lebenserinnerungen, erzählt für meine Enkel", in: Neumeyer Alfred u. a.: „Wir wollen den Fluch ...", S. 259 ff.
247. Neumeyer, Alfred (a) [nicht identisch mit N. A. (b)]: „Lichter und Schatten. Eine Jugend in Deutschland", München 1967
248. Neumeyer, Alfred (b) [nicht identisch mit N. A. (a), u. a.]: „,Wir wollen den Fluch in Segen verwandeln.' Drei Generationen der jüdischen Familie Neumeyer ...", Berlin 2007
249. Neumeyer, Alfred (b): „Erinnerungen", in: Archiv der Landeshauptstadt München, Judaica, Memoiren, Nr. 1
250. Neiss, Marion: „Berlin Wielandstraße 18 – Ein ehrenwertes Haus", in: Benz: „Überleben", a. a. O. II, S. 51 ff.
251. Niedersächsische Landeszentrale für politische Bildung (Hrsg.): „Schreiben, wie es wirklich war ...' Die Aufzeichnungen Karl Dürkefäldens aus der Zeit des Nationalsozialismus", Hannover 1985
252. Oppenheimer, Adolf, in: Forchhammer, a. a. O. II
253. Oppenheimer, Franz (a, nicht identisch mit b): „Erlebtes, Erstrebtes, Erreichtes. Lebenserinnerungen", Düsseldorf 1964
254. Oppenheimer, Franz (b, nicht identisch mit a): „Vorsicht vor falschen Schlüssen aus der deutschen Vergangenheit. Die Verführungen einer kollektiven Schuldbesessenheit", in: *Frankfurter Allgemeine Zeitung*, 14.05.1986
255. Orbach, Larry / Orbach-Smith, Vivien: „Soaring Underground. Autobiographie eines jüdischen Jugendlichen im Berliner Untergrund 1938–1945", Berlin 1998
(Die Lektüre hinterlässt einen zwiespältigen Eindruck. Bis zum Kriegsende waren unter Larry Orbachs Helfern und Verrätern oder Verfolgern Juden wie „Arier". Er selbst verrichtete Vernichtungsprozess von Auschwitz die schmutzigsten Dienste, um sein Leben zu retten. Ab dem Zeitpunkt, wo er selbst zu den Siegern zählte, tut er so, als ob alle Nichtjuden, von ganz seltenen Ausnahmen abgesehen, versagt hätten.)
256. Ortenau, Erich: „Aus einer jüdischen Familientruhe", in: Lamm: „Vergangene Tage", a. a. O. II, S. 106 ff.
257. Paepcke, Lotte: „Unter einem fremden Stern. Geschichte einer deutschen Jüdin", Freiburg 2004
258. Paepke, Lotte: „Ein Sturz in den Himmel", in: Doerry: „Gespräche mit Überlebenden", a. a. O. II, S. 250 ff.
259. Passagiere, Die – der M. S. „St. Louis" von der Habana-Fahrt Mai–Juni 1939, in: Reinfelder, a. a. O. II

260. Perechodnik, Calel: „Bin ich ein Mörder? Das Testament eines jüdischen Ghetto-Polizisten", Lüneburg 1997
261. Pfeffer, Gerta: „Meine Erlebnisse in Deutschland vor und nach 1933", in: Nitsche, a. a. O. II, S. 152
262. Pick, Charlotte: „Die verlorene Heimat", in: Lixl-Purcell, a. a. O. II, S. 387 ff.
263. Posener, Julius: „Heimliche Erinnerungen. In Deutschland 1904–1933", München 2004
264. Pringsheim, Hedwig, in: Jens, Inge und Walter, a. a. O. II
265. Reich-Ranicki, Marcel: „Mein Leben", Stuttgart 1999
266. Reichmann, Eva: „Flucht in den Hass. Die Ursachen der deutschen Judenkatastrophe", Frankfurt am Main 1968
267. Reiner, Max: „Der Weg zum Paria", in: Limberg / Rübsaat, a. a. O. I, S. 153 ff.
268. Reiner, Max: „Mein Leben in Deutschland vor und nach dem Jahre 1933", in: Richarz, a. a. O. II, S. 109 ff.
269. Rewald, Ilse: „Berliner, die uns halfen, die Hitlerdiktatur zu überleben", Gedenkstätte deutscher Widerstand (Hrsg.), Berlin 1985
270. Ringelblum, Emanuel: „Ghetto Warschau. Tagebücher aus dem Chaos", Stuttgart 1967
271. Robinsohn, Hans, in: Benz: „Die Juden", a. a. O. II
272. Rodeck, Fritz, in: Gerhardt, a. a. O. II, S. 281 ff.
273. Röhm, Eberhard u. a.: „Juden, Christen, Deutsche 1933–1945", Stuttgart 2007
274. Roland, Peter Ernest (geb. Rosenbaum, Ernst): „A Full Life", o. O. 1996, in: Archiv der Landeshauptstadt München, Judaica, Memoiren, Nr. 2
275. Rosen-Levitus, Jutta, in: Dijk, a. a. O. II
276. Rosenstein, Paul: „Narben bleiben zurück. Die Lebenserinnerungen des großen jüdischen Chirurgen", o. O. 1954
277. Rosenstrauch, Hazel: „Aus Nachbarn wurden Juden. Ausgrenzung und Selbstbehauptung 1933–1942", Berlin 1988
278. Rosenthal, Hans: „Zwei Leben in Deutschland", Bergisch Gladbach 1980
279. Rotfeld, Adam Daniel: „Am Anfang war das Wort", in: Doerry: „Gespräche mit Überlebenden", a. a. O. II, S. 78 ff.
280. Roth-Schurtman, Christine: „Ein Schülerschicksal 1933–1945", in: Archiv der Landeshauptstadt München, Judaica, Memoiren, Nr. 33
281. Rovan, Joseph: „Erinnerungen eines Franzosen, der einmal Deutscher war", München 1999
282. Rürup, Reinhard: „Das Ende der Emanzipation", in: Paucker, Arnold (Hrsg.): „Die Juden im Nationalsozialistischen Deutschland 1933–1943", Tübingen 1986
283. Rürup, Reinhard: „Zur Abwehr des Antisemitismus in Deutschland in den Jahren 1893 bis 1933 – Jüdischer Widerstand 1933 bis 1945", in: Jüdisches Museum, a. a. O. II, S. 290 ff.
284. Sabatzky, Kurt: „Meine Erinnerungen an den Nationalsozialismus", in: Richarz, a. a. O. II, S. 292 ff.
285. Salewsky, Anja: „‚Der olle Hitler soll sterben!' Erinnerungen an den jüdischen Kindertransport nach England", München 2001

286. Sassoon, Agnes: „Ich kann gar nicht hassen", in: Doerry: „Gespräche mit Überlebenden", a. a. O. II, S. 28 ff.
287. Schachori, Susi, in: Lauber, a. a. O. II, S. 163
288. Scheurenberg, Klaus: „Ich will leben. Ein autobiografischer Bericht", Berlin 1982
289. Schiratzki, Selma, in: Ball-Kaduri: „1933", a. a. O. I, S. 181 f.
290. Schlüchterer, Joseph, in: Doerry: „Mein verwundetes Herz", a. a. O. II, S. 117
291. Schmädeke, Jürgen / Steinbach, Peter (Hrsg.): „Der Widerstand gegen den Nationalsozialismus. Die deutsche Gesellschaft und der Widerstand gegen Hitler", München 1994
292. Schmidt, Margot: „Durchgestanden. Menschliches und Unmenschliches. Meine Erlebnisse unter den Rassegesetzen", Gräfelfing 2003
293. Schoeps, Hans-Joachim: „Rückblicke. Die letzten dreißig Jahre (1925–1955) und danach", Berlin 1963
294. Scholem, Betty / Scholem, Gershom: „Mutter und Sohn im Briefwechsel 1917–1946", München 1989
295. Scholem, Gershom, in: Scholem, Betty, a. a. O. I
296. Scholem, Gershom: „Von Berlin nach Jerusalem. Jugenderinnerungen", Frankfurt am Main 1982
297. Schoppmann, Claudia: „Rettung von Juden: ein kaum beachteter Widerstand von Frauen", in: Kosmala / Schoppmann, a. a. O. II, S. 109 ff.
298. Schottlaender, Rudolf: „Trotz allem ein Deutscher geblieben. Mein Lebensweg seit Jahrhundertbeginn", Freiburg i. B. 1986
299. Schreyer, Alfred: „Im Gespräch", Frankfurter Allgemeine Zeitung vom 8. Mai 2010.
300. Schwabe, Carl: „Mein Leben in Deutschland …", in: Richarz, a. a. O. II, S. 156 ff.
301. Schwabe, Karl E., in: Gerhardt, a. a. O. II, S. 137 ff.
302. Schwerdt, Otto / Schwerdt-Schneller, Mascha: „Als Gott und die Welt schliefen", Viechtach 1998
303. Schwerin, Alfred: „Erinnerungen von Dachau bis Basel", in: Richarz, a. a. O. II, S. 346 ff.
304. Schwersenz, Jizchak: „Die versteckte Gruppe. Ein jüdischer Lehrer erinnert sich an Deutschland", Berlin 1994
305. Segal, Erna: „Aus Mietern wurden Feinde", in: Limberg / Rübsaat, S. 143 ff.
306. Selig, Wolfram: „Richard Seligmann. Ein jüdisches Schicksal", Stadtarchiv München 1983
307. Seligmann, Rafael: „Hitler. Die Deutschen und ihr Führer", München 2004
308. Semprun, Jorge / Wiesel, Elie: „Schweigen ist unmöglich", Frankfurt am Main 1995
309. Senger, Valentin: „Kaiserhofstraße 12", München 1999
310. Seuffert, Leonie v.: „Ich werde Zwangsarbeiterin", in: *Der Regenbogen*, Nr. 4/47, S. 15 ff.
311. S. F.: „Ein Mädchen …", in: Ortmeyer: „Berichte", a. a. O. II, S. 48
312. Solmitz, Luise: Tagebucheintrag, in: VEJ, Nr. 2/S. 162, a. a. O. II
313. Solon, Friedrich: „Mein Leben in Deutschland vor und nach dem 30. Januar 1933", in: Heid / Schoeps, a. a. O. II, S. 228 ff.

314. Spanier, Julius: „Das Israelitische Schwestern- und Krankenheim", in: Lamm: „Vergangene Tage", a. a. O. II
315. Spiegel, Marga: „Retter in der Nacht. Wie eine jüdische Familie im Münsterland überlebte", Münster 1999
316. Spiegel, Paul: „Wieder zu Hause? Erinnerungen", München 2001
317. Spies, Gerty: „Bittere Jugend. Ein Roman von Verfolgung und Überleben im Nationalsozialismus", Frankfurt am Main 1997 (Das Buch enthält einen aussagekräftigen Lebenslauf.)
318. Spiro, Eugene: „Student in München", in: Lamm: „Vergangene Tage", a. a. O. II, S. 171 f.
319. Stampfer, Friedrich: „Erfahrungen und Erkenntnisse. Aufzeichnungen aus meinem Leben", Köln 1957
320. Stampfer, Friedrich, in: Lauber, a. a. O. II
321. Stein-Pick, Charlotte: „Meine verlorene Heimat", Bamberg 1992
322. Steiner, Walter, in: Brenner, a. a. O. II
323. Stern, Fritz: „Am Grab des unbekannten Retters", in: Vogel, a. a. O. II, S. 511 ff.
324. Stern, Fritz: „Fünf Deutschland und ein Leben. Erinnerungen", München 2007
325. Stern, Karl: „Die Feuerwolke", Salzburg 1954
326. Strasser, Marguerite, in: Landeshauptstadt München, a. a. O. II
327. Straus, Rahel: „Wir lebten in Deutschand. Erinnerungen einer deutschen Jüdin 1880–1933", Stuttgart 1961
328. Strauss, Lotte: „Über den grünen Hügeln. Erinnerungen an Deutschland", Berlin 1997
329. Susman, Margarete: „Ich habe viele Leben gelebt. Erinnerungen", Stuttgart 1964 (Obwohl sie in den Jahrzehnten vor 1933 viel in Deutschland unterwegs war und in geistig regen Kreisen verkehrte, tauchen keinerlei antisemitische Erfahrungen in ihren Schilderungen auf. Aus dem Abstand von Jahrzehnten schreibt sie (S. 134): „Dieser Höllensturz ist nicht beschreibbar; niemand hat ihn voll erfasst: Aber ein späteres Bild von Hitler, unmittelbar bevor er die Regierung antrat, hat mir eine Art deutender Voraussicht gegeben." Die Jahre der Verfolgung hat sie nicht in Deutschland erlebt.)
330. Svirnovskaja, Fira Borisovna, in: *Mühlhäuser Beiträge*, Heft 29, Mühlhausen/Th. 2006, S. 76 ff.
331. Tausendfreund, Doris: „Jüdische Fahnder', Verfolgte, Verfolger und Retter in einer Person", in: Benz: „Überleben", a. a. O. II, S. 239 ff.
332. Tausk, Walter: „Breslauer Tagebuch 1933–1940", Berlin 1988
333. Töpper N.: „Tagebuch", in: Angress, a. a. O. II, S. 91 ff.
334. Tuggelin, Hermann: „Prügel am Boykott-Tag", in: Limberg / Rübsaat, a. a. O. II, S. 28 ff.
335. Venezia, Shlomo: „Meine Arbeit im Sonderkommando Auschwitz. Das erste umfassende Zeugnis eines Überlebenden". Übersetzt aus dem Französischen von Dagmar Mallett. München 2006, Neuauflage: München (Karl Blessing Verlag) 2008
336. Vern (Werner Halle), in: Zacher, a. a. O. II
337. Waite, Robert: „Amerikanische Medien und die öffenlhce Wahrnehmung des Holocaust", in: Mattäus(Hg.) u. a. a. a. O. II.
338. Wassermann, Jakob: „Mein Weg als Deutscher und Jude", Berlin 1921

339. **Wassermann, Jakob: „Deutscher und Jude. Reden und Schriften", Heidelberg 1984**
340. Weidenfeld, George: „Von Menschen und Zeiten. Die Autobiografie", Wien 1995
341. Weil, Frederick, in: VEJ, Bd. 2 /Dok. 54, a. a. O. II
342. Weil, Friedrich: „Mein Leben in Deutschland vor und nach dem 30. Januar 1933", in: Richarz, a. a. O. II, S. 269 ff.
343. Wetzel, Juliane: „Karriere nach der Rettung. Charlotte Knoblochs Weg zur Vizepräsidentin der Juden in Deutschland", in: Benz: „Überleben", a. a. O. II, S. 301 ff.
344. Wieck, Michael: „Zeugnis vom Untergang Königsbergs. Ein ‚Geltungsjude' berichtet", Heidelberg 2001
345. Willstätter, Richard: „Aus meinem Leben. Von Arbeit, Muße und Freunden", Weinheim 1949
346. Winterfeldt, Hans: „Deutschland: Ein Zeitbild 1926–1945", in: Richarz, a. a. O. II, S. 336 ff.
347. Wolff, Siegfried, in: Gerhardt, a. a. O. II, S. 255
348. Wolffenstein, Valerie: „Erinnerungen von Valerie Wolffenstein", Salzburg 1981
349. Wolffenstein, Valerie: „Shadow of a Star", in: Boehm, a. a. O. II
350. Wolfram, Annemarie: „From the Eyes of a Child", in: Anderson, S. 78 ff.
351. Zahn, Christine: „Von einem Quartier zum nächsten", in: Benz: „Überleben", a. a. O. II, S. 229
352. **Zukerman, William: „Jews and the Fate of Poland", in: *The Nation*, 02.04.1938, S. 380**
353. Zweig, Arnold: „Bilanz der deutschen Judenheit 1933. Ein Versuch", Amsterdam 1934
354. Zweig, Stefan: „Die Welt von gestern", München 1997 (Die Originalausgabe erschien 1944 in Stockholm.)

Teil 2
Andere Belege
– ausgenommen die Aufzeichnungen der jüdischen Zeitzeugen (Teil 1) –

Allen, William Sheridan: „Die deutsche Öffentlichkeit und die ‚Reichskristallnacht' …", in: Peukert / Reulecke, a. a. O. II, S. 397 ff.

Aly, Götz: „Unser Kampf. 1968 – ein irritierter Blick zurück", Bonn 2008

Anderson, Mark M. (Hrsg.): „Hitler's Exiles. Personal Stories of the Flight from Nazi Germany to America", New York 1968

Andreas-Friedrich, Ruth: „Der Schattenmann. Tagebuchaufzeichnungen 1938–1945", Berlin 1983

Angress, Werner T.: „Generation zwischen Furcht und Hoffnung. Jüdische Jugend im Dritten Reich", Hamburg 1985 (**Die im Anhang abgedruckten 40 Dokumente stammen von Juden, geschrieben in der NS-Ära.**)

Ascher, Abraham: „A Community under Siege. The Jews of Breslau under Nazism", Stanford 2007

Aust, Stefan / Spörl, Gerhard u. a. (Hrsg.): „Die Gegenwart der Vergangenheit", München 2004

Backhaus, Fritz: „‚Ein Experiment des Willens zum Bösen' – Überleben in Theresienstadt", in: Heuberger, a. a. O. II, S. 111 ff.

Bajohr, Frank: „Zwischen Wunschdenken und Realität. Die Berichte des Britischen Generalkonsuls über die Judenverfolgung in Hamburg 1938/39", in: Brähmer, Andreas (Hrsg.): „Aus den Quellen. Beiträge zur deutsch-jüdischen Geschichte", München 2005

Bajohr, Frank / Pohl, Dieter: „Der Holocaust als offenes Geheimnis. Die Deutschen, die NS-Führung und die Alliierten", München 2006

Bajohr, Frank / Szodrzynski (Hrsg.): „Hamburg in der NS-Zeit. Ergebnisse neuerer Forschungen", Hamburg 1995

Bankier, David: „Die öffentliche Meinung im Hitler-Staat. Die ‚Endlösung' und die Deutschen. Eine Berichtigung", Berlin 1995

Barkow, Ben / Gross, Raphael / Lenarz, Michael: „Novemberpogrom 1938. Die Augenzeugenberichte der Wiener Library, London", Frankfurt am Main 2008 (Die Berichte liegen nur in Abschrift vor. Vieles wurde beim Einmarsch der deutschen Wehrmacht in die Niederlande, dem Verwahrungsort, am 10. Mai 1940 vernichtet. Auf S. 33 wird erklärt: „Um noch in Deutschland lebende Berichterstatter, ihre Angehörigen und Gewährsleute sowie die in den Berichten genannten Personen zu schützen, wurden die Berichte bei der Abschrift anonymisiert.")

Barzel, Rainer: „Was war, wirkt nach. Wohin geht's mit Deutschland?", München 2001

Benz, Wolfgang (Hrsg.): „Die Juden in Deutschland 1933–1945. Leben unter nationalsozialistischer Herrschaft", München 1993

Benz, Wolfgang (Hrsg.): „Überleben im Dritten Reich. Juden im Untergrund und ihre Helfer", München 2003

Bertelsmannstiftung (Hrsg.): „Deutsche und Juden – Verbindende Vergangenheit, trennende Gegenwart?", Gütersloh 2007

Bielenberg, Christabel: „Als ich Deutsche war. 1934–1945. Eine Engländerin erzählt", München 1987

Boberach, Heinz (Hrsg.): „Dokumente zur Beeinflussung der deutschen Rechtsprechung 1942–1944", Boppard am Rhein 1975

Bodenstein, Walter: „Ist nur der Besiegte schuldig? Die EKD und das Stuttgarter Schuldbekenntnis von 1945", München 1985

Boehlich, Walter (Hrsg.): „Der Berliner Antisemitismusstreit", Frankfurt am Main 1965

Boehm, Eric H. (Hrsg.): „We Survived. Fourteen Histories of the Hidden and Hunted of Nazi Germany", Oxford 1985

Bönisch, Georg u. a.: „Morden für das Vaterland", in: Der Spiegel, Nr. 11/2008, S. 42 ff.

Brebeck, H. S.: „Martin Niemöller, Bekenner, Politiker oder Demagoge?", o. O. u. J.

Breitman, Richard: „Der Architekt der ‚Endlösung'. Himmler und die Vernichtung der europäischen Juden", Paderborn 1996

Brenner, Michael: „Am Beispiel Weiden. Jüdischer Alltag im Nationalsozialismus", Würzburg 1983

Broszat, Martin: „Der Staat Hitlers. Grundlegung und Entwicklung seiner inneren Verfassung", Wiesbaden 2007

Broszat, Martin / Fröhlich, Elke / Wiesemann, Falk: „Bayern in der NS-Zeit. Soziale Lage und politisches Verhalten der Bevölkerung im Spiegel vertraulicher Berichte", Bd. 1 und 2, München 1977

Browning, Christopher: „Ganz normale Männer. Das Reservebataillon 101 und die ‚Endlösung' in Polen", Reinbek 1993

Bruhns, Wibke: „Meines Vaters Land. Geschichte einer deutschen Familie", München 2004

Bundesminister der Justiz (Hrsg.): Im Namen des Deutschen Volkes. Justiz und Nationalsozialismus. Katalog zur Ausstellung des Bundesministers der Justiz. Köln 1989

Burger, Adolf: „Die Geldfälscherwerkstadt im KZ Sachsenhausen", Berlin 1997

Crowe, David: „Oskar Schindler", Westview Press 2004

Delp, Alfred: „Im Angesicht des Todes", Würzburg 2007

Dijk, Lutz van: „Zu keinem ein Wort! Überleben im Versteck. Die Geschichte der Cilly Levitus-Peiser", München 2002

(C. L. wurde am 19. Oktober 1925 in Frankfurt am Main geboren. Am 22. November 1938 gelingt die Ausreise in die Niederlande. Unter falscher Identität kann sie dort überleben. Zum Inhalt: Im Nachwort des Buches schreibt Cilly Levitus-Peiser (S. 196): „Allmählich entstand in mir der Wunsch, die Geschichte meiner Kindheit und Jugend so aufzuschreiben, dass sie im Zusammenhang erzählt wird … Allein traute ich mir diese Aufgabe jedoch nicht zu … Was jetzt in diesem Buche als meine Geschichte vorliegt, stimmt nach meinen Erinnerungen.")

Diner, Dan (Hrsg.): „Zivilisationsbruch. Denken nach Auschwitz", Frankfurt am Main 1988

Dippel, John: „Die große Illusion. Warum deutsche Juden ihre Heimat nicht verlassen wollten", Weinheim 1997

Dipper, Christoph: „Der Widerstand und die Juden", in: Schmädeke, a. a. O. II, S. 598 ff.

Dodd, William: „Diplomat auf heißem Boden", o. O. 1962

Doerry, Martin: „‚Mein verwundetes Herz'. Das Leben der Lilli Jahn 1900–1944", Stuttgart 2002 **(Die abgedruckten Dokumente stammen von Juden, geschrieben in der NS-Ära.)**

Doerry, Martin: „‚Nirgendwo und überall zu Haus' Gespräche mit Überlebenden des Holocaust", München 2006

Doerry, Martin: „Die Gegenwart der Vergangenheit", in: Aust, a. a. O. II

Domarus, Max: „Hitler, Reden und Proklamationen, 1932–1945", Bd. 1, 2. Halbband, Wiesbaden 1973

Dörner, Bernward: „Die Deutschen und der Holocaust. Was niemand wissen wollte, aber jeder wissen konnte", Berlin 2007

Drobisch, Klaus: „Juden unterm Hakenkreuz. Verfolgung und Ausrottung der deutschen Juden 1933–1945", Frankfurt am Main 1973

Dubiel, Helmut: „Niemand ist frei von der Geschichte. Die nationalsozialistische Herrschaft in den Debatten des Deutschen Bundestages", München 1999

Dwork, Debórah: „Kinder mit dem gelben Stern. Europa 1933–1945", München 1994

Ebermayer, Erich: „,Denn heute gehört uns Deutschland…' persönliches und politisches Tagebuch von der Machtergreifung bis zum 31. Dezember 1935", Hamburg 1959

Ebermayer, Erich: „,… und morgen die ganze Welt' Erinnerungen an Deutschlands dunkle Zeit", Bayreuth 1966

Ecclesia Catholica (Hrsg.): „Katechismus der katholischen Kirche", München 1993

Eckert, Rainer: Schuld und Zeitgeschichte. Zwölf Thesen zur Auseinandersetzung mit den deutschen Diktaturen. In: *Deutschland Archiv*, Jg. 41, Nr. 1/2008, S. 114–121

Eitner, Hans-Jürgen: „Hitlers Deutsche. Das Ende eines Tabus", Gernsbach 1990

Elon, Amos: „Zu einer anderen Zeit. Porträt der jüdisch-deutschen Epoche (1743–1933)", München 2003

Evans, Richard: „Das Dritte Reich / 3. Krieg", München 2009

Evans, Richard: „Sein wahres Gesicht", in: *Süddeutsche Zeitung Magazin*, 23.01.2009, S. 10

Fest, Joachim: „Ich nicht. Erinnerungen an eine Kindheit und Jugend", Reinbek 2008

Feuchtwanger, Lion: „Moskau 1937. Ein Reisebericht für meine Freunde", Amsterdam 1937

Flaig, Egon: „Weltgeschichte der Sklaverei", München 2009

Fogelman, Eva: „,Wir waren keine Helden' Lebensretter im Angesicht des Holocaust. Motive, Geschichten, Hintergrund", München 1998

Forchhammer, Bergit: „Abschied von Luise. Das Schicksal eines Kölner Juden", Köln 2001

Fraenkel, Daniel u. a. (Hrsg.): „Lexikon der Gerechten unter den Völkern. Deutsche und Österreicher", Göttingen 2005

Frankemölle, Hubert (Hrsg.): „Opfer und Täter. Zum nationalsozialistischen und antijüdischen Alltag in Ostwestfalen-Lippe", Bielefeld 1990

Fredborg, Arvid: „Behind the Steel Wall", London 1944

Freeden, Herbert: „Die jüdische Presse im Dritten Reich", Frankfurt am Main 1987

Friedländer, Saul: „Das Dritte Reich und die Juden. Die Jahre der Verfolgung", München 1998

Friedländer, Saul: „Das Dritte Reich und die Juden. Die Jahre der Vernichtung", München 2006

Friedrich, Arnold: „Anschläge. Politische Plakate in Deutschland 1900–1970", Ebenhausen 1985

Friedrich-Ebert-Stiftung (Hrsg.): „Die ,Grünen Berichte' der *Sopade*. Gedenkschrift für Erich Rinner (1902–1982)", Bonn 1984

Fritsch, Theodor: „Handbuch der Judenfrage. Die wichtigsten Tatsachen zur Beurteilung des jüdischen Volkes", Leipzig 1944

Gaarlandt, J. G. (Hrsg.): „Das denkende Herz der Baracke. Die Tagebücher von Etty Hillesum 1941–1943", Freiburg 1981

Galling, Kurt: „Die Religion in Geschichte und Gegenwart. Handwörterbuch für Theologie und Religionswissenschaft", Tübingen 1962

Ganzfried, Daniel „… alias Wilkomirski. Die Holocaust Travestie. Enthüllung und Dokumentation eines literarischen Skandals", Berlin 2002

Gellately, Robert: „Hingeschaut und weggesehen. Hitler und sein Volk", Lizenzausgabe für die Bundeszentrale für politische Bildung, Bonn 2004

Genzow, Barbara: „Der Breslauer Arzt Dr. med. Siegmund Hadda", Dülmen 2001

Gerhardt, Uta / Karlauf Thomas (Hrsg.): „Nie mehr zurück in dieses Land. Augenzeugen berichten über die Novemberpogrome 1938", Berlin 2009

Gillessen, Günther: „Der organisierte Ausbruch des Hasses", in: *Frankfurter Allgemeine Zeitung*, 05.11.1988

Gillessen, Günther: „Die Benennung des Fürchterlichen. ‚Reichskristallnacht' oder ‚Pogrom'?", in: *Frankfurter Allgemeine Zeitung*, 06.11.1999

Gillis-Carlebach, Miriam: „Jüdischer Alltag als humaner Widerstand. Dokumente des Hamburger Oberrabbiners Dr. Joseph Carlebach aus den Jahren 1939–1941", Hamburg 1990

Ginzel, Günther: „Jüdischer Alltag in Deutschland", Düsseldorf 1984

Goebbels, Joseph: Fröhlich, Elke (Hrsg.): „Die Tagebücher von Joseph Goebbels", Teil I: Aufzeichnungen 1923–1941. 14 Bde., München 1997–2005

Goebbels, Joseph: Fröhlich, Elke (Hrsg.): „Die Tagebücher von Joseph Goebbels", Teil II: Diktate 1941–1945. 15 Bde., München 1993–1996

Goldhagen, Daniel: „Hitlers willige Vollstrecker. Ganz gewöhnliche Deutsche und der Holocaust", Berlin 1996

Gordon, Sarah Ann: „German opposition to Nazi anti-Semitic measures between 1933 and 1945, with particular Reference to the Rhine-Ruhr Area", New York at Buffalo 1979

Gordon, Sarah Ann: „Hitler, Germans, and the ‚Jewish question'", Princeton 1984

Gorschenek, Günter; Reimers, Stephan(Hrsg.): „Offene Wunden – brennende Fragen. Juden in Deutschland von 1938 bis heute", Frankfurt am Main 1989

Goldmann, Felix: „Das Wesen des Antisemitismus", Berlin 1928

Goldmann, Nahum: „Der Geist des Militarismus", Stuttgart 1915

Goldmann, Nahum: „Das jüdische Paradox", Hamburg 1992

Graf, Jakob: „Biologie für höhere Schulen", Bd. 3, Berlin 1943

Grimm, Gerhard: „Der Nationalsozialismus. Programm und Verwirklichung", München 1981

Grosser, Alfred: „Ermordung der Menschheit. Der Genozid im Gedächtnis der Völker", München 1990

Grosser, Alfred: „Von Auschwitz nach Jerusalem. Über Deutschland und Israel", Reinbek 2009

Grossmann, David: „Diesen Krieg kann keiner gewinnen", Tel Aviv 2003

Gruner, Wolf: „Der Geschlossene Arbeitseinsatz deutscher Juden. Zur Zwangsarbeit als Element der Verfolgung 1938–1943", Berlin 1997

Gruner, Wolf: „Widerstand in der Rosenstraße. Die Fabrik-Aktion und die Verfolgung der ‚Mischehen' 1943", Frankfurt am Main 2005

Gruner, Wolf (Bearb.): „Die Verfolgung und Ermordung der europäischen Juden durch das nationalsozialistische Deutschland 1933–1945, Bd. I: Deutsches Reich 1933–1937", siehe VEJ, Bd. 1, a. a. O. II

Guth, Klaus (Hrsg.): „Deutsche – Juden – Polen zwischen Aufklärung und Drittem Reich", Petersberg 2005

Gutmann, Israel (Hrsg.): „Enzyklopädie des Holocaust. Die Verfolgung und Ermordung der Juden", München 1995

Haag, Anna: „Das Glück zu leben. Erinnerungen und Begebenheiten aus neun Jahrzehnten", Stuttgart 1978

Haffner, Sebastian: „Geschichte eines Deutschen. Die Erinnerungen 1914–1933", Stuttgart 2001

Halter, Marek: „Auf der Suche nach den 36 Gerechten. Gespräche mit den wahren Helden dieses Jahrhunderts", München 1997

Hammerstein, Notker (Hrsg.): „Deutsche Bildung? Briefwechsel zweier Schulmänner, Otto Schumann – Martin Havenstein, 1930–1944", Frankfurt am Main 1988

Händler-Lachmann, Barbara; „Purim, Purim, ihr liebe Leut, wisst ihr was Purim bedeut? Jüdisches Leben im Landkreis Marburg im 20. Jahrhundert", Marburg 1995

Hansen, Niels: „Aus dem Schatten der Katastrophe. Die deutsch-israelischen Beziehungen in der Ära Konrad Adenauer und David Ben Gurion", Düsseldorf 2002

Hassell, Ulrich von: „Die Hassell-Tagebücher 1938–1944. Aufzeichnungen vom anderen Deutschland", Berlin 1988

Heer, Hannes: „‚Hitler war's' Die Befreiung der Deutschen von ihrer Vergangenheit", Berlin 2005

Heiber, Beatrice u. a. (Hrsg.): „Die Rückseite des Hakenkreuzes. Absonderliches aus den Akten des Dritten Reiches", München 2001

Heiber, Helmut (Hrsg.): „Der ganz normale Wahnsinn unterm Hakenkreuz. Triviales und Absonderliches aus den Akten des Dritten Reiches", München 2005

Heid, Ludger / Schoeps, Julius: Juden in Deutschland. Von der Aufklärung bis zur Gegenwart. Ein Lesebuch.. München, Zürich 1994

Heinsohn, Gunnar: „Lexikon der Völkermorde", Reinbek 1998

Hentig, Hartmut von: „Nichts war umsonst. Stauffenbergs Not", Landesstiftung Baden-Württemberg (Hrsg.), Göttingen 2008

Hermes, Peter: „Meine Zeitgeschichte 1922–1987", Paderborn 2008

Heuberger, Georg (Hrsg.): „Leo Baeck. 1873–1956. Aus dem Stamm von Rabbinern", Frankfurt am Main 2001

Heusler, Andreas: „Das Braune Haus. Wie München zur ‚Hauptstadt der Bewegung' wurde", München 2008

Heusler, Andreas / Weger, Tobias: „‚Kristallnacht'. Gewalt gegen die Münchner Juden im November 1938", München 1998

Hilberg, Raul: „Täter, Opfer, Zuschauer. Die Vernichtung der Juden 1933–1945", Frankfurt am Main 1992

Ders.: „Die Quellen des Holocaust. Entschlüsseln und Interpretieren" Frankfurt am Main 2002

Ders.: „Unerbetene Erinnerung – Der Weg eines Holocaustforschers" Frankfurt am Main 1994
Ders.: „Die Vernichtung der europäischen Juden", Frankfurt am Main 1990
Hillenbrand, Klaus: „Nicht mit uns. Das Leben von Leonie und Walter Frankenstein", Frankfurt am Main 2008
Hitler, Adolf: „Mein Kampf", München 1937 (zwei Bände)
Hoffmann, Peter: „Widerstand. Staatsstreich. Attentat. Der Kampf der Opposition gegen Hitler", München 1979
Horbach, Michael: „So überlebten sie den Holocaust. Zeugnisse der Menschlichkeit 1933–1945", München 1995
Horkheimer, Max: „Die Juden und Europa", in: Zeitschrift für Sozialforschung Nr. 8/1939
Hosenfeld, Wilm: „,Ich versuche, jeden zu retten' Das Leben eine deutschen Offiziers in Briefen und Tagebüchern", München 2004
Institut für Zeitgeschichte (Hrsg.): „Wege in die Vernichtung. Die Deportation der Juden aus Mainfranken 1941–1943", München 2003
Jens, Inge und Walter: „Katias Mutter. Das außerordentliche Leben der Hedwig Pringsheim", Reinbek 2005
Jens, Tilman: „Demenz. Abschied von meinem Vater", Gütersloh 2009
Kaiser, Reinhard / Holzmann, Margarete (Hrsg.): „,Dies Kind soll leben' Die Aufzeichnungen der Helene Holzmann 1941–1944", Frankfurt am Main 2000 (Helene Holzmann erlitt diese Jahre im litauischen Kaunas.)
Kahlberg, Josef: „Deutsche Staatsbürger jüdischen Glaubens. Die Geschichte einer Familie, die Glück hatte", Schriftenreihe des Fördervereins Haus des Lebens e.V., Halle (Saale) 2002
Kann, Robert A. (Hrsg.): „ Erinnerungen von Valerie Wolffenstein", Salzburg 1981
Kaplan, Marion: „Der Mut zum Überleben. Jüdische Frauen und ihre Familien in Nazideutschland", Berlin 2001
Kaplan, Marion: „Jüdische Welten. Juden in Deutschland vom 18. Jahrhundert bis in die Gegenwart", Göttingen 2005
Kaplan, Marion (Hrsg.): „Geschichte des jüdischen Alltags in Deutschland. Vom 17. Jahrhundert bis 1945", München 2003
Karlauf, Thomas: „,Nie mehr zurück in dieses Land' Ein Pappkarton aus Harvard", in: *Sinn und Form*, Nr. 4 (Juli/August 2009), 437 ff.
Kästner, Erich: „Das blaue Buch. Kriegstagebuch und Romannotizen", Marbach 2006
Katsh, Abraham (Hrsg.): „Buch der Agonie. Das Warschauer Tagebuch", Frankfurt am Main 1967
Katz, Jacob: „Vom Vorurteil bis zur Vernichtung", München 1989
Kaufman, Theodore: „Germany must perish", New York 1941
Kaufman, Theodore: „Deutschland muss vernichtet werden", New York 1941
Kennan, George F.: „At a Century's Ending: Reflections, 1982–1995", New York 1996
Kershaw, Ian: „Der NS-Staat", Reinbek 1993
Kershaw, Ian: „Der Hitler-Mythos. Führerkult und Volksmeinung", Stuttgart 1999
Kershaw, Ian: „Antisemitismus und Volksmeinung. Reaktionen auf die Judenverfolgung", in: Broszat / Fröhlich, a. a. O. II, Bd. 2, S. 282 ff.
Kershaw, Ian: „Trauma der Deutschen", in: Aust u. a. (Hrsg.), a. a. O. II

Kershaw, Ian: „Alltägliches und Außeralltägliches: ihre Bedeutung für die Volksmeinung 1933–1939", in: Peukert, a. a. O. II, S. 273 ff.

Kilius, Rosemarie: „Sei still, Kind! Adolf spricht. Gespräche mit Zeitzeugen", Leipzig 2000

Kingreen, Monica (Hrsg.): „‚Nach der Kristallnacht': jüdisches Leben und antijüdische Politik in Frankfurt am Main 1938–1945", Frankfurt am Main 1999

Koenen, Gerd: „Die großen Gesänge. Lenin, Stalin, Mao Tse-Tung", Frankfurt am Main 1992

Kosmala, Beate / Schoppmann, Claudia (Hrsg.): „Solidarität und Hilfe für Juden während der NS-Zeit. Bd. 5: Überleben im Untergrund. Hilfe für Juden in Deutschland 1941–1945", Berlin 2002

Krojanker, Gustav (Hrsg.): „Juden in der deutschen Literatur", Berlin 1922

Kulka, Otto Dov / Jäckel, Eberhard (Hrsg.): „Die Juden in den geheimen NS-Stimmungsberichten 1933–1945", Düsseldorf 2004

Kwiet, Konrad / Eschwege, Helmut: „Selbstbehauptung und Widerstand. Deutsche Juden im Kampf um Existenz und Würde 1933–1945", Hamburg 1984

Lamm, Hans: „Über die innere und äußere Entwicklung des deutschen Judentums im Dritten Reich", Inauguraldissertation der philosophischen Fakultät der Friedrich-Alexander-Universität zu Erlangen 1951

Lamm, Hans (Hrsg.): „Vergangene Tage. Jüdische Kultur in München", München 1982. (Bei diesem Buch handelt es sich fast ausschließlich um die erweiterte und überarbeitete Ausgabe des Buches:)

Lamm, Hans (Hrsg.): „Von Juden in München. Ein Gedenkbuch", München 1958 (siehe auch Anmerkung zu Lamm, Hans „Vergangene Tage …", a. a. O. I)

Landau, Peter / Reiß, Rolf (Hrsg.): „Recht und Politik in Bayern zwischen Prinzregentenzeit und Nationalsozialisten. Die Erinnerungen von Philipp Loewenfeld", Ebelsbach 2004

Landeshauptstadt München (Hrsg.): „Verdunkeltes München. Geschichtswettbewerb 1985/1986. Die nationalsozialistische Gewaltherrschaft, ihr Ende und ihre Folgen", München 1995

Large, Davis Clay: „Hitlers München. Aufstieg und Fall der Hauptstadt der Bewegung", München 1998

Lauber, Heinz: „Judenpogrom: ‚Reichskristallnacht' November 1938 in Großdeutschland. Daten, Fakten …", Gerlingen 1981

Limberg, Margarete / Rübsaat, Hubert (Hrsg.): „Sie durften nicht mehr Deutsche sein. Jüdischer Alltag in Selbstzeugnissen 1933–1938", Frankfurt am Main 1990

Lixl-Purcell, Andreas (Hrsg.): „Erinnerungen deutsch-jüdischer Frauen 1900–1990", Leipzig 1992

Longerich, Peter: „‚Davon haben wir nichts gewusst!' Die Deutschen und die Judenverfolgung 1933–1945" München 2006

Löw, Konrad: „Marx und Marxismus. Eine deutsche Schizophrenie", München 2001

Ders.: „Die Schuld. Christen und Juden im Urteil der Nationalsozialisten und der Gegenwart", Gräfelfing 2002

Ders.: „‚Das Volk ist ein Trost' Deutsche und Juden 1933–1945 im Urteil der jüdischen Zeitzeugen", München 2006

Ders.: „Die Münchner und ihre jüdischen Mitbürger 1900–1950 im Urteil der NS-Opfer und -Gegner", München 2008

Ders.: „Das Rotbuch der kommunistischen Ideologie. Marx & Engels – Die Väter des Terrors", München 2000

Luig, Klaus „... weil er nicht arischer Abstammung ist. Jüdische Juristen in Köln während der NS-Zeit", Köln 2004

Maser, Peter: „Die Deutschland-Berichte der Sopade", in: Friedrich-Ebert-Stiftung, a. a. O. II

Maser, Werner: „Fälschung, Dichtung und Wahrheit über Hitler und Stalin", München 2004

Matthäus, Jürgen / Mallmann, Klaus-Michael (Hrsg.): „Deutsche, Juden, Völkermord. Der Holocaust als Geschichte und Gegenwart", Darmstadt 2006

Meckel, Christoph: Suchbild über meinen Vater", Bamberg 2005

Meyer, Beate: „Die Verfolgung und Ermordung der Hamburger Juden 1933–1945", Hamburg 2006

Meyer, Winfried: „Unternehmen Sieben. Eine Rettungsaktion", Frankfurt am Main 1993

Meynert, Joachim / Mitschke, Gudrun: „Die letzten Augenzeugen zu hören. Interviews mit antisemitisch Verfolgten aus Ostwestfalen", Bielefeld 1998

Moll, Martin (zusammengestellt und eingeleitet): „‚Führer-Erlasse' 1939–1945. Edition sämtlicher überlieferter, nicht im Reichsgesetzblatt abgedruckter, von Hitler während des Zweiten Weltkrieges schriftlich erteilter Direktiven aus den Bereichen Staat, Partei, Wirtschaft, Besatzungspolitik und Militärverwaltung", München 1997

Mühlhäuser Geschichts- und Denkmalpflegeverein (Hrsg.): „Mühlhäuser Beiträge" Heft 29, Mühlhausen/Th. 2006

Müller, Bernhard: „Alltag im Zivilisationsbruch. Das Ausnahmeunrecht gegen die jüdische Bevölkerung von 1933 bis 1945", München 2003

Müller, Klaus Jürgen: „Generaloberst Ludwig Beck. Eine Biographie", Paderborn 2008

Nawratil, Heinz: „Der Kult mit der Schuld. Geschichte im Unterbewusstsein", München 2008

Neuhäusler, Johann: „Kreuz und Hakenkreuz. Der Kampf des Nationalsozialismus gegen die katholische Kirche und der kirchliche Widerstand", München 1946

Niethammer, Lutz: „Entnazifizierung in Bayern. Säuberung und Rehabilitierung unter amerikanischer Besatzung", Frankfurt 1972

Nitsche, Jürgen (Hrsg.): „Juden in Chemnitz. Die Geschichte der Gemeinde und ihrer Mitglieder", Dresden 2002

Obst, Dieter: „‚Reichskristallnacht' Ursachen und Verlauf des antisemitischen Pogroms vom November 1938", Frankfurt am Main 1991

Oechsle, Susanne: „Leben und Werk des jüdischen Wissenschaftlers und Kinderarztes Erich Benjamin", Dissertation TU München 2003.
(Die Arbeit basiert u. a. auf Interviews mit Benjamins Tochter Renate Hersh, die über das Verhalten der Umwelt Benjamins Auskunft geben konnte, siehe auch Hersh, a. a. O. I.)

Ortmeyer, Benjamin (Hrsg.): „Berichte gegen Vergessen und Verdrängen von 100 überlebenden jüdischen Schülerinnen und Schülern über die NS-Zeit in Frankfurt am Main", Alfter 1995

Ortmeyer, Benjamin: „Schulzeit unterm Hitlerbild. Analysen, Berichte, Dokumente", Frankfurt am Main 2000

Padover, Saul Kussiel: „Lügendetektor. Vernehmungen im besiegten Deutschland 1944/45", München 2001

Pehle, Walter (Hrsg.): „Der Judenpogrom 1938. Von der ‚Reichskristallnacht' zum Völkermord", Frankfurt am Main 1988

Peitsch, Helmut: „‚Deutschlands Gedächtnis an seine dunkelste Zeit' Zur Funktion der Autobiographik in den Westzonen Deutschlands und den Westsektoren von Berlin 1945 bis 1949", Berlin 1990

Peukert, Detlev: „Der Nationalsozialismus und das ‚Volk'", Tübingen 1983

Peukert, Detlev / Reulecke, Jürgen (Hrsg.): „Die Reihen fast geschlossen. Beiträge zur Geschichte des Alltags unterm Nationalsozialismus", Wuppertal 1981

Pflüger, Friedbert: „Richard von Weizsäcker. Mit der Macht der Moral", München 2010

Picker, Henry: „Hitlers Tischgespräche im Führerhauptquartier", München 2003

Pieken, Gorch / Kruse, Cornelia: „Das Haushaltsbuch der Elsa Chotzen. Schicksal einer jüdischen Familie 1937–1946", Berlin 2008

Poliakov, Léon: „Geschichte des Antisemitismus. Am Vorabend des Holocaust", Frankfurt am Main 1988

Radbruch, Gustav: „Rechtsphilosophie", Leipzig 1932

Raddatz, Fritz (Hrsg.): „Summa Iniuria oder durfte der Papst schweigen?", Reinbek 1963

Rathenau, Walther: „Impressionen", Leipzig 1902

Rathenau, Walther: „Zur Kritik der Zeit", Berlin 1912 (Nachdruck 2008)

Reichsführer-SS (Hrsg.): „Der Untermensch", o. O. u. J.

Reinfelder, Georg: „M. S. ‚St. Louis'. Kapitän Gustav Schröder rettet 906 deutsche Juden vor dem Zugriff der Nazis", Teetz 2002

Reitlinger, Gerald: „Die Endlösung. Ausrottung der Juden Europas 1935–1945", München 1964

Reuth, Ralf Georg: „Goebbels – Eine Biographie", München 2000

Richarz, Monika (Hrsg.): „Jüdisches Leben in Deutschland. Bd. 3: Selbstzeugnisse zur Sozialgeschichte 1918–1945", Stuttgart 1982

Rigg, Bryan Mark: „Rabbi Schneersohn und Major Bloch. Eine unglaubliche Geschichte aus dem ersten Jahr des Krieges", München 2006

Rigg, Bryan Mark: „Hitlers jüdische Soldaten", Paderborn 2003

Rinner, Erich: „Die Entstehung und Entwicklung der Berichterstattung", in: Friedrich-Ebert-Stiftung, a. a. O. II, S. 165 ff.

Rohrmoser, Günter: „Deutschlands Tragödie", München 2002

Romano, Sergio: „Brief an einen jüdischen Freund", Berlin 2007

Rosenstrauch, Hazel: „Aus Nachbarn wurden Juden. Ausgrenzung und Selbstbehauptung 1933–1945", Berlin 1988

Rougemont, Denis de: „Journal aus Deutschland 1935–1936", Wien 1998 (Erstveröffentlichung 1938)

Sachse, Carola (Hrsg.): „Als Zwangsarbeiterin 1941 in Berlin. Die Aufzeichnungen der Volkswirtin Elisabeth Freund", Berlin 1996

Scheuch, Erwin: „Der Umbruch nach 1945 im Spiegel der Umfragen", in: Uta Gerhardt u. a. (Hrsg.): „Gesellschaftlicher Umbruch 1945–1990 Re-Demokratisierung und Lebensverhältnisse", München 1992

Scheuch, Ute: „Erwin K. Scheuch – Eine Biographie", Bd. 1: Es mußte nicht Soziologie sein, aber es war besser so. Mit einem Nachwort von Peter Atteslander. Bad Schussenried 2008

Schöbener, Burkhard: „Die amerikanische Besatzungspolitik und das Völkerrecht", Frankfurt am Main 1996

Schoenberner, Gerhard (Hrsg.): „Wir haben es gesehen. Augenzeugenberichte über Terror und Judenverfolgung im Dritten Reich", Hamburg 1962

Schoeps, Julius: „Leiden an Deutschland. Vom antisemitischen Wahn und der Last der Erinnerung", München 1990

Schmädeke, Jürgen / Steinbach, Peter (Hrsg.): „Der Widerstand gegen den Nationalsozialismus. Die deutsche Gesellschaft und der Widerstand gegen Hitler", München 1994

Schmid, Harald: „Erinnern an den ‚Tag der Schuld'. Das Novemberpogrom von 1938 in der deutschen Geschichtspolitik", Hamburg 2001

Schoßig, Bernhard: „Ins Licht gerückt. Jüdische Lebenswege im Münchner Westen", München 2008

Schreiber, Matthias: „Martin Niemöller", Reinbek 1997

Schullze, Erich: „Gesetz zur Befreiung von Nationalsozialismus und Militarismus", München 1946

Schumacher, Kurt: „Reden – Schriften – Korrespondenzen", Berlin 1985

Schwalbach, Bruno: „Erzbischof Conrad Gröber und die nationalsozialistische Diktatur. Eine Studie zum Episkopat des Metropoliten der Oberrheinischen Kirchenprovinz während des Dritten Reiches", Karlsruhe 1985

Segev, Tom: „Die ersten Israelis", München 2010

Seligmann, Rafael: „Hitler. Die Deutschen und ihr Führer", München 2004

Seraphim, Hans-Günther: „Das politische Testament Alfred Rosenbergs 1934/35 und 1939/40", München 1956

Siegfried, Detlef: „Umgang mit der NS-Vergangenheit. Die 60er Jahre in den beiden deutschen Gesellschaften", in: Schildt, Axel u. a. (Hrsg.): „Dynamische Zeiten", Hamburg 2000

Sinn, Andrea: „‚Und ich lebe wieder an der Isar.' Exil und Rückkehr des Münchner Juden Hans Lamm", München 2008

Slezkine, Yuri: „Das jüdische Jahrhundert", Göttingen 2006

Slezkine, Yuri: „Paradoxe Moderne. Jüdische Alternativen zum Fin de Siècle", Göttingen 2005.

Smith, Bradley F. / Peterson, Agnes F. (Hrsg.): „Heinrich Himmler. Geheimreden 1933 bis 1945 und andere Ansprachen", Berlin 1974

Smith, Howard: „Last Train from Berlin", New York 1943

Sopade, siehe Sozialdemokratische Partei Deutschlands (Hrsg.)

Sozialdemokratische Partei Deutschlands (Hrsg.): „Deutschlandberichte der Sozialdemokratischen Partei Deutschlands (*Sopade*)", 7 Bände 1934–1940, Salzhausen 1982

Später, Jörg: „Vansittart. Britische Debatten über Deutsche und Nazis 1902–1945", Göttingen 2003

Speer, Albert: „Spandauer Tagebücher", Berlin 2002

Steiner, Marlis: „Stimmung und Haltung der deutschen Bevölkerung im Zweiten Weltkrieg", Düsseldorf 1970

Stoiber, Rudolf / Celovsky, Boris: „Stephanie von Hohenlohe. Sie liebte die Mächtigen der Welt", München 1988

Stöver, Bernd: „Berichte über die Lage in Deutschland. Die Lagemeldungen der Gruppe ‚Neu Beginnen' aus dem Dritten Reich 1933–1936", Bonn 1996

Thalmann, Rita / Feinermann, Emmanuel: „Die Kristallnacht", Frankfurt am Main 1987

Tigges, Paul: „Jugendjahre unter Hitler: Auf der Suche nach einer verlorenen Zeit. Erinnerungen, Berichte, Dokumente", Iserlohn 1984

Toepser-Ziegert, Gabriele (Hrsg.): „NS-Presseanweisungen der Vorkriegszeit 6/3", München 1999

VEJ I: „Die Verfolgung und Ermordung der europäischen Juden durch das nationalsozialistische Deutschland 1933–1945. Bd. I: Gruner, Wolfgang (Bearb.): Deutsches Reich 1933–1937" München 2008

VEJ II: „Die Verfolgung und Ermordung der europäischen Juden durch das nationalsozialistische Deutschland 1933–1945. Bd. II: Heim Susanne (Bearb.): Deutsches Reich 1938-August 1939", München 2009

Vollnhals, Clemens: „Entnazifizierung. Politische Säuberung und Rehabilitierung in den vier Besatzungszonen 1945–1949", München 1991

Voss, Rüdiger von – u. a. (Hrsg.): „Der 20. Juli 1944. Annäherung an den geschichtlichen Augenblick", Pfullingen 1984

Walk, Joseph (Hrsg.): „Als Jude in Breslau 1941. Aus den Tagebüchern von Studienrat a. D. Dr. Willy Israel Cohn", Ein-Schemer (Israel) 1984

Walk, Joseph (Hrsg.): „Das Sonderrecht für Juden im NS-Staat. Eine Sammlung der gesetzlichen Maßnahmen und Richtlinien – Inhalt und Bedeutung", Karlsruhe 1981

Weizsäcker, Richard von: „Ansprache des Bundespräsidenten", in: Presse- und Informationsamt der Bundesregierung (Hrsg.), Bulletin, Nr. 52, Bonn, 09.05.1985

Welzer, Harald (Hrsg.): „Der Krieg der Erinnerung. Holocaust, Kollaboration und Widerstand im europäischen Gedächtnis", Frankfurt am Main 2007

Westphalen, Ludger Graf von: „Geschichte des Antisemitismus in Deutschland im 19. und 20. Jahrhundert", Stuttgart o. J.

Wette, Wolfram (Hrsg.): „Zivilcourage. Empörte, Helfer und Retter aus Wehrmacht, Polizei und SS", Frankfurt am Main 2004

Wiegrefe, Klaus: „Die große Gier", in: Aust u. a. (Hrsg.), a. a. O. II

Wieninger, Karl: „In München erlebte Geschichte", München 1985

Wilkomirski, Binjamin: „Bruchstücke" aus einer Kindheit 1939–1948", Frankfurt am Main 1995

Wojak, Irmtrud: „Fritz Bauer. 1903–1968. Eine Biographie", München 2009

Wood, Thomas / Stanislaw Jankowski: „Einer gegen den Holocaust. Jan Karski – als Kurier in geheimer Mission", 2003 Gießen

Wuermeling, Henric L. „Adam von Trott zu Solz. Schlüsselfigur im Kampf gegen Hitler", München 2009

Xammar, Eugeni: „‚Das Schlangenei'. Berichte aus dem Deutschland der Inflationsjahre 1922 bis 1924", Berlin 2007
Yahil, Leni: „Die Shoah. Überlebenskampf und Vernichtung der europäischen Juden", München 1998
Zacher, Hans-Jürgen: „Vern [Werner Halle]. Ich suchte einen Zeitzeugen und fand einen Freund", Paderbborn 2006
Zelzer, Maria: „Weg und Schicksal der Stuttgarter Juden. Ein Gedenkbuch herausgegeben von der Stadt Stuttgart", Stuttgart 1964
Zimmermann, Moshe: „Deutsch-jüdische Vergangenheit: Der Judenhass als Herausforderung", Paderborn 2005
Zitelmann, Rainer: „Hitler. Selbstverständnis eines Revolutionärs", Hamburg 1987

Personenregister

Abraham, Georg 97
Adenauer, Konrad 178, 186 ff., 197, 306, 335 f., 391
Adler, Felix 153
Allen, William Sheridan 280
Aly, Götz 306 f.
Andermann, Martin 124, 162
Anderson, Mark 94
Andreas-Friedrich, Ruth 32, 192
Angress, Werner 363
Appel, Marta 69, 144
Aron, Raymond 59
Ascher, Abraham 140
Attolico, ein italienischer Botschafter 240
Aulhorn, Edith 322
Axelsson, George 230

Badt-Strauss, Bertha 42
Bajohr, Frank 236
Ball-Kaduri, Kurt Jakob 67, 86, 163, 197
Bankier, David 323 ff., 344
Bauer, Fritz 288
Beck, Ludwig 202 f.
Bedürftig, Friedemann 333
Behar, Isaak 153, 290, 367, 372 f.
Behrend-Rosenfeld, Else 89, 107, 119, 133, 143, 319 ff., 339 f.
Ben Gurion, David 197, 355
Ben-Chorin, Schalom 150, 359
Beneš, Eduard 79, 403
BenGershom, Ezra 55, 81, 87, 105, 115, 142
Berger, Hans 93
Berggruen, Heinz 81, 141
Berlin-Krämer, Fanny 123
Berr, Hélène 31, 177
Bertram, Günter 402
Best, Werner 366
Bielenberg, Christabel 229
Bing, Rudolf 93
Birnbaum, Immanuel 46
Blumenthal, Werner 85, 151, 321
Boberach, Heinz 242
Bodelschwingh, ein Pfarrer 263

Böll, Heinrich 289
Bolle, Mirjam 372
Bönisch, Georg 85
Bonn, Moritz 49, 346
Bormann, Martin 75, 241, 265, 367
Brand, Sandra 365
Brandt, Heinz 158
Brandt, Willy 409
Bratzke, Karl 365
Brauer, Max 194, 404
Breitman, Richard 272
Breuer, Moses 155
Broszat, Martin 252, 320
Browning, Christopher 348
Bruhns, Wibke 361
Brüning, Heinrich 56, 189, 191, 196
Burg, Avraham 394
Busser, Ralph 234

Cahnman, Werner 50, 72, 89 f., 131
Carlebach, Joseph 42
Chamberlain, Houston Stewart 390
Churchill, Winston 227, 395
Cicero, Philosoph 387
Cohn, Helga 153
Cohn, Kate 106
Cohn, Willy 108, 124, 134, 166
Confino, Lore 155
Custodis, Bernhard 335

Dahrendorf, Ralf 139
Degen, Michael 14
Dehler, Thomas 246, 371
Delp, Alfred 191
Demjanjuk, John 287
Deutschkron, Inge 105 f., 117, 200, 319, 321
Dijk, Lutz van 368
Dimitroff, Georg 265
Diner, Dan 385 f.
Dippel, John 73, 228
Dodd, William 200, 235, 239 f., 264, 267
Doerry, Martin 305, 380

Dohnanyi, Hans von 130
Dold, Erwin 370
Dörner, Bernward 331 ff.
Dubnow, Simon 57, 63

Ebermayer, Erich 139, 185 f., 231
Eckert, Rainer 23
Eichengreen, Lucille 177 f.
Eisenhower, Dwight D. 305
Eisner, Kurt 49
Eisner, Ruth 178 f.
Eitner, Hans-Jürgen 199, 366
Elon, Amos 48
Ensslin, Gudrun 381
Erben, Eva 316
Eschkol, Levi 188
Eschwege, Helmut 142
Evans, Richard 35, 341 f., 381

Faulhaber, Michael von 40, 254, 268
Fest, Joachim 194, 274, 286, 316, 374
Feuchtwanger, Lion 303
Feuchtwanger, Ludwig 61 f., 80, 176
Fischer, Ruth 56, 374
Flaig, Egon 401
Flatauer, Helga 163
Flehinger, Arthur 96
Flesch-Thebesius, Marlies 148
Fraenkel, Ernst 164, 381
Fraenkel, Heinrich 160
Frank, Anne 152, 177
Frankenstein, Walter 148, 360
Frankl, Viktor 321, 356, 360
Fredborg, Arvid 231
Freisler, Roland 75
Freund, Elisabeth 118, 128 ff., 165, 367, 370
Frick, Wilhelm 315, 366
Friedlaender, Max 72
Friedländer, Saul 29, 35, 242, 321 ff., 407
Friedrich II., König von Preußen 62
Friedrich, Großherzog von Baden 46
Frister, Roman 303
Fritsch, Franz 328
Fritz, Ernst 149

Fröhlich, Elke 320
Fromm, Bella 114, 200, 319
Fuchs, Kurt 382

Gabai, Erika 146
Gaus, Günter 400
Gellately, Robert 19, 309, 311 ff.
Gerstein, Kurt 363
Gillessen, Günther 236 f.
Giordano, Ralph 149, 181, 198, 308, 343 f.
  377 f.
Glaser, Alfred 122
Glas-Larsson, Margarete 368
Goebbels, Joseph 29, 32, 67, 84, 87, 198,
  218, 220, 233 f., 238, 262 f., 264, 266 f.,
  270, 275 ff., 285, 304, 309, 321, 327,
  341, 363, 395 ff., 402
Goldberg, Fritz 88
Goldhagen, Daniel 14, 29, 318, 330 f., 336,
  396
Goldmann, Felix 39
Goldmann, Nahum 47 f., 79, 83, 188
Goldmann, Robert 32, 97
Goldschmidt, Fritz 164
Goldschmidt, Moses 70, 176
Goldschmidt, Viktor 367
Gollancz, Victor 396 f.
Göring, Emmy 363 f.
Göring, Hermann 32, 181, 261, 264, 277,
  285, 364
Gottheil, Walter 152
Grass, Günter 379
Greiner, Ulrich 379
Grosser, Alfred 24, 26, 145, 321, 356, 388
Grube, Ernst 107
Grüber, Heinrich 309
Gruner, Wolf 130, 314 f.
Grynzpan, Herschel 84
Gumpel, Karl 77
Gumpert, Charlotte 64
Gurian, Waldemar 168
Guttmann, Hugo 47

Haag, Anna 341
Haarburger, Martha 119

Haas, Max 359
Haas, Sophie 359
Habermas, Jürgen 399 f.
Haeften, Hans-Bernd von 229
Haffner, Sebastian 189, 318
Hahn, Lili 123
Hanf-Dressler, Arzt 365
Hansen, Niels 197
Hartshorne, Eduard 19, 231 f.
Hassell, Ulrich von 203, 362
Hauser, Martin 55 f., 141
Havenstein, Martin 193
Hebauf, Renate 141
Heer, Hannes 185
Heinzmann, Emil 365
Hentig, Otto v. 85, 362 f.
Herman-Friede, Eugen 105, 120, 145
Hermes, Andreas 191, 316
Hermes, Peter 316
Herzfeld, Albert 31, 74, 82, 98, 131, 168 f.
Herzfeld, Ernst 86
Herzl, Theodor 46
Hess, Otto 364
Heuss, Theodor 306, 357
Heydrich, Reinhard 103, 261
Hilberg, Raul 28, 34, 43, 336 f., 373, 398
Himmler, Heinrich 103, 158, 220, 241, 247 f., 262 f., 264, 271 f., 274 f., 285, 309, 321, 324, 331, 366 f.
Hindenburg, Paul von 56, 59, 61
Hinkel, Hans 198
Hilsenrath, Edgar 145
Hitler, Adolf 13 f., 19, 23, 29, 32, 39, 41, 45 ff., 52, 54, 57, 59, 61, 63 f., 68, 70, 72, 75, 77 ff., 84, 87, 90, 100, 139, 144, 148 f., 153 f., 157 f., 160 ff., 167, 170 f., 173 ff., 179 ff., 185 f., 190 f., 193, 196 ff., 201 ff., 207 f., 213, 215, 218, 220, 227, 230, 240 f., 262 ff., 266 ff., 277 ff., 285, 300, 302 ff., 308 ff., 318, 320 f., 325, 327 f., 330, 332, 335, 337, 339 ff., 344, 346 f., 349, 353 f., 358 f., 361 f., 364 ff., 368, 370 f., 374, 376 ff., 380 ff., 386, 388 f., 394 ff., 404 f., 408
Hochhäuser, Abraham 45, 161

Hofeller, Ernest 72
Horkheimer, Max 63
Hosenfeld, Wilm 365, 381 f
Höss, Rudolf 272
Huber, Wolfgang 377
Hull, ein US-amerikanischer Außenminister 237
Hundhammer, Alois 306
Hutzler, Harry 144

Ildefons, ein Abt 336

Jacobson, Jacob 104
Jaffe, Helmut 154
Jahn, Ernst 380
Jahn, Lilli 319, 380
Jens, Inge 364
Jens, Tilman 378
Jens, Walter 364, 378 f., 400
Juncker, Jean-Claude 307

Kahr, Gustav von, 268
Kaplan, Chaim 32
Kaplan, Marion 318 f.
Kareski, ein Vorsteher d. Berliner Jüdischen Gemeinde 56
Karski, Jan 346
Kästner, Erich 192
Katz, Arzt 113, 322
Kaufman, Theodor 304
Kaufmann, Karl 262
Kelsen, Hans 62, 347
Kempski, Ulrich 188
Kennan, George 240
Kennedy, John F. 167
Kershaw, Ian 242, 303, 308, 320 f., 398 f., 407
Kiesinger, Kurt Georg 379
Kingreen, Monica 123
Kirschner, Max 45, 70, 95 f., 172 f.
Klamroth, Hans Georg 361
Kleinberger, Margot 91, 120
Klemperer, Eva
Klemperer, Victor 31, 82, 110 f., 113, 121 f., 127 f., 134, 136 f., 171, 198 ff., 312 f.,

317, 319, 322, 325, 332 f., 341 f., 354, 360, 403, 407
Klepper, Hanni 117, 190, 366
Klepper, Jochen 117, 131, 189 f., 198 f., 323, 364, 366
Klepper, Renerle 117, 190, 366
Klopfer, Gerhard 367
Klüger, Ruth 166
Klugmann, Hermann 90, 146, 164, 338 f.
Knecht, Ingeborg 119
Knoeringen, Waldemar von 206
Kogon, Eugen 302
Köhler, Horst 21, 24
Körner, Helene 364
Kramer, Clara 368
Kraus, Annie 168
Kritzer, Johanna 369
Kube, Wilhelm 366
Kuby, Erich 142
Kulka, Otto Dov 242

Lagarde, Paul de 390
Lamm, Hans 61 f., 76, 104, 314 f., 369
Lammers, Heinrich 266
Lammert, Norbert 6, 21, 405
Landau, Edwin 69
Langbehn, Carl 229
Laqueur, Walter 147
Large, David 337, 339 f.
Lasker-Wallfisch, Anita 107, 173 f.
Lederer, Vitèslav 369
Leibowitz, Grete 170
Lessler, Toni 88
Levinson, Irma 154
Levy, Joseph 315
Lichtenberg, Bernhard 28
Liebrecht, Heinrich 110
Littner, Jakob 118, 354
Löbe, Paul 187, 205
Loewenfeld, Philipp 175, 231
Longerich, Peter 222 f., 249 ff., 315 ff., 331, 395, 407
Löw, Konrad 15, 408 f., 410
Löwenthal, Gerhard 85, 147, 197, 321
Löwenthal, Richard 381

Löwith, Karl 34, 47, 54, 60 f., 63, 76
Lubbe, Marino van 59
Ludendorff, Erich 40, 48
Luther, Martin 391

Maier, Ruth 174
Malsch, Paul 114
Mann, Thomas 52, 90, 338
Marcus, Ernst 85, 162 f., 362
Marcuse, Edith 115 ff., 166
Marcuse, Ludwig 354, 395
Marquard, Odo 379
Marx, Karl 44, 50, 390 f.
Marx, Otto 55
Maser, Peter 205
Mayer, Hans 75, 141
Mayer, Max 163
Meckel, Christoph 306
Meckel, Eberhard 306
Meir, Golda 83, 178
Meissner, Otto 76
Mendelssohn, Moses 348
Merecki, Siegfried 99
Merkel, Angela 385
Mitscherlich, Margarete 195 f.
Moltke, Helmuth von 130, 316, 333, 403
Mommsen, Hans 398
Morgenthau, Henry 158
Morris, Leland 239
Moses, Hugo 91 ff.
Müller, Bernhard 388
Müller, Gerhard 365
Müller, Joseph 306
Müller, Walter 373

Nathorff, Hertha 65, 87, 319
Necheles-Magnus, Henriette 71
Neff, Margarete 363
Neuhaus, Cilly 45, 96
Neumann, Siegfried 94, 96
Neumeyer, Alfred 46, 71, 76, 140, 314
Neurath, Freiherr von 76
Niemöller, Martin 376 f.
Niethammer, Lutz 290

Ohlendorf, Otto 241
Ollenhauer, Erich 205
Oppenheimer, Franz 42, 170
Orbach, Lothar 115
Ortenau, Erich 90, 338 f.
Ortmeyer, Benjamin 153

Padover, Saul 185 f., 227, 289, 305
Paepcke, Lotte 170
Peres, Shimon 197
Perlasca, Giorgio 382
Pestek, Viktor 369
Pfleger, Rechtsanwalt 258
Pflüger, Friedbert 375
Pius XI., Papst 40
Pius XII., Papst 355
Plagge, Karl 365 f.
Pringsheim, Hedwig 90, 364
Proudhon, Pierre 390
Pufendorf, Samuel 387

Radbruch, Gustav 300
Radek, Karl 303
Rath, Ernst vom 84, 93, 238, 256 f.
Rathenau, Walther 40, 44, 53
Rau, Johannes 21
Reemtsma, Jan Philipp 400
Reichmann, Eva 169 f.
Reich-Ranicki, Marcel 150 f.
Reiner, Max 47 f., 68
Reuter, Ernst 306
Reuth, Ralf Georg 280
Rinner, Erich 205 ff., 222 f.
Robinson, Laurence Milner 235
Rodeck, Fritz 96, 99
Rohrmoser, Günter 196
Romano, Sergio 356
Roosevelt, Franklin D. 304, 395, 403
Rosenberg, Alfred 270
Rosen-Levitus, Jutta 368
Rosenstein, Paul 366
Rosenstrauch, Hazel 283
Rosenthal, Fritz 150, 321
Roth, Corbinian 196
Roth-Schurtman, Christine 146

Rougemont, Denis de 228
Rovan, Joseph 149, 356, 380

Sachse, Carola 105
Schaalmann, ein Lehrer 142
Schachori, Susi 123
Scheuch, Erich 194
Schiller, Friedrich 265
Schindler, Oskar 328, 364 f.
Schiratzki, Selma 143
Schmidt, Helmut 349
Schmidt, Margot 319, 321
Schoch, Bruno 385
Schoeps, Hans-Joachim 86, 169, 342
Scholem, Betty 53, 56, 59, 63, 65, 81, 143
Scholem, Gershom 52 f., 143
Schreyer, Alfred 317
Schröder, Gustav 165
Schröder, Louise 306
Schumacher, Kurt 178, 187, 306
Schumann, Otto 193
Schwabe, Carl 70
Schwerin, Alfred 122
Schwersenz, Jizchak 141
Segev, Tom 394
Seligmann, Rafael 308, 340 f.
Senger, Valentin 97, 167, 349, 365
Seuffert, Leonie von 132 f.
Silbermann, Alphons 195
Smith, Bradley 274
Smith, Howard 230
Sollmann, Wilhelm 222 f.
Solmitz, Luise 159, 404
Solon, Friedrich 48
Solschenizyn, Alexander 25
Sontheimer, Kurt 400
Spanier, Julius 138, 375
Speer, Albert 279
Spiegel, Hubert 378
Spiegel, Marga 319, 321
Spies, Gerty 132
Spiro, Eugen 45
Stalin, Joseph 267, 271, 302 f., 377 f., 395, 404
Stampfer, Friedrich 157 f., 160, 205, 353

Stauffenberg, Claus von 202, 307, 381
Steiner, Walter 144
Stern, Fritz 406
Stieff, Hellmuth 202
Strasser, Gregor 72
Strasser, Marguerite 151
Straus, Rahel 44, 49, 60, 144, 160
Streicher, Julius 72, 77, 114, 202, 212 f., 221, 263
Stresemann, Gustav 68
Stuckart, Wilhelm 366
Susman, Margarete 46
Svirnovskaja, Fira Borisovna 138

Tausk, Walter 31, 68, 82, 90, 162
Tell, Wilhelm 265
Töpper, N. 174
Torgler, Ernst 265
Trapp, Wilhelm 348
Treitschke, Heinrich von 39 f.
Trott zu Solz, Adam 227, 229

Vansittart, Robert 158
Venezia, Shlomo 23
Vern (Halle, Werner) 145

Walz, Hans 365
Wassermann, Jakob 50, 53, 353
Wehler, Hans-Ulrich 316
Weil, Frederick 159

Weizsäcker, Richard von 291, 316, 357, 375, 377, 379, 404
Wels, Otto 22, 205
Weltsch, Robert 42, 65
Wentz-Vietor, Else 160
Werner, Ilse 371
Wieck, Michael 109, 137, 404
Wiedemann, Fritz 262
Wiener, Alfred 33, 100
Wieninger, Karl 106, 383
Wiesel, Elie 6
Wiesenthal, Simon 26
Wilhelm II., Kaiser 46
Wilkomirski, Binjamin 345
Willstätter, Richard 54
Wilson, ein US-amerikanischer Botschafter 237
Wolff, Siegfried 98
Wolffenstein, Valerie 319, 321
Wolffsohn, Michael 305
Wolfram, Annemarie 86

Xammar, Eugeni 268

Yahil, Leni 342

Zimmermann, Moshe 81
Zündler, Alfons 368
Zweig, Arnold 64, 73, 405
Zweig, Stefan 44

Ortsregister

Aachen 185 f., 249
Amsterdam 33, 64, 100, 174, 372
Augsburg 140, 247, 255, 259
Auschwitz 13, 173, 177, 272, 317, 333, 345 f., 356, 360, 368 f., 379 ff., 388, 390, 400 f.

Babi Jar 388
Bad Tölz 253
Baden-Baden 96
Bamberg 246 f.
Belcec 328
Berlin 28, 39 ff., 46, 48, 53 ff., 63 ff., 67 f., 73, 75, 81, 85 ff., 96, 103 ff., 108, 110, 115, 117, 128, 130 f., 147 f., 150, 153 f., 164, 166, 168, 181 f., 191, 193, 200, 208 f., 216, 218, 221, 224 f., 228 ff., 233 f., 236, 238 f., 246, 248 f., 254, 260, 265, 276, 278 f., 306, 337, 364, 374, 377, 400
Bielefeld 328
Bocholt 244
Bonn 21
Boryslaw 361
Braunau 144
Breesen 363
Bremen 245
Breslau 31, 45, 68, 82, 103, 107 f., 124, 134, 140, 147, 161 f., 198, 210, 243, 246
Buchenwald 84, 155, 302, 317

Chelmno 389

Dachau 35, 77, 84, 177, 203, 217, 258, 356, 362
Dortmund 69
Dresden 94, 103, 110 f., 120 ff., 128, 134, 137, 200, 325, 394, 403
Düsseldorf 31, 46, 74, 82, 98, 101, 115, 131, 168

Ebenhausen im Isartal 203
Eichstätt 256
Eisenach 98, 239

Forchheim 247
Frankfurt am Main 42, 45, 65, 70, 96 f., 122 f., 140 f., 145, 153 f., 159, 167, 172, 193, 228, 237
Frankreich 332, 340, 401, 408 f.

Grunewald 367

Hamburg 41, 55, 70 f., 95, 103, 110, 119, 139, 148 f., 165, 174, 176, 194, 235 f., 262, 307, 378, 399, 404
Hannover 46, 91, 120, 145
Hilpoldstein 256

Icking im Isartal 89, 118

Jerusalem 21, 53, 56, 59, 63, 81, 143, 287, 348, 400

Kitzingen 258 f.
Koblenz 362
Köln 55, 119, 139, 166 f., 186, 196, 347 f.
Königsberg 46, 124, 137, 162
Konstanz 267 f.
Krakau 328

Leipzig 24, 122, 145, 234, 237, 246, 265
London 33, 67, 100, 160, 180 f., 232, 396

Mannheim 210
Marburg 60, 63, 359
Merxheim 362
Milbertshofen 340
Minden 247, 251, 263
Moskau 303
Mühlhausen 138
München 40, 42, 45 f., 49 f., 52, 54 f., 61, 64, 71 f., 89 f., 101, 103 f., 106 f., 118, 128, 131, 133, 138, 140, 146 f., 160, 172, 176, 195, 197, 201, 214, 233, 238, 250, 252 ff., 256, 268, 303, 314 f., 320, 326, 337 ff., 369, 375
Münster 244, 267

Nürnberg 75, 77, 80, 93, 123, 190, 216, 235, 240, 246

Oberammergau 245
Osnabrück 244
Österreich 83, 94, 174, 216, 389

Paris 84, 158 f., 177, 205, 216, 221, 225, 236, 257 f., 262
Passau 255
Posen 274
Potsdam 62, 64, 249
Prag 152, 157, 201, 205 f., 216, 220, 337, 409

Regensburg 258
Rhöndorf 335

Sachsenhausen 155
Schönau am Königssee 143

Steinach an der Saale 249
Stockholm 333
Stuttgart 119, 237, 260

Tempelhofer Feld 181, 275
Theresienstadt 98, 132, 248, 317, 356, 367, 369, 375
Traunstein 257
Treblinka 379

Vatikan 238, 268, 270, 309

Warschau 32, 365, 374, 382, 409
Weiden i. d. Oberpfalz 55, 144 f., 258
Weißenburg 253
Wien 44, 55, 94, 99, 174, 227, 336
Wiesbaden 93
Wunsiedel 257

Yad Vashem 32, 377, 382